DIRECCIÓN DE LA PRODUCCIÓN

Decisiones Estratégicas

DIRECCIÓN DE LA PRODUCCIÓN

Decisiones Estratégicas

CUARTA EDICIÓN

JAY HEIZER

Profesor de Administración de Empresas. Cátedra Jesse H. Jones.
Texas Lutheran College

BARRY RENDER

Profesor de Dirección de Operaciones. Cátedra Charles Harwood.
Crummer Graduate School of Business
Rollins College

TRADUCCIÓN

Víctor Giménez García
José Luis Martínez Parra
Xavier Verge Mestre
Departamento de Economía de la Empresa
Universidad Autónoma de Barcelona

REVISIÓN TÉCNICA

José Luis Martínez Parra
Departamento de Economía de la Empresa
Universidad Autónoma de Barcelona

PRENTICE HALL
Madrid • Upper Saddle River • Londres • México • Nueva Delhi • Rio de Janeiro •
Santafé de Bogotá • Singapur • Sydney • Tokio • Toronto

Datos de catalogación bibliográfica

HEIZER J., RENDER B.
DIRECCIÓN DE LA PRODUCCIÓN.
Decisiones estratégicas, 4.ª ed.
PRENTICE HALL IBERIA   Madrid, 1997

ISBN: 84-89660-12-3
MATERIA:
Economía en general   33

Formato: 195 × 250   Páginas: 600

HEIZER J., RENDER B.
DIRECCIÓN DE LA PRODUCCIÓN. Decisiones estratégicas, 4.ª edición.

PRENTICE HALL International (UK) Ltd.
Campus 400, Maylands Avenue
Hemel Hempstead
Hertfordshire, HP2 7EZ
Simon & Schuster International Group

ISBN: 84-89660-12-3
Depósito Legal: TO-1057-1998
1ª. reimpresión: 1998

Traducido de:
PRODUCTION AND OPERATIONS MANAGEMENT.
Strategic and Tactical Decision, 4th ed. (Capítulos 1 al 11).
PRENTICE HALL, INC.— Simon & Schuster International Group
A Viacom Company
Copyright © MCMXCVI
ISBN 0-13-439985-4

Edición en español:
Editor: Andrés Otero
Diseño de cubierta: Marcelo Spotti
Composición: Herrero y Asociados
Impreso por: GRAFILLES (Grupo Fuproin)

IMPRESO EN ESPAÑA - PRINTED IN SPAIN

Este libro ha sido impreso con papel y tintas ecológicos.

Keith Davis,
profesor, discípulo,
mentor, amigo
y
Albert J. Simone,
por establecer siempre
las normas para una alta
calidad académica

SOBRE LOS AUTORES

JAY HEIZER está al frente de la cátedra Jesse H. Jones de Dirección de Empresa en el Texas Lutheran College de Seguin, Texas. Obtuvo su BBA y MBA en la Universidad de North Texas y su Ph.D. en Gestión y Estadística en la Arizona State University (1969). Fue anteriormente profesor de la Memphis State University, de la University de Oklahoma, de la Virginia Commonwealth University y de la University de Richmond. Fue también profesor visitante en la Boston University y en la George Mason University.

El Dr. Heizer posee también una amplia experiencia industrial. Aprendió el aspecto práctico de la dirección de producción y de operaciones como aprendiz de maquinista en Foringer and Company, planificador de la producción en la Westinghouse Airbrake y en General Dynamics, donde trabaja en organización e ingeniería. Además ha trabajado como consultor en las áreas de POM y MIS para una gran diversidad de organizaciones, entre las que se incluyen Philip Morris, Firestone, Dixie Container Corporation, Columbia Industries y Tenneco. El Dr. Heizer posee el título CPIM, de la American Production and Inventory Control Society.

El Profesor Heizer ha sido coautor de cuatro libros y ha publicado tres docenas de artículos sobre diferentes temas de gestión. Sus artículos han aparecido en *Academy of Management Journal, Journal of Purchasing, Personnel Psychology, Production and Inventory Control Management, APICS The performance Advantage,* y *Engineering Management,* entre otras revistas. El Dr. Heizer ha impartido cursos de dirección de producción y operaciones en niveles de graduados y posgraduados, así como en programas ejecutivos.

BARRY RENDER es Profesor de Dirección de Operaciones en la cátedra Charles Harwood de la Crummer Graduate School of Business del Rollins College, en Winter Park, Florida. Obtuvo su MS en Investigación Operativa y el doctorado en Análisis Cuantitativo en la Universidad de Cincinnati (1975). Anteriormente fue Profesor en la George Washington University, University of New Orleans, Boston University y George Mason University, donde fue Catedrático de Ciencias de la Decisión en la GM Foundation y Director del Departamento de Ciencias de la Decisión. El Dr. Render también ha trabajado en la industria aeroespacial para General Electric, McDonnell Douglas y la NASA.

El Profesor Render ha sido coautor de nueve libros en Prentice-Hall, incluyendo *Quantitative Analysis for Management, Service Operations Management, Principles of Operations Management, Introduction to Management Science* y *Cases and Readings in Management Science.* Sus más de cien artículos sobre diferentes aspectos de la gestión de empresas han aparecido en *Decision Sciences, Interfaces, Information and Management, Journal of Management Information Systems, Socio-Economic Planning Sciences* y *Operations Management Review,* entre otras publicaciones.

El Dr. Render ha sido también distinguido como AACSB Fellow y nominado Senior Fulbright Scholar en 1982 y de nuevo en 1993. Fue dos veces vicepresidente del Decision Science Institute Southeast Region y actuó como Software Review Editor para Decision Line durante seis años. Es consultor de ediciones para libros de Ciencias de la Decisión de Prentice-Hall. Finalmente, el profesor Render ha realizado tareas de consultor para el gobierno y para muchas corporaciones, incluyendo entre ellas a la NASA, FBI, U.S. Navy, Fairfax County, Virginia, y C & P Telephone. Enseña dirección de producción y operaciones en programas de MBA y Executive MBA en el Rollins College. En 1995 fue designado Mejor Profesor del Año en dicha escuela.

INTRODUCCIÓN

La Dirección de Producción y Operaciones es una de las áreas más interesantes y demandadas en cualquier currículum empresarial. Esta cuarta edición de *Dirección de Producción y Operaciones: Decisiones Estratégicas y Tácticas* tiene por objetivo proporcionarle una introducción actual, completa y práctica a este campo. El texto está diseñado para utilizarlo en cursos introductorios de diplomatura, licenciatura o MBA.

Se da énfasis a las decisiones que toman los directivos de las empresas y el papel que éstos juegan en el incremento de la productividad en la economía mundial. Esperamos que los estudiantes, una vez finalizado el curso, apreciarán el papel que juegan los directivos de producción y operaciones en la mejora de las vidas de todos nosotros. Los autores sabemos que la mayoría de nuestros lectores no son conocedores de POM; sin embargo, pensamos que los estudiantes de dirección, marketing, finanzas, económicas, contabilidad, métodos cuantitativos y sistemas de información encontrarán este texto interesante y útil a la vez. Más de 100.000 lectores de las primeras tres ediciones parecen apoyar esta afirmación.

ENFOQUE DE LA CUARTA EDICIÓN

Contenido

DECISIONES ESTRATÉGICAS Y TÁCTICAS PARA SATISFACER LAS NECESIDADES DE LOS CLIENTES. Como en las ediciones anteriores, hemos equilibrado el estudio de temas de dirección y estrategia con el conjunto de decisiones para satisfacer las necesidades de los clientes. Para permitir la máxima flexibilidad hemos incluido ocho suplementos de capítulo que tienen relación con técnicas de toma de decisiones, tales como programación lineal, colas, simulación y curvas de aprendizaje. Ello permite a los profesores repartir el tiempo disponible del curso académico como crean necesario en cada una de las partes.

EJEMPLOS INTERNACIONALES. Como la productividad y la economía mundial están tan íntimamente ligadas con la nuestra, hemos realizado un esfuerzo especial en incluir ilustraciones internacionales en el texto, problemas, casos y cuadros de *POM en acción.* Este énfasis está unido al enfoque dado a cada capítulo de cómo alcanzar los estándares de clase mundial en la actuación empresarial. Discutimos los logros de firmas internacionales; Volvo, British Airways, Nissan, Toyota, Komatsu, Michelin, y Siemens son algunos de los ejemplos discutidos. Hemos aumentado el contenido del Capítulo 2 sobre estrategia de POM, para poder incluir temas sobre la competencia internacional.

ACTUALIZACIÓN DE TEMAS. Al objeto de estar al día en todos los temas, hemos añadido o aumentado el contenido de herramientas de la gestión de calidad total (TQM), rectángulos de calidad (house of quality), benchmarking, programación finita, competitividad basada en el tiempo, células de trabajo, simulación animada, cofabricantes (keiretsu), organizaciones virtuales y layout japonés.

DIRECCIÓN DE CALIDAD. A causa de su creciente importancia en todos los procesos, hemos revisado y aumentado de manera significativa los capítulos dedicados al importante tema de la calidad. Hemos situado este material en los Capítulos 3 y 4. Esto nos ayuda a desarrollar una aproximación a cualquier otra decisión de POM. Con un mayor tratamiento de las normas de calidad europeas (ISO 9000) y japonesas, los Premios Baldrige, rectángulos de calidad (house of quality), benchmarking, poka-yoke, Kaizen y diagramas causa-efecto (diagramas de espina de pez o, fishbone diagram), introducimos los últimos conceptos en el área de calidad.

EQUILIBRIO ENTRE APLICACIONES EN SERVICIOS Y FABRICACIÓN. Aparte de su tradicional aspecto de fabricación, POM tiene también una total aplicación en empresas de servicios. Esta cuarta edición tiene una marcada orientación hacia estos últimos. Muchos capítulos incluyen aspectos de las operaciones en servicios, y otros tienen secciones especiales que resaltan la distinción entre servicios y fabricación en POM. Por ejemplo, en las secciones de medida del trabajo, se han utilizado ejemplos de trabajos de servicios. De manera similar, el layout de oficinas recibe especial énfasis, haciéndose lo mismo en los temas de localización, gestión de la calidad, y dirección de proyectos aplicados a servicios.

Pedagogía

PROBLEMAS RESUELTOS. En la presente edición incluimos de nuevo problemas resueltos. Se presentan como modelos para los estudiantes para cuando deban resolver los problemas planteados.

APLICACIONES DE BASE DE DATOS. Una nueva característica denominada "Aplicaciones de base de datos" aparece en los capítulos de control de calidad, programación lineal, previsiones, estrategia de localización, modelos de transporte, layout, planificación agregada, planificación de necesidades de materiales (MRP), programación a corto plazo y gestión de proyectos. Estos problemas de gran tamaño están pensados para resolverlos con computador. Permiten a los estudiantes dedicar un tiempo mayor a la interpretación de los resultados de problemas reales, completando las habilidades desarrolladas en la resolución de los problemas normales.

CASOS. En esta cuarta edición hemos introducido 17 nuevos casos. La mayoría han sido desarrollados por destacados profesores de POM de los Estados Unidos. Los casos son generalmente de una o dos páginas, siendo por lo tanto suficientemente cortos para poder realizar uno por semana. Pero también tratan las situaciones de una manera realista y detallada que añade profundidad a cada capítulo. Casi todos los casos están basados en compañías del mundo real.

TRES NIVELES DE PROBLEMAS. Se ha aumentado en un 25% el número de problemas de fin de capítulo, y cada uno se identifica con uno de los siguientes tres niveles: introductorio (un punto), medio (dos puntos) y alto (tres puntos). Además, estos problemas están enfocados hacia el planteamiento del mismo e interpretación, así como su resolución. Se han añadido también más de 100 nuevas preguntas de discusión.

CUADROS DE POM EN ACCIÓN. En todos los capítulos y suplementos, presentamos recientes ejemplos de la práctica de POM provenientes de fuentes diversas, tales como *Wall Street Journal, Fortune, Harvard Business Review* y *Forbes.* Estos cuadros acercan la POM a la vida real y ayudan a asimilar los conceptos tratados en los capítulos. Estas situaciones reales de POM pueden despertar el interés de los estudiantes y desatar discusiones en el aula. En esta cuarta edición aparecen 65 nuevos cuadros de *POM en Acción.*

EJERCICIOS DE RAZONAMIENTO CRÍTICO. Esta cuarta edición es el primer texto de POM que presenta una nueva característica que plantea al estudiante temas críticos de los negocios actuales. A esta nueva característica que aparece en cada capítulo y suplemento la llamamos "Ejercicio de Razonamiento Crítico". Los estudiantes, trabajando en pequeños grupos o equipos, deberán abordar el tema presentado. Muchos de los ejercicios de razonamiento crítico se refieren a temas éticos y decisiones o cuestiones para las que no existen claras respuestas. Esperamos que conduzcan a interesantes debates en el aula.

PERFILES DE CLASE MUNDIAL. En esta edición hemos aumentado de manera importante nuestros característicos *tours* a todo color de empresas de clase mundial. Cada uno de los capítulos empieza ahora con una serie de fotos de una empresa elegida por su liderazgo en el área de POM tratada en el capítulo. La mayoría de las fotos de los *tours* de esta edición son nuevas.

COMENTARIOS. Además de los *tours* de clase mundial, en esta edición aparecen más de 150 comentarios, en recuadros sombreados detallados al margen, que se ligan a los contenidos de cada capítulo y a conceptos específicos de los mismos. Estos comentarios aumentan el interés de los estudiantes, añadiendo a este texto una profundización en los temas que no se encuentra en otros libros sobre el mismo tema.

AB:POM SOFTWARE. Está disponible el software denominado AB:POM (desarrollado por Howard Weiss de la Temple University) comercializado por Prentice Hall. Este paquete, el Software de Soporte a la Decisión más popular en el estudio de POM en las universidades, continúa mejorando tanto en lo referente al número de funciones como a la facilidad de uso para los usuarios. El software incluye más de una docena de programas de aplicación de POM, entre los que se pueden mencionar, como ejemplo, previsiones, colas, equilibrado de líneas, gestión de proyectos, MRP, etc. Pensamos que los estudiantes apreciarán la experiencia de utilizar el computador en la resolución de los problemas. Los profesores, sin embargo, pueden organizar el curso con o sin la utilización del software. Al final de la mayoría de los capítulos, el estudiante encontrará una explicación acerca de cómo usar el software para cada aplicación particular. Además, en el Apéndice E encontramos instrucciones detalladas de cómo usar el software. Para un aprendizaje más efectivo, el software ha sido estructurado de forma que sus términos, notación y aproximación sean las del texto.

IMPRESIONES SIMBÓLICAS DE HOJA DE CÁLCULO. Una hoja de cálculo "simbólica" nos muestra las fórmulas utilizadas en la realización de los cálculos. Además de la aproximación de "caja negra" del AB:POM, los profesores y los estudiantes pueden desarrollar sus propias fórmulas a través de una hoja de cálculo para resolver sus problemas en previsiones, simulación, estudios de tiempo, PERT, y la mayor parte de las demás áreas de aplicación. Esta edición es uno de los primeros textos de POM que incluyen esta nueva característica, y que incluyen esta aproximación alternativa a la de los paquetes cerrados de software. El software de hoja de cálculo se muestra junto a las salidas de AB:POM al final de once capítulos y suplementos.

ÍNDICE POR NOMBRES, ÍNDICE POR COMPAÑÍAS E ÍNDICE GENERAL. Hemos desarrollado tres índices en esta cuarta edición. Un nuevo índice presenta una lista de los autores que aparecen citados en el libro. El índice por compañías muestra el gran número de organizaciones del mundo real que están descritas en el texto.

ORGANIZACIÓN DEL LIBRO

Hemos identificado diez decisiones que son claves para una eficiente dirección de producción y operaciones. Estas diez decisiones están divididas en decisiones estratégicas y decisiones tácticas, y son presentadas en un entorno realista, global y dinámico. Esperamos que esta aproximación presente las decisiones de POM de una manera que ayude a los actuales y futuros directivos a entender cómo gestionar las operaciones de manera eficaz.

La Primera Parte presenta una introducción a la POM, a la productividad, a la estrategia de POM y a temas internacionales que dirigen las decisiones de las operaciones.

La Segunda Parte está orientada a identificar las necesidades de los clientes. Sus tres capítulos tratan de calidad y previsiones. La calidad suministra una visión global, porque desarrollar un plan de calidad es a la vez estratégico (Capítulo 3) y táctico (Capítulo 4) por naturaleza.

La Tercera Parte se centra en seis decisiones estratégicas de gestión, más allá de las de calidad, para satisfacer las necesidades de los clientes. Éstas son: diseño de productos, selección de tecnología de los procesos, localización de instalaciones, layout de instalaciones, recursos humanos y compras/JIT.

La Cuarta Parte introduce tres decisiones tácticas de la dirección de operaciones para satisfacer las necesidades de los clientes. Éstas son: planificación (a medio plazo en el Capítulo 4 del volumen *Decisiones Tácticas*, a corto plazo en el Capítulo 5 del volumen *Decisiones Tácticas*, y orientada a proyectos en el Capítulo 6 del volumen *Decisiones Tácticas*,), control de inventarios y mantenimiento. Esta filosofía de cuatro partes en el libro se resume en la figura siguiente.

Hemos incluido una gran variedad de temas en el libro al objeto de presentar una visión completa de la POM. Sin embargo, abarcar todos los temas en un curso semestral nos parece realmente difícil. En consecuencia, hemos desarrollado el esquema mostrado en la figura anterior que permite una importante flexibilidad a los profesores. Algunos pueden omitir muchos de los suplementos de los capítulos técnicos (tales como Programación Lineal, curvas de aprendizaje, medida del trabajo, simulación, modelos de transporte y colas). Por otro lado, aquellos profesores que prefieran los tratamientos cuantitativos apreciarán especialmente muchos de los suplementos, y de los numerosos ejemplos cuantitati-

PARTE UNO Introducción
Introducción a P/OM (Cap. 1 del volumen *Decisiones Estratégicas*)
Productividad, Estrategia de Operaciones y Competencia Global (Cap. 2 del volumen *Decisiones Estratégicas*)

⇓

PARTE DOS Identificación de Necesidades
Dirección de Calidad Total (Cap. 3 del volumen *Decisiones Estratégicas*)
Control Estadístico de la Calidad (Cap. 4 del volumen *Decisiones Estratégicas*)
Previsiones (Cap. 5 del volumen *Decisiones Estratégicas*)

⇓

PARTE TRES Decisiones Estratégicas para Satisfacer las Necesidades de Clientes
Producto (Cap. 6 del volumen *Decisiones Estratégicas*)
Proceso (Cap. 7 del volumen *Decisiones Estratégicas*)
Tecnología (Cap. 8 del volumen *Decisiones Estratégicas*)
Localización (Cap. 9 del volumen *Decisiones Estratégicas*)
Layout (Cap. 10 del volumen *Decisiones Estratégicas*)
Dirección de Recursos Humanos (Cap. 11 del volumen *Decisiones Estratégicas*)
Compras y JIT (Cap. 1 del volumen *Decisiones Tácticas*)

⇓

PARTE CUATRO Decisiones Tácticas para Satisfacer las Necesidades de Clientes
Gestión de Inventarios (Caps. 2 y 3 del volumen *Decisiones Tácticas*)
Planificación
A medio plazo (Agregada) (Cap. 4 del volumen *Decisiones Tácticas*)
A corto plazo (Cap. 5 del volumen *Decisiones Tácticas*)
Proyecto (Cap. 6 del volumen *Decisiones Tácticas*)
Mantenimiento y Fiabilidad (Cap. 7 del volumen *Decisiones Tácticas*)

vos, problemas resueltos, el software AB:POM y las formulaciones de hojas de cálculo. Aquéllos que prefieran un tratamiento más cualitativo de la POM pueden dar énfasis a los numerosos estudios de casos y a nuestros "Ejercicios de Pensamiento Crítico". Pensamos que el resultado es un texto que permite a los profesores explicar los contenidos a su manera y al ritmo que deseen.

AGRADECIMIENTOS

Queremos agradecer a todas aquellas personas que han tenido la amabilidad de ayudarnos en este enorme esfuerzo realizado, desde la redacción de la primera edición en 1986 hasta esta cuarta edición diez años más tarde. Sin la ayuda de todos estos profesores, nunca habríamos recibido el *feedback* necesario para elaborar conjuntamente un texto utilizable por los alumnos. Estos Profesores, enumerados por orden alfabético, son:

Sema Alptekin
University of Missouri–Rolla

Jean-Pierre Amor
University of San Diego

Moshen Attaran
California State University–Bakersfield

John H. Blackstone
University of Georgia

Theodore Boreki
Hofstra University

Mark Coffin
East Carolina University

Henry Crouch
Pittsburgh State University

Barbara Flynn
Iowa State University

Damodar Golhar
Western Michigan University

Jim Goodwin
University of Richmond

James R. Gross
University of Wisconsin–Oshkosh

Marilyn K. Hart
University of Wisconsin–Oshkosh

James S. Hawkes
University of Charleston

George Heinrich
Wichita State University

Ziaul Huq
University of Nebraska–Omaha

Paul Jordan
University of Alaska

Arthur C. Meiners, Jr.
Marymount University

Larry LaForge
Clemson University

Hugh Leach
Washburn University

Laurie E. MacDonald
Bryant College

Mike Maggard
Northeastern University

Joao Neves
Trenton State College

Niranjan Pati
University of Wisconsin–La Crosse

David W. Pentico
Duquesne University

Leonard Presby
William Patterson State College of New Jersey

M. J. Riley
Kansas State University

Narendra K. Rustagi
Howard University

Teresita S. Salinas
Washburn University

Robert J. Schlesinger
San Diego State University

Avanti P. Sethi
Wichita State University

Girish Shambu
Canisius College

Susan Sherer
Lehigh University

Viki L. Smith-Daniels
University of Minnesota–Twin Cities

Stan Stockton
Indiana University

John Swearingen
Bryant College

Kambiz Tabibzadeh
Eastern Kentucky University

Además, agradecemos a las excelentes personas de Prentice-Hall que nos han ayudado y animado durante esta revisión a lo largo de los años: Rich Wohl, nuestro jefe de edición; Tom Tuckler, nuestro editor; David Cohen y Steven Deitmer, nuestros editores de desarrollo; Kathleen Kelly, nuestra editora de producción; Terri Stratford, nuestro investigador fotográfico y Permissions Group, nuestro editor de permisos. Reva Shader desarrolló los tres soberbios índices del texto. Kay Heizer y Jessie Render realizaron una impagable lectura de las pruebas.

También agradecemos el esfuerzo de nuestros colegas que nos han ayudado a dar forma al completo material de ayuda docente que acompaña a este texto: el Profesor Howard Weiss (Temple University) desarrolló el software AB:POM para microcomputadores; Ted Ashford (Rolligs College) preparó las transparencias y las presentaciones gráficas. Finalmente, los siguientes Profesores elaboraron los excelentes estudios de casos que se encuentran en esta edición:

Rao J. Tatikonda
University of Wisconsin–Oshkosh

Bruce M. Woodworth
University of Texas–El Paso

Michael Ballot
University of the Pacific

James Evans
University of Cincinnati

Roger Gagnon
Wake Forest University

Marilyn Helms
University of Tennessee–Chattanooga

Jerry Kinard
Western Carolina University

William M. Lindsay
Northern Kentucky University

Curtis P. McLaughlin
University of North Carolina–Chapel Hill

Zbignew H. Przasnyski
Loyola Marymount University

Roger W. Schmenner
Indiana University

Kala Chand Seal
Loyola Marymount University

Bruce Simmons
University of Akron

Victor E. Sower
Sam Houston State University

Ralph M. Stair, Jr.
Florida State University

Richard J. Tersine
University of Oklahoma

Timothy L. Urban
University of Tulsa

Hemos sido muy afortunados de poder trabajar con todas estas personas.

Le deseamos una agradable y productiva introducción a la *Dirección de la Producción y de las Operaciones.*

PRÓLOGO

PRÓLOGO A LA CUARTA EDICIÓN DE DIRECCIÓN DE LA PRODUCCIÓN Y DE LAS OPERACIONES

Cuando comencé en el área de las operaciones de producción en 1952, el mundo de la empresa estaba dividido en dos partes, como lo había estado el Mar Rojo. Una parte hacía grandes cosas a partir de pequeñas cosas; la otra parte compraba las pequeñas cosas, encontraba clientes, cuidaba del dinero, vendía productos y se quejaba de lo que hacía la otra parte. Las dos porciones de la compañía no tenían nada en común y tenían poco interés la una en la otra.

A lo largo de los años se descubrió que no hay partes separadas en una organización. Es un cuerpo que necesita que todos sus componentes funcionen a la vez, como una unidad, si se quiere obtener una vida próspera.

Sin embargo, todos sabemos que el mundo fue hecho a partir de partes separadas. Se hablaba de mercados locales e internacionales. Estos últimos no eran parte de la organización y a menudo existía una gran dificultad en la obtención de información sobre planes, productos y personas. Ahora hemos aprendido que el mundo de los negocios no tiene fronteras y que sólo hay mercados locales. Hemos aprendido también que hay proveedores y clientes que no hablan nuestro idioma y que no tienen nuestras fiestas ni vacaciones.

Las diferentes funciones operativas solían ser responsables de cualquier actividad que encajara bajo su denominación. Fabricación de lo fabricado, compras de lo comprado, personal de los empleados, y la calidad la obtenía el departamento de calidad. Cuando era director de calidad, la alta dirección me hacía personalmente responsable si un cliente recibía algo que no era correcto. Todos los demás eran "malos chicos", intentando suministrar desperdicios por calidad y nosotros éramos los "buenos chicos". Cuando había suficientes cosas que iban mal, la práctica era descubrir al culpable, tarea de "hábiles policías". No se planteaba el conseguir que las cosas se hicieran bien.

Cuando empecé a "predicar" sobre la prevención de los problemas, lo que llamamos dirección de calidad, pasó bastante tiempo hasta que la gente lo entendió. El momento llegó con la determinación del "coste de la no calidad". Cuánto costaba hacer las cosas de manera errónea, y entonces repararlo. La mayoría de las empresas se dieron cuenta de que esto suponía el 25% o más de su cifra de ingresos. Ello supuso el comienzo de la revolución de la calidad.

Cuando cada año explico en el curso del Dr. Render, me impresiona siempre el que los estudiantes están aprendiendo a mirar el mundo desde una plataforma que no existía en los principios de mi carrera. La amplitud de miras de este texto ayudará a que esto tenga lugar. Proporciona una manera de empezar el estudio del futuro a partir de la revisión del pasado. Los estudiantes siempre quieren conocer la "realidad" de la dirección de la calidad, que es el tema principal de mi charla. Yo les digo que los conceptos básicos son la parte más importante en la dirección de empresas, que no existen "sistemas" para hacer el trabajo del ejecutivo. Los conceptos llegan a partir de entender las cosas, el entender empieza con el aprender, y aprender se obtiene examinando fuentes creíbles con un espíritu abierto.

Estoy seguro de que disfrutarán en este curso.

PHILIP CROSBY
Winter Park, Fl.

CONTENIDO

PARTE UNO
INTRODUCCIÓN

PARTE DOS IDENTIFICACIÓN DE NECESIDADES

PARTE TRES DECISIONES ESTRATÉGICAS PARA SATISFACER LAS NECESIDADES DE CLIENTES

1

DIRECCIÓN DE PRODUCCIÓN Y OPERACIONES

CONTENIDO DEL CAPÍTULO

OBJETIVOS DE APRENDIZAJE

Cuando haya completado este capítulo debe ser capaz de:

Identificar o definir:

- Producción y productividad.
- Dirección de producción y operaciones.
- Qué hacen los directores de producción y operaciones.
- Las tres funciones principales de una empresa.

Describir o explicar:

- La historia de la dirección de operaciones de forma sucinta.
- Las oportunidades profesionales en el área de dirección de operaciones.
- El futuro de esta disciplina.

PERFIL DE CLASE MUNDIAL: WHIRLPOOL

LOS INCREMENTOS DE PRODUCTIVIDAD CREAN LA DIFERENCIA EN WHIRLPOOL

La productividad es la gran diferencia en la fábrica de lavadoras que Whirlpool posee en Benton Harbor (Michigan). Es la diferencia para los empleados, los consumidores y los accionistas.

Para los empleados, incrementar la productividad significa que, en los últimos años, cada empleado ha recibido más de 2.000$ en complementos salariales.

Para los consumidores, Whirlpool continúa actuando contra la inflación, manteniendo el nivel de precios de venta al público. Incluso teniendo en cuenta que el índice de precios al consumo en los últimos cuatro años ha subido en torno al 20%, algunas lavadoras han bajado de precio.

Los incrementos de productividad han beneficiado también a los accionistas. Whirlpool ha ganado cuota de mercado, adelantando a sus competidores en rentabilidad. Consecuentemente, la cotización de las acciones de Whirlpool también ha aumentado.

Nada de esto hubiese ocurrido sin los incrementos de productividad. ¿Cómo lo ha hecho Whirlpool? En primer lugar, hubo un cambio en la actitud de los directivos y empleados que ahora "viven" la calidad y hablan sobre ella. En segundo lugar, la formación permite que los empleados usen sus cabezas tanto como sus manos. Tercero, las normas de flexibilidad en los puestos de trabajo permiten que los empleados trabajen donde sea realmente necesario. Cuarto, el convencimiento general de que las mejoras son fruto de la labor de todos mantiene a todo el mundo concentrado en mejorar la productividad. De forma específica, los resultados se reflejan, por ejemplo, en incrementos en partes producidas por hora trabajada (de 92,8 a 110,6) y reducciones en partes desechadas por millón (de 837 a 47, un nivel ya de excelencia).

Aunque los Estados Unidos sigan manteniendo el liderazgo de productividad en el mundo, su ratio de crecimiento, como se discute en el Capítulo 1, es inferior al de varios países. Pero en el sector manufacturero se está llevando a cabo un resurgimiento por los hombres y mujeres de empresas como Whirlpool.

Por la unión de los aumentos de salarios a los incrementos de productividad, los empleados de Whirlpool en Benton Harbor se esfuerzan en efectuar un mayor control de sus trabajos y están más involucrados en la operativa diaria de la instalación. En la fotografía, están participando en una discusión de técnicas para la mejora continua.

La inspección visual se realiza cuando las partes se empaquetan para distribuirlas. Un enfoque hacia la calidad total y la seducción en los desperdicios ha sido un importante componente en la mejora de la productividad de Benton Harbor

Esta es una escena de la planta de Whirlpool en Clyde, Ohio, donde se montan máquinas de lavar con partes perfectas recibidas justo a tiempo de Benton Harbor.

Benton Harbor produce el 5% de las partes que van en una lavadora de Whirpool. En la foto, barras de acero para esas partes están cargándose para ser procesadas.

Era el mes de agosto de 1913. En Detroit, los directores de Ford, Clarence Avery y C. W. Klann batallaban en la producción de automóviles. El hombre había construido coches desde hacía décadas, pero Avery y Klann querían hacerlo más rápido y más barato. Su plan era montar el automóvil mientras se movía y que los operarios de montaje estuvieran fijos en un sitio determinado. Un cambio revolucionario. Hacía siglos que el hombre se movía y el trabajo estaba fijo. Mover el objeto a procesar mientras el hombre está fijo es difícil. Pero lo consiguieron. En nueve meses redujeron el tiempo de montaje de unas doce horas a noventa y tres minutos. Ellos revolucionaron la producción y antes de que fueran alcanzados por los competidores habían puesto a América sobre ruedas con 15 millones de Fords modelo T.♦

Producción.

Dirección de producción y dirección de operaciones

En este texto discutiremos cómo los directores continúan revolucionando la producción y cómo el lector, también, puede gestionar recursos para mejorar la producción y la calidad de vida. **Producción** es la creación de bienes y servicios. **La dirección de producción y la dirección de operaciones (POM)** son actividades que transforman recursos en bienes y servicios. Las actividades que crean bienes y servicios tienen lugar en todas las organizaciones.

En compañías manufactureras, las actividades de producción de bienes son generalmente obvias. Por ejemplo, podemos ver la creación de productos tangibles, como un televisor Sony o una furgoneta Chevrolet. Cuando nos referimos a estas actividades tendemos a usar el término *dirección de producción.*

En otras organizaciones que no crean productos físicos, la función de producción puede no ser tan evidente. La "producción", que se realiza cuando un cheque es procesado en el banco o cuando se realiza una reserva de un vuelo, o cuando un paciente recibe cuidados en un hospital, se la conoce como *operaciones*. El producto que se produce puede adoptar formas inusuales, como poner códigos de barras en un papel, ocupar una butaca vacía en un vuelo o prescribir un medicamento. A estas compañías que realizan este tipo de trabajo las llamamos *empresas de servicios*. La actividad de producción que se realiza en estas empresas de servicios se conoce generalmente como *operaciones* o *dirección de operaciones*, el *POM en acción.* "Moviendo dinero en el 111 de Wall Street" proporciona un ejemplo resumido de la labor que desempeña un director de operaciones en el First National Bank de Nueva York.

La obra de Frederick W. Taylor, "Principles of Scentific Management", revolucionó la industria. Un enfoque científico en el análisis del trabajo diario y de las herramientas frecuentemente comportaba incrementos de productividad del 400%. Por ejemplo, en 1913, el Ford T se ensamblaba en menos de dos horas de trabajo.

A medida que avanzamos en el texto, examinaremos interesantes ejemplos de las funciones de producción y operaciones, desde General Motors hasta McDonald's. Veremos cómo los directores de producción en estas empresas crean los bienes y servicios que enriquecen nuestras vidas. Los directores de producción y operaciones toman las decisiones que transforman los recursos en bienes y servicios. En este texto usamos las palabras *producción y operaciones*, así como la combinación *dirección de producción y operaciones* (POM), cuando discutimos este proceso de transformación.

HISTORIA DE LA DIRECCIÓN DE OPERACIONES

El campo de la POM es relativamente joven, pero su historia es rica e interesante. Nuestras vidas y la disciplina de POM han sido engrandecidas por las innovaciones y contribuciones de numerosos individuos. Vamos a presentarle a varios de estos individuos en esta sección.

A Eli Whitney (1800) se le atribuye la primera popularización de las partes intercambiables, que consiguió estandarizando elementos y mediante un eficiente control de

POM EN ACCIÓN

Moviendo dinero en el 111 de Wall Street

Hay una factoría en Wall Street en un alto edificio de hormigón y cristal ahumado idéntico a las estructuras de 24 edificios colindantes. Sin embargo, cuando los trabajadores de otros edificios de oficinas del centro de la ciudad acaban su jornada laboral y vuelven a casa, la actividad en el 111 de Wall Street continúa.

Grandes y ruidosas máquinas de ordenar y veloces carretillas elevadoras robotizadas crean una atmósfera similar a la de una fábrica, y camiones cargados con primeras materias recorren los muelles de carga. Cerca de ahí, en otras grandes salas, los empleados que trabajan en máquinas eléctricas producen un ruido ensordecedor, como el de las ametralladoras.

En un año se procesan 2,5 billones de dólares en el Grupo Operativo del First National City Bank, donde 6.500 trabajadores realizan las operaciones físicas del por otra parte "efímero" negocio de la banca. Las cuentas se cargan y abonan. Los cheques de otros bancos se negocian en la cámara de compensación y se devuelven a sus emisores. A los clientes del First National City Bank se les envía mensualmente un extracto de sus movimientos bancarios.

Cada veinticuatro horas, aproximadamente, un millón y medio de cheques se entregan mediante 38 camiones en los muelles de carga del 111 de Wall Street. Afortunadamente, el último cheque se pone en camino hacia las seis de la mañana. El objetivo es procesar tantos cheques como se hayan recibido.

En la sala de codificación, docenas de personas trabajan febrilmente en sus teclados, procesando un promedio de 1.200 cheques por hora. Cuando éstos salen del área de codificación, se colocan en contenedores y se trasladan a una sala de clima controlado por computador, donde 40 máquinas los ordenan según su destino para ser enviados a multitud de instituciones, que van desde el vecino Chase Manhattan Bank hasta el Banco de China.

Fuente: *World of Banking* 9/2 (marzo-abril,1990): 12-18, 30-31; *Wall Street Journal* (6 de junio de 1975).

calidad. En un contrato con el gobierno de los Estados Unidos para la realización de 10.000 mosquetes pudo conseguir un coste especial, puesto que los elementos de los mosquetes eran intercambiables.

Frederick W. Taylor (1881) realizó importantes contribuciones a la selección de personal, planificación y control, así como en el estudio de tiempos y movimientos.[1] Una de sus principales contribuciones fue su convencimiento de que los directores debían ser más estrictos y agresivos en la implantación de los métodos de trabajo. Taylor y sus colaboradores, Henry L. Grant y Frank y Lillian Gilbreth, fueron los primeros en estudiar de manera científica la mejor forma de realizar el trabajo. Como conse-

Frank y Lillian Gilbreth estaban interesados en encontrar la mejor forma de realizar las tareas. En la persecución de esta meta inventaron una gran variedad de técnicas y dispositivos. Una técnica era utilizar cámaras para registrar el movimiento, sujetando luces en brazos y piernas. De esta manera podían seguir el movimiento de los trabajadores mientras mejoraban varios puestos de trabajo.

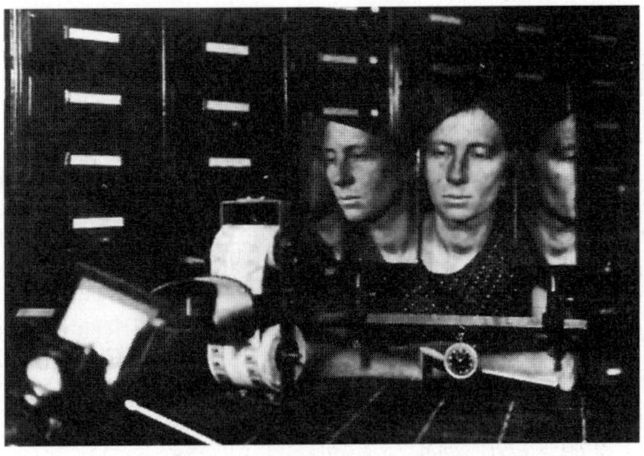

[1] Frederick W. Taylor, *Principles of Scientific Management* (Nueva York: Harper&Brothers, 1911).

cuencia de este trabajo, Taylor es conocido como el padre de la dirección científica. Taylor hizo la distinción entre directivos (aquéllos que planifican, organizan, asesoran, dirigen y controlan) y trabajadores (los que realizan físicamente el trabajo). Él creía que la dirección debía asumir más responsabilidades en:

1. Asignación de trabajadores a puestos de trabajo.
2. Facilitar la formación adecuada.
3. Proporcionar métodos apropiados de trabajo y herramientas.
4. Establecer incentivos adecuados para trabajos realizados.

Como mencionábamos anteriormente, en 1913, Henry Ford consiguió el liderazgo en la fabricación de automóviles, combinando partes estandarizadas con líneas de montaje donde lo que se movía eran las piezas y no los operarios. Este concepto se trasladó a otras empresas, como las de comida envasada o las de venta por correo. Basándose en su experiencia en Ford, Charles Sorensen diseñó la línea de montaje "Willow Run" durante la segunda guerra mundial, con la que se consiguió, en momentos puntuales, producir un bombardero B-24 "Liberator" cada hora.

El control de calidad es otra importante contribución histórica en el campo de la Dirección de Producción y Operaciones. Walter Shewhart (1924), mediante la compaginación de la estadística con la necesidad de evaluar la calidad, aportó los fundamentos del muestreo estadístico y el control de calidad. W. Eduard Deming (1950), otro líder del control de calidad, creyó, como lo hizo Frederick Taylor, que si los directivos mejoraban el entorno productivo y los procesos, se mejoraría la calidad.

La ingeniería industrial

La investigación operativa

A partir de aquí la Dirección de Producción y Operaciones continuará progresando, en base a aportaciones realizadas desde otras disciplinas, como **la ingeniería industrial** y **la investigación operativa**. Estas disciplinas, junto con la estadística, la dirección de empresas y la economía, han contribuido sustancialmente en incrementar la productividad de las organizaciones.

FIGURA 1.1 ■ Tres funciones esenciales en todas las organizaciones

ORGANIZACION	MARKETING	OPERACIONES	FINANZAS/ CONTABILIDAD
Restaurante de comida rápida (Fast-Food)	Publicidad en TV. Dar materiales de promoción. Esponsorización de ligas infantiles.	Hacer hamburguesas y demás. Mantener la maquinaria en condiciones de uso. Diseñar nuevas instalaciones.	Pagar proveedores. Cobrar en efectivo. Pagar empleados. Pagar préstamos.
Universidad o Escuela de Negocios	Diseñar y enviar información sobre sus cursos/carreras.	Prospecciones de alumnos en colegios y empresas. Investigar / buscar nuevas técnicas y conocimientos. Explicarlos a los alumnos.	Pagar profesores y personal. Cobrar matrículas.
Fabricante de automóviles	Publicidad en TV, en periódicos, etc. Esponsorización de carreras y equipos de competición. Pagar dividendos.	Diseñar automóviles Fabricar partes Montar automóviles. Tratar con proveedores. Vender acciones.	Pagar proveedores y empleados. Preparar presupuestos. Promociones.
Iglesia	Dar a conocer sus colectas. Dar una imagen adecuada.	Realizar bodas. Realizar funerales. Realizar misas.	Contabilizar las actuaciones. Contabilizar los gastos. Pagar hipotecas. Pagar facturas.

Innovaciones provenientes de **las ciencias puras** (biología, anatomía, química y física) también han contribuido en los avances en POM. Estos avances incluyen, por ejemplo, nuevos adhesivos, procesos químicos para circuitos impresos, rayos gamma en la esterilización de productos alimenticios o mesas de estaño líquido, donde se mantiene suspendido cristal líquido de alta calidad mientras se enfría. El diseño de productos y procesos a menudo depende de las ciencias puras.

Las ciencias puras

Una contribución especialmente importante a la POM proviene de **las ciencias que estudian los sistemas de información**. Un buen sistema de información de la dirección, hoy en día, implica el uso de ordenadores que transforman listas de datos en información —y el flujo rápido de información adecuada es crítico para una dirección eficaz—. El estudio de los sistemas de información es una disciplina que ha crecido gracias a las aportaciones de gente muy diversa, que incluye nombres como Charles Babbage y John Vincent Atanasoff. En 1832, Babbage diseñó el primer prototipo de computador. Ada, Condesa de Lovelace e hija de Lord Byron, fue la primera en diseñar un lenguaje para programarlo. Cien años después, John Atanasoff, mientras estaba en la Universidad de Iowa, diseñó y construyó el primer computador digital (el ABC), en el invierno de 1937/38. Estas y subsiguientes contribuciones en informática y sistemas de información han proporcionado a la POM la posibilidad de tratar problemas que anteriormente no podían abordarse, y han proporcionado a la sociedad actual una gran diversidad de bienes y servicios.

Las ciencias que estudian los sistemas de información

Los estudios de Hawthone comenzaron con la determinación del impacto de la iluminación en la productividad. Finalizaron con el reconocimiento de la importancia de un sistema social en el lugar de trabajo.

Entender la historia de la POM nos proporciona los fundamentos para poder estudiar esta disciplina tal y como es hoy en día, así como prever su evolución futura. En este capítulo veremos las diversas formas de cómo puede usted preparar una carrera en POM. Sin embargo, antes veremos cómo son, cómo piensan y cómo se organizan las empresas para crear bienes y servicios.

ORGANIZARSE PARA CREAR BIENES Y SERVICIOS

Para crear bienes y servicios, todas las organizaciones realizan tres funciones (véase Figura 1.1). Estas funciones son necesarias no sólo para producir, sino que también son necesarias para la supervivencia de la organización. Las funciones son:

1. *Marketing/comercial:* que genera la demanda o, por lo menos, capta pedidos.
2. *Producción/operaciones:* que crea efectivamente el producto.
3. *Finanzas/contabilidad:* que controla el estado de la sociedad y gestiona los cobros y pagos.

Universidades, iglesias y empresas, todas realizan estas funciones. Cualquier institución, incluso un grupo de voluntarios como los Boy Scouts de América, están organizadas para realizar estas tres funciones básicas. La Figura 1.2 nos muestra cómo se organizan una línea aérea, un banco y una empresa manufacturera para realizar estas tres funciones (en sombreado se encuentran la producción y las operaciones).

¿POR QUÉ ESTUDIAR POM?

Estudiamos POM por cuatro motivos. En primer lugar, POM es una de las tres funciones principales de cualquier organización, y es esencial entender qué hacen las organizaciones.

FIGURA 1.2 ■ Organigramas para una línea aérea, un banco y una empresa manufacturera. Las áreas sombreadas corresponden a las tareas de POM.

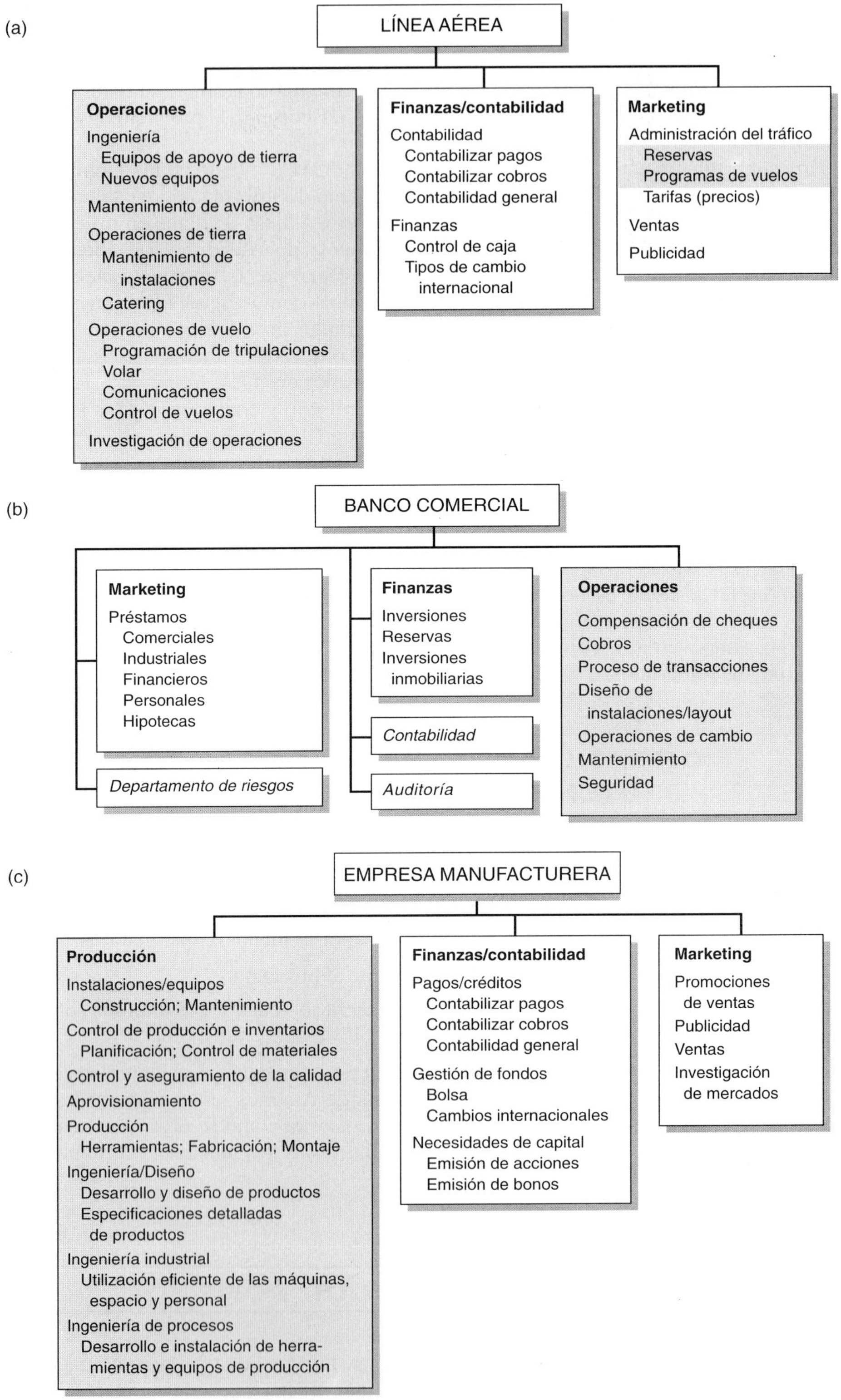

EJEMPLO 1.1

Landrum Technologies es una pequeña empresa que debe doblar el margen de contribución para poder proporcionar el beneficio suficiente con el que poder adquirir la nueva generación de equipos productivos. La dirección ha determinado que, si no se consigue el incremento del margen de contribución, su banco no concederá el préstamo necesario para poder comprar los equipos. Si no se pueden comprar los equipos, con las limitaciones de los antiguos no se podrá permanecer en el negocio y, por lo tanto, se tendrán que despedir trabajadores, y los bienes y servicios no llegarán a sus consumidores. El cuadro adjunto muestra una cuenta de resultados simplificada con la situación actual y diversas alternativas. La primera opción estratégica vendría de marketing: una muy buena gestión de marketing podría incrementar las ventas en un 50%. Con un incremento del 50% de las ventas, el margen de contribución crecería en un 71%. Pero incrementar las ventas en un 50% puede ser algo más que difícil, incluso imposible.

La segunda opción sería una opción financiera: con una muy buena gestión financiera se recortarían los costes financieros a la mitad. Pero la eliminación de los costes financieros, incluso en su totalidad, sería insuficiente. El margen de contribución se incrementaría en tan sólo el 21%.

La tercera opción es una opción POM donde, si la dirección reduce un 20% el coste de producción, ¡el margen de contribución se incrementa en un 114%!

Vistos los condicionantes de nuestro pequeño ejemplo, ahora existe una buena predisposición bancaria para prestar fondos a Landrum Technologies.

Opciones para Incrementar el Margen de Contribución

		Opción Marketing *	Opción Financiera†	Opción POM‡
	Actual	Incremento de ventas del 50%	Reducción de costes financieros en un 50%	Reducir los costes de produccion en un 20%
Ventas	$100.000	$150.000	$100.000	$100.000
Coste de las ventas	– 80.000	–120.000	– 80.000	– 64.000
Margen bruto	20.000	30.000	20.000	36.000
Costes financieros	– 6.000	– 6.000	– 3.000	– 6.000
Margen de contribución§	14.000	24.000	17.000	30.000

* Incrementar las ventas en un 50% incrementa el margen de contribución en 10.000$, esto es, un 71,14% (10.000/14.000).

† Reducir los costes financieros en un 50% incrementa el margen de contribución en 3.000$, o un 21,4%.

‡ Reducir los costes de producción en un 20% incrementa el margen de contribución en 16.000$, esto es, un 114,2%.

§ Margen de contribución a los costes fijos (excluyendo los financieros) y a los beneficios.

Sólo con el estudio de POM entenderemos cómo se organiza la gente en una empresa productiva.

En segundo lugar, estudiamos POM porque queremos conocer cómo se producen los bienes y servicios. La función de producción es la parte de la sociedad que crea los productos

TABLA 1.1 ■ Gastos en porcentaje sobre ventas, por funciones, en diversas organizaciones seleccionadas

	EMPRESA DE COMIDA ENVASADA	FÁBRICA DE MUEBLES	RESTAURANTE	FÁBRICA DE MAQUINARIA PESADA
Producción-Operaciones				
Materias primas	79%	40%	38%	42%
Mano de obra directa	8%	15%	20%	12%
Costes marginales, supervisión, suministros	3%	22%	16%	23%
	90%	77%	74%	77%
Ventas, finanzas, generales y administrativos	9%	15%	22%	20%
Intereses, resultados extraordinarios impuestos y beneficios	1%	8%	4%	3%

Nota: Las categorías son aproximadas, dado que se han agrupado conceptos y redondeado valores.

que usa. En tercer lugar, estudiamos POM porque es una de las partes que genera más costes en cualquier organización. La Tabla 1.1 nos permite ver el alto porcentaje de costes imputados a la función de POM en los ejemplos escogidos. Este coste hace que el esfuerzo de las empresas por aumentar la productividad sea un enfoque adecuado. Realmente, la mejor oportunidad de mejorar los resultados de una empresa proviene del área de POM, que es quien produce los bienes y servicios. En el Ejemplo 1 podemos ver cómo una empresa puede mejorar sus beneficios vía la función de producción.

La opción de POM tomada en el Ejemplo 1 es la mejor estrategia recientemente utilizada por Cummins Engine. Tal y como vemos en el cuadro POM en acción "El samurai yanqui", esta estrategia es la única con sentido común. El caso de Cummins no es insólito. Una función de producción eficiente conlleva una alta cotización de la compañía, así como una alta remuneración de sus directivos.

La cuarta razón para estudiar POM es comprender las tareas desarrolladas por los directores de producción y operaciones. Entendiendo lo que hacen, podrá desarrollar las habilidades de toma de decisiones necesarias para ser director de producción y operaciones.

QUÉ HACEN LOS DIRECTORES DE PRODUCCIÓN/OPERACIONES

El proceso de dirección

Todos los buenos directivos realizan las funciones básicas del proceso de dirección.[2] **El proceso de dirección** consiste en lo siguiente:

1. *Planificar.* Los directores determinan los objetivos de las organizaciones y desarrollan los programas, políticas y procedimientos que ayudarán a conseguirlos. Los

[2] Ver Henry Fayol, *General and Industrial Administration* (Londres: Pitman, 1969); Harold Koontz, *Toward a Unified Theory of Management* (Nueva York: McGraw-Hill, 1964) y G. March y H. Simon, *Organizations* (Nueva York: John Whiley, 1958).

POM EN ACCIÓN

El samurai yanqui

Todo empezó cuando apareció el primer motor de camión con las marcas "Komatsu" y "Nissan" en un muelle de California. Muy poco después, Cummings recibió las llamadas de dos buenos clientes, Navistar y Freightliner, diciéndole que ellos estaban allí probando esos motores para camiones de tamaño medio.

Cummings, empresa que tenía una cuota de mercado de casi el 60% del mercado americano de motores diesel grandes para camiones, tenía mucho que perder. Después de todo, si los japoneses iban ganando cuota de mercado en los motores para camiones de tamaño medio, el siguiente objetivo sería el mercado de motores diesel pesados. Cummings decidió que debía ser más competitiva. Hizo una rebaja de precios del 10 al 40%. Esta fue la parte fácil.

Después vino la reducción de costes y, simultáneamente, el tratar con la inflación. El coste debía reducirse como mínimo en un 33%, y eso no era tarea fácil.

Pero Cummings decidió aprender de los japoneses y estudió sus métodos de producción. Descubrieron que los sistemas de contabilidad de costes americanos tendían a esconder ciertos costes. Cummings también descubrió que, mediante la utilización de maquinaria más flexible, podían reducir su stock de 60 días de suministros a 3 o 4.

Llegados a este punto era cuestión de afrontar el gran reto, la reducción del coste de los materiales, que representaban el 50% del presupuesto de producción. Cummings se puso en contacto con sus proveedores para que hiciesen sugerencias. ¿Podrían ayudar? Sí. Resultó que hasta entonces nadie les había consultado nunca. En tres años, Cummings fue capaz de reducir el coste de los materiales en un impresionante 18%. Las relaciones con los proveedores han pasado del enfrentamiento a la cooperación. En palabras del presidente de Cummings, "tratamos de hacer lo mismo con los proveedores que lo que hacemos con los clientes."

Fuente: Forbes (14 de julio, 1986). *Accountancy*, 103 (mayo, 1991): 39–43; *Business Week* (2 de octubre, 1993): 222–224.

directivos determinan también los planes subordinados para cada departamento, grupo e individuo.

2. *Organizar.* Los directivos desarrollan una estructura de individuos, grupos, departamentos y divisiones para ir consiguiendo los objetivos.
3. *Gestionar personal.* Los directivos determinan las necesidades de personal, incluyendo la mejor manera de seleccionar, entrenar, retener y despedir empleados para ir consiguiendo los objetivos.
4. *Dirigir.* Los directores dirigen, supervisan y motivan al personal para conseguir los objetivos.
5. *Controlar.* Los directivos desarrollan los estándares y las redes de comunicación necesarias para asegurarse de que la empresa está siguiendo los planes adecuados y alcanzando los objetivos planteados.

Los directores de producción y operaciones aplican este proceso de dirección a las decisiones que toman en la función de producción y operaciones. En una organización compleja, los directivos contribuyen al área de producción y operaciones a través de las actividades descritas en la Tabla 1.2. Para cada una de estas actividades es necesario planificar, organizar, gestionar personal, dirigir y controlar.

Las actividades mostradas en la Tabla 1.2 implican que los directores de producción tomen decisiones. Estas decisiones asignan recursos que afectan a la eficiencia y a la estrategia de la empresa. En este texto proporcionaremos una introducción a la manera adecuada de tomar estas decisiones.

TABLA 1.2 ■ Actividades en departamentos típicos de producción y operaciones.

DEPARTAMENTO	ACTIVIDAD
Investigación y desarrollo (I + D).	Orientar la investigación sobre productos, desarrollar productos.
Ingeniería de productos	Diseño detallado de productos orientado a incrementar la eficiencia productiva.
Ingeniería de procesos	Seleccionar o diseñar y desarrollar herramientas de producción, equipos y procesos.
Planificación de instalaciones, construcción.	Planificar, construir y reparar instalaciones.
Compras.	Determinar los mejores proveedores en función de las especificaciones, plazos de entrega y precios.
Ingeniería industrial (IE).	Determinar la forma más eficiente de utilizar las máquinas, el espacio y el personal. Medida del trabajo.
Métodos y procedimientos	Dirigir los esfuerzos hacia la mejora de los procesos en el puesto de trabajo.
Planificación de la producción y control de inventarios (PIC).	Planificar el proceso de producción, gestionar el inventario.
Investigación operativa.	Aplicar los métodos, modelos y procedimientos matemáticos o los sistemas de información para la dirección (MIS) a la gestión de la producción.
Gestión de calidad/Control.	Revisar diseños, productos y procesos para asegurar el cumplimiento de objetivos en calidad.
Mantenimiento.	Centrado en diseñar sistemas y procedimientos que permitan crear y mantener un sistema fiable.

¿DÓNDE ESTÁN LOS PUESTOS DE TRABAJO DE POM?

La Figura 1.3 nos muestra los puestos de trabajo por sector en los Estados Unidos. El sector manufacturero, que es quien tiene la mayor proporción de trabajos de POM, actualmente constituye el 18% del total de puestos de trabajo; construcción y minería, el 6% y el

FIGURA 1.3 ■ Puestos de trabajo en Estados Unidos

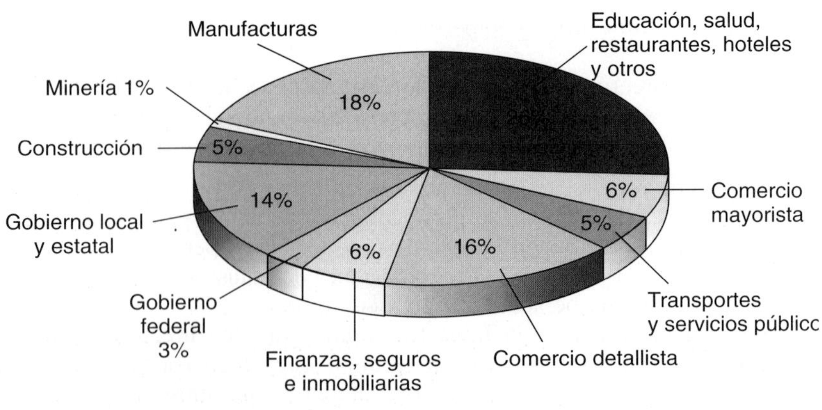

Fuente: Departamento de Trabajo de los Estados Unidos, *Monthly Labor Review*.

TABLA 1.3 ■ Ejemplos de empresas por sector

COMPAÑÍA/ORGANIZACIÓN	EJEMPLO
Sector manufacturero	General Electric, Ford, U.S. Steel
Sector construcción	Bechtel, McDermott
Sector minería	Homestake Mining
Sector servicios:	
Administración Pública	Estatal, federal, local
Educación	Escuelas privadas o públicas
Restaurantes	McDonalds, Luby's Cafeteria
Hoteles	Motel 6, Hoteles Hilton
Ocio	Walt Disney, Paramount Pictures
Comercio detallista	Walgreen's, Wal-Mart, Kmart
Suministros	Pacific Gas&Electric
Transporte	
Líneas aéreas	American Airlines, Southwest Airlines
Ferrocarriles	CSX, Santa Fe
Carretera	Overnight, J. B. Hunt
Finanzas	Citicorp, American Express
Seguros	Prudential, Aetna
Inmobiliaria	
Desarrollo	Trammell Crow
Ventas	Coldwell Bankers
Abogados y procuradores	Hunton & Williams, Local Law Offices
Medicina	Mayo Clinic, Humana Hospitals
Reparaciones y mantenimiento	IBM Computer Maintenance, Xerox maintenance, Pitney–Bowes

sector servicios el restante 76%. El sector servicios incluye la administración pública, la educación, hostelería, comercio, suministros, transportes, finanzas, banca, seguros, inmobiliarias, abogacía, medicina, reparaciones y mantenimiento, etc. La Tabla 1.3 nos presenta ejemplos para varias de estas categorías.

Si dos terceras partes de todos los trabajos en el sector manufacturero y extractivo son de producción y operaciones, y una tercera parte del total de trabajos en el sector servicios también, entonces alrededor del 40% del total de puestos de trabajo están incluidos en el área de producción y operaciones. En los Estados Unidos, donde la población empleada ronda los 128 millones, debe haber unos 51 millones de puestos de trabajo en la función de producción y operaciones; la mayoría de estos puestos son de profesionales y directivos. Estos puestos requieren formación, experiencia y cualificaciones profesionales, así como conocimientos de los conceptos de POM. Examinemos ahora algunos de estos puestos de trabajo en POM.

PREPARÁNDOSE PARA UN FUTURO PROFESIONAL EN POM

¿Cómo debe iniciarse un futuro profesional en POM? Permítanos revisar los requisitos solicitados en los puestos básicos de POM. Las actividades de POM descritas en la Tabla 1.2 necesitan de tomas de decisiones que deben realizar personas experimentadas en POM. Cuantos más conocimientos sobre POM, contabilidad, estadística, sistemas de información y matemáticas posea un estudiante de administración de empresas, más oportunidades de trabajo en un área de POM puede encontrar.

En el área de *Planificación de producción y control de inventario*, generalmente las ofertas de trabajo se dirigen a licenciados en POM.[3] Un licenciado en POM puede reforzar sus posibilidades con un certificado de auxiliar de gestión de inventarios (CPIM) ofrecido por la *Sociedad Americana de Producción y Control de Inventario* (APICS).[4] El ser miembro de APICS, como estudiante o en algún apartado local, también es una excelente vía para mejorar las cualificaciones en este campo. Los puestos de trabajo disponibles se encuentran virtualmente en todos los sectores, desde hospitales a bancos, pasando por empresas de mantenimiento de aviones o empresas manufactureras.

Investigación Operativa[5] es un término utilizado para describir un abanico de técnicas cuantitativas o relacionadas con los ordenadores. Consecuentemente, este término abarca también un abanico de oportunidades laborales. La mayoría de los puestos de entrada se dirigen a licenciados en matemáticas, sistemas de información, administración de empresas, ingenierías o carreras relacionadas con POM, dependiendo de la naturaleza exacta de la oferta de trabajo. La *Sociedad de Ingenieros Industriales* (SME) es una fuente de información sobre el desarrollo profesional en el ámbito de POM en las empresas industriales.[6] Para otros sectores, como la administración pública, empresas de transporte, etc., se puede encontrar información en el INFORMS[7] y en el *Instituto de Ciencias de la Decisión.*[8]

En los puestos de trabajo en *análisis de costes, ingeniería industrial, estándares de trabajo, métodos de trabajo y la gestión del mantenimiento*, las empresas también buscan licenciados en POM, especialmente si los estudiantes han hecho algún curso de especialización. El Instituto de Ingenieros Industriales (IIE) tiene delegaciones por todo Estados Unidos, con reuniones mensuales a las que generalmente pueden acudir estudiantes.[9]

Los primeros puestos de trabajo en compras se encuentran generalmente en expediciones o como ayudante de compras. Los licenciados en POM están capacitados para estos puestos, que se pueden encontrar en todos los sectores, desde la venta al detalle hasta la medicina. Los estudiantes pueden mejorar su currículum realizando una serie de exámenes para obtener el certificado de dirección de compras (CPMs).[10] Si está interesado en el área de compras, puede contactar con la Asociación Nacional para la Dirección de

---

3 Entendiéndose por ello Ingenieros industriales (técnicos o superiores) y licenciados (o diplomados) en administración de empresas o carreras afines. (N. del T.)

4 American Production and Inventory Control Society, Departamento de certificaciones, 500 W. Annandale, Falls Church, VA 22046-4274.

5 O también Análisis de Operaciones, Investigación de Operaciones o el propio término inglés "Management Science". (N. del T.).

6 Society of Manufacturing Engineers, One SME drive, P.O. Box 930, Dearborn, MI 48121.

7 The Institute for Operations Research and Management Sciences, 290 Westminster Street, Providence, RI 02903.

8 Decision Sciences Institute, University Plaza, Atlanta, GA 30303.

9 Institute of Industrial Engineers, 25 Technology Park, Norcross, GA 30092.

10 Certified purchasing managers. (N. del T.)

Compras,[11] donde le facilitarán información tanto para ser miembro de la asociación como para realizar el citado examen.

Los puestos de gestión de la calidad, evidentemente, son ideales para los estudiantes con unas sólidas bases estadísticas, como los licenciados en matemáticas, estadística o administración de empresas. La Asociación Americana para el Control de la Calidad (ASQC)[12] puede proporcionar información sobre la progresión profesional en el área de control de calidad, así como de sus exámenes de certificación. La gestión de la calidad puede ser crítica en muchos campos, como alimentación, hospitales o líneas aéreas.

Los estudiantes que tienen conocimientos sobre sistemas de gestión de la información (MIS) a menudo también poseen los requisitos adecuados para obtener trabajos en el área de POM. Estos estudiantes pueden especializarse en la gestión de la contabilidad por ordenador, reaprovisionamientos, control de inventarios, previsiones o sistemas de personal, o bien crear modelos matemáticos que ayuden a la empresa a tomar mejores decisiones. Se puede dirigir a cualquier sede de la Asociación para la Gestión del Proceso de Datos (DPMA)[13] o de la Asociación de Gestión de Sistemas (ASM)[14] para obtener más información.

Existen también muchas oportunidades para individuos con otros conocimientos. Los estudiantes de ciencias puras, por ejemplo, pueden encontrar oportunidades en una amplia variedad de empleos relacionados con producción y operaciones. Estos empleos abarcan desde la protección al medio ambiente hasta el desarrollo de nuevos procesos de producción.

Independientemente de que hablemos de un empleo o de una carrera profesional, las tareas a desarrollar siguen siendo transformar los recursos en productos y servicios. Esta transformación se debe llevar a cabo de forma eficiente, porque los directores de producción y operaciones son responsables, más que nadie en nuestra sociedad, de mejorar la productividad.

FIGURA 1.4 ■ El sistema económico transforma inputs en outputs. Un feedback efectivo evalúa la actuación de los procesos con respecto a un plan. Además mide la satisfacción de los clientes y envía señales a las instituciones que controlan los inputs y los procesos.

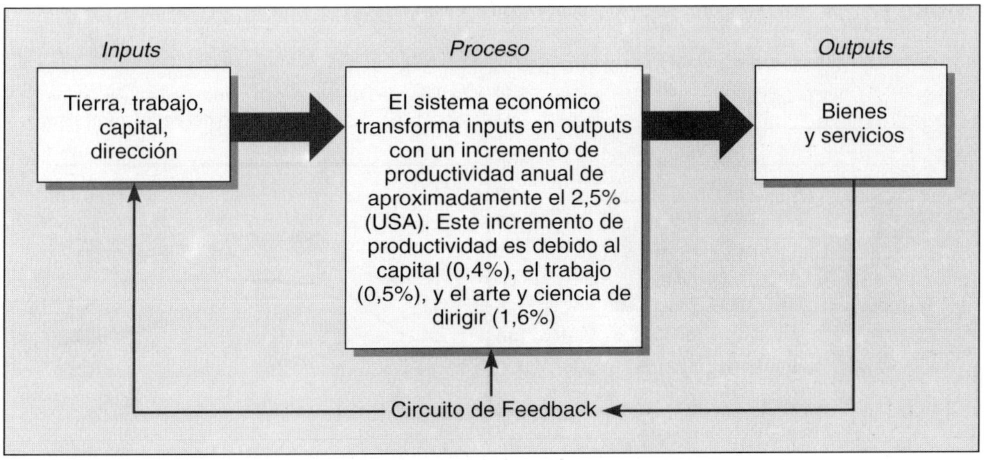

[11] National Association for Purchasing Management, P.O. Box 418, Oradell, NJ 07649.

[12] American Society for Quality Control, 230 W. Wells Street, Milwaukee, WI 53203.

[13] Data Processing Management Association, 505 Busse Highway, Park Ridge, IL 60068.

[14] Association for System Management, 1433 W. Bogley Road, P.O. Box 38370, Cleveland, OH 44130-0370.

FIGURA 1.5 ■ ¿Qué pasa cuando se incrementa la productividad? Cuando se incrementa la productividad, los costes pueden bajar sustancialmente y los salarios incrementarse. Estos logros se consiguieron en la planta de Benton Harbor de Whirlpool.

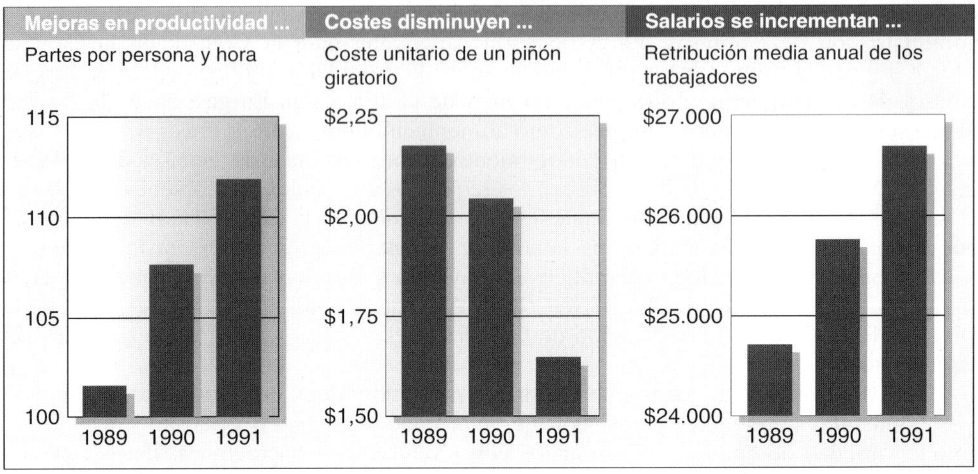

Fuente: Whirlpool Corp.; American Productivity and Quality Centres, según se detalla en *Wall Street Journal* (4 de mayo de 1992): A1–A4.

EL RETO DE LA PRODUCTIVIDAD

Producción, como hemos dicho anteriormente, es la creación de bienes y servicios. Productividad es el perfeccionamiento del proceso de producción. Perfeccionar la producción significa conseguir un buen valor de la relación (cociente) entre los recursos empleados, los inputs, y los bienes y servicios creados, los outputs. La productividad puede mejorarse de dos formas: utilizar menos inputs para producir el mismo output, o bien, utilizar los mismos

FIGURA 1.6 ■ Una comparación de la productividad entre Estados Unidos, Japón y Alemania.

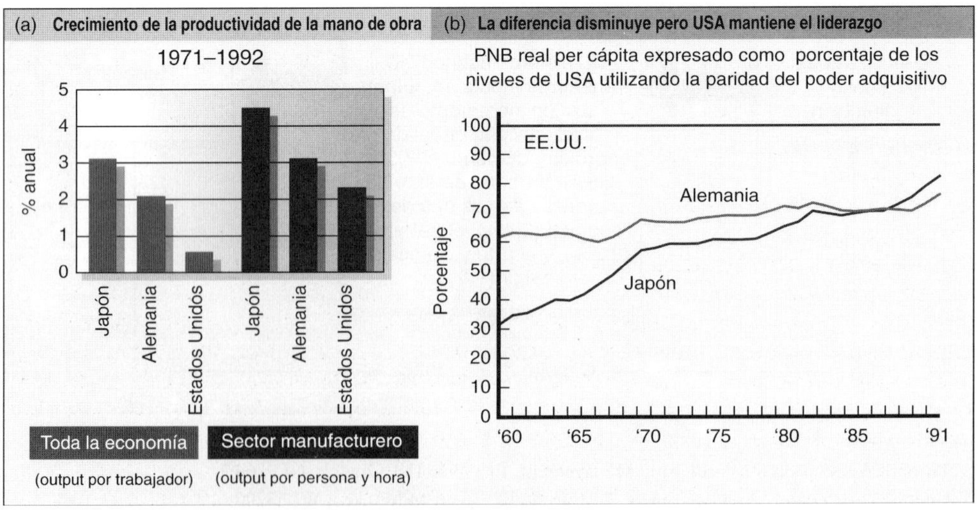

Fuente: (a) Adaptado de *The Economist* (13 de febrero de 1993):67; (b) Bureau of Labor Statistics, basado en cálculos sobre precios de la OCDE según *Forbes* (14 de septiembre de 1992): 43.

POM EN ACCIÓN

Los Estados Unidos mantienen el liderazgo mundial en productividad

Hace pocos años, el descenso de los Estados Unidos a un estatus de segundo orden fue un hecho ampliamente aceptado. Nunca más. Europa y Japón se estancaron mientras que la economía de Estados Unidos ha ido creciendo, su inflación es más baja y la productividad y el empleo han aumentado. Después de más de una década de profundos y dolorosos cambios y sin un cierto desconcierto, la mayoría de empresas americanas son más flexibles y ágiles, y además muchas han tomado el liderazgo en sofisticadas tecnologías que se incluyen dentro de la era de la información.

Esta recuperación empezó por atacar uno de los indicadores básicos de la buena salud de una economía: el crecimiento de la productividad, u output por trabajador. La productividad determina la rapidez del crecimiento del nivel de vida. Los trabajadores americanos siguen siendo los más productivos del mundo, produciendo un promedio de 49.600$ en bienes y servicios, lo que representa entre 5.000$ y 10.000$ más por trabajador que sus homólogos alemanes o japoneses.

Las razones: en primer lugar, existe mucha menos reestructuración corporativa en las empresas japonesas y alemanas que en las americanas. Segundo, con los actuales tipos de cambio los trabajadores alemanes cobran un promedio de 26$ por hora, 10$ más que los americanos y japoneses. Tercero, el número de computadores personales por trabajador es tres veces superior en los Estados Unidos que en Japón. Como dice Bruce Steinberg de Merrill Lynch, "Muchas empresas americanas han aprendido a usar la tecnología para mejorar la productividad." Empresas americanas como Intel, Novell, Hewlett Packard y Microsoft son líderes en todas las áreas importantes de la revolución de los computadores: Software, estaciones de trabajo, redes, impresoras láser, y microprocesadores.

El liderazgo americano, hoy en día, es más amplio en servicios. La productividad de los detallistas es el doble que la de los japoneses, donde las leyes protegen a los pequeños comerciantes frente a las grandes cadenas, sobre todo de los "discounts". La telefonía en Estados Unidos tiene una productividad de al menos el doble que el monopolio gubernamental alemán. Y el sistema bancario americano es un 33% más eficiente que los oligopolios bancarios alemanes.

Fuente: New York Times (27 de febrero de 1994): 1–3; *Forbes* (14 de septiembre de 1992): 43; y *Forbes* (29 de marzo de 1993): 517.

inputs para realizar más output. Los inputs, tal y como se definen por los economistas, son la tierra, el trabajo, el capital y la gestión. Los directivos combinan estos inputs en un sistema de producción que los convierte en outputs. Los outputs son bienes y servicios, incluyendo cosas tan diversas como cañones, mantequilla, educación, mejora de sistemas judiciales o estaciones de esquí.

La productividad permite tanto a las empresas como a los países mantener su competitividad. La medida de la productividad es una vía excelente para evaluar el comportamiento de una empresa o un país. La gestión de la productividad es también una excelente forma de evaluar la capacidad que una empresa o un país tiene de mejorar el nivel de vida de sus empleados o habitantes. La Figura 1.5 nos muestra cómo las mejoras de productividad en Whirlpool permiten reducir los precios a sus clientes, al mismo tiempo que incrementar los salarios. Igualmente y aunque recientemente la productividad en Estados Unidos ha vuelto a crecer, los bajos índices de crecimiento de productividad de las décadas 70 y 80 (véase Figura 1.6) han permitido que otros países industrializados se hayan acercado a la productividad de los Estados Unidos. Solamente a través de los incrementos de productividad puede mejorarse el nivel de vida. Es más, solamente a través de incrementos de productividad el trabajo, el capital y la dirección reciben retribuciones adicionales. Si la remuneración del trabajo, del capital y de los directivos aumentan sin aumentar la productividad, esto sólo puede traducirse en un incremento de precios. Por otro lado, cuando se incrementa la productividad, los precios tienden a bajar, porque con los mismos inputs se producen más outputs.

Desde 1989, los Estados Unidos han podido mantener un incremento medio anual de cerca del 2,5%. Este ritmo de crecimiento duplica la riqueza cada treinta años. Sin embargo, en las últimas décadas, los Estados Unidos han sido incapaces de sostener este crecimiento anual. Pero tal y como vemos en "POM en acción", "Los Estados Unidos mantienen el liderazgo mundial en productividad", los recientes incrementos de productividad son esperanzadores. Cuando la productividad se estanca, el nivel de vida hace lo mismo, queda estancado. Las empresas, como los países, deben determinar en primer lugar las razones de los bajos niveles de productividad y, después, corregirlos. En este texto analizaremos cómo mejorar la productividad, estudiando las decisiones estratégicas y tácticas tomadas por los directores de operaciones.

Medida de la productividad

En algunos casos medir la productividad es algo inmediato. Éste es el caso cuando la productividad puede ser medida como horas-hombre necesarias por tonelada de acero o la energía (BTUs) necesaria para generar un kilovatio de electricidad.[15] Un ejemplo es:

$$\text{Productividad} = \frac{\text{unidades producidas}}{\text{inputs usados}} =$$

$$= \frac{\text{unidades producidas}}{\text{horas-hombre utilizadas}} = \frac{1.000}{250} = 4$$

De todas formas es normal que en muchos casos existan dificultades sustanciales en la elaboración de este ratio.[16] Algunos de estos problemas de medición son los siguientes:

1. La *calidad* de los inputs y outputs puede cambiar, mientras la cantidad se mantiene constante.
2. *Elementos externos* pueden producir incrementos o descensos de productividad de los que el sistema que se estudia no es responsable.[17] Por ejemplo, una mayor fiabilidad del suministro eléctrico puede incrementar de forma importante la producción y, por tanto, la productividad, sin tener nada que ver con las decisiones de gestión que hayan podido tomarse.
3. *Ausencia de unidades de medida precisas.* No todos los automóviles son iguales, algunos son pequeños utilitarios y otros son carísimos deportivos.

Sector servicios

Estos problemas de medición de la productividad se ven particularmente acentuados en el sector servicios. Anteriormente hemos identificado el **sector servicios** a los de reparación y mantenimiento, administración pública, hostelería, transportes, seguros, comercio, finanzas, inmobiliario, educación, legal, medicina y otras ocupaciones profesionales. Tomemos, por ejemplo, los problemas de medida en un bufete de abogados, donde cada causa es diferente. Cada causa legal variará, alterando la exactitud del *ratio* "causas por hora trabajada" o "causas por empleado". Problemas de medida aparte, los directores

[15] La calidad de las unidades producidas y el período de tiempo se suponen constantes.

[16] Ver John W. Henrici, "How Deadly Is the Productivity Disease?", *Harvard Business Review*, 59 (noviembre/diciembre de 1981) : 123-129, para una disquisición sobre los problemas de medición a nivel nacional; y David J. Sumanth, *Productivity Engineering and Management* (Nueva York: McGraw-Hill, 1984), para una excelente exposición a nivel empresa.

[17] Se trata de variables exógenas, esto es, variables externas al sistema que, sin embargo, influyen en él.

FIGURA 1.7 ■ La aportación del capital, la mano de obra y la gestión al incremento de productividad anual en los Estados Unidos.

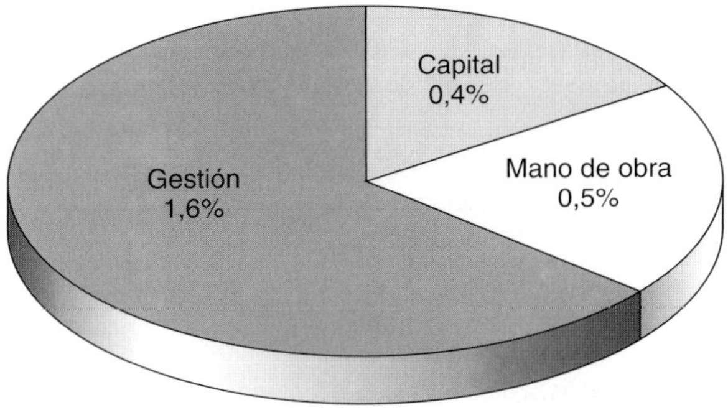

de operaciones deben trabajar para incrementar la productividad y encontrar los mecanismos de información adecuados, que constaten de forma fiable si se producen estos incrementos. De hecho, el incremento de productividad en empresas de servicios es tan vital como en empresas industriales.

Variables de la productividad

Los incrementos de productividad existen gracias a la gestión de tres variables.[18] Estas **variables de la productividad** son:

Variables de la Productividad

1. *La mano de obra*, que contribuye con un 0,5% al incremento.
2. *El capital*, que contribuye con un 0,4% al incremento.
3. *La gestión*, que contribuye con un 1,6% al incremento.

Estos tres factores (Figura 1.7) son críticos en los incrementos de productividad. Representan las amplias áreas donde los directivos pueden efectuar acciones para obtener mejoras de la productividad.

MANO DE OBRA. Históricamente, la calidad de la mano de obra contribuye entre un 0,5% y un 1% a las mejoras de la productividad cada año. Tres variables que de forma tradicional se asocian con el incremento de productividad de la mano de obra son:

1. Educación básica apropiada para una mano de obra efectiva.
2. La alimentación de la mano de obra.
3. Los gastos sociales que hacen disponible la mano de obra, como el transporte o la sanidad.

Bajo ciertas condiciones, como en un gran trabajo de construcción en un país subdesarrollado, estas tres variables pueden ser importantes para los directivos. Sin

---

[18] Ver los trabajos de Solomon Fabricant, *A Primer on Productivity* (Nueva York: Random House, 1969); Dale W. Jorgensen, *Productivity and U.S. Economic Growth* (Cambridge, Massachussets: Harvard University Press, 1987), y Angus Maddison, "Growth and Slowdown in Advanced Capitalist Economies: Technique of Quantitative Assessment", *Journal of Economic Literature*, 25, núm. 2 (junio de 1987) : 649–698.

FIGURA 1.8 ■ Cerca de la mitad (48,9%) de los chicos de diecisiete años de los Estados Unidos no pueden responder correctamente a preguntas de este tipo.

¿Cuál de estas afirmaciones es la verdadera?

_________ El 87% de 10 es mayor que 10
_________ El 87% de 10 es menor que 10
_________ El 87% de 10 es igual que 10

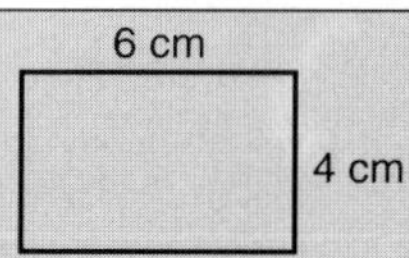

¿Cuál es el área del rectángulo?

_________ 4 cm^2
_________ 6 cm^2
_________ 10 cm^2
_________ 20 cm^2
_________ 24 cm^2

Si $7x + 4 = 5x + 8$ entonces $x =$

_________ 1 _________ 4
_________ 2 _________ 6

Fuente: Education Testing Service.

Mejorar los conocimientos en lectura, escritura y aritmética de los trabajadores, de manera que sean capaces de llevar a cabo tareas más complejas, es de vital importancia si se trata de mejorar la productividad. Cuando la Compañía telefónica de Nueva York realizó recientemente un examen de entrada a 57.000 candidatos (un simple test que medía los conocimientos básicos en lectura, matemáticas y lógica) pudo comprobarse la magnitud del problema: menos del 4% (2.100 candidatos) superaron el test.

embargo, en los países desarrollados, la educación básica, la alimentación de la mano de obra y los gastos sociales no aparecen como variables críticas en los incrementos de productividad. En países desarrollados y posindustriales, el verdadero reto para la dirección es *mantener y mejorar las habilidades de los trabajadores*. Esto es particularmente crítico en medio de una tecnología y conocimiento en constante expansión. De hecho, las variaciones entre países son sustanciales. Mientras en Alemania se han realizado excelentes programas de aprendizaje, en otros países no. Datos recientes indican que, en promedio, un estadounidense de diecisiete años tiene la mitad de conocimientos matemáticos que un japonés de la misma edad (ver Figura 1.8). En general, en cualquier test comparativo a nivel internacional, los estudiantes de primaria y secundaria en Estados Unidos quedan siempre bastante cerca del último puesto.[19]

Sociedad del conocimiento

La educación continuará siendo un importante capítulo de alto coste en las sociedades posindustriales. La mayoría de las sociedades occidentales son posindustriales o sociedades del conocimiento. Una **sociedad del conocimiento** es una sociedad en la que buena parte de la fuerza de trabajo ha migrado, desde el trabajo puramente manual al trabajo basado en la aplicación de conocimientos adquiridos. Consecuentemente, tanto en países desarrollados como en países en vías de desarrollo, mejorar la calidad de la mano de

[19] Michael L. Dertouzos, Richard K. Lester y Robert M. Solow, *Made in America: Regaining the Productive Edge* (Cambridge, Massachussetts: MIT Commission on Industrial Productivity, MIT Press, 1989); además ver "U.S. Science Students Near Root of Class" *Science*, 239 (marzo de 1988): 1237. Y también, Richard M. Wolf "The NAEP and International Comparisons", *Phi Delta Kappan* (abril de 1988): 580-581.

POM EN ACCIÓN

Un puesto de trabajo en Carrier como solicitar la admisión en una escuela privada

En una carretera llena de baches, cerca de una granja de pollos en el remoto pueblo de Arkadelphia, Arkansas, se sitúa una fábrica de Carrier Corp. Esta factoría se podría considerar un diseño de la fábrica del futuro en los Estados Unidos.

La acristalada e inmaculada construcción se asemeja más a una oficina de seguros que a una planta de fabricación. Llena de automatismos, con una mano de obra flexible de sólo 150 personas, lo suficientemente silenciosa como para oír un suspiro, está, como dice Fred Cobb, uno de los trabajadores, "probablemente más limpia que la mayoría de nuestras casas".

Esta planta, no obstante, se distingue por sus trabajadores, que son de una casta muy diferente a la de la mayoría de los trabajadores de otras fábricas. En lugar de someterse a la competencia extranjera, Carrier, proveedor a escala mundial de aparatos de aire acondicionado, ha ido abriendo pequeñas plantas de fabricación que necesitan de una pequeña, pero bien formada, fuerza de trabajo. Los que solicitan un puesto de trabajo en Carrier deben completar un curso muy duro. El proceso de selección, que proporciona un trabajo a sólo uno de cada 16 aspirantes, da como resultado una mano de obra de la más alta calidad.

El proceso de selección empieza con un test estándar para los solicitantes, que ya disponen como mínimo del título de bachillerato. Sólo a los que obtienen una puntuación situada en el primer tercio, es decir, más del 66,66% del examen, se les comprueban las referencias. Después, los solicitantes son entrevistados por directivos y trabajadores de las líneas de montaje, para ver cómo encajarían en la empresa. Los que sobreviven a las entrevistas pasan a realizar un curso de seis semanas. Durante cinco noches a la semana más los sábados, los solicitantes aprenden conceptos de lectura de planos, matemáticas, informática y control de calidad. Mientras tanto no reciben ningún tipo de garantía de ser contratados por Carrier e incluso, durante este tiempo, no reciben ninguna contraprestación económica.

Pero si son contratados saben perfectamente cómo funciona la fábrica, y disponen de un cierto margen de maniobra. Pueden parar la producción si detectan cualquier problema y ellos mismos solicitan sus suministros. Carrier y los trabajadores de esta planta han encontrado una manera de crear y mantener el trabajo en equipo a la vez que incrementan la productividad.

Fuente: *Wall Street Journal* (13 de marzo de 1993): A-1; y *Quality Digest*, mayo de 1994: 40.

obra sigue siendo un desafío. Quizás las mejoras las podamos encontrar no sólo haciendo una mano de obra más competente, sino también a través de una quinta posibilidad, a saber, *utilizar mejor a los trabajadores comprometiéndolos más en sus tareas.* Las mejoras en la productividad de los trabajadores son perfectamente posibles. No obstante, podemos esperar que cada vez sea más caro y difícil. En el cuadro de "POM en acción sobre Carrier", fabricante de aparatos de aire acondicionado, se describe cómo una empresa selecciona personal preparado para afrontar las necesidades de hoy en día.

CAPITAL. Los seres humanos son animales que utilizan herramientas. Las inversiones en capital proporcionan estas herramientas. Éstas abarcan desde computadores de sobremesa a maquinaria compleja o nuevos aeropuertos. La inversión en capital ha ido incrementándose anualmente en los Estados Unidos, excepto en unos pocos períodos de recesión muy importantes de la economía. La inversión en capital aporta anualmente un 0,4% al incremento de productividad. Hasta hace unos años, la inversión anual en capital en los Estados Unidos ha ido creciendo a un ratio del 1,5% sobre la inversión base. Esto significa que el total de capital invertido, una vez descontada la depreciación, ha crecido un 1,5% cada año.

No obstante, como las depreciaciones inadecuadas y los impuestos aumentan el coste del capital, las inversiones en capital resultan cada vez más caras.[20] Cuando el capital invertido por empleado cae, como en los años recientes, podemos esperar una caída en la productividad. La producción generalmente se puede cumplir mediante algunos intercambios entre trabajo y capital. Esto es, si queremos construir una carretera, lo podemos hacer con muchos trabajadores, que utilicen picos y palas o con pocos trabajadores, que utilicen maquinaria de movimiento de tierras.

Utilizando mano de obra en lugar de capital se puede reducir el desempleo a corto plazo; sin embargo, esto también provoca que la economía sea menos productiva y por lo tanto, a largo plazo, los salarios también serán bajos. El intercambio entre capital y trabajo es un flujo continuo. Cuanto más caro es el capital, más rendimiento se le saca a los proyectos que lo requieren. Los directivos ajustan sus planes de inversión a los cambios en el coste del capital.

En este texto examinaremos numerosas oportunidades de POM para incrementar la productividad a través de una mejor utilización del capital.

Dirección. La dirección es un factor de producción y un recurso económico.[21] Es la responsable de asegurar que el trabajo y el capital se utilizan eficazmente para incrementar la productividad. La dirección es responsable de casi dos terceras partes del incremento de productividad anual del 2,5%. Las artes y las ciencias de la dirección incluyen mejoras realizadas mediante el uso de la tecnología y el conocimiento. Estas mejoras necesitan entrenamiento y formación, así como organizaciones dinámicas. Sin embargo, aunque los Estados Unidos sean una sociedad de alta tecnología, el país invierte menos en investigación civil y desarrollo que sus principales competidores.[22] Actualmente, la búsqueda, utilización y diseminación del conocimiento específico para la técnica y la tecnología, puede ser para los Estados Unidos un punto débil. Además, la transferencia de conocimientos parece ser más rápida y hábil en Japón que en los Estados Unidos.

A lo largo del texto, veremos los valores legales y culturales que distinguen a la economía de los Estados Unidos de las economías de otras naciones. Ahora vivimos en una economía mundial y el director de producción y operaciones debe adaptarse a las oportunidades y las realidades de una economía global.

Acciones orientadas hacia la productividad de un directivo de producción y operaciones. Dado que la sociedad y el comercio están cambiando, las necesidades de formación continúan incrementándose. Por ejemplo, no solamente la introducción de los computadores requiere formación adicional, sino que cada generación de computadores implica una mayor formación. Cada técnica adicional de investigación operativa necesita enseñanza y nuevos diseños organizativos que implican un mayor desarrollo organizacional. Estos requisitos de una mayor formación y enseñanza son el resultado inevitable de la explosión del conocimiento y el desarrollo de una sociedad de alta tecnología. Un director de operaciones eficaz debe *asegurar que el conocimiento y la tecnología disponibles tienen una diseminación y utilización adecuadas.*

---

[20] Por ejemplo, el impuesto alternativo mínimo en Estados Unidos, en muchos casos impide a las empresas recuperar su inversión. A tal efecto ver: *Economic Effects of the Corporate Alternative Minimum Tax* (Washington D.C.: American Council for Capital Formation, Center for Policy Research, 1991).

[21] Para una excelente discusión sobre la dirección como recurso económico, ver Frederick Harbison y Charles A. Myers, *Management in the Industrial World: International Analysis* (Nueva York: McGraw–Hill, 1959).

[22] "A Time to Dismantle the World Economy",. *The Economist* (9 de noviembre de 1985): 22.

La *utilización más efectiva* del capital, como opuesta del capital adicional, también es importante. El director, como catalizador de la productividad, tiene encargada la tarea de utilizar mejor el capital de que dispone.

Recientes mejoras en la eficiencia de la exploración petrolífera, planificación de vuelos y gestión de inventarios, por ejemplo, muestran los avances que pueden realizarse a través de la *utilización de la dirección y de la investigación operativa.* Los avances de productividad en sociedades del conocimiento necesitan directores que se sientan a gusto con la tecnología, la investigación operativa y la dirección. En este texto hemos organizado los aspectos de POM de la dirección en diez decisiones estratégicas y tácticas. Empezaremos la discusión de ello en el Capítulo 2.

El reto de la productividad es difícil . Un país no puede ser un competidor a escala mundial con inputs de segunda categoría. Inputs de mano de obra con una enseñanza pobre, inputs de capital inadecuados y tecnologías obsoletas son inputs de segunda categoría. Los inputs de segunda categoría y baja calidad deben ser sustituidos por inputs de primera categoría y alta calidad. Estos últimos son necesarios para obtener outputs de alta calidad y para obtener una alta productividad.

Productividad y sector servicios

El sector servicios proporciona un reto para la medición precisa de la productividad y la mejora de la misma. Está probado que la productividad del sector servicios es difícil de mejorar. Esto ocurre porque en el sector servicios el trabajo es:

1. Típicamente intensivo en mano de obra.
2. Frecuentemente procesado individualmente.
3. A menudo una tarea intelectual desarrollada por profesionales.
4. A menudo difícil de mecanizar y automatizar.

Cuanto más intelectual y personal sea la tarea, más difícil es conseguir incrementos de productividad. La baja productividad del sector servicios se refleja en el hecho de que, aunque más de dos terceras partes de la fuerza de trabajo de los Estados Unidos se encuentra en el sector servicios, el sector servicios contribuye tan sólo en la mitad del producto nacional bruto (PNB). Las mejoras en la productividad en el sector servicios continúan siendo un reto para la dirección de producción y operaciones.

RESUMEN

Producción y operaciones, marketing, y contabilidad/finanzas son las tres funciones básicas de las organizaciones. La función de producción y operaciones crea bienes y servicios. Muchos de los avances en dirección de producción y operaciones se han hecho en el siglo XX, pero desde el principio de los tiempos, el hombre ha intentado constantemente mejorar su bienestar. POM es el vehículo principal para conseguir estas mejoras.

La utilización eficiente del personal, el capital y la gestión por parte de los directores de producción y operaciones lleva a incrementos en la productividad. La mayor parte de los incrementos de productividad son asequibles por los directivos positivos, innovadores y emprendedores. La función de los directivos de producción y operaciones es la de ser catalizadores de la productividad. Además, las mejoras en la productividad son responsabilidad del directivo profesional, y los directivos profesionales son de las pocas personas de nuestra sociedad que pueden llevar a cabo estas mejoras. Las modernas sociedades tecnológicas son organizaciones complejas que necesitan directivos eficaces. El reto es grande, pero excitante, y las recompensas para los directivos y la sociedad son sustanciosas.

TÉRMINOS CLAVE

Producción
Dirección de producción y dirección de operaciones
Ingeniería industrial
Investigación operativa
Ciencias puras
Ciencias de la información
Proceso de dirección
Productividad
Sector servicios
Variables de la productividad
Sociedad del conocimiento

PROBLEMA RESUELTO

Problema resuelto 1.1

La productividad puede ser medida de diversas formas, tales como la mano de obra, el capital, la energía, el uso de materiales, etc. En este ejemplo, Boe Warren, un notable productor de tartas de manzana que vende a los supermercados, es capaz, con sus instalaciones actuales, de producir 24 tartas por arroba de manzanas. Actualmente compra 100 arrobas por día y cada arroba necesita tres horas de trabajo para ser procesada. Boe cree que puede contratar a un intermediario de alimentación que gestione las compras de manzanas y así adquirir una manzana de mayor calidad al mismo precio. En este caso, puede incrementar su producción a 26 tartas por arroba. Las horas de trabajo se incrementarán en ocho por día (el horario de trabajo del nuevo trabajador: el gestor de compras ex-intermediario).

¿Cuál será el impacto en la productividad (tartas por hora de trabajo) si se contrata al intermediario?

$$\text{Productividad del trabajo actual} = \frac{24 \text{ tartas} \times 100 \text{ arrobas}}{100 \text{ arrobas} \times 3 \text{ horas}} = \frac{2.400}{300} =$$

$$= 8 \text{ tartas por hora de trabajo}$$

$$\text{Nueva productividad} = \frac{26 \text{ tartas} \times 100 \text{ arrobas}}{(100 \text{ arrobas} \times 3 \text{ horas}) + 8 \text{ horas}} =$$

$$= \frac{2.600}{308} = 8{,}44$$

Usando el año anterior como base (8), el incremento es de 8,44/8 =1,005, esto es, del 5,5%, o un incremento del 5,5% respecto a la situación anterior.

PREGUNTAS DE DISCUSIÓN

1. Defina POM en sus propias palabras. ¿Su definición puede incluir operaciones de manufactura y de servicios?
2. Considere la contribución potencial de los sistemas de información a la POM. ¿Por qué la gestión de la información tiene tanta importancia en la dirección de la "producción"?
3. La Figura 1.2 presenta las funciones de marketing, operaciones y contabilidad/finanzas para tres organizaciones. Prepare un gráfico donde se expliciten las mismas funciones para:
   a) Un periódico de ámbito nacional.
   b) Una farmacia.
   c) La biblioteca de un instituto.

d) Una organización de servicios locales (grupo excursionista, cofradía, agrupación, club...).

e) La consulta de un dentista .

f) Una fábrica de joyería.

4. Elija una empresa y haga lo mismo, quizás alguna donde haya trabajado.
5. ¿Cuál es la diferencia entre producción y operaciones?
6. Identifique algunas disciplinas que contribuirán de forma importante en el desarrollo futuro de la POM.
7. ¿Puede identificar la función de operaciones de un empresario actual y de uno antiguo?
8. ¿Cuáles son las tres funciones clásicas de una empresa?
9. ¿Qué departamentos puede encontrar en la función de POM en una empresa fabricante de electrodomésticos?
10. Los incrementos de productividad son el resultado del cambio de tres variables. ¿Cuáles son?
11. ¿Cuál de las tres variables mencionadas en la pregunta 10 proporciona la mejor oportunidad para mejorar la productividad?
12. ¿Cómo varió la productividad de los Estados Unidos en comparación con los cambios de productividad en Alemania y Japón entre 1971 y 1992?
13. ¿Cuáles son los problemas de medición de la productividad?
14. Identifique las aportaciones a la POM de Eli Whitney, Henry Ford y Edward Demming.

EJERCICIO DE RAZONAMIENTO CRÍTICO

Tal y como la Figura 1.8 y los temas tratados en este capítulo sugieren, el sistema educativo americano está lejos de ser el líder. Otras naciones, como Japón e Israel, son excelentes en la educación académica, y Alemania es líder en la formación técnica a través de programas de aprendices. ¿Cuáles son los puntos fuertes y débiles del sistema educativo americano? ¿Qué características se pueden copiar de Japón, Alemania u otras naciones? ¿Cuál es el papel que pueden jugar los directores de producción y operaciones cuando los sistemas educativos no proporcionan inputs de ámbito mundial, pero los consumidores esperan outputs de ámbito mundial?

PROBLEMAS

• **1.1** Boe y Ann Warren hacen tartas de manzana que venden a supermercados locales. Ellos y sus tres empleados invierten cincuenta horas por día para producir 150 tartas.

(a) ¿Cuál es su productividad?

(b) Boe y Ann han estado pensando en reasignar trabajos de forma que el flujo del proceso productivo sea más equilibrado. Si están en lo correcto, y pueden realizar la formación pertinente, podrán incrementar la producción en 155 tartas por día. ¿Cuál es la nueva productividad?

(c) ¿Cuál es el incremento de productividad?

• **1.2** Joan Basco-Paul produce adornos de árboles de Navidad para vender en los mercados de artesanos locales y en las casetas navideñas. Actualmente trabaja quince horas al día para producir 300 adornos.

(a) ¿Cuál es la productividad de Joan?

(b) Joan piensa que rediseñando los adornos y utilizando una pistola termo-adhesiva en lugar del cemento-cola actual puede incrementar la producción a 400 adornos. ¿Cuál es la nueva productividad?

(c) ¿Cuál es el incremento de productividad?

: **1.3** Brewerton's Tennessee Sip'n Whiskey es una extraordinaria organización creada por Frank Brewerton justo después que el Departamento del Tesoro[23] empezara a utilizar

[23] Ministerio de Economia y Hacienda, en concreto, la parte fiscal de los Estados Unidos. (N. del T.)

fotografías infrarrojas para detectar las destilerías que mostraban escaso interés en comprar los precintos que permiten la comercialización de licores. Los gastos de Frank han crecido considerablemente y por tanto ha visto la luz en los temas de eficiencia que antes le tenían sin demasiado cuidado. Frank está interesado en determinar la productividad de su empresa. Posee los datos del año pasado y los del actual según tabla adjunta. Le gustaría saber si su organización mantiene el promedio nacional de crecimiento de productividad del 2,5% anual.

	AÑO PASADO	ACTUAL
Producción	1.000	1.000
Personal (horas-hombre)	300	275
Mezcla de cereales (arrobas)	50	45
Capital invertido ($)	10.000	11.000
Energía (BTUs)	3.000	2.850

Ver el incremento de productividad para cada categoría y luego determinar el incremento anual de productividad respecto a horas-hombre, el típico estándar de comparaciones.

• **1.4** Lackley's es un horno de pan local y está preocupado por los incrementos de costes, en particular de la energía. Los datos del año pasado pueden proporcionar una buena estimación de los parámetros de este año. Charles Lackley, el propietario, no cree que las cosas hayan cambiado demasiado, pero invirtió 3.000$ en modificaciones en los hornos para hacerlos más eficientes energéticamente. Se suponía que las modificaciones harían a los hornos un 15% más eficientes en el uso de energía, pero se necesitaron horas extra de trabajo para familiarizarse con el nuevo proceso. Charles le pide que revise los ahorros de energía de los nuevos hornos y busque otras medidas de la productividad de la empresa para comprobar si las modificaciones han sido beneficiosas. Tiene los siguientes datos para trabajar:

	AÑO PASADO	ACTUAL
Producción (docenas)	1.500	1.500
Personal	350	325
Capital	15.000	18.000
Energía	3.000	2.750

• **1.5** El porcentaje aproximado de puestos de trabajo del sector servicios sobre el total de puestos de trabajo para los Estados Unidos es del 78%, para Alemania del 62% y para Japón del 57%. Los incrementos totales de productividad a nivel nacional son mayores en Japón que en Alemania y Estados Unidos (por este orden). ¿A qué conclusiones se pueden llegar sobre la productividad y el porcentaje de servicios en una economía?

PORCENTAJE DE PUESTOS DE TRABAJO DEL SECTOR SERVICIOS	
Estados Unidos	78
Japón	57
Alemania	62

- **1.6** Como trabajo de biblioteca, encontrar la productividad de los Estados Unidos para (a) el último cuatrimestre y (b) para el último año.
- **1.7** Como trabajo de biblioteca, encontrar el incremento de productividad de los Estados Unidos del último año para (a) el total de la economía, (b) para el sector manufacturero y (c) para el sector servicios.

CASO DE ESTUDIO

National Air Express

National Air es una empresa de transporte aéreo de mercancías con oficinas a lo largo de todos los Estados Unidos. Frank Smith, el director de la estación de Chattanooga (Tennessee), está preparando el informe de resultados cuatrimestral que ha de presentar en la reunión regional del sudoeste la próxima semana. Está muy preocupado por añadir el coste de capital a las operaciones cuando el negocio no ha crecido de forma apreciable. Este ha sido el peor primer cuatrimestre que puede recordar: tormentas de nieve, terremotos y heladas. Ha pedido ayuda a Martha Lewis, supervisora de servicios de campo, para revisar los datos disponibles y encontrar posibles soluciones.

MÉTODOS DE SERVICIO

National Air ofrece un servicio aéreo de entrega rápida puerta a puerta durante la noche dentro de los Estados Unidos. Smith y Lewis gestionan una flota de 24 camiones para mover las mercancías en el área de Chattanooga. Las rutas se asignan por cada área, usualmente delimitadas por el código postal, calles principales o características geográficas claves, como el río Tennessee. Las recogidas se efectúan, generalmente, entre las 15,00 y las 18,00 horas, de lunes a viernes. Las rutas de los conductores son una combinación de paradas programadas diariamente de forma regular y recogidas especiales que se producen cuando un cliente llama para que se recoja un paquete. Estas recogidas especiales se transmiten por radio a los camiones. Estos encargos se hacen previamente a las paradas regulares según la hora en que estará listo el paquete, aunque la mayoría de los clientes quieren que sea cuanto más tarde posible pero antes de cerrar (normalmente a las 17,00 horas).

Cuando el conductor llega a un punto de recogida, él o ella proporciona los materiales que sean necesarios (sobres, cajas, si se lo pide el cliente) y debe recibir un impreso de destino completo por cada paquete. Dado que la industria es muy competitiva, es absolutamente necesario un conductor profesional, amable y cortés para mantener los clientes. Por ello, Smith siempre está preocupado por los conductores que no corren a ayudar al cliente a realizar sus paquetes y rellenar la documentación.

CONSIDERACIONES PRESUPUESTARIAS

Smith y Lewis han visto que en el pasado cuatrimestre, en numerosas ocasiones, han sido incapaces de satisfacer las solicitudes de sus clientes en una ruta programada. Aunque en promedio, a los conductores no se les da más carga de trabajo, algunos días son incapaces de llegar a los destinos a tiempo. Smith no cree que pueda justificar un incremento de costes de 1.200$ por semana para camiones y conductores adicionales mientras que la productividad (medida como envíos por camión y día) se ha mantenido estable. La compañía se considera que es el operador con menor coste del sector, pero al mismo tiempo ha adquirido el compromiso de ofrecer calidad de servicio y ser valor añadido a sus clientes.

PREGUNTAS DE DISCUSIÓN

1. ¿Es aún útil medir la productividad en envíos por camión y por día? ¿Existe alguna otra alternativa mejor?
2. ¿Qué se puede hacer, si se puede hacer algo, para reducir la variabilidad diaria de las recogidas especiales? ¿Puede un conductor estar presente en diferentes sitios a la vez a las 17,00 horas?
3. ¿Cómo podemos medir el rendimiento de recoger un paquete? ¿Son los estándares útiles en un entorno que se ve afectado por inclemencias meteorológicas, tráfico y otras variables incontroladas? ¿Tienen otras compañías problemas similares?

Fuente: Adaptación de un caso por Phil Pugliese bajo la supervisión del profesor Martin M. Helms, Universidad de Tennessee en Chattanooga.

BIBLIOGRAFÍA

Babbage, C. *On the Economy of Machinery and Manufacturers*, 4th ed. London: Charles Knight, 1835.

Drucker, P. F. *The Concept of the Corporation*. New York: Mentor, 1946.

Drucker, P. F. "The New Productivity Challenge." *Harvard Business Review*, 69, no. 6 (November/Decembre, 1991): 69.

Fabricant, S. *A Primer on Productivity*. New York: Random House, 1969.

Ferdows, K. and A. De Meyer. "Lasting Improvements in Manufacturing Performance: In Search of a New Theory." *Journal of Operations Management*, 9, no. 2 (April, 1990): 168.

Garvin, D. A. *Operations Strategy: Text and Cases*. Englewood Cliffs, NJ: Prentice Hall, 1992.

Harbison, F. and C. A. Myers. *Management in the Industrial World*. Nueva York: McGraw-Hill, 1959.

Hounshell, D. A. *From the American System to Mass Production 1800–1932: The Development of Manufacturing*. Baltimore: Johns Hopkins University Press, 1985.

Malhotra, M. K., D. C. Steele, and V. Grover. "Important Strategic and Tactical Manufacturing Issues in the 1990s." *Decision Sciences*, 25, no. 2 (March/April, 1994): 189–214.

Smith, A. *An Inquiry into the Nature and Causes of the Wealth of Nations*. London: Strahan and Cadell, 1776.

Taylor, F. W. *The Principles of Scientific Management*. New York: Harper & Brothers, 1911.

_____. *Shop Management*. New York: Harper & Brothers, 1919.

Vora, J. A. "Productivity and Performance Measures: Who Uses Them?" *Production and Inventory Management Journal*, 33, no. 1 (First Quarter 1992): 46–49.

Wrege, C. D. *Frederick W. Taylor, the Father of Scientific Management: Myth and Reality*. Homewood, IL: Business One Irwin, 1991.

Wren, D. A. *The Evolution of Management Thought*. New York: Ronald Press, 1994.

2

ESTRATEGIA DE POM Y COMPETENCIA INTERNACIONAL

SUMARIO

OBJETIVOS DE APRENDIZAJE

Cuando haya completado este capítulo debe ser capaz de:

Identificar o definir:
- Estrategia
- Misión
- Ventaja competitiva
- Clase mundial

Describir o explicar:
- Cómo establecer la misión y las estrategias
- La contribución de la función de POM a la estrategia
- Decisiones estratégicas y tácticas de POM

PERFIL DE CLASE MUNDIAL. KOMATSU

KOMATSU DRESSER MODIFICA SU ESTRATEGIA PARA OBTENER VENTAJA COMPETITIVA

Komatsu, un antiguo fabricante de equipos para la construcción y minería, compite a nivel mundial en mercados muy competitivos. Como otras organizaciones, Komatsu debe revisar constantemente cómo organizar sus recursos para obtener el máximo beneficio. Esta revisión y modificación en la asignación de recursos significa modificaciones en la estrategia de Komatsu. A lo largo de los años, estas modificaciones han revestido muchas formas.

En los años 60, Komatsu aumentó su línea de productos y redujo los costes de desarrollo, comprando diseños y tecnología de otros, como Cummins Engine e International Harvester. Este período también presenció un movimiento estratégico hacia la mejora de la calidad.

En los años 70, la estrategia de Komatsu fue convertirse en una empresa internacional y conseguir mercados para la exportación, mientras reducía costes a causa del incremento del valor del yen. Se expandió hacia los países del bloque oriental y estableció empresas subsidiarias en Europa y América, así como departamentos de servicio en los países de nueva industrialización.

En los años 80, Komatsu respondió a un yen aún más fuerte mediante *joint ventures* con Dresser Industries (para formar Komatsu Dresser Company) y fabricando fuera de Japón. En los años 90, la estrategia incluye disponer de la más reciente tecnología de producción para mejorar la calidad y reducir los costes, así como un enfoque añadido en controles electrónicos de los motores para producir equipos respetuosos con el medio ambiente.

La batalla de los fabricantes de equipos para la construcción es dura. Competidores de clase mundial como Caterpillar, John Deere, Champion e Ingersol-Rand luchan por esos mercados. Pero los ajustes constantes de la estrategia de Komatsu a su entorno le han permitido ser el número uno o dos en distintos mercados del mundo.

Komatsu Dresser vende productos (tractores orugas, cargadoras, excavadoras hidráulicas...) en los mercados de la construcción y de la minería de Norteamérica, en competencia directa con Caterpillar.

Equipos de fabricación avanzada, como este robot de soldar, ayudan a Komatsu Dresser a conseguir los productos de más alta calidad del mercado.

Los cambios estratégicos significan un mayor énfasis en el problema del medio ambiente. Aquí se está investigando en el control de la emisión de gases de escape para motores diesel, para conseguir que los equipos de Komatsu sean más respetuosos con el medio ambiente.

Komatsu, en su feroz y continua batalla a nivel mundial con Caterpillar por el mercado de los equipos pesados, está produciendo sus equipos en diferentes partes del mundo, según manden los costes y la logística. Esta estrategia mundial permite a Komatsu mover su producción cuando cambian los mercados y los tipos de cambio.

General Electric es la número dos en el mundo, detrás de Philips, en el negocio de las bombillas. El negocio de las bombillas es un negocio de gran volumen, que genera para General Electric unas ventas de más de dos billones de dólares sólo en Estados Unidos. Pero aun así, GE no puede llegar a ser número uno en el mundo sin una mayor presencia en Europa, donde tiene un insignificante 2% del mercado. Obviamente, la estrategia europea de GE necesitaba una ayuda y, por ello, GE quería introducirse en los mercados de Europa del Este. Por esa razón, en enero de 1990, compró Tungsram Company, fabricante de bombillas en declive, propiedad del Estado húngaro. Tungsram se ha convertido en el arma estratégica de GE para competir en Europa.[1]♦

El trabajo de la función de producción de GE es utilizar sus recursos para producir bienes y servicios de forma eficaz y eficiente, y eso puede significar abrir una planta en Hungría. Los directores de operaciones son *eficaces* cuando dirigen un sistema que da soporte a la estrategia y a los objetivos de la empresa. Son *eficientes* cuando el sistema apoya a la empresa mediante una utilización económica de los recursos.

LA MISIÓN Y LA ESTRATEGIA DE POM

En esta sección describimos cómo desarrollar misiones (por ejemplo, el objetivo de la empresa) y estrategias (por ejemplo, un plan específico para alcanzar la misión). El director de operaciones determina misiones y estrategias para sistemas realmente complejos; por ello, queremos decir unas pocas palabras sobre los sistemas, antes de centrarnos en misiones y estrategias.

Sistemas

Sistema

La palabra *sistema* implica orden y organización. Un **sistema** es un conjunto de variables interrelacionadas. El director de operaciones toma esas variables interrelacionadas y diseña un sistema para lograr un determinado objetivo o misión. Un tipo de sistema diseñado para lograr un determinado objetivo es el *sistema de transformación*, que convierte inputs en bienes y servicios. La economía es un sistema de este tipo; la empresa también, así como la función de producción. Estos sistemas producen los bienes y servicios de nuestra sociedad. Tales sistemas tienen inputs, transformaciones y outputs. Para funcionar correctamente, estos sistemas necesitan también de un flujo de información, llamado circuito de feedback. La Figura 2.1 muestra el sistema de producción y sus particulares inputs, transformación, outputs y circuito de feedback. Este feedback permite conocer los inputs y el proceso de transformación, y lo que piensan los clientes sobre su actuación.

Los directores de producción y de operaciones gestionan una diversidad de sistemas *dentro de la función de POM*. Existen muchos sistemas de POM, incluidos los sistemas de inventarios y planificación, así como los sistemas de compras y los sistemas de mantenimiento. Los directores de producción/operaciones también deben tener en cuenta otros sistemas *exteriores a la función de POM, pero dentro de la empresa*. Entre éstos, podemos citar a los sistemas de marketing y finanzas. Además, existen otros sistemas *exteriores* a la empresa, pero que influyen en ésta, tales como el sistema económico, el sistema de co-

[1]John S. McClenahen, "Light in the East", *Industry Week*, vol. 241, no. 5 (2 de marzo, 1992): 14–19; y Richard Bruner, "Tungsram's Leading Light", *International Management*, 47, no. 11 (diciembre, 1992): 42–46.

FIGURA 2.1 ■ El sistema de Producción transforma Inputs en Outputs

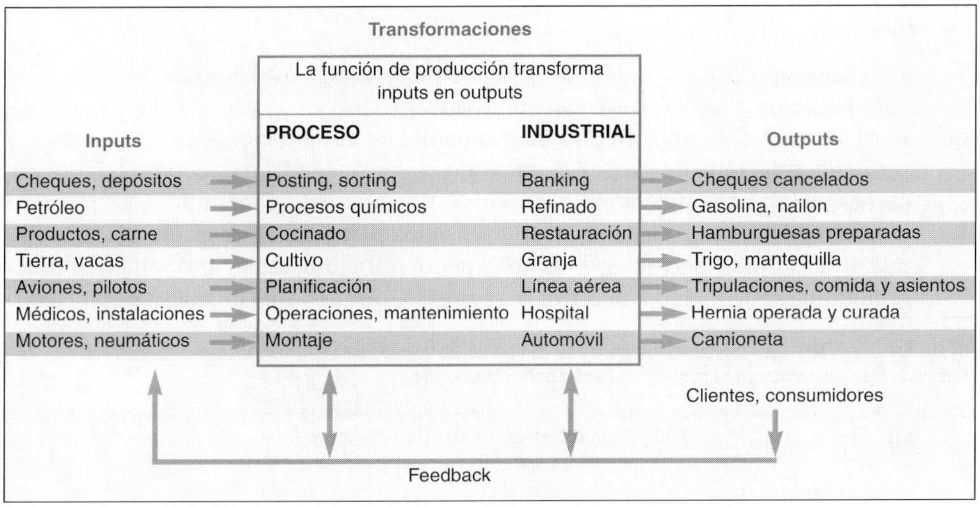

mercio mundial y los sistemas políticos. Los directivos que comprendan a la vez los sistemas internos y externos serán los mejores ejecutivos.

Los directivos deben coordinar la unión de personas, materiales, dinero e información, que es fundamental para obtener una ejecución de las operaciones efectiva y eficiente.

Analizar la empresa como un sistema en el interior de otro sistema permite a los directivos ver la organización en su entorno. Este conocimiento les proporciona una perspectiva que les permite diseñar sistemas de POM que den soporte a la misión y objetivos de la compañía.

SUBSISTEMAS. Los sistemas complejos también contienen en su interior sistemas más pequeños. Estos subsistemas a veces tienen sus propios objetivos relativamente más estrechos. Por esta razón, el directivo debe conseguir que los subsistemas estén orientados a los objetivos del sistema global. Por ejemplo, un departamento de finanzas puede pensar que su objetivo es mantener los niveles de inventario de la empresa cerca de cero. El departamento de ventas, sin embargo, puede querer tener grandes niveles de stocks, con la esperanza de que esto le permita alcanzar sus objetivos de ventas. Cuando se presentan estos conflictos de objetivos, el sistema mayor (la empresa) no estará operando a su nivel óptimo. Cuando un sistema no está operando a su mayor nivel, se dice que está **suboptimizado**. Entendiendo los objetivos del subsistema y las relaciones entre los sistemas, el director de operaciones tiene la oportunidad de evitar la suboptimización. Entender los sistemas, el interno y el externo, permite al director de operaciones tomar decisiones acertadas que mejoran la productividad de la función de operaciones.

Suboptimizado

Misión

Para satisfacer oportunidades en el sistema económico, los directivos identifican qué bienes y servicios que produce la empresa contribuirán a la sociedad. *Esta contribución es la razón de ser de la organización (o del sistema), esto es, su **misión**.* Establecer una misión asegura un enfoque hacia un proyecto común, un concepto alrededor del cual la empresa puede caminar. La misión expresa la razón fundamental de ser de la organización. Desarrollar un buen plan es difícil, pero es más fácil si se ha definido bien la misión. Ésta se puede entender como el objetivo del plan, objetivo que debe alcanzarse. Una vez que una organización ha decidido su misión, cada "área funcional" de la empresa, marketing,

Misión

finanzas/administración, y producción/operaciones desarrolla su misión soporte. La Figura 2.2 presenta un ejemplo de la jerarquía de misiones para una empresa manufacturera. Ejemplos de misiones para dos empresas son:

> *Telephone and Data Systems, Inc:* "Ser la mejor en los servicios de comunicaciones totales para nuestros abonados."[2]
> *Ford Motor Company:* "Ser un líder mundial en automoción y en productos y servicios relacionados con ella, así como en nuevas industrias, como la aeroespacial, comunicaciones y servicios financieros... y mejorar continuamente nuestros productos y servicios para satisfacer las necesidades de nuestros clientes, permitiéndonos prosperar como empresa y proporcionar una rentabilidad razonable a nuestros accionistas, propietarios de nuestra empresa."[3]

FIGURA 2.2 ■ Ejemplo de misión para una compañía, la Función de Producción/Operaciones, y los Principales Departamentos en la Función de Producción/Operaciones.

EJEMPLO DE MISIÓN DE LA COMPAÑÍA

Conseguir una empresa de fabricación de componentes electrónicos, equipos y sistemas, diversificada, creciente, productiva y de ámbito mundial; y suministrar estos productos a la industria, comercio, agricultura, gobierno y hogar.

EJEMPLO DE MISIÓN DE LA DIRECCIÓN DE PRODUCCIÓN/OPERACIONES

Producir productos consistentes con la misión de la compañía de ser fabricante de bajo coste.

EJEMPLO DE MISIÓN DE UN DEPARTAMENTO DE POM

Dirección de Calidad	Alcanzar la calidad excepcional que es consistente con la misión de nuestra compañía y los objetivos de marketing, mediante una rigurosa atención a las oportunidades de diseño, abastecimiento y servicio para realzar el diseño.
Diseño de Producto	Ser líderes en investigación e ingeniería en todas las áreas de nuestro negocio principal, diseñando y produciendo productos y servicios de gran calidad y valor para el cliente.
Diseño de Proceso	Definir y diseñar o producir los procesos y equipos productivos que serán compatibles con productos de bajo coste, alta calidad y unas buenas condiciones de trabajo para nuestros empleados con un coste económico.
Layout	Alcanzar, por medio de habilidad, imaginación e ingenio en distribución en planta y métodos de trabajo, eficacia y eficiencia en la producción, a la vez que una buena calidad del entorno de trabajo para nuestros empleados.
Localización	Localizar, diseñar y construir instalaciones eficientes y económicas, que producirán un alto rendimiento a la empresa, a sus empleados y a la comunidad.
Recursos Humanos	Proporcionar una buena calidad de vida laboral a nuestros empleados, con trabajos bien diseñados, seguros, gratificantes, empleo estable y salario equitativo, a cambio de una importante contribución individual a todos los niveles.
Compras	Cooperar con los proveedores y subcontratistas para conseguir fuentes de suministro estables, eficaces y eficientes, para aquellos componentes que deban obtenerse por fuentes exteriores a la empresa.
Planificación	Alcanzar una alta utilización de los equipos productivos por medio de una planificación eficaz.
Inventarios	Alcanzar un bajo nivel de inventarios, consistente con un alto nivel de servicio a los clientes y una alta utilización de las instalaciones.
Mantenimiento	Conseguir una alta utilización de las instalaciones y equipos, a través de un efectivo mantenimiento preventivo y una rápida reparación de los mismos.

[2] Annual Report.

[3] *Quality Progress* (octubre, 1989): 49.

EJEMPLO 2.1

Estrategia Global. Las sociedades posindustriales, como la Comunidad Europea (CE) y la Norteamericana, tienen oportunidades y riesgos globales y locales que considerar. Veamos los cambios globales que están teniendo lugar en el entorno económico.

Primero, como discutiremos en el Capítulo 9, los tipos de cambio, los costes de mano de obra, productividad, actitudes y capacidades locales significan grandes diferencias en las decisiones de localización. Pero aun con estas restricciones, debemos destacar que la mayoría de los productos hechos en América (o en cualquier otro lugar) son también producidos en otros lugares. Prácticamente no existen productos que provengan de un único país. Los otros lugares del mundo donde los productos americanos también se fabrican son países donde pueden producirse estos productos estandarizados y de altos volúmenes por una mano de obra productiva y de bajo coste, con poco margen de beneficio y un gran deseo de venta en los grandes mercados occidentales. Este deseo de vender al mundo occidental a menudo es fomentado por políticas nacionales que ayudan estas ventas mediante unos impuestos bajos, créditos a la exportación y otros subsidios.

Segundo, aunque la CE no es un competidor de mano de obra barata, está convirtiéndose en un mercado inmenso. El volumen en este mercado, y por tanto el tamaño óptimo de las instalaciones necesarias para el mismo, está aumentando. Esto permite a las empresas que sobreviven en la CE distribuir sus costes fijos en más unidades. Por eso, estas empresas pueden ser productoras de bajo coste aun teniendo altos costes laborales. Y dependiendo de los acuerdos comerciales que se desarrollen con el Este de Europa en la próxima década, podrán disponer de costes laborales bajos.

Tercero, las empresas de comunicaciones, viajes y embarques entre continentes son relativamente fáciles, baratas, y rápidas. Esto significa que tanto los mercados como las fuentes productoras son verdaderamente globales.

Cuarto, el mismo mundo opulento está pidiendo calidad, entrega inmediata y opciones. La opulencia permite a este mercado comprar la última tecnología y descartar rápidamente la antigua.

¿Qué puntos fuertes y qué puntos débiles presentan las empresas occidentales en este entorno? ¿Cuáles son las ventajas competitivas potenciales de las mismas en este mundo cambiante? Quizás sea una buena estratgia disponer de sistemas de producción flexibles y sofisticados que produzcan artículos de alta calidad, innovadores, con numerosas opciones para los consumidores ricos. Los artículos producidos sacarían provecho de la potencialidad de una alta profesionalidad, tecnología, y educación, que son consustanciales a las sociedades posindustriales. De este modo, superarían una potencial debilidad competitiva debida a los bajos costes laborales de otros países competidores.

Las empresas manufactureras occidentales que continúan compitiendo con empresas del resto del mundo en artículos de altos volúmenes de producción, e instalaciones de relativa baja tecnología, deberán tener plantas de producción enfocadas y ajustadas (véase Capítulo 10, Estrategia del Layout de las operaciones), utilizando a la vez un alto grado de automatización (ver Capítulo 7, Estrategias de proceso) y compromisos con los trabajadores (ver Capítulo 11, Estrategia de recursos humanos).

Las cortas definiciones de las misiones proporcionan una razón de ser y un propósito para la existencia de cada empresa. Una vez definida la misión de la empresa, debe elaborarse un plan que permita alcanzarla. Estos planes se denominan estrategias.

Estrategia

Estratégia

La **estrategia** es el plan diseñado para alcanzar la misión. Cada área funcional tiene una estrategia para alcanzar su misión y para ayudar a la organización a alcanzar la misión global. La estrategia debe establecerse a la luz de los riesgos y oportunidades del entorno, y de los puntos fuertes y débiles de la organización.

Sólo cuando se comprenden estos riesgos y oportunidades, los puntos fuertes y débiles, puede la empresa comenzar a construir una estrategia efectiva. El Ejemplo 2.1 presenta una breve introducción a las implicaciones estratégicas de los desarrollos de la economía mundial.

Como sugiere el Ejemplo 2.1, las empresas evalúan sus potencialidades y debilidades internas junto a las oportunidades y riesgos externos. Desarrollar una misión y una estrategia requiere que una organización descubra una oportunidad en su entorno, frente a la que sólo ella esté cualificada para aprovechar. Es decir, la empresa identifica sus particulares competencias, sus propias y especiales capacidades, que se adaptan a la oportunidad. Una compañía no desea atacar el mercado con la misma misión y estrategia que un competidor. Más bien, la empresa quiere encontrar aquellos huecos u oportunidades en el entorno, que le proporcionen la ocasión para movilizar sus particulares recursos y conseguir así una ventaja competitiva. Muchas compañías japonesas están ajustando sus potencialidades con oportunidades en el sudeste asiático, como se muestra en el cuadro de POM en Acción "Japón se une al sudeste asiático para fabricar sus productos".

El importante papel que la POM puede jugar para apoyar una estrategia competitiva es evidente, según el estudio hecho por el Prof. David Aaker. De las 32 amplias características que contribuyen a la ventaja competitiva, el 28% se refieren a la producción, incluyendo el producto, proceso, localización y la planificación.[4] De éste y otros estudios similares se puede deducir el importante papel que la POM puede jugar en el desarrollo de la estrategia.[5] En la Figura 2.3 se presenta una lista de estrategias típicas que pueden ser apoyadas por la POM.

La tarea de los directivos de producción es movilizar los recursos de la POM para contribuir a una estrategia de éxito. Hemos identificado como críticas en esta tarea diez decisiones de POM.

El mercado americano de electrodomésticos está creciendo anualmente a un ritmo de 2% o menos, cerca de la mitad de lo proyectado para Europa. Por esta razón, la estrategia del presidente de Whirlpool, David Whitwam, es considerar a Whirpool a nivel global. Recientemente, tomó una participación mayor en Ingils Limited de Canadá, Vitromatic de México, y un 53% en N.V. Philips de Holanda. Whirlpool se ha dirigido también hacia un suministro global en 35 materiales y componentes estratégicos. Los gigantes del mercado de electrodomésticos, como Maitag, Electrolux y GE han desarrollado e implantado estrategias globales similares, que les permitan competir internacionalmente y ser parte de la nueva Comunidad Europea. También se encuentran bien situadas para la próxima reducción de aranceles, que resultará de las negociaciones concluidas recientemente en el GATT.

Decisiones estratégicas y tácticas de POM

Las 10 decisiones estratégicas y tácticas de POM que dan soporte a las misiones e implementan estrategias son:[6]

1. **Estrategia de Calidad.** Deben determinarse las expectativas de calidad de los clientes y establecerse políticas y procedimientos para identificar y alcanzar esta calidad.
2. **Estrategia de Producto.** La estrategia de producto define lo fundamental del proceso de transformación. Las decisiones sobre costes de producción, calidad y recursos humanos interaccionan fuertemente con el diseño de los productos. Los diseños

---

[4] Ver David A. Aaker, "Creating a Sustainable Competitive Advantage", *California Management Review* (Invierno, 1989): 91-106.

[5] Shawnee K. Vickery, Cornelia Droge y Robert E. Markland, "Production Competence and Business Strategy: Do They Affect Business Performance?" *Decisions Sciences*, 24, nº 2 (marzo/abril de 1993): 435-455; Robert H. Hayes y Steven C. Wheelwright, *Restoring Our Competitive Edge* (Nueva York: John Wiley, 1984).

[6] Para otra perspectiva ver Manoj K. Malhotra, Daniel C. Steel y Varun Grover, "Important Strategic and Tactical Manufacturing Issues in the 1990s", *Decisions Sciences*, 25, nº 2 (marzo/abril de 1994): 189-214.

FIGURA 2.3 ■ Estrategias Típicas apoyadas por la POM.

VENTAJA COMPETITIVA	DEFINIDA COMO CAPACIDAD PARA:
Flexibilidad	
Diseño	Realizar rápidamente cambios de diseño y/o introducir nuevos productos rápidamente.
Volumen	Responder a variaciones de volumen.
Calidad	
Conformidad	Ofrecer calidad consistente.
Eficacia	Suministrar productos de alta eficacia.
Entrega	
Velocidad	Entregar productos rápidamente.
Cumplimiento	Entregar en la fecha acordada.
Bajo precio	Competir en precio.
Servicio posventa	Suministrar servicio posventa.
Amplia línea	Producir una amplia línea de productos.

Fuente: Adaptado de Jeffrey G. Miller y Aleda Roth, "A Taxonomy of Manufacturing Strategies", *Management Science*, 40, nº 3 (marzo, 1994): 285-304.

de los productos a menudo establecen los límites inferiores de coste y los límites superiores de calidad.

3. **Estrategia de Proceso.** Opciones de proceso disponibles para producir el producto. Las decisiones de proceso establecen la aproximación básica a la tecnología, calidad, utilización de los recursos humanos y mantenimiento. Estos acuerdos en gastos y capital determinarán en gran medida la estructura de costes básica de la empresa.
4. **Estrategia de Localización.** Las decisiones de localización, tanto para empresas de fabricación como de servicios, pueden determinar el éxito final de las operaciones. Los errores cometidos en la toma de estas decisiones pueden acabar con eficiencias realizadas en otras áreas.
5. **Estrategia de Layout.** Las necesidades de capacidad, niveles de personal, decisiones de compra, y necesidades de inventarios influyen sobre la distribución en planta (layout). Además, la localización de los procesos y de los materiales debe estar relacionada.
6. **Estrategia de Recursos Humanos.** Los recursos humanos representan una parte integral y costosa del diseño del sistema total. Por lo tanto, debe determinarse la calidad de vida laboral prevista, las capacidades y habilidades requeridas, así como su coste.
7. **Estrategia de Compras y de Just-in-Time.** Estas decisiones determinan lo que debe producirse y lo que debe comprarse. También se toman decisiones referidas a la obtención de calidad, rapidez en entregas e innovación, a un precio satisfactorio. Para un efectivo proceso de compras es necesaria una atmósfera de respeto mutuo entre compradores y proveedores.

Cummings Engine Company fabrica motores diesel para autobuses, camiones, y equipo pesado que vende en todo el mundo. Cummings es una organización americana que opera internacionalmente. Desde la introducción de su eficiente motor de gasoil L10 en el Reino Unido, su participación en el mercado de autobuses de este país no ha dejado de aumentar. Cummings prospera manteniéndose en contacto con sus proveedores y clientes, y dando importancia a la calidad, al servicio y a la innovación.

POM EN ACCIÓN

Japón se une al sudeste asiático para producir sus productos

El reciente libro de Joseph Room, *The Once and Future Superpower*, presenta una tendencia nueva e importante dentro de la industria japonesa. Room afirma que la estrategia de Japón, llamada el Nuevo Plan de Desarrollo Industrial Asiático, consiste en reunir a las economías asiáticas dentro de una unión económica, con Japón a la cabeza. Para ello prioriza su relación con Malasia, Filipinas, Tailandia, Vietnam, India y Bangladesh, y no sólo en tanto que proveedores primarios de materias básicas como caucho, petróleo y madera, sino también como productores de productos de bajo valor añadido.

Malasia, por ejemplo, ha sido seleccionada por los inversores japoneses para que se convierta en el mayor fabricante de aparatos de aire acondicionado de ventana del mundo. Sony fabrica sus reproductores de compact disc en Malasia. En general, la inversión japonesa en Malasia ha crecido (1,5 billones de dólares en 1990), habiéndose instalado ya allí unas 550 empresas japonesas manufactureras y de servicios.

Tailandia, con una población de 55 millones de personas, se ha visto mucho más afectada, con 3,6 billones de dólares de inversión japonesa sólo en el año 1989 (en comparación a los sólo 565 millones de dólares de inversión de Estados Unidos). Los japoneses han estado abriendo fábricas en Tailandia al ritmo increíble de una cada tres días. Esto aumenta las exportaciones japonesas de VCRs y TVs de color, mientras que en apariencia aumenta el comercio de Estados Unidos con Tailandia.

En otros lugares del sudeste asiático, Sumitomo Electric está trasladando sus montajes intensivos en mano de obra a Indonesia; Suzuki ha abierto una planta de automóviles en la India; y JVC ha llegado a un acuerdo con Hanoi Electronics para producir sus TVs en Vietnam.

Estas decisiones, que reflejan una estrategia sistemática de las firmas japonesas de clase mundial, plantean a sus competidores nuevas amenazas de bajos costes de mano de obra.

Fuentes: Joseph Romm, *The Once and Future Superpower* (NuevaYork: Morrow, 1992) y *Forbes* (23 de noviembre de, 1992): : 108–112.

8. **Decisiones Tácticas sobre Inventarios.** Las decisiones sobre inventarios pueden optimizarse sólo si se tiene en cuenta la satisfacción de los clientes, los proveedores, los planes de producción y la planificación de los recursos humanos.
9. **Decisiones Tácticas de Planificación.** Deben elaborarse planes de producción posibles y eficientes. También es necesario determinar y controlar las demandas en recursos humanos e instalaciones.
10. **Decisiones Tácticas de Mantenimiento y Fiabilidad.** Las decisiones deben tomarse teniendo presentes los niveles deseados de fiabilidad y mantenimiento. Es necesario elaborar planes para la implementación y control de la fiabilidad y el mantenimiento.

Cada una de las decisiones anteriores se presenta en uno o más capítulos del texto. Estas 10 áreas no representan, evidentemente, todo lo que los directivos de operaciones hacen o lo que deben conocer. Por ejemplo, nuestra discusión sobre teoría de la organización, contabilidad, personal, o comportamiento humano y capacidades de comunicación es limitada, pero todas son importantes para un director de operaciones eficaz. Además, como veremos en los capítulos siguientes, estas 10 decisiones de POM están fuertemente relacionadas entre ellas. Cuando las 10 decisiones no se toman de manera que contribuyan a la estrategia de la compañía, el director de operaciones ha fallado. Observemos en el cuadro de POM en acción "Los neumáticos Michelin ruedan", cómo Michelin ha utilizado las decisiones relativas al diseño de productos, calidad y localización para apoyar sus objetivos.

POM EN ACCIÓN

Los neumáticos Michelin

Después de la segunda guerra mundial, la familia Michelin de Francia se centró en el desarrollo de su controvertido nuevo producto, el neumático radial. Aunque tuvieron un gran éxito con este neumático, a finales de los años 60 Michelin se encontraba aún en la séptima posición del ranking de la industria mundial de neumáticos. En ese momento, la empresa decidió que el crecimiento internacional sería su futuro. Michelin contrajo grandes deudas y pérdidas, ya que construyó nuevas factorías al ritmo de dos al año, a finales de los años 70. Unos pocos años después, la crisis del petróleo redujo el mercado de neumáticos, pero la compañía dio un gran salto adelante. El secreto de Michelin consiste en sacrificar continuamente los aspectos a corto plazo por sus dos objetivos a largo plazo: la calidad y la cuota de mercado.

Con la esperanza de evitar los sindicatos, Michelin prefiere construir plantas en el sur de los Estados Unidos. El 80% de la producción procede de numerosos países y no de Francia, y sólo una pequeña minoría de los empleados son franceses.

Michelin invierte siempre el 5% del importe de las ventas en investigación, el mismo porcentaje que la japonesa Bridgestone. Para Goodyear, ser la única de las empresas importantes de USA que ha evitado ser absorbida se explica por la alta inversión que realiza en investigación, no menos del 4%.

Aunque Michelin se concentra en neumáticos y componentes de neumáticos, también hace mapas y guías para viajeros. Goodyear y Bridgestone obtienen más del 25% de sus ingresos de productos no relacionados con los neumáticos, mientras que más del 90% de las ventas de Michelin provienen de los neumáticos. Casi todos los materiales, incluso las bandas de acero y el caucho sintético que se emplean en los neumáticos, los produce Michelin.

Michelin está principalmente preocupada por su situación a largo plazo, tal y como se deduce de la compra de Uniroyal Goodrich. Esta transacción aumentará la deuda y disminuirá los beneficios, pero para Michelin es una adquisición estratégica y su coste es secundario.

Fuente: Wall Street Journal (5 de enero de 1990): 1-8; *Business Marketing* (mayo de 1994): 11; y *Economist* (8 de junio de 1991): 65-66.

DESARROLLAR UNA ESTRATEGIA DE POM

El director de operaciones es un participante activo en la determinación de la misión y estrategia de la compañía, a causa de la gran cantidad de recursos que están bajo la responsabilidad de POM. Sólo cuando los directivos de operaciones comprenden la estrategia completa de la empresa pueden tomar decisiones de forma óptima. Una mejor utilización de los recursos requiere algo más que un simple marketing eficaz y unas finanzas eficaces. Anuncios llamativos y nuevos sistemas de apalancamiento financiero no hacen que los productos sean mejores ni que se entreguen a tiempo a los clientes. Esto sólo lo consigue la función de producción. La función de producción es un elemento clave en la elaboración de una ventaja competitiva. Por **ventaja competitiva** entendemos una ventaja que los competidores no tienen. Johnson Electric, tal y como se indica en el POM en acción de la página 42, "La estrategia en Johnson Electric de Hong Kong es global", encontró ventaja competitiva en la velocidad de fabricación, a partir del conocimiento de las necesidades de los consumidores y de procedimientos eficientes de fabricación.

Ventaja competitiva

La función de producción puede contribuir a una ventaja competitiva de muchas maneras. Aunque POM es sólo una tercera parte de la triada estratégica, también incluye el marketing y el área finaciero-contable. La Figura 2.4 proporciona una sinopsis de las opciones estratégicas de marketing, finanzas y POM. Éstas y otras funciones de la empresa contribuyen a la estrategia. En este texto indicamos varios ejemplos específicos de cómo las empresas utilizan estas funciones de forma estratégica.

FIGURA 2.4 ■ Desarrollo de la estrategia de operaciones

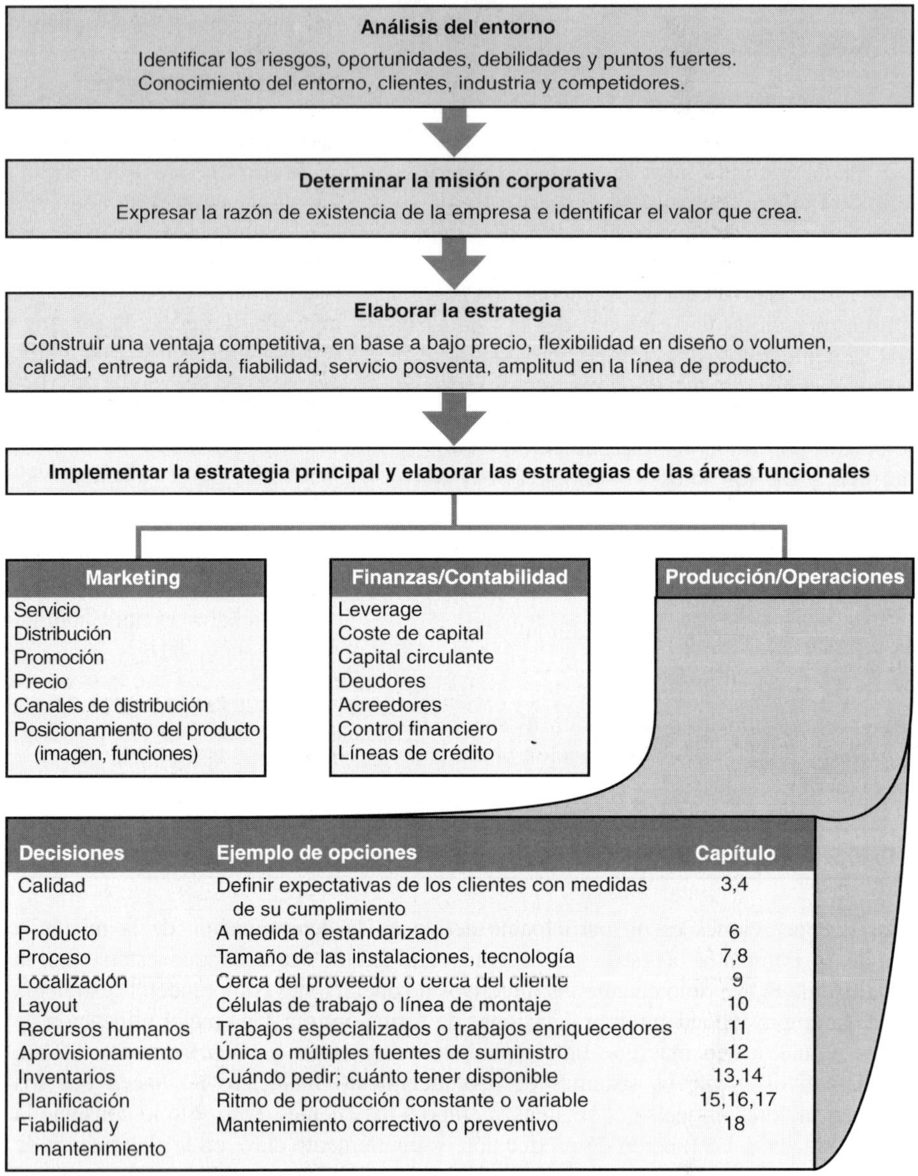

Decisiones	Ejemplo de opciones	Capítulo
Calidad	Definir expectativas de los clientes con medidas de su cumplimiento	3,4
Producto	A medida o estandarizado	6
Proceso	Tamaño de las instalaciones, tecnología	7,8
Localización	Cerca del proveedor o cerca del cliente	9
Layout	Células de trabajo o línea de montaje	10
Recursos humanos	Trabajos especializados o trabajos enriquecedores	11
Aprovisionamiento	Única o múltiples fuentes de suministro	12
Inventarios	Cuándo pedir; cuánto tener disponible	13,14
Planificación	Ritmo de producción constante o variable	15,16,17
Fiabilidad y mantenimiento	Mantenimiento correctivo o preventivo	18

Consideraciones sobre la estrategia de POM

Una exitosa estrategia de POM no es sólo consistente con la estrategia de la empresa, sino que también tiene en cuenta el ciclo de vida de los productos. Cada producto tiene su ciclo de vida. En la Figura 2.5 se muestra la situación aproximada en su ciclo de vida de algunos productos. Esta figura también muestra algunos conceptos estratégicos específicos, utilizables a diferentes niveles en cada fase del ciclo de vida del producto.

FIGURA 2.5 ■ Estrategia y Conceptos Durante el Ciclo de Vida del Producto.

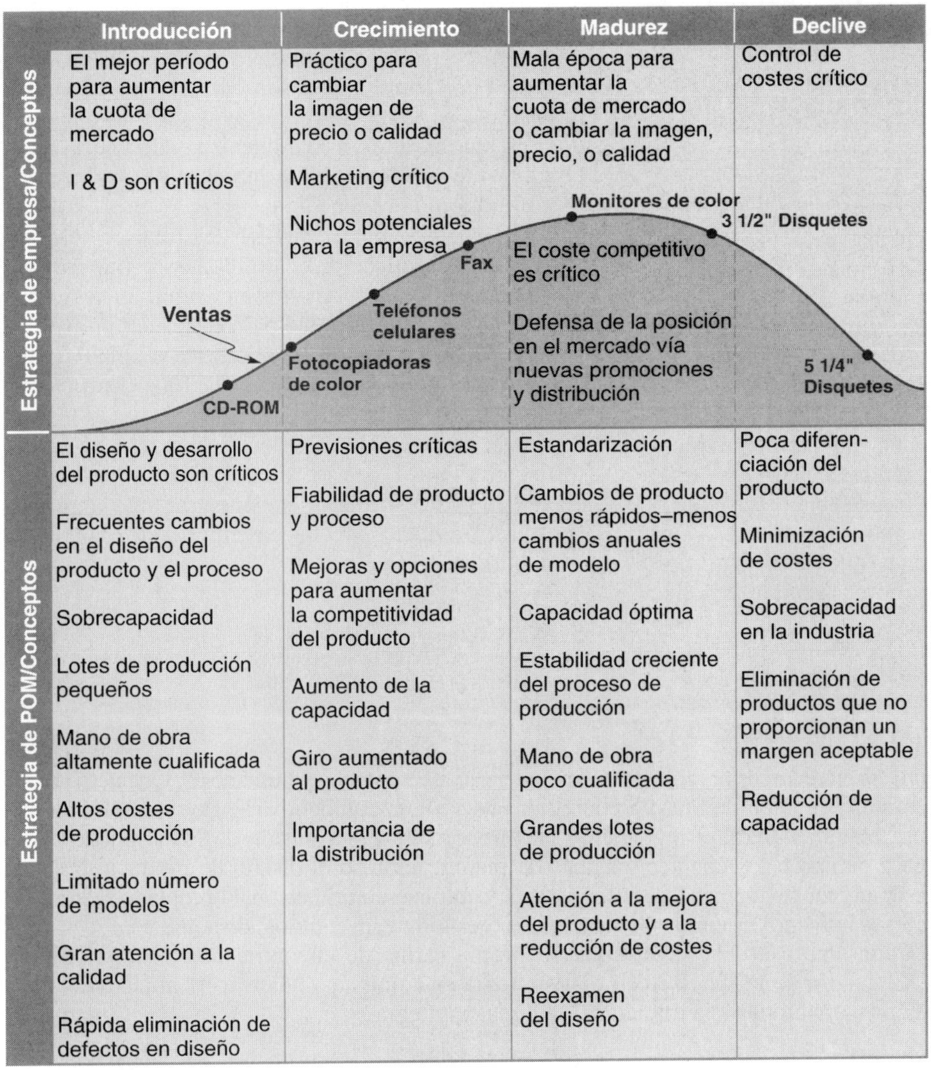

(*Fuente:* Varias; ver, por ejemplo, Michael E. Porter, *Techniques for Analyzing Industries and Competitors* (New York, Free Press, 1980).)

Implantación de la estrategia

Como cada organización tiene limitaciones, el directivo de operaciones identifica qué puede y qué no puede llevar a cabo la función de POM. La idea es no sólo tener una Estrategia de POM, sino implantarla con éxito.

TAREAS CLAVE. Implementar con éxito una estrategia requiere identificar aquellas tareas que son claves para el éxito. El director de operaciones pregunta: "Dada una estrategia de operaciones, ¿qué tareas deben realizarse especialmente bien para tener éxito? ¿Qué elementos contienen las más altas posibilidades de fracaso, y cuáles requerirán compromisos

POM EN ACCIÓN

La estrategia global de Johnson Electric de Hong Kong

Patrick Wang, director de Johnson Electric Holdings, Ltd., se desplaza por sus oficinas centrales de Hong Kong con un micromotor en sus manos. Este diminuto motor, de aproximadamente dos veces el tamaño de su pulgar, abre la cerradura de la puerta de un Dodge Viper. Aunque la mayoría de la gente nunca ha oído hablar de Johnson Electric, todos tenemos varios de sus micromotores cerca. Esto se explica porque Johnson es el primer productor del mundo de micromotores para instrumentos sin hilos, electrodomésticos (como molinillos de café y otros aparatos de cocina), artículos para el cuidado personal (como secadores de pelo y máquinas de afeitar) y coches. Un lujoso Mercedes, con sus limpiafaros, ventanillas eléctricas, asientos ajustables eléctricamente, y retrovisores eléctricos, puede utilizar 50 micromomotores Johnson por vehículo.

Como toda empresa global, Johnson realiza importantes gastos en comunicaciones para mantener unida su red global de fábricas y centros de I & D y diseño. Por ejemplo, Johnson Electric ha instalado un sistema de videoconferencias de 20 millones de dólares, que permite a los ingenieros de Cleveland, Ohio y Stuttgart controlar las pruebas de producción de sus micromotores en China.

El primer punto fuerte de Johnson es su velocidad de producción, 13 millones de motores al mes, la mayor parte montados en China. Su segundo punto fuerte es su habilidad para estar siempre cerca de sus clientes. Johnson tiene centros técnicos y de diseño distribuidos por Estados Unidos, Europa, y Japón. "Las limitaciones físicas del pasado han desaparecido" cuando toca decidir dónde debe localizarse un nuevo centro, dice Patick Wang. "Los clientes nos dicen dónde se encuentran más a gusto, pero los productos se hacen allí donde son más competitivos."

Fuentes: Forbes (8 de noviembre de 1993): 292-293; y *Asian Business* (febrero 1993): 12.

adicionales en recursos organizativos, monetarios, tecnológicos y humanos? ¿Qué actividades ayudarán a la función de POM a conseguir una ventaja competitiva?". Por ejemplo, en una empresa manufacturera, el ingrediente más importante en la misión de POM puede ser la entrega a tiempo a los clientes (tácticas de planificación) o el diseño de productos. En un centro de urgencias médicas, el enfoque debe centrarse en un personal apropiado (estrategia de recursos humanos) y en los medicamentos (gestión de inventarios) disponibles.

Cada empresa debe determinar su propia forma de encontrar una ventaja competitiva. El cuadro de POM en Acción "Estrategia en Compaq y Microsoft" analiza las diferentes aproximaciones a la implantación de la estrategia.

ORGANIZACIÓN. Cada empresa decide cómo debe organizarse para poder llevar a cabo las tareas claves. Los organigramas mostrados en el Capítulo 1 (Figura 1.2) indican la forma en que se han organizado algunas firmas para tomar estas decisiones. La organización de la función de operaciones y su relación con las demás partes de la organización varían con la misión de la POM. Por ejemplo, los variables hábitos de viaje de los clientes dominan la planificación a corto plazo en la industria de las líneas aéreas. Así, factores como la preferencia en determinados días de la semana, las vacaciones, la estacionalidad y los calendarios de las escuelas juegan un importante papel en las programaciones de vuelos. En consecuencia, la planificación de los vuelos, aunque sea una actividad de POM, puede ser una parte del área de marketing (ver la Figura 1.2). La planificación eficiente en la industria del transporte se refleja en la cantidad de tiempo que los camiones viajan con carga. De cualquier modo, la programación de los camiones es normalmente parte de la función de POM, a pesar de que se necesite información sobre los puntos de entrega, los puntos de recogida, conductores y otros provenientes de diferentes partes de la organización. Cuando la organización de la función de POM consigue una programación eficiente en las industrias

POM EN ACCIÓN

Estrategia en Compaq y Microsoft

Dos compañías de clase mundial, Compaq y Microsoft, lideran el mercado en cuanto a la aportación de nuevos productos de calidad y a la aceptación de los mismos. Para conseguirlo, comparten las siguientes cinco características:

Se enfocan hacia un único negocio. Por ejemplo, Compaq hace un solo producto, computadores personales y, más concretamente, PCs para empresas. "Nosotros no gastamos mucho tiempo preocupándonos por el mercado doméstico o el educativo, (sino) que nos concentramos en el desarrollo de nuevos productos que satisfagan las necesidades de los usuarios de PCs en las empresas", cuenta Michael Swavely, presidente de división.

Son globales. Microsoft y Compaq son tan fuertes que pueden competir globalmente en todo el mundo. Persiguen mercados internacionales donde encuentran una competencia dura, lo que les obliga a ser de clase mundial. Compaq es el segundo suministrador de PCs de empresas en los mercados de Estados Unidos, Canadá y Europa, y realiza el 45% de sus ventas en el extranjero.

Su alta dirección está comprometida activamente en la definición y mejora del proceso de desarrollo del producto. Bill Gates, de Microsoft, por ejemplo, contacta siempre con sus ingenieros mediante el correo electrónico, y hasta 30 veces al día.

Contratan y conservan a los mejores profesionales de cada área. Microsoft se ha caracterizado siempre por contratar a los mejores y más brillantes profesionales. Miles de ellos se han convertido en millonarios por permanecer en la empresa y ayudar en su crecimiento.

Comprenden que el adelantarse al mercado refuerza la calidad del producto. Windows NT de Microsoft, con unas asombrosas 4,3 millones de líneas de código, casi "asesinó" a los 200 programadores del proyecto para conseguir su lanzamiento al mercado en 1993. Pero redefinió el concepto de software de red y software de ventanas, mediante la unión de los mismos. Esto refleja también el objetivo de Gates de mejora continua.

Fuentes: *Wall Street Journal* (6 de agosto de 1990): A12 (26 de mayo de 1993): A1, A12.

del transporte aéreo de pasajeros y en la del transporte por carretera, se puede decir que existe una ventaja competitiva.

El director de producción/operaciones desarrolla la estrategia, identifica las tareas clave, agrupa actividades en una estructura organizada y emplea personal para realizar dicho trabajo. El director trabaja con otros directivos a sus órdenes desarrollando planes, presupuestos y programas que permitirán implementar con éxito las estrategias y alcanzar las misiones. Una vez que el director de operaciones ha efectuado lo anterior, existirán las bases para un eficiente sistema que transforme los inputs en outputs. Entonces el director de operaciones estará en condiciones de implementar una estrategia de POM, que aumentará la productividad y proporcionará ventaja competitiva.

Estrategia dinámica

La estrategia cambia y lo hace por dos razones. En primer lugar, *la estrategia es dinámica a causa de los cambios producidos dentro de la organización.* Todas las áreas de la empresa están sujetas a cambios. Éstos se pueden producir en diferentes áreas, incluidas las de compras, finanzas, tecnología y ciclo de vida del producto. Todos ellos pueden producir variaciones en los puntos fuertes y débiles de la empresa y, por lo tanto, en su estrategia. La Figura 2.5 presenta los posibles cambios en la estrategia global y en la estrategia de POM durante el ciclo de vida del producto. Segundo, *la estrategia es dinámica a causa de los cambios en el entorno.* Komatsu, el fabricante internacional de grandes equipos de movimiento de tierra, presentado en los Perfiles de Clase mundial de este capítulo, muestra

TABLA 2.1 ■ Las firmas de la clase mundial tienen estrategias internacionales

COMPAÑÍA	PAÍS DE ORIGEN	% VENTAS EN EL EXTERIOR	% ACTIVOS EN EL EXTERIOR
Avon Products	Estados Unidos	61	48
Bayer	Alemania	65	ND
Citicorp	Estados Unidos	66	51
Colgate-Palmolive	Estados Unidos	65	47
Daimler-Benz	Alemania	61	ND
Dow Chemical	Estados Unidos	54	45
Gillette	Estados Unidos	68	66
Hoechst	Alemania	77	ND
Honda	Japón	63	36
IBM	Estados Unidos	59	55
ICI	Inglaterra	78	50
Nestlé	Suiza	98	95
Philips	Holanda	94	85
Procter & Gamble	Estados Unidos	52	41
Siemens	Alemania	51	ND
Sony	Japón	66	ND
Unilever	Inglaterra/Holanda	75	70

ND: No disponible.
Fuentes: Business Week (4 de mayo de 1990):103; y *Forbes* (18 de julio de 1994): 277.

un ejemplo de cómo debe modificarse la estrategia con los cambios del entorno. Komatsu, en su competencia mundial con Cartepillar, ha tenido que adoptar estrategias de aumento de la calidad, crecimiento de la línea de productos y reducción de costes.[7] Las estrategias de POM son cada vez más globales.

CONCEPTOS INTERNACIONALES DE POM

El mundo ha evolucionado de manera creciente hacia una economía interconectada, la *aldea global*, donde la economía de un país se ve afectada por las economías de otros muchos. Por ejemplo, como muchos otros países han escogido a Estados Unidos como destino de sus exportaciones, las empresas americanas han tenido que orientarse más hacia los mercados exteriores para vender y obtener beneficios. Por ello, y como vimos en la introducción de este capítulo, GE ha realizado alianzas estratégicas con Hungría para producir y comercializar bombillas.

GE no está sola en esta estrategia global de POM. Obsérvese que cada firma de la Tabla 2.1 realiza la mayor parte de sus ventas fuera de su país de origen. Un enorme 98% de las ventas de Nestlé no provienen de Suiza. No es sorprendente que escritores como Alvin Toffler piensen que las empresas internacionales son empresas sin *estado*.[8] Han dejado de ser alemanas, suizas o canadienses. Las identidades nacionales ya no tienen importancia en muchas decisiones. Las decisiones se toman en base a los méritos económicos, no nacionales.

[7] Gary Hamel y C.K. Prahalad, "Strategic Intent", *Harvard Business Review*, 67, nº 3 (mayo/junio de 1989): 63-76.
[8] Lois F. Lunin, "Recipe for Intelligence", *Information Today* (marzo de 1994): 61-63.

TABLA 2.2 ■ Test internacional: ¿Puede emparejar el producto con la apropiada compañía madre y país de la misma?

PRODUCTO	COMPAÑÍA MADRE	PAÍS DE LA COMPAÑÍA MADRE
Arrow Shirts		
Braun Household Appliances		
Burger King		
Firestone Tires		
Godiva Chocolate		
Haagen-Dazs Ice Cream		
Jaguar Autos		
MGM Movies		
Lamborghini Autos		
Goodrich Tires		
Alpo Petfoods		

Elija una de estas compañías madres:
a Automobili Lamborghini
b Bidermann International
c Bridgestone
d Campbell Soup
e Credit Lyonnais
f Ford Motor Company
g Gillette
h Grand Metropolitan
i Michelin
j Nestlé

Elija uno de estos países:
1 Francia
2 Gran Bretaña
3 Indonesia
4 Japón
5 Estados Unidos
6 Suiza

Respuestas: Arrow: b, 1; Braun: g, 5; Burger King: h, 2; Firestone: c, 4; Godiva: d, 5; Haagen-Dazs: h, 2; Jaguar: f, 5; MGM: e, 1; Lamborghini: a, 3; Goodrich: i, 1; Alpo: j, 6.

Como las empresas sitúan cada vez más su función de producción en un entorno global y dinámico, también harán importantes inversiones fuera de su país de origen. Las diferencias en la formación de la mano de obra, disponibilidad de capital y coste, infraestrucuturas y mercados locales, y riesgos políticos, son los retos a los que se enfrentan las firmas.[9]

Para comprobar su conocimiento sobre compañías internacionales, intente responder a las preguntas de nuestro test de la Tabla 2.2. Probablemente se sorprenderá al ver a los propietarios de las once famosas líneas de producto enumeradas en la primera columna.

Como su principal competidor, Komatsu, Caterpillar tiene una estrategia global. Fabrica y vende sus productos y servicios en más de 100 países. Antes de tomar decisiones sobre la fabricación y distribución de los productos de Caterpillar, se evalúa la potencialidad de las diferentes fábricas, disponibilidad de mano de obra y de programas, y los costes.

ALCANZANDO UNA ESTRATEGIA DE POM DE CLASE MUNDIAL

Las empresas que compiten con éxito en la arena internacional se denominan *empresas de clase mundial*. Una **función POM de clase mundial** es aquélla que logra excelencia satisfaciendo las necesidades de los clientes, a través de una mejora continua. La mayoría

Función POM de clase mundial

[9] Ver la discusión en M. E. McGrath y R. W. Hoole, "Manufacturing's New Economies of Scale", *Harvard Business Review* (mayo/junio de 1992): 94-99.

TABLA 2.3 ■ ¿Cuáles son las características de las empresas de clase mundial en las armas estratégicas y tácticas de POM? Aquí presentamos ejemplos de cómo las empresas de clase mundial tratan los temas importantes de POM.

ESTRATEGIA DE CALIDAD

Mejora de los sistema a través de empleados capacitados.

Reduce costes y gana pedidos a través de la calidad.

ESTRATEGIA DE PRODUCTO

Produce uno o sólo unos pocos productos.

Introduce nuevos productos continuamente.

Une estrategia de producto a cuotas de mercado y a los ciclos de vida del producto.

ESTRATEGIA DE RECURSOS HUMANOS

Forma a los empleados para realizar diversos trabajos.

Alienta la confianza mutua y el respeto, resultando un alto nivel de moral.

Consigue una plantilla de personal destacada a través de un reclutamiento efectivo, selección, formación y retención.

ESTRATEGIA DE PROCESO

Desarrolla únicamente equipos y procesos eficientes.

Genera cifras de ventas con pocas necesidades de capital en relación a la competencia.

TÁCTICAS DE PLANIFICACIÓN

Planifica eficazmente para conseguir una alta utilización.

Consigue órdenes con el cumplimiento de las entregas prometidas.

Aumenta la utilización de las instalaciones mediante una eficaz planificación.

Elabora programas de producción estables.

ESTRATEGIA DE LOCALIZACIÓN

Encuentra localizaciones que proporcionan ventaja en coste, ingresos, servicio a los clientes y penetración de mercado.

Busca oportunidades internacionalmente.

TÁCTICAS DE INVENTARIOS

Minimizan inversiones en inventario.

Usa técnicas JIT para controlar los inventarios y asegurar calidad consistente.

ESTRATEGIA DE LAYOUT

Usa células de trabajo e instalaciones flexibles.

Suaviza el movimiento de materiales para aumentar la eficiencia y el valor.

ESTRATEGIA DE APROVISIONAMIENTO

Evalúa y forma proveedores entre las empresas de clase mundial.

Integra a los proveedores en el sistema de producción.

TÁCTICAS DE MANTENIMIENTO

Realiza un eficaz mantenimiento preventivo, reduciendo la variabilidad de los productos.

Adiestra a los empleados para efectuar las inspecciones de los equipos y el pequeño mantenimiento preventivo.

de las empresas de clase mundial, sean manufactureras o de servicios, tendrán funciones POM, que serán también de clase mundial. Estas firmas han tenido éxito al plantear una estrategia de operaciones que da soporte a los objetivos globales de la compañía, creando una ventaja competitiva. Cada una de las 10 decisiones de POM puede contribuir a su manera a aquella ventaja competitiva. Para cada una de las 10 decisiones, la Tabla 2.3 sugiere algunas características de las empresas de clase mundial. De estas características se habla extensamente en cada uno de sus respectivos capítulos. Una función POM de clase mundial contribuye a la ventaja competitiva, haciendo que la organización tenga éxito en la actualidad y proporcionando productos, servicios y trabajos para el mañana.

RESUMEN

POM es la principal función que contribuye de manera significante a la competitividad de una organización. Las organizaciones deben comprender su entorno e identificar, de manera realista sus propias capacidades. Entonces implementan una estrategia que utiliza aquellas competencias dentro del entorno para lograr su misión. Sólo cuando se ha hecho bien todo lo anterior, puede tener la empresa una ventaja competitiva y ser de clase mundial. En nuestra economía global, en la que las compañías operan y compiten más allá de las fronteras nacionales, es cada vez más necesaria una actuación de clase mundial

TÉRMINOS CLAVE

Sistema
Suboptimizar
Misión
Estrategia
Ventaja competitiva
Empresas de clase mundial
Funciones POM de clase mundial

PROBLEMA RESUELTO

Problema resuelto 2.1

¿Cómo consigue una empresa una ventaja competitiva en la industria madura y establecida del empaquetado de carne?[10] Iowa Beef Packers (IBP) pudo alcanzar una importante ventaja competitiva restructurando las operaciones tradicionales de proceso de la carne de ternera. Las operaciones tradicionales del empaquetado de carne de ternera consistían en criar el ganado en granjas y ranchos dispersos, embarcarlos vivos hacia mataderos con personal perteneciente a sindicatos y después transportar grandes piezas de ternera a los distribuidores de comestibles, en donde los departamentos de carnicería las cortaban en pequeñas piezas y las empaquetaban para venderlas a los consumidores.

Solución

Iowa Beef Packers reformó las operaciones tradicionales con una estrategia radicalmente diferente. Se construyeron plantas automatizadas con personal no sindicado cerca de los puntos de abastecimiento de ganado y con posibilidades de transporte económico. Después, la carne se cortaba, en la planta procesadora, en piezas mas pequeñas y rentables (muchas veces envueltas en plástico y listas para vender), se empaquetaba y enviaba a los detallistas. Los gastos de transporte interno, tradicionalmente un componente importante del coste, se redujeron, evitando las pérdidas considerables que se producían al transportar animales vivos a grandes distancias. Además, se consiguieron ahorros importantes en los costes de transporte externos, al no tener que transportar piezas enteras de ternera con mucho peso y desperdicio. La estrategia de IBP tuvo tanto éxito que en 1985 era la mayor empresa empaquetadora de carne de los Estados Unidos, por delante de las anteriores líderes Swift, Wilson y Armour.

[10] Adaptado de Michael E. Porter. *Competitive Advantage* (Nueva York: Free Press, 1985):.109; Arthur A.Thompson, Jr. y A. J. Strickland III, *Strategy Formulation and Implementation* (Homewood, IL:BPI/Irwin, 1989).

PREGUNTAS DE DISCUSIÓN

1. Describa el sistema de matrícula en su universidad. ¿Cuáles son los inputs, transformaciones y outputs?
2. ¿Podría ser diferente el complejo sistema en el que actúan los directores de producción/operaciones si los circuitos de retroalimentación fueran más rápidos?
3. ¿Qué similitudes y diferencias existen entre el proceso de transformación de un restaurante de comida rápida (fast food) y el de un fabricante de computadores?
4. Identificar las 10 decisiones estratégicas y tácticas de la dirección de operaciones.
5. Identificar el proceso de transformación que tiene lugar en el taller de reparación de su automóvil. ¿Cuál es la manifestación de las diez decisiones de dirección de la producción y operaciones en el taller? Es decir, ¿cómo se cumple cada una de las diez decisiones? (La Figura 2.4 puede ayudarle.)
6. Responda a la pregunta anterior para una empresa de su elección.
7. En base a lo que Vd. conozca de la industria del automóvil, ¿cómo ha cambiado en los últimos 10 años la estrategia de POM de General Motors o Ford?
8. Como trabajo de biblioteca, identifique la misión de la empresa y la estrategia que apoya esta misión.
9. ¿Qué es un ejemplo de suboptimización?
10. En este capítulo hemos identificado 10 decisiones estratégicas y tácticas de POM. ¿Cuáles son algunas decisiones estratégicas y tácticas de finanzas y marketing?
11. ¿Qué implicaciones tendrá para Estados Unidos la estrategia de Japón de dominar el sudeste asiático, descrita en el cuadro correspondiente de POM en acción?

EJERCICIO DE RAZONAMIENTO CRÍTICO

IBM tuvo un 70% de cuota de mercado en el negocio de los computadores. La mayor parte del negocio lo tenía en los grandes computadores, conocidos como maiframe. A lo largo de los años 80 y 90, la tecnología y los mercados fomentaron las redes de computadores, es decir, los PCs, y ahora las redes de computadores y PCs. IBM ha tenido un difícil ajuste a los nuevos tiempos. Las ventas de IBM, empleo y porcentaje de computadores instalados, han descendido. Desde una perspectiva de POM, ¿cómo podría IBM haber ajustado sus puntos fuertes y débiles con las oportunidades y riesgos del entorno?

PROBLEMAS

· **2.1** Encuentre un artículo en la literatura de negocios (*Business Week, Wall Street Journal, Forbes, Fortune,* y otras) que (1) documente la estrategia de POM actual de una organización y (2) documente un cambio en la estrategia POM de una organización.

: **2.2** Identificar cómo los cambios en el entorno exterior afectan a la estrategia de POM de una empresa. Por ejemplo, discutir qué impacto podría tener en la estrategia de POM los siguientes factores externos:

a) aumentos importantes en el precio del petróleo

b) legislación sobre la calidad del agua y del aire

c) pocas perspectivas de empleo para los jóvenes que han entrado en el mercado de trabajo desde 1985 hasta 1995

d) inflación *vs.* precios estables

e) legislación que cambie la consideración de los seguros médicos, que dejan de ser un ingreso no gravable para convertirse en una renta gravable

: **2.3** Identificar cómo los cambios en el entorno interior afectan a la estrategia de POM de una empresa. Por ejemplo, discutir qué impacto podrían tener en la estrategia de POM los siguientes factores internos:

a) que un producto madure
b) innovación de la tecnología en el proceso de fabricación
c) modificaciones en el diseño de producto que cambia las unidades de disco (disk drive), que dejan de ser unidades de disquetes de 3 1/2 pulgadas para convertirse en unidades de CD-ROM

CASO DE ESTUDIO

Minit-Lube, Inc.

En los últimos años se ha desarrollado un importante mercado para los talleres de puesta a punto y engrase del automóvil. Esta demanda ha surgido como consecuencia del cambio en los hábitos de compra de los consumidores, provocados por la proliferación de gasolineras de autoservicio. Los clientes se abastecían de gasolina ellos mismos, lo que les obligaba a realizar una segunda parada para cambiar aceite y engrasar. Ante esto, Minit-Lube y Jiffy-Lube desarrollaron una estrategia para acomodarse a esta nueva situación.

Las estaciones Minit-Lube realizan cambios de aceite, engrases y limpieza interior en un entorno inmaculado. Los edificios están limpios, pintados de blanco y rodeados por bellos paisajes. Para facilitar un servicio rápido, los automóviles pueden ser conducidos en fila de tres. En Minit-Lube, el cliente es recibido por encargados del servicio que se han graduado en la escuela Minit-Lube en Salt Lake City. La escuela Minit-Lube no es diferente a la Universidad McDonald's Hamburger cerca de Chicago o la escuela de formación de Holiday Inn, en Memphis. El recepcionista toma la orden del cliente, que normalmente incluye control de líquidos (aceite, agua, líquido de frenos, líquido de la transmisión, grasa del diferencial) y los engrases necesarios, así como cambio de los filtros de aire y de aceite. A continuación, el personal de servicio, con uniformes limpios, se pone en acción. El equipo estándar de tres personas tiene a una de ellas comprobando los niveles bajo el capó, otra está limpiando el interior del vehículo con el aspirador y limpiando los cristales, y el tercero, en el foso del taller, cambiando el filtro del aceite, drenando el aceite, comprobando el diferencial y la transmisión, y engrasando cuanto sea necesario. Para poder dejar listo el vehículo en diez minutos, se ha realizado una asignación precisa de tareas y se ha formado muy bien a los trabajadores. La idea es no cobrar más y que las gasolineras, cadenas de reparación de automóviles y concesionarios de automóviles suministren un mejor servicio.

PREGUNTAS DE DISCUSIÓN

1. ¿Cuál es la misión de Minit-Lube?
2. ¿Cómo proporciona ventaja competitiva la estrategia de operaciones de Minit-Lube? (Sugerencia: Evaluar cómo los competidores tradicionales toman las 10 decisiones de dirección de operaciones frente a cómo las toma Minit-Lube.)
3. ¿Es probable que Minit-Lube o Jiffy-Lube hayan aumentado la productividad sobre la de sus competidores tradicionales? ¿Por qué? ¿Cómo se mediría la productividad en esta industria?

CASO DE ESTUDIO

Johannsen Steel Company

Johannsen Steel Company fue fundada por los tres hermanos Johannsen en 1928, en Pittsfield, Rhode Island. Los hermanos comenzaron concentrándose en la producción de alambre de acero de alta calidad, alto carbón y alto margen. Los productos incluían "cuerdas musicales" para instrumentos como pianos y violines; alambre de cobre, estaño y otros alambres recubiertos; y alambres de alta extensibilidad para la emergente industria aeronáutica. JSC introducía nuevos tipos de alambre.

A lo largo de los años 30 y 40, JSC prosperó al tiempo que mantenía su reputación de productos de alta calidad y el diseño/construcción de su propia maquinaria. En 1946, el último hermano existente, Johannsen, vendió la empresa a West Virginia Steel por cuatro millones de dólares. Por su inversión, West Virginia Steel (WVS) obtuvo las tres acererías localizadas en Pittsfield, Rhode Island (500 empleados), Akron, Ohio (100 empleados), y Los Ángeles (816 empleados), así como dos almacenes de alambre de acero, uno en Chicago (8 empleados) y otro en Los Ángeles (4 empleados). WVS mantuvo la estructura de Johannsen completamente intacta, dejándola como filial y totalmente controlada.

Los años 40 y 50 fueron testigos de un incremento de las ventas de JSC al ejército de Estados Unidos y a los fabricantes de automóviles y neumáticos. JSC también vendió alambre para su uso en grapas, clavos, utensilios de cortar, cepillos de acero/bobinas de alambre y productos eléctricos, provocando un continuo crecimiento en ventas y beneficios.

1960 fue un año complicado para la industria del acero de Estados Unidos. Una prolongada huelga de 13 semanas sorprendió a los clientes del acero. Con unos stocks prácticamente agotados, los consumidores de acero de Estados Unidos buscaron fuentes alternativas de suministro. Hasta este momento, la competencia de las plantas de acero japonesas había sido mínima. Sin embargo, con pocas opciones disponibles, los consumidores de acero dirigieron su mirada hacia Japón. Encontraron que la calidad, el precio e incluso el plazo de entrega del acero eran muy aceptables. A partir de entonces, la competencia de los japoneses dejó de ser insignificante.

La combinación de la competencia externa y una economía inclinada hacia la productividad condujo a la baja los precios del acero, alcanzando unos niveles muy competitivos durante los años 60 y 70. La atención en la industria del acero y en JSC se encaminó a la reducción de costes y a la expansión de las ventas para mantener los niveles de beneficio.

La selección de Joe Thomas, anteriormente director de ventas de JSC, como presidente en 1978 dio un énfasis adicional en el aumento de las ventas. De hecho, las ventas se incrementaron en aproximadamente dos millones de libras por año, en los años 70 y 80. El crecimiento en ingresos por ventas fue paralelo al tonelaje vendido. Sin embargo, los beneficios después de impuestos en los últimos años de la década de los 80 nunca estuvieron por encima del 2%.

Puesto que los beneficios habían sido exiguos desde mediados de los 70 para JSC y WVS, la "empresa madre" gastó poco en inversiones de capital, salvo que se obtuviese una tasa de retorno de la inversión (TIR) antes de impuestos del 40%. WVS tenía otras restricciones en su filial JSC. El 60% del total de las compras de JSC en barras de acero (materia prima para el alambre de acero) debía adquirirse a WVS, a pesar de que era bien sabido en toda la industria que las barras de acero de WVS eran las de peor calidad. Además, el menor tamaño de las bobinas de materia prima de WVS (300 lb), comparada con los tamaños de las industrias más modernas, como Bethlehem Steel (1.500 y 3.000 lb), aumentaban el número de preparaciones de máquina y costes de producción.

Para consumir su cuota de barras de acero de WVS y distribuir sus gastos generales en más tonelaje (y de este modo reducir los costes generales por tonelada), Joe Thomas ordenó a su equipo de ventas incrementar las mismas al menos en un 10% anual. Y así lo hicieron. Los pedidos y los ingresos provenientes de las variedades más comunes de alambre de acero, tales como grapas, cadenas, llantas y cepillos metálicos, continuaban creciendo. Los precios de estos productos de alambre de acero continuaban cayendo lentamente, ya que los japoneses, en concreto, fabricaban estos productos con mayor eficiencia.

Johannsen Steel, no obstante, mantuvo su reputación de fabricante de alta calidad en los años 70 y 80. Ganó prestigiosos contratos con la NASA y la industria informática, y todavía producía "cuerdas musicales" y otros aceros de alto carbón. Sin embargo, el porcentaje de estas ventas de alta calidad/alto margen sobre el total de ventas continuaba descendiendo.

Las trefiladoras eran ahora tan sofisticadas que JSC ya no diseñaba ni producía su propia maquinaria. De hecho, en los años 80 solía comprar máquinas usadas.

Aunque cada pocos años aparecían nuevas innovaciones en productos de JSC, éstas eran irregulares e insignificantes. Para controlar los costes, durante muchos años no se aumentaron el personal del laboratorio de I & D ni los presupuestos dedicados al mismo. JSC disponía aún de mucha de su maquinaria y equipos originales (de unos 50 años de antigüedad), la cual estaba aún de buen uso. No obstante, los costes de mantenimiento de los equipos y edificios continuaban creciendo.

Los salarios de los vendedores eran bajos, con un 6% de comisión pagada sobre las ventas realizadas. Para disminuir costes, los viajes del personal de ventas fueron reducidos de manera considerable.

En una conversación con John Green, director de operaciones de JSC, se le oyó decir a Joe Thomas: "No puedo entender por qué nuestros beneficios son ahora nulos. Las ventas están creciendo de nuevo. Los porcentajes de desperdicios son razonables (5%), incluso nuestros costes de materias primas por tonelada producida son más bajos. John, si podemos ahora reducir nuestro coste de mano de obra y coste de mantenimiento por tonelada producida, y distribuir nuestros costes fijos sobre más toneladas, estoy seguro de que podremos salir de ésta."

PREGUNTAS DE DISCUSIÓN

1. ¿Cuál podría ser una buena definición de la misión de (a) Johannsen Steel y (b) de la función de producción de Johannsen Steel?
2. ¿Qué sugiere un análisis de las oportunidades y riesgos externos y de los puntos fuertes y débiles internos?
3. Revise las 10 decisiones de POM estudiadas en este capítulo y determine las razones (estratégicas y tácticas) de los problemas de JSC. ¿Cuáles son las opciones que tiene JSC y qué decisiones estratégicas o tácticas debe tomar?
4. ¿Qué herramientas/técnicas le podrían ayudar en su análisis de JSC y/o en la exposición de sus recomendaciones a la alta dirección?

Fuente: Profesor Roger J. Gagnon. Los nombres de la empresa y personas han sido cambiados, pero la situación y temas descritos son actuales.

BIBLIOGRAFÍA

Barro, R. J. "Economic Growth in a Cross Section of Countries." *Quarterly Journal of Economics*, 106 (May 1991): 407–443.

Chase, R. B., and R. H. Hayes. "Beefing Up Operations in Service Firms." *Sloan Management Review*, 33, no. 1 (Fall 1991): 15–26.

Committee on Analysis of Research. *The Competitive Edge: Research Priorities for U.S. Manufacturing*. Washington, DC: National Academy Press, 1991.

De Long, J. B., and L. H. Summers. "Equipment Investment and Economic Growth." *Quarterly Journal of Economics*, 106 (May 1991): 445–502.

Drucker, P. F. "The Emerging Theory of Manufacturing." *Harvard Business Review* (May/June 1990): 94.

Egelhoff, W. G. "Great Strategy or Great Strategy Implementation—Two Ways of Competing in Global Markets." *Sloan Management Review*, 34, no. 2 (Winter 1993): 37.

Forrester, J. *Industrial Dynamics*. Cambridge: MIT Press, 1964.

Gerwin, D. "Manufacturing Flexibility: A Strategic Perspective." *Management Science*, 39, no. 4 (April 1993): 395–410.

Hamel, G., and C. K. Prahalad. "Strategy as Stretch and Leverage." *Harvard Business Review*, 71, no. 2 (March/April 1993): 75–84.

Hayes, R. H., and G. P. Pisano. "Beyond World-Class: The New Manufacturing Strategy." *Harvard Business Review*, 72, no. 1 (January/February 1992): 77–86.

Hayes, R. H., S. Wheelwright, and K. B. Clark: *Dynamic Manufacturing*. New York: Free Press, 1988.

Heim, J. A., and W. D. Compton, eds. *Manufacturing Systems: Foundations of World-Class Practice*. Washington, DC: National Academy Press, 1992.

Kiernan, M. J. "The New Strategic Architecture: Learning to Compete in the Twenty-First Century." *The Executive*, 7, no. 1 (February 1993): 7–21.

Kim, Y., and J. Lee. "Manufacturing Strategy and Production Systems: An integrated framework." *Journal of Operations Management*, 11, no. 1 (March 1993): 3–15.

Kogut, B., and N. Kulatilaka. "Operating Flexibility, Global Manufacturing, and the Option Value of a Multinational Network." *Management Science*, 40, no. 1 (January 1994): 123–139.

Little, J. D. C. "Tautologies, Models, and Theories: Can We Find 'Laws' of Manufacturing?" *Industrial Research & Development*, 24, no. 3 (July 1992): 7.

National Center for Manufacturing Sciences. *Competing in World-Class Manufacturing: America's 21st Century Challenge*. Homewood, IL: Business One Irwin, 1990.

Ohmae, K. "The Borderless World." *Sloan Management Review*, 32 (Winter 1991): 117.

Peteraf, M. A. "Commitment: The Dynamic of Strategy." *Academy of Management Executive*, 6, no. 3 (August 1992): 97.

Pine, B. J. II, B. Victor, and A. C. Boynton. "Making Mass Customization Work." *Harvard Business Review*, 71, no. 5 (September/October 1993): 108–119.

Porter, M. E. *The Competitive Advantages of Nations*. New York: Free Press, 1990.

Rich, P. "The Organizational Taxonomy: Definition and Design." *The Academy of Management Review*, 17, no. 4 (October 1992): 758.

Rockart, J. F., and J. D. Hofman. "Systems Delivery: Evolving New Strategies." *Sloan Management Review*, 33, no. 4 (Summer 1992): 21.

Schmenner, R. W. "International Factory Productivity Gains." *Journal of Operations Management*, 10, no. 2 (April 1991): 229–254.

Shaw, M. J., J. J. Solberg, and T. C. Woo. "System Integration in Intelligent Manufacturing: An Introduction." *Industrial Engineering Research & Development*, 24, no. 3 (July 1992): 2.

Skinner, W. *Manufacturing: The Formidable Competitive Weapon*. New York: John Wiley, 1985.

Sloan, A. P. My *Years with General Motors*. New York: Doubleday, 1972.

Stephanou, S. *The Manufacturing Challenge from Concept to Production*. New York: Van Nostrand Reinhold, 1991.

Stonebraker, P. W., and G. K. Leong. *Operations Strategy: Focusing Competitive Excellence*. Boston: Allyn & Bacon, 1994.

2 SUPLEMENTO

HERRAMIENTAS PARA LA TOMA DE DECISIONES

CONTENIDO DEL SUPLEMENTO

La decisión de perforación de los pozos fue meditada. ¿Cuál de estas nuevas áreas de Kentucky —Blair Este o Blair Oeste— debería ser perforada en busca de petróleo? Una decisión equivocada en este tipo de perforaciones podría significar la diferencia entre el éxito o la quiebra de la empresa. ¡Hablar acerca de la toma de decisiones bajo incertidumbre y presión! Empleando un árbol de decisión, el presidente de Tomco Oil's, Thomas E. Blair, identificó 74 diferentes opciones, y cada una de ellas poseía un beneficio neto. Lo que había comenzado como un gran número de factores geológicos, técnicos, económicos y políticos, ahora se había convertido en algo mucho más claro. Blair dijo: "El análisis con árboles de decisión nos proporciona una forma sistemática de planificar estas decisiones y un conocimiento más claro de los numerosos y variados resultados financieros que son posibles."♦

Fuente: Adaptado de J. Hosseini, "Decision Analysis and Its Application in the Choice Between Two Wildcat Oil Ventures," *Interfaces* (marzo/abril, 1986): 75-85.

Los directores de operaciones toman decisiones. Para lograr los objetivos de sus organizaciones, los directivos deben comprender cómo se toman las decisiones y qué herramientas emplear para la toma de decisiones. En gran medida, el éxito o fracaso de las personas y empresas depende de la calidad de sus decisiones. El director que insistió en el lanzamiento del transbordador espacial *Challenger* (el cual explotó en 1986), a pesar de ser advertido de que no debía ser lanzado, no ascendió, obviamente, dentro de la NASA. William Gates, el creador de los sistemas operativos para computadores personales DOS y Windows, se convirtió en el presidente de la más importante compañía de software del mundo (Microsoft) y en el billonario más joven de los Estados Unidos.

Modelo

En este suplemento, y a lo largo del texto, emplearemos el término *modelo* una y otra vez. Los modelos están en la base de la toma de decisiones en la dirección de producción y operaciones. Un **modelo** es una representación de la realidad. Puede ser un modelo físico, como puede ser un modelo a escala de una fábrica o un modelo de un avión para emplearlo en un túnel de viento. También puede ser un modelo matemático, el cual es incluso más común. Un modelo matemático sencillo que aprendió en geometría es la fórmula Área = longitud × altura. Otros modelos pueden ser mucho más complejos y pueden incluso representar la operatividad de un negocio. Tal modelo tendría variables para cuantificar los costes de producción, de transporte, de inventario y de manejo de información, así como una amplia variedad de otros posibles inputs y outputs.

Los modelos y técnicas de la dirección científica pueden ayudar a los directivos a:

1. Comprender cómo funcionan sus empresas.
2. Comprender cómo funcionan otras compañías.
3. Encontrar una forma de reducir o, como mínimo, de entender la incertidumbre que rodea a los planes y actividades de la empresa.

A lo largo de este libro, le presentaremos un amplio abanico de modelos y herramientas que ayudan a los directores de operaciones a tomar mejores decisiones. Este suplemento examina primero el proceso analítico de toma de decisiones, después clasifica los modelos con los que tratará, y finalmente introduce la teoría de la decisión, la cual es una de las más populares herramientas de toma de decisiones en uso.

EL PROCESO DE LA DECISIÓN ANALÍTICA

¿Qué es lo que diferencia una buena decisión y una mala decisión? Una "buena" decisión, suponiendo una toma de decisión analítica, está basada en la lógica, y considera todos los datos disponibles y todas las alternativas posibles. También sigue los seis pasos siguientes:

1. **Definir el problema y los factores que influyen en él.** El problema sobre el que se debe decidir debe ser definido de forma clara y concisa, lo cual es, en muchos casos, el paso más importante y difícil.
2. **Establecer el criterio de decisión y los objetivos.** Los directivos deben desarrollar objetivos específicos y cuantificables. La mayoría de las empresas tienen más objetivos que simplemente maximizar el beneficio.
3. **Formular un modelo o relaciones entre objetivos y variables.** En otras palabras, deseamos desarrollar una representación de la situación, un modelo. La mayoría de los modelos presentados en este libro contienen una o más variables. Una variable, como su nombre indica, es una cantidad cuantificable que puede variar o estar sujeta a cambios.
4. **Identificar y evaluar las alternativas.** Los directivos necesitan generar tantas soluciones al problema como les sea posible (y en general rápidamente). A la

mayoría de directivos, les gusta disponer de un amplio abanico o conjunto de opciones, así pueden evaluar cada opción por sus méritos y desventajas.

5. **Seleccionar la mejor alternativa.** Ésta es la alternativa que mejor satisface y es más consistente con los objetivos establecidos.
6. **Implementar la decisión.** Poner en práctica las etapas de la decisión escogida puede ser la fase más difícil de la toma de decisiones. La implementación implica hacer una asignación de tareas y un calendario para su realización.

Debemos puntualizar que estos pasos no siempre se siguen uno a otro sin algún tipo de bucle a un paso anterior. La modificación de uno o más pasos antes de llegar a la solución final no es inusual. No obstante, tomar "buenas" decisiones en los problemas de operaciones significa realizar los seis pasos.

MODELOS PARA LA TOMA DE DECISIONES

Cuando el proceso de decisión se aplica a decisiones de la dirección de operaciones, está estrechamente relacionado con el uso de modelos matemáticos y análisis cuantitativos.

Existen ventajas y desventajas en la modelización. Empleamos modelos para poder representar la realidad de un sistema real, reproduciendo sus rasgos importantes, apariencia y características. Los modelos no son ninguna panacea: realmente, la mayoría de modelos son simplificaciones del mundo real. El énfasis en este libro no se situará en la construcción de modelos *per se*, sino en el uso de modelos para ayudar a los directores de operaciones a tomar decisiones. Creemos que debería saber:

1. Cuándo un modelo es apropiado y cuáles son sus supuestos y limitaciones.
2. A qué propósito podría servir un modelo en un problema concreto.
3. Cómo emplear el modelo y obtener resultados.
4. Cómo interpretar, en términos de dirección, los resultados del modelo.

En 1969, Robert Freitag era el jefe del equipo de la NASA responsable de un aterrizaje seguro del "Apollo II" en la luna. Aquí están algunos comentarios de Freitag sobre esta tarea:
"Lo que se hace es descomponerlo en partes: el lugar del lanzamiento, los vehículos para el mismo, la nave espacial, el módulo lunar y las redes de seguimiento a lo largo de todo el mundo. Entonces, una vez que se han definido estas partes, se asignan a una u otra organización. Éstas, a su vez, toman esas pequeñas partes, como el cohete, y las descomponen en motores, o estructuras o equipo de guía. Y esta descomposición, o "árbol", es la tarea realmente dura de la gestión. Es necesario estar seguro de que las partes estén disponibles en el instante correcto, y de que funcionan cuando se colocan juntas. Los modelos matemáticos nos ayudan a lograrlo. El número total de personas que trabajó en el "Apollo" estuvo entre 400.000 y 500.000, trabajando todos hacia un único objetivo."

Ventajas e inconvenientes del uso de modelos

Los modelos matemáticos presentados en este libro son herramientas que han sido ampliamente aceptadas por los directivos, por varias razones:

1. Son menos caros y crean menos problemas organizativos que la experimentación con los sistemas del mundo real.
2. Permiten a los directores de operaciones responder a preguntas del tipo "qué pasaría si" (esto es, cuestiones del tipo "¿qué sucedería si el coste de mi inventario aumentara un 3% el próximo año? ¿Qué cambio se daría en los beneficios?).
3. Están construidos para problemas de gestión y dan valor al input de la gestión.
4. Obligan a un enfoque consistente y sistemático en el análisis de problemas.
5. Obliga a los directivos a ser concretos acerca de las restricciones y objetivos de un problema.
6. Pueden ayudar a reducir el tiempo necesario para la toma de decisiones.

Las principales desventajas de los modelos son las siguientes:

1. Pueden ser caros y necesitar mucho tiempo en su desarrollo y prueba.
2. A menudo son mal empleados y mal entendidos (y temidos) por su complejidad matemática.
3. Tienden a subvalorar el papel y el valor de la información no cuantificable.
4. A menudo presentan hipótesis que simplifican en exceso las variables del mundo real.

TEORÍA DE LA DECISIÓN

La teoría de la decisión, un enfoque analítico para escoger la mejor alternativa o acción, es una de las herramientas más empleadas y útiles para la toma de decisiones. La teoría de la decisión puede dividirse en tres modelos de decisión. Éstos están basados en el grado de certeza de los posibles resultados o consecuencias para el que toma la decisión. Los tres tipos de modelos de decisión son los siguientes:

1. *Toma de decisiones bajo certeza*. El *decisor conoce con certeza* las consecuencias o resultados de cada alternativa o decisión. Por ejemplo, una persona que debe tomar una decisión sabe con absoluta certeza que un depósito de 100$ en una cuenta x provocará un aumento de 100$ en el balance de esa cuenta.
2. *Toma de decisiones bajo incertidumbre*. El *decisor no conoce la probabilidad* de ocurrencia de los resultados de cada alternativa. Por ejemplo, la probabilidad de que el Servicio Postal de los Estados Unidos sea sustituido por redes informáticas que conecten los computadores de diferentes hogares es desconocida.
3. *Toma de decisiones bajo riesgo*. El *decisor conoce la probabilidad* de ocurrencia de los resultados o consecuencias de cada alternativa. Por ejemplo, Chrysler puede desconocer cuántas de sus exitosas furgonetas venderá el próximo año, pero conoce que la probabilidad de vender más de 450.000 es de 0,30.

En el Mar de Beaufort, en la costa norte de Alaska, se creó una isla temporal mediante la proyección de agua al aire. El agua se helaba inmediatamente en una cascada de cristales de hielo y formaba una masa sólida.
Para la perforación de un pozo de prueba, los ejecutivos de Amoco consideraron diferentes alternativas de decisión: (1) una plataforma marina, (2) un barco perforador, (3) una isla de grava, (4) una isla de hormigón o (5) la isla temporal de hielo. Utilizando la teoría de la decisión, optaron por la isla de hielo, porque su coste sería menos de la mitad del coste de la isla de grava. En el verano, el hielo se fundiría a su estado natural.

Fundamentos de la teoría de la decisión

Además de la complejidad de una decisión, todos los que toman decisiones se enfrentan a diferentes alternativas y estados de la naturaleza. Una *alternativa* es una acción o estrategia que debe escoger el que toma la decisión. Por ejemplo, los directivos de Amoco Oil eligieron como alternativa la construcción de una isla temporal de hielo para la perforación en busca de petróleo en Alaska. Un estado de la naturaleza es un suceso o una situación sobre la cual el decisor no tiene control. Por ejemplo, si el tiempo de Alaska hubiera sido inoportunamente cálido, una isla de hielo temporal para la perforación de Amoco se habría fundido y hubiera sido una decisión muy costosa.

Tablas de decisión

Tablas de decisión

Tablas de decisión son tablas bastante simples que ayudan a definir las posibles alternativas. Para cada alternativa y cada estado de la naturaleza concreto existe una consecuencia o resultado, que en los negocios se expresa habitualmente en valor monetario. Éste recibe el nombre de valor condicional. Nótese que todas las alternativas del Ejemplo S2.1

EJEMPLO S2.1

La Getz Products Company está estudiando la posibilidad de producir y comercializar cobertizos de almacenamiento para partes traseras de casas. Emprender este proyecto requeriría la construcción de una planta de fabricación grande o una planta pequeña para la fabricación. El mercado para el producto fabricado podría ser favorable o desfavorable. Getz, por supuesto, tiene la opción de no desarrollar la nueva línea de producto. Con un mercado favorable, una planta grande proporcionaría a Getz Products un beneficio neto de 200.000$. Si el mercado es desfavorable tendría una pérdida de 180.000$. Una planta pequeña proporcionaría un beneficio neto de 100.000$ en un mercado favorable, pero generaría unas pérdidas de 20.000$ si el mercado fuera desfavorable. La tabla siguiente muestra la tabla de decisión basada en este información:

TABLA DE DECISIÓN CON VALORES CONDICIONALES PARA GETZ PRODUCTS

	ESTADOS DE LA NATURALEZA	
ALTERNATIVAS	MERCADO FAVORABLE	MERCADO DESFAVORABLE
Construcción de planta grande	$200.000	–$180.000
Construcción de planta pequeña	$100.000	–$ 20.000
No hacer nada	$0	$0

En los ejemplos S2.2 y S2.3 veremos cómo se utilizan las tablas de decisión.

están listadas en la parte izquierda de la tabla, los estados de la naturaleza están situados en la parte superior de la tabla, y los valores condicionales, en el cuerpo de la tabla de decisión.

TOMA DE DECISIONES BAJO CERTEZA. Esta es la situación más fácil a la que un directivo puede hacer frente. Si, por ejemplo, Getz Products, la empresa del Ejemplo S2.1, sabe que el mercado de cobertizos será favorable, la empresa construirá una planta grande. Si la empresa está convencida de que el mercado será desfavorable, no hará nada.

TOMA DE DECISIONES BAJO INCERTIDUMBRE. Cuando existe completa incertidumbre sobre cuál de los estados de la naturaleza de la tabla de decisión puede presentarse (es decir, cuando no podemos ni siquiera asignar probabilidades a cada posible resultado), contamos con tres métodos de decisión:

1. **Maximax.** Este método selecciona la alternativa que maximiza el máximo resultado de todas las alternativas. Primero hallamos el máximo resultado dentro de cada alternativa, y entonces escogemos la alternativa con el mayor resultado. Debido a que este criterio de decisión localiza la alternativa con el mayor beneficio posible, se ha considerado un criterio de decisión "optimista". **Maximax**
2. **Maximin.** Este método selecciona la alternativa que maximiza el mínimo resultado de todas las alternativas. Primero hallamos el mínimo resultado de cada alternativa, y entonces escogemos la alternativa con el mejor resultado. Debido a que este criterio localiza la alternativa que presenta la menor pérdida posible, se ha considerado un criterio de decisión "pesimista". **Maximin**

Equiprobabilidad

3. **Equiprobabilidad.** Este método halla la alternativa con el mayor resultado medio. Primero calculamos el resultado medio para cada alternativa, que es la suma de todos los resultados divididos por el número de resultados. Entonces escogemos la alternativa con el mayor valor. El enfoque equiprobable supone que cada estado de la naturaleza tiene la misma probabilidad de ocurrir.

El Ejemplo S2.2 aplica cada uno de estos enfoques a Getz Products Company.

EJEMPLO S2.2

Dada la tabla de decisión del Ejemplo S2.1, determinar los criterios de decisión maximax, maximin y equiprobable:

1. La elección maximax es construir una planta grande. Éste es el *máximo* de los valores *máximos* de cada fila, o alternativa.
2. La elección maximin es no hacer nada. Éste es el *máximo* de los números *mínimos* de cada fila, o alternativa.
3. La elección del criterio equiprobable es construir una planta pequeña. Éste es el máximo de los resultados medios de cada alternativa. Este enfoque supone que todos los resultados para cada alternativa son *equiprobables*.

ALTERNATIVAS	ESTADOS DE LA NATURALEZA: MERCADO FAVORABLE	ESTADOS DE LA NATURALEZA: MERCADO DESFAVORABLE	MÁXIMO DE LA FILA	MÍNIMO DE LA FILA	MEDIA DE LA FILA
Construir planta grande	\$200.000	–\$180.000	\$200.000 ←	–\$180.000	\$10.000
Construir planta pequeña	\$100.000	–\$20.000	\$100.000	–\$20.000	\$40.000 ←
No hacer nada	\$0	\$0	\$0	\$0 ←	\$0
			Maximax	Maximin	Equiprobable

Toma de decisiones bajo riesgo. La toma de decisiones bajo riesgo, que es la situación más habitual, se basa en las probabilidades. Los diferentes estados de la naturaleza pueden aparecer, pero cada uno de ellos con unas probabilidades estimadas. Dada una tabla de decisión con valores condicionales y estimaciones de las probabilidades de cada estado de la naturaleza, podemos determinar el **valor monetario esperado (VME)** para cada alternativa. Éste representa el valor esperado o resultado medio para cada alternativa, si pudiéramos repetir la decisión en un gran número de ocasiones. Escoger la alternativa que presenta el máximo VME es uno de los criterios de decisión más populares.

Valor monetario esperado (VME)

El VME para una alternativa es la suma de los posibles resultados de la alternativa, ponderados por la probabilidad de ocurrencia de cada uno de ellos.

VME (Alternativa i) = (resultado del 1.er estado de la naturaleza) × (probabilidad del 1.er estado de la naturaleza)

+ (resultado del 2º estado de la naturaleza) × (probabilidad del 2.º estado de la naturaleza)

+...+ (resultado del último estado de la naturaleza) × (probabilidad del último estado de la naturaleza)

El Ejemplo S2.3 muestra cómo un VME de muestra es calculado.

EJEMPLO S2.3

El director de producción y operaciones de Getz Products cree que la probabilidad de un mercado favorable es exactamente la misma que la de uno desfavorable. Es decir, cada estado de la naturaleza tiene una probabilidad de 0,50. Ahora podemos determinar el VME de cada alternativa (ver la tabla siguiente).

	Estados de la naturaleza	
Alternativas	**Mercado favorable**	**Mercado desfavorable**
Construir una planta grande	\$200.000	–\$180.000
Construir una planta pequeña	\$100.000	–\$20.000
No hacer nada	\$0	\$0
Probabilidades	0,50	0,50

1. VME (planta grande) = (0,5)(200.000\$)+(0,50)(-180.000\$) = 10.000\$
2. VME (planta pequeña) = (0,5)(100.000\$)+(0,50)(-20.000\$) = 40.000\$
3. VME (no hacer nada) = (0,5)(0\$)+(0,50)(0\$) = 0\$

El máximo VME lo encontramos en la segunda alternativa, construir una planta pequeña. Por tanto, de acuerdo con el criterio de decisión del VME, construiríamos una planta pequeña.

El valor esperado de una información perfecta (VEIP). Si un directivo fuera capaz de determinar qué estado de la naturaleza se presentará, entonces él o ella sabría qué decisión tomar. Una vez que el directivo sabe qué decisión tomar, el resultado aumenta porque el resultado es ahora cierto, no una probabilidad. Debido a que el resultado se incrementará si sabemos qué estado de la naturaleza se dará, este conocimiento, o "información perfecta", tiene valor. Por tanto, veamos cómo determinar el valor de esa información. A la diferencia entre el resultado bajo certeza y el resultado bajo riesgo le llamaremos **valor esperado de la información perfecta (VEIP).**

Valor esperado de la información perfecta (VEIP)

VEIP = valor esperado bajo certeza – máximo VME

Para hallar el VEIP, debemos calcular primero el **valor esperado bajo certeza**, el cual es el resultado medio basado en la información perfecta. Para calcular este valor, escogemos la mejor alternativa para cada estado de la naturaleza y multiplicamos su resultado por la probabilidad de este estado de la naturaleza.

Valor esperado bajo certeza

Valor esperado bajo certeza = (mejor resultado o consecuencia del 1.er estado de la naturaleza) × (probabilidad del 1.er estado de la naturaleza) + (mejor resultado o consecuencia del 2.º estado de la naturaleza) × (probabilidad del 2.º estado de la naturaleza) + ... + (mejor resultado o consecuencia del último estado de la naturaleza) × (probabilidad del último estado de la naturaleza)

En el Ejemplo S2.4 empleamos los datos y la tabla de decisión del Ejemplo S2.3 para examinar el valor esperado de la información perfecta.

EJEMPLO S2.4

Supóngase que el director de producción y operaciones de Getz Products ha sido asesorado por una empresa dedicada a la investigación de mercados que propuso ayudarle en la toma de decisión, sobre si construir o no la planta para la fabricación de cobertizos. Los investigadores de mercado afirman que su análisis técnico desvelaría con toda certeza si el mercado es o no favorable para este producto. En otras palabras, cambiará el entorno de Getz's Products de uno bajo riesgo a otro bajo certeza. Esta información podría evitar a Getz's Products un error muy costoso. La empresa de investigación de mercados cobraría a Getz 65.000$ por la información. ¿Qué recomendaría a Getz? ¿Debería el director de producción y operaciones contratar a la empresa para realizar el estudio? Incluso si la información del estudio fuera absolutamente precisa, ¿es su precio de 65.000$? ¿Cuál sería el precio? Determinar el precio de tal *información perfecta* puede ser muy útil. Fijar la cota máxima hasta la que estaría dispuesto a gastar Getz por la información.

Observando la tabla del Ejemplo S2.3, el directivo de Getz puede calcular el máximo que estaría dispuesto a pagar por la información, es decir, el VEIP. Primero, calcularía el valor esperado bajo certeza. Entonces, empleando esta información, calcularía el VEIP. El procedimiento se esboza a continuación:

1. El mejor resultado para el estado de la naturaleza "mercado favorable" es "construir una planta grande" con un pago de 200.000$. El mejor resultado para el estado de la naturaleza "mercado desfavorable" es "no hacer nada", con un pago de 0$.

   Valor esperado bajo certeza = (200.000$)(0,50) + (0$)(0,50) = 100.000$

   Así pues, si tuviéramos información perfecta, esperaríamos (en promedio) 100.000$ si la decisión pudiera ser repetida numerosas ocasiones.

2. El máximo VME es 40.000$, el cual es el resultado esperado sin información perfecta.

   VEIP = valor esperado bajo certeza – máximo VME =
   = 100.000$ – 40.000$ = 60.000$

Por tanto, lo *máximo* que Getz Products estaría dispuesta a pagar por la información perfecta son 60.000$. Esto, por supuesto, está de nuevo basado en el supuesto de que la probabilidad de cada estado de la naturaleza sea de 0,50.

Árboles de decisión

Árbol de decisión

Toda decisión que puede ser representada en una tabla de decisión puede ser también representada en un árbol de decisión. Un **árbol de decisión** es una presentación del proceso de decisión que indica las alternativas de decisión, los estados de la naturaleza y sus respectivas probabilidades, y los resultados para cada combinación de alternativa y estado de la naturaleza. Los árboles de decisión son más útiles para los problemas que incluyen decisiones y estados de la naturaleza *secuenciales*. Cuando decisiones futuras dependen de los resultados de otras previas, las tablas de decisión son muy difíciles de estructurar. Los árboles de decisión son *más* fáciles de visualizar.

Se emplean dos símbolos en los árboles de decisión:

1. □ Un vértice de decisión en el que debe seleccionarse una de las distintas alternativas.

2. ○ Un vértice de estado de la naturaleza a partir del cual se presentará un estado de la naturaleza.

Al construir un árbol de decisión, debemos asegurarnos de que todas las alternativas y estados de la naturaleza están en su lugar correcto y lógico y de que incluimos todas las posibles alternativas y estados de la naturaleza. El Ejemplo S5 presenta una muestra de árbol de decisión.

EJEMPLO S2.5

La Figura S2.1 presenta un árbol de decisión para Getz Products, empleando los símbolos que se acaban de presentar.

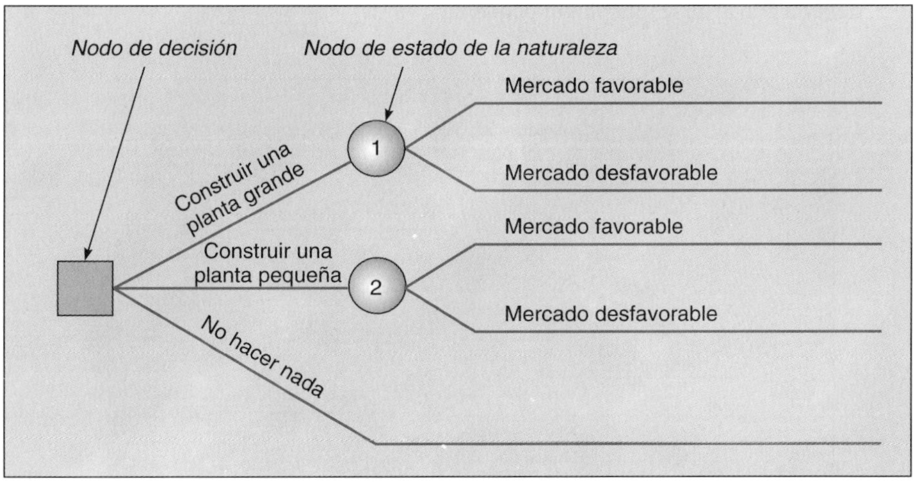

Figura S2.1 ■ Árboles de Decisión para Getz Products.

Aunque todos los criterios de decisión anteriores son aplicables a los árboles de decisión, el valor monetario esperado (VME) es el más empleado y, generalmente, el criterio de decisión más apropiado para el análisis de los árboles de decisión. Los primeros pasos en el análisis son representar gráficamente el árbol de decisión y determinar las consecuencias monetarias de todos los posibles resultados en el árbol para cada situación particular.

El análisis de problemas mediante árboles de decisión implica cinco pasos:

1. Definir el problema.

2. Estructurar o dibujar el árbol de decisión.

3. Asignar probabilidades a los estados de la naturaleza.

4. Estimar los resultados de cada combinación posible de alternativas y estados de la naturaleza.
5. Resolver el problema calculando los valores monetarios (VME) para cada vértice estado de la naturaleza. Esto se realiza trabajando hacia atrás, es decir, comenzando por la parte derecha del árbol y moviéndonos hacia atrás, para después calcular los valores de los vértices de decisión situados a la izquierda.

EJEMPLO S2.6

Presentamos un ejemplo completo y resuelto de un árbol de decisión para Getz Products en la Figura S2.2. Nótese que los resultados están colocados en la parte derecha de cada una de las ramas del árbol. Las probabilidades (empleadas por Getz en el Ejemplo S2.3) están colocadas entre paréntesis junto a cada estado de la naturaleza. Los valores monetarios esperados para cada vértice de estado de la naturaleza son calculados y colocados en sus respectivos vértices. El VME del primer vértice es 10.000$. Este valor representa a la rama de construir una planta grande del vértice de decisión. El VME del vértice 2, construir una planta pequeña, son 40.000$. No construir nada o no hacer nada tiene, evidentemente, un resultado de 0$. Se escogerá la rama que, partiendo del vértice de decisión, se dirige al vértice de estado de la naturaleza con mayor VME. En el caso de Getz, debería construirse una planta pequeña.

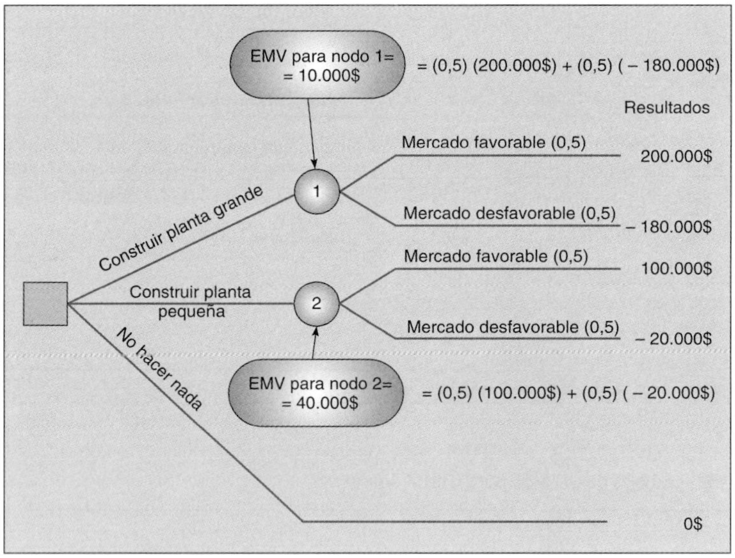

Figura S2.2 ■ Árbol de decisión completo y resuelto para Getz Products.

UN ÁRBOL DE DECISIÓN MÁS COMPLEJO. Como se ha mencionado anteriormente, cuando debe realizarse una *secuencia* de decisiones, los árboles de decisión son herramientas mucho más potentes que las tablas de decisión. Supongamos que Getz Products tiene que tomar dos decisiones, la segunda dependiendo del resultado de la primera. Antes de decidir sobre la construcción de una nueva planta, Getz tiene la opción de realizar su propio estudio de mercado, con un coste de 10.000$. La información de este estudio podría ayudar a la empresa a decidir si construir una planta grande, una pequeña o no construir ninguna. Getz Products reconoce que este estudio de mercado no le proporcionará información *perfecta*, pero podrá *ayudar* bastante a pesar de ello.

El nuevo árbol de decisión de Getz se presenta en la Figura S2.3 del Ejemplo S2.7. Obsérvese cuidadosamente este árbol más complejo. Nótese que *todos los resultados posibles y alternativas* están incluidas en su secuencia lógica. Ésta es una de la ventajas de emplear árboles de decisión en la toma de decisiones. El directivo se ve forzado a examinar todos los posibles resultados, incluyendo los desfavorables. Él o ella se ven también obligados a tomar decisiones de forma lógica y secuencial.

EJEMPLO S2.7

Examinando la Figura S2.3, vemos que el primer punto de decisión de Getz es si realizar el estudio de mercado de 10.000$. Si decide no realizar el estudio (parte inferior del árbol), debe decidir si construir una planta grande, una pequeña o ninguna. Este es el segundo punto de decisión de Getz. El mercado será favorable (con probabilidad 0,50) o desfavorable (también con probabilidad de 0,50) si se construye. Los resultados para cada posible consecuencia se especifican en la parte derecha del árbol. De hecho, la parte inferior del árbol es idéntica al árbol de decisión simple mostrado en la Figura S2.2.

La parte superior de la Figura S2.3 refleja la decisión de realizar el estudio de mercado. El vértice de estado de la naturaleza número 1 presenta dos ramas que salen de él. Déjenos decir que, en un 45% de las ocasiones, los resultados del estudio indicarían un mercado favorable para los cobertizos. Nótese también que la probabilidad de que los resultados del estudio sean negativos es de 0,55.

El resto de probabilidades mostradas entre paréntesis en la Figura S2.3 son todas probabilidades condicionadas. Por ejemplo, 0,78 es la probabilidad de un mercado favorable para los cobertizos, dado un resultado favorable en el estudio de mercado. Por supuesto, el lector esperaría encontrar una probabilidad elevada de un mercado favorable puesto que el estudio indicó que el mercado sería bueno. No olvide, no obstante, que existe la posibilidad de que el estudio de mercado de Getz de 10.000$ no dé información perfecta o incluso fiable. Cualquier estudio de mercado está sujeto a error. En este caso, en un 22% de las ocasiones, el mercado para los cobertizos será desfavorable, dados unos resultados positivos del estudio.

Asimismo, observemos que en un 27% de la ocasiones el mercado para los cobertizos será favorable aunque el resultado del estudio de Getz sea negativo. La probabilidad es más elevada (0,73) para que el mercado sea realmente desfavorable cuando el resultado del estudio fue negativo.

Finalmente, cuando observamos la columna de resultados en la Figura S2.3, vemos que 10.000$ —el coste del estudio de mercado— se tuvo que restar de cada una de las diez ramas superiores. Por tanto, una planta grande con un mercado favorable normalmente proporcionaría un beneficio neto de 200.000$. Pero debido a que el estudio de mercado fue realizado, esta cantidad se ve reducida en 10.000$. En el caso desfavorable, la pérdida de 180.000$ se incrementaría en 190.000$. Igualmente, realizar el estudio y no construir ninguna planta ahora generaría un resultado de –10.000$.

Con todas las probabilidades y resultados especificados, podemos comenzar calculando el valor monetario esperado para cada una de las ramas. Comenzamos en el final o parte derecha del árbol de decisión y trabajamos hacia atrás, hacia el origen. Cuando finalicemos, conoceremos la mejor decisión.

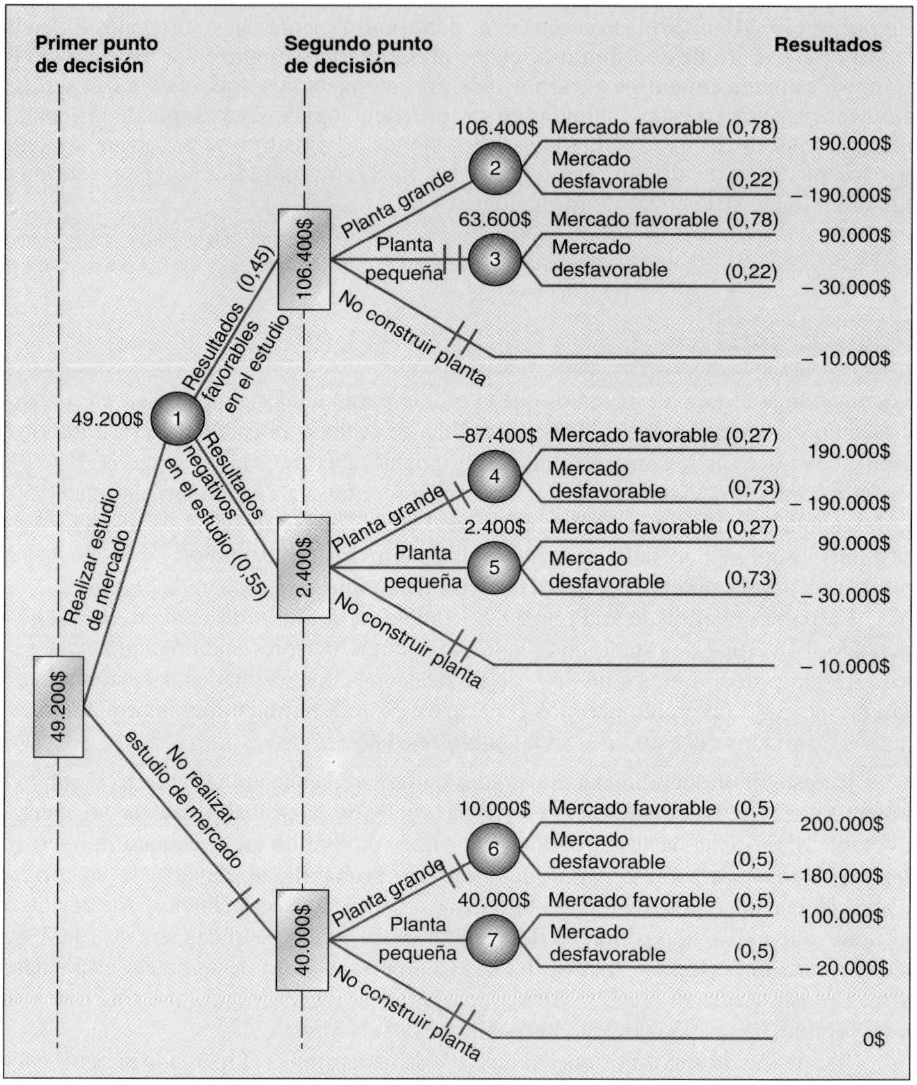

Figura S2.3 ■ Árbol de Decisión de Getz con probabilidades y VME. Las líneas paralelas cortas significan que la rama ha sido "podada"; es menos favorable que otra opción posible y por tanto se puede abandonar.

1. Dados resultados favorables en el estudio,

$$\text{VME(vértice 2)} = (0{,}78)(190.000\$) + (0{,}22)(-190.000\$) = 106.400\$$$
$$\text{VME(vértice 3)} = (0{,}78)(90.000\$) + (0{,}22)(-30.000\$) = 63.600\$$$

El VME, de no construir ninguna planta en este caso, es – 10.000$. Por tanto, si los resultados del estudio son favorables, debería construirse una planta grande.

2. Dados resultados negativos en el estudio,

$$\text{VME(vértice 4)} = (0{,}27)(190.000\$) + (0{,}73)(-190.000\$) = -87.400\$$$

VME(vértice 5) = (0,27)(90.000$) + (0,73)(– 30.000$) = 2.400$

El VME, de no construir ninguna planta, vuelve a ser de –10.000$ para esta rama. Por tanto, dado un resultado negativo del estudio, Getz debería construir una planta pequeña con un valor esperado de 2.400$.

3. Continuando por la parte superior del árbol y moviéndonos hacia atrás, calculamos el valor esperado de realizar el estudio de mercado.

VME(vértice 1) = (0,45)(106.400$) + (0,55)(2.400$) = 49.200$

4. Si no se realiza el estudio de mercado,

VME(vértice 6) = (0,50)(200.000$) + (0,50)(–180.000$) = 10.000$
VME(vértice 7) = (0,50)(100.000$) + (0,50)(–20.000$) = 40.000$

El VME, de construir ninguna planta, es 0$. Por tanto, si no se realiza la investigación de mercado, construir una planta pequeña es la mejor elección.

5. Dado que el valor monetario esperado para realizar el estudio es 49.200$ *versus* un VME de 40.000$ de no realizarlo, la mejor elección es buscar información sobre el mercado, es decir, realizar el estudio de mercado. Si los resultados del estudio son favorables, Getz debería construir una planta grande. Pero si la investigación es negativa, debería construir la planta pequeña.

RESUMEN

Los directores de operaciones toman muchas decisiones importantes. Deben decidir sobre niveles de inversión para el desarrollo de productos, plantas y equipos, y para nuevos edificios. Deciden qué niveles de inventario son los apropiados, cuándo contratar trabajadores y cuándo realizar el mantenimiento. Los buenos decisores emplean todas las herramientas disponibles para ello, incluyendo los modelos matemáticos. También siguen el siguiente proceso de seis pasos:

1. Definición del problema
2. Establecimiento de objetivos
3. Formulación del modelo
4. Identificación de alternativas y solución
5. Selección de la mejor alternativa
6. Implementación de la decisión.

La teoría de la decisión proporciona un útil soporte para la toma de decisiones. Los problemas de decisión se clasifican como decisiones bajo (1) certeza, (2) riesgo, o (3) incertidumbre. Los árboles y las tablas de decisión son especialmente útiles para la toma de decisiones bajo riesgo e incertidumbre.

TÉRMINOS CLAVE

Modelo
Tabla de decisión
Maximax
Maximin
Equiprobable
Valor monetario esperado (VME)
Valor esperado de la información perfecta (VEIP)
Valor esperado bajo certeza
Árbol de decisión

USO DE LA AB: POM Y HOJAS DE CÁLCULO PARA LA RESOLUCIÓN DE PROBLEMAS DE LA TEORÍA DE LA DECISIÓN

Ejemplos Resueltos S2.1–S2.4 con AB:POM

AB:POM es un potente programa informático de entorno amigable que se suministra con este texto. Puede emplearse en numerosos capítulos para resolver problemas (que están marcados con un logo de computador) y ejemplos del texto. Esta sección muestra cómo puede emplearse AB:POM para calcular toda la información de las tablas de decisión. En el Apéndice E se proporcionan más detalles sobre el programa. Los Programas S2.1 y S2.2 ilustran cómo Getz Products puede usar AB:POM para realizar los cálculos de la teoría de la decisión.

PROGRAMA S2.1 ■ Pantallas con tablas de decisión del Programa AB:POM para un problema con tres alternativas y dos estados de la naturaleza. Una vez se contesta con tres alternativas, dos estados de la naturaleza, y maximización del beneficio, aparece la tabla siguiente. En el Programa S2.2 se muestran todos los inputs y outputs.

```
                                    3  Decision Tables
Number of alternatives (2-10)         Number of nature states (2-8)
Profits  -maximize profits
--------------------------------------------------------------------
                                       Sample Screen
Probability→      0.000        0.000
                  state 1      state 2
alternatv 1          0            0
alternatv 2          0            0
alternatv 3          0            0
```

PROGRAMA S2.2 ■ Resultados de AB:POM para el Ejemplo S2.1-S2.4 (Getz Products). Se han introducido todos los datos sombreados, incluyendo las etiquetas "LG FACILITY", "FAV MKT", etc. Las probabilidades deben sumar 1.

```
                         GETZ PRODUCTS EXAMPLES S2-S5
Probability →         0.500        0.500

                     FAV MKT      BAD MKT     EMV      Row Min    Row Max
LG. FACILITY          200000      -180000    10000    -180000     200000
SM. FACILITY          100000       -20000    40000     -20000     100000
DO NOTHING                 0            0        0          0          0
                        column maximum →    40000          0     200000
The maximum expected monetary value is 40000 given by SM. FACILITY
The maximin is               0        given by DO NOTHING
The maximax is          200000        given by LG. FACILITY

PERFECT                 200000            0     100000←EV under certainty
The expected value of perfect information is 60000
```

Uso de las hojas de cálculo para resolver los Ejemplos S2.1-S2.4

Una forma completamente diferente de enfocar la forma de realizar los cálculos de la teoría de la decisión es construir nuestro propio modelo, único para cada problema, con una hoja de cálculo como Lotus, Excel, Quattro, Visicalc, u otras.

EL Programa S2.3 muestra las fórmulas necesarias en la hoja de cálculo para calcular el valor monetario esperado y VEIP de Getz Products. Por ejemplo, la fórmula + $B$12 * B8 + $C$12 * C8 se emplea para multiplicar la probabilidades de los estados de la naturaleza por los resultados monetarios si se construye una instalación grande y así obtener el EMV[1] de 10.000$ en la celda D8. Nótese el uso de $, para crear una referencia absoluta en fórmula. Una referencia absoluta hace la copia de la fórmula general más fácil a las celdas D9 y D10.

Las celdas D9 y D10 contienen los valores VME de las otras alternativas. En la celda D14 se calcula el VME máximo a través de la fórmula @MAX(D8..D10), que resulta ser de 40.000$. En la celda D15 se calcula el valor de la EVPI[2] empleando el mismo tipo de enfoque discutido en el capítulo.

PROGRAMA S2.3 ■ Uso de las hojas de cálculo para el cálculo de los valores VME de Getz Products (Ejemplos S2.1-S2.4). Esta hoja de cálculo muestra los datos de Getz Products y las fórmulas empleadas en los cálculos.

	A	B	C	D
1	Expected Monetary Value			
2				
3	States	Favorable	Unfavorable	EMV
4	of Nature	Market	Market	Computed
5				
6	Alternatives			
7		200000	-180000	
8	Large Facility	100000	-20000	+$B$12*B8+$C$12*C8
9	Small Facility	0	0	+$B$12*B9+$C$12*C9
10	Do Nothing			+$B$12*B10+$C$12*C10
11		0.5	0.5	
12	Probabilities			
13				
14	Maximum EMV =			@MAX(D8 . . D10)
15	EVPI =			@MAX(B8 . . B10)*B12+ @MAX(C8 . . C10)*C12–D14

PROBLEMA RESUELTO

Problema resuelto S2.1

La demanda diaria de cajas del quitamanchas Tidy Bowl en el supermercado de Ravinder Nath ha sido siempre de 5, 6 ó 7 cajas. Desarrollar un árbol de decisión que ilustre las alternativas de decisión para saber si se puede mantener un stock de 5, 6 ó 7 cajas.

Solución

El árbol de decisión se muestra en la Figura S2.4.

1 (N. del T.) EMV es el término inglés empleado para el valor monetario esperado (VME).

2 (N. del T.) EVPI es el término inglés empleado para el valor esperado de la información perfecta (VEIP).

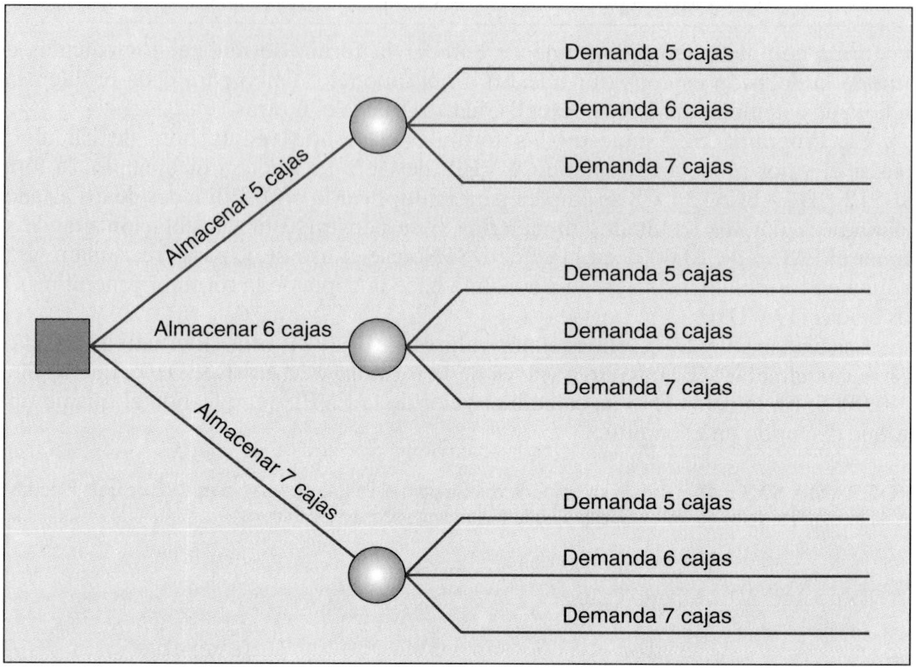

FIGURE S2.4 ■ Demanda del supermercado de Ravinder Nath.

PREGUNTAS DE DISCUSIÓN

1. Decríbase cada etapa del proceso de decisión.
2. ¿Por qué los directores de operaciones construyen modelos? ¿Qué tipo de modelos son los más útiles?
3. Dar un ejemplo de buena decisión que tomó y que tuvo un mal resultado. Dé también un ejemplo de una mala decisión que tomó y que tuvo un buen resultado. ¿Por qué fue cada decisión buena o mala?
4. ¿Qué es una alternativa? ¿Qué es un estado de la naturaleza?
5. Discútase las diferencias entre la toma de decisiones bajo certeza, bajo riesgo, y bajo incertidumbre.
6. Jenine Duffey trata de decidir si invertir en el sector de inmobiliarios, acciones o certificados de depósito. Los resultados de lo que haga dependerán de si la economía entra en un período de recesión o inflación. Desarrollar un árbol de decisión (excluyendo los valores condicionales) que describa esta situación.
7. Explique el significado de VME y de VEIP. Ponga un ejemplo en el que el VEIP pueda ayudar a un directivo.
8. ¿Qué técnicas se emplean para resolver los problemas de toma de decisiones bajo incertidumbre? ¿Qué técnica proporciona una decisión optimista? ¿Qué técnica proporciona una decisión pesimista?
9. ¿Cuál es el método más conservador de toma de decisiones bajo incertidumbre? ¿Por qué?
10. ¿Cuáles son los cinco pasos seguidos cuando se analiza un problema mediante un árbol de decisión?
11. ¿Cuándo se prefiere utilizar un árbol de decisión en lugar de una tabla de decisión?

EJERCICIO DE RAZONAMIENTO CRÍTICO

A un profesor de sesenta años se le ha diagnosticado un problema en una válvula del corazón. Aunque no tiene otros problemas de salud, lo anterior podría resultar fatal si no se trata. Basándose en recientes investigaciones, las posibilidades de supervivencia sin cirugía serían las siguientes: un 50% de probabilidades de vivir un año, un 20% de probabilidades de vivir dos años, un 20% de cinco años y un 10% de probabilidades de vivir hasta los sesenta y ocho años. Las probabilidades de vivir más de 68 años sin operación quirúrgica son extremadamente bajas.

La operación, sin embargo, es muy compleja y peligrosa. El 5% de los pacientes fallecen durante la intervención o en el posoperatorio, un 45% fallecen durante el primer año posterior a la intervención. El 20% sobrevive cinco años, el 13% sobrevive diez años, y un 8%, 5% y 4% sobreviven quince, veinte y veinticinco años, respectivamente.

¿Cómo evaluaría esta situación crítica si la persona descrita fuera un pariente próximo? Discútanse todos los factores a considerar.

PROBLEMAS

· **S2.1** Dada la siguiente tabla de valores condicionales, determine la decisión adecuada bajo incertidumbre empleando:

a) Maximax

b) Maximin

c) Equiprobable

d) Minimax

	Estados de la naturaleza		
Alternativas	Mercado muy favorable	Mercado medio	Mercado desfavorable
Planta grande	275.000$	100.000$	−150.000$
Planta pequeña	200.000$	60.000$	−10.000$
Horas extras	100.000$	40.000$	−1.000$
No hacer nada	0$	0$	0$

· **S2.2** La compañía de G.W Willis está considerando la expansión de sus instalaciones actuales para satisfacer la creciente demanda. Si la demanda es alta en el futuro, una expansión grande proporcionaría un beneficio neto adicional de 800.000$, pero si la demanda es baja habría unas pérdidas de 300.000$. Si la demanda es alta, una menor expansión proporcionaría un incremento de los beneficios netos de 200.000$, pero si la demanda es baja, se tendría una pérdida de 100.000$. La compañía tiene también la opción de no expandirse. Si existen un 50% de probabilidades de que la demanda sea alta, ¿qué debería hacer la compañía para maximizar el beneficio medio a largo plazo?

: **S2.3** Foto Color es un pequeño proveedor de productos químicos y equipos empleados por algunos laboratorios fotográficos en el revelado de carretes de 35 mm. Uno de los productos que Foto Color suministra es el BC-6. Doug Niles, presidente de Foto Color, almacena normalmente 11, 12 o 13 cajas de BC-6 cada semana. Por cada caja que Doug Niles vende obtiene un beneficio de 35$. Pero BC–6, como otros muchos productos químicos fotográficos, tiene un período de vida muy corto. Si una caja no se vende a finales de semana, Doug debe desecharla. Puesto que las cajas le cuestan a Doug 56$, pierde 56$ por cada caja que a final de la semana no se haya vendido. Existe una probabilidad de 0,45 de vender 11 cajas, una probabilidad de 0,35 de vender 12 cajas, y una probabilidad de 0,2 de vender 13 cajas.

a) ¿Cuál sería su recomendación sobre lo que hacer?

b) Si Doug es capaz de desarrollar el BC-6 con un ingrediente que lo estabiliza, sin tener que desecharlo rápidamente, ¿cómo cambiaría esto su recomendación?

: **S2.4** Young Cheese Company es un pequeño fabricante de diferentes productos de queso. Uno de ellos es un queso fundido que es vendido a detallistas. Peg Young debe decidir cuántas cajas de este queso debe fabricar cada mes. La probabilidad de que la demanda sea de 6 cajas es 0,1, de 7 cajas es 0,3, de 8 cajas es 0,5 y de 9 cajas es de 0,1. El coste de cada caja es de 45$, y el precio de cada caja es de 95$. Desgraciadamente, todas las cajas no vendidas a final de mes pierden su valor puesto que se pudre. ¿Cuántas cajas de queso debería fabricar Peg cada mes?

: **S2.5** Kamlesh Mehta, ingeniero jefe de San Antonio Inc., tiene que decidir si construir o no una nueva instalación de proceso, empleando la última tecnología. Si la nueva instalación funciona correctamente, la compañía podría obtener un beneficio neto de 200.000$. Si la nueva instalación falla, la compañía podría perder 150.000$. En este momento, Mehta estima que hay un 60% de probabilidades de que el nuevo proceso fracase.

La otra opción es construir una planta piloto y entonces decidir si construir o no una instalación completa. Construir la planta piloto costaría 10.000$. Metha estima que hay un 50% de posibilidades de que la planta piloto funcione correctamente. Si la planta piloto funciona, existe un 90% de probabilidades de que la planta completa, si se construye, funcione. Si la planta piloto no funciona, existe sólo un 20% de probabilidades de que el proyecto completo (si es construido) funcione. Mehta se enfrenta a un dilema. ¿Debería construir la planta? ¿Debería construir la planta piloto y entonces tomar la decisión? Ayude a Mehta a analizar este problema de teoría de la decisión.

: **S2.6** Stanley Shader, presidente de SS Industries, está considerando si construir o no una planta de fabricación en Ozarks. Su decisión es resumida en la siguiente tabla:

ALTERNATIVAS	MERCADO FAVORABLE	MERCADO DESFAVORABLE
Construir una planta grande	400.000$	–300.000$
Construir una planta pequeña	80.000$	–10.000$
No construir	0$	0$
Probabilidades del mercado	0,4	0,6

a) Construir un árbol de decisión.

b) Determinar la mejor estrategia, empleando el valor monetario esperado (VME).

c) ¿Cuál es el valor esperado de la información perfecta (VEIP)?

: **S2.7** Varzandeh Mfg. Corp. compra interruptores a dos proveedores. La calidad de los interruptores de los proveedores se indica a continuación:

PORCENTAJE DE DEFECTUOSOS	PROBABILIDAD PARA EL PROVEEDOR A	PROBABILIDAD PARA EL PROVEEDOR B
1	0,70	0,30
3	0,20	0,40
5	0,10	0,30

Por ejemplo, la probabilidad de recibir un lote de interruptores procedente del proveedor A en el que haya un 1% de defectuosos es de un 0,70. Dado que los pedidos que realiza Varzandeh son de 10.000 interruptores, esto significaría que existe una probabilidad 0,7 de recibir 100 interruptores defectuosos de los 10.000, si el pedido lo suministra el proveedor A. Un interruptor defectuoso puede ser reparado por 0,50$. Aunque la calidad del proveedor B es menor, vendería un pedido de 10.000 interruptores por 37$ menos que el proveedor A.

a) Desarrollar el árbol de decisión.

b) ¿Qué proveedor debería utilizar Varzandeh?

: S2.8 Mary Fischer, concesionaria de unas instalaciones deportivas, ha desarrollado una tabla de valores condicionales para diversas alternativas (decisiones de almacenaje) y estados de la naturaleza (volumen de público asistente)

	ESTADOS DE LA NATURALEZA (PÚBLICO ASISTENTE)		
ALTERNATIVAS	MUCHO	MEDIO	POCO
Inventario alto	20.000$	10.000$	–2.000$
Inventario intermedio	15.000$	12.000$	6.000$
Inventario bajo	9.000$	6.000$	5.000$

Si las probabilidades asociadas con los estados de la naturaleza son 0,30 para asistencia alta, 0,50 para asistencia media y 0,20 para asistencia pequeña, se pide:

a) La alternativa que proporciona el mayor valor monetario esperado (VME).

b) El valor esperado de la información perfecta (VEIP)

: S2.9 Incluso aunque las estaciones de servicio (gasolineras) independientes han pasado por un período difícil, Susan Helms ha estado pensando montar su propia estación de servicio independiente. El problema de Susan es decidir el tamaño que debería tener la gasolinera. Los ingresos anuales dependerán tanto del tamaño de su estación como de factores de mercado relacionados con la industria petrolífera y la demanda de gasolina. Después de un cuidadoso análisis, Susan desarrolló la tabla siguiente:

TAMAÑO DE LA PRIMERA ESTACIÓN	MERCADO FAVORABLE ($)	MERCADO MEDIO ($)	MERCADO DESFAVORABLE ($)
Pequeña	50.000	20.000	– 10.000
Media	80.000	30.000	– 20.000
Grande	100.000	30.000	– 40.000
Muy grande	300.000	25.000	– 160.000

Por ejemplo, si Susan construye una estación de servicio pequeña y el mercado es favorable, obtendrá un beneficio de 50.000$.

a) Desarrollar una tabla de decisión para esta decisión.

b) ¿Cuál es la decisión con el criterio maximax?

c) ¿Cuál es la decisión con el criterio maximin?

d) ¿Cuál es la decisión con el criterio equiprobable?

:S2.10 Empleando los datos del Problema S2.9, desarrollar un árbol de decisión y determinar la mejor decisión basada en el criterio del mayor valor monetario esperado. Supóngase que cada resultado es equiprobable.

:S2.11 Lynn Heinrichs es el administrador del Hospital Lowell. Intenta determinar si construir un ala grande adicional en el hospital, un ala pequeña o ninguna. Si la población de Lowell sigue creciendo, un ala grande podría reportar al hospital 150.000$ cada año. Si se construyera el ala pequeña proporcionaría 60.000$ al año, si la población continúa creciendo. Si la población de Lowell se mantiene, el hospital tendría unas pérdidas de 85.000$ si construyera el ala grande, y una pérdida de 45.000$ si se construyera un ala pequeña. Desgraciadamente, Lynn no tiene ninguna información acerca de cómo evolucionará la población futura de Lowell.

a) Construir un árbol de decisión.

b) Construir una tabla de decisión.

c) Empleando el criterio equiprobable, determinar la mejor alternativa.

d) Si la probabilidad de crecimiento es 0,6 y la de mantenerse igual 0,4, y el criterio de decisión es el valor monetario esperado, ¿qué decisión tomaría Lynn?

·S2.12 Jim Higgins está considerando abrir una tienda de bicicletas en Oshkosh. A Jim le encanta montar en bicicleta, pero quiere intentar hacer de esto un negocio del que pueda vivir. Jim puede abrir una tienda pequeña, una grande o ninguna de ellas. Dado que el arrendamiento del local donde piensa abrir la tienda será por un período de cinco años, quiere estar seguro de tomar la decisión correcta. Jim también se está planteando contratar a su antiguo profesor de marketing para que realice un estudio de marketing para ver si existe mercado para este servicio. Del estudio realizado se obtiene que el resultado podría ser favorable o desfavorable. Desarrollar un árbol de decisión para Jim.

:S2.13 Jim Higgins (del Problema S2.12) ha realizado algunos análisis de su decisión sobre la tienda de bicicletas. Si Jim construye una tienda grande ganará 60.000$ si el mercado es favorable, pero perderá 40.000$ si el mercado es desfavorable. La tienda pequeña reportaría 30.000$ de beneficio con un mercado favorable y una pérdida de 10.000$ con un mercado desfavorable. Actualmente, cree que en un 50% de los casos el mercado será favorable. Su antiguo profesor de marketing le cobrará por el estudio de mercado 5.000$. Él ha estimado que existe una probabilidad de 0,60 de que el mercado sea favorable. Además, hay una probabilidad de 0,90 de que el mercado sea favorable si el estudio dice que lo será. Sin embargo, el profesor de marketing ha advertido a Jim que existe una probabilidad de sólo 0,12 de que el mercado sea favorable, aunque el estudio de marketing indique un mercado desfavorable. Amplíese el árbol de decisión del Problema S2.12 para ayudar a Jim a decidir qué hacer.

·S2.14 Dick Szecsy no está seguro sobre lo que debería hacer. Se está planteando construir en su tienda una sección de alquiler de vídeos, pero no sabe si hacerla grande o pequeña. También se plantea reunir información adicional, o simplemente no hacer nada. Si reúne información adicional sobre el mercado, el resultado podría sugerirle un mercado favorable o desfavorable, pero le costaría 3.000$ reunir esta información. Dick cree que hay una probabilidad del 50% de que la información sea favorable. Si el mercado de alquiler es favorable, Dick ganará 15.000$ con la sección grande o 5.000$ con la pequeña. Con un mercado de alquiler desfavorable, sin embargo, Dick podría perder 20.000$ con la sección grande o 10.000$ con la pequeña. Sin conseguir información adicional, Jim estima que la probabilidad de un mercado de alquiler favorable es de 0,70. Un informe favorable del estudio incrementaría la probabilidad de un mercado favorable de alquiler a 0,90. Además, un informe desfavorable de la información adicional disminuiría la probabilidad de un mercado favorable de alquiler a 0,40. Por supuesto, Dick podría olvidar todos estos números y no hacer nada. ¿Cuál es su consejo para Dick?

:S2.15 Bakery Products está considerando la introducción de una nueva línea de productos. Para producir la nueva línea, la panadería está considerando una mayor o menor renovación de su fábrica actual. La panadería ha desarrollado la si-

ALTERNATIVAS	MERCADO FAVORABLE	MERCADO DESFAVORABLE
Mayor renovación	100.000$	– 90.000$
Menor renovación	40.000$	– 20.000$
No hacer nada	0$	0$

Bajo el supuesto de que la probabilidad de un mercado favorable es igual a la de un mercado desfavorable, determinar:

a) El árbol de decisión apropiado que muestre los resultados y probabilidades.

b) La mejor alternativa empleando el valor monetario esperado (VME).

:S2.16 Supóngase que el departamento de investigación y desarrollo de BRK Labs, Inc., una pequeña compañía farmacéutica, ha descubierto, aún en fase experimental, una loción que hace crecer el pelo. Este descubrimiento añade un valor sustancial a BRK Labs. Como presidente de BRK, debe realizar una recomendación a los inversores. Está frente a tres alternativas: primera, vender el descubrimiento a una gran compañía de medicamentos por un precio de 10 millones de dólares; segunda, comenzar un test experimental de laboratorio y entonces tomar una decisión; o tercera, conseguir financiación para realizar una campaña de marketing agresiva, con la esperanza de que el test y el desarrollo vayan bien mientras tanto. El objetivo real de esta tercera opción es actuar tan rápido que la competencia se quede atrás y con pocas posibilidades de alcanzarnos.

El test experimental de laboratorio costará 5 millones de dólares, y hay un 50% de probabilidades de que se obtengan resultados favorables y pasar la inspección de la Administración sanitaria antes de que la gran compañía adquiera de antemano BRK Labs. Ocasionalmente, inclusive con un resultado del test desfavorable, se han encontrado utilizaciones alternativas para el medicamento, pero esto ocurre únicamente en uno de cada diez casos, con lo que el valor de la fórmula baja a sólo 1 millón de dólares. Por otro lado, si el resultado del test es favorable, se estima que el descubrimiento y resultados tendrán un valor de 20 millones de dólares. Pero dado que BRK es un empresa pequeña, con recursos y posibilidades de marketing limitadas, incluso con resultados favorables del test, la probabilidad de que BRK tenga éxito con el producto aprobado y en el mercado es de sólo un 40%. Incluso con un resultado favorable en el test de laboratorio y la decisión de comercializarlo, los costes no sólo incluirían los 5 millones del test, sino también 3 millones adicionales para la comercialización.

La tercera opción de BRK Labs es actuar agresivamente ella sola e intentar dar el golpe maestro de la década en el mercado. Como presidente, estima que hay sólo una posibilidad entre cinco de que BRK haga esto. Sin embargo, los resultados esperados si BRK hiciera esto con éxito son de 100 millones de dólares (este cálculo es cinco veces superior al resultado mencionado anteriormente, porque los 20 millones reflejan el potencial para un competidor que entre en el mercado mientras BRK está realizando el test experimental). Bajo esta tercera opción, los costes de comercialización son 3 millones y los costes del test serían de 5 millones. Ambos gastos se darían en esta opción tanto si finalmente el producto tiene éxito como si no.

a) Dibuje el árbol de decisión.

b) Determine el valor monetario esperado (VME).

c) ¿Qué recomendaría a los inversores? ¿Cómo afectaría a esta recomendación la situación financiera de la compañía?

d) ¿Cómo es de sensible esta solución a cambios en las probabilidades? ¿Cambia esto su decisión?

CASO DE ESTUDIO

Compañía de Pieles Toledo

La Compañía de Piel de Toledo ha estado fabricando productos de piel desde hace más de treinta años. Compra piel preparada a curtidores y fabrica complementos de piel, tales como monederos, cinturones y bolsas de mano. La empresa acaba de desarrollar un nuevo producto de piel y ha realizado un plan de producción y ventas para un año. La mejor descripción para el nuevo producto es el de una combinación de billetera, llavero y tarjetero. Como presidente de la empresa Peggy Lane ha afirmado: "Es un gran lleva-todo para cosas pequeñas." Lane ha colocado a su asistente administrativo, Harold Hamilton, a cargo del proyecto.

Hamilton ha calculado que el material y costes variables generales para el producto serán de alrededor de 1,50$ por unidad en el próximo año, considerando una semana de cinco días sin horas extras. Los costes unitarios de mano de obra y maquinaria, dependerán, sin embargo, de la máquina que se emplee para la fabricación. Hamilton ha reducido la elección a dos máquinas especializadas. La Máquina 1 es una máquina semiautomática que corta el material a la medida necesaria para una unidad y también la cose, coloca anillas y cierres, y los acaba con dos tipos de diseño. Esta máquina cuesta 250.000$ y añadirá 2,50$ a los costes medios de mano de obra y otros costes relacionados con la maquinaria. Esta máquina tiene una capacidad de producción de 640 unidades por día. Sin embargo, el tiempo inactivo estimado por mantenimiento y reparación es un 12,5% (una octava parte del tiempo).

La Máquina 2 es completamente automática. Corta, cose, instala anillas y cierres, y es capaz de acabar el producto con tres tipos diferentes de diseño. Esta máquina cuesta 350.000$ y añadirá 1,75$ al coste medio de mano de obra y otros costes relacionados con la maquinaria. La máquina dos tiene una mayor capacidad de producción (estimada en 800 unidades por día) que la máquina semiautomática. Sin embargo, el tiempo de inactividad estimado es de un 25% (una cuarta parte del tiempo), debido a su mayor complejidad.

Las estimaciones de marketing para el próximo año han sido más difíciles de proyectar que las de los costes de producción y de la capacidad estimada. Sin embargo, parece que 6$ es el mejor precio de venta para el producto. El precio está en línea con otros productos comparables del mercado, pero, dado que ofrece más que estos otros productos, puede venderse más caro que ellos. El volumen de ventas estimado parece situarse en las 140.000 unidades por año. El análisis del mercado potencial ha sido difícil, dado que este nuevo producto es diferente de los similares que actualmente se están vendiendo. La mejor estimación de ventas de Hamilton es a 6$ la unidad y las probabilidades asociadas a estas cantidades se muestran en la Tabla 2.1.

TABLA 2.1 ■ Volumen de ventas estimado para el primer año

VOLUMEN DE VENTAS	PROBABILIDAD
120.000 unidades	0,15
130.000 unidades	0,25
140.000 unidades	0,40
150.000 unidades	0,15
160.000 unidades	0,05

Dadas estas estimaciones de mercado y las capacidades de las máquinas, la empresa tendrá que decidir si modificar la máquinas para incrementar la capacidad o trabajar horas extras si la demanda se sitúa en los niveles más altos. El coste de las horas extras incrementaría el coste por unidad en 1,20$ en la máquina semiautomática y 0,90$ en la máquina automática. La modificación de la Máquina 1, la semiautomática, para satisfacer los niveles elevados de ventas, costaría 15.000$. Las modificaciones de la Máquina 2 costarían 20.000$

Lane ha sugerido a Hamilton que tome una decisión basada en las ventas del primer año, dado que la demanda para un producto como éste es incierta después de que su popularidad inicial pase. Toledo trabaja cincuenta semanas por año, pues la compañía cierra normalmente por vacaciones.

CUESTIONES DE DISCUSIÓN

1. Empleando un árbol de decisión (que muestre todo el trabajo) basado en maximizar el beneficio esperado, decida qué máquina debería seleccionar Pieles Toledo. ¿Debería planificarse trabajo extra o debería modificarse la máquina, y bajo qué circunstancias?

2. Cree una matriz de resultados para los volúmenes de ventas dados (suponga que las máquinas no pueden ser modificadas y se emplean horas extras) y asuma que la probabilidad de ocurrencia de los cinco niveles de ventas es desconocida. Decida entonces qué maquina debería comprarse empleando:

a) El criterio maximax.

b) El criterio minimax.

c) El criterio equiprobable.

Fuente: Profesor Michael Ballot, University of the Pacific.

BIBLIOGRAFÍA

Brown, R. "Do Managers Find Decision Theory Useful?" *Harvard Business Review* (May/June 1970): 78–89.

Brown, R. V. "The State of the Art of Decision Analysis: A Personal Perspective." *Interfaces*, 22, no. 6 (November/December 1992): 5–14.

Dantzig, G. B. "The Diet Problem." *Interfaces*, 20, no. 4 (July/August 1990): 43–47.

Gass, S. I. "Model World: Models at the OK Corral." *Interfaces*, 21, no. 6 (November/December 1991): 80.

Green, A. E. S. "Finding the Japanese Fleet." *Interfaces*, 23, no. 5 (September/October 1993): 62.

Hess, S. W. "Swinging on the Branch of a Tree: Project Selection Applications." *Interfaces*, 23, no. 6 (November/December 1993): 5–12.

Kirkwood, C. W. "An Overview of Methods for Applied Decision Analysis." *Interfaces*, 22, no. 6 (November/December 1992): 28–39.

Lane, M. S., A. H Mansour, and J. L. Harpell. "Operations Research Techniques: A Longitudinal Update 1973–1988." *Interfaces*, 23, no. 2 (March/April 1993): 63–68.

Lev, B. "Airline Operations Research." *Interfaces*, 20, no. 3 (May/June 1990): 99.

Moore, E. W., Jr., J. M. Warke, and L. R. Gorban. "The Indispensable Role of Management Science in Centralizing Freight Operations at Reynolds Metals Company." *Interfaces*, 21, no. 1 (January/February 1991): 107–129.

Pratt, J. W., H. Raiffa, and R. Schlaifer. *Introduction to Statistical Decision Theory*. New York: McGraw-Hill, 1965.

Raiffa, H. *Decision Analysis: Introductory Lectures on Choices Under Certainty*. Reading, MA: Addison-Wesley, 1968.

Render, B., and R. M. Stair, Jr. *Introduction to Management Science*. Boston: Allyn and Bacon, 1992.

——. *Quantitative Analysis for Management*, 5th ed. Boston: Allyn and Bacon, 1994.

Schlaifer, R. *Analysis of Decisions Under Certainty*. New York: McGraw-Hill, 1969.

3

CALIDAD TOTAL

CONTENIDO DEL CAPÍTULO

OBJETIVOS DE APRENDIZAJE

Cuando haya completado este capítulo debe ser capaz de:

Identificar o definir:

- Calidad
- Premios Malcom Baldridge
- Demming, Juran y Crosby
- Técnicas de Taguchi

Describir o explicar:

- Por qué la calidad es importante
- Dirección para la calidad total (TQM)
- La casa de la calidad
- Diagramas de Pareto
- Diagramas de Proceso
- Productos de calidad robusta
- Inspección

PERFIL DE CLASE MUNDIAL: MOTOROLA

LA GESTIÓN DE CALIDAD TOTAL CONFIERE UNA VENTAJA COMPETITIVA A MOTOROLA

Hace algunos años, Motorola decidió convertirse en un líder mundial de la calidad. De hecho, Motorola es tan brillante que fue la primera vencedora de los Premios Nacionales a la Calidad Malcom Baldridge. Motorola cree en la gestión de calidad total (TQM) y la pone en práctica desde la más alta dirección, concretamente desde el Presidente Honorario Robert Galvin. Motorola consigue una excelente calidad mediante un compromiso demostrado permanentemente por parte de la alta dirección y que se permeabiliza hacia toda la organización.

Para conseguir que la calidad sea el punto de atención principal en el trabajo, Motorola ha realizado las siguientes acciones:

- Empezó firmemente un programa de enseñanza a nivel mundial para asegurarse que todos los empleados entienden qué es la calidad y el control estadístico de calidad (SQC)
- Fijó objetivos a través del programa Seis Sigmas. El programa Seis Sigmas de Motorola establece que se puede esperar tener una tasa de defectos de no más de unas partes por millón.
- Promovió una gran participación de los trabajadores y un sistema de competición donde los empleados pueden ganar premios en base a las mejoras realizadas por su grupo de trabajo. Esta competición es de ámbito mundial.

Las divisiones de Motorola tienen una revisión de su servicio de calidad cada dos años. Estas revisiones se realizan por grupos de cinco personas seleccionadas de diferentes partes de la empresa. Después de cada revisión, el director general y su staff se reúnen con los grupos de revisión y trabajan sobre los resultados obtenidos. Se discuten los puntos fuertes y débiles y se envían recomendaciones a los directivos locales sobre mejoras que deben realizar. El sistema funciona y proporciona a Motorola uniformidad y consistencia. Los objetivos corporativos reciben un fuerte compromiso de toda la organización y esto es una poderosa herramienta para la calidad.

La gestión de Calidad Total (TQM) proporciona una ventaja competitiva a Motorola.

El desarrollo de productos robustos necesita un buen diseño de experimentos y pruebas extensas. Estos son teléfonos móviles en un equipo de test de vida acelerada (ALT).

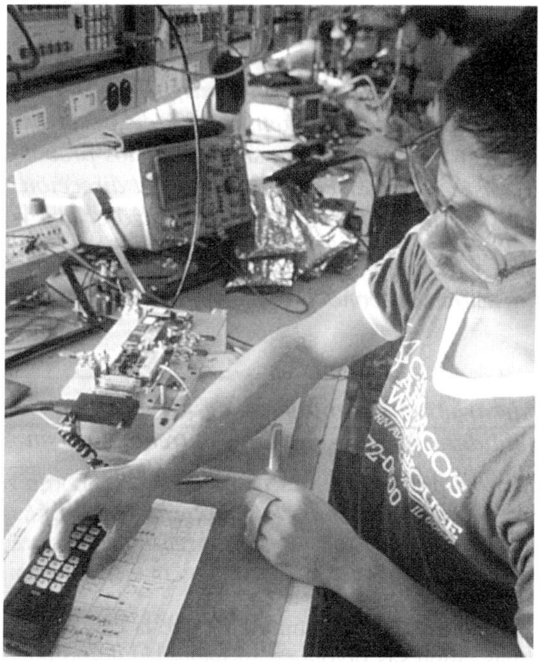

Cuando se pueden utilizar dispositivos de inspección automática, se usan. No obstante, cuando es apropiada una intervención manual en el proceso de control, como muestra la fotografía, ésta también se realiza.

Los equipos de ALT de Motorola realizan tests en condiciones extremas de variaciones bruscas de temperatura, polvo, agua y vibraciones. En la imagen vemos teléfonos celulares en un test de agua.

Con el fuerte énfasis de Motorola en TQM, los empleados son responsables de evaluar su propio trabajo, incluyendo la localización e informe de defectos. En la fotografía vemos a unos empleados evaluando circuitos impresos.

FIGURA 3.2 ■ Cuadro de puntuación para el premio Malcom Baldrige

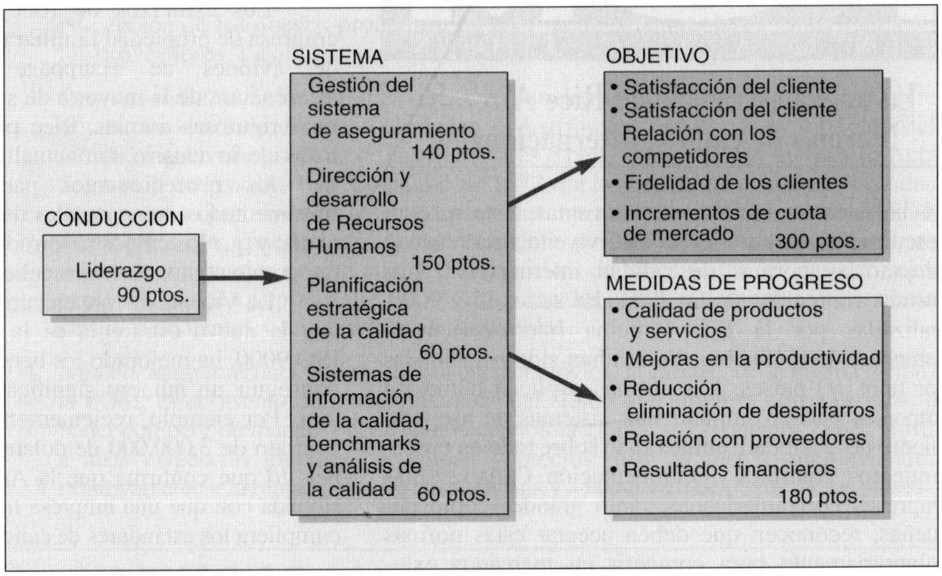

GESTIÓN DE LA CALIDAD TOTAL

Gestión de la calidad total

Gestión de la calidad total (TQM) se refiere a un énfasis en la calidad que comprende a toda la organización, desde los proveedores hasta los clientes. TQM acentúa el compromiso de la dirección en la conducción de la compañía a través de un camino de excelencia en todos los aspectos de los productos y servicios que sean importantes para los consumidores.[9]

TQM es importante porque las decisiones sobre calidad tiene influencia en cada una de las 10 decisiones estratégicas y tácticas realizadas por los directivos de producción y operaciones. Cada uno de los capítulos siguientes trata algún aspecto de la identificación y satisfacción de las expectativas de los consumidores. Si una empresa quiere competir como líder en mercados mundiales, para satisfacer estas necesidades es necesario un fuerte énfasis en TQM.

W. Eduard Deming, experto en calidad, usa 14 puntos (ver Tabla 3.1) para explicar cómo implementa el TQM.[10] Nosotros los englobaremos en cinco conceptos necesarios para que un programa de TQM sea efectivo: (1) mejora continua (2) participación de los trabajadores (3) benchmarking (compañías/marcas de referencia comparativa) (4) just-in-Time y (5) conocimiento de las herramientas de gestión.

Kaizen

Mejora continua

Un programa de gestión de la calidad total (TQM) necesita un proceso sin fin de mejora continua. El objetivo final es la perfección absoluta, que nunca se podrá conseguir, pero que siempre se deberá buscar.

Los japoneses utilizan el término **Kaizen** para describir este camino sin final de mejora continua, que lleva a plantearse cada vez objetivos más elevados, y conseguirlos. En los

[9] El término inglés *Company-Wide Quality Control* (CWQC) a veces se utiliza para describir el compromiso de la dirección con la calidad; ver L. P. Sullivan, "The Seven Stages in Company-Wide Quality Control", Quality *Progress* (mayo, 1986): 78.

[10] John C. Ancerson, Manus Rungtusanatham, y Roger G. Schroeder, "A Theory of Quality Management Underlying the Deming Management Method", *Academy of Management Review*, 19, nº 3 (1994): 472-509.

TABLA 3.1 ■ Los 14 puntos de Deming para implementar un sistema de mejora de la calidad

1. Crear una propuesta consistente y ser insistentes en ella.
2. Liderarzgo para promover el cambio.
3. Incorporar la calidad en el producto; no depender más que de la inspección para detectar los problemas.
4. Cimentar relaciones a largo plazo basadas en las funciones desarrolladas, no subcontratar tareas basándose en el precio.
5. Mejora continua del producto, la calidad y el servicio.
6. Empezar a formar.
7. Enfatizar el liderazgo.
8. Apartar los temores.
9. Romper las barreras entre departamentos.
10. No sermonear más a los trabajadores.
11. Apoyar, ayudar y mejorar.
12. Quitar las barreras para enorgullecerse del trabajo.
13. Instaurar un vigoroso programa de formación y mejora personal.
14. Poner a todo el mundo de la compañía a trabajar en la transformación.

Fuente: Deming ha elaborado diferentes versiones de estos 14 puntos a lo largo del tiempo, ver: W. Eduards. Deming "Transformation of Western Style of Management", *Interfaces*, 15, nº 3 (junio de 1985):6-11. W. Eduards. Deming "Improvement of Quality and Productivity Action Through Action by Management", *National Productivity Review* (invierno 1981-1982): 12-22. W. Eduards Deming, "Philosophy Continues to Flourish" APICS - *The performance Advantage*, 1/4 (octubre de 1991): 20.

Estados Unidos se utilizan los términos TQM, cero defectos y seis sigmas para describir estos esfuerzos. Sea cual sea la frase o palabra que se utilice, los directivos de POM son los principales protagonistas en crear una cultura empresarial que respalde la mejora continua.

Potenciación de los trabajadores

Potenciación de los trabajadores

Para TQM es necesaria la **potenciación de los trabajadores** o involucrarlos en todos los pasos del proceso de producción. Normalmente, la literatura empresarial sugiere que el 85% de los problemas de calidad están relacionados con los materiales y los procesos, no con las acciones de los trabajadores. Por lo tanto, la tarea consiste en diseñar equipos y procesos que produzcan la calidad deseada. Esto se consigue mucho mejor con un alto grado de involucración de los que conocen los puntos débiles del sistema. Los que trabajan en el sistema a diario lo entienden mejor que nadie. Cuando aparece una disconformidad en las especificaciones del producto, el trabajador raramente se equivoca, o el producto fue mal diseñado, o el sistema que realiza el producto fue diseñado de forma errónea, o el obrero fue formado de manera inadecuada.[11]. Aunque el empleado es capaz de ayudar a solucionar el problema, rara vez lo causa.

Las técnicas para lograr una potenciación de los trabajadores son (1) crear redes de comunicación que incluyan a los empleados, (2) supervisores que sean abiertos y los respalden, (3) trasladar responsabilidades desde los directivos y el staff hacia los empleados de producción, (4) crear organizaciones con una moral alta, y (5) técnicas más formales, como creación de grupos de mejora y círculos de calidad.

La orientación de los grupos de mejora puede dirigirse hacia diferentes temas. Una aproximación bastante popular en la creación de grupos es la de orientarlos a la calidad vía círculos de calidad. Un **círculo de calidad** es un grupo de entre 6 y 12 empleados, quienes, de

Círculo de calidad

[11] Ver una discusión sobre el tema en Asher Israeli y Bradley Fisher "The Worker is Never Wrong". *Quality Progress* (octubre, 1989): 95.

Líderes en la lucha por la calidad

W. Edward Deming (izquierda). La ceremonia de entrega de Premios Deming por la calidad, que se emite por la televisión japonesa, es un acontecimiento de relieve nacional. Después de la segunda guerra mundial, el Dr. Deming fue a Japón a enseñar calidad. Y los japoneses aprendieron. En su cruzada de la calidad, Deming insistía en que la dirección aceptara la responsabilidad de crear buenos sistemas. Él creía que el empleado no podía producir productos que en promedio sobrepasaran la calidad que el proceso era capaz de producir. El Dr. Deming murió en 1993.
J. M. Juran (centro). Un pionero en enseñar a los japoneses cómo mejorar la calidad, Juran creía fuertemente en el compromiso, apoyo e involucración de la alta dirección en el esfuerzo por la calidad. También era un creyente en los grupos que de forma continua buscan elevar los estándares de la calidad. Las diferencias de Juran respecto a Deming residen de alguna manera en enfocar la calidad hacia el consumidor, definiendo la calidad como adecuación a la utilización esperada del producto, que no son necesariamente las especificaciones escritas.
Philip B. Crosby (derecha). "*Quality is Free*" fue el libro que captó la atención de la gente escrito por Crosby en 1979. Él punto de vista tradicional de Crosby ha sido "Con el compromiso de la dirección y los empleados se pueden dar grandes pasos en la mejora de la calidad." Él también defiende que, en el tradicional balance entre el coste de mejorar la calidad y el coste de la mala calidad, el coste de la mala calidad se subestima. El coste de la mala calidad debe abarcar todo lo que se incluye en no hacer las cosas bien a la primera.

forma voluntaria, se reúnen regularmente para solucionar problemas relacionados con su trabajo. Los miembros, todos del mismo área de trabajo o sección, reciben formación en técnicas de trabajo en grupo, solución de problemas y en control estadístico de calidad. Generalmente se reúnen cuatro horas al mes (normalmente después del trabajo, aunque a veces en horario laboral). Aunque los miembros del círculo de calidad no reciben remuneraciones monetarias por este concepto, sí reciben el reconocimiento por parte de la empresa. Un miembro del grupo con una formación especial, llamado el Facilitador, generalmente ayuda o se encarga de la formación de los miembros del círculo de calidad y asiste a las reuniones para que éstas tengan un ritmo adecuado. Los círculos de calidad han demostrado ser una manera efectiva en coste para incrementar la productividad, así como la calidad.

Benchmarking

Benchmarking

El Benchmarking es otro elemento de un programa de TQM de una empresa. El **Benchmarking** supone seleccionar un estándar de demostrado rendimiento que represente el mejor de todos los resultados para procesos o actividades muy similares a la propia. La idea es generar un objetivo al cual dirigirse y después establecer el estándar o benchmark de este objetivo donde comparar nuestros propios rendimientos. Los pasos para desarrollar un Benchmarking son:[12]

[12] Adaptado de Michael J. Spendolini, *The Benchmarking Book* (Nueva York: AMACOM, 1992).

- Determinar a qué área se va a aplicar el Benchamarking, es decir, qué es lo que queremos comparar.
- Formar un grupo de Benchmark.
- Identificar las mejores empresas en lo que queremos comparar (benchmarking partners).
- Recoger y analizar la información de benchmarking, es decir, fijar el nivel de referencia y estudiar cómo lo han conseguido.
- Llevar a cabo la acción o acciones para alcanzar o sobrepasar el Benchmark.

En una situación idílica, Vd. puede encontrar una o varias organizaciones parecidas a la suya que han demostrado ser líderes en áreas concretas, que usted desea estudiar. Después se compara usted mismo con ellos. No es necesario que la empresa de referencia sea del mismo sector. De hecho, para establecer estándares de clase mundial, suele ser mejor mirar fuera del propio sector. Si una industria ha aprendido a competir vía la rapidez en el desarrollo de productos, pero su propia industria no, no es aconsejable analizar las empresas de su sector si se desea mejorar este aspecto. Tal y como veremos en el POM en acción "La reputación de L. L. Bean la hace preferida como Benchmark", esto es exactamente lo que Xerox y Chrysler hicieron cuando acudieron a L. L. Bean para buscar los niveles de referencia en el empaquetado de pedidos. Sin embargo, los datos relevantes no tienen por qué ser fruto de una larga o sofisticada elaboración. De hecho, datos obtenidos de forma casual pueden sugerir áreas donde centrar posteriores investigaciones. Este caso se muestra en la Tabla 3.2, que indica que en 1991 General Motors sólo generó ventas por un valor de 162.700$ por empleado, mientras que Ford y Chrysler lo hicieron por valor de 265.400$ y 238.800$, respectivamente. Estos datos sugieren que puede estar justificado un verdadero estudio de Benchmarking.

En un esfuerzo para llevar un mensaje de TQM a los empleados de Northrop que trabajan en el programa del bombardero Stealth, Northrop hizo firmar a cada empleado en un cartel gigante. Este cartel gigante, donde se lee "El Control Total de Calidad en el B-2 empieza conmigo", está colgado encima de la línea de montaje del B-2, simbolizando el compromiso de los empleados con la calidad.

Los niveles de referencia pueden y deben ser establecidos en diversas áreas. Para TQM son necesarios niveles de referencia cuantificables.

TABLA 3.2 ■ Ventas por empleados

1991	Ventas $ (Miles de millones$)	Empleados (Miles)	Ventas por Empleado ($ por mil empleados)
Ford	88.3	333	265,4
Chrysler	29,4	123	238,8
General Motors	123,1	756	162,7

Just-in-Time (JIT)

La filosofía que respalda Just-in-Time es la de la mejora continua y el refuerzo de la capacidad para solucionar problemas. Cuando se implementa, JIT reduce la cantidad de existencias disponibles de una empresa, estableciendo controles de calidad y de compras que llevan al nivel de inventario a sólo lo necesario para utilizarse justo en el momento en que hace falta. El JIT está relacionado con la calidad de tres maneras:

POM EN ACCIÓN

La reputación de L. L. Bean la hace preferida como Benchmark

En los años 50, los directivos estadounidenses sonreían intencionadamente cuando los ingenieros japoneses visitaban las ferias comerciales tomando fotos sin parar. Las sonrisas se desvanecieron en los 70 y 80, cuando esas fotos les llevaron a producir productos de clase mundial. Ahora, los Estados Unidos adoptan una respuesta eficaz: "Benchmarking". "Demasiadas compañías han sufrido por no querer creer que otros lo podían hacer mejor", dice Robert Camp, el director de benchmarking de Xerox.

La difusión del Benchmarking ha creado muchos modelos a seguir dentro de los propios Estados Unidos. Cuando Xerox miró hacia el exterior para mejorar su sistema de expedición de pedidos, fue a L. L Bean. ¿Qué tienen en común partes de fotocopiadoras con los accesorios de exteriores de L.L. Bean? Nada. Pero los directivos de Xerox vieron que sus procesos de completado de pedidos eran similares: ambos suponían la manipulación de productos de tamaños y formas tan variables que se debía realizar a mano. Pero Bean era capaz de completar el pedido tres veces más rápido que Xerox. Lección aprendida, Xerox recortó sus gastos de almacenaje en un 10%.

Más tarde, Chrysler fue a estudiar los métodos de almacenamiento de Bean. Los empleados de Bean utilizan diagramas de flujo para descubrir los despilfarros en movimientos. De estas técnicas resultó una sugerencia de los empleados consistente en almacenar los artículos de gran volumen cerca de las estaciones de embalaje. Tan impresionada quedó Chrysler que decidió seguir la idea y potenciar la resolución de problemas a nivel de trabajador.

L. L. Bean recibe hoy en día más de cinco peticiones semanales para realizar visitas de benchmarking, demasiadas para que puedan ser complacidas. Ellos planifican sólo aquellas con un "genuino interés en la calidad, no las que quieren solamente curiosear", dice Robert Olive, director de planta de Bean.

Fuentes: Business Week (30 de noviembre, 1992): 74–75; y R. C. Camp, *Making Total Quality Happen* (Nueva York: Conference Broad, 1990):. 42.

En primer lugar, JIT reduce sensiblemente el coste de calidad. Esto ocurre porque los desechos, las horas adicionales de reparar defectos, el capital invertido en stocks y los costes por defectos están directamente relacionados con el stock disponible. Si, con JIT, el stock disponible es menor, entonces los costes asociados también son menores. Además, los stocks esconden la mala calidad, mientras que JIT saca a relucir inmediatamente esta mala calidad.

En segundo lugar, JIT mejora la calidad. Como JIT baja el plazo de producción (Lead Time), provoca que la evidencia del error sea reciente y que el número de fuentes potenciales de defectos se reduzcan. JIT crea, de hecho, un sistema de aviso inmediato de problemas de calidad, tanto dentro de la empresa como en los distribuidores.

Finalmente, mejor calidad significa menor inventario y un sistema JIT más fácil de utilizar. A menudo el objetivo de tener inventario es protegerse de resultados pobres de producción que provienen de una calidad poco fiable. Si existe una calidad consistente, JIT nos permitirá reducir todos los costes asociados con el inventario.

Conocimiento de las herramientas de TQM

Para potenciar a los empleados e implementar TQM como un esfuerzo continuado, los directivos deben formar a todos los miembros de la organización en las técnicas de TQM. En la siguiente sección haremos hincapié en algunas de las diferentes y crecientes herramientas que se utilizan en la cruzada del TQM.

HERRAMIENTAS DE TQM

Seis herramientas y/o técnicas que ayudan en la implantación de TQM son: (1) desarrollo de la función de la calidad (QFD)[13] (casa de la calidad), (2) técnicas de Taguchi, (3) diagramas de Pareto, (4) diagramas de Proceso, (5) diagramas de causa–efecto (diagramas de espina de pescado) y (6) control Estadístico de Procesos. Vamos a presentar estas técnicas.

Desarrollo de la función de calidad (QFD)

Desarrollo de la función de calidad (QFD)

Casa de la calidad

Un programa de TQM efectivo traduce los deseos de los consumidores en características específicas y diseñables. El **desarrollo de la función de calidad (QFD)** se refiere tanto a (1) determinar que satisfará al consumidor, como a (2) traducir estos deseos del consumidor en el diseño a alcanzar.[14] Utilizamos QFD en una fase temprana del proceso de producción para ayudarnos a determinar dónde desarrollar los esfuerzos en calidad.

Una de las herramientas del QFD es la casa de la calidad. La **casa de la calidad** es una técnica gráfica que sirve para definir las relaciones entre los deseos del consumidor y el producto (o servicio). Solamente definiendo estas relaciones de forma rigurosa, los directores de operaciones pueden crear productos y procesos con las características deseadas por los consumidores. Definir estas relaciones es el primer paso para construir un sistema de producción de clase mundial. Para construir la casa de la calidad realizaremos los seis pasos siguientes:

1. Identificar las necesidades del *consumidor.*
2. Identificar los atributos del producto/servicio. (Pensar en los atributos en el sentido de "cómo" el *producto* o servicio satisfará las necesidades del *consumidor.*)
3. Relacionar las necesidades del *consumidor* con el "cómo" las satisfará el *producto.*
4. Realizar una evaluación de los productos de los competidores.
5. Desarrollar las especificaciones del *producto* o servicio que satisfarán las necesidades del consumidor.
6. Asignar (desarrollar) el "cómo" al lugar apropiado del proceso de transformación.

El Ejemplo 3.1 explica cómo construir la casa de la calidad.

EJEMPLO 3.1

Después de exhaustivos estudios de mercado, Great Cameras Inc. determinó las *necesidades* de sus clientes. Estas *necesidades* se muestran en la parte izquierda de la casa de la calidad de este ejemplo y son: poco peso, fácil de mantener fija, que no hayan dobles exposiciones, fácil de utilizar y fiable. Después, el grupo de desarrollo de productos determinó "cómo" la organización debía trasladar estas necesidades de los consumidores en objetivos de atributos para el diseño de producto y de proceso. Este "cómo" se introduce en la parte superior de la casa de la calidad. Los atributos son: bajo consumo eléctrico, componentes de aluminio, enfoque automático, exposición automática, auto-avance de película y diseño ergonómico.

El equipo de producto evaluó cada uno de los deseos de los consumidores frente a los atributos. En la matriz de la casa de la calidad, el grupo evaluó lo bien que el diseño satisfacía las necesidades de los consumidores. De forma similar, el equipo de

[13] Traducido como "La Calidad no Cuesta", pero haciendo un pequeño juego de palabras con el término inglés "free", que también significa "libre". (N. del T.)

[14] Ver Yoji Akao (ed.) *Quality Function Deployment* (Cambridge, MA: Productivity Press, 1990).

desarrollo de producto plasmó las relaciones entre los atributos en el techo de la casa de la calidad. Finalmente el grupo desarrolló el peso de importancia para sus atributos de diseño y los ordenó para proceder al diseño del producto y del proceso.

Se pueden realizar una gran cantidad de variaciones en la casa de la calidad. Por ejemplo, se puede utilizar para evaluar cómo un competidor satisface las demandas de los clientes.

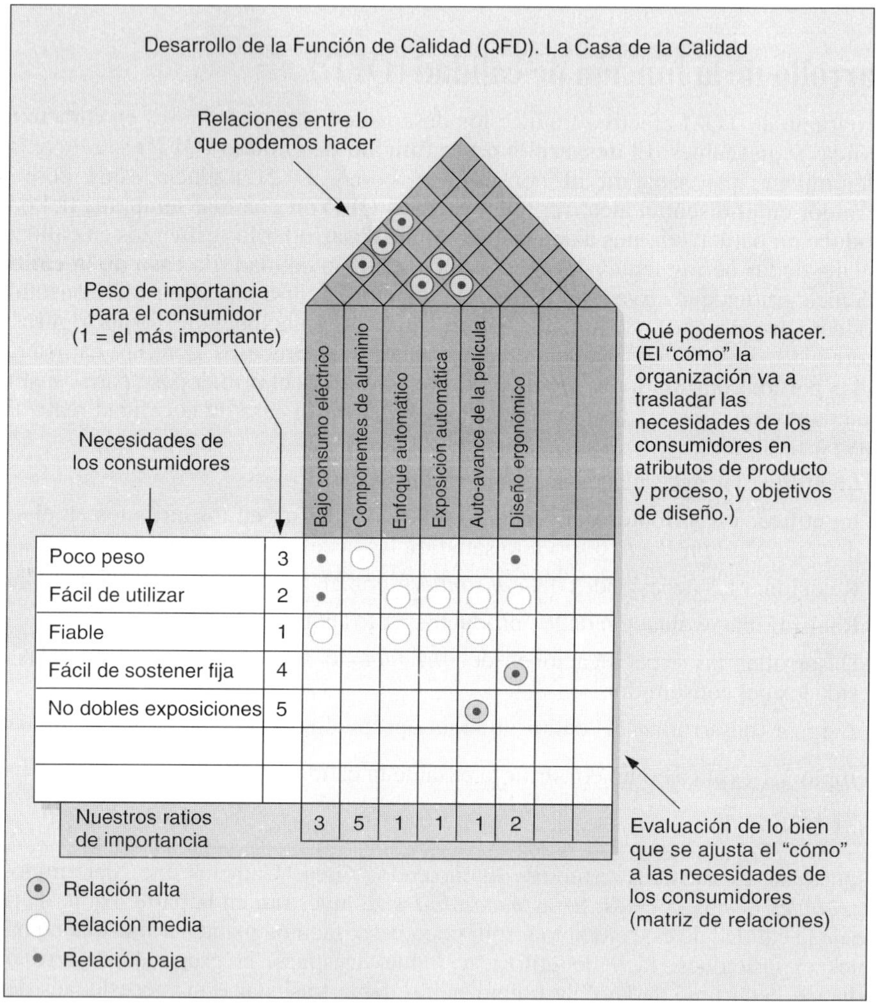

Técnicas de Taguchi

Técnicas de Taguchi

La mayoría de los problemas de calidad son consecuencia del diseño del producto y del proceso. Por lo tanto se necesitan herramientas para redirigir estas áreas. Unas de estas herramientas son las **técnicas de Taguchi**, llamadas así en honor al ingeniero japonés Genichi Taguchi.[16]

[16] R. N. Kackar, "Taguchi's Quality Control, Parameter Design, and the Taguchi Method" *Journal of Quality Technology* (octubre, 1985): 175-188; Lance Ealey, "Taguchi Basis." *Quality* (noviembre, 1988):30-32; y Glen Stuart Peace, *Taguchi Methods* (Reading, MA: Addison-Wesley, 1993).

CONCEPTOS DE TAGUCHI. Tres conceptos son importantes para entender la aproximación y método de Taguchi. Estos conceptos son *calidad robusta*, la función de *pérdida de la calidad* y la calidad *orientada al objetivo*.

Los métodos de Taguchi pretenden realizar productos y *procesos que sean robustos* en cuanto a calidad. Productos de **calidad robusta** son aquellos que pueden ser producidos uniforme y consistentemente bajo condiciones adversas del entorno y de la fabricación. La idea de Taguchi es hacer desaparecer los *efectos* de las condiciones adversas en lugar de las causas. Taguchi sugiere que eliminar los efectos a menudo es más barato que hacer desaparecer las causas y más efectivo para producir un producto robusto. De esta manera, pequeñas variaciones en materiales y procesos no destruyen la calidad del producto.

Calidad robusta

Taguchi también ha definido lo que él llama la **función de pérdida de la calidad (QLF)**.[17] La QLF identifica todos los costes relacionados con una baja calidad y muestra cómo estos costes se incrementan a medida que el producto deja de ser exactamente lo que el consumidor quiere. Estos costes incluyen no solamente la insatisfacción del consumidor, sino que además incluyen los costes de garantía y servicio posventa; costes de inspección interna, reparaciones, y de materiales y productos desechados; y costes que pueden ser descritos mejor como costes para la sociedad. Nótese que la Figura 3.3 (a) muestra la QLF como una curva que crece con una pendiente a su vez creciente. La QLF toma la forma general de una simple fórmula cuadrática:

Función de pérdida de la calidad (QLF)

$$L = D^2\, C$$

donde: L = pérdida
D^2 = cuadrado de la desviación sobre el valor objetivo
C = coste de evitar la desviación

FIGURA 3.3 ■ (a) Función de pérdida de la calidad (QLF); (b) Distribución de los productos producidos. Taguchi busca el objetivo, porque los productos producidos cerca de los límites inferior y superior de las especificaciones aceptables dan como resultado un valor elevado en la función de pérdida de la calidad (QLF).

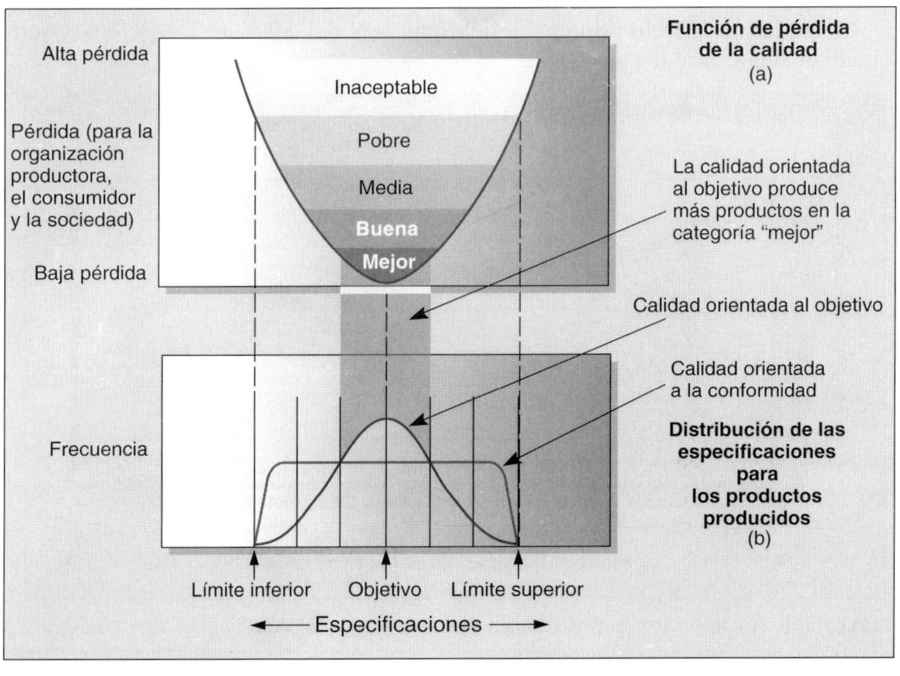

[17] Del inglés Quality Loss Function. (N. del T.)

Todas las pérdidas para la sociedad debidas a un pobre rendimiento están incluidas en la QLF. El producto más deseado es el que tiene una menor pérdida. Cuanto más lejos esté el producto del objetivo, mayor es la pérdida.

Taguchi observó que el método tradicional de mirar las especificaciones (esto es, el producto es bueno siempre y cuando entre dentro de los límites de tolerancia) es demasiado simplista. Como se ve en la Figura 3.3 (b), la calidad orientada a la conformidad produce más unidades alejadas del objetivo. Por ello, la pérdida (el coste) es más elevada en términos de satisfacción del consumidor y de beneficio social.

Calidad orientada al objetivo

La **calidad orientada al objetivo** es una filosofía de mejora continua para situar al producto exactamente en el objetivo.

Diagramas de Pareto

Diagramas de Pareto

Los **diagramas de Pareto** clasifican errores, problemas o defectos para ayudar al personal de producción a enfocar sus esfuerzos en la resolución de problemas. Están basados en los trabajos de Vilfredo Pareto, economista del siglo XIX. Joseph M. Juran popularizó los trabajos de Pareto cuando sugirió que el 80% de los problemas de una empresa eran el resultado de sólo un 20% de causas. Como sugiere el POM en acción "Pacific Bell se Preocupa de los Clientes Descontentos", los gráficos de Pareto, aunque simples, pueden identificar problemas y dirigir los esfuerzos en la vía adecuada. El análisis de Pareto, como se muestra en el Ejemplo 3.2, indica qué problemas, resolviéndolos, pueden producir la mayor rentabilidad.

EJEMPLO 3.2

Custom Wine Glasses Ltd.[18] de Leadville, Colorado, acaba de recoger los datos referentes a 75 defectos ocurridos en la producción del día. El jefe ha decidido preparar un análisis de Pareto sobre los defectos. Los datos proporcionados son: arañazos, 61; porosidad, 5; hendiduras, 4; contaminación, 3; y varios, 2.

El gráfico de Pareto adjunto indica que más del 80% de los defectos son el resultado de una causa: los arañazos.

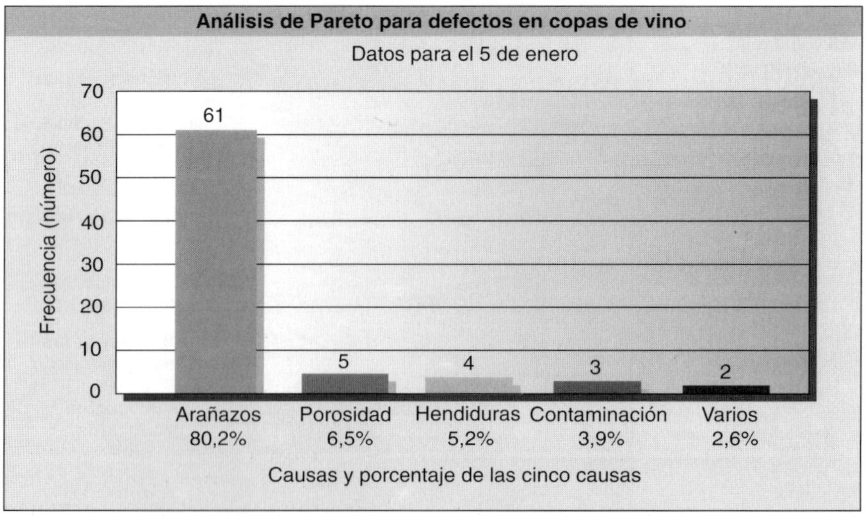

La mayoría de los defectos se eliminarán si se corrige esta causa.

[18] Traduciendo el nombre de la empresa del ingles sería: Copas de Vino a Medida, S. L. (N. del T.)

POM
EN ACCIÓN

Pacific Bell se preocupa de los clientes descontentos

Para una compañía telefónica, la calidad de servicio puede conocerse con una simple prueba: Descuelgue el teléfono... vea si hay línea o no. Cuando no hay "Es un asesinato", dice un técnico de Pacific Bell. "Trabajas contrarreloj durante días para restablecer el servicio. Y tienes gente quejándose y gritándote porque su teléfono no funciona."

Los clientes que gritan —y los ingresos perdidos— son poderosos incentivos para cambiar. Pacific Bell formó un grupo de mejora de la calidad de 15 miembros para encontrar una manera de reducir los daños a los cables enterrados, causa número 1 de que los teléfonos se queden sin línea. Entre los miembros del grupo se encontraban un abogado, directivos y técnicos de cableado, todos voluntarios, pero muy escépticos al principio porque parecía que TQM fuera sólo "otro capricho en el que nos habíamos metido".

Un miembro del grupo, Dale Bouguennec, trabajó noches y fines de semana durante tres meses para revisar lo que había pasado en 2.441 incidentes que costaron a Pacific Bell 18 millones de dólares en reparaciones y pérdidas de ingresos. El análisis de Pareto mostró que el 41% de los daños de los cables fueron causados por trabajos de construcción y, análisis posteriores, identificaron los principales factores que causaban los daños de mayor gravedad.

Disponiendo de esta información, el grupo fue capaz de realizar cambios que aportaban mejoras significativas, tanto para de la industria de la construcción como para Pacific Bell. Los cortes de cables se redujeron en un 24% en un año. Estos cambios ahorraron a Pacific Bell 6 millones de dólares y le hicieron ganar el premio "USA Today Quality Cup" de 1994 en la categoría de servicios.

Fuente: USA Today (8 de abril de 1994); y *Wall Street Journal* (24 de febrero de 1994):A–1.

El Ejemplo 3.2 indica que de entre los cinco tipos de defectos identificados, la gran mayoría de éstos pertenecían a uno, los arañazos; por lo tanto, el 20% (1 de 5) de las causas provocaba el 81,3% (61 de 75) de los defectos.

Diagramas de proceso

Diagramas de proceso

Los **diagramas de proceso** están diseñados para ayudar a comprender la secuencia de actividades (esto es, el proceso) a través de las cuales se mueve el producto o servicio. El diagrama de flujo del proceso representa los pasos del proceso y sus relaciones. Este tipo de análisis es capaz de:

1. Ayudar a identificar los mejores puntos de recogida de datos.
2. Aislar y seguir el origen de los problemas.
3. Identificar el mejor lugar para realizar auditorías del proceso.
4. Identificar oportunidades para la reducción de las distancias recorridas.

Como se muestra en el Ejemplo 3.3, un gráfico de proceso organiza la información sobre un proceso de una manera gráfica, utilizando cinco símbolos estándar y la distancia. Los símbolos de proceso estándar de la Asociación Americana de Ingenieros Mecánicos (ASME)[19] son: O = operación; ⇓ = transporte; □ = inspección; D = espera; ▽ = almacenaje.

[19] Del inglés American Association of Mechanical Engineers. (N. del T.)

EJEMPLO 3.3

En la planta de proceso de WJC Chicken en Litle Rock, Arkansas, quieren saber más acerca de su proceso de empaquetado y expedición. Después de la observación de la línea de empaquetado y expedición, y de una entrevista con los operarios de la línea, han preparado el siguiente gráfico de proceso:

Método actual [X]
Método propuesto [X]

GRÁFICO DE PROCESO

SUBJECT CHARTED *Proceso de empaquetado y expedición* FECHA *1 / 1 / 96*
HECHO POR *HRC*
GRÁFICO Nº *1*
DEPARTAMENTO *Empaquetado y expedición* HOJA Nº *1* DE *1*

DIST. IN PIES	TIEMPO EN MIN.	SIMBOLOS	DESCRIPCIÓN DEL PROCESO
10'		○ ⇨ □ D ▽	A la estación de envasado
—		○ ⇨ □ D ▽	Envasar
2'		○ ⇨ □ D ▽	A la estación de pesado
—		○ ⇨ □ D ▽	Pesar
2'		○ ⇨ □ D ▽	A sellado hermético, pesado y etiquetado
—		○ ⇨ □ D ▽	Sellar herméticamente, pesar y etiquetar
50'		○ ⇨ □ D ▽	Al almacén de congelación rápida
—		○ ⇨ □ D ▽	Congelación rápida
25'		○ ⇨ □ D ▽	A empaquetado
—		○ ⇨ □ D ▽	Empaquetar
40'		○ ⇨ □ D ▽	A muelle de carga
		○ ⇨ □ D ▽	Cargar en camión
		○ ⇨ □ D ▽	
		○ ⇨ □ D ▽	
		○ ⇨ □ D ▽	
		○ ⇨ □ D ▽	
			TOTAL

Este tipo de análisis puede ayudarnos a determinar: (1) dónde podemos realizar inspecciones y recogidas de datos (quizás después del pesado y etiquetado automático, después del sellado automático y después del congelado rápido), (2) las posibilidades de reducción de la distancia recorrida (quizás la del almacén de congelación rápida, empaquetado y traslado al muelle de carga), y (3) dónde vigilar la aparición de ciertos tipos de problemas.

Como podrá ver en nuestra discusión sobre personal y sistemas de trabajo en el Capítulo 11, los diagramas de proceso pueden ser herramientas analíticas muy útiles dentro de una amplia variedad de otras aplicaciones.

Diagramas de causa-efecto

Diagramas de causa-efecto

Diagramas de Ishikawa. Gráficos de espina de pez

Otra herramienta para localizar lugares del proceso donde pueden surgir problemas de calidad o donde colocar puntos de inspección son los **diagramas de causa-efecto**, también conocidos como **diagramas de Ishikawa** o **gráficos de espina de pez**. La Figura 3.4 muestra un diagrama (nótese que la forma es muy parecida a la de una espina de pescado) para un problema cotidiano de control de calidad: un cliente insatisfecho de una línea aérea. Cada "espina" representa una posible fuente de error.

FIGURA 3.4 ■ Gráfico de espina de pescado (o diagrama de causa-efecto) para problemas en el servicio al cliente en una línea aérea.

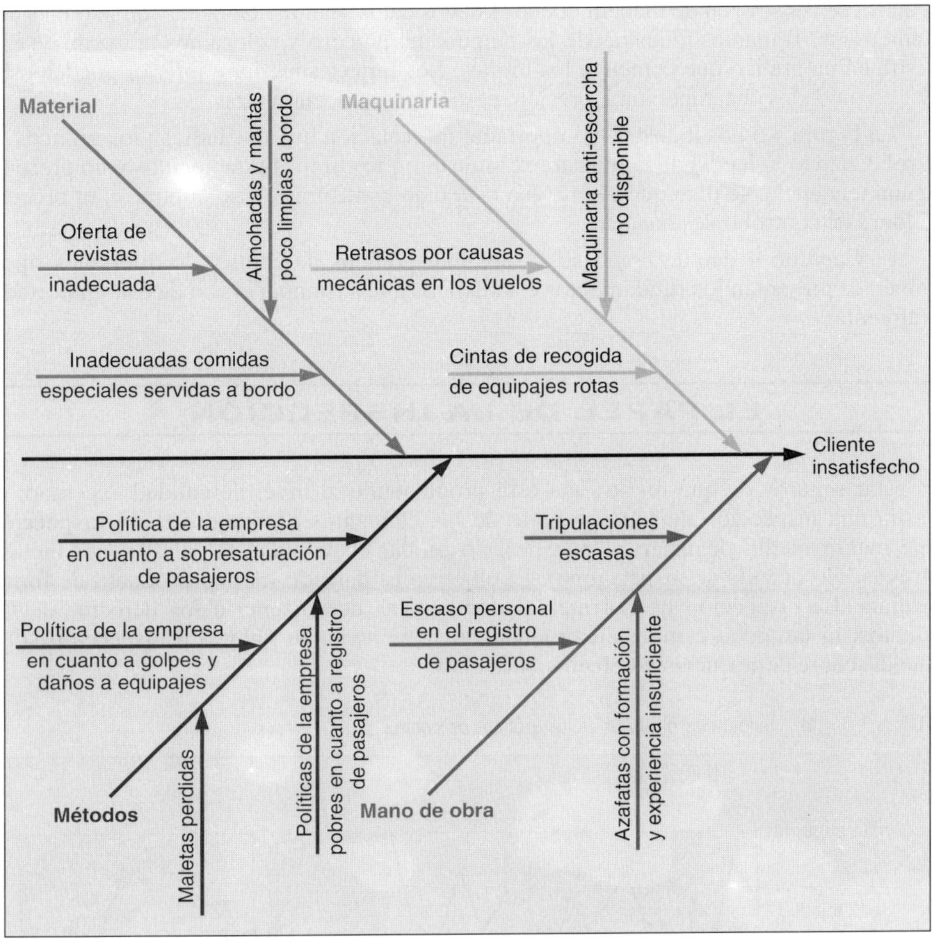

La manera de empezar un diagrama de causa-efecto es tener cuatro categorías: Material, Maquinaria/instalaciones, Mano de obra (Personal), y Métodos. Estas 4 "Ms" son las "causas" y proporcionan una buena lista de puntos para un análisis inicial. Cuando se desarrollan estos gráficos de forma sistemática se resaltan los posibles problemas de calidad y los posibles puntos de inspección.

Control estadístico de procesos (SPC)

El control estadístico de procesos[20] controla los estándares, hace mediciones y toma las acciones correctivas, cuando se está produciendo un producto o servicio. Se examinan muestras de los outputs del proceso; si se encuentran dentro de los límites de lo aceptable, se permite que continúen el proceso. Si, por contra, salen fuera de los límites, el proceso se detiene y, normalmente, se identifica y elimina la causa que lo ha provocado.

El control estadístico de procesos

[20] Del inglés Statistical Process Control. (N. del T.)

Gráficos de control

Los **Gráficos de control** son representaciones gráficas de los datos en el tiempo, que muestran los límites superiores e inferiores del proceso que queremos controlar. Los gráficos de control se construyen de manera que los nuevos datos sean rápidamente comparables con los anteriores. Tomamos muestras de los outputs del proceso y colocamos la media de esta muestra en un gráfico que contenga los límites. Los límites superior e inferior pueden estar dados en unidades de temperatura, presión, peso y longitud, entre otras.

La Figura 3.5 nos muestra la importante información que nos indican los gráficos de control. Cuando la media de la muestra se sitúa entre los límites establecidos y no presenta ninguna tendencia, se dice que el proceso está bajo control. En caso contrario, el proceso está fuera de control o desajustado.

El Capítulo 4 detalla cómo se desarrollan gráficos de control de diferentes tipos. También se presentan los fundamentos estadísticos que sustentan el uso de esta importante herramienta.

EL PAPEL DE LA INSPECCIÓN

Inspección

Para estar seguros de que un sistema está produciendo al nivel de calidad esperado, se necesita una inspección de todos o parte de los elementos producidos. Esta **inspección** puede incluir medir, degustar, palpar, pesar o probar el producto (algunas veces incluso destruyéndolo cuando se inspecciona). El objetivo es detectar un mal producto de forma inmediata. La inspección no corrige las deficiencias del sistema o los defectos de los productos, ni tampoco cambia un producto ni incrementa su valor. La inspección solamente descubre deficiencias y defectos, y es cara.

FIGURA 3.5 ■ Tendencias a buscar en los gráficos de control

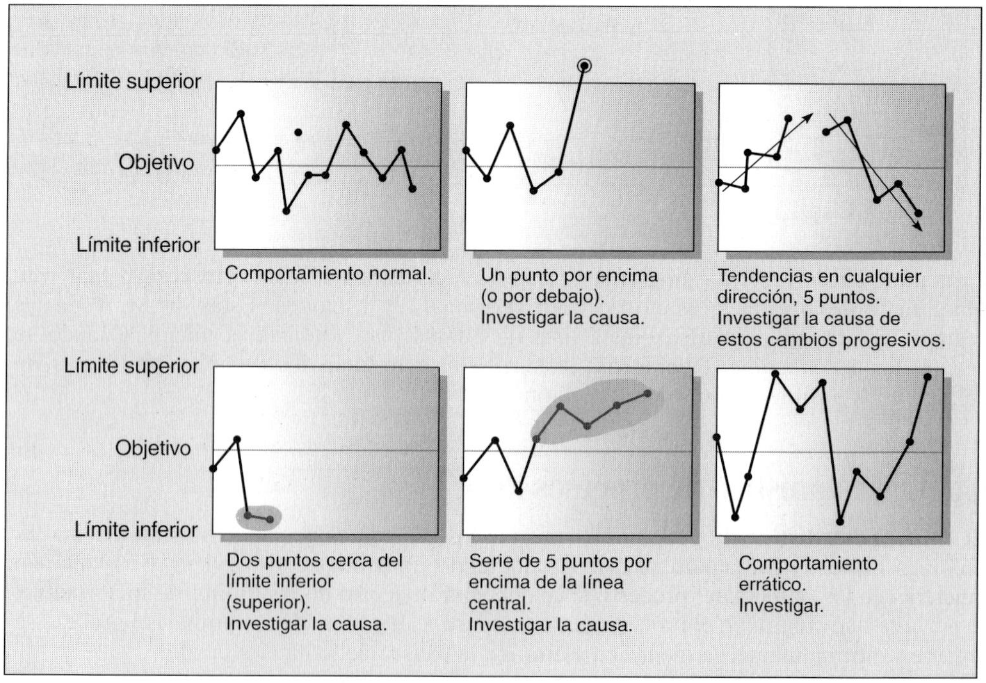

(Adaptado de Bertrand L. Hansen *Quality Control: Theory and Applications*. 1991:.65. Reproducido bajo autorización de Prentice-Hall, Englewood Cliffs, Nueva Jersey.)

La inspección debe ser pensada como una auditoría. Las auditorías no añaden valor a los productos. Pero los directores de producción/operaciones, de la misma manera que los directores financieros, necesitan auditorías y necesitan saber dónde y cuándo auditar. Por lo tanto, existen dos cuestiones básicas sobre la inspección. Éstas son: (1) *cuándo inspeccionar* y (2) *dónde realizar la inspección.*

En la nueva planta de TRW de Dijon (Francia), el programa de auditoría interna de calidad incluye aspectos como la medida de los costes de calidad, procedimientos para asegurar que los nuevos productos son diseñados y servidos con calidad, inspección en todos los puntos del proceso, círculos de calidad, estrechas relaciones con los proveedores y un plan de negocios que haga un especial énfasis en la calidad.

Cuándo y dónde inspeccionar

La decisión de cuándo y dónde realizar una inspección depende del tipo de proceso y del valor añadido en cada tarea. La inspección en una empresa manufacturera puede llevarse a cabo en cualquiera de los seis puntos siguientes:

1. Inspeccionar en la planta de un proveedor mientras éste produce.
2. Inspeccionar en la propia planta justo después de haber recibido un pedido del proveedor.
3. Inspeccionar antes de procesos costosos o irreversibles.
4. Inspeccionar entre paso y paso del proceso de producción.
5. Inspeccionar cuando se ha acabado la producción.
6. Inspeccionar antes de enviar los productos acabados.

Los diagramas de Pareto y los diagramas de causa-efecto, como dijimos en la sección anterior, son herramientas de TQM para ayudar a la decisión de cuándo y dónde inspeccionar. De todas formas, la inspección no es un sustituto de un producto producido de forma robusta por un buen proceso. En un conocido experimento llevado a cabo por una empresa de investigación independiente, 100 piezas defectuosas fueron añadidas a un lote de productos "perfectos" y luego sometidas a una inspección del 100%.[21] Los inspectores encontraron 68 piezas defectuosas en la primera inspección. Hicieron falta tres pasadas para encontrar 30 piezas defectuosas más. Las últimas dos piezas defectuosas jamás fueron descubiertas. La conclusión es que existe una variabilidad en el proceso de inspección. Adicionalmente, los inspectores son sólo seres humanos: se aburren, se cansan, y, además, los equipos de inspección también tienen variabilidad. Incluso con una inspección del 100% no se puede garantizar la perfección.

Inspección en la fuente

La mejor inspección es la inspección en origen. A esto se llama **inspección en la fuente**, y es perfectamente consistente con la potenciación de los trabajadores, donde los empleados, de forma individual, autoinspeccionan su propio trabajo. La idea es que cada proceso y cada trabajador tome el siguiente paso del proceso como un cliente, asegurando productos "perfectos" al próximo cliente. Esta inspección puede potenciarse con el uso de listas de comprobación y controles especiales, como los dispositivos a prueba de fallos llamados poka-yoke, nombre tomado de los japoneses.

Inspección en la fuente

Un **poka-yoke** es un dispositivo o técnica a toda prueba que asegura la producción de unidades libres de defectos continuamente.[22] Estos dispositivos especiales evitan errores y proporcionan una rápida información sobre los problemas. Un ejemplo simple de dispositivo

Poka-yoke

[21] *Statistical Quality Control* (Springfield, MA: Monsanto Chemical Company, n.d.): 19.

[22] Para una mayor ampliación de este concepto, ver Alan Robinson, *Modern Approach to Management Improvement: The Shingo System* (Cambridge, MA: Productivity Press, 1990).

TABLA 3.3 ■ Puntos de inspección en tres organizaciones de servicios

Tipo de Organización	Algunos puntos de Inspección	Cuestiones a considerar
Banco	Ventanillas de cajas	Número, cortesía, velocidad, precisión
	Proceso de préstamos	Colaterales, líneas de crédito adecuadas, intereses, plazos de amortización, tasas de impagados, ratios de préstamos
	Compensación de cheques	Precisión, velocidad de entrada, porcentaje de cheques compensados diariamente
Grandes Almacenes	Almacén	Limpieza, orden, organización, nivel de rotura de stocks, amplia oferta, rotación de los productos
	Áreas de exposición	Atrayentes, bien organizadas y provistas, visibilidad de los productos, buena iluminación
	Mostradores	Personal aseado, cortés, inteligente; tiempo de espera, precisión en comprobación del crédito y anotación de la venta
Restaurante	Cocina	Limpieza, materiales organizados adecuadamente, comida no adulterada, cumplimiento de la normativa de sanidad, bien organizado
	Caja	Velocidad, precisión, aspecto
	Comedores	Limpios, confortables, regularmente atendidos.

poka-yoke es la boca de la manguera de un surtidor de gasolina, el de la gasolina sin plomo es más pequeño que el de la gasolina super, así como los depósitos de gasolina de los automóviles también tienen un orificio de llenado más pequeño para los que necesitan gasolina sin plomo. De esta manera, es imposible introducir la manguera de gasolina super en un depósito de gasolina sin plomo y por lo tanto nunca se puede producir el error que provocaría graves desperfectos al vehículo. La idea de la inspección en origen es asegurar que el 100% de los productos o servicios suministrados a los clientes sean buenos productos o servicios.

Inspección en la industria de servicios

Tanto las organizaciones manufactureras como las de servicios tienen unas necesidades de inspección similares. Y, en ambas, la decisión de dónde y cuándo inspeccionar presenta una variedad de opciones. De cualquier forma, los diagramas de causa-efecto y los diagramas de Pareto son herramientas de contrastada utilidad en ayudar a responder estas cuestiones. En la Tabla 3.3 se muestran algunos ejemplos específicos de localizaciones donde la inspección ha demostrado ser particularmente eficaz en organizaciones de servicios. El director de servicios, como el director de producción, debe maximizar la inspección en origen, a través de la potenciación del personal y técnicas de poka-yoke como las listas de comprobación.

Inspección de atributos e inspección de variables

Inspección de atributos
Inspección de variables

Cuando se realizan las inspecciones, las características inherentes a la calidad pueden medirse como *atributos o como variables*. La **inspección de atributos** califica a los artículos como buenos o defectuosos. No especifica el grado de fallo. Por ejemplo, una bombilla funciona o no. La **inspección de variables** realiza mediciones como la dimensión, peso, velocidad, altura o resistencia para ver si el artículo está dentro de los límites de tolerancia. Si un cable eléctrico que se supone ha de tener 0,01 pulgadas de diámetro se utilizará un micrómetro para ver si el producto está lo suficientemente cerca de este diámetro para pasar la inspección.

Conocer si deben inspeccionarse atributos o variables nos ayudará a decidir qué tipo de control estadístico realizaremos.

GESTIÓN DE LA CALIDAD TOTAL EN SERVICIOS

La calidad de los servicios es más difícil de medir que la calidad de productos manufacturados.[23] Generalmente se piensa que un usuario de un servicio tiene en mente unas pocas características que le sirven de base para comparar entre distintas alternativas. La falta de una de estas características puede eliminar a una empresa de servicios de la consideración del usuario. También la calidad puede ser percibida como un paquete de atributos en que muchas pequeñas características sean superiores a las de los competidores.

Una extensiva ronda de entrevistas en profundidad con grupos enfocados de consumidores identificó 10 atributos de ámbito general o determinantes de la calidad de un servicio[24] (véase Tabla 3.4). El mismo estudio también condujo a las siguientes conclusiones:

> En Velcro Industries N.V., como en muchas empresas, los operarios de las máquinas veían la calidad como el trabajo de "aquella gente de Control de Calidad". Las inspecciones se basaban en muestreos aleatorios, y si una parte contenía defectos, era desechada. La compañía decidió prestar más atención a los operarios, a la reparación de las máquinas y a su diseño, a los métodos, comunicaciones, responsabilidades, y a invertir más dinero en formación. Con el paso del tiempo, Velcro pudo reducir a la mitad su personal de control de calidad, mientras que los defectos continuaban disminuyendo.

1. *La percepción de los consumidores de la calidad de un servicio es resultado de la comparación con sus expectativas, antes de recibir su experiencia actual con el servicio.* En otras palabras, la calidad del servicio es juzgada en base a si cumplen las expectativas previas.

2. *Las percepciones de la calidad son derivadas tanto del proceso del servicio como del resultado del mismo.* Desde el punto de vista del consumidor, la forma en que se desarrolla el servicio puede ser tan importante como el servicio en sí.

3. *La calidad de los servicios es de dos tipos: normal y excepcional.* En primer lugar, hay un nivel de calidad correspondiente al servicio cuando se efectúa en condiciones normales, como una transacción bancaria realizada por un cajero. En segundo lugar, hay un nivel de calidad correspondiente al servicio cuando se resuelven situaciones excepcionales o problemas. Esto implica que el sistema de control de calidad debe reconocer y haber preparado una serie de planes alternativos para condiciones de operatividad por debajo del nivel óptimo. Además, cuando se presenta un problema, una empresa con poco contacto con el cliente se convierte repentinamente en una empresa con alto nivel de contacto. Por ello, las buenas relaciones con los clientes son importantes para mantener la calidad, independientemente del tipo de servicio.

---

[23] Esta sección ha sido adaptada de Robert Murdick, Barry Render y Roberta Rusell, *Service Operations Management* (Boston: Allyn and Bacon, 1990):. 421-422.

[24] L. Berry, V. Zeithaml y A. Parasuraman, "Quality Counts in Servicess, Too", *Business Horizons* (mayo/junio 1985): 45-46.

TABLA 3.4 ■ Determinantes de la calidad de servicio

Fiabilidad incluye consistencia de realización y fiabilidad. Significa que la empresa realiza el servicio bien a la primera, y también significa que la empresa cumple sus compromisos.
Sensibilidad concierne a la voluntariedad y rápidez de los empleados en suministrar el servicio.
Competencia, en el sentido de posesión de los conocimientos y aptitudes apropiadas para realizar el servicio.
Accesibilidad, concerniente con la proximidad de la empresa al cliente y la facilidad de contacto.
Cortesía, que incluye educación, respeto, consideración, y la amabilidad en el contacto personal (incluyendo telefonistas, recepcionistas, etc.)
Comunicación, esto es, mantener informados a los clientes en un lenguaje que puedan entender y escucharles. Puede comportar que la compañía deba adaptar su lenguaje a diferentes tipos de clientes, incrementando el nivel de sofisticación con unos o hablando más sencilla y llanamente con otros.
Credibilidad, referida a fidelidad, credibilidad y honestidad. Significa tener los mejores intereses para el consumidor en el corazón.
Seguridad, que es la exención de peligro, riesgo o duda.
Entender/conocer al cliente, esto es, realizar el esfuerzo de entender lo que el cliente necesita.
Tangibles, que incluye el aspecto físico del servicio.

Fuente: Fragmentado de A. Parasuraman, Valerie A. Zeithaml, y Leonard L. Berry "A Conceptual Model of Service Quality and Its Implications for Futurte Research", *Journal of Marketing* (otoño, 1985): 44.

Los buenos sistemas de calidad se centran en el control del proceso, no en la inspección *a posteriori.* Por ejemplo, diseñando procesos de alta calidad que rellenan botellas farmacéuticas bajo condiciones estériles, se consiguen muchos más frutos que teniendo a un inspector evaluando las bacterias en las botellas llenadas por sistema más pobre.

De las entrevistas con directores de servicios, se deduce que la calidad del servicio puede medirse si se compara cómo un servicio puede efectivamente aproximar las expectativas previas y el servicio realmente proporcionado. El POM en acción "Principios de TQM en el sector servicios" presenta otra visión de cómo los directivos de POM mejoran la calidad en los servicios.

ALCANZANDO ESTÁNDARES DE CLASE MUNDIAL

La calidad es una arma competitiva prodigiosa. Empresas de clase mundial como Milliken, L. L. Bean y Motorola consiguen lograr un nivel de calidad notable de diversas maneras. Ellos comprenden que:

- La alta dirección lidera TQM, enfatizando el hacer las cosas bien a la primera.
- Lo que piden los consumidores es entendido y logrado.
- La calidad se entiende como Calidad Total, no como sistemas de inspección de calidad.
- Los sistemas y procedimientos se diseñan para servir productos y servicios de calidad.
- Se realizan continuamente programas de mejora de la calidad para asegurar que la calidad está permanentemente mejorando en todas las áreas de la organización.
- Los trabajadores conocen los costes de la calidad y son formados en herramientas de TQM.
- En la evaluación de los directivos se incluyen medidas sobre las realizaciones en calidad.
- Existen procedimientos Benchmarking y se utilizan.

POM EN ACCIÓN

Principios de TQM en el sector servicios

El sector servicios en los 90, aunque diferente, se parece al sector manufacturero de los 70 en los Estados Unidos. La calidad es inconsciente, los costes son altos, los márgenes de beneficio son pequeños y la competencia crece cada año.

Savin Corp., un fabricante de fotocopiadoras de Stanford, Connecticut, decidió probar un sistema de gestión de calidad al estilo Demming para mejorar sus programas de servicio. Como dijo el vicepresidente de Savin, Robert Williams: "La fortuna de una compañía se basa en la calidad de su servicio."

Sólo había dos formas de rebajar los gastos de servicio de Savin de los últimos doce meses, mientras se mejoraba la calidad:

- Utilizando análisis estadístico, Savin descubrió que se malgastaba una cantidad de tiempo importante en las llamadas de servicio de los clientes cuando los ingenieros, para reparar las fotocopiadoras, debían volver a sus furgonetas para buscar las piezas de repuesto. La empresa montó un "kit de llamadas" para que el ingeniero lo llevara consigo al ir a atender la llamada, este equipo contenía los repuestos con mayor probabilidad de utilización. Actualmente, las llamadas de servicio se atienden más deprisa, cuestan menos y, en un día, se pueden realizar más.
- El principio de Pareto, que el 20% de las causas son responsables del 80% de los errores, se utilizó para resolver el problema de las rellamadas. Una rellamada significa que el trabajo no se realizó bien la primera vez y se necesita una segunda visita, con los gastos a cargo de Savin. Incrementando la formación del 11% de ingenieros que atendían a los clientes, las rellamadas se redujeron al 19%.

La gestión de calidad total, de acuerdo con Williams, "es una forma de hacer negocios que debe permeabilizarse en cada puesto de trabajo del sector servicios".

Fuente: Wall Street Journal (4 de noviembre de 1991): A18; *Office* (octubre de 1993): 26, 69.

- La calidad es una arma competitiva porque la calidad obliga a hacer bien otra serie de cosas como diseño, procesos, inventarios, planificación, mantenimiento y formación.

RESUMEN

Calidad es un término que significa diferentes cosas para diferentes personas. Pero se ha definido en este capítulo como la totalidad de propiedades y características de un producto o un servicio que satisfacen necesidades explícitas o implícitas. Definir las expectativas de calidad es crítico para una gestión de operaciones efectiva y eficiente.

La calidad requiere la construcción de un entorno de Gestión de Calidad Total (TQM) porque la calidad no puede inspeccionarse en un producto. El capítulo también presenta cinco conceptos de TQM. Estos son: mejora continua, potenciación de los trabajadores, Benchmarking, Just-in-Time y conocimiento de las herramientas de TQM. Las seis herramientas de TQM presentadas en este capítulo son: la casa de la calidad, los métodos de Taguchi, los diagramas de Pareto, los diagramas de proceso, los diagramas de causa-efecto y el control estadístico de procesos (SPC).

TÉRMINOS CLAVE

ISO 9000
Gestión de la calidad total (TQM)
Kaizen
Potenciación de los trabajadores
Círculos de calidad
Casa de la calidad
Técnicas de Taguchi
Calidad robusta
Función de pérdida de la calidad
Calidad orientada al objetivo

Benchmarking
Desarrollo de la función de calidad (QFD)
Diagramas de causa-efecto
Diagramas de Ishikawa
Gráficos de espina de pez
Control estadístico de procesos
Gráficos de control
Diagramas de Pareto
Diagramas de proceso
Inspección
Inspección de la fuente
Poka-yoke
Inspección de atributos
Inspección de variables

PREGUNTAS DE DISCUSIÓN

1. Haga su propia definición de calidad de un producto.
2. Nombre diferentes productos que no necesitan alta calidad.
3. ¿Piensa que el establecimiento de premios como el Malcom Baldridge en EE.UU. tiene efecto en la calidad de productos realizados por el país que los concede?
4. ¿Cómo puede una universidad controlar la calidad de su output (o sea, sus licenciados)?
5. ¿Cuáles son los principales conceptos de TQM?
6. Encuentre un artículo reciente sobre círculos de calidad y resuma sus puntos principales. ¿Cree que los círculos de calidad serán habituales en las empresas de su país? ¿Por qué?
7. ¿Cómo puede una empresa crear un clima de mejora continua?
8. ¿Cuáles son los tres conceptos básicos de los métodos de Taguchi?
9. ¿Cuáles son las seis herramientas básicas de TQM?
10. ¿Qué es la "casa de la calidad"?
11. ¿Por qué la realización de tareas orientada al objetivo es mejor que la realización orientada a la conformidad?
12. ¿Cuáles son los 10 determinantes de la calidad de servicio?
13. ¿Qué es la función de pérdida de la calidad (QLF)?
14. ¿Qué significa la fórmula $L = D^2C$?
15. ¿En qué cambiaría los criterios del premio Malcom Baldridge?
16. ¿Cuáles son las 4 "Ms" de los diagramas de causa-efecto?

EJERCICIO DE RAZONAMIENTO CRÍTICO

La factoría de Tursine Electronics en la ciudad de Oklahoma realiza el montaje de tarjetas de circuitos impresos con un nivel de calidad deplorable y cada vez peor. De hecho, es peor que cualquiera de las restantes fábricas de la empresa. Para complicar las cosas, las relaciones laborales son difíciles y la moral es baja, dando como resultado una alta rotación laboral (se contratan y despiden muchos trabajadores) y un elevado absentismo. El nuevo director de la planta, enviado para enderezar las cosas, cree que la instalación debería ser cerrada si no se producen importantes mejoras de producción y calidad. La calidad ha pasado a ser un factor muy importante en el sector.

¿Cómo puede el nuevo director dar la vuelta a las cosas, fabricar productos de calidad e infundir la calidad en los trabajadores?

PROBLEMAS

: **3.1** Utilice la técnica de la casa de la calidad para construir una matriz de relaciones entre las necesidades de los consumidores y piense cómo podría satisfacerlas como director de operaciones. Considere los siguientes productos:

a) Un helado

b) Un refresco

- **3.2** Realice una entrevista a alguien que esté pensando comprarse una bicicleta y traduzca sus necesidades en maneras específicas de satisfacerlas.
- **3.3** Utilice el análisis de Pareto para investigar los datos recogidos en una línea de montaje de tarjetas de circuitos impresos.
  - **a)** Prepare un gráfico de los datos.
  - **b)** ¿A qué conclusiones llega?

Defecto	N.º de veces que ha ocurrido
Componente defectuoso	217
Componentes que no se adhieren	146
Exceso de adhesivo	64
Transitores mal colocados	600
Dimensiones erróneas de la tarjeta	143
Orificios de montaje mal posicionados	14
Problemas de circuitería en análisis final	92

- **3.4** Desarrolle un diagrama de proceso para cada uno de los siguientes procesos:
  - **a)** Cambiar una rueda de un automóvil.
  - **b)** Pagar una factura en un restaurante.
  - **c)** Realizar un depósito en un banco.
- **3.5** Desarrolle un diagrama de proceso para cada uno de los siguientes procesos:
  - **a)** Servicio de comida rápida (una sola ventanilla) con servicio a automóviles.
  - **b)** Lo mismo pero con dos ventanillas (pagar en la primera y recoger en la segunda).
  - **c)** La matriculación en su universidad / escuela.
- **3.6** Dibuje un gráfico de espina de pez detallando las razones de por qué un tornillo no encaja correctamente en una tuerca en una cadena de montaje.
- **3.7** Dibuje un gráfico de espina de pez detallando las razones de por qué una mecanógrafa a la que paga para realizar un trabajo final produce un documento con numerosos errores.

CASO DE ESTUDIO

Westover Electrical, Inc.

Westover Electrical Inc. es una empresa de tamaño medio de Houston que fabrica bobinas de cable eléctrico utilizadas en motores eléctricos. Joe Wilson, director de operaciones, ha detectado un creciente problema de productos rechazados durante la fabricación. "No estoy seguro de por dónde empezar", dijo en la reunión semanal del comité de dirección. "Los productos no aceptados en el departamento de bobinas nos han estado matando durante los dos últimos meses. Nadie de operaciones tiene idea del porqué. Acabo de contratar a un consultor, Roger Gagnon, para que le eche un vistazo a la situación y nos dé recomendaciones para que podamos descubrir qué es lo que pasa. No espero que Roger nos dé recomendaciones técnicas, tan sólo espero que nos guíe por la dirección correcta."

La primera parada de Gagnon, más tarde de lo habitual, fue la planta de producción. Sus entrevistas con los supervisores de producción del departamento de bobinas indicaban que no había ningún consenso sobre cuál era el problema ni cómo corregirlo. Una visita a través de las operaciones de bobinado indicaba que había tres máquinas que enrollaban cables en núcleos de plástico para producir bobinas primarias y secundarias de motores eléctricos. Después de la inspección de control de calidad estas bobinas iban al departamento de embalaje. Gagnon vio que el personal del departamento de embalaje inspeccionaba su propio trabajo y hacía las correcciones pertinentes en el mismo lugar. El problema era que se detectaban numerosas bobinas defectuosas que necesitaban ser reelaboradas antes de que pudieran ser embaladas.

La siguiente parada fue en el Departamento de Control de Calidad, donde obtuvo los datos del mes pasado sobre productos rechazados en el departamento de bobinas (Tabla 1).

PREGUNTAS DE DISCUSIÓN

1. Prepare un guión sobre el informe que debe realizar Roger Gagnon.
2. ¿Qué gráficos, diagramas, listados de impresora, etc., deberían incluirse en el informe?
3. Prepare las recomendaciones de Gagnon, justificadas, en una página.
4. Prepare los detalles necesarios para complementar las recomendaciones justificadas para que Joe Wilson entienda cómo se ha llegado a dichas recomendaciones.

Fuente: Profesor Dr. Victor E. Sower, Ph. D., C.Q.E., Universidad de Sam Houston State

TABLA 1 ■ Registro de rechazos de enero: Proceso de bobinado

			N.º de unidades rechazadas según causa						
Día	N.º Inspecciones	Bobinadora	Mal Bobinado	Cable Enroscado	Puntas Rotas	Cable Desgastado	Núcleo Erróneo	Cable Erróneo	Fallo en Test Electrónico
1	100	1	1	0	4	1	0	0	1
	100	2	2	1	0	0	1	5	0
	100	3	0	0	0	5	0	0	3
2	100	1	0	1	3	0	0	0	0
	100	2	3	1	0	0	2	3	0
	100	3	0	0	1	6	0	0	0
3	100	1	1	0	0	2	0	0	0
	100	2	0	0	0	0	0	3	0
	100	3	0	0	1	4	0	0	3
4	100	1	0	0	3	0	0	0	0
	100	2	0	0	0	0	0	2	0
	100	3	0	0	0	3	1	0	3
5	100	1	0	1	5	0	0	0	0
	100	2	0	0	0	0	0	2	1
	100	3	0	0	0	3	0	0	2
8	100	1	0	0	2	0	0	0	0
	100	2	0	0	0	0	0	1	0
	100	3	0	0	0	3	0	0	3
9	100	1	0	1	2	0	0	0	0
	100	2	0	0	0	0	0	1	0
	100	3	0	0	0	3	0	0	4
10	100	1	0	0	5	0	0	0	0
	100	2	1	0	0	0	1	0	0
	100	3	0	0	0	5	0	0	4

TABLA 1 ■ (Continuación)

			N.º de unidades rechazadas según causa						
Día	N.º Inspecciones	Bobinadora	Mal Bobinado	Cable Enroscado	Puntas Rotas	Cable Desgastado	Núcleo Erróneo	Cable Erróneo	Fallo en Test Electrónico
11	100	1	0	0	4	0	0	0	0
	100	2	0	0	0	0	0	0	0
	100	3	0	0	0	4	0	0	4
12	100	1	0	0	3	0	1	0	0
	100	2	1	0	1	0	0	0	0
	100	3	0	0	0	5	0	0	4
15	100	1	0	0	2	0	0	1	0
	100	2	0	0	0	0	0	1	0
	100	3	0	0	0	3	0	0	3
16	100	1	0	0	6	0	0	0	0
	100	2	0	0	0	0	0	0	0
	100	3	0	0	0	3	0	0	3
17	100	1	0	1	1	0	0	0	0
	100	2	0	0	0	0	0	0	1
	100	3	0	0	0	3	0	0	3
18	100	1	1	0	2	0	0	0	0
	100	2	0	0	0	0	0	1	0
	100	3	0	0	0	4	0	0	1
19	100	1	0	0	2	0	0	0	0
	100	2	0	0	0	0	0	0	0
	100	3	0	0	0	3	0	0	1
22	100	1	0	1	4	0	0	0	0
	100	2	0	0	0	0	0	0	0
	100	3	0	0	0	3	0	1	2
23	100	1	0	0	4	0	0	0	0
	100	2	0	0	0	0	0	0	1
	100	3	0	0	0	4	0	0	3
24	100	1	0	0	2	0	0	1	0
	100	2	0	1	0	0	0	0	0
	100	3	0	0	0	4	0	0	3
25	100	1	0	0	3	0	0	0	0
	100	2	0	0	0	1	0	0	0
	100	3	0	0	0	2	0	0	4
26	100	1	0	0	1	0	0	0	0
	100	2	0	1	0	1	0	0	0
	100	3	0	0	0	2	0	0	3
29	100	1	0	0	2	0	0	0	0
	100	2	0	0	1	0	0	0	0
	100	3	0	0	0	2	0	0	3
30	100	1	0	0	2	0	0	0	0
	100	2	0	0	0	0	1	0	0
	100	3	0	0	0	2	0	0	3

Nota: Suponga que cada unidad defectuosa lo es por un solo defecto.

CASO DE ESTUDIO

Quality Cleaners

El propietario de Quality Cleaners ha decidido que se debe implementar un programa de mejora de la calidad en su servicio de lavado en seco. Los clientes traen la ropa a una de las cinco tiendas o estaciones de recogida. Los pedidos se envían a la planta limpiadora dos veces al día (mañana y tarde) y el mismo viaje sirve para llevar a las tiendas las prendas limpias, permitiéndose, si el cliente lo solicita, que una prenda esté lista el mismo día.

Las tiendas abren a las 7:00 a.m., con un empleado a tiempo completo. Esta persona es relevada a las 3:00 p.m. por un empleado a tiempo parcial que cierra a las 6:00 p.m.

Cuando las prendas de un cliente se reciben se prepara un albarán de cinco copias con el nombre del cliente, el teléfono, fecha de entrega y solicitudes especiales. Una copia se entrega al cliente como resguardo y otra se queda en la tienda (para saber cuáles son los trabajos en curso). Las prendas y las restantes copias se ponen en una bolsa de lavandería de nailon para enviarlas a la planta.

Los departamentos de la planta de limpieza son:

Recepción. Cada orden se saca de la bolsa; las prendas se etiquetan para una posterior identificación y se ordenan en grandes vagonetas de acuerdo con la fecha de entrega, tipo de ropa y requisitos de limpieza. Cuando las vagonetas están llenas se trasladan al departamento de limpieza. También en recepción se comprueba que las prendas no tengan agujeros, manchas, rasgaduras o similares. Si existen, se escribe el problema en una etiqueta adhesiva y se une a la ropa con la etiqueta de identificación.

Limpieza. Las vagonetas se vacían en las lavadoras prenda a prenda para permitir su inspección. Los primeros objetos que se buscan son manchas que requieran una especial atención y objetos extraños. Por ejemplo, una pluma o un rotulador en un bolsillo puede arruinar toda una carga. Tal y como se sacan los objetos de las lavadoras se ponen en colgadores y se transportan al departamento de planchado.

Planchado. Existen cuatro tipos de planchas: una para sedas, una para pantalones y dos de uso general. En un día normal trabajarán tres de las planchas, pero saber qué tres de las cuatro trabajan depende de la demanda y tipos de productos del día concreto. Cuando una prenda ha sido planchada se deposita en un transportador para entregarla al departamento de ensamblaje.

Ensamblaje. Las prendas limpias y planchadas se agrupan según los pedidos de los clientes, se embolsan, y se depositan en la cola adecuada para ser entregadas a la respectiva tienda. En este momento dos copias (de las tres restantes) del albarán se adjuntan al pedido y una se queda en la planta para controlar que el trabajo se ha completado. Cuando el cliente recoja el pedido, todavía quedará una copia sujeta.

La tienda se queda con la última copia y retira la correspondiente copia de los pedidos en curso para dejar constancia de que el pedido se ha completado.

Nota: Aunque Quality Cleaners es más grande que la media de las lavanderías, su facturación anual es de 500.000 dólares aproximadamente. Por ello, cualquier sugerencia será relativamente barata.

Actualmente la mayoría de los trabajadores se forma en diversas operaciones para permitir que sean flexibles. La Tabla 2 presenta los empleados y los puestos para los que han recibido formación. P indica que es la tarea principal o la que realizan más a menudo; una marca indica que han estado formados para esta función.

Por ejemplo, un día, David puede sólo estar limpiando, al día siguiente limpia un rato y después plancha pantalones. Esto representa un problema

TABLA 2

		Planchas		
Empleado	Limpieza	Uso General	Sedas	Pantalones
David	P	✓		✓
Tasha	✓	✓		P
Len	✓	P	✓	
Mary		✓	P	✓
Betty (temporal)	✓	✓		✓
Mike (temporal)	✓	✓		✓

para determinar quién ha hecho una doble raya al pantalón del Sr. Jones, pero el propietario cree que esta flexibilidad es muy valiosa y que debe mantenerse.

PREGUNTAS DE DISCUSIÓN

1. Diseñar un programa de calidad. Considere las siguientes cuestiones:
   - **a)** ¿Dónde se debe inspeccionar?
   - **b)** ¿Cómo se debe contabilizar?
   - **c)** ¿Qué factores (variables, atributos, etc.) deben comprobarse?
   - **d)** ¿Es apropiado el control estadístico de procesos (SPC)?
     - **i.** ¿De variables o de atributos?
     - **ii.** ¿Dónde realizarlo?
2. ¿Cuáles son los elementos de coste para implementar su plan? Dé un presupuesto, incluyendo el equipo, materiales y horas de trabajo por tipo de trabajo.
3. ¿Qué datos deben obtenerse para medir el éxito del programa en términos de coste, calidad, rendimiento y servicio al cliente?

Fuente: Profesora Marilyn S. Jones, Universidad de Winthrop.

BIBLIOGRAFÍA

Akao, Y., ed. *Quality Function Deployment: Integrating Customer Requirements into Product Design*. Cambridge, MA: Productivity Press, 1990.

Berry, L. L., A. Parasuraman, and V. A. Zeithaml. "Improving Service Quality in America: Lessons Learned." *The Academy of Management Executive*, 8, no. 2 (May 1994): 32–52.

Besterfield, D. H. *Quality Control*, 4th ed. Englewood Cliffs, NJ: Prentice Hall, 1994.

Blackburn, R., and B. Rosen. "Total Quality and Human Resources Management: Lessons Learned from Baldrige Award-Winning Companies." *The Academy of Management Executive*, 7, no. 3 (August 1993): 49–66.

Caporaletti, L., E. Gillenwater, and J. Jaggers. "The Application of Taguchi Methods to a Coil Spring Manufacturing Process." *Production and Inventory Management Journal*, 34, no. 4 (Fourth Quarter 1993): 22–27.

Carr, L. P. "Applying Cost of Quality to a Service Business." *Sloan Management Review*, 33, no. 4 (Summer 1992): 72.

Costin, H. *Readings in Total Quality Management*. New York: Dryden Press, 1994.

Crosby, P. B. *Let's Talk Quality*. New York: McGraw-Hill, 1989.

———. *Quality Is Free*. New York: McGraw-Hill, 1979.

———. "Working Like a Chef." *Quality* (January 1989): 24–25.

Deming, W. E. *Out of the Crisis*. Cambridge, MA: Center for Advanced Engineering Study, 1986.

Denton, D. K. "Lessons on Competitiveness: Motorola's Approach." *Production and Inventory Management Journal*, 32, no. 3 (Third Quarter 1991): 22.

DeVor, R. E., T. Chang, and J. W. Sutherland. *Statistical Quality Design and Control: Contemporary Concepts and Methods*. New York: Macmillan, 1992.

Dobyns, L., and C. Crawford-Mason. *Quality or Else: The Revolution in World Business*. New York: Houghton Mifflin, 1991.

Elsayed, E. A., and D. Dietrich. "Quality Control and Its Applications in Production Systems." *Industrial Engineering Research & Development*, 24, no. 5 (November 1992): 2–3.

Evans, J. R., and W. M. Lindsay. *The Management and Control of Quality*, 2d ed. New York: West, 1993.

Feigenbaum, A. V. *Total Quality Control*, 3d ed. New York: McGraw-Hill, 1991.

Forker, L. B. "Quality: American, Japanese, and Soviet Perspectives." *The Academy of Management Executive*, 5, no. 4 (November 1991): 63–73.

Foster, S. T., Jr. "Designing and Initiating a Taguchi Experiment in a Services Setting." *OM Review*, 9, no. 3: 37–50.

Gehani, R. R. "Quality Value-Chain: A Meta-Synthesis of Frontiers of Quality Movement." *The Academy of Management Executive*, 7, no. 2 (May 1993): 29–42.

Hart, M. K. "Quality Tools for Decreasing Variation and Defining Process Capability." *Production and Inventory Management Journal*, 33, no. 2 (Second Quarter 1992): 6.

Hart, M. K. "Quality Control Training for Manufacturing." *Production and Inventory Management Journal*, 32, no. 3 (Third Quarter 1991): 35.

Hauser, J. R. "How Puritan-Bennett Used the House of Quality." *Sloan Management Review*, 34, no. 3 (Spring 1993): 61–70.

Hauser, J. R., and D. Clausing. "The House of Quality." *Harvard Business Review*, 3 (May/June 1988): 63–70.

Hill, R. C. "When the Going Gets Rough: A Baldrige Award Winner on the Line." *The Academy of Management Executive*, 7, no. 3 (August 1993): 75–79.

Juran, J. M. "Made in the U.S.A.: A Renaissance in Quality." *Harvard Business Review*, 14, no. 4 (July/August 1993): 35–38.

Krishnan, R., A. B. Shani, R. M. Grant, and R. Baer. "In Search of Quality Improvement: Problems of Design and Implementation." *The Academy of Management Executive*, 7, no. 4 (November 1993): 7.

Miller, J. G. *Benchmarking*. Homewood, IL: Business One Irwin, 1992.

Nandakumar, P., S. M. Datar, and R. Akella. "Models for Measuring and Accounting for Cost of Conformance Quality." *Management Science*, 39, no. 1 (January 1993): 1–16.

Peace, G. S. *Taguchi Methods: A Hands-On Approach*. Reading, MA: Addison-Wesley, 1993.

Porteus, E. L. "Note: The Impact of Inspection Delay on Process and Inspection Lot Sizing." *Management Science*, 36, no. 8 (August 1990): 999–1007.

Price, F. *Right Every Time: Using the Deming Approach*. New York: Marcel Dekker, 1990.

Ryan, T. P. *Statistical Methods for Quality Improvement*. New York: John Wiley, 1989.

Schonberger, R. J. "Is Strategy Strategic? Impact of Total Quality Management on Strategy." *The Executive*, 6, no. 3 (August 1992): 80.

Tsui, K. "An Overview of Taguchi Method and Newly Developed Statistical Methods for Robust Design." *Industrial Engineering Research & Development*, 24, no. 5 (November 1992): 44–57.

Vaziri, H. K. "Using Competitive Benchmarking to Set Goals." *Quality Progress*, 25, no. 10 (October 1992): 81.

4

CONTROL ESTADÍSTICO DE CALIDAD

SUMARIO

OBJETIVOS DE APRENDIZAJE

Cuando haya completado este capítulo debe ser capaz de:

Identificar o definir:

- Causas asignables de variación
- Causas naturales de variación
- Teorema central del límite
- Inspección de atributos
- Inspección de variables
- Control de procesos
- Gráficos $\overline{x}$
- Gráficos-R
- LCL y UCL
- Muestreo de aceptación
- Curva OC
- AQL y LTPD
- Riesgo del productor
- Riesgo del consumidor
- AOQ

Explicar:

- El papel del control estadístico de calidad

PERFIL DE CLASE MUNDIAL: AVX-KYOCERA

EL CONTROL ESTADÍSTICO DE CALIDAD ASEGURA PRODUCTOS DE CALIDAD EN AVX-KYOCERA

En Raleigh, Carolina del Norte, en la antigua planta de Dow-Corning, se ha declarado la guerra. Para satisfacer a los clientes, los empleados de AVX, fabricante de componentes de chips electrónicos, han declarado la guerra a los defectos. El objetivo de la compañía de propiedad japonesa es "cero defectos" con unas tolerancias muy bajas para las variables, y cerca de cero defectos de partes por millón (ppm) para los atributos.

El primer paso de AVX-Kyocera fue evaluar muestras de cada máquina para confirmar que el proceso era capaz, por sí solo, de conseguir los resultados deseados. Simultáneamente, todos los inspectores de control de calidad fueron transferidos a tareas de producción, y todos los ingenieros y personal de planta recibieron formación sobre métodos estadísticos. A los "potenciados" empleados se les dio la "propiedad" de la calidad, tanto en los procesos como en los productos. Se crearon grupos de trabajo que se hicieran responsables de grupos de máquinas en los procesos de producción. El resultado fue el de seis equipos que actualmente son parte integral de las operaciones de la planta.

La potenciación de trabajadores y el control estadístico de procesos (SPC) son hoy la norma. Los empleados toman dato tras dato para generar los gráficos de SPC, miran tendencias, y las comparan con los límites del proceso y las especificaciones finales de los clientes.

El proceso en AVX es típico en muchas empresas que actualmente son de clase mundial. Antes de los 80 estas empresas se centraban en inspectores que evaluaban los productos acabados. En los 80, se preocuparon de mejorar los procesos y en educar y potenciar al personal. Hoy en día, las empresas de clase mundial, como AVX-Kyocera, se centran en identificar las expectativas de los clientes y conseguir la satisfacción total del consumidor, tanto en productos como en servicios.

Fuente: Basile A. Denisson "War with Defects and Peace with Quality" *Quality Progress* (septiembre de 1993): 97-101; *Profiles in Quality: Blueprints for Action from 50 Leading Companies* (Boston: Allyn & Bacon con Bureau of Business Practice, 1991): 131-134.

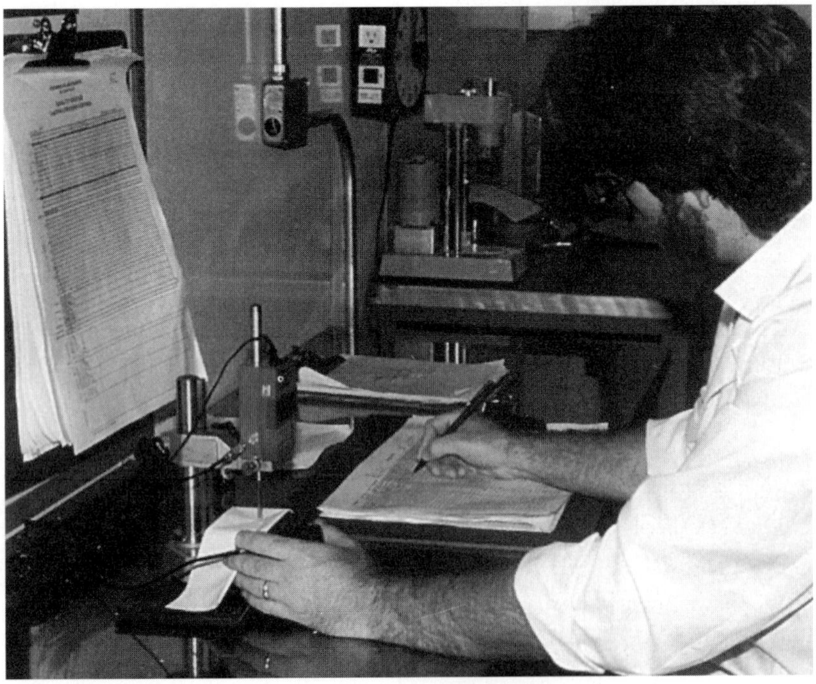

Responsabilidad del operario. Este operario de fundición mide el grosor de una muestra periódica que ha tomado de su proceso, y está anotando los resultados en su gráfico de control estadístico de procesos para verificar que su proceso se mantiene dentro de los límites de control.

Revisando tendencias. Esta operaria revisa las tendencias de su proceso. El panel de tendencias de calidad incluye no sólo los gráficos de control estadístico de procesos, sino que también incluye procedimientos, documentos de aprobación de cambios en el proceso, y los nombres de todos los operarios del proceso.

Comunicación. Esta fotografía del proceso de producción en AVX muestra cómo los datos de calidad se colocan donde todos puedan verlos. El panel de tendencias de calidad se ve en la pared del fondo.

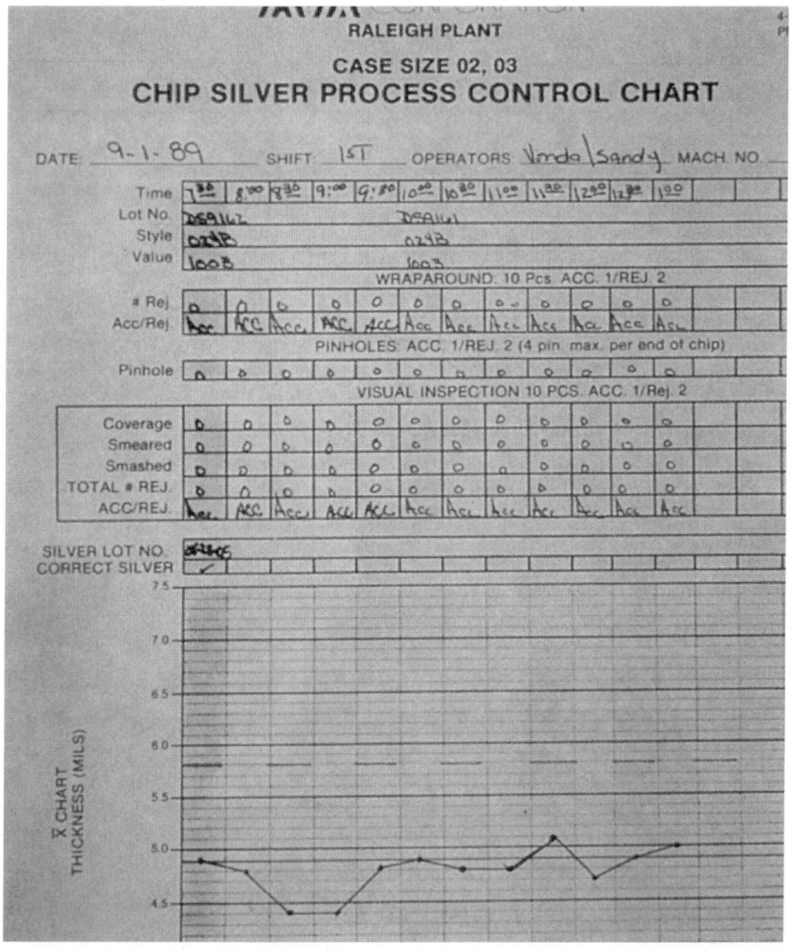

Índices de calidad del proceso. Los índices de calidad del proceso toman en consideración tanto las variaciones del proceso respecto a los límites como la localización de la media del proceso respecto a los objetivos.

A mediados de los 80, Motorola tenía problemas. Compañías japonesas como NEC, Toshiba e Hitachi iban comiéndosele los mercados de buscapersonas, teléfonos celulares y chips semiconductores. Se debía hacer algo. La dirección de Motorola respondió con un plan audaz que incluía rápido desarrollo de productos, mejora inmediata de la calidad y la determinación de reducir los costes de producción. Un elemento clave de este plan era una forma estadística de medición de la calidad llamada "Seis Sigma". En una época donde muchas organizaciones veían tres sigmas como aceptable, seis sigmas fue radical. Por ejemplo, tres sigmas es equivalente a que de cada millón de recién nacidos cada año, 15.000 se les caigan de las manos a los doctores y enfermeras, mientras que seis sigmas significa no tener más de 3,4 errores por millón. Actualmente, Motorola sigue en el camino de hacer las cosas a este nivel de clase mundial tan excepcional.♦

En este capítulo nos referiremos al control estadístico de procesos, las mismas técnicas utilizadas por Motorola para conseguir las seis sigmas. También presentaremos el muestreo de aceptación. El control *estadístico* de procesos es la aplicación de técnicas estadísticas al control de procesos. El muestreo de aceptación se utiliza para determinar la *aceptación o rechazo* de un lote entero de material evaluado por inspección o test de una muestra.

CONTROL ESTADÍSTICO DE PROCESOS

El control estadístico de procesos (SPC) es una técnica estadística ampliamente usada para asegurar que los procesos cumplen los estándares. Todos los procesos están sujetos a cierto grado de variabilidad. Walter Shewhart de Bell Laboratories, mientras estudiaba los datos de procesos en los años 20, estableció la distinción entre las variaciones de causas comunes y de causas especiales. En la actualidad se denominan a esas causas de las variaciones como *causas naturales y asignables*. Shewhart desarrolló una herramienta simple pero potente para separarlas: el **gráfico de control**. Una utilización de los gráficos de control por DuPont se desarrolla en el POM en Acción: "El Control Estadístico de Procesos Ayuda a DuPont y al Entorno".

Gráfico de control

Utilizamos el control estadístico de procesos para medir el funcionamiento de un proceso. Se dice que un proceso está funcionando bajo control estadístico cuando las únicas causas de variación son causas comunes (naturales). En primer lugar, el proceso debe llevarse hacia el control estadístico, detectando y eliminando las causas especiales (asignables) de variación.[1] Posteriormente, su funcionamiento es predecible y su aptitud para satisfacer las expectativas de los consumidores puede determinarse. El *objetivo* de un sistema de control de *procesos* es el de proporcionar una *señal estadística cuando aparecen causas de variación asignables*. Tan rápidamente como aparezca la señal se han de tomar las acciones apropiadas para eliminar estas causas asignables.

Variaciones naturales

VARIACIONES NATURALES. Las variaciones naturales afectan a todos los procesos de producción y deben esperarse siempre. Las variaciones naturales son las diferentes

[1] Eliminar las causas asignables conlleva trabajo. Como observó W. Edwards Deming, "El estado de control estadístico no es un estado natural para los procesos de fabricación. Es de hecho un logro, conseguido con la eliminación, una por una, con esfuerzo y determinación, de las causas especiales de variación." Ver W. Edwards Deming "On Some Statistical Aids Toward Economic Production", *Interfaces*, 5, nº. 4 (1975):5.

POM EN ACCIÓN

El control estadístico de procesos ayuda a Du Pont y al medio ambiente

DuPont ha descubierto que el control estadístico de procesos (SPC) es un procedimiento excelente para resolver problemas medioambientales. Con el objetivo de reducir los desperdicios en producción y evacuación de materias peligrosas en un 35 por 100, DuPont enlazó la información de sus sistemas de control de calidad con sus bases de datos de gestión de materiales.

Diagramas de causa-efecto y gráficos de Pareto revelaron dónde se presentaban los principales problemas. Entonces la compañía empezó a reducir desperdicios de materiales a través de una mejora en los estándares de SPC en producción. Uniendo los sistemas de seguimiento de la información de planta con los estándares de calidad del aire, DuPont identificó las vías de reducción de emisiones. Y utilizando un sistema de evaluación de proveedores junto con un sistema de compras JIT, la compañía inició los controles sobre la recepción de materias peligrosas.

DuPont ahorra actualmente más de 15 millones de libras en plásticos cada año, reciclándolas en productos en lugar de tirarlas en vertederos. Gracias a un sistema de compras electrónico ha reducido a una miseria el desperdicio de papel, así como un 40 por 100 de los desperdicios de material en curso, utilizando nuevos diseños de embalaje.

Integrando SPC en las actividades de control medioambiental, DuPont ha realizado importantes mejoras en calidad que sobrepasan con mucho las normas legales, y al mismo tiempo la compañía ha realizado una importante reducción de costes.

Fuente: Business Week / Quality (25 de octubre de 1991): 44-46, 49; y E. E. Dwinells y J. P. Sheffer, *APICS —The Performance Advantage* (marzo de 1992): 30-31.

fuentes de variación de un proceso que está bajo control estadístico. Se comportan como un sistema constante de causas aleatorias, es decir, variaciones que se compensan a lo largo del tiempo. Aunque sus valores individuales sean todos diferentes, como grupo forman una muestra que puede describirse a través de una distribución. Cuando estas distribuciones son normales se caracterizan por dos parámetros. Estos parámetros son:

- La media, μ.
- La desviación estándar, σ, es decir, la medida de la diferencia de los valores respecto a la media.

En tanto en cuanto la distribución (precisión del output) se mantenga dentro de los límites especificados, se dice que el proceso está bajo control y se toleran pequeñas variaciones.

Variaciones asignables

VARIACIONES ASIGNABLES. Las variaciones asignables en un proceso son debidas a razones específicas. Factores como el desgaste de la maquinaria, equipos desajustados, trabajadores fatigados o insuficientemente formados, así como nuevos lotes de materias primas son fuentes potenciales de variaciones asignables.

Las variaciones naturales, y las asignables plantean dos tareas distintas al director de POM. La primera es la de asegurar que el proceso tendrá solamente variaciones naturales susceptibles de mantenerse bajo control. La segunda es, evidentemente, identificar y eliminar variaciones asignables para que el proceso pueda mantenerse bajo control.

MUESTRAS. Debido a las variaciones naturales y asignables, los procesos de control estadístico utilizan las medias de pequeñas muestras (a menudo de cinco elementos o partes) en lugar de datos tomados individualmente. Las piezas, tomadas individualmente, tienden a ser demasiado erráticas para hacer visibles rápidamente las tendencias.

FIGURA 4.1 ■ Variaciones naturales y asignables

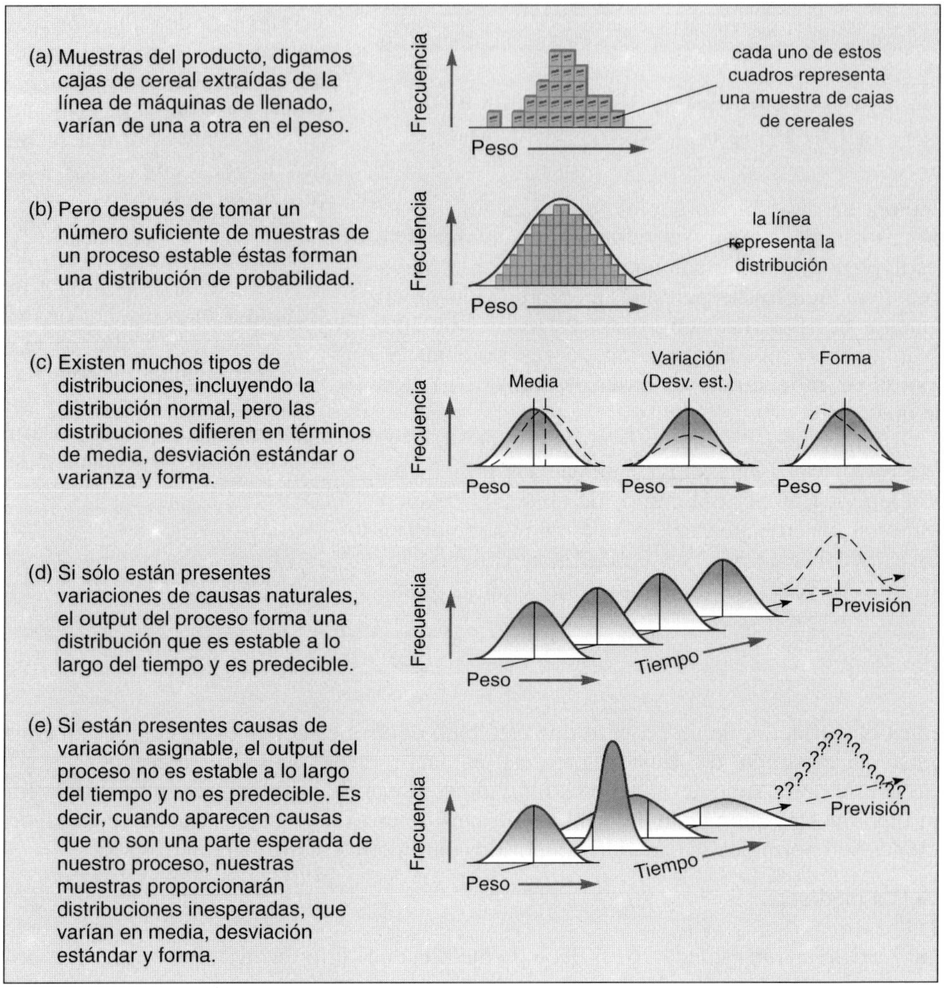

La Figura 4.1 nos proporciona una visión detallada de los principales pasos a seguir en la determinación de las variaciones del proceso. El eje horizontal puede ser peso (como los gramos de cereal por caja), longitud (los milímetros de un tornillo) o cualquier medida física. El eje vertical es la frecuencia.

Gráficos de Control. El proceso de construcción de los gráficos de control está basado en los conceptos de la Figura 4.2. Esta figura muestra tres distribuciones que son el resultado de los outputs de tres tipos de procesos. Hemos dibujado los resultados de pequeñas muestras y, después, examinado las características de los datos resultantes para ver si el proceso está dentro de los "límites de control". El propósito de los gráficos de control es el de ayudarnos a distinguir entre variaciones naturales y variaciones debidas a causas asignables. Como vemos en la Figura 4.2, el proceso está (a) bajo control y *el proceso es capaz de producir dentro de los límites* de control establecidos, (b) bajo control, *pero el proceso no es capaz de producir dentro de los límites* de control, o (c) fuera de control. Ahora veremos cómo construir gráficos que ayuden a los directivos de POM a mantener los procesos bajo control.

FIGURA 4.2 ■ Control de Procesos: Tres tipos de resultados.

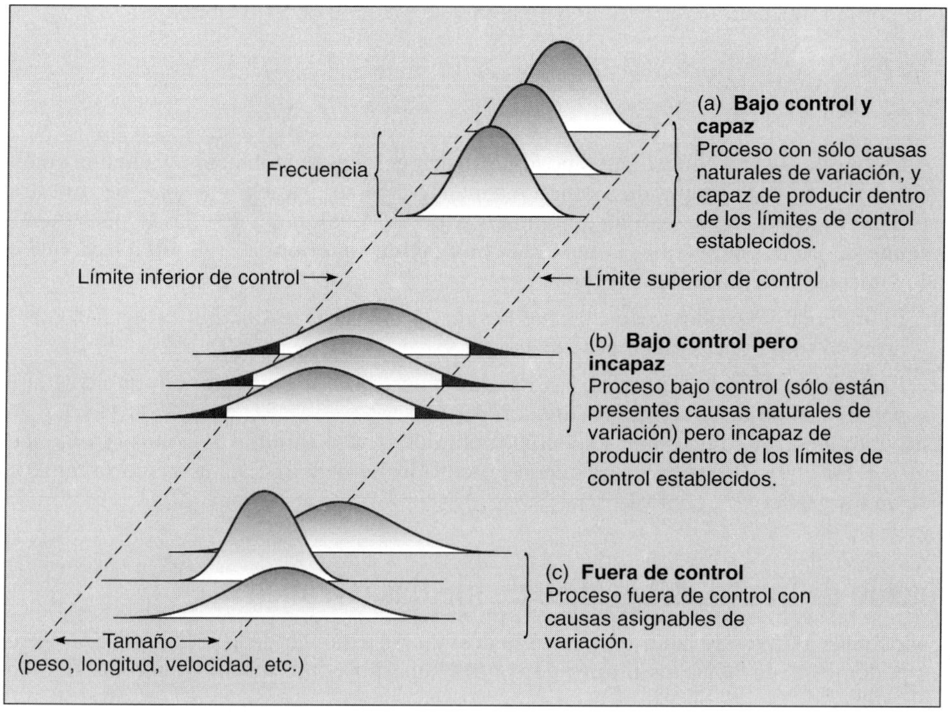

Gráficos de control para variables

Las variables son características que tienen dimensiones continuas. Tienen un número infinito de valores. Son, por ejemplo, peso, velocidad, longitud o resistencia. Para realizar un seguimiento de un proceso de naturaleza continua se utilizan gráficos de control para la media $\bar{x}$ y el rango (R). El **gráfico $\bar{x}$** (x barra) nos advierte de los cambios en la tendencia central del proceso. Esto puede ser debido a factores como desgaste de herramientas, a incrementos graduales de temperatura, a la utilización de métodos diferentes en el segundo turno, o al uso de nuevos materiales más fuertes. Los valores del **gráfico-*R*** indican incrementos o decrementos en uniformidad, como cambios que puedan ser debidos a desgastes de cojinetes, la pérdida de una parte de una herramienta, el flujo errático de lubricante en la máquina, o el descuido por parte del operario de la máquina. Estos dos tipos de gráficos se utilizan conjuntamente cuando se realiza un seguimiento de las variables.

Gráfico $\bar{x}$

Gráfico-*R*

El Teorema central del límite

El fundamento teórico de los gráficos $\bar{x}$ está en el **Teorema central del límite**. En términos generales, este teorema dice que independientemente de la distribución de la población de todas las partes o servicios, la distribución de las $\bar{x}$ (cada una de las medias de una muestra de la población) tenderá a una normal cuando el tamaño de la muestra sea lo suficientemente grande. Y, afortunadamente, incluso si la muestra (n) es bastante pequeña (digamos 4 ó 5) la distribución de las medias seguirá aproximadamente una ley normal. El teorema también dice que (1) la media de la distribución de las $\bar{x}$'s (llamada $\bar{\bar{x}}$) será igual que la media de toda la población (llamada μ); y (2) la desviación estándar (o desviación

Teorema central del límite

típica) de la distribución muestral, $\sigma_{\bar{x}}$, será la desviación estándar de la población,σ_x, dividida por la raíz cuadrada del tamaño de la muestra (n), en otras palabras:

$$\bar{\bar{x}} = \mu \quad \text{y} \quad \sigma_{\bar{x}} = \frac{\sigma_x}{\sqrt{n}}$$

La Figura 4.3 nos muestra tres posibles distribuciones de población, cada una con su propia media, μ, y su propia desviación estándar,σ_x. Si se extraen una serie de muestras aleatorias (x_1, x_2, x_3, x_4), cada una de tamaño n, de una cualquiera de ellas la distribución resultante de las $\bar{x}_i$'s será como la mostrada en la parte superior de la figura. Dado que es una ley normal podemos asegurar que:

"Todos los controles de calidad encuentran nuestros fallos. Quiero empezar evitándolos."

1. El 99,7 por 100 de las veces, las medias de las muestras se situarán entre $\pm 3\sigma_{\bar{x}}$ si el proceso sólo tiene variaciones aleatorias; y
2. El 95,5 por 100 de las veces, las medias muestrales se situarán entre $\pm 2\sigma_{\bar{x}}$, si el proceso sólo tiene variaciones aleatorias.

Si un punto del gráfico de control se sitúa fuera del $\pm 3\sigma_{\bar{x}}$ (límites de control), entonces estamos el 99,7 por 100 seguros de que el proceso ha cambiado. Esta es la teoría que está detrás de los gráficos de control.

Fijación de límites del gráfico de medias (Gráfico $\bar{x}$)

Si conocemos a través de datos históricos la desviación estándar de la población de un proceso, podemos determinar los límites de control superior e inferior utilizando las siguientes fórmulas:

$$\text{Límite de Control Superior (UCL)} = \bar{\bar{x}} + z\sigma_{\bar{x}} \quad (4.1)$$

$$\text{Límite de Control Inferior (LCL)} = \bar{\bar{x}} - z\sigma_{\bar{x}} \quad (4.2)$$

donde: $\bar{\bar{x}}$ = media de las medias de las muestras

z = número de desviaciones estándar normales (2 para el 95,5 por 100 de confianza, 3 para el 99,7 por 100)

FIGURA 4.3 ■ La relación entre la distribución de la población y las distribuciones de las muestras. Independientemente de la distribución de la población (beta, normal, uniforme), cada una es su propia media y desviación estándar, la distribución de las medias muestrales siempre es una normal.

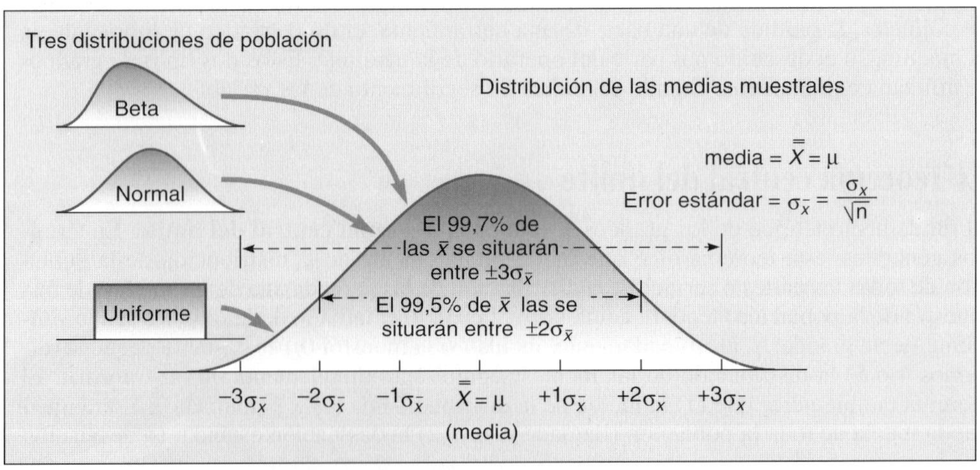

$\sigma_{\bar{x}}$ = desviación estándar de las medias muestrales = $\sigma_x/\sqrt{n}$

n = tamaño de la muestra

El Ejemplo 4.1 nos muestra cómo calcular los límites de control para las medias muestrales utilizando las desviaciones estándar.

EJEMPLO 4.1

Cada hora se toman muestras de los pesos de las cajas de Oat Flakes dentro de un gran lote de producción. Para fijar los límites de control que incluyan el 99,7 por 100 de las medias muestrales, se seleccionan aleatoriamente muestras de 9 cajas y se pesan. Éstos son los resultados de las pasadas doce horas:

HORA	MEDIA DE 9 CAJAS	HORA	MEDIA DE 9 CAJAS	HORA	MEDIA DE 9 CAJAS
1	17,1	5	16,5	9	16,3
2	16,8	6	16,4	10	16,5
3	14,5	7	15,2	11	14,2
4	14,8	8	16,4	12	17,3

La media de las 12 medias muestrales puede calcularse fácilmente y es de exactamente 16 onzas. La desviación estándar de la población da como resultado 1 onza. Por lo tanto tenemos que $\bar{\bar{x}}$ = 16 onzas, σ_x = 1 onza, $n = 9$, y $z = 3$. Los límites de control son:

$$UCL_{\bar{x}} = \bar{\bar{x}} + z\sigma_{\bar{x}} = 16 + 3\left(\frac{1}{\sqrt{9}}\right) = 16 + 3\left(\frac{1}{3}\right) = 17 \text{ onzas}$$

$$LCL_{\bar{x}} = \bar{\bar{x}} - z\sigma_{\bar{x}} = 16 - 3\left(\frac{1}{\sqrt{9}}\right) = 16 - 3\left(\frac{1}{3}\right) = 15 \text{ onzas}$$

Dado que las desviaciones estándar de los procesos pueden no estar disponibles o ser difíciles de calcular, generalmente calculamos los límites de control en base a los rangos promedio en lugar de las desviaciones estándar. La Tabla 4.1 nos proporciona los factores de conversión necesarios. El rango se define como la diferencia entre el valor mayor y el menor de una muestra. Por ejemplo, si la caja de mayor peso de Oat Flakes en la hora 1 era de 19 onzas y las más ligera de 14 onzas, el rango para esta hora sería de 5 onzas. Utilizamos la Tabla 4.1 y las ecuaciones:

$$UCL_{\bar{x}} = \bar{\bar{x}} + A_2\bar{R} \quad (4.3)$$

y

$$LCL_{\bar{x}} = \bar{\bar{x}} - A_2\bar{R} \quad (4.4)$$

donde:
$\bar{R}$ = media de los rangos de las muestras
A_2 = valor de la Tabla 4.1
$\bar{\bar{x}}$ = media de las medias muestrales.

El Ejemplo 4.2 nos muestra cómo fijar los límites de control para medias muestrales utilizando la Tabla 4.1 y la media de los rangos.

TABLA 4.1 ■ Factores para calcular los límites de los gráficos de control.

TAMAÑO DE LA MUESTRA N,	FACTOR DE LA MEDIA, A_2	RANGO SUPERIOR, D_4	RANGO INFERIOR, D_3
2	1,880	3,268	0
3	1,023	2,574	0
4	0,729	2,282	0
5	0,577	2,114	0
6	0,483	2,004	0
7	0,419	1,924	0,076
8	0,373	1,864	0,136
9	0,337	1,816	0,184
10	0,308	1,777	0,223
12	0,266	1,716	0,284
14	0,235	1,671	0,329
16	0,212	1,636	0,364
18	0,194	1,608	0,392
20	0,180	1,586	0,414
25	0,153	1,541	0,459

Fuente: Reproducido con autorización de American Society for Testing Materials. Copyright 1951. tomado de Special Technical Publication C-15, "Quality Control of Materials":. 63 y 72.

EJEMPLO 4.2

SuperCola embotella refrescos en los que la etiqueta dice: "peso neto: 16 onzas". Tomando varias series de muestras, cada una de ellas de cinco botellas, se ha encontrado que el promedio global del proceso es de 16,01 onzas. El rango medio del proceso es de 0,25 onzas. Se quieren determinar los límites de control superior e inferior del proceso.

Viendo la Tabla 4.1, para un tamaño de muestra de 5, en la columna de factor medio A_2 encontramos el número 0,577. Por lo tanto, los límites de control son:

$$\begin{aligned} UCL_{\bar{x}} &= \bar{\bar{x}} + A_2 \bar{R} \\ &= 16,01 + (0,577)(0,25) \\ &= 16,01 + 0,144 \\ &= 16,154 \text{ onzas} \end{aligned}$$

$$\begin{aligned} LCL_{\bar{x}} &= \bar{\bar{x}} - A_2 \bar{R} \\ &= 16,01 - 0,144 \\ &= 15,866 \text{ onzas} \end{aligned}$$

Fijación de límites del gráfico de rangos (Gráfico-R)

En los Ejemplos 4.1 y 4.2 hemos determinado los límites superior e inferior para la *media* del proceso. Además de ocuparse de la media del proceso, los directivos de operaciones están interesados también en la *dispersión* o *variabilidad* del proceso. Incluso cuando la media del proceso está bajo control, la variabilidad puede no estarlo. Por ejemplo, por el propio funcionamiento de un equipo se afloja una pieza. Como resultado, la media de las muestras puede continuar siendo la misma, pero la variación entre ellas puede ser muy elevada. Por esta razón, los directivos de POM utilizan los gráficos de rangos para controlar la variabilidad del proceso, así como los gráficos de medias para seguir las medias del proceso. La teoría que sustenta los gráficos de rangos es la misma que la de los gráficos de medias. Los límites se establecen para que contengan ± 3 desviaciones estándar de la distribución del rango medio. Podemos utilizar la siguientes ecuaciones para fijar los límites superior e inferior:

$$UCL_R = D_4 \bar{R} \tag{4.5}$$

$$LCL_R = D_3 \bar{R} \tag{4.6}$$

donde UCL_R = límite de control superior para el rango
LCL_R = límite de control inferior para el rango
D_4 y D_3 = valores de la Tabla 4.1

El Ejemplo 4.3 nos muestra cómo fijar los límites de control utilizando la Tabla 4.1 y el rango.

EJEMPLO 4.3

El rango medio de un proceso de carga es de 5,3 libras. Si el tamaño de las muestras es 5, se trata de determinar los límites superior e inferior de control.

Mirando la Tabla 4.1, para una muestra de 5, encontramos que D_4= 2,114 y D_3= 0, por lo tanto los límites de control son:

$$\begin{aligned} UCL_R &= D_4 \bar{R} \\ &= (2{,}114)(5{,}3 \text{ libras}) \\ &= 11{,}2 \text{ libras} \\ LCL_R &= D_3 \bar{R} \\ &= (0)(5{,}3 \text{ libras}) \\ &= 0 \end{aligned}$$

Pasos que deben seguirse en el Uso de los Gráficos de Control. Existen cinco pasos que generalmente se siguen en la utilización de los gráficos de control, tanto de medias como de rangos:

1. Coger de 20 a 25 muestras con $n = 4$ ó $n = 5$ de un proceso estable y calcular la media y los rangos de cada una.
2. Calcular las medias globales ($\bar{\bar{x}}$ y $\bar{R}$), fijar los límites de control apropiados, generalmente al nivel de confianza del 99,7 por 100, y calcular los límites de control superior e inferior preliminares. Si el proceso no es estable actualmente, utilizar la media deseada (μ) en lugar de $\bar{\bar{x}}$ para calcular los límites.
3. Dibujar en sus respectivos gráficos de control las medias muestrales y los rangos y determinar si están fuera de los límites de aceptación.
4. Investigar los puntos y las tendencias que indican que el proceso está fuera de control. Determinar las causas de variación y después reanudar el proceso.
5. Recoger muestras adicionales y, si es necesario, revisar los límites de control con los nuevos datos.

Los niveles de tolerancia aceptables en las partes de la carrocería del automóvil en esta planta de New United Motor Manufacturing (NUMMI) en Fremont, California, son tan pequeños que la compañía utiliza computadores para ver si el proceso está o no bajo control. Los trabajadores de NUMMI (que producen el Toyota Corolla y el GM Prizm) están "potenciados" para estirar la cuerda que está encima de ellos para parar la línea de producción si se descubre cualquier problema de calidad.

En el siguiente POM en acción se discute una aplicación de los gráficos de control en el departamento de policía de Madison, Winsconsin.

POM
E N A C C I Ó N

El departamento de Policía de Madison aprende algunas duras lecciones de calidad

El departamento de Policía de Madison ha estado implementando los conceptos de TQM desde 1986, utilizando nuevas y creativas vías para mejorar la satisfacción, tanto de empleados como de ciudadanos. Para seguir progresando, se han realizado encuestas a la gente involucrada en cada treintaicincoavo caso (incluidos los arrestados)y se han utilizado gráficos de control para realizar un seguimiento de la actuación del departamento.

Pero David Couper, jefe de Policía, ha visto que mejorar la calidad en una agencia gubernamental es difícil. He aquí algunas de sus observaciones sobre TQM y los políticos:

- La política es como la guerra. La mayoría de los políticos recién elegidos tratan de anular los programas de sus predecesores.
- Si TQM se percibe como parte del programa de un político determinado, solamente durará mientras el político dure en el cargo.
- La administración pública quiere mantener los sistemas de trabajo tradicionales y el *status quo*.
- Cuando los jefes temen un gran fracaso, probarán cualquier cosa, incluso mejorar la calidad.
- No se puede esperar de los sindicatos que lleven la antorcha de la mejora de la calidad.
- Los políticos tienen un ego frágil y tienen problemas con el enfoque de trabajo en equipo necesario en TQM.

A pesar de estas observaciones, cada vez son más los líderes, como el Jefe Couper, que utilizan TQM con gráficos de control para satisfacer a los clientes externos (quienes pagan impuestos).

Fuente: *Quality Progress* (octubre, 1990): 37-40; y *National Productivity Review* (otoño, 1992): 453-461.

Gráficos de control para atributos

Los gráficos de control de medias $\bar{x}$ y R no son aplicables cuando se muestrean *atributos*, que típicamente se clasifican como defectuosos o aceptables. Medir los defectuosos implica contarlos (por ejemplo, número de bombillas malas en un determinado lote, o número de letras o entradas tecleadas con errores), mientras que las *variables* se miden generalmente en peso o longitud. Existen dos clases de gráficos de control de atributos: (1) los que miden el porcentaje de defectuosos en una muestra, llamados **gráficos-*p***, y (2) los que cuentan el número de defectos, llamados gráficos-c.

Gráficos-*p*

GRÁFICOS-P. Utilizar **gráficos-*p*** es la principal forma de controlar los atributos. Aunque los atributos, bueno o malo, siguen una distribución binomial, se puede utilizar la distribución normal para calcular los límites del gráfico-*p* cuando el tamaño de las muestras es grande. El procedimiento se parece al de los gráficos de medias, que también está basado en el teorema central del límite.

Las fórmulas para fijar los límites de control superior e inferior de un gráfico-*p* son las siguientes:

$$UCL_p = \bar{p} + z\sigma_{\hat{p}} \tag{4.7}$$

$$LCL_p = \bar{p} - z\sigma_{\hat{p}} \tag{4.8}$$

donde

$\bar{p}$ = porcentaje (en tanto por uno) medio de defectuosos en la muestra.

z = número de desviaciones estándar (2 para límites del 95,5 por 100; 3 para límites del 99,7 por 100)

$\sigma_{\hat{p}}$ = desviación estándar de la distribución de la muestra.

$\sigma_{\hat{p}}$ se estima mediante la fórmula:

$$\sigma_{\hat{p}} = \sqrt{\frac{\bar{p}\,(1-\bar{p}\,)}{n}} \tag{4.9}$$

donde n = tamaño de cada muestra.

El Ejemplo 4.4 nos muestra cómo fijar los límites de un gráfico-p para estas desviaciones estándar.

EJEMPLO 4.4

Los administrativos de ARCO teclean miles de registros de pólizas de seguros cada día. La tabla adjunta recoge información sobre muestras del trabajo de 20 administrativos. Cien registros introducidos por cada administrativo se examinan cuidadosamente para estar seguros de que no contenían errores. Posteriormente se calcula el porcentaje de defectuosos de cada muestra.

Fije los límites de control, incluyendo el 99,7 por 100 de variación aleatoria en el proceso de entrada de datos cuando éste está bajo control.

Número de muestra	Número de errores	Porcentaje de defectuosos (tanto por uno)	Número de muestra	Número de errores	Porcentaje de defectuosos (tanto por uno)
1	6	0,06	11	6	0,06
2	5	0,05	12	1	0,01
3	0	0,00	13	8	0,08
4	1	0,01	14	7	0,07
5	4	0,04	15	5	0,05
6	2	0,02	16	4	0,04
7	5	0,05	17	11	0,11
8	3	0,03	18	3	0,03
9	3	0,03	19	0	0,00
10	2	0,02	20	4	0,04
				80	

$$\bar{p} = \frac{\text{número total de errores}}{\text{números de registros examinados en total}} = \frac{80}{(100)(20)} = 0{,}04$$

$$\sigma_{\hat{p}} = \sqrt{\frac{(0{,}04)(1-0{,}04)}{100}} = 0{,}02$$

(*Nota:* 100 es el tamaño de cada muestra = n)

$$UCL_p = \bar{p} + z\sigma_{\hat{p}} = 0{,}04 + 3(0{,}02) = 0{,}10$$

$$LCL_p = \bar{p} - z\sigma_{\hat{p}} = 0{,}04 - 3(0{,}02) = 0$$

(Dado que no podemos tener un porcentaje negativo de defectos.)

Cuando dibujamos los límites de control y el porcentaje de defectuosos, vemos que sólo un administrativo (el 17) está fuera de control. La empresa debería examinar el trabajo individual de este administrativo más de cerca para ver si existe un problema más serio (ver Fig. 4.4).

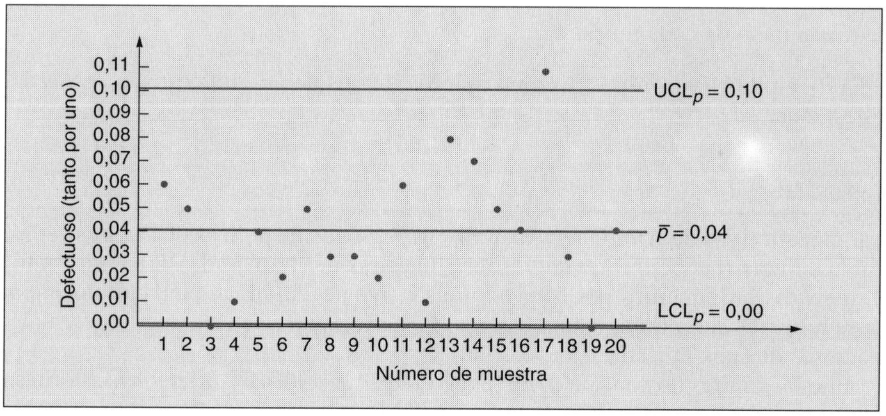

FIGURA 4.4 ■ Gráfico - $\bar{p}$ para los datos del ejemplo 4.4

GRÁFICOS-C. En el Ejemplo 4.4 se han contado el número de registros defectuosos introducidos. Un registro defectuoso es un registro que no es "exactamente" correcto. Evidentemente, un registro mal introducido puede contener más de un defecto. Utilizamos los **gráficos-*c*** para controlar el *número* de defectos por unidad de output (o por registro de póliza de seguros en el ejemplo anterior).

Gráficos-c

Los gráficos de control de defectos son de gran ayuda en el seguimiento de los procesos en los que potencialmente se puede incurrir en una gran cantidad de errores, aunque su número sea actualmente relativamente pequeño. Defectos pueden ser errores en las palabras de un periódico, malos circuitos en un microchip, manchas en una mesa, u olvidarse el pepinillo en una hamburguesa de un fast-food.

La distribución de probabilidad de Poisson, cuya varianza es igual a la media, es la base de los gráficos-*c*. Dado que $\bar{c}$ es el número medio de defectos por unidad, la fórmula de la desviación estándar es igual a $\sqrt{\bar{c}}$. Para calcular los límites de control de $\bar{c}$ con un 99,7 por 100 de fiabilidad utilizamos la siguiente fórmula:

$$\bar{c} \pm 3\sqrt{\bar{c}} \tag{4.10}$$

El Ejemplo 4.5 nos muestra cómo fijar los límites de control para un gráfico-$\bar{c}$

EJEMPLO 4.5

Red Top Cab Company es una compañía de taxis que recibe bastantes quejas diarias sobre el comportamiento de sus conductores. En un período de nueve días (donde los días son las unidades de medida) el propietario ha recibido el siguiente número de llamadas de pasajeros irritados: 3, 0, 8, 9, 6, 7, 4, 9, 8, sobre un total de 54 quejas.

Para calcular los límites con una fiabilidad del 99,7 por 100 tomamos:

$$\bar{c} = \frac{54}{9} = 6 \text{ quejas por día}$$

por lo tanto:

$$UCL_c = \bar{c} + 3\sqrt{\bar{c}} = 6 + 3\sqrt{6} = 6 + 3(2{,}45) = 13{,}35$$

$$LCL_c = \bar{c} - 3\sqrt{\bar{c}} = 6 - 3\sqrt{6} = 6 - 3(2{,}45) = 0$$

Una vez que el propietario dispuso estos datos en un gráfico de control y colgó el gráfico de forma prominente en el vestuario de los conductores, el número de llamadas recibidas disminuyó a un promedio de tres por día. ¿Puede explicar por qué ocurrió?

Adviértase que aunque hayamos estado hablando sobre los gráficos de procesos y los límites de control, centrarse en el valor objetivo, no en los límites, es lo mejor. Un ejemplo de la ventaja de este tipo de actitud se proporciona en el POM en acción "Calidad Robusta en Mazda".

MUESTREO DE ACEPTACIÓN

Muestreo de aceptación

Muestreo de aceptación es una forma de test que implica tomar muestras aleatorias de lotes de productos acabados, medirlos y compararlos con estándares predeterminados. El muestreo, como ya se ha mencionado antes en este capítulo, es más barato que la inspección del 100 por 100. La calidad de la muestra se utiliza para juzgar la calidad de todos los elementos del lote. Aunque tanto atributos como variables pueden inspeccionarse con el muestreo de aceptación, en las empresas es más común la utilización de la inspección de atributos y así se desarrolla en esta sección.

El muestreo de aceptación puede aplicarse cuando las materias primas llegan a la planta durante el proceso de producción, o en la inspección final, pero normalmente se utiliza en el control de lotes de productos comprados al exterior. Un lote rechazado, basándose en un nivel inaceptable de defectos observados en una muestra , puede (1) devolverse al proveedor o (2) inspeccionarse al 100 por 100 para encontrar todos los defectos, facturándose, generalmente, el coste que ello comporta al proveedor. No obstante, el muestreo de aceptación no es un sustituto de los adecuados controles de proceso. De hecho, la tendencia actual es la de crear los controles estadísticos de calidad a nivel de proveedor, con lo que el muestreo de aceptación puede ser eliminado.

Planes de muestreo

Un lote de artículos puede ser inspeccionado de diversas maneras, a saber, muestreo simple, doble o secuencial.

Muestreo simple

MUESTREO SIMPLE. El muestreo simple viene especificado por dos valores: el número de elementos que compondrá la muestra (n) y el número de defectos aceptado que se ha especificado previamente (c). Si en la muestra no existen más defectos que el número aceptado (c), entonces se acepta todo el lote. Si existen más de c defectos, se rechaza todo el lote o se somete a una inspección del 100 por 100.

POM EN ACCIÓN

Calidad robusta en Mazda

Ford Motor Company, que posee el 25 por 100 de la compañía japonesa Mazda, solicitó a Mazda la construcción de la transmisión de uno de los modelos que Ford vendía en los Estados Unidos. Aunque las transmisiones fabricadas en Mazda eran idénticas en especificaciones a las que fabricaba Ford, las transmisiones de Ford producían mayores tasas de averías y quejas en los consumidores. Consecuentemente, Ford tenía mayores costes de garantía.

Con el deseo de corregir la situación, Ford investigó comparando muestras de transmisiones de ambas compañías. Ford descubrió que mientras sus propias transmisiones estaban dentro del rango preestablecido de aceptación bajo el estándar de cero defectos, las muestras de Mazda eran más exactas con una muy pequeña, si existía, variación sobre las especificaciones de ingeniería. En algunas transmisiones de Ford, muchos componentes se situaban cerca de los límites de tolerancia respecto al objetivo. Cuando casualmente se ensamblaban las juntas, las series de desviaciones tendían a agregarse. Dicho de otra manera, variaciones pequeñas en una parte agravaban las variaciones de otras. Por culpa de estas desviaciones, unas piezas interactuaban con otras produciendo una mayor fricción de la que podían resistir, o produciendo unas vibraciones que los consumidores no estaban dispuestos a soportar.

Posteriores investigaciones indicaron también que la gestión creativa de Mazda influía en la mayor fiabilidad de sus transmisiones. En lugar de concentrarse en el rango de aceptación, los directivos de Mazda buscaban que los productos fabricados alcanzaran de manera habitual los valores fijados como objetivo.

Fuente: Harvard Business Review (enero/febrero de 1990): 65-75; y *Business Week* (22 de julio de 1991): 82-83.

Muestreo doble

MUESTREO DOBLE. A menudo un lote de productos es tan bueno o tan malo que se puede determinar una conclusión sobre su calidad tomando una muestra más pequeña que la que habríamos utilizado en un plan de muestreo simple. Si el número de defectos en esta pequeña muestra (de tamaño n_1) no es superior a un determinado límite inferior (c_1), el lote puede ser aceptado. Si el número de defectos excede un determinado límite superior (c_2), el lote puede ser rechazado. Pero si el número de defectos se sitúa entre estos límites (c_1 y c_2) se toma una segunda muestra (de tamaño n_2). Los resultados acumulados determinan cuándo aceptar o rechazar el lote. Este concepto se llama **muestreo doble.**

Muestreo secuencial

MUESTREO SECUENCIAL. El muestreo múltiple es una extensión del muestreo doble, con pequeñas muestras tomadas secuencialmente hasta que se tenga clara la decisión a tomar. Cuando las unidades son seleccionadas aleatoriamente de un lote y comprobadas una a una, registrando el número acumulado de piezas inspeccionadas y de defectos encontrados, este proceso se denomina **muestreo secuencial.**

Si el número acumulado de defectos excede de un límite superior especificado para esta muestra, todo el lote será rechazado. O, si el número acumulado de defectos es inferior o igual a un límite inferior, el lote será aceptado. Pero si el valor obtenido se encuentra entre los dos límites, se continúan tomando muestras del lote. Es posible que en algunos planes de muestreo secuencial se lleguen a inspeccionar todas y cada una de las piezas del lote antes de tomar una decisión.

La selección del mejor plan de muestreo (simple, doble o secuencial) depende del tipo de productos que vayan a ser inspeccionados y del nivel de calidad esperado. Por ejemplo, un lote de productos de baja calidad puede ser identificado más deprisa y de forma más barata con un muestreo secuencial. Esto significa que la inspección, que puede ser costosa e incluso destructiva, puede acabar antes. Por otro lado, hay muchos casos donde el muestreo simple es más fácil y menos complejo de llevar a cabo por los trabajadores, aunque el tamaño de las muestras pueda ser superior al utilizado por otros planes de muestreo.

Curvas de característica operativa (OC)

Curva de característica operativa (OC)

La Curva de característica operativa (OC) describe la capacidad de un plan de aceptación para discriminar entre lotes buenos y malos. Una curva pertenece a un plan específico, esto es, a la combinación de n (tamaño de la muestra) y c (nivel de aceptación). Esta curva muestra la probabilidad de que el plan acepte lotes de diferentes niveles de calidad.

Naturalmente, se preferirá un plan de muestreo y una curva OC altamente discriminantes. Si todo el pedido de piezas tiene un inaceptable alto nivel de defectos, se espera que la muestra refleje este hecho con una probabilidad muy alta (preferiblemente del 100 por 100) de que el pedido sea rechazado.

La Figura 4.5(a) muestra un plan de discriminación perfecta para una empresa que quiere rechazar todos los lotes con más de un 2,5 por 100 de defectuosos, y aceptar todos los lotes con menos del 2,5 por 100 de defectuosos. Desafortunadamente, la única manera de asegurar el 100 por 100 de aceptación de los buenos lotes y el 0 por 100 de aceptación de lotes malos es llevar a cabo una inspección total, lo que a menudo resulta muy costoso.

La Figura 4.5(b) muestra que ninguna curva OC será en realidad como la de la Figura 4.5(a); y, por tanto, no será lo suficientemente discriminante como para asegurar una inspección 100 por 100 libre de error. La Figura 4.5(b) indica que para el mismo tamaño de la muestra (n = 100 en este caso), un valor más pequeño de c (defectos aceptables) provoca una curva con mayor pendiente que otra con un valor de c más elevado. Por lo tanto, una manera de incrementar la probabilidad de aceptar sólo buenos lotes y rechazar sólo malos lotes con un muestreo aleatorio es la de fijar niveles de aceptación muy ajustados.

Una segunda vía de desarrollar una curva OC con mayor pendiente, y por tanto mejor, es incrementar el tamaño de la muestra. La Figura 4.5(c) muestra que si bien el nivel de aceptación es el mismo, en proporción al tamaño de la muestra, un valor mayor de n incrementará la verosimilitud de la precisión de la medida de la calidad de los lotes. En esta figura ambas curvas utilizan una mismo ratio de defectos del 4 por 100 (igual a 4/100 = 1/25). Sin embargo, si coge una regla y examina detalladamente la Figura 4.5(c), podrá ver que la curva-OC para n = 25, c = 1 rechaza más lotes buenos y acepta más lotes malos que el segundo plan. He aquí algunos valores para ilustrar este punto.

En otras palabras, la probabilidad de aceptar un lote más que satisfactorio (uno con el 1 por 100 de defectos) es del 97 por 100 para n =100, pero sólo del 90 por 100 para

FIGURA 4.5 ■ Plan de inspección con discriminación perfecta. (b) Curvas OC para dos niveles diferentes de aceptación de defectos (c = 1, c = 4) y con el mismo tamaño de la muestra (n = 100). (c) Curvas OC para dos tamaños de muestra diferentes (n = 25, n = 100), pero con el mismo porcentaje de aceptación (4 por 100). Tamaños de muestra mayores implican mejor discriminación.

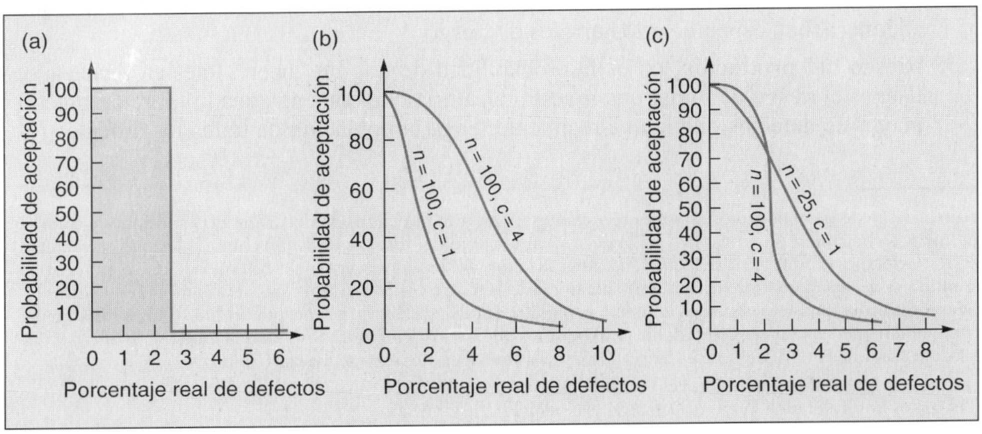

Cuando el porcentaje actual de defectos en:	Entonces la probabilidad (aproximada) de aceptar todo el lote es:	
	Para $N = 100$, $c = 4$	Para N (resto de la tabla) $= 25$, $c = 1$
1%	97%	90%
3%	15%	47%
5%	3%	18%
7%	1%	6%

$n = 25$. De la misma manera, la posibilidad de aceptar un mal lote (uno con el 5 por 100 de defectos) es sólo del 3 por 100 para $n = 100$, mientras que utilizando la muestra de tamaño menor pasa a ser del 18 por 100.[2] Evidentemente, si no fuese por el coste de inspección, todas las empresas optarían por tamaños muestrales elevados.

Riesgo del consumidor y del productor

En el muestreo de aceptación están involucradas dos partes: el productor del producto y el consumidor o cliente del producto. En la especificación de un plan de muestreo, cada parte quiere evitar los costosos errores en la aceptación o rechazo de los lotes. El productor quiere evitar el error de tener un buen lote rechazado (*riesgo del productor*) porque generalmente tendrá que acabar reemplazando el lote. Recíprocamente, el cliente o consumidor quiere evitar el error de aceptar un lote malo porque los defectos de un lote aceptado son generalmente responsabilidad del consumidor (*riesgo del consumidor*). La curva OC muestra las características de un plan de muestreo determinado, incluyendo los riesgos de tomar decisiones erróneas.

La Figura 4.6 muestra los cuatro conceptos del muestreo:

Nivel de calidad aceptable (AQL)

1. El **nivel de calidad aceptable (AQL)**[3] es el nivel de calidad más bajo que estamos dispuestos a aceptar. Aceptaremos los lotes que tengan este nivel de calidad. Si un nivel de calidad aceptable es de 20 defectos en un lote de 1.000 artículos o partes, entonces el AQL es de 20/1.000 = 2 por 100 de defectos.

Porcentaje de defectuosos para la tolerancia de un lote (LTPD)

2. **Porcentaje de defectuosos para la tolerancia de un lote (LTPD)**[4] es el nivel de calidad de un lote que se considera malo. Rechazaremos todos los lotes que tengan este nivel de calidad. Si se está de acuerdo en que un nivel de calidad inaceptable es de 70 defectos en un lote de 1.000, entonces el LPTD es 70/1.000 = 7 por 100 de defectuosos.

   Para diseñar un plan de muestreo, el productor y el consumidor deben definir no sólo los "buenos" lotes y los "malos" lotes a través de AQL y LTPD, sino que además deben especificar los niveles de riesgo.

Riesgo del productor

3. **Riesgo del productor** (α) es la probabilidad de que un "buen" lote sea rechazado. Este es el riesgo de tomar una muestra aleatoria que contenga una proporción mucho mayor de defectos que la que realmente tenga la población de todos los artículos (el

[2] Aún a riesgo de ser repetitivos, el muestreo siempre comporta el peligro de llevarnos a conclusiones erróneas. Retomemos el ejemplo: supongamos que la población (el total del lote) es de 1.000 chips de los que en realidad sólo son defectuosos 30 (3% de defectos). Esto significa que deberíamos aceptar el pedido, dado que el porcentaje permitido es del 4%. Pero ante una muestra aleatoria de 50 chips (n=50), si no se encuentra ninguno de estos 30 defectuosos en la muestra, podemos concluir que existe un 0% de defectos y aceptar el lote (que estaría bien); pero también puede pasar (poco probable pero posible) que los 30 defectuosos estén en la muestra, lo que nos llevaría a pensar que el 60% del lote es defectuoso, y, por tanto, el lote sería rechazado.

[3] Del inglés Acceptable Quality Level (N. del T.)

[4] Del inglés Lot Tolerance Percent Defective. (N. del T.)

FIGURA 4.6 ■ Una curva de característica operativa (OC) muestra los riesgos del consumidor y del productor. *Nota*: Un buen lote para este plan de aceptación tiene un porcentaje de defectuosos menor o igual al 2 por 100. Un mal lote tiene un 7 por 100 o más de defectuosos.

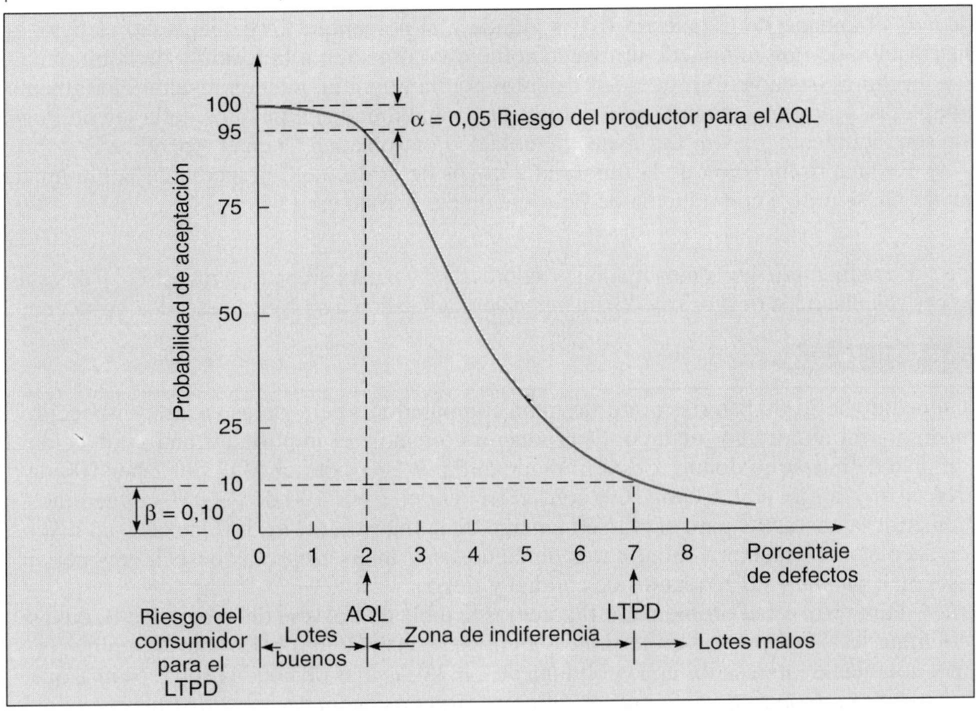

lote). Un lote con un nivel de calidad aceptable de AQL sigue teniendo una probabilidad a de ser rechazado. A menudo, los planes de muestreo se diseñan con un riesgo del productor de un 5 por 100 ($\alpha = 0{,}5$).

4. El **riesgo del consumidor** (β) es la probabilidad de que un lote "malo" sea aceptado. Este es el riesgo de tomar una muestra aleatoria que dé como resultado una menor proporción de defectos que la que realmente tenga la población de todos los artículos (el lote). Un valor bastante común del riesgo del consumidor en los planes de muestreo es del 10 por 100 ($\beta = 0{,}10$).

Riesgo del consumidor (b)

En estadística, la probabilidad de rechazar un lote bueno se llama **error Tipo I**. La probabilidad de que un lote malo sea aceptado se denomina **error Tipo II**.

Error Tipo I
Error Tipo II

Los planes de muestreo y las curvas OC pueden ser desarrolladas en computador (como se muestra en los programas de computador de AB:POM), a través de tablas como la de estándares militares de los Estados Unidos MIL-STD-105 o la tabla de Dodge-Romig,[5] o pueden calcularse utilizando distribuciones binomiales o de Poisson. Para ayudarle a entender la teoría que sustenta el uso de los planes de muestreo, vamos a ver cómo se construye estadísticamente una curva OC. La ecuación de la Ley de probabilidad binomial es:

$$P(x) = \frac{n!}{x!(n-x)!}\, p^x(1-p)^{n-x} \tag{4.11}$$

[5] Las dos tablas usadas más frecuentemente son: *Military Standard Sampling Procedures and Tables for Inspection by Attributes* (MIL-STD-105D) (Washington, DC: US. Government Printing Office, 1963); y H. F. Dodge y H. G. Romig, *Sampling Inspection Tables–Single and Double Sampling*, 2ª ed. (Nueva York: John Whiley, 1959).

donde n = número de artículos de una muestra (denominados pruebas).
p = probabilidad de que un x (defecto) ocurra en una prueba cualquiera.
$P(x)$ = probabilidad de exactamente x resultados en n pruebas.

Cuando el tamaño de la muestra (n) es grande y el porcentaje de defectos (p) es bajo, la distribución de Poisson puede utilizarse como aproximación a la fórmula de la binomial. Este hecho es bastante útil, pues los cálculos con la binomial pueden resultar ciertamente complejos, y porque las tablas con valores de probabilidad acumulados de la ley de Poisson son fácilmente disponibles. Nuestra tabla de Poisson aparece en el Apéndice B

En la aproximación de la binomial a través de la Poisson, la media de la binomial, que es np, se utiliza como media de Poisson, que es λ, esto es:

$$\lambda = np \tag{4.12}$$

En el Ejemplo 4.6 hemos fijado los valores de c y n para un plan de muestreo, y después hemos calculado los riesgos α y β para ver si coincidían con los niveles deseados. A menudo,

EJEMPLO 4.6

Un pedido de 2.000 baterías portátiles para computadores personales va a ser inspeccionado por un importador malayo. El productor coreano y el importador han establecido un plan de muestreo donde α está limitado al 5 por 100, con un AQL del 2 por 100 de defectos, y β fijado al 10 por 100, con un LTPD del 7 por 100 de defectos. Queremos construir la curva OC para el plan de tamaño de la muestra (n) de 120 piezas y un nivel de aceptación c menor o igual a tres defectuosos. Ambas empresas desean conocer si este plan satisfará sus requisitos de calidad y riesgo.

Para resolver el problema, utilizaremos la tabla de Poisson del Apéndice B, cuyas columnas están dispuestas en términos del nivel de aceptación, c. En este ejemplo estamos solamente interesados en la columna de $c = 3$. Las filas de la tabla son λ (= np), que representa el número de defectuosos que esperaríamos encontrar en cada muestra.

Variando el porcentaje de defectos (p) desde 0,01 (1 por 100) hasta 0,08 (8 por 100) y manteniendo el tamaño de muestra (n) en 120, podemos calcular la probabilidad de aceptación del lote para cada porcentaje escogido. Los valores de P (aceptación) calculados en la tabla siguiente se representan después gráficamente, dando la curva OC de la Figura 4.7

FIGURA 4.7 ■ Curva OC del Ejemplo 4.6

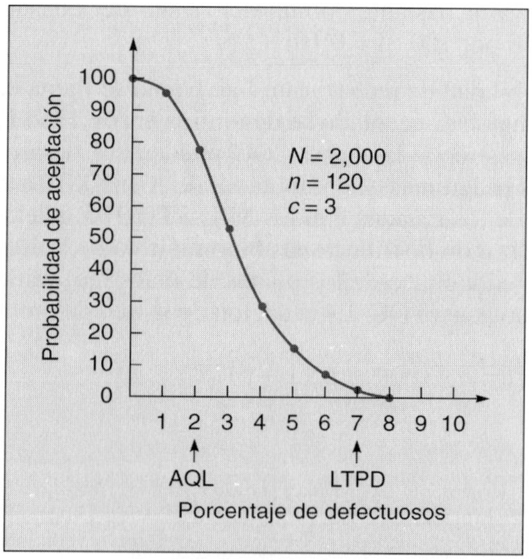

VALORES SELECCIONADOS DEL PORCENTAJE DE DEFECTUOSOS	MEDIA DE LA POISSON $\lambda = np$	*P* (ACEPTACIÓN) DEL APÉNDICE B
0,01	1,20	0,966
0,02	2,40	0,779 ← $1 - \alpha$ de AQL
0,03	3,60	0,515
0,04	4,80	0,294
0,05	6,00	0,151
0,06	7,20	0,072
0,07	8,40	0,032* ←Nivel β de LTPD
0,08	9,60	0,014*

*Interpolados del valor.

Volvamos al tema de si esta curva OC satisface los requisitos de calidad y riesgo del consumidor y del productor de baterías. Para un AQL del 2 por 100 ($p = 0{,}02$) de defectos, la *P* (aceptación) del lote es del 0,779, esto conlleva un $\alpha = 1 - 0{,}779 = 0{,}221$, es decir, del 22,1 por 100 que excede considerablemente el nivel del 5 por 100 deseado por el productor. Para un LTPD del 7 por 100 (p = 0,07), tenemos un *P* (aceptación) = 0,032, esto es, del 3,2 por 100, por debajo del 10 por 100 perseguido por el consumidor. Parece ser que son necesarios nuevos cálculos con una muestra más grande si el valor debe ser reducido.[6]

las empresas, en lugar de esto, desarrollan una curva OC con los valores fijados y el AQL deseado y luego van sustituyendo los valores de c y n hasta que la curva cumple LTPD y β.

Calidad media de salida (AOQ)7

En la mayoría de planes de muestreo, cuando se rechaza un lote, el lote entero se inspecciona y todos los artículos defectuosos son reemplazados. El uso de esta técnica de reemplazo mejora la calidad media de salida expresada en términos de porcentaje de defectuosos. De hecho, dado (1) un plan cualquiera de muestreo que reemplaza todos los defectuosos encontrados y (2) el porcentaje real de defectuosos del lote, es posible determinar la **AOQ expresada en porcentaje** de defectuosos. La ecuación de AOQ es:

AOQ expresada en porcentaje

$$AOQ = \frac{(P_d)(P_a)(N - n)}{N} \tag{4.13}$$

donde P_d = porcentaje real de defectuosos del lote.
P_a = probabilidad de aceptar el lote
N = número de artículos del lote
n = número de artículos de la muestra

[6] De hecho, como el módulo de control de calidad de AB:POM verificará, el tamaño muestral debe ser de 165 baterías.

EJEMPLO 4.7

El porcentaje de defectos del lote que llega del Ejemplo 4.6 es del 3 por 100. La curva OC muestra que la probabilidad de aceptación es 0,515. Dado un lote de 2.000 y una muestra de 120, ¿cuál es el AOQ?

$$AOQ = \frac{(P_d)(P_a)(N - n)}{N}$$

$$= \frac{(0{,}03)(0{,}515)(2.000 - 120)}{2.000} = 0{,}015$$

De esta manera, un plan de muestreo de aceptación cambia la calidad de los lotes en porcentaje de defectuosos del 3 por 100 al 1,5 por ciento en promedio. El muestreo de aceptación incrementa de forma significativa la calidad de los lotes inspeccionados.

En muchos casos no conocemos el valor de P_a; debemos determinarlo a partir de un plan de muestreo determinado. El hecho de que raramente conozcamos el porcentaje de defectos real de un lote que se recibe representa un problema adicional. En la mayoría de los casos se suponen diferentes porcentajes de defectos, y después se calcula el AOQ para cada valor.

EJEMPLO 4.8

Para ilustrar las relaciones de AOQ utilizaremos los datos obtenidos de la curva OC del Ejemplo 4.6. El tamaño del lote en aquel caso era de $N = 2.000$ y el tamaño de la muestra $n = 120$. Asumimos que cada batería defectuosa detectada durante la inspección es reemplazada por una sin defectos. Una vez hecho esto, tomamos la fórmula de AOQ anterior y las probabilidades de aceptación del Ejemplo 4.6, y desarrollamos los siguientes datos:

P_D ×	P_A ×	$(N - n)/N$ =	AOQ
0,01	0,966	0,94	0,009
0,02	0,779	0,94	0,015
0,03	0,515	0,94	0,015
0,04	0,294	0,94	0,011
0,05	0,151	0,94	0,007
0,06	0,072	0,94	0,004
0,07	0,032	0,94	0,002
0,08	0,014	0,94	0,001

Estos valores los dibujamos en la gráfica de la Figura 4.8, en la que aparece la calidad media de salida en función de la calidad media de los lotes de entrada (enviados para inspección).

FIGURA 4.8 ■ Curva AOQ característica utilizando los datos del Ejemplo 4.8.

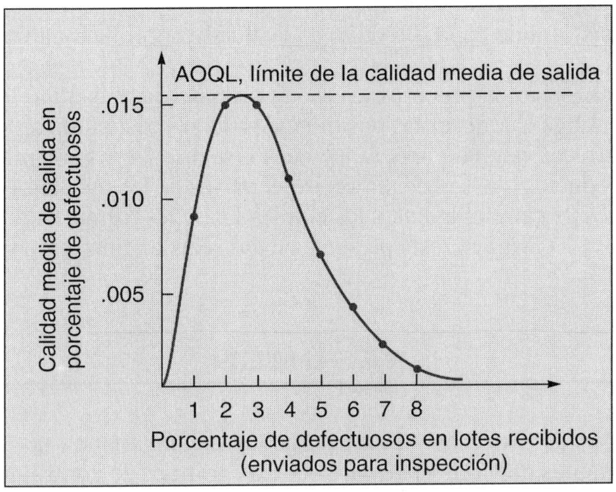

¿Se ha percatado cómo cambia el AOQ para diferentes porcentajes de defectuosos? Cuando el porcentaje de defectuosos de los lotes entrantes, es decir, enviados para inspección, es muy alto o muy bajo, el porcentaje de defectuosos del lote saliente, es decir, una vez rectificados los defectuosos, es bajo. Para un porcentaje de entrada del 1 por 100 el AOQ es del 0,009, y para un 8 por 100 de entrada el AOQ es del 0,001. Para niveles moderados del porcentaje de defectuosos en los lotes recibidos para inspección, el AOQ es mayor: el AOQ para un 2-3 por 100 es del 0,015. Es decir, el AOQ es bajo para valores pequeños del porcentaje de defectuosos entrantes. Cuando el porcentaje de defectuosos de los lotes recibidos aumenta, el AOQ aumenta hasta un valor. A partir de ahí, para mayores porcentajes de defectuosos de entrada, el AOQ disminuye.

El valor máximo en la curva AOQ corresponde al porcentaje medio de defectuosos de salida más elevado o a la calidad media más baja del plan de muestreo. Se le llama el límite *de la calidad media de salida* (AOQL). En la Figura 4.8, el AOQL está justamente por encima del 1,5 por 100, lo que significa que el 94,8 por 100 de las baterías son buenas, cuando la calidad de entrada está entre el 2 y el 3 por 100.

El muestreo de aceptación es útil para tener una percepción inmediata de los lotes que se reciben. Cuando las partes defectuosas se reemplazan con partes buenas, el muestreo de aceptación ayuda a incrementar la calidad de los lotes, reduciendo el porcentaje de defectos de salida, es decir, del lote final resultante.

Hace unos años, IBM Canadá Ltd. hizo un pedido de ciertas partes a un nuevo proveedor japonés. IBM fijó en el pedido que el nivel aceptable de calidad permitía el 1,5 por 100 de defectos, el estándar americano de aquellos tiempos. Los japoneses enviaron el pedido con algunas partes empaquetadas en plástico por separado, con una nota que decía: "No sabemos para qué quieren ustedes un 1,5 por ciento de partes defectuosas, pero para su comodidad se las enviamos por separado."

ALCANZANDO ESTÁNDARES DE CLASE MUNDIAL

Las organizaciones de clase mundial establecen un ambiente de gestión de calidad total (TQM) donde los empleados conocen y utilizan las herramientas de TQM. Esto se consigue mediante un agresivo programa de formación. La formación necesaria para crear y mantener una fuerza de trabajo a gusto con TQM no debe ser menospreciada. Motorola, empresa de clase mundial, necesita gastar el 1,5 por 100 de las ventas en formación. Otras organizaciones de clase mundial necesitan unas doscientas horas de formación por persona y año. Otra vía para asegurar un mayor compromiso con TQM y sus herramientas es la tomada por Xerox, donde cada directivo es evaluado sobre las realizaciones en calidad de su organización.

El control estadístico de procesos (SQC) es un paso en el camino hacia la calidad. La aplicación de SPC obliga a conocer las posibilidades del proceso, utilizar los gráficos de control y realizar las correcciones a tiempo. Los procesos se diseñan y se mantienen para que sean capaces de crear productos que satisfagan las expectativas de los clientes. Consecuentemente, en las organizaciones de clase mundial, a los empleados se les forma, entrena y se les dan instrumentos para SPC y TQM. SPC está presente en todas las organizaciones de clase mundial.

RESUMEN

El control estadístico de procesos y el muestreo de aceptación son las herramientas estadísticas más importantes del control de calidad. Los gráficos de control para SPC ayudan a los directivos de operaciones a distinguir entre variaciones naturales y asignables. Los gráficos-x y los gráficos-R se utilizan en el muestreo de variables, y los gráficos-p y gráficos-c para el muestreo de atributos. Los planes de muestreo y las curvas de característica operativa (OC) posibilitan el muestreo de aceptación y proporcionan a los directivos herramientas para evaluar la calidad de una tanda de producción o de un pedido.

TÉRMINOS CLAVE

Gráficos de control
Variaciones naturales
Variaciones asignables
Gráficos- $\bar{x}$
Gráficos-*R*
Teorema central del límite
Gráficos-*p*
Gráficos-*c*
Muestreo de aceptación
Muestreo simple
Muestreo doble
Muestreo secuencial
Curva de característica operativa
Nivel de calidad aceptable AQL
Porcentaje de defectuosos para la tolerancia de un lote (LTPD)
Riesgo del productor
Riesgo del consumidor
Error tipo I
Error tipo II
Calidad media de salida (AOQ)

UTILIZACIÓN DE AB:POM Y HOJAS DE CÁLCULO PARA LA RESOLUCIÓN DE PROBLEMAS DE CONTROL DE CALIDAD

Resolución del Ejemplo 4.4 con el módulo de control de calidad de AB:POM

El módulo de control de calidad de AB:POM nos permite trabajar diferentes aspectos de la calidad, a través de las siguientes opciones proporcionadas en la pantalla principal: (1) gráficos- $\bar{x}$ y gráficos-*R*, (2) gráficos-*p*, (3) gráficos-*c*, (4) muestreo de atributos, (5) muestreo de variables, y (6) curvas-OC. Vamos a ver la opción de los gráficos-*p* utilizando los datos del Ejemplo 4.4.

PROGRAMA 4.1 ■ La opción de AB:POM Gráficos-*p* (*p*-Chart). AB:POM calcula el porcentaje medio de defectos (la línea central de un gráfico-*p*) mostrada como 0,04 en los datos del Ejemplo 4.4. Utilizando estos datos, el programa presenta los límites para cuatro gráficos de control en la parte inferior de la pantalla, con el 95 por 100, 98 por 100, 99 por 100, y 99,7 por 100 de confianza (el 99,7 por 100 se corresponde con tres desviaciones estándar).

Quality Control

Solution

Number of samples (1–99) 20 Sample size (n) (2–9999) 100

ARCO Insurance Records

Sample Number	Number of Defects	Percent Defects	Sample Number	Number of Defects	Percent Defects
1	6	0.0600	13	8	0.0800
2	5	0.0500	14	7	0.0700
3	0	0.0000	15	5	0.0500
4	1	0.0100	16	4	0.0400
5	4	0.0400	17	11	0.1100
6	2	0.0200	18	3	0.0300
7	5	0.0500	19	0	0.0000
8	3	0.0300	20	4	0.0400
9	3	0.0300			
10	2	0.0200			
11	6	0.0600			
12	1	0.0100			

	95%	98%	99%	99.7%
Upper Control Limit	0.0784	0.0857	0.0906	0.0988
Center Line (p-bar)	0.0400	0.0400	0.0400	0.0400
Lower Control Limit	0.00159	0.0000	0.0000	

0.0000F1=Help F3 = Graph F9 = Print Esc

Gráfico- $\overline{x}$ del Ejemplo 4.1 resuelto a través de hoja de cálculo.

El Programa 4.2 muestra lo fácil que es calcular los límites de control superior e inferior de un gráfico- $\overline{x}$ con una hoja de cálculo. Las fórmulas @STD y @AVG calculan la desviación estándar y el promedio de 12 medias muestrales observadas. Éstas se utilizan para calcular la desviación estándar de las medias muestrales (celda D7) y los límites de control (celdas D9 y D10).

PROGRAMA 4.2 ■ Hoja de cálculo simbólica para calcular los límites de control superior e inferior.

	A	B	C	D	E
1	Spreadsheet used to solve Example 1				
2					
3	Sample	Sample			
4	Number	Weight		Sample Size =	9
5	1	17.1		X bar bar =	(B19)
6	2	16.8		Z value =	3
7	3	14.5		Sigma X bar =	(B18) / @SQRT(E4)
8	4	14.8			
9	5	16.5		UCL xbar =	(B19+(E6*E7))
10	6	16.4		LCL xbar =	(B19-(E6*E7))
11	7	15.2			
12	8	16.4			
13	9	16.3			
14	10	16.5			
15	11	14.2			
16	12	17.3			
17	-----------				
18		@STD(B5. .B16)		Standard deviation (sigma)	
19		@AVG(B5. .B16)		Average mean (x bar bar)	

PROBLEMAS RESUELTOS

Problema resuelto 4.1

Una empresa de piezas de precisión fabrica ejes cilíndricos para prensas de perforación. El diámetro medio del eje es de 0,56 pulgadas. Las muestras de inspección se componen de 6 ejes cada una. El rango medio de variación de estas muestras es de 0,006 pulgadas. Determinar los límites de control superior e inferior.

Solución

El factor medio A_2 de la Tabla 4.1, cuando el tamaño de la muestra es 6, nos dice que ha de ser 0,483. Con este factor, podemos obtener los límites de control superior e inferior:

$$\begin{aligned} UCL &= 0{,}56 + (0{,}483)(0{,}006) \\ &= 0{,}56 + 0{,}0029 \\ &= 0{,}5629 \end{aligned}$$

$$\begin{aligned} LCL &= 0{,}56 - 0{,}0029 \\ &= 0{,}5571 \end{aligned}$$

Problema resuelto 4.2

Nocaf Drinks Inc. produce las botellas Nocaf de café descafeinado. Cada botella debe tener un peso neto de 4 onzas. La máquina de llenado es nueva y el director de operaciones quiere estar seguro de que está bien ajustada. El director de operaciones toma una muestra de $n = 8$ botellas y registra los datos referentes a la media y al rango tal y como se muestra en la siguiente tabla.

MUESTRA	RANGO DE LA MUESTRA	MEDIA DE LA MUESTRA	MUESTRA	RANGO DE LA MUESTRA	MEDIA DE LA MUESTRA
A	0,41	4,00	E	0,56	4,17
B	0,55	4,16	F	0,62	3,93
C	0,44	3,99	G	0,54	3,98
D	0,48	4,00	H	0,44	4,01

¿Está la máquina bien ajustada y bajo control?

Solución

Primero calculamos la media de las medias, que es 0,403 y el rango medio 0,51; posteriormente, utilizando la Tabla 4.1, encontramos:

$$UCL_{\bar{x}} = \bar{\bar{x}} + A_2\bar{R} = 4{,}03 + (0{,}373)(0{,}51) = 4{,}22$$

$$LCL_{\bar{x}} = \bar{\bar{x}} - A_2\bar{R} = 4{,}03 - (0{,}373)(0{,}51) = 3{,}84$$

$$UCL_R = D_4\bar{R} = (1{,}864)(0{,}51) = 0{,}95$$

$$LCL_R = D_3\bar{R} = (0{,}136)(0{,}51) = 0{,}07$$

Se ve que la media y rango del proceso están ambos bajo control.

Problema resuelto 4.3

Altman Electronics Inc., productor de resistencias, ha encontrado que, entre las 100 últimas resistencias inspeccionadas, el porcentaje de defectuosos ha sido del 5 por 100. Determinar los límites de control superior e inferior de este proceso con una confianza del 99,7 por 100.

Solución

$$UCL_p = \bar{p} + 3\sqrt{\frac{\bar{p}(1-\bar{p})}{n}} = 0{,}05 + 3\sqrt{\frac{(0{,}05)(1-0{,}05)}{100}}$$

$$= 0{,}05 + 3(0{,}0218) = 0{,}1154$$

$$LCL_p = \bar{p} - 3\sqrt{\frac{\bar{p}(1-\bar{p})}{n}} = 0{,}05 - 3(0{,}0218)$$

$$= 0{,}05 - 0{,}0654 = 0$$ (dado que el porcentaje de defectuosos no puede ser negativo)

Problema resuelto 4.4

En un plan de muestreo de aceptación desarrollado para lotes que contienen 1.000 unidades, el tamaño de la muestra, n, es de 85 y c es 3. El porcentaje de defectos de los lotes de entrada es del 2 por 100 y la probabilidad de aceptación, obtenida de una curva OC, es 0,64.

¿Cuál es la calidad media de salida?

Solución

$$AOQ = \frac{(P_d)(P_a)(N-n)}{N} = \frac{(0{,}02)(0{,}64)(1.000-85)}{1.000} = 0{,}012 \text{ or } AOQ = 1{,}2\%$$

PREGUNTAS DE DISCUSIÓN

1. ¿Por qué el Teorema Central del Límite es tan importante en el control estadístico de calidad?
2. ¿Por qué un gráfico-$\overline{x}$ y los gráficos-*R* se utilizan normalmente de forma conjunta?
3. Explique las diferencias entre un gráfico- $\overline{x}$ y un gráfico-R.
4. ¿Qué puede provocar que un proceso quede fuera de control?
5. Explique por qué un proceso puede quedar fuera de control incluso cuando todas las muestras están dentro de los límites de control.
6. ¿Cuál es la diferencia entre muestreo de variables y de atributos?
7. ¿Qué gráficos se utilizan en el muestreo de variables?
8. ¿Qué gráficos se utilizan en el muestreo de atributos?
9. ¿Qué significan los *términos riesgo* del productor y *riesgo del consumidor*?
10. Defina los errores tipo I y tipo II.
11. Explique las diferencias entre muestreo simple, doble y secuencial.
12. Defina AQL y LTPD.
13. ¿Qué es la calidad media de salida (AOQ)?
14. ¿Qué es AOQL?

EJERCICIO DE RAZONAMIENTO CRÍTICO

Cuando la Nashua Corp., una gran empresa papelera, tuvo problemas de calidad, llamaron a un notable "gurú" de la calidad: W. Edwards Deming. Deming descubrió que los técnicos de Nashua no entendían las variaciones naturales. Frecuentemente detenían la maquinaria de recubrimiento de papel para realizar ajustes en el cabezal de recubrimiento. Dando por sentado que cualquier variación debía ser corregida, no se dieron cuenta de que *incrementaban* la *variación*. Lo que hacían es lo mismo que intentar ajustar una báscula cuando alguien está saltando sobre ella. Cuando dejaron de manosear en la máquina, ésta, por sí sola, se situó en un control estadístico muy aceptable. La causa especial (asignable) de variación fue eliminada. Una vez hecho esto, Nashua se dedicó a trabajar en la reducción de las causas comunes (naturales) de variación en esta maquinaria.[8]

Prepare un breve informe para un encargado o capataz de Nashua, donde se expliquen las diferencias entre causas de variación asignables y naturales.

[8] Adaptado de Jeremy Maine, *Quality Wars* (Nueva York: Free Press, 1994):. 110.

PROBLEMAS

• **4.1** La media global de un proceso del que se desea realizar un seguimiento es 75 unidades. El rango medio es seis unidades. ¿Cuáles son los límites de control superior e inferior si decide trabajar con muestras de 10 unidades?

• **4.2** El promedio global de un proceso al que se desea realizar un seguimiento es 50 unidades. El rango medio es cuatro unidades. ¿Cuáles son los límites de control superior e inferior si decide trabajar con muestras de cinco unidades?

• **4.3** Su supervisor, Mike Perman, le ha pedido que compruebe e informe sobre las piezas producidas por una máquina de la planta de fabricación. Estas piezas se supone que han de tener un peso medio de 50 gramos con un rango de 3,5 gr. La tabla adjunta contiene los datos recogidos durante las últimas tres horas.

¿Cuáles son los límites de control y qué conclusiones saca?

	NÚMERO DE MUESTRA									
	1	2	3	4	5	6	7	8	9	10
Media de muestra	55	47	49	50	52	57	55	48	51	56
Rango de la muestra	3	1	5	3	2	6	3	2	2	3

• **4.4** Food Storage Technologies produce unidades frigoríficas para fabricantes y detallistas de alimentación. El promedio global de temperatura que mantienen estas unidades es de 46 °F. El rango medio es de 2 °F. Para realizar un seguimiento del proceso, se han tomado muestras de 6 unidades. Determine los límites de control superior e inferior para las medias y los rangos del proceso de producción de estas unidades frigoríficas.

• **4.5** Se han fabricado unos dispositivos de lanzamiento de bolas de béisbol para los equipos de las ligas americanas con el objeto de ayudar a mejorar sus promedios de bateo. Cuando se fija en la posición normal, el dispositivo lanza bolas "duras" a una velocidad media de 60 millas por hora. Los ejecutivos de la empresa fabricante han tomado muestras de 10 dispositivos de lanzamiento para realizar un seguimiento de estos dispositivos y mantener la más alta calidad. El rango medio es de tres millas por hora. Determine los límites de control superior e inferior para las medias y los rangos del dispositivo de lanzamiento.

• **4.6** Major Products Inc. produce cereales integrales, palitos integrales y otros productos naturales. Para asegurarse de que el peso sea correcto, se han tomado muestras de los cereales integrales. Cada muestra se compone de ocho cajas de cereales. La media global de las muestras es de 17 onzas. El rango es de sólo 0,5 onzas. Determine los límites de control superior e inferior para las medias y los rangos del proceso de producción de las cajas de cereales.

: **4.7** Las cajas pequeñas de cereales de NutraFlakes tienen impreso en la etiqueta: "peso neto 10 onzas". Cada hora se toman muestras aleatorias de tamaño $n = 4$ cajas y se pesan para controlar el proceso. Durante cinco horas de observación se han reunido los siguientes datos:

	PESOS			
TIEMPO	CAJA 1	CAJA 2	CAJA 3	CAJA 4
09:00 horas	9,8	10,4	9,9	10,3
10:00 horas	10,1	10,2	9,9	9,8
11:00 horas	9,9	10,5	10,3	10,1
12:00 horas	9,7	9,8	10,3	10,2
13:00 horas	9,7	10,1	9,9	9,9

Utilizando estos datos construya el gráfico-$\overline{x}$ y el gráfico-R. ¿Está el proceso bajo control? ¿Qué otros pasos llevaría a cabo a partir de este punto?

4.8 Cada hora se toma una muestra de cuatro unidades de un proceso de corte de precisión de cable (utilizado en el montaje de computadores). Las muestras tomadas en las últimas veinticuatro horas dan los siguientes resultados:

	HORAS											
	1	2	3	4	5	6	7	8	9	10	11	12
$\overline{x}$ (pulg.)	3,25	3,10	3,22	3,39	3,07	2,86	3,05	2,65	3,02	2,85	2,83	2,97
R (pulg.)	0,71	1,18	1,43	1,26	1,17	0,32	0,53	1,13	0,71	1,33	1,17	0,40

	HORAS											
	13	14	15	16	17	18	19	20	21	22	23	24
$\overline{x}$ (pulg.)	3,11	2,83	3,12	2,84	2,86	2,74	3,41	2,89	2,65	3,28	2,94	2,64
R (pulg.)	0,85	1,31	1,06	0,50	1,43	1,29	1,61	1,09	1,08	0,46	1,58	0,97

Desarrolle los gráficos de control apropiados y determine si existe alguna causa por la que preocuparse en el proceso de cortado de cable.

4.9 Históricamente, el porcentaje de defectos de un producto ha sido del 1,5 por 100. ¿Cuáles son los límites de control superior e inferior si utiliza una muestra de tamaño 500 con $z = 3$?

4.10 Históricamente, el porcentaje de defectos de un producto ha sido del 3,5 por 100. ¿Cuáles son los límites de control superior e inferior si utiliza una muestra de tamaño 500 con $z = 3$?

4.11 Está intentando desarrollar un sistema de control de la calidad para ciertas piezas adquiridas a Warton & Kotha Manufacturing Co. Estas piezas son buenas o defectuosas. Usted ha decidido tomar una muestra de 100 unidades. Desarrolle una tabla con los límites de control superior e inferior apropiados para los posibles valores diferentes del porcentaje de defectos de la muestra. Los valores de p en esta tabla deben ir de 0,02 a 0,1 con incrementos de 0,02. Determine los límites de control superior e inferior para un nivel de confianza del 99,7 por 100.

: **4.12** Debido a la baja calidad de varios semiconductores utilizados en el proceso de producción, Microlaboratories ha decidido desarrollar un programa de control de calidad. Dado que los semiconductores que se reciben pueden ser defectuosos o no, George Haverty ha decidido desarrollar gráficos de control para atributos. El número total de semiconductores en cada muestra es de 200. Además, George desearía determinar los límites de control superior e inferior para diferentes valores del porcentaje de defectuosos (p) de la muestra. Para lograr una mayor flexibilidad, ha decidido realizar una tabla con los valores de p, UCL y LCL. Los valores de p irán de 0,01 a 0,1, incrementándose en 0,01 cada vez. ¿Cuáles serán los límites de control superior e inferior para un nivel de confianza del 99,7 por 100?

⁝ **4.13** En los últimos dos meses, Robin Russo ha estado preocupado con la máquina número 5 de West Factory. Para asegurarse de que la máquina funciona correctamente, se han tomado muestras y se ha calculado la media y rango de cada muestra. Cada muestra consta de 12 artículos producidos por la máquina. Recientemente se han tomado 12 muestras, y para cada una de ellas se ha calculado la media y el rango. La media y el rango eran de 46 y 1,1 para la primera muestra, 45 y 1,31 para la segunda, 46 y 0,91 para la tercera, y 47 y 1,1 para la cuarta. Después de la cuarta muestra las medias muestrales aumentaron. Para la quinta, la media fue de 48 y el rango de 1,21, para la sexta 47 y 0,82, para la séptima 50 y 0,86, para la octava 49 y 1,11. A partir de la octava, la media continuaba creciendo y nunca estuvo por debajo de 50. Para la novena la media y el rango fueron de 51 y 1,12, para la décima 52 y 0,99, para la undécima 50 y 0,86, y para la duodécima 52 y 1,2.

Aunque el jefe de Robin no está muy preocupado por el proceso, Robin sí lo está. Durante la instalación, el proveedor fijó una media de 47 para el proceso con un rango medio de 1,0. La intuición de Robin le hace pensar que definitivamente hay algo que no marcha bien en la máquina número 5. ¿Está usted de acuerdo?

: **4.14** Pet Products es una empresa del creciente sector de artículos para gatos, con una gama de productos que va desde cestas a juguetes, pasando por collares antipulgas. Uno de sus nuevos productos es un tubo de pasta que previene la formación de bolas de pelo para los gatos de pelo largo. Este producto se fabrica con una máquina automática que llena cada tubo con 63,5 gramos de pasta.

Para mantener este proceso de llenado bajo control, se inspeccionan cuatro tubos escogidos de forma aleatoria cada cuatro horas. Después de unos días, se han obtenido los datos reflejados en la tabla adjunta. Determine los límites de control para este proceso y dibuje el gráfico-$\bar{x}$ y el gráfico-R.

	NÚMERO DE MUESTRA												
	1	2	3	4	5	6	7	8	9	10	11	12	13
Media $\bar{x}$	63,5	63,6	63,7	63,4	63,0	63,2	63,3	63,7	63,7	63,5	63,3	63,2	63,6
Rango R	2,0	1,0	1,7	0,9	1,2	1,6	1,8	1,3	1,6	1,3	1,8	1,0	1,8

	NÚMERO DE MUESTRA											
	14	**15**	**16**	**17**	**18**	**19**	**20**	**21**	**22**	**23**	**24**	**25**
Media $\bar{x}$	63,3	63,4	63,4	63,5	63,6	63,8	63,5	63,9	63,2	63,3	64,0	63,4
Rango R	1,5	1,7	1,4	1,1	1,8	1,3	1,6	1,0	1,8	1,7	2,0	1,5

· **4.15** El más pequeño defecto en un chip de computador conlleva que todo el chip sea inoperante. Por ello, se han de establecer rigurosas medidas de control de calidad para realizar el seguimiento del proceso de producción de estos chips. Históricamente, el porcentaje de defectos para una empresa situada en California es de un 1,1 por 100. El tamaño de la muestra es de 1.000. ¿Cuáles son los límites de control superior e inferior con $z = 3$?

: **4.16** Chicago Supply Company (CSC) fabrica clips y otros productos de oficina. Aunque los clips sean baratos, han proporcionado a la empresa un alto margen de beneficios. El porcentaje de clips defectuosos producidos por CSC es, en promedio, del 2,5 por 100. Se han tomado muestras de 200 clips. ¿Cuáles son los límites de control superior e inferior con un nivel de confianza del 99,7 por 100?

: **4.17** Diariamente se retiran de la línea de montaje de Drill Master muestras de 100 taladros para que sean inspeccionadas en busca de unidades defectuosas. Durante los últimos ventiún días se ha obtenido la información que se muestra en la tabla adjunta. Haga un gráfico-*p* con un nivel de confianza del 99,7 por 100 (tres desviaciones estándar) y sitúe las muestras. ¿Está el proceso bajo control?

DÍA	**1**	**2**	**3**	**4**	**5**	**6**	**7**	**8**	**9**	**10**	**11**
Número de taladros defectuosos	6	5	6	4	3	4	5	3	6	3	7

DÍA	**12**	**13**	**14**	**15**	**16**	**17**	**18**	**19**	**20**	**21**
Número de taladros defectuosos	5	4	3	4	5	6	5	4	3	7

: **4.18** Se ha examinado una muestra aleatoria de 100 mesas de comedor extraídas de la línea de montaje de Modern Art. Una cuidadosa inspección ha revelado un total de 2.000 defectos. ¿Cuáles son los límites de control superior e inferior con un nivel de confianza del 99,7 por 100? Si una mesa tiene 42 defectos, ¿se ha de llevar a cabo alguna acción especial?

: **4.19** De un lote de 6.000 juguetes se escogen aleatoriamente 80, siendo aceptado todo el lote si hay $c \leq 2$ defectos. Construya una curva OC para este plan de muestreo.

: **4.20** Un lote de 200 lámparas de mesa acaba de llegar al almacén de Lighting, Inc. Se inspeccionan muestras de cinco lámparas. Si más de una es defectuosa, se rechaza todo el lote. Haga una curva OC para este plan de muestreo.

: **4.21** Construya una curva AOQ para el problema anterior (4.20).

: **4.22** Cada semana, Melissa Bryant Ltd. recibe un lote de 1.000 relojes Swiss para su cadena de tiendas de la Costa Este. Bryant y el productor Swiss han acordado el siguiente plan de muestreo: α = 5 por 100, β = 10 por 100, AQL = 1 por 100, LTPD = 5 por 100. Construya una curva OC para el plan de muestreo con n = 100 y $c \leq 2$. ¿Satisface este plan los requisitos del productor y del consumidor?

: **4.23** La empresa de Kristi Conlin en Waco (Texas) ha diseñado una curva OC que muestra una probabilidad de 2/3 de aceptar lotes con un porcentaje real de defectos del 2 por 100. Se producen lotes de 1.000 unidades cada vez y se extraen al azar 100 unidades como muestra. ¿Cuál es el nivel medio de calidad de salida?

APLICACIÓN DE BASE DE DATOS

: **4.24** West Battery Corp. ha estado recibiendo recientemente quejas de detallistas sobre que sus pilas de 9 voltios tienen una duración menor que las de otras marcas. James West, director del programa de TQM en la factoría de Austin, cree que éste no es el problema, dado que sus pilas tienen una vida media de 50 horas, lo que comporta aproximadamente un 10 por 100 más que sus competidores. Incrementar la vida media de las pilas significaría la utilización de una nueva tecnología no disponible para West. De todas formas, West está lo suficientemente preocupado como para realizar revisiones horarias de la línea de montaje y ha decidido tomar cinco muestras cada hora para crear los estándares para los límites de control (ver tabla):

DATOS DE LA WEST BATTERY—VIDA MEDIA DE LAS PILAS (EN HORAS)

	MUESTRA						
HORA	1	2	3	4	5	$\bar{x}$	R
1	51	50	49	50	50	50,0	2
2	45	47	70	46	36	48,8	34
3	50	35	48	39	47	43,8	15
4	55	70	50	30	51	51,2	40
5	49	38	64	36	47	46,8	28
6	59	62	40	54	64	55,8	24
7	36	33	49	48	56	44,4	23
8	50	67	53	43	40	50,6	27
9	44	52	46	47	44	46,6	8
10	70	45	50	47	41	50,6	29
11	57	54	62	45	36	50,8	26
12	56	54	47	42	62	52,2	20
13	40	70	58	45	44	51,4	30
14	52	58	40	52	46	49,6	18
15	57	42	52	58	59	53,6	17
16	62	49	42	33	55	48,2	29
17	40	39	49	59	48	47,0	20

DATOS DE LA WEST BATTERY—VIDA MEDIA DE LAS PILAS (EN HORAS)

	MUESTRA						
HORA	1	2	3	4	5	$\bar{x}$	R
18	64	50	42	57	50	52,6	22
19	58	53	52	48	50	52,2	10
20	60	50	41	41	50	48,4	19
21	52	47	48	58	40	49,0	18
22	55	40	56	49	45	49,0	16
23	47	48	50	50	48	48,6	3
24	50	50	49	51	51	50,2	2
25	51	50	51	51	62	53,0	12

Una vez fijados los límites, West toma cinco horas más de datos mostrados en la siguiente tabla:

	MUESTRA				
HORA	1	2	3	4	5
26	48	52	39	57	61
27	45	53	48	46	66
28	63	49	50	45	53
29	57	70	45	52	61
30	45	38	46	54	52

a) ¿Está bajo control el proceso de fabricación?
b) Comente los datos observados sobre la vida media de las pilas.

CASO DE ESTUDIO

Bayfield Mud Company

En noviembre de 1994, John Wells, un representante del servicio al consumidor de Bayfield Mud Company, fue citado al almacén de Houston de Wet-Land Drilling Inc. para inspeccionar tres vagones de agentes para el tratamiento del barro que Bayfield había enviado a la empresa de Houston. (Las oficinas corporativas de Bayfield y sus mayores plantas de fabricación están situadas en Orange, Texas, justo al oeste de la frontera con Louisiana). Wet-Land había hecho una protesta formal de los sacos de 50 libras de agentes de tratamiento del barro que habían recibido de Bayfield tenían un peso inferior al referenciado de aproximadamente un 5 por 100.

Este peso inferior al debido fue detectado inicialmente por un administrativo de la recepción de pedidos de Wet-Land, quien se dio cuenta de que la notificación de los ferrocarriles indicaba que el peso neto era significativamente diferente en los tres vagones de pedidos idénticos recibidos el 25 de octubre del mismo año. Se consultó al departamento de tráfico de Bayfield Mud Co. para averiguar si este peso menor era debido a cambios en el embalaje o en los palets utilizados (lo que explicaría este menor peso). Bayfield indicó, como era de esperar, que no se habían producido cambios en el proceso de carga y paletización. Por lo tanto, Wet-Land revisó aleatoriamente 50 sacos y descubrió que el peso neto promedio era de 47,51 libras. De envíos anteriores, se sabía que el peso neto promedio era de exactamente 50,0 libras con una aceptable desviación estándar de 1,2 libras. Consecuentemente, llegaron a la conclusión que la muestra indicaba que el peso neto era claramente inferior al que debería ser. (El lector debería verificar que esta conclusión es correcta.) Posteriormente, se contactó con Bayfield, y se envió a Wells a investigar la queja. Una vez allí, verificó la queja y emitió un abono del 5 por 100 de la factura para Wet-Land.

Los directivos de Wet-Land, lógicamente, no quedaron completamente satisfechos con el abono. Los gráficos seguidos por sus ingenieros de barro en las plataformas de perforación estaban basadas en sacos de 50 libras. Un peso inferior en los sacos daría como resultado un control químico pobre durante la operación de perforación y podía afectar negativamente a la eficiencia de la perforadora. (Los agentes de tratamiento del barro se utilizan para controlar el pH y otras propiedades químicas del cono durante la operación de perforación). Esto podría causar importantísimas consecuencias económicas, dado el coste extremadamente alto de las operaciones de perforación de petróleo y gas natural. Consecuentemente, el envio de este pedido a las estaciones de perforación debía acompañarse de instrucciones especiales de uso. Es más, estos sacos de peso inferior tendrían que ser aislados del resto de sacos existentes (eran externamente iguales) en los almacenes, causando costes adicionales de manutención y almacenaje. Por ello, Wells fue informado de que Wet-Land se vería obligada a buscar un nuevo proveedor de agentes de tratamiento del barro si en un futuro los sacos recibidos tenían una desviación significativa de las 50 libras de peso neto.

El departamento de control de calidad de Bayfield sospechó que los sacos con peso inferior eran el resultado del "mal del crecimiento" en la planta de Orange. Como consecuencia de la primera crisis del petróleo, la exploración de petróleo y gas natural tuvo un crecimiento considerable. Este incremento creciente de actividad repercutió en un incremento de la demanda de productos de industrias relacionadas, incluyendo las de agentes tratantes del barro. Por ello, Bayfield tuvo que ampliar los turnos desde un solo turno (de las 6:00 a las 14:00 horas) a dos turnos (el segundo de 14:00 a 22:00) a mediados de 1992, hasta alcanzar finalmente los tres turnos (veinticuatro horas al día) en el otoño de 1994.

El personal adicional que trabajaba durante el turno de noche estaba compuesto en su totalidad por personal nuevo. Los capataces más experimentados se asignaron temporalmente al turno de noche para supervisar los nuevos operarios de este turno. Se puso un mayor énfasis en el incremento de producción de sacos para satisfacer la siempre creciente demanda. Se sospechaba que solamente se habían hecho tenues referencias a la doble comprobación de llenado en cuanto a peso. (La doble comprobación se realizaba sistemáticamente pesando un saco en una balanza para determinar si se estaba llenando con el peso adecuado y, si había una desviación importante de las 50 libras, se realizaban los ajustes convenientes en el mecanismo de llenado para solucionarlo.)

Para verificar esta hipótesis, los asesores de control de calidad tomaron muestras de los sacos llenados y prepararon el cuadro adjunto. Cada hora se escogían muestras de seis sacos y se pesaban.

PREGUNTAS DE DISCUSIÓN

1. ¿Cuál es su análisis del problema de peso en los sacos?
2. ¿Qué procedimientos recomendaría para mantener un control de calidad adecuado?

Fuente: Profesor Jerry Kinard, Universidad de Western Carolina.

Tiempo	Peso medio (libras)	Rango		Tiempo	Peso medio (libras)	Rango	
		Menor	Mayor			Menor	Mayor
06:00 horas	49,6	48,7	50,7	13:00 horas	49,0	46,4	50,0
07:00 horas	50,2	49,1	51,2	14:00 horas	49,0	46,0	50,6
08:00 horas	50,6	49,6	51,4	15:00 horas	49,8	48,2	50,8
09:00 horas	50,8	50,2	51,8	16:00 horas	50,3	49,2	52,7
10:00 horas	49,9	49,2	52,3	17:00 horas	51,4	50,0	55,3
11:00 horas	50,3	48,6	51,7	18:00 horas	51,6	49,2	54,7
00:00 horas	48,6	46,2	50,4	19:00 horas	51,8	50,0	55,6

Tiempo	Peso medio (libras)	Rango	
		Menor	Mayor
20:00 horas	51,0	48,6	53,2
21:00 horas	50,5	49,4	52,4
22:00 horas	49,2	46,1	50,7
23:00 horas	49,0	46,3	50,8
00:00 horas	48,4	45,4	50,2
01:00 horas	47,6	44,3	49,7
02:00 horas	47,4	44,1	49,6
03:00 horas	48,2	45,2	49,0
04:00 horas	48,0	45,5	49,1
05:00 horas	48,4	47,1	49,6
06:00 horas	48,6	47,4	52,0
07:00 horas	50,0	49,2	52,2
08:00 horas	49,8	49,0	52,4
09:00 horas	50,3	49,4	51,7
10:00 horas	50,2	49,6	51,8
11:00 horas	50,0	49,0	52,3
00:00 horas	50,0	48,8	52,4
13:00 horas	50,1	49,4	53,6
14:00 horas	49,7	48,6	51,0
15:00 horas	48,4	47,2	51,7
16:00 horas	47,2	45,3	50,9
17:00 horas	46,8	44,1	49,0
18:00 horas	46,8	41,0	51,2
19:00 horas	50,0	46,2	51,7
20:00 horas	47,4	44,0	48,7
21:00 horas	47,0	44,2	48,9
22:00 horas	47,2	46,6	50,2
23:00 horas	48,6	47,0	50,0
24:00 horas	49,8	48,2	50,4

Tiempo	Peso medio (libras)	XRango	
		Menor	Mayor
1:00 horas	49,6	48,4	51,7
2:00 horas	50,0	49,0	52,2
3:00 horas	50,0	49,2	50,0
4:00 horas	47,2	46,3	50,5
5:00 horas	47,0	44,1	49,7
6:00 horas	48,4	45,0	49,0
7:00 horas	48,8	44,8	49,7
8:00 horas	49,6	48,0	51,8
9:00 horas	50,0	48,1	52,7
10:00 horas	51,0	48,1	55,2
11:00 horas	50,4	49,5	54,1
00:00 horas	50,0	48,7	50,9
13:00 horas	48,9	47,6	51,2
14:00 horas	49,8	48,4	51,0
15:00 horas	49,8	48,8	50,8
16:00 horas	50,0	49,1	50,6
17:00 horas	47,8	45,2	51,2
18:00 horas	46,4	44,0	49,7
19:00 horas	46,4	44,4	50,0
20:00 horas	47,2	46,6	48,9
21:00 horas	48,4	47,2	49,5
22:00 horas	49,2	48,1	50,7
23:00 horas	48,4	47,0	50,8
24:00 horas	47,2	46,4	49,2
1:00 horas	47,4	46,8	49,0
2:00 horas	48,8	47,2	51,4
3:00 horas	49,6	49,0	50,6
4:00 horas	51,0	50,5	51,5
5:00 horas	50,5	50,0	51,9

CASO DE ESTUDIO

SPC en *Gazette*

La correcta tipografía es crítica para un periódico. Para asegurar la calidad de la tipografía, se creó un grupo de mejora en el departamento de impresión de la *Gazette,* en Gerónimo, Texas. El grupo desarrolló un procedimiento de seguimiento de la realización de los tipógrafos durante un período de tiempo. Este procedimiento incluía muestreo de los resultados, fijación de los límites de control, comparación de la exactitud de la tipografía de la *Gazette* con otras empresas del sector y ocasionalmente actualización de esta información.

El grupo escogió aleatoriamente 30 ejemplares de la *Gazette* publicados durante los doce meses anteriores. De cada periódico se escogieron aleatoriamente 100 párrafos y se leyeron en busca de errores. Se anotó el número de errores de cada párrafo y el porcentaje de párrafos defectuosos de cada muestra. La tabla adjunta muestra los resultados de este muestreo:

Muestra	Párrafos con errores en la muestra	Porcentaje de errores en la muestra	Muestra	Párrafos con errores en la muestra	Porcentaje de párrafos con errores
1	2	0,02	16	2	0,02
2	4	0,04	17	3	0,03
3	10	0,10	18	7	0,07
4	4	0,04	19	3	0,03
5	1	0,01	20	2	0,02
6	1	0,01	21	3	0,03
7	13	0,13	22	7	0,07
8	9	0,09	23	4	0,04
9	11	0,11	24	3	0,03
10	0	0,00	25	2	0,02
11	3	0,03	26	2	0,02
12	4	0,04	27	0	0,00
13	2	0,02	28	1	0,01
14	2	0,02	29	3	0,03
15	8	0,08	30	4	0,04

PREGUNTAS DE DISCUSIÓN

1. Realice un gráfico del porcentaje de errores (p) y los límites de control superior e inferior con un nivel de confianza del 94,5 por 100.
2. Supongamos que los límites de control superior e inferior del sector son de 0,1000 y 0,0400, respectivamente. Dibújelos en el gráfico anterior.
3. Dibuje el porcentaje de errores en cada muestra. ¿Se encuentran todos dentro de los límites de control? Cuando alguno cae fuera de los límites, ¿qué debe hacerse?

Fuente: Profesor Jerry Kinard, Universidad de Western Carolina.

BIBLIOGRAFÍA

Besterfield, D. H. *Quality Control,* 2nd ed. Englewood Cliffs, NJ: Prentice Hall, 1986.

Das, T. K., and M. A. Wortman. "Asymmetric Patrolling Repairman Systems with General Repair Time and Walk Time Distributions: Cost Analysis of Service Schedule." *IIE Transactions*, 25, no. 6 (November 1993): 19.

Hwarng, H. B., and N. F. Hubele. "X Control Chart Pattern Identification Through Efficient Off-Line Neural Network Training." *IIE Transactions*, 25, no. 3 (May 1993): 27–40.

Kumar, S., and Y. P. Gupta. "Statistical Process Control at Motorola's Austin Assembly Plant." *Interfaces*, 23, no. 2 (March/April 1993): 84–92.

Runger, G. C., and D. C. Montgomery. "Adaptive Sampling Enhancements for Shewhart Control Charts." *IIE Transactions*, 25, no. 3 (May 1993): 41–51.

See additional references at the end of Chapter 3.

4 SUPLEMENTO

HERRAMIENTAS ESTADÍSTICAS PARA DIRECTIVOS

CONTENIDO DEL SUPLEMENTO

Cuando el barco "S. S. Central América" se hundió a 200 millas de las costa como consecuencia del gran huracán de 1857, alrededor de 425 personas perdieron la vida. También se perdieron a 8.000 pies de profundidad barras de oro y monedas con un valor de 400 millones de dólares. En 1985, la Columbus America Discovery Group contrató a Lawrence Stone para confeccionar unas series de distribuciones de probabilidad para la localización del oro. Los mapas de probabilidad de Stone de varios cientos de millas cuadradas en el océano proporcionaban estimaciones del éxito de encontrar los restos del naufragio en cada coordenada. En 1989, el proyecto tuvo éxito y se recuperó una tonelada de oro. Treinta y nueve compañías de seguros reclamaron el oro recuperado, pero Discovery Group ganó los derechos del oro. Parte del oro recuperado del "S. S. Central America" se muestra en la foto.

Fuente: Adaptado de L. Stone "Search for the SS *Central America*" *Interfaces* (enero/febrero de 1992):32-54

La estadística y las probabilidades no son sólo importantes en la búsqueda de oro (esto no tiene sentido sin traducir la foto). Las aplicaciones de la estadística constituyen un tema de la dirección de operaciones porque la toma de muchas decisiones depende de probabilidades basadas en información limitada o incierta. Este suplemento proporciona una revisión de varias herramientas estadísticas importantes que encontrará de utilidad en muchos capítulos del texto. La comprensión de los conceptos de distribución de probabilidad, esperanza matemática y varianza, es necesaria para el estudio de los árboles de decisión (suplemento de los Capítulos 2, 6 y 7), control de la calidad (Capítulos 3 y 4), previsiones (Capítulo 5), modelos de colas (suplemento del Capítulo 10), medida del trabajo (suplemento del Capítulo 11), curvas de aprendizaje (Suplemento del Capítulo 1 del volumen de Decisiones tácticas), inventarios (Capítulo 2 del volumen de Decisiones tácticas), simulación (suplemento del Capítulo 2 del volumen de Decisiones tácticas), dirección de proyectos (Capítulo 6 del volumen de Decisiones tácticas) y mantenimiento (Capítulo 7 del volumen de Decisiones tácticas).

DISTRIBUCIONES DE PROBABILIDAD DISCRETAS

Distribuciones de probabilidad discretas

En esta sección, exploraremos las propiedades de las **distribuciones de probabilidad discretas**, esto es, en las que sus valores no son continuos. Cuando tratamos con variables discretas, existe una probabilidad asociada a cada posible suceso. Estas probabilidades deben estar comprendidas entre 0 y 1, y deben sumar 1. El Ejemplo S4.1 muestra el ejemplo de las calificaciones de un alumno.

EJEMPLO S4.1

La Decano de la East Florida University, Nancy Beals, está en la formación estadística de los nuevos estudiantes del MBA. En una muestra de 100 solicitantes para el MBA del próximo año preguntó a cada estudiante su nota final en el curso de estadística que habían realizado en su licenciatura. Para pasar de calificaciones en letras a calificaciones numéricas, la Decano empleó el siguiente sistema:

5. A **4.** B **3.** C **2.** D **1.** F

Las respuestas de los 100 estudiantes potenciales están resumidas en la tabla siguiente. También se muestra la probabilidad de cada calificación posible. Esta distribución de probabilidad discreta se calcula empleando la aproximación de las frecuencias relativas. Las probabilidades se muestran a menudo en un gráfico como el de la Figura S4.1.

DISTRIBUCIÓN DE PROBABILIDAD DE LAS CALIFICACIONES

CALIFICACIÓN EN LETRA	VALOR NUMÉRICO	NÚMERO DE RESPUESTAS	PROBABILIDAD, P(X)
A	5	10	0,1 = 10/100
B	4	20	0,2 = 20/100
C	3	30	0,3 = 30/100
D	2	30	0,3 = 30/100
F	1	10	0,1 = 10/100
		Total = 100	1,0 = 100/100

FIGURA S4.1 ■ Función de probabilidad para las calificaciones

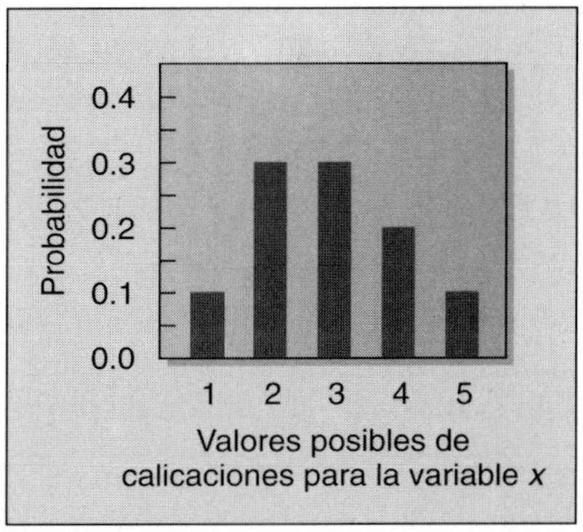

Esta distribución sigue las tres reglas requeridas por todas las distribuciones de probabilidad:

1. Los sucesos son mutuamente excluyentes y colectivamente exhaustivos.
2. Las probabilidades individuales están entre 0 y 1 (ambos inclusive).
3. La suma total de las probabilidades es 1.

El gráfico de la distribución de probabilidad del Ejemplo S4.1 nos da una imagen de su forma. Esto nos ayuda a identificar la tendencia central de la distribución (llamada esperanza matemática) y la variabilidad o dispersión de la distribución (llamada varianza). A continuación la esperanza matemática y la varianza se discuten.

Esperanza matemática de una distribución de probabilidad discreta

Una vez se ha establecido la distribución de probabilidad, la primera característica en la que solemos estar interesados es la "tendencia central" o media de la distribución[1]. Calculamos la **esperanza matemática**, como medida de tendencia central, como una media ponderada de los valores de la variable:

Esperanza matemática

$$E(x) = \sum_{i=1}^{n} x_i P(x_i) = x_1 P(x_1) + x_2 P(x_2) + \cdots + x_n P(x_n) \qquad \text{(S4.1)}$$

donde:

x_i = valores posibles de la variable

$P(x_i)$ = probabilidad de cada valor posible de la variable

La esperanza matemática de una distribución discreta puede calcularse: (1) multiplicando cada posible valor de la variable X_i por la probabilidad $P(X_i)$ de que ocurra y (2) sumando los resultados, indicado por el signo de sumatorio, Σ. El Ejemplo S4.2 muestra este cálculo.

[1]Si los datos con los que se está tratando no han sido agrupados en una distribución de probabilidad, la medida de tendencia central se llama media aritmética, o simplemente media. Esta es la media de los siete siguientes números: 10, 12, 18, 6, 4, 5, 15.

$$\text{Medida aritmética, } \bar{X} = \frac{\Sigma X}{n} = \frac{10 + 12 + 18 + 6 + 4 + 5 + 15}{7} = 10$$

EJEMPLO S4.2

Aquí se muestra cómo puede calcularse la esperanza matemática del Ejemplo S4.1.

$$E(x) = \sum_{i=1}^{5} x_i P(x_i) = x_1 P(x_1) + x_2 P(x_2) + x_3 P(x_3) + x_4 P(x_4) + x_5 P(x_5)$$
$$= (5)(0{,}1) + (4)(0{,}2) + (3)(0{,}3) + (2)(0{,}3) + (1)(0{,}1)$$
$$= 2{,}9$$

Que la nota esperada sea 2,9 implica que la calificación media está entre D(2) y C(3), y que la respuesta media está más próxima a C, que es el valor 3. Mirando la Figura S4.1, vemos que es consistente con la forma de la función de probabilidades.

Varianza de una distribución de probabilidad discreta

Varianza

Además de la tendencia central de una distribución de probabilidad, los que deben tomar decisiones están interesados en la variabilidad o dispersión de la distribución. La **varianza** de una distribución de probabilidades es un número que revela la dispersión global de ésta[2]. Para una distribución de probabilidades discreta, puede calcularse a través de la siguiente ecuación:

$$\text{Varianza} = \sum_{i=1}^{n} (x_i - E(x))^2 P(x_i) \qquad \text{(S4.2)}$$

donde: x_i = valores posibles de la variable

$E(x)$ = esperanza matemática de la variable

$P(x_i)$ = probabilidad de cada valor posible de la variable

Para el cálculo de la varianza, la esperanza matemática es restada de cada valor de la variable y elevado al cuadrado, y multiplicado por la probabilidad de ocurrencia de cada valor. Los resultados se suman para obtener la varianza.

Desviación estándar

Otra medida de dispersión es la **desviación estándar**. Esta medida también se emplea en muchos cálculos relacionados con las distribuciones de probabilidad. La desviación estándar, σ, es la raíz cuadrada de la varianza:

$$\sigma = \sqrt{\text{varianza}} \qquad \text{(S4.3)}$$

El Ejemplo muestra un cálculo de varianza y desviación estándar.

---

[2]Al igual que la varianza de una distribución de probabilidades muestra la dispersión de los datos, lo mismo hace la varianza de unos datos no agrupados, esto es, datos que no forman parte de una distribución de probabilidades. La fórmula es: Varianza= (Fórmula tal cual). Empleando los números 10, 12, 18, 6, 4, 5 y 15, encontramos que $\bar{x}$ =10. A continuación se presentan los cálculos de la varianza:

$$\text{Varianza} = \frac{(10-10)^2 + (12-10)^2 + (18-10)^2 + (6-10)^2 + (4-10)^2 + (5-10)^2 + (15-10)^2}{7} =$$
$$= \frac{0 + 4 + 64 + 16 + 36 + 25 + 25}{7} = \frac{170}{7} = 24{,}28$$

Nótese también que cuando los datos que estamos examinando son una muestra de un conjunto completo de datos, empleamos el término n-1 en el denominador, en lugar de n, en la fórmula de la varianza.

EJEMPLO S4.3

A continuación se muestra cómo se realiza este cálculo para el estudio de las calificaciones en estadística:

$$\text{Varianza} = \sum_{i=1}^{5}(x_i - E(x))^2P(x_i)$$

$$= (5 - 2{,}9)^2(0{,}1) + (4 - 2{,}9)^2(0{,}2) + (3 - 2{,}9)^2(0{,}3) + (2 - 2{,}9)^2(0{,}3) + (1 - 2{,}9)^2(0{,}1)$$

$$= (2{,}1)^2(0{,}1) + (1{,}1)^2(0{,}2) + (0{,}1)^2(0{,}3) + (-0{,}9)^2(0{,}3) + (-1{,}9)^2(0{,}1)$$

$$= 0{,}441 + 0{,}242 + 0{,}003 + 0{,}243 + 0{,}361$$

$$= 1{,}29$$

La desviación estándar para las calificaciones es:

$$\sigma = \sqrt{\text{varianza}} = \sqrt{1{,}29} = 1{,}14$$

DISTRIBUCIONES DE PROBABILIDAD CONTINUAS

Existen numerosos ejemplos de variables continuas. El tiempo que tarda en finalizarse un proyecto, el número de onzas en una barra de mantequilla, la temperatura de un día determinado, la longitud exacta de una determinada madera y el peso de un vagón de carbón son ejemplos de variables continuas. Estas variables pueden tomar un número infinito de posibles valores; por tanto, las reglas fundamentales de probabilidad deben modificarse para las variables continuas.

Como en el caso de distribuciones de probabilidad discretas, la suma de las probabilidades debe ser igual a 1. Dado que hay un número infinito de valores para la variable, la probabilidad para *cada valor debe ser* 0. Si las probabilidades de los valores de la variable fueran mayores que 0, la suma sería infinitamente grande.

La distribución normal

Una de las distribuciones más populares y útiles de probabilidad continua es la **distribución normal**, la cual se caracteriza por una curva en forma de campana. La distribución normal está perfectamente definida cuando los valores de la media, μ, y la desviación estándar, σ, son conocidos.

Distribución normal

EL ÁREA BAJO LA CURVA NORMAL. Debido a que la distribución normal es simétrica, su punto medio (y más elevado) es la media. Los valores del eje de abscisas se miden en función del número de desviaciones estándar que se encuentran de la media.

El área bajo la curva (en una distribución continua) describe la probabilidad de que la variable tenga un valor en un intervalo especificado. La distribución normal requiere complejos cálculos matemáticos, pero las tablas que proporcionan áreas o probabilidades son fácilmente legibles. Por ejemplo, la Figura S4.2 ilustra tres relaciones empleadas habi-

FIGURA S4.2 ■ Tres áreas comunes bajo curvas normales

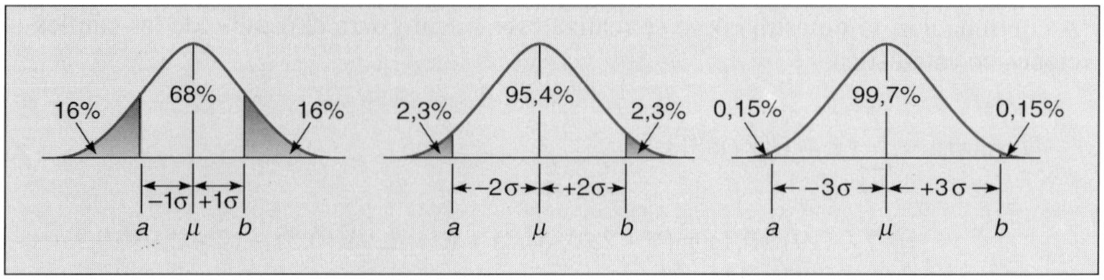

tualmente que han sido deducidas de las tablas de la normal estándar (en breve se presentará el procedimiento). El área desde el punto *a* hasta el punto *b* de la primera gráfica representa la probabilidad, 68%, de que la variable se sitúe dentro del intervalo de más o menos una desviación estándar alrededor de la media. En la gráfica del medio, vemos que aproximadamente un 95,4% del área cae dentro de más o menos dos desviaciones estándar de la media. La tercera figura muestra que el 99,7% cae entre $\pm 3\sigma$.

En términos de una aplicación práctica, la Figura S4.2 significa que si el tiempo de vida esperado de un chip de computador experimental es de $\mu = 100$ días, y si la desviación estándar es $\sigma = 15$ días, entonces podemos realizar las siguientes afirmaciones:

1. El 68% de la población de los chips de computador estudiados presentan vidas entre ochenta y cinco y ciento quince días (a saber, $\pm 1\sigma$).
2. El 95,4% de los chips tiene vidas entre setenta y ciento treinta días ($\pm 2\sigma$).
3. El 99,7% de los chips de ordenador tiene vidas entre cincuenta y cinco y ciento cuarenta y cinco días ($\pm 3\sigma$).
4. Únicamente el 16% de los chips tiene vidas superiores a los ciento quince días (en la primera gráfica, el área a la derecha de $+1\sigma$).

USANDO LA TABLA DE LA NORMAL ESTÁNDAR. El uso de la tabla para hallar las probabilidades de los valores de una normal, sigue dos pasos:

Paso 1: Convertir la distribución normal a lo que llamamos la *distribución normal estándar*. Una distribución normal estándar es la que tiene media 0 y desviación estándar 1. Todas las tablas normales están diseñadas para manejar variables con $\mu = 0$ y $\sigma = 1$. Sin una distribución normal estándar, se necesitaría una tabla diferente para cada par de valores μ y σ. Si llamamos z a la nueva variable estándar, el valor de z para cualquier distribución normal se calcula a través de la ecuación:

$$z = \frac{x - \mu}{\sigma} \qquad \text{(S4.4)}$$

donde x = valor de la variable que se desea medir
μ = media de la distribución
σ = desviación estándar de la distribución
z = número de desviaciones estándar desde x hasta la media m

Por ejemplo, si $\mu = 100$ y $\sigma = 15$, y estamos interesados en encontrar la probabilidad de que la variable x sea menor de 130, entonces queremos que $P(z < 130)$.

$$z = \frac{x - \mu}{\sigma} = \frac{130 - 100}{15} = \frac{30}{15} = 2 \text{ desviaciones estándar}$$

FIGURA S4.3 ■ Distribución normal que muestra la relación exixtente entre los valores de z y x

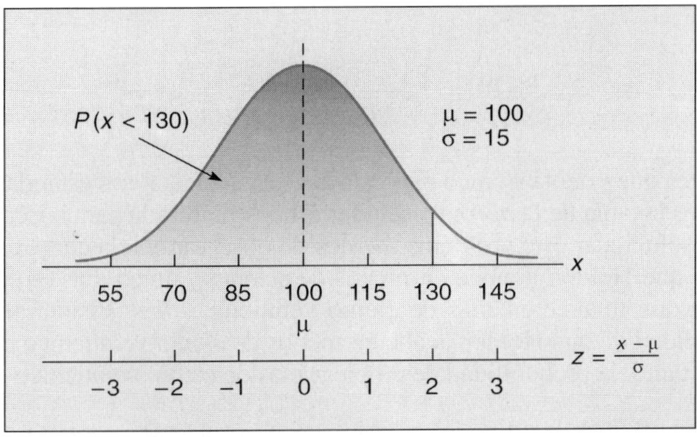

Esto significa que el punto x está a 2,0 desviaciones estándar a la derecha de la media. Esto se muestra en la Figura S4.3

Paso 2: Buscar la probabilidad en una tabla de la ley normal. En el Apéndice A se presenta una tabla con las áreas para la distribución normal estándar. Está preparada para proporcionar el área por debajo de la curva a la izquierda de cualquier valor específico de z.

Veamos cómo emplear el Apéndice A. La columna de la izquierda muestra los valores de z, apareciendo el segundo decimal del valor z en la fila superior. Por ejemplo, para un valor $z = 2{,}00$ se buscaría en la columna izquierda 2,0 y 0,00 en la fila superior. En el cuerpo de la tabla, podemos ver que el área buscada es 0,97725 o 97,7%. Por tanto,

$$P(x < 130) = P(z < 2{,}00) = 97{,}7\%$$

Esto sugiere que si la vida media de un chip de computador es de cien días con una desviación estándar de quince días, la probabilidad de que la vida de un chip seleccionado aleatoriamente sea menor de 130 es de 97,7%. Volviendo a la Figura S4.2, podemos ver que esta probabilidad podría haber sido deducida del gráfico central (nótese que 1,0 – 0,977 = 0,23 = = 2,3%, que es el área de la porción derecha final de la curva).

El Ejemplo S4.4 ilustra un uso adicional de la distribución normal.

EJEMPLO S4.4

Holden Construction Co. construye principalmente edificios de apartamentos de tres o cuatro unidades (llamados tríplex o cuádruplex) para inversores, y cree que el tiempo total de construcción en días sigue una distribución normal. El tiempo medio para construir un tríplex es de cien días, y la desviación estándar es de veinte días. Si la empresa acaba un triplex en setenta y cinco días o menos, se la premia con una bonificación de 5.000 dólares. ¿Cuál es la probabilidad de que Holden reciba la bonificación?

FIGURA S4.4 ■ Probabilidad de que Holden reciba la bonificación por finalizar en menos de setenta y cinco días.

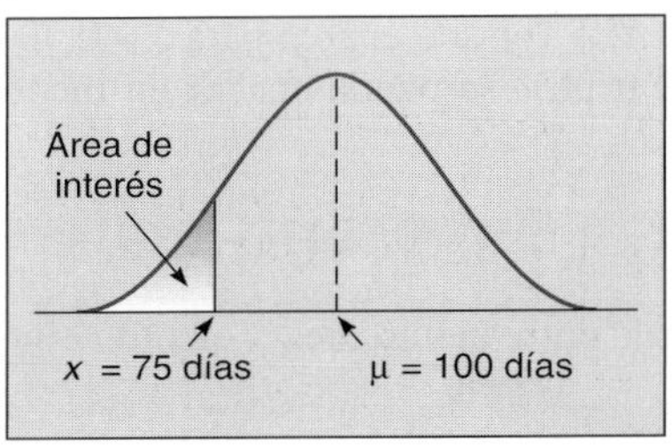

La Figura S4.4 muestra la probabilidad que estamos buscando en el área sombreada.

$$z = \frac{x - \mu}{\sigma} = \frac{75 - 100}{20} = \frac{-25}{20} = -1{,}25$$

Este valor z indica que setenta y cinco días está a –1,25 desviaciones estándar a la izquierda de la media. Pero la tabla de la normal estándar está estructurada para buscar valores positivos de z. Para solucionar este problema, hemos de observar que la curva es simétrica. La probabilidad de que Holden finalice en menos de setenta y cinco días es equivalente a la probabilidad de que finalice en más de ciento veinticinco días. Encontramos en primer lugar la probabilidad de que Holden acabe en menos de ciento veinticinco días. Este valor es 0,89435. Por tanto, la probabilidad de emplear más de ciento veinticinco días es:

$$P(x > 125) = 1{,}0 - P(x < 125) = 1{,}0 - 0{,}89435 = 0{,}10565$$

Por consiguiente, la probabilidad de finalizar un tríplex en setenta y cinco días es 0,10565, o aproximadamente un 10%.

Un segundo ejemplo: ¿Cuál es la probabilidad de que en la construcción del triplex se empleen entre ciento diez y ciento veinticinco días? Vemos en la Figura S4.5 que:

$$P(110 < x < 125) = P(x < 125) - P(x < 110)$$

FIGURA S4.5 ■ Probabilidad de que Holden finalice entre ciento diez y ciento veinticinco días

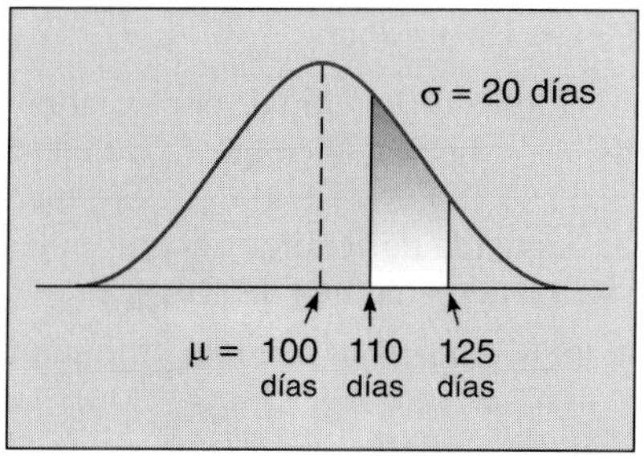

Es decir, la zona sombreada en la gráfica puede ser calculada encontrando la probabilidad de acabar la construcción en ciento veinticinco días o menos, menos la probabilidad de acabarlo en ciento diez días o menos.

Recordemos que $P(x < 125 \text{ días})$ es igual a 0,89435. Para encontrar $P(x < 110 \text{ días})$, seguimos los dos pasos descritos anteriormente:

1. $z = \frac{x - \mu}{\sigma} = \frac{110 - 100}{20} = \frac{10}{20} = 0{,}50$ desviación estándar

2. En el Apéndice A podemos ver que el área para $z = 0{,}50$ es 0,69146. Por tanto, la probabilidad de que el tríplex se pueda acabar en menos de ciento diez días es 0,69146. Finalmente,

$$P(110 < x < 125) = 0{,}89435 - 0{,}69146 = 0{,}20289$$

La probabilidad de que se tarde entre ciento diez y ciento veinticinco días es de aproximadamente un 20%.

RESUMEN

El propósito de este suplemento es ayudar a los lectores a abordar temas de toma de decisiones que implican el tratamiento de información probabilística (o incierta). Un bagaje en herramientas estadísticas es bastante útil en el estudio de la dirección de operaciones. Hemos examinado dos tipos de distribuciones de probabilidad, discretas y continuas. Las distribuciones discretas asignan una probabilidad a cada acontecimiento concreto. Las distribuciones continuas, como la distribución normal, o de forma de campana, describen variables que pueden tomar un número infinito de valores y son ampliamente utilizadas en el análisis de decisiones en los negocios y nos referiremos a ella a lo largo de este libro.

TÉRMINOS CLAVE

Distribución de probabilidad discreta
Esperanza matemática
Varianza
Desviación estándar
Distribución normal

USO DE LAS HOJAS DE CÁLCULO PARA EL CÁLCULO DE ESPERANZAS MATEMÁTICAS Y VARIANZAS

El Programa S4.1 muestra las fórmulas utilizadas para calcular la esperanza matemática del Ejemplo S4.1 y las varianzas del Ejemplo S4.2. Si los datos no están agrupados en una distribución de probabilidad, los cálculos son mucho más simples, dado que pueden emplearse directamente las fórmulas @AVG y @VAR.

PROGRAMA S4.1 El uso de la hojas de cálculo para el cálculo de las esperanzas matemáticas y varianzas. Los Ejemplos S4.1 y S4.2 se muestran con sus fórmulas.

	A	B	C	D	E
1	Examples S4.1 and S4.2				
2				Expected	
3	Test	No. of		Value	Variance
4	Scores	Students	Probability	Calculations	Calculations
5	5	10	+B5/B10	+A5*C5	((A5–D12)^2)*C5
6	4	20	+B6/B10	+A6*C6	((A6–D12)^2)*C6
7	3	30	+B7/B10	+A7*C7	((A7–D12)^2)*C7
8	2	30	+B8/B10	+A8*C8	((A8–D12)^2)*C8
9	1	10	+B9/B10	+A9*C9	((A9–D12)^2)*C9
10		@Sum(B5. .B9)			
11					
12			Expected Value	= @Sum(D5. .D9)	
13			Variance	= @Sum(E5. .E9)	
14			Standard Deviation	= @Sqrt(D13)	

PREGUNTAS DE DISCUSIÓN

1. ¿Cuál es la diferencia entre una distribución de probabilidad discreta y una continua? Dar un ejemplo de cada una de ellas.
2. ¿Qué es la esperanza matemática y qué mide? ¿Cómo se calcula en una distribución de probabilidad discreta?
3. ¿Qué es la varianza y qué mide? ¿Cómo se calcula en una distribución de probabilidad discreta?
4. Nómbrense tres procesos de una empresa que puedan ser descritos por una distribución normal.

EJERCICIO DE RAZONAMIENTO CRÍTICO

La distribución de probabilidades normal es sin duda la distribución continua más empleada y entendida en los negocios. Sus parámetros, como hemos discutido en este suplemento, son *m* y *s*. Existen otras muchas distribuciones continuas que no tienen forma de campana. Encuentre información y describa tres de ellas. ¿Cuáles son sus parámetros y su forma? Describa aplicaciones de cada una de ellas en la empresa y cuándo son más apropiadas que la distribución normal.

PROBLEMAS

· **S4.1** Sami Abbasi Health Food almacena cinco barras de pan Vita-Bread. La distribución de las ventas de Vita-Bread se muestra en la siguiente tabla. ¿Cuántas barras venderá Sami por término medio?

NÚMERO DE BARRAS VENDIDAS	PROBABILIDAD
0	0,05
1	0,15
2	0,20
3	0,25
4	0,20
5	0,15

: **S4.2** ¿Cuál es la esperanza matemática y la varianza de la siguiente distribución de probabilidad?

VARIABLE, X	PROBABILIDAD
1	0,05
2	0,05
3	0,10
4	0,10
5	0,15
6	0,15
7	0,25
8	0,15

· **S4.3** Las ventas medias de Hobi-cat, un catamarán de 17 pies, han sido 250 unidades por mes durante los últimos cinco años, con una desviación estándar de cinco barcos. Suponiendo que la demanda será aproximadamente la misma que en los años anteriores que sigue una curva normal, ¿cuál es la probabilidad de que las ventas sean inferiores a 280 barcos el próximo mes?

: **S4.4** Referente al Problema S4.3. ¿Cuál es la probabilidad de que las ventas sean superiores a 265 barcos durante el próximo mes? ¿Cuál es la probabilidad de las ventas sean inferiores a 250 barcos el próximo mes?

: **S4.5** Precision Parts es un taller especializado en la producción de ejes para motores eléctricos. El tamaño medio de un eje para el motor eléctrico E300 es de 0,55 pulgadas, con una desviación estándar de 0,10 pulgadas. El tamaño se distribuye normalmente. ¿Cuál es la probabilidad de que un eje seleccionado aleatoriamente esté entre 0,55 y 0,65 pulgadas?

: S4.6 Referente al Problema 4.5. ¿Cuál es la probabilidad de que el tamaño del eje sea superior a 0,65 pulgadas? ¿Cuál es la probabilidad de que el tamaño del eje esté entre 0,53 y 0,59 pulgadas? ¿Cuál es la probabilidad de que el tamaño del eje sea inferior a 0,45 pulgadas?

: S4.7 Un horno industrial utilizado para recocer ejes por una empresa dedicada a la fabricación de bloques de motores para coches pequeños puede mantener temperaturas prácticamente constantes. El rango de temperaturas del horno sigue una distribución normal, con media de 450 °F y una desviación estándar de 25 °F. Kamvar Farahbod, presidente de la fábrica, está preocupado por el alto número de ejes defectuosos que se han venido fabricando durante los últimos meses. Si el horno alcanza temperatura superiores a los 475 °F, el eje es defectuoso. ¿Cuál es la probabilidad de que el horno produzca un eje defectuoso? ¿Cuál es la probabilidad de que la temperatura del horno se sitúe entre 460 °F y 470 °F?

: S4.8 Bill Hardgrave, jefe de producción de la Virginia Fruit Company, estima que las ventas medias de naranjas son de 4.700 y la desviación estándar de 500 naranjas. Las ventas siguen una distribución normal.

1. ¿Cuál es la probabilidad de que las ventas sean superiores a 5.500 naranjas?

2. ¿Cuál es la probabilidad de que las ventas sean superiores a 4.500 naranjas?

3. ¿Cuál es la probabilidad de que las ventas sean inferiores a 4.900 naranjas?

4. ¿Cuál es la probabilidad de que las ventas sean inferiores a 4.300 naranjas?

: S4.9 Lori Becher ha sido la directora de producción de Medical Suppliers, Inc (MSI), durante los últimos diecisiete años. MSI es un productor de vendajes y cabestrillos para los brazos. Durante los últimos cinco años, la demanda para los vendajes sin esparadrapo ha sido bastante constante. Por término medio, las ventas han sido 87.000 paquetes. Lori tiene razones para creer que la distribución de estos vendajes sigue una distribución normal, con una desviación estándar de 4.000 paquetes. ¿Cuál es la probabilidad de que las ventas sean inferiores a 81.000 paquetes?

BIBLIOGRAFÍA

Campbell, S. *Flaws and Fallacies in Statistical Thinking*. Englewood Cliffs, NJ: Prentice Hall, 1974.

Canavos, G. C., and D. M. Miller. *An Introduction to Modern Business Statistics*. Belmont, CA: Duxbury Press, 1993.

Huff, D. *How to Lie with Statistics*. New York: Norton, 1954.

Levin, R. I., D. S. Rubin, J. P. Stinson, and E. S. Gardner. *Quantitative Approaches to Management*, 8th ed. New York: McGraw-Hill, 1992.

Render, B., and R. M. Stair. *Quantitative Analysis for Management*, 5th ed. Boston: Allyn and Bacon, 1994.

Tsokos, C. *Probability Distributions: An Introduction to Probability Theory with Applications*. North Scituate, MA: Duxbury Press, 1972.

5

PREVISIÓN

CONTENIDO DEL CAPÍTULO

OBJETIVOS DE APRENDIZAJE

Cuando termine este capítulo debería ser capaz de:

Identificar o definir:
- Previsión
- Tipos de previsión
- Horizontes temporales
- Enfoques de previsión

Explicar:
- Medias móviles
- Alisado exponencial
- Proyecciones de tendencia
- Análisis de regresión y correlación
- Medidas de precisión de la previsión.

PERFIL DE CLASE MUNDIAL: TUPPERWARE INTERNACIONAL

LA PREVISIÓN ES CRÍTICA EN LA VENTAJA COMPETITIVA DE TUPPERWARE

Matrices de una aleación de acero inoxidable, requiriendo cada una de ellas cerca de 1.000 horas de hábil tratamiento manual, son el corazón del proceso de fabricación. Cada matriz crea la forma exacta de un nuevo producto: el coste medio de la matriz es de 100.000 $ y su peso puede ser superior a las 5 toneladas. Cuando un producto específico se programa para una tanda de producción, su matriz es colocada cuidadosamente, como puede verse en la foto, en el interior de una prensa de inyección.

Cuando la gente piensa en Tupperware, les viene a la mente recipientes para el almacenaje de comida vendidos a través de reuniones caseras. Esta imagen es correcta, pero Tupperware pasa también por ser un próspero fabricante con más de un 80% de sus 1,3 billones de dólares en ventas fuera de Estados Unidos. Un nombre que resulta familiar en más de 100 países, la firma tiene 14 fábricas: una en Hemingway, S. C., cuatro en Latinoamérica, una en África, cinco en Europa y tres es Asia. En todo el mundo, Tupperware representa una calidad, proporcionando una garantía de por vida para cada uno de sus 400 productos de plástico ante un posible astillado, agrietado, rotura o descascarado.

En Tupperware, la previsión de la demanda es un proceso crítico y continuado para cada uno de los cincuenta centros de beneficio en todo el mundo responsables del cálculo de las proyecciones de las ventas con carácter mensual, trimestral y anual. Éstas se agregan por regiones y globalmente en la sede central que, a nivel mundial, tiene Tupperware en Orlando, Florida. Las previsiones dirigen la producción de cada planta.

La variedad de modelos de previsión estadística utilizados en Tupperware incluyen todas las técnicas tratadas en este capítulo como medias móviles, alisado exponencial y análisis de regresión. En las oficinas centrales se mantienen enormes bases de datos que muestran las ventas de cada producto, así como los test de mercado de cada nuevo producto (más de un 20% de las ventas de la firma provienen de productos con una antigüedad inferior a dos años) y dónde se encuentra cada producto en su propio ciclo de vida.

Tres son los factores clave en la previsión de ventas: (1) el número de "consultadores" o representantes de ventas que están registrados, (2) el porcentaje de estos distribuidores que está actualmente en "activo" (este número varía cada semana y mes), y (3) las ventas por distribuidor activo en base semanal. Las previsiones incluyen datos

Las bolitas de plástico, que son fundidas a 500 grados en productos Tupperware, caen a través de tuberías, desde recipientes del segundo piso hasta la máquina que contiene una matriz. Después de ser inyectados en moldes enfriados con agua, a una presión de 20.000 libras por pulgada cuadrada, el producto es enfriado, recogido e inspeccionado.

históricos, sucesos recientes y acciones promocionales.

Tupperware se mantiene por encima de sus duros competidores como puede ser Rubbermaid, gracias a un equipo que procesa y pule sus previsiones estadísticas. Los inputs provienen de ventas, marketing, finanzas y producción, aunque la previsión final es fruto del consenso de todos los directivos participantes. Este último paso es la versión de Tupperware del "jurado de opinión ejecutiva" descrito en este capítulo.

Esta línea de empaquetado ensambla y empaqueta miles de productos diariamente. El sistema semiautomático de pedidos, distribución y almacenaje de Tupperware utiliza una línea robotizada que automáticamente "escoge" pedidos individuales y los coloca en cajas de cartón. Desde grandiosos almacenes, los pedidos son enviados a través de toda Norteamérica.

Proceso de Manufacturación de Tupperware

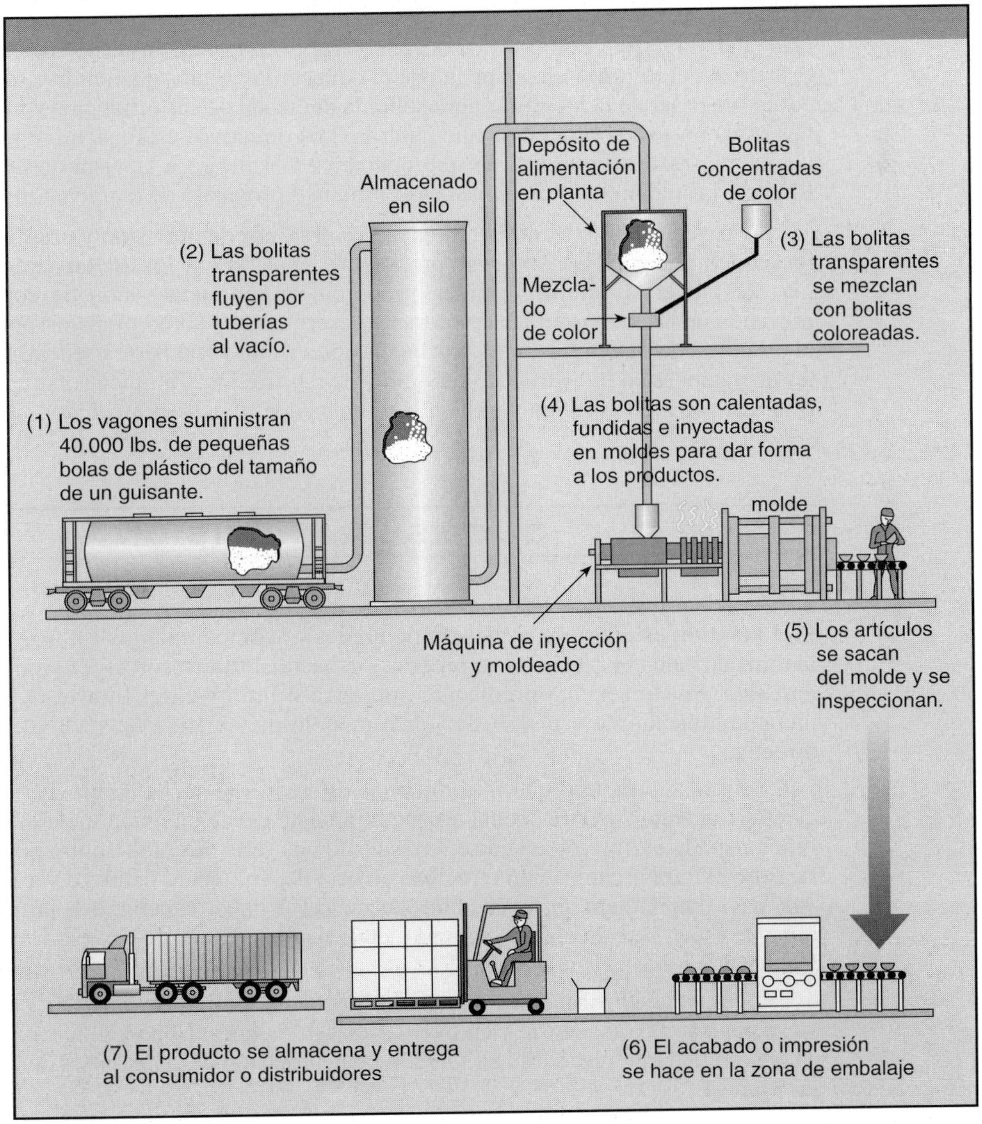

En 1970, Boeing, McDonnell Douglas y Lockeeed, todas ellas empresas americanas, dominaban el mercado mundial de los aviones comerciales. Para equilibrar este poderío americano, un grupo de países europeos comenzaron a subvencionar a la Europea Airbus Industries, ya que de esta forma podría mejorar la calidad y productividad en su producción de aviones a reacción. En 1990, alrededor de un 85% de los aviones a reacción de las líneas aéreas de todo el mundo se fabricaban todavía en los EE.UU., pero Airbus se había hecho con una tercera parte de los nuevos contratos mundiales. Utilizando técnicas de previsión que se estudiarán en este capítulo, Airbus predijo que las enormes inversiones realizadas (multimillonarias en dólares) se recuperarían. Entre 1990 y 2008, las previsiones indican que se venderán 11.500 aviones valorados en 600 mil millones de dólares. Airbus, número dos en ventas tras Boeing, prevé un incremento significativo de su cuota de mercado.♦

Cada día, directivos como los de Airbus y Tupperware toman decisiones sin saber lo que ocurrirá en el futuro. Lanzan pedidos sin conocer las ventas que tendrán, compran nuevos equipos a pesar de la incertidumbre sobre la demanda de sus productos y realizan inversiones sin conocer los beneficios que tendrán. Los directivos están siempre intentando hacer las mejores estimaciones de lo que ocurrirá en el futuro a la vista de la incertidumbre. Realizar las mejores estimaciones es el principal propósito de la previsión.

En este capítulo examinaremos diferentes tipos de previsión y presentaremos distintos modelos de previsión. Nuestro propósito es mostrar que los directivos tienen varias formas de prever el futuro. También proporcionaremos una visión de conjunto sobre la previsión de las ventas en las empresas y describiremos cómo preparar, controlar y juzgar la exactitud de una previsión. Unas buenas previsiones son parte esencial de unas eficientes operaciones en industrias de servicio y de fabricación. También son una importante herramienta de modelización, tanto en la toma de decisiones estratégicas como tácticas.

QUÉ ES LA PREVISIÓN

Previsión

La **Previsión** es el arte y la ciencia de predecir acontecimientos futuros. Puede suponer la toma de datos históricos y su proyección hacia el futuro con algún tipo de modelo matemático. Puede ser una predicción subjetiva o intuitiva del futuro. O puede englobar una combinación de éstas, es decir, un modelo matemático ajustado al buen juicio del directivo.

Al mismo tiempo que introducimos diferentes técnicas de previsión a lo largo del capítulo, el lector se dará cuenta de que raramente existe un único método óptimo. Lo que funcionar a la perfección en una empresa bajo una serie de condiciones, podría resultar desastroso en otra organización o incluso en otro departamento dentro de la misma empresa. Además comprenderá que existen límites de lo que puede esperarse de las previsiones. Raramente éstas, si se da el caso, serán exactas, siendo además de costosa y lenta preparación y control.

De cualquier forma, pocos negocios pueden permitirse evitar el proceso de previsión y esperar a ver lo que ocurre y entonces tomar decisiones. Una planificación eficiente tanto a corto como largo plazo está en función de la previsión de la demanda de los productos de la empresa.

Horizontes temporales de la previsión

Las previsiones normalmente se clasifican según el horizonte de tiempo futuro que abarcan.[1] Hay tres clases de previsiones, a saber:

1. *Previsión a corto plazo*. Esta previsión tiene una cobertura de hasta un año, aunque generalmente inferior a tres meses. Se utiliza para la planificación de compras, programación de trabajos, programación de las necesidades de mano de obra, asignación de tareas y planificación de los niveles de producción.
2. *Previsión a medio plazo*. Una previsión a medio plazo o intermedia, generalmente abarca entre tres meses y tres años. Es útil para la planificación de las ventas, de la producción, del presupuesto y del presupuesto de caja, así como para el análisis de varios planes operativos.
3. *Previsiones a largo plazo*. Generalmente abarcan períodos superiores a tres años y son utilizadas para la planificación de nuevos productos, desembolsos de capital, localización de instalaciones o expansión, así como para la investigación y desarrollo.

Las previsiones a medio y a largo plazo tienen tres características que las diferencian de las hechas a corto plazo. Primero, las previsiones a medio y largo plazo tratan de problemas más generales y dan soporte a las decisiones de la dirección, en cuanto a planificación y productos, plantas y procesos. Implementar decisiones de localización e instalación de una factoría, como la de General Motors, para abrir una nueva planta de fabricación del modelo Saturno, puede llevar de cinco a ocho años de principio a fin. Segundo, las previsiones a corto plazo emplean normalmente diferentes metodologías a las utilizadas en las previsiones a largo plazo. Técnicas matemáticas como la de medias móviles, alisado exponencial y extrapolación de tendencia (todos los cuales examinaremos brevemente) son comunes en las proyecciones a corto plazo. En términos generales, métodos menos cuantitativos son de utilidad en la predicción de temas, tales como si un nuevo producto, por ejemplo el grabador de discos ópticos, debería introducirse en la línea de productos de la empresa. Tercero, como bien supone, las previsiones a corto plazo tienden a ser más exactas que las realizadas a largo plazo. Los factores que influyen sobre la demanda cambian a diario. En consecuencia, si aumentamos el horizonte temporal, es probable que la fiabilidad disminuya. Es obvio, por tanto, que las previsiones de las ventas necesitan ser actualizadas con regularidad con vistas a conservar su valor e integridad. Tras cada período de ventas, las previsiones deben repasarse y revisarse.

La influencia del ciclo de vida del producto

Otro factor a considerar cuando se desarrollan previsiones de ventas, especialmente a largo plazo, es el ciclo de vida del producto. Los productos e incluso los servicios no se venden al mismo ritmo a lo largo de toda su vida. La mayoría de los productos de más éxito pasan por cuatro etapas: (1) introducción, (2) crecimiento, (3) madurez y (4) declive.

Los productos situados en las dos primeras etapas de su vida necesitan previsiones a largo plazo, a diferencia de los que se encuentran en madurez y declive. Las previsiones son útiles para proyectar los diferentes niveles de personal, de inventarios y de capacidad de producción requeridos, mientras el producto pasa de la primera a la última etapa. La introducción de nuevos productos y sus ciclos de vida se tratan con mayor detalle en el Capítulo 6.

---

[1] Para más detalles, ver Peter W. Stonebraker y G. Keong Leong, *Operations Strategy* (Boston: Allyn y Bacon, 1994).

TIPOS DE PREVISIONES

Las organizaciones utilizan principalmente tres tipos de previsiones en la planificación del futuro de sus operaciones.

Previsiones económicas

1. **Previsiones económicas** dirigidas al ciclo empresarial prediciendo las tasas de inflación, masa monetaria, construcción de primeras viviendas y otros indicadores económicos.

Previsiones tecnológicas

2. **Previsiones tecnológicas** referentes al ritmo de progreso tecnológico, que puede provocar el nacimiento de interesantes productos que necesitan nuevas plantas y equipo.

Previsiones de demanda

3. Las **previsiones de demanda** son proyecciones de la demanda de los productos o servicios de la empresa. Estas previsiones, también denominadas previsiones de ventas, determinan la producción de las empresas, su capacidad y los sistemas de planificación y sirven como inputs de cara a la planificación financiera, de marketing y de personal.

Las previsiones económicas y tecnológicas son técnicas especializadas que están situadas fuera del papel del director de operaciones. En consecuencia, en este libro se hará especial énfasis en la previsión de la demanda.

ENFOQUES DE LA PREVISIÓN

Previsiones cuantitativas
Previsiones cualitativas

Existen dos enfoques generales de las previsiones, de la misma forma que existen dos formas de abordar toda modelización de decisiones. Una sería el análisis cuantitativo y otra sería el análisis cualitativo. Las **previsiones cuantitativas** emplean diferentes modelos matemáticos que utilizan datos históricos y/o variables causales para prever la demanda. Las **previsiones cualitativas** o subjetivas incorporan importantes factores, tales como la intuición del que toma decisiones, emociones, experiencias personales y sistemas de valores para realizar la previsión. Algunas empresas utilizan un enfoque, mientras que otras utilizan el otro. En la práctica, lo más efectivo suele ser una combinación o mix de los dos estilos.

Visión global de los métodos cualitativos

En esta sección consideraremos cuatro técnicas diferentes de previsión *cualitativa*.

Jurado de opinión ejecutiva

1. **Jurado de opinión ejecutiva.** Bajo este método, las opiniones de unos directivos de alto nivel, a menudo en combinación con modelos estadísticos, son agrupadas para llegar a una estimación conjunta de la demanda.

Composición de la fuerza de ventas

2. **Composición de la fuerza de ventas.** En este enfoque, cada vendedor estima las ventas que habrá en su zona. Estas previsiones son entonces revisadas para comprobar su realidad y posteriormente combinarlas a nivel regional y nacional con el fin de alcanzar una previsión global.

Método Delphi

3. **Método Delphi.** Existen tres tipos diferentes de participantes en el Método Delphi: los que toman decisiones, el personal staff y los que responden. Los que toman decisiones suelen ser un grupo de 5 ó 10 expertos que realizan la actual previsión. El personal staff asiste a los tomadores de decisiones preparando, distribuyendo, coleccionando y resumiendo una serie de cuestionarios y resultados de estudios.

Los que responden son un grupo de personas, a menudo ubicadas en diferentes lugares, cuyas opiniones son apreciadas y han sido seleccionadas. Este grupo proporciona inputs para tomar las decisiones antes de que elaboren la previsión. Una aplicación de esta técnica es la reflejada en la foto de la página 162, donde se describe cómo el Estado de Alaska utiliza el método Delphi para desarrollar sus previsiones a largo plazo.

4. **Estudio de mercado.** Este método requiere inputs provenientes de los consumidores o clientes potenciales en lo referente a sus futuros planes de compra. Puede ser útil no sólo a la hora de preparar una previsión, sino también para mejorar el diseño de un producto y planificar nuevos productos.

Para una idea sobre la tendencia futura en el mundo de la investigación científica, Bristol Myers Squibb Company preguntó a 220 científicos investigadores de reconocido prestigio. Estos líderes constituyeron un jurado de opinión ejecutiva sugiriendo que el tratamiento de las enfermedades debe concentrarse en las causas de la enfermedad. En otras palabras, más que tratar enfermedades como el cáncer a través de la eliminación de los síntomas, el tratamiento médico se centrará en el ataque de las células individuales de la enfermedad en sí misma. Como resultado de esta previsión cualitativa, Bristol-Myers creó el clasificador fluorescente-activado de células, el cual marca los anticuerpos de las células del tumor utilizando láseres y computadores.

Visión global de los métodos cuantitativos

En este capítulo se hará referencia a cinco métodos de previsión cuantitativa, que son los siguientes:

1. Enfoque sencillo 2. Medias móviles 3. Alisado exponencial 4. Proyección de tendencia	Series Temporales
5. Modelos causales de regresión lineal.	Modelo Causal

MODELOS DE SERIES TEMPORALES. Los modelos de series temporales predicen bajo la premisa de que el futuro es una función del pasado. En otras palabras, observan lo que ha ocurrido a lo largo de un período de tiempo y utilizan una serie de datos pasados para realizar una previsión. Si estamos prediciendo las ventas semanales de cortacéspedes, utilizaremos las ventas de cortacéspedes de semanas anteriores al realizar las previsiones.

Modelos de series temporales

MODELOS CAUSALES. Los modelos causales, como la regresión lineal, incorporan variables o factores que pueden influir sobre la previsión. Por ejemplo, un modelo causal para las ventas de cortacéspedes podría incluir factores como el número de viviendas nuevas, el presupuesto de publicidad y los precios de la competencia.

Modelos causales

Los ocho pasos de un sistema de previsión

Las previsiones siempre siguen los mismos ocho pasos, independientemente del método adoptado:

1. Determinar la utilización de la previsión. ¿Qué objetivos perseguimos?
2. Seleccionar los artículos de los que se va a realizar la previsión.
3. Determinar el horizonte temporal de la previsión, es decir, corto, medio o largo plazo.
4. Seleccionar el (los) modelo(s) de previsión.
5. Recogida de los datos necesarios para realizar la previsión.
6. Validar el modelo de previsión.
7. Realizar la previsión.
8. Implementar los resultados.

Estos pasos presentan de una forma sistemática el inicio, diseño e implementación de un sistema de previsiones. Cuando el sistema se va a utilizar para generar previsiones con regularidad a lo largo del tiempo, los datos deben recogerse de forma habitual. Entonces los cálculos que suelen hacerse para prever se hacen con computadores. Éste es el proceso que casi todo minorista desde Wal-Mart hasta Sears o Bloomingdales, siguen diariamente, utilizando terminales informáticos de puntos de venta como instrumentos de recolección de datos. El apartado de POM en Acción "Sistemas expertos cambian la forma en que prevé Xerox" describe cómo esta firma desarrolla su sistema de previsión actual.

PREVISIÓN DE SERIES TEMPORALES

Una serie temporal se basa en una secuencia uniformemente espaciada (semanal, mensual, trimestralmente y demás) de datos. Por ejemplo, las ventas semanales de las Nike Air Jordan, los informes trimestrales de las ganancias de Microsoft, los envíos diarios de cervezas Coors o el Índice de Precios al Consumo. Prevenir series temporales de datos implica que los valores futuros son previstos únicamente a partir de los valores anteriores, ignorando el resto de variables, independientemente de su valor potencial.

La economía de Alaska está dominada por el petróleo. Un asombroso 90% del presupuesto del Estado proviene de los 1,5 millones de barriles de petróleo bombeado diariamente a lo largo de esta tubería en la bahía de Prudhoe. Para desarrollar una previsión económica a largo plazo, el Estado de Alaska utiliza el método Delphi. El extenso panel Delphi de expertos debía representar todos los grupos y opiniones del Estado y de todas las áreas geográficas. Sólo Delphi era la herramienta perfecta de previsión, ya que podía eliminarse el viaje del panelista. Esto también supuso la participación de los habitantes de Alaska, ya que sus planes no estaban afectadas por reuniones y distancias.

Descomposición de una serie temporal

Analizar series temporales significa desgranar los datos pasados en componentes para después proyectarlos hacia el futuro. Una serie temporal normalmente tiene cuatro componentes: tendencia, estacionalidad, ciclos y variación aleatoria.

Periodo del Modelo	Duración de la Estación	Número de Estaciones en el Modelo
Semana	Día	7
Mes	Semana	4–4½
Mes	Día	28–31
Año	Trimestre	4
Año	Mes	12
Año	Semana	52

1. *Tendencia* es el movimiento gradual de ascenso o descenso de los datos a lo largo del tiempo.
2. *Estacionalidad* es una muestra de datos que se autorrepite cada cierto número de días, semanas, meses o trimestres (siendo de este último de donde surge el término estacionalidad, es decir, de las estaciones, otoño, invierno, primavera y verano). Existen seis modelos de estacionalidad:
3. *Ciclos* son variaciones en los datos que ocurren cada cierto número de años. Normalmente están ligados a ciclos económicos y son de gran importancia en el análisis y planificación de negocios a corto plazo.
4. *Variaciones aleatorias* son variaciones inesperadas en los valores causados por el azar y situaciones inusuales. No siguen ningún modelo predecible.

La Figura 5.1 muestra una serie temporal y sus componentes.

En estadística existen dos tipos generales de modelos de series temporales. El utilizado con mayor frecuencia es el modelo multiplicativo, que asume que la demanda es el producto de cuatro componentes:

POM EN ACCIÓN

Los sistemas expertos cambian la manera de realizar previsiones de Xerox

"Sistemas expertos" e "inteligencia artificial" no son los términos usados con mayor asiduidad en la sala de juntas de la compañía. Siendo cada vez más populares, describen sistemas informáticos que usan conocimientos sobre una específica y compleja área de aplicación y actúan como un experto consultor para los usuarios. La utilización de este nuevo software, que permite a un computador imitar el razonamiento humano, ha hecho la planificación de Xerox Corp. mucho más flexible que hasta ahora.

Hasta 1990, el equipo de previsión de este gigante de las copiadoras, situado en el séptimo lugar en la lista de ventas, utilizaba una mezcla de modelos y métodos de previsión para realizar su trabajo. En un extremo, los analistas representaban gráficamente los datos históricos y los extrapolaban al futuro para cada línea de copiadoras. Estos gráficos eran después distribuidos por toda la compañía. En el otro extremo, algunos analistas utilizaban modelos de hojas de cálculo, como el Lotus 123. Este enfoque era tan laborioso y suponía tanto tiempo para llevarse a cabo que la realización de la previsión del próximo año debía comenzar en julio del año anterior. Además, el equipo podía únicamente prever los siguientes doce meses.

Ahora, tras dos años de desarrollo, se ha puesto en marcha un nuevo modelo de previsión que utiliza sistemas expertos. No solamente Xerox puede esperar hasta octubre para comenzar el desarrollo de la siguiente previsión, sino que además puede hacer previsiones de tres años. Además, el nuevo sistema analiza constantemente los resultados reales versus la previsión, actualizando sus parámetros para pulir aún más su precisión. Además, el tiempo ahorrado permite al equipo de Xerox considerar de qué forma factores externos a la empresa, como la inflación o las actividades de los rivales, podrían afectar a las futuras ventas.

Fuentes: *Business week* (2 de noviembre de 1992): 133-136; CIO (agosto de 1993): 38-46; y *MIS Quarterly* (septiembre de 1990): 323-329.

Demanda = tendencia × estacionalidad × ciclo × variación aleatoria.

Un modelo aditivo proporciona una estimación sumando el conjunto de los componentes. Se formula como:

Demanda = tendencia + estacionalidad + ciclo + variación aleatoria.

En los modelos más realistas, los que realizan la previsión suponen que las variaciones aleatorias se compensan a lo largo del tiempo. Entonces se concentran únicamente en la

FIGURA 5.1 ■ Demanda de un producto trazada a lo largo de cuatro años, indicando la tendencia y la estacionalidad.

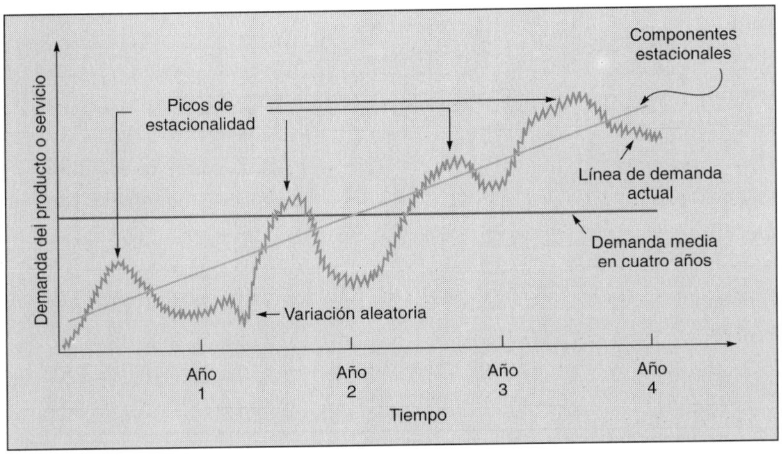

componente estacional y en una componente que es una combinación de los factores de tendencia y cíclicos.

Enfoque simple

La forma más simple de prever es suponer que la demanda del próximo período es justamente igual a la demanda del último período. En otras palabras, si las ventas de teléfonos celulares Motorola fueron de 68 unidades en el mes de enero, podemos prever que las ventas en el mes de febrero serán también de 68 teléfonos. ¿Tiene esta forma de actuar algún sentido? Pues resulta que, para algunas líneas de productos, seleccionar el enfoque simple es el modelo de previsiones de mayor relación eficacia-coste y eficiencia en la consecución de objetivos. Por lo menos proporciona un punto de partida al que pueden compararse los modelos mucho más complejos que a continuación se presentarán.

Medias móviles

Una previsión con media móvil utiliza un grupo de recientes valores de los datos para generar una previsión. Las medias móviles son útiles si podemos suponer que las demandas del mercado serán estables a lo largo del tiempo. Una media móvil de cuatro meses se halla simplemente sumando la demanda habida durante los últimos cuatro meses y dividiéndola por 4. Con la llegada de un nuevo mes, el nuevo valor se añade a la suma de los tres meses previos y se elimina la estimación del mes más antiguo. Este modelo tiende a alisar las irregularidades a corto plazo en las series de datos.

Matemáticamente, la media móvil simple (que sirve como estimador de la demanda del próximo período) se expresa como

$$\text{Media Móvil} = \frac{\Sigma \text{ demanda en } n \text{ periodos previos}}{n} \tag{5.1}$$

donde n es el número de períodos en la media móvil, por ejemplo 4, 5, ó 6 meses, para medias móviles de 4, 5, ó 6 períodos, respectivamente.

EJEMPLO 5.1

Las ventas de cobertizos en el Garden Center de Donna se muestran en la columna del centro de la tabla. A la derecha aparece una media móvil de tres meses.

MES	VENTAS REALES DE COBERTIZOS	MEDIA MÓVIL TRIMESTRAL
Enero	10	
Febrero	12	
Marzo	13	
Abril	16	(10 + 12 + 13)/3 = 11⅔
Mayo	19	(12 + 13 + 16)/3 = 13⅔
Junio	23	(13 + 16 + 19)/3 = 16
Julio	26	(16 + 19 + 23)/3 = 19⅓
Agosto	30	(19 + 23 + 26)/3 = 22⅔
Septiembre	28	(23 + 26 + 30)/3 = 26⅓
Octubre	18	(26 + 30 + 28)/3 = 28
Noviembre	16	(30 + 28 + 18)/3 = 25⅓
Diciembre	14	(28 + 18 + 16)/3 = 20⅔

. Cuando existe una tendencia o modelo detectable, pueden utilizarse pesos para enfatizar más los valores recientes. Esto hace que estas técnicas sean más sensibles a los cambios porque los períodos más recientes se ponderan con mayor peso. La elección de los pesos es algo arbitrario, ya que no existe ninguna fórmula para determinarlos. Por tanto, decidir qué pesos utilizar requiere experiencia y un poco de suerte. Si al último mes se le da demasiado peso, la previsión puede reflejar demasiado rápido una importante variación en la demanda o las ventas.

El peso medio móvil se puede expresar matemáticamente como:

$$\text{Peso de la media móvil} = \frac{\Sigma\ (\text{peso para el período } n)\ (\text{demanda en el período } n)}{\Sigma\ \text{pesos}} \qquad (5.2)$$

El Ejemplo 5.2 muestra cómo calcular el peso de una media móvil

EJEMPLO 5.2

El Garden Center de Donna (ver Ejemplo 5.1) decide prever las ventas de cobertizos ponderando los tres meses pasados de la siguiente forma:

PESOS APLICADOS	PERÍODO
3	Último mes
2	Penúltimo mes
1	Antepenúltimo mes
6	Suma de pesos

Previsión para este mes =

$$\frac{③ \times \text{ventas último mes} + ② \times \text{ventas penúltimo mes} + ① \times \text{ventas antepenúltimo mes}}{6 \leftarrow \text{suma de pesos}}$$

Los resultados de esta previsión de media ponderada son los siguientes:

MES	VENTAS REALES	MEDIA MÓVIL TRIMESTRAL PONDERADA
Enero	10	
Febrero	12	
Marzo	13	
Abril	16	$[(3 \times 13) + (2 \times 12) + (10)]/6 = 12\frac{1}{6}$
Mayo	19	$[(3 \times 16) + (2 \times 13) + (12)]/6 = 14\frac{1}{3}$
Junio	23	$[(3 \times 19) + (2 \times 16) + (13)]/6 = 17$
Julio	26	$[(3 \times 23) + (2 \times 19) + (16)]/6 = 20\frac{1}{2}$
Agosto	30	$[(3 \times 26) + (2 \times 23) + (19)]/6 = 23\frac{5}{6}$
Septiembre	28	$[(3 \times 30) + (2 \times 26) + (23)]/6 = 27\frac{1}{2}$
Octubre	18	$[(3 \times 28) + (2 \times 30) + (26)]/6 = 28\frac{1}{3}$
Noviembre	16	$[(3 \times 18) + (2 \times 28) + (30)]/6 = 23\frac{1}{3}$
Diciembre	14	$[(3 \times 16) + (2 \times 18) + (28)]/6 = 18\frac{2}{3}$

En este caso particular, se puede comprobar cómo sobreponderando el último mes se obtiene una proyección mucho más precisa.

Tanto la media móvil simple como la ponderada son efectivas en el alisado de súbitas fluctuaciones de las series de demanda con el fin de proporcionar estimaciones estables. Las medias móviles tienen, no obstante, tres inconvenientes. Primero, al incrementar el número *h* (número de períodos promediados) el alisado es mejor, pero hace que el método sea menos sensible a cambios *reales* en los datos. Segundo, las medias móviles no son muy buenas a la hora de captar tendencias. Esto es debido a que son medias y por ello siempre estarán entre los valores pasados o históricos y no podrán predecir un cambio, ya sea a un nivel superior o inferior. Finalmente, las medias móviles requieren de un gran número de datos históricos.

La Figura 5.2 es un gráfico de los datos de los Ejemplos 5.1 y 5.2, que muestra el efecto retraso de los modelos de medias móviles.

Alisado exponencial

Alisado exponencial

El **alisado exponencial** es uno de los sofisticados métodos de previsión a través de medias móviles ponderadas que todavía es relativamente fácil de utilizar. Necesita un pequeño número de datos históricos. La fórmula base del alisado exponencial es:

Nueva previsión = previsión del último período +
+ α (demanda real del último período – previsión del último período) (5.3)

Constante de alisado

donde α es un peso o **constante de alisado**, escogido por quien realiza la previsión y que tiene un valor comprendido entre 0 y 1. La Ecuación (5.3) también puede ser expresada de forma matemática como:

$$F_t = F_{t-1} + \alpha\,(A_{t-1} - F_{t-1}) \qquad (5.4)$$

FIGURA 5.2 ■ Figura 5.2. Demanda real vs. los métodos de Media Móvil y de Media Móvil ponderada para el Garden Center de Donna.

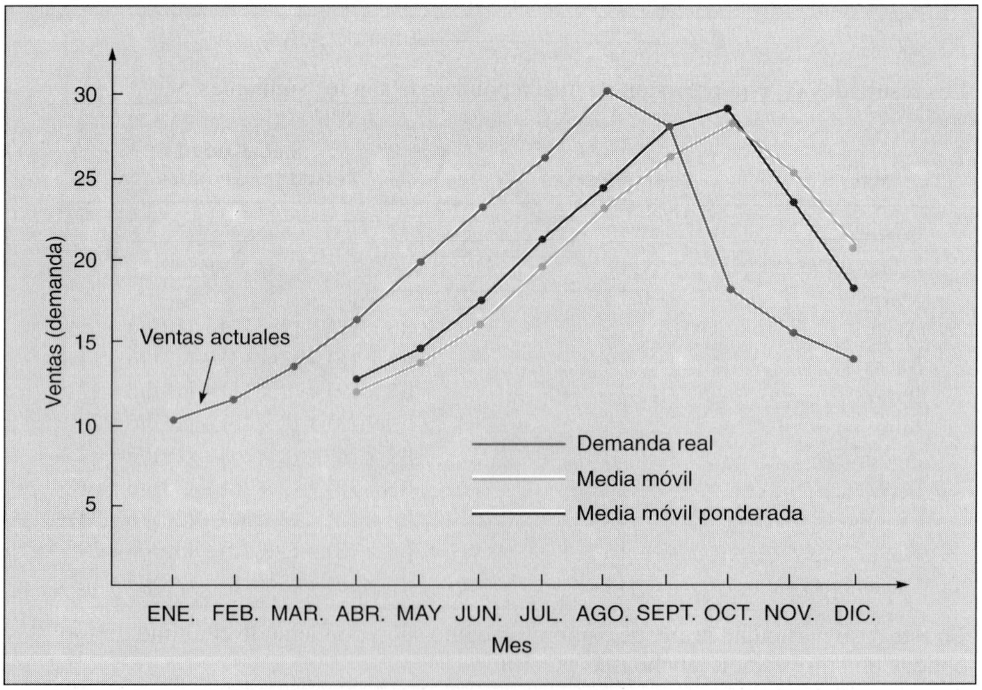

Donde F_t = Nueva previsión
F_{t-1} = Previsión anterior (última)
α = Constante de alisado ($0 \leq \alpha \leq 1$)
A_{t-1} = Demanda real del período anterior

El concepto no es complejo. La última estimación de la demanda es igual a nuestra vieja estimación, ajustada a una fracción de la diferencia entre la demanda real del último período y la vieja estimación. En el Ejemplo 5.3 se muestra cómo usar el alisado exponencial para deducir una previsión.

EJEMPLO 5.3

En enero, un vendedor de coches predijo para febrero una demanda de 142 Ford Mustang. La demanda real en febrero fue de 153 coches. Utilizando una constante de alisado escogida por gerencia, de α = 0,2, podemos predecir la demanda de marzo, utilizando el modelo de alisado exponencial. Sustituyendo en la fórmula, obtenemos:

Nueva previsión (para la demanda de marzo) = 142 + 0,2 (153 – 142)
= 144,2

Por tanto, la demanda redondeada prevista de Ford Mustang en marzo es de 144.

Habitualmente, la *constante de alisado* está en el rango de 0,05 a 0,5 para las aplicaciones empresariales. Puede cambiarse con el fin de dar mayor peso a valores recientes (cuando α sea alta) o a valores pasados (cuando α sea baja). Para demostrar este concepto de ponderación, la Ecuación 5.4 puede ser reescrita algebraicamente de forma:

$$F_t = \alpha A_{t-1} + \alpha(1 - \alpha)A_{t-2} + \alpha(1 - \alpha)^2 A_{t-3} + \alpha(1 - \alpha)^3 A_{t-4} + ... + \alpha(1 - \alpha)^n A_{t-n} \quad (5.5)$$

donde la suma de pesos es igual a 1. Aunque esta serie temporal retroceda *h* períodos (donde *h* puede ser mucho tiempo), la importancia del pasado disminuye rápidamente cuando *a* se incrementa. Cuando a alcanza el extremo 1, entonces la Ecuación (5.5), F_t = 1.0, A_{t-1}. Desaparecen todos los viejos valores y la previsión llega a ser idéntica al modelo sencillo que se ha mencionado al principio de este capítulo. Es decir, la previsión para el próximo período es exactamente la misma que la demanda en este período.

La siguiente tabla ayuda a ilustrar este concepto. Por ejemplo, cuando a = 0,5, podemos comprobar que la nueva previsión está basada casi por entero en la demanda de los últimos tres o cuatro períodos. Cuando a = 0,1, la previsión asigna pequeños pesos a las demandas recientes y toma en cuenta muchos períodos (unos 19) de valores históricos en el cálculo.

	Peso asignado al				
Constante de alisado	Período más reciente (α)	2.º período más reciente $\alpha(1 - \alpha)$	3.er período más reciente $\alpha(1 - \alpha)^2$	4.º período más reciente $\alpha(1 - \alpha)^3$	5.º período más reciente $\alpha(1 - \alpha)^4$
α = 0,1	0,1	0,09	0,081	0,073	0,066
α = 0,5	0,5	0,25	0,125	0,063	0,031

SELECCIONAR LA CONSTANTE DE ALISADO. El enfoque del alisado exponencial es fácil de utilizar y ha sido aplicado con éxito en casi todo tipo de negocios. El valor apropiado de a, sin embargo, puede marcar la diferencia entre una previsión precisa o una imprecisa. A la hora de escoger el valor de la constante de alisado, el objetivo es el de obtener la previsión más precisa. La precisión de un modelo de previsión puede determinarse comparando los valores previstos de períodos del pasado con la demanda ya observada de estos períodos. El error de previsión se define como:

Error de la previsión = demanda – previsión.

Desviación absoluta media (D.A.M.)

DESVIACIÓN ABSOLUTA MEDIA. Una medida del error global de un modelo de previsión es la **desviación absoluta media (D. A. M.)**. Este valor se calcula sumando los valores absolutos de los errores de previsión individuales y dividiendo por el número de períodos de los datos (n).

$$\text{D. A. M.} = \frac{\Sigma\ |\text{error de previsión}|}{n} \qquad (5.6)$$

El Ejemplo 4 aplica este concepto con un test de prueba y error con dos valores de α.

EJEMPLO 5.4

El puerto de Baltimore ha descargado grandes cantidades de grano de los barcos durante los últimos ocho trimestres. El director de operaciones quiere analizar la utilización de la técnica del alisado exponencial en la previsión del tonelaje descargado. Para ello, supone que la previsión del grano descargado en el primer trimestre fue de 175 toneladas. Dos son los valores de a examinados: $\alpha = 0{,}10$ y $\alpha = 0{,}50$. La siguiente tabla muestra el detalle de los cálculos para $\alpha = 0{,}10$ únicamente:

TRIMESTRE	TONELADAS REALMENTE DESCARGADAS	PREVISIÓN REDONDEADA UTILIZANDO $\alpha = 0{,}10$*	PREVISIÓN REDONDEADA UTILIZANDO $\alpha = 0{,}50$*
1	180	175	175
2	168	176 = 175,00 + 0,10(180 – 175)	178
3	159	175 = 175,50 + 0,10(168 – 175,50)	173
4	175	173 = 174,75 + 0,10(159 – 174,75)	166
5	190	173 = 173,18 + 0,10(175 – 173,18)	170
6	205	175 = 173,36 + 0,10(190 – 173,36)	180
7	180	178 = 175,02 + 0,10(205 – 175,02)	193
8	182	178 = 178,02 + 0,10(180 – 178,02)	186
9	?	179 = 178,22 + 0,10(182 – 178,22)	184

*Previsión redondeada a la tonelada más cercana.

Para evaluar la exactitud de cada constante de alisado, pueden calcularse las desviaciones absolutas y D. A. M.

TRIMESTRE	TONELADAS REALMENTE DESCARGADAS	PREVISIÓN REDONDEADA UTILIZANDO $\alpha = 0{,}10$	DESVIACIÓN ABSOLUTA PARA $\alpha = 0{,}10$	PREVISIÓN REDONDEADA UTILIZANDO $\alpha = 0{,}50$	DESVIACIÓN ABSOLUTA PARA $\alpha = 0{,}50$
1	180	175	5	175	5
2	168	176	8	178	10
3	159	175	16	173	14
4	175	173	2	166	9
5	190	173	17	170	20
6	205	175	30	180	25
7	180	178	2	193	13
8	182	178	4	186	4
	Suma de las derivaciones absolutas		84		100
	$\text{MAD} = \dfrac{\Sigma\ \lvert\text{derivaciones}\rvert}{n}$		10,50		12,50

En base a este análisis es preferible una constante de alisado de $\alpha = 0{,}10$ que una de $\alpha = 0{,}50$, ya que su D. A. M. es menor.

La mayoría de los programas informáticos para el cálculo de previsiones hallan de forma automática el valor de la constante de alisado con el menor error de previsión. Otros programas modifican el valor de alfa si los errores sobrepasan valores superiores a lo aceptable.

Error cuadrático medio (E. C. M.)

ERROR CUADRÁTICO MEDIO. El **error cuadrático medio (E. C. M.)** es otra forma de medir el error global de la previsión. E. C. M. es la media de las diferencias cuadráticas entre la previsión y los valores observados. Su fórmula es

$$\text{E. C. M} = \frac{\Sigma \text{ errores de previsión}^2}{n} \qquad (5.7)$$

En el Ejemplo 5.5 se halla el E. C. M. para el Puerto de Baltimore utilizado en el Ejemplo 5.4.

EJEMPLO 5.5

TRIMESTRE	TONELADAS DESCARGADAS REALMENTE	PREVISIÓN PARA $\alpha = 0{,}10$	$(\text{ERROR})^2$
1	180	175	$5^2 = 25$
2	168	176	$8^2 = 64$
3	159	175	$(16)^2 = 256$
4	175	173	$2^2 = 4$
5	190	173	$(17)^2 = 289$
6	205	175	$(30)^2 = 900$
7	180	178	$2^2 = 4$
8	182	178	$4^2 = 16$
			Suma de errores cuadráticos = 1.558

$$\text{MSE} = \frac{\Sigma \text{ errores de previsión}^2}{n} = 1.558/8 = 194{,}75$$

¿Es éste un buen E. C. M.? La respuesta está en función de los valores de M. C. E. para otros valores de *a*. Como ejercicio práctico, halle el E. C. M. para $\alpha = 0,50$ (debería obtener una E. C. M.= 201,5). Lo cual indica que $\alpha = 0,10$ es una mejor elección, ya que queremos minimizar E. C. M. Casualmente, esto confirma la conclusión alcanzada en el Ejemplo 5.4 utilizando D. A. M.

Alisado exponencial con ajuste de tendencia

Como con cualquier técnica de medias móviles, el alisado exponencial simple fracasa al responder a las tendencias. Presentaremos un modelo de alisado exponencial más complejo y consideraremos uno que ajuste tendencias. La idea es calcular una simple previsión de alisado exponencial de la forma anteriormente vista y entonces ajustarla para retrasos positivos o negativos en la tendencia. La fórmula es

Previsión incluyendo tendencia (PIT_t) = nueva previsión (F_t) + corrección de tendencia (T_t)

Para alisar la tendencia, la ecuación para la corrección de tendencia utiliza una constante de alisado *b*, de la misma forma que el modelo exponencial simple utiliza *a*. T_t se calcula

$$T_t = (1-\beta)\, T_{t-1} + \beta\,(F_t - F_{t-1}) \qquad (5.8)$$

donde
T_t = tendencia alisada para el período t
T_{t-1} = tendencia alisada para el período anterior
β = constante de alisado de tendencia que hemos seleccionado
F_t = previsión con alisado exponencial simple para el período t
F_{t-1} = previsión para el período anterior

Hay que seguir tres pasos para calcular una previsión con ajuste de tendencia.

Paso 1. Calcular una previsión exponencial simple para el período t (F_t)

Paso 2. Calcular la tendencia utilizando la ecuación

$$T_t = (1-\beta)\, T_{t-1} + \beta\,(F_t - F_{t-1})$$

Al efectuar por primera vez el paso 2, debemos dar un valor inicial a la tendencia (ya sea una buena estimación o un valor observado en el pasado). Después calculamos la tendencia.

Paso 3. Cálculo de la previsión con alisado exponencial y ajuste de tendencia (PIT_t) con la fórmula

$$PIT_t = F_t + T_t$$

El Ejemplo 5.6 muestra cómo utilizar un alisado exponencial con ajuste de tendencia.

EJEMPLO 5.6

Un importante fabricante de Portland utiliza el alisado exponencial para prever la demanda de un equipo de control de polución. Se detecta una tendencia al alza en la demanda.

MES	DEMANDA	MES	DEMANDA
1	12	6	26
2	17	7	31
3	20	8	32
4	19	9	36
5	24		

Los valores asignados a las constantes de alisado son $\alpha = 0{,}2$ y $\beta = 0{,}4$. Se supone que la previsión inicial para el mes 1 era de 11 unidades.

Paso 1. Previsión para el mes 2 (F_2) = previsión para el mes 1 (F_1) + α (demanda del mes 1- previsión para el mes 1):

$$F_2 = 11 + 0{,}2\,(12 - 11)$$
$$= 11{,}0 + 0{,}2 = 11{,}2 \text{ unidades}$$

Paso 2. Calcular la tendencia presente. Asumiendo un ajuste de tendencia inicial de cero, es decir, $T_1 = 0$.

$$T_2 = (1 - \beta)\,T_1 + \beta\,(F_2 - F_1)$$
$$= 0 + 0{,}4\,(11{,}2 - 11{,}0)$$
$$= 0{,}08$$

Paso 3. Calcular la previsión incluyendo la tendencia (PIT_t)

$$PIT_2 = F_2 + T_2$$
$$= 11{,}2 + 0{,}8$$
$$= 11{,}28 \text{ unidades}$$

Haremos los mismos cálculos para el tercer mes.

Paso 1. $F_3 = F_2 + \alpha$ (demanda en el mes 2 – F_2)
$F_3 = 11{,}2 + 0{,}2\,(17 - 11{,}2) = 12{,}36$

Paso 2. $T_3 = (1 - \beta)\,T_2 + \beta\,(F_3 - F_2)$
$= (1 - 0{,}4)\,(0{,}8) + 0{,}4\,(12{,}36 - 11{,}2) = 0{,}51$

Paso 3. $PIT_3 = F_3 + T_3$
$= 12{,}36 + 0{,}51 = 12{,}87$

Así, la previsión exponencial simple (sin tendencia) para el mes 2 era de 11,2 unidades, mientras que la previsión con ajuste de tendencia era de 11,28 unidades. En el mes 3, la previsión simple (sin tendencia) era de 12,36 unidades, y la previsión con ajuste de tendencia era de 12,87 unidades. Naturalmente, otros valores de T_1 y β pueden producir incluso mejores estimaciones.

La siguiente tabla completa las previsiones para el período de nueve meses. La Figura 5.3 compara la demanda real, la previsión sin tendencia (F_t) y la previsión con tendencia (PIT_t). Nótese que a pesar de que PIT_t es mejor que F_t en este caso, todavía no es perfecta en la previsión de la demanda real. Tal vez ayudaría a ello un valor superior de β.

MES	DEMANDA REAL	PREVISIÓN, F_T (SIN TENDENCIA)	TENDENCIA	FIT_T AJUSTADA
1	12	11,00	0	—
2	17	11,20	0,08	11,28
3	20	12,36	0,51	12,87
4	19	13,89	0,92	14,81
5	24	14,91	0,96	15,87
6	26	16,73	1,30	18,03
7	31	18,58	1,52	20,10
8	32	21,07	1,91	22,98
9	36	23,25	2,02	25,27

FIGURA 5.3 ■ Realidad comparada con previsiones.

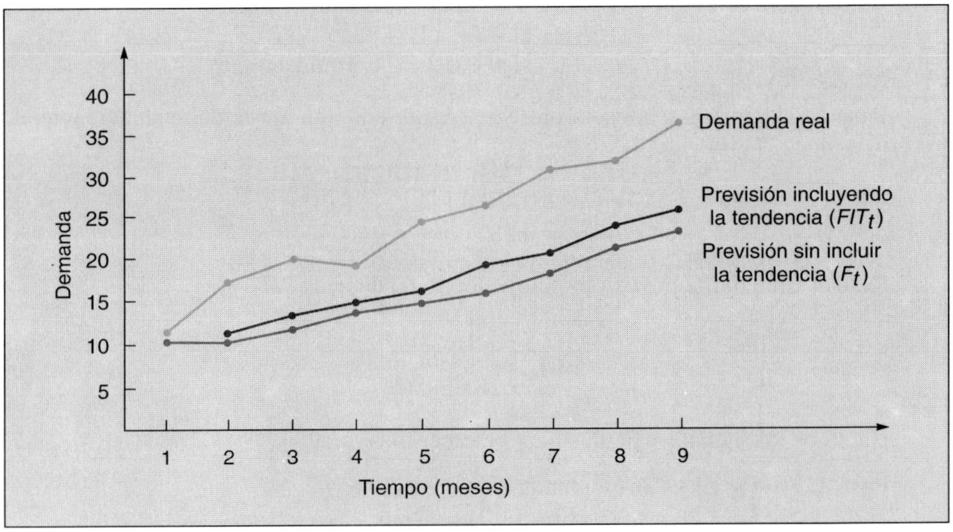

El valor de la constante de alisado tendencial, β se asemeja a la constante *a* porque una β alta es más sensible a cambios recientes en la tendencia. Una β baja da un peso menor a las tendencias más próximas y sirve para alisar la tendencia actual. Los valores de β pueden determinarse con el método de prueba y error o utilizando sofisticados programas informáticos de previsión comercial, utilizando la D. A. M. como medida de comparación.

A menudo se conoce al alisado exponencial simple como alisado de primer orden y al alisado con ajuste de tendencia como alisado de segundo orden o doble. Existen otros modelos de alisado exponencial más avanzados que también se utilizan, como el ajustado estacional y el triple alisado, pero éstos están más allá del objetivo de este libro.[2]

[2] Para más detalles, ver E. S. Gardner, "Exponential smoothing: The State of the Art." *Journal of Forecasting*, 4, nº1 (marzo de 1985) o R. Brown, *Smoothing, Forecasting and Prediction* (Englewood Cliffs, NJ: Prentice Hall, 1973).

Proyección de tendencia

Proyecciones de tendencia

El último método de previsión de series temporales que se discutirá es el de **proyección de tendencia**. Esta técnica ajusta una línea de tendencia a la serie de datos históricos, y entonces proyecta la línea hacia el futuro para realizar previsiones a medio o largo plazo. Se podrían desarrollar diferentes ecuaciones matemáticas tendenciales (por ejemplo, exponencial y cuadrática), pero en esta sección se desarrollarán solamente las tendencias *lineales* (línea recta).

Si se decide desarrollar una recta de tendencia lineal utilizando un método estadístico preciso, se puede aplicar el *método de los mínimos cuadrados*. El resultado de este enfoque es una recta que minimiza la suma de los cuadrados de las distancias verticales de la recta a cada una de las observaciones reales. La Figura 5.4 ilustra el enfoque mínimo cuadrado.

Una recta de mínimos cuadrados queda definida por la ordenada en el origen, el punto de corte con el eje Y (la altura a la cual corta al eje Y) y por su pendiente (el ángulo de la recta). Si se calcula el corte con Y y la pendiente, se puede expresar la línea con la siguiente ecuación:

$$\hat{y} = a + bx \tag{5.9}$$

donde $\hat{y}$ (llamada y sombrero) = valor calculado de la variable a predecir (llamada la variable dependiente)

a = ordenada en el origen

b = pendiente de la recta de regresión (o el ratio de variación de la y con respecto a variaciones dadas de x)

x = la variable independiente (el *tiempo* en este caso)

Los estadísticos han desarrollado ecuaciones que pueden utilizarse para hallar los valores de a y b para cualquier recta de regresión. La pendiente se halla con

$$b = \frac{\Sigma xy - n\bar{x}\bar{y}}{\Sigma x^2 - n\bar{x}^2} \tag{5.10}$$

FIGURA 5.4 ■ El método de mínimos cuadrados para hallar la recta más ajustada, donde los asteriscos son las localizaciones de las siete observaciones reales o puntos de datos.

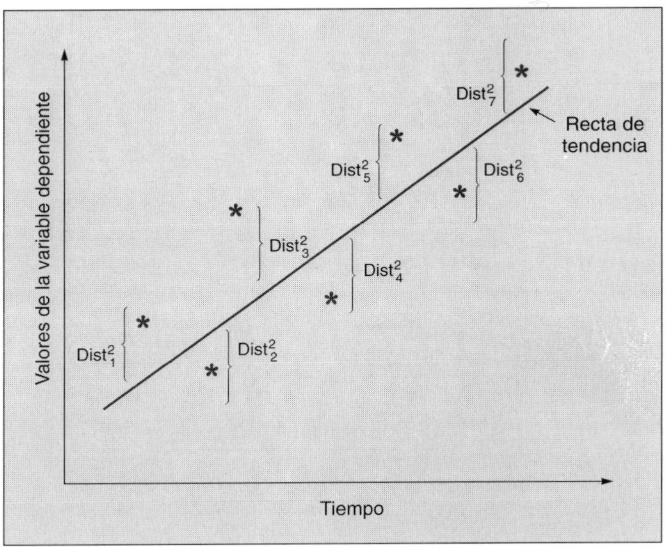

Donde
b = pendiente de la recta de regresión
Σ = signo de sumatorio
x = valores de la variable independiente
y = valores de la variable dependiente
$\bar{x}$ = media de los valores de x
$\bar{y}$ = media de los valores de y
n = número de observaciones o datos.

Se puede calcular el corte con y de la siguiente forma:

$$a = \bar{y} - b\bar{x} \tag{5.11}$$

El Ejemplo 5.7 muestra cómo aplicar estos conceptos.

EJEMPLO 5.7

La demanda de energía eléctrica en N.Y. Edison a lo largo del período 1989-95 es la mostrada más abajo, en megavatios. Ajustemos una recta a estos valores y preveamos la demanda de 1996.

AÑO	DEMANDA DE ENERGÍA ELÉCTRICA	AÑO	DEMANDA DE ENERGÍA ELÉCTRICA
1989	74	1993	105
1990	79	1994	142
1991	80	1995	122
1992	90		

Con series de datos a lo largo del tiempo se pueden minimizar los cálculos, transformando los valores de x (tiempo) en simples números. Así, en este caso, puede designarse a 1989 como año 1, a 1990 como año 2, etc.

AÑO	PERÍODO DE TIEMPO	DEMANDA DE ENERGÍA ELÉCTRICA	x^2	XY
1989	1	74	1	74
1990	2	79	4	158
1991	3	80	9	240
1992	4	90	16	360
1993	5	105	25	525
1994	6	142	36	852
1995	7	122	49	854
	$\Sigma x = 28$	$\Sigma y = 692$	$\Sigma x^2 = 140$	$\Sigma xy = 3.063$

$$\bar{x} = \frac{\Sigma x}{n} = \frac{28}{7} = 4 \qquad \bar{y} = \frac{\Sigma y}{n} = \frac{692}{7} = 98{,}86$$

$$b = \frac{\Sigma xy - n\bar{x}\bar{y}}{\Sigma x^2 - n\bar{x}^2} = \frac{3.063 - (7)(4)(98{,}86)}{140 - (7)(4^2)} = \frac{295}{28} = 10{,}54$$

$$a = \bar{y} - b\bar{x} = 98{,}86 - 10{,}54(4) = 56{,}70$$

En consecuencia, la ecuación de la tendencia por mínimos cuadrados es $\hat{y} = 56,70 + 10,54\,x$. Para proyectar la demanda de 1996, notemos en primer lugar al año 1996 en nuestro sistema de códigos como $x = 8$:

$$\text{Demanda en 1996} = 56,70 + 10,54\,(8) = 141,02 \text{ o } 141 \text{ megavatios.}$$

La demanda de 1997 puede estimarse colocando $x = 9$ en la misma ecuación:

$$\text{Demanda en 1997} = 56,70 + 10,54\,(9) = 151,56 \text{ o } 152 \text{ megavatios.}$$

Para confirmar la validez del modelo, representamos la demanda histórica y la tendencia en la Figura 5.5. En este caso, deberíamos ser cuidadosos e intentar entender la oscilación de la demanda entre 1994-1995.

FIGURA 5.5 ■ Energía eléctrica y recta de tendencia obtenida por computador.

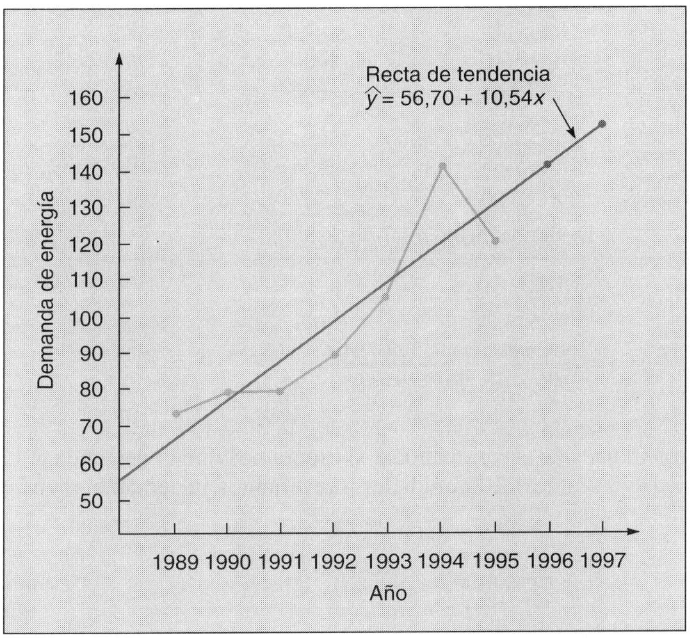

VARIACIONES ESTACIONALES EN LOS DATOS

La previsión de las series temporales, como la del Ejemplo 5.7, incluye la determinación de la tendencia que toman los valores a lo largo de las series de observaciones temporales. Como expusimos anteriormente, la estacionalidad en algunas ocasiones hace necesarios ajustes en la línea de tendencia de la previsión. La demanda de carbón y gasoil, por ejemplo, normalmente aumenta durante los meses de invierno. La demanda en los clubs de golf o la de loción solar será mayor en verano. Analizar los valores en términos mensuales o trimestrales facilita al estadístico el reconocimiento de los patrones estacionales. Los índices estacionales pueden entonces obtenerse con diferentes métodos. El Ejemplo 5.8 muestra una forma de calcular factores estacionales de valores históricos.

EJEMPLO 5.8

Las ventas mensuales de computadores portátiles de la compañía Compaq en Reva Computerland son las abajo mostradas para 1993-1994.

MES	VENTAS DEMANDA 1993–1994		DEMANDA MEDIA 1993–1994	DEMANDA MEDIA MENSUAL*	ÍNDICE ESTACIONAL†
Enero	80	100	90	94	0,957
Febrero	75	85	80	94	0,851
Marzo	80	90	85	94	0,904
Abril	90	110	100	94	1,064
Mayo	115	131	123	94	1,309
Junio	110	120	115	94	1,223
Julio	100	110	105	94	1,117
Agosto	90	110	100	94	1,064
Septiembre	85	95	90	94	0,957
Octubre	75	85	80	94	0,851
Noviembre	75	85	80	94	0,851
Diciembre	80	80	80	94	0,851
			Demanda media total = 1.128		

$$^{*}\text{Demanda media total} = \frac{1.128}{12 \text{ meses}} = 94$$

$$^{\dagger}\text{Índice de estacionalidad} = \frac{\text{Demanda media 1993–94}}{\text{Demanda media mensual}}$$

Utilizando estos índices de estacionalidad, si esperamos que la demanda anual de computadores para 1995 sea de 1.200 unidades, preveríamos la demanda mensual de la siguiente forma:

MES	DEMANDA	MES	DEMANDA
Enero	$\frac{1.200}{12} \times 0{,}957 = 96$	Julio	$\frac{1.200}{12} \times 1{,}117 = 112$
Febrero	$\frac{1.200}{12} \times 0{,}851 = 85$	Agosto	$\frac{1.200}{12} \times 1{,}064 = 106$
Marzo	$\frac{1.200}{12} \times 0{,}904 = 90$	Septiembre	$\frac{1.200}{12} \times 0{,}957 = 96$
Abril	$\frac{1.200}{12} \times 1{,}064 = 106$	Octubre	$\frac{1.200}{12} \times 0{,}851 = 85$
Mayo	$\frac{1.200}{12} \times 1{,}309 = 131$	Noviembre	$\frac{1.200}{12} \times 0{,}851 = 85$
Junio	$\frac{1.200}{12} \times 1{,}223 = 122$	Diciembre	$\frac{1.200}{12} \times 0{,}851 = 85$

Para simplificar, en el ejemplo anterior se han ignorado los cálculos de tendencia y solamente se han utilizado dos períodos para cada índice mensual. El Ejemplo 9 ilustra de qué forma los índices que ya han sido preparados pueden ser aplicados para ajustar la recta de previsión de tendencia.

EJEMPLO 5.9

La dirección del almacén Davis ha utilizado regresión de series temporales para prever las ventas al detalle para los siguientes cuatro trimestres. Las ventas estimadas son de 100.000, 120.000, 140.000 y 160.000 dólares para los respectivos trimestres. Los índices de estacionalidad para los trimestres se han calculado y son 1,30, 0,90, 0,70 y 1,15, respectivamente.

Para calcular la previsión de las ventas estacionalizadas o ajustadas, simplemente multiplicaremos cada índice estacional por la apropiada previsión tendencial:

$$\hat{y}_{\text{estacional}} = \text{Índice} \times \hat{y}_{\text{previsión tendencial}}$$

Así para

Trimestre I: $\hat{y}_{I} = (1{,}30)\,(100.000\ \$) = 130.000\$$

Trimestre II: $\hat{y}_{II} = (0{,}90)\,(120.000\ \$) = 108.000\$$

Trimestre III: $\hat{y}_{III} = (0{,}70)\,(140.000\ \$) = 98.000\$$

Trimestre IV: $\hat{y}_{IV} = (1{,}15)\,(160.000\ \$) = 184.000\$$

MÉTODOS DE PREVISIÓN CAUSAL: ANÁLISIS DE REGRESIÓN Y CORRELACIÓN

A diferencia de las previsiones de *series temporales*, los modelos de previsión causal consideran *diferentes* variables que están relacionadas con la cantidad de la que se está haciendo la predicción. Una vez estas variables relacionadas han sido halladas, se construye el modelo estadístico para realizar la previsión. Este enfoque es más potente que los métodos de las series temporales que únicamente utilizan valores históricos de la variable a predecir.

Deben considerarse muchos factores en el análisis causal. Por ejemplo, las ventas de computadores PC de IBM podrían relacionarse con el presupuesto de publicidad de IBM, el precio de los PC, los precios de los competidores, así como sus estrategias promocionales, o incluso las tasas de paro y los ratios económicos. En este caso, las ventas de computadores PC se llamarían *variable dependiente* y las otras se llamarían *variables independientes*. El trabajo del directivo es desarrollar la mejor relación estadística entre las ventas de computadores PC y las variables independientes. El modelo cuantitativo de previsión causal más común es el **análisis de regresión lineal**.

Análisis de regresión lineal

Utilización del análisis de regresión para efectuar previsiones

Para llevar a cabo un análisis de regresión lineal puede utilizarse el mismo modelo matemático empleado en el método de los mínimos cuadrados de proyección de tendencia. La variable dependiente que se quiere prever continuará siendo $\hat{y}$. Pero ahora la variable independiente, x, no tiene por qué ser el tiempo.

$$\hat{y} = a + bx$$

donde $\hat{y}$ = valor de la variable dependiente, ventas en este caso.

a = ordenada en el origen
b = pendiente de la recta de regresión
x = variable independiente

El Ejemplo 5.10 muestra cómo utilizar la regresión lineal.

EJEMPLO 5.10

La constructora Tongren rehabilita casas antiguas en Orono, Maine. Con el paso del tiempo, la compañía ha descubierto que su volumen de trabajos de rehabilitación depende de los salarios del área de Orono. La siguiente tabla es un listado de los ingresos de la constructora Tongren y del total de dinero pagado en nóminas en Orono durante los años 1990-1995.

VENTAS DE TONGREN (000.000$), Y	NÓMINA LOCAL (000.000.000$), X	VENTAS DE TONGREN (000.000$), Y	NÓMINA LOCAL (000.000.000$), X
2,0	1	2,0	2
3,0	3	2,0	1
2,5	4	3,5	7

La dirección de Tongren quiere establecer una relación matemática que les ayude a predecir las ventas. Primero, se necesita determinar si existe una recta (o relación lineal) entre los salarios locales y las ventas, de manera que dibujamos los valores conocidos en un diagrama como el siguiente:

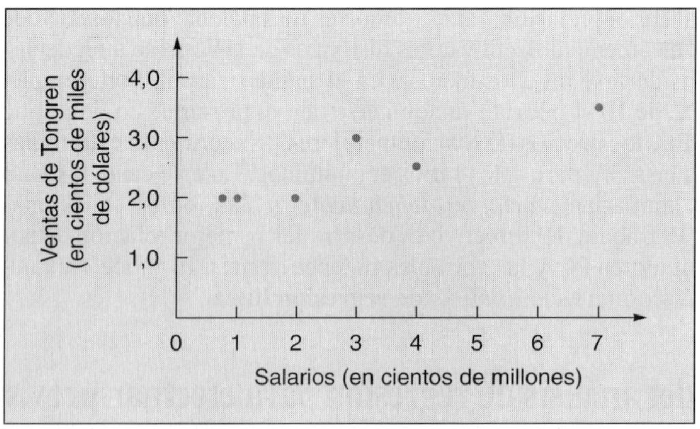

A partir de los seis puntos, se observa una leve relación de carácter positivo entre la variable independiente, salarios y la variable dependiente, ventas. A medida que crecen los salarios, las ventas de Tongren tienden a ser mayores.

Puede hallarse una ecuación matemática utilizando la regresión de mínimos cuadrados.

VENTAS, Y	NÓMINA, X	X^2	XY
2,0	1	1	2,0
3,0	3	9	9,0
2,5	4	16	10,0
2,0	2	4	4,0
2,0	1	1	2,0
3,5	7	49	24,5
$\Sigma y = 15{,}0$	$\Sigma x = 18$	$\Sigma x^2 = 80$	$\Sigma xy = 51{,}5$

$$\bar{x} = \frac{\Sigma x}{6} = \frac{18}{6} = 3$$

$$\bar{y} = \frac{\Sigma y}{6} = \frac{15}{6} = 2{,}5$$

$$b = \frac{\Sigma xy - n\bar{x}\bar{y}}{\Sigma x^2 - nx^2} = \frac{51{,}5 - (6)(3)(2{,}5)}{80 - (6)(3^2)} = 0{,}25$$

$$a = \bar{y} - b\bar{x} = 2{,}5 - (0{,}25)(3) = 1{,}75$$

Por tanto, la ecuación de regresión estimada, es:

$$\hat{y} = 1{,}75 + 0{,}25x$$

o

$$\text{Ventas} = 1{,}75 + 0{,}25 \text{ (salarios)}$$

Si la Cámara de Comercio local predice que el año próximo los salarios en el área de Orono serán de seiscientos millones, pueden estimarse las ventas en Tongren con el uso de la ecuación de regresión:

$$\begin{aligned}\text{Ventas (en cientos de miles)} &= 1{,}75 + 0{,}25(6)\\ &= 1{,}75 + 1{,}50 = 3{,}25\end{aligned}$$

o

$$\text{Ventas} = 325.000\$$$

La parte final del Ejemplo 5.10 muestra una debilidad básica en los métodos de previsión causal del tipo regresión. Aun cuando se ha calculado una ecuación de regresión, es necesario suministrar una previsión de la variable independiente x —en este caso, salarios— antes de estimar el valor de la variable dependiente para el próximo período. Aunque esto no supone un problema para todas las previsiones, nos podemos imaginar la dificultad para determinar futuros valores de *algunas* variables dependientes habituales (como tasas de desempleo, producto nacional bruto, índices de precios y demás).

Las líneas de ensamblaje de Pinturas Glidden llenan miles de latas por hora. Para predecir la demanda de sus productos, la firma utiliza métodos de previsión causal, como la regresión lineal, con variables independientes, como son los ingresos personales disponibles y el PNB. Aunque las nuevas viviendas serían una variable natural, Glidden descubrió que estaba muy poco relacionada con las ventas pasadas. Resulta que la mayoría de la pintura Glidden se vende a través de detallistas a clientes que ya poseen casas o negocios.

FIGURA 5.6 ■ Distribución sobre el punto estimado de 600 millones de dólares en salarios.

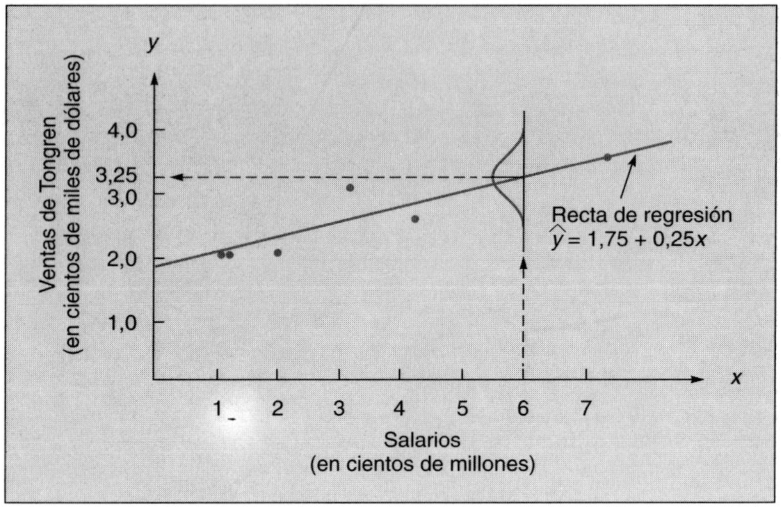

Error estándar de la estimación

La previsión de unas ventas de 325.000$ para Tongren en el Ejemplo 5.10 se la denomina *punto estimado* de *y*. Realmente el punto estimado es la media, o valor esperado, de una distribución de posibles valores de las ventas. La Figura 5.6 ilustra este concepto.

Error estándar de la estimación

Para medir la exactitud de la estimación de la regresión, se requiere el cálculo del **error estándar de la estimación**, $S_{y,x}$. Es la llamada *desviación estándar de la regresión*. La Ecuación (5.12) es una expresión similar a la que se encuentra en la mayoría de los libros de estadística al calcular para desviación estándar de una media aritmética:

$$S_{y,x} = \sqrt{\frac{\Sigma(y - y_c)^2}{n - 2}} \tag{5.12}$$

donde y = valor de y de cada dato
y_c = valor de y calculado con la ecuación de regresión
n = número de observaciones

La Ecuación (5.13) puede parecer más compleja, pero en realidad es una versión más fácil de utilizar la Ecuación (5.12). Cualquiera de las dos proporciona la misma respuesta y puede ser utilizada en el establecimiento de intervalos de predicción alrededor del punto estimado.[3]

[3] Cuando el tamaño de la muestra sea grande ($n > 30$), el valor del intervalo de la predicción de y puede ser calculado utilizando las tablas de la normal. Cuando el número de observaciones sea pequeño, es apropiada la distribución-*t* . Vease J. Neter , W. Waserman y S. Whitmore, *Applied Stadistics*, 3ª ed. (Newton, M.A: Allyn & Bacon, 1991).

$$S_{y,x} = \sqrt{\frac{\Sigma y^2 - a\Sigma y - b\Sigma xy}{n-2}} \quad (5.13)$$

El Ejemplo 5.11 muestra cómo se calcularía el error estándar de la estimación en el Ejemplo 5.10.

EJEMPLO 5.11

Cálculo del error estándar de la previsión para el caso Tongren del Ejemplo 5.10. El único valor que se necesita para hallar $S_{y,x}$ y que no se tiene es Σ. Haciendo una rápida suma encontramos que $y^2 = 39{,}5$. Por tanto,

$$S_{y,x} = \sqrt{\frac{\Sigma y^2 - a\Sigma y - b\Sigma xy}{n-2}}$$

$$= \sqrt{\frac{39;5 - 1;75(15{,}0) - 0{,}25(51{,}5)}{6-2}}$$

$$= \sqrt{0{,}09375} = 0{,}306 \text{ (en cientos de miles)}$$

El error estándar de la estimación es, por tanto, de 30.600$ en ventas.

Coeficientes de correlación para rectas de regresión

La ecuación de regresión es una forma de expresar la naturaleza de la relación entre dos variables. Las rectas de regresión no son relaciones "causa-efecto", simplemente describen la relación entre las variables. La ecuación de regresión muestra cómo una variable está relacionada con los valores y cambios de otra variable.

Otra forma de evaluar la relación entre dos variables es calcular el **coeficiente de correlación**. Esta medida expresa el grado o intensidad de la relación lineal. Identificado normalmente como r, el coeficiente de correlación puede ser cualquier número entre +1 y −1. La Figura 5.7 indica los diferentes tipos de valores de r que pueden existir.

Coeficiente de correlación

FIGURA 5.7 ■ Cuatro valores del Coeficiente de Correlación.

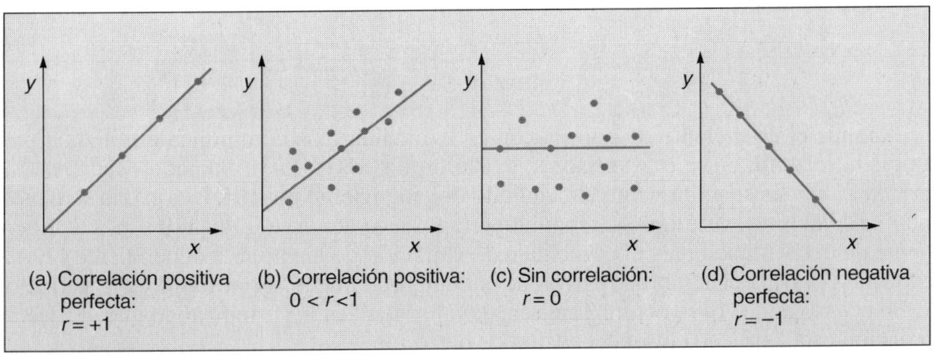

Para calcular r, se utilizan muchos de los datos requeridos anteriormente para el cálculo de a y b para la recta de regresión. La, un poco extensa, fórmula para hallar r es

$$r = \frac{n\Sigma xy - \Sigma x \Sigma y}{\sqrt{[n\Sigma x^2 - (\Sigma x)^2][n\Sigma y^2 - (\Sigma y)^2]}} \tag{5.14}$$

El Ejemplo 5.12 muestra cómo calcular el coeficiente de correlación de los datos de los Ejemplos 5.10 y 5.11.

EJEMPLO 5.12

En el Ejemplo 5.10 se observó la relación entre las ventas de rehabilitaciones de la constructora Tongren y los salarios de Orono. Para calcular el coeficiente de correlación de los datos mostrados, simplemente se necesita añadir una columna de cálculos (para y^2) y después aplicar la ecuación de r.

Y	X	X^2	XY	Y^2 (Nueva columna)
2,0	1	1	2,0	4,0
3,0	3	9	9,0	9,0
2,5	4	16	10,0	6,25
2,0	2	4	4,0	4,0
2,0	1	1	2,0	4,0
3,5	7	49	24,5	12,25
$\Sigma y = 15{,}0$	$\Sigma x = 18$	$\Sigma x^2 = 80$	$\Sigma xy = 51{,}5$	$\Sigma y^2 = 39{,}5$

$$r = \frac{(6)(51{,}5) - (18)(15{,}0)}{\sqrt{[(6)(80) - (18)^2][(6)(39{,}5) - (15{,}0)^2]}}$$

$$= \frac{309 - 270}{\sqrt{(156)(12)}} = \frac{39}{\sqrt{1.872}}$$

$$= \frac{39}{43{,}3} = 0{,}901$$

Esta r de 0,901 indica una correlación significativa y ayuda a confirmar la relación entre las dos variables.

Aunque el coeficiente de correlación es la medida más comúnmente utilizada para describir la relación entre dos variables, existe otra medida. Es el llamado *coeficiente de determinación* y es sencillamente el cuadrado del coeficiente de correlación que se denota como r^2. El valor de r^2 siempre será un número positivo dentro del rango $0 \leq r^2 \leq 1$. El coeficiente de determinación es el porcentaje de variación de la variable dependiente (y) que es explicada por la ecuación de regresión, es decir, que puede ser atribuido a la variación de x. En el caso de la constructora Tongren, el valor de r^2 es 0,81, indicando que el 81% de la variación está explicada por la ecuación de regresión.

Análisis de regresión múltiple

Regresión múltiple

La **regresión múltiple** es una extensión práctica del modelo de regresión simple que acabamos de ver. Permite construir un modelo con varias variables independientes en lugar de una sola variable. Por ejemplo, si la constructora Tongren quisiera incluir en su modelo la media anual de los tipos de interés para prever sus ventas de rehabilitaciones, la ecuación apropiada sería

$$\hat{y} = a + b_1x_1 + b_2x_2 \quad (5.15)$$

donde $\hat{y}$ = variable dependiente, ventas
a = ordenada en el origen
x_1 y x_2 = valores de dos variables independientes, nómina local y tasas de interés, respectivamente
b_1 y b_2 = pendiente para las dos variables independientes

Las matemáticas necesarias en la regresión múltiple son un poco más complejas (y normalmente se realizan con un computador), por ello no entramos a presentar las fórmulas de a, b_1 y b_2. Para aquellos que estén interesados, les remitimos a los libros de estadística. De todas formas, el Ejemplo 5.13 muestra cómo interpretar la ecuación (5.15) en la previsión de las ventas de Tongren.

EJEMPLO 5.13

La nueva recta de regresión múltiple para la constructora Tongren, calculada utilizando un programa informático, es

$$\hat{y} = 1{,}80 + 0{,}30x_1 - 5{,}0x_2$$

Se ha encontrado también que el nuevo coeficiente de correlación es 0,96, lo que significa que la inclusión de la variable x_2, tasa de interés, añade incluso más fuerza a la relación lineal.

Se puede además estimar las ventas de Tongren si se sustituyen los valores para el próximo año de la nómina y la tasa de interés. Si la nómina de Orono fuera de 600 millones de dólares y la tasa de interés fuese del 0,12 (12%), las previsión de las ventas es:

Ventas (cientos de miles de \$) = 1,80 + 0,30 (6) – 5,0 (0,12)
= 1,8 + 1,8 – 0,6
= 3,00

Ventas = 300.000 \$

SEGUIMIENTO Y CONTROL DE LAS PREVISIONES

Una vez se ha completado una previsión, no debemos dejarla en el olvido. Ningún directivo quiere ser recordado cuando su previsión es terriblemente imprecisa, pero una empresa necesita siempre determinar, porque la demanda actual (o cualquiera que se analiza) difiere de forma significativa de aquello que se había previsto. Por el contrario, si la previsión es precisa, normalmente el individuo se asegura de que todo el mundo esté enterado de su talento. Muy raramente uno lee artículos en el *Fortune*, *Forbes* o *Wall Street Journal* sobre directivos financieros que hayan conseguido alejarse un 25% de la realidad en sus previsiones de mercado a nivel de stocks.

Señal de rastreo

Una forma de efectuar el seguimiento de las previsiones para asegurarse de que se realizan correctamente es utilizar una **señal de rastreo**. Una señal de rastreo es una medida que determina el grado de realidad de las previsiones. Como las previsiones se actualizan cada semana, mes o trimestre, la nueva demanda disponible es comparada con los valores previstos.

La señal de rastreo se calcula como la *suma de los errores de previsión* (S. E. P.) dividida por la *desviación absoluta media* (D.A.M.) :

$$\begin{pmatrix}\text{Señal de}\\ \text{rastreo}\end{pmatrix} = \frac{\text{S. E. P.}}{\text{D. A. M.}}$$

$$= \frac{\Sigma(\text{demanda real del período } i - \text{demanda prevista del período } i)}{\text{D. A. M.}} \qquad (5.16)$$

donde

$$\text{D. A. M.} = \frac{\Sigma|\text{errores provisionales}|}{n}$$

como ya se vio anteriormente en la ecuación (5.6).

Las señales de rastreo positivas indican que la demanda es superior a la previsión. Las señales de rastreo negativas significan que la demanda es inferior a la previsión. Una buena señal de rastreo, eso es, una con una baja S.E.P., tiene aproximadamente tanto error positivo como negativo. En otras palabras, las pequeñas desviaciones son aceptables, siempre que las positivas y las negativas se equilibren, para que la señal de rastreo se sitúe muy próxima de cero.

> **Algunos de los mejores cerebros de los Estados Unidos están concentrados en el campo de la previsión económica a corto plazo. Sin embargo, incluso estos previsores, en algunas ocasiones, cometen grandes errores. Por ejemplo, en el verano de 1981, la previsión media a un año realizada por cinco eminentes previsores había predicho un crecimiento del 2,1% del PNB americano para 1982. En cambio, la economía se sumergió en una profunda recesión, con una caída del PNB del 1,8%. Como comentaba un periodista, "Esto es como prever parcialmente nublado y llegar, en cambio, a grosores de nieve de 10 pulgadas."**

Una vez se han calculado las señales de rastreo, se comparan con los límites de control predeterminados. Cuando una señal de rastreo excede el límite superior o inferior, existe un problema con el método de previsión y la dirección debería reevaluar la forma en que prevé la demanda. La Figura 5.8 muestra el gráfico de una señal de rastreo que excede del rango de variación aceptable. Si el modelo que está siendo utilizado es el alisado exponencial, es posible que la constante de alisado deba ajustarse.

¿Cómo deciden las empresas cuáles deben ser los límites superior e inferior? No existe una única respuesta, pero se trata de hallar valores razonables, o lo que es lo mismo, límites no tan pequeños como para ser superados con cada pequeño error previsional y no tan grandes como para permitir que malas previsiones sean pasadas por alto normalmente. George Plossl y Oliver Wight, dos expertos en el control de stocks, sugirieron utilizar máximos de ± 4 D. A. M.s para productos con gran nivel de stock y ± 8 D. A. M.s para productos de volumen pequeño.[4] Otros especialistas en previsiones sugieren series ligeramente inferiores. Un D. A. M. equivale aproximadamente a 0,8 desviaciones estándar, por lo que ± 2 D. A. M.s = ± 1,6 desviaciones estándar, ± 3 D.A.M.s = = ± 2,4 desviaciones estándar y ± 4 D.A.M.s = ± 3,2 desviaciones estándar. Esto indica que para que una previsión esté "bajo control", se espera que el 89% de los errores caigan dentro de ± 2 D. A. M.s, el 98% dentro de ± 3 D.A.M.s o el 99.9% dentro de ± 4 D.A.M.s[5] .

El Ejemplo 5.14 muestra cómo puede calcularse una señal de rastreo y una S. E. P.

---

[4] Ver G. W. Plossl y O. W. Wight, *Production and Inventory Control* (Engelwood Cliffs, NJ: Prentice Hall, 1967).

[5] Para comprobar estos valores usted mismo, tome simplemente en una curva normal ±1,6 desviaciones estándar (valores z). Utilizando la tabla de la normal en el Apéndice A, puede hallar que el área por debajo de la curva es 0,89. Esto representa ± 2 D. A. M.s. De la misma forma, ± 3 D. A. M.s = ± 2,4 desviaciones estándar comprenden el 98% del área, y lo mismo se haría para 4 D. A. M.s.

EJEMPLO 5.14

Las ventas trimestrales (en miles) de *croissants* de la panadería de Tom Tucker, así como las previsiones de demanda y el error de la misma se muestran en la siguiente tabla. El objetivo es calcular la señal de rastreo y determinar si las previsiones se están realizando correctamente.

TRIMESTRE	DEMANDA PREVISTA	DEMANDA REAL	ERROR	S.E.P.	|ERRORES PROVISIO.|	ERROR ACUMULADO	D.A.M.	SEÑAL DE RASTREO
1	100	90	– 10	– 10	10	10	10,0	– 1
2	100	95	– 5	– 15	5	15	7,5	– 2
3	100	115	+ 15	0	15	30	10,0	0
4	110	100	– 10	– 10	10	40	10,0	– 1
5	110	125	+ 15	+ 5	15	55	11,0	+ 0,5
6	110	140	+ 30	+ 35	30	85	14,2	+ 2,5

$$\text{D. A. M.} = \frac{\Sigma|\text{errores previsionales}|}{n} = \frac{85}{6} = 14{,}2$$

$$\text{Señal de rastreo} = \frac{\text{RSFE}}{\text{MAD}} = \frac{35}{14{,}2} = 2{,}5 \text{ MADs}$$

Esta señal de rastreo está dentro de los límites aceptables. Vemos que fluctúa entre – 2,0 D. A. M.s y +2,5 D. A. M.s.

Alisado adaptivo

Se ha publicado una gran cantidad de investigaciones sobre el tema de la previsión adaptativa. La previsión adaptativa se refiere al seguimiento con computador de las señales de rastreo y autoajustado, si la señal pasa un límite prefijado. Por ejemplo, cuando se aplica al alisado exponencial, al principio se seleccionan los coeficientes α y β en base a valores que minimizan los errores previsionales y entonces se ajustan, siempre que el computador denote una señal de rastreo errante, es decir, fuera de los límites aceptables. A esto se le llama **alisado adaptivo**.

Alisado adaptivo

FIGURA 5.8 ■ Un gráfico de señales de rastreo.

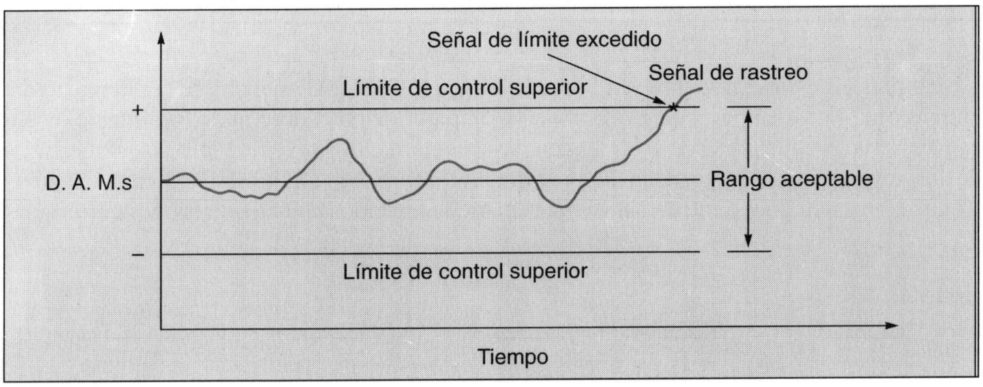

Previsión enfocada

Previsión enfocada

En lugar de adaptarse y escoger un sistema de alisado permanentemente, los computadores nos permiten ensayar diferentes modelos de previsión. Esta aproximación a los sistemas de previsión se llama **previsión enfocada**. La previsión enfocada está basada en dos principios. El primero es que no siempre los modelos de previsión más complejos son mejores que los sencillos. El segundo es que no existe una única técnica que deba ser utilizada para todos los productos y servicios.

Bernard Smith, gestor de inventarios de American Hardware Supply, es la persona que acuñó el término previsión enfocada. El trabajo de Smith era realizar las previsiones de los 100.000 productos de hardware comprados por 21 compradores de la American Hardware Supply.[6] Descubrió que ninguno de los compradores confiaba o entendía el modelo de alisado exponencial entonces utilizado. Ellos, en cambio, utilizaban modelos muy simples de su propia cosecha. Partiendo de esta constatación, Smith desarrolló su nuevo sistema por computador para seleccionar métodos de previsión.

Smith elige siete métodos de previsión para probarlos. Van desde los más sencillos, utilizados por los compradores (como la aproximación simple) a alguno de los modelos más estadísticos. Cada mes, Smith aplicó los siete modelos para realizar las previsiones de cada artículo en stock. En estas pruebas simuladas, los valores previstos fueron extraídos de las demandas reales más recientes, dando un error de previsión simulada. El método de previsión que ha producido el menor error es seleccionado por el computador, que lo utiliza para realizar la previsión del mes siguiente. Los compradores tienen aún la posibilidad de cambiar la previsión dada por el computador, pero American Hardware encuentra que la previsión enfocada proporciona excelentes resultados.

El papel de la informática en la previsión

Como se ha visto en American Hardware Supply, las previsiones raramente se calculan de forma manual en la actual era de los computadores. Existen muchos paquetes de programas comerciales y académicos para trabajar con series temporales y proyecciones causales.

Dentro de los paquetes comerciales más populares se incluye el *Time Series Forecasting* de General Electric y el IMPACT (Inventory Managment Program and Control Tecnique) de IBM. Dentro de los paquetes universitarios más populares para PC están SAS, SPSS, STORM, QSB, AB:POM y Minitab.

ALCANZANDO ESTÁNDARES DE CLASE MUNDIAL

Las empresas de clase mundial ven la previsión como una parte integral de la planificación empresarial. Por ejemplo, cuando Compaq Computer decide sobre nuevos productos y su capacidad de producción, prevé las tendencias en el tamaño, dirección y precio del mercado de los microcomputadores. Con competidores como IBM, Dell, NEC y otros muchos, Compaq atribuye gran parte de sus extraordinarios resultados a unas previsiones correctas.

---

[6] Bernard T. Smith., : *Focus Forecasting: Computer Techniques for Inventory Control* (Boston: CBI Publishing, 1978).

Para conseguir una ventaja competitiva, firmas de carácter internacional desarrollan excelentes previsiones a corto plazo sobre la capacidad de producción, materiales a comprar, niveles de stock, tamaño de la mano de obra y liquidez. Compaq y otros previsores de clase mundial también tienen sistemas de planificación a largo plazo de gran calidad, basados en modelos formales de previsión. Debido a que la planificación a largo plazo es un trabajo importante que afecta a todos los empleados, el input de la previsión proviene de diferentes fuentes y departamentos. De hecho, las firmas internacionales contratan analistas externos especializados en el uso de las tecnologías y modelos más sofisticados, así como las bases de datos disponibles de su industria. Las fuentes de datos externos a la empresa pueden ser de gran utilidad, pues incluyen datos globales e industriales recolectados por las universidades, asociaciones comerciales, consultorías y agencias gubernamentales.

Las organizaciones de clase mundial contrastan continuamente la precisión de sus previsiones. Desean que sus planes de negocio y sus decisiones se basen en los datos más recientes y verdaderos.

RESUMEN

Las previsiones son una parte crítica de las funciones del director de operaciones. Las previsiones de demanda dirigen la producción, la capacidad y los sistemas de planificación de una empresa y afectan a las funciones financieras, de marketing y de planificación de personal.

Existe una amplia variedad de técnicas de previsión, tanto cuantitativas y cualitativas. Los enfoques cualitativos emplean juicios, experiencia, intuición y una multitud de otros factores difíciles de cuantificar. La previsión cuantitativa utiliza datos históricos y relaciones causales para proyectar futuras demandas. Ningún método de previsión es perfecto en cualquier tipo de condiciones. E incluso, una vez que la dirección de la empresa ha encontrado un enfoque apropiado, debe seguir controlando sus previsiones para asegurarse que sus errores son aceptables. Realizar previsiones puede ser a menudo un auténtico reto para la gestión, pero resulta muy gratificante.

TÉRMINOS CLAVE

Previsión
Previsiones económicas
Previsiones tecnológicas
Previsiones de demanda
Previsiones cuantitativas
Previsiones cualitativas
Jurado de opinión ejecutiva
Composición de la fuerza de ventas
Método Delphi
Estudio de mercado del consumidor
Series temporales
Enfoque sencillo
Medias móviles
Alisado exponencial
Constante de alisado
Desviación absoluta media
Error cuadrático medio
Proyección tendencial
Análisis de regresión lineal
Error estándar de la estimación
Coeficiente de correlación
Regresión múltiple
Señal de rastreo
Alisado adaptivo
Previsión enfocada

UTILIZACIÓN DE AB: POM Y HOJAS DE CÁLCULO PARA REALIZAR PREVISIONES

Ejemplos de AB:POM en alisado exponencial y regresión

El programa de previsión AB:POM proporciona una pantalla inicial de menú preguntando si desea usted hacer una previsión de serie temporal o una previsión causal de mínimos cuadrados. Si elige la serie temporal, puede utilizar: (1) medias móviles, (2) medias móviles ponderadas, (3) alisado exponencial, (4) alisado exponencial con tendencia, (5) análisis de tendencia por mínimos cuadrados, (6) desestacionalizar datos o (7) desestacionalizar datos y efectuar regresiones. Si se selecciona el modelo causal, podrá hacer regresión simple o múltiple. Se le presentan a continuación impresiones de muestra en los Programas 5.1 y 5.2 para ilustrar un enfoque de series temporales y otro de regresión lineal. Estos programas resuelven los Ejemplos 5.4 y 5.10.

PROGRAMA 5.1 ■ Programa de alisado exponencial de AB:POM utilizando los datos del Ejemplo 5.4. Este programa muestra el input/output para el alisado exponencial, utilizando los datos del Ejemplo 5.4. Se introducen: (1) el número de períodos de los datos, (2) el modelo deseado, (3) alfa, (4) las ocho demandas, (5) la previsión inicial de 175 y (6) los nombres de cada período (p. e., QTR1, QTR2 y demás).

Si vuelve a observar los Ejemplos 5.4 y 5.5, verá que el D. A. M. y el E. C. M. son ligeramente diferentes. Esto es debido a que AB:POM no calcula el error para esta previsión inicial (período 1) de 175. Por tanto, los valores de error están basados en siete períodos, no en ocho, como se hizo anteriormente. Las conclusiones a las que llegamos tienden a ser las mismas con cada enfoque. El sesgo, un tercer tipo de error de previsión, es también facilitado por el AB:POM. El sesgo es una medida de la dirección del error de previsión. Nos dice si nuestra previsión tiende, en promedio, a ser demasiado alta o demasiado baja.

Forecasting — Solution

Number of past data periods (2–99) 8

PORT OF BALTIMORE, EXAMPLE 4

Method -> Exponential Smoothing

alpha (α) 0.100

	Period (x)	Demand (y)	Forecast	Error	|Error|	Error^2
QTR 1	1	180.00	175.00			
QTR 2	2	168.00	175.50	-7.50	7.50	56.25
QTR 3	3	159.00	174.75	-15.75	15.75	248.063
QTR 4	4	175.00	173.175	1.82500	1.82500	3.33061
QTR 5	5	190.00	173.357	16.6425	16.6425	276.97
QTR 6	6	205.00	175.022	29.9783	29.9783	898.70
QTR 7	7	180.00	178.020	1.98042	1.98042	3.92208
QTR 8	8	182.00	178.218	3.78	3.78	14.31
TOTALS	36.00	1439.00		30.9586	77.4586	1501.54
AVERAGE	4.50	0.5625		4.42265	11.0655	214.506
				(Bias)	(MAD)	(MSE)

Next period's forecast 178.60 Standard error = 17.3294

F1 = Help F2 = Summary F3 = Graph F9 = Print Esc

PROGRAMA 5.2 ■ Programa de regresión lineal de AB:POM utilizando los datos del Ejemplo 5.10. Existe una única variable independiente, por lo que también se llama regresión simple. El output incluye la recta de regresión, el coeficiente de correlación y el error estándar.

En éste y otros casos, los datos pueden también representarse gráficamente tecleando la tecla de función F3. Se puede acceder a este programa desde el Menú de Previsión (Forecasting Menu) solicitando la opción de "Mínimos cuadrados" (Least Square)

Number of past data periods (2–99) 6 Number of independ. variables (1–6) 1

TONGREN

Method -> Least Squares–Simple and Multiple Regression

	B 0	B 1
Coef ->	1.75	0.25

	SALES	PAYROLL	Forecast	Error	|Error|	Error^2
1990	2.00	1.00	2.00	0.00	0.00	0.00
1991	3.00	3.00	2.50	0.50	0.50	0.25
1992	2.50	4.00	2.75	−0.25	0.25	0.0625
1993	2.00	2.00	2.25	−0.25	0.25	0.0625
1994	2.00	1.00	2.00	0.00	0.00	0.00
1995	3.50	7.00	3.50	0.00	0.00	0.00
TOTALS				0.00	1.00	0.375
AVERAGE				0.00	.166667	0.0625
				(Bias)	(MAD)	(MSE)

Regression line = SALES = 1.75 +0.25*PAYROLL
Correlation coefficient = 0.9013878 Standard error = .3061862

F1 = Help F2 = Summary F3 = Graph F9 = Print Esc

Ejemplos de software de hojas de cálculo para alisado exponencial y regresión

El Programa 5.3 utiliza los datos del Ejemplo 5.4 para presentar el alisado exponencial vía hoja de cálculo. Esta "hoja de cálculo simbólica" muestra todas las fórmulas usadas en la previsión en las celdas D6 hasta D13. A $B$3 se le llama "referencia absoluta" para el valor de alfa en B3. Las celdas E6 a E13 contienen las fórmulas para calcular las diferencias absolutas del tonelaje previsto en la columna C y, el real, en la columna B. Los valores están redondeados. Las órdenes @ SUM y @AVG en las celdas E14 y E15 respectivamente, totalizan los valores absolutos y entonces facilitan sus medias (el D. A. M.)

El Programa 5.4 muestra el uso de hojas de cálculo en el análisis de regresiones utilizando la orden / Regresión de datos (/DR). Cuando se apriete / DR, aparecerá el siguiente submenú:

X-Range Y-Range Output-Range Intercept Reset Go Quit

Utilizaremos primero la opción x-Range para seleccionar la(s) variable(s) independiente(s). Especificamos B5..B10 (nómina) como nuestra única variable independiente en el Ejemplo 5.10. Entonces se usa la opción Y-Range para especificar la variable dependiente, ventas. Entramos en el rango A5..A10.

La opción Output-Range especifica dónde presentar los resultados de la regresión. Esta necesita ser un área inutilizada de la hoja de cálculo y debe disponer, al menos, de nueve filas de largo y dos columnas más anchas que el número de variables independientes. Únicamente se requiere especificar el rincón noroeste del rango del output. Debido a que queremos que aparezcan los resultados en el rango A12..D20, se especifica A12.

PROGRAMA 5.3 ■ Usando hojas de cálculo para determinar la previsión del Puerto de Baltimore con alisado exponencial. Se presenta la hoja de cálculo simbólica, mostrando las fórmulas en las celdas.

	A	B	C	D	E
1	Port of Baltimore Exponential Smoothing Forecast from Example 4				
2					
3	Alpha =	0.1			
4					
5	Quarter	Act.Tons	Frcst	$F_{t-1} + \alpha(A_{t-1} - F_{t-1})$	Abs. Error
6	1	180	175	+C6+$B$3*(B6–C6)	@ROUND(@ABS(B6–C6),0)
7	2	168	+D6	+C7+$B$3*(B7–C7)	@ROUND(@ABS(B7–C7),0)
8	3	159	+D7	+C8+$B$3*(B8–C8)	@ROUND(@ABS(B8–C8),0)
9	4	175	+D8	+C9+$B$3*(B9–C9)	@ROUND(@ABS(B9–C9),0)
10	5	190	+D9	+C10+$B$3*(B10–C10)	@ROUND(@ABS(B10–C10),0)
11	6	205	+D10	+C11+$B$3*(B11–C11)	@ROUND(@ABS(B11–C11),0)
12	7	180	+D11	+C12+$B$3*(B12–C12)	@ROUND(@ABS(B12–C12),0)
13	8	182	+D12	+C13+$B$3*(B13–C13)	@ROUND(@ABS(B13–C13),0)
14	Total				@SUM(E6. .E13)
15	Average				@AVG(E6. .E13)

PROGRAMA 5.4 ■ El análisis de regresión con hoja de cálculo y la orden / Regresión de los datos. Los datos del problema de Tongren del Ejemplo 5.11 se presentan a continuación. El valor constante del output es la coordenada en el origen (corte con Y). El coeficiente X es la pendiente de la variable independiente, p. e., nómina.

	A	B	C	D	E	F
1	Tongren Construction Regression Using Example 10 Data					
2						
3	Sales(Y)	Payroll(X)	Regression			
4	($100,000)	($100,000,000)	Line			
5	2	1	+$C$19*$B5+$D$13			
6	3	3	+$C$19*$B6+$D$13			
7	2.5	4	+$C$19*$B7+$D$13			
8	2	2	+$C$19*$B8+$D$13			
9	2	1	+$C$19*$B9+$D$13			
10	3.5	7	+$C$19*$B10+$D$13			
11						
12		Regression Output:				
13	Constant				1.75	
14	Std Err of Y Est				0.306186	
15	R Squared				0.8125	
16	No. of Observations				6	
17	Degrees of Freedom				4	
18						
19	X=coefficients(s)		0.25			
20	Std Err of Coef.		0.0600480577			

PROBLEMAS RESUELTOS

Problema resuelto 5.1

Las ventas de Green Line Jet Skis han estado creciendo de forma regular durante los últimos cinco años (ver tabla). El director de ventas había predicho en 1990 que, en 1991, las ventas serían de 410 acondicionadores de aire. Utilizando el alisado exponencial con un peso de $\alpha = 0,30$, desarrolle las previsiones desde 1992 hasta 1996.

AÑO	VENTAS	PREVISIÓN
1991	450	410
1992	495	
1993	518	
1994	563	
1995	584	
1996	?	

Solución

AÑO	PREVISIÓN
1991	410,0
1992	422,0 = 410 + 0,3 (450 – 410)
1993	443,9 = 422 + 0,3 (495 – 422)
1994	466,1 = 443,9 +0,3 (518 – 443,9)
1995	495,2 = 466,1 + 0,3 (563 - 466,1)
1996	521,8 = 495,2 + 0,3 (584 - 495,2)

Problema resuelto 5.2

La ocupación de habitaciones en el Toronto Towers Plaza Hotel se ha controlado desde hace nueve años. La gerencia querría determinar la tendencia matemática del número de clientes, con el fin de prever la futura ocupación. Esta estimación ayudaría al hotel a determinar si sería necesaria una futura expansión. Proporcionándole la siguiente serie temporal de datos, desarrolle una ecuación de regresión, relacionando huéspedes y tiempo. Prevea entonces los clientes de 1996. La ocupación de habitaciones está en miles.

1987: 17	1988: 16	1989: 16	1990: 21	1991: 20
1992: 20	1993: 23	1994: 25	1995: 24	

Solución

AÑO	AÑO TRANSFORMADO, X	REGISTROS, Y (EN MILES)	X^2	XY
1987	1	17	1	17
1988	2	16	4	32
1989	3	16	9	48
1990	4	21	16	84
1991	5	20	25	100
1992	6	20	36	120
1993	7	23	49	161
1994	8	25	64	200
1995	9	24	81	216
	$\Sigma x = 45$	$\Sigma y = 182$	$\Sigma x^2 = 285$	$\Sigma xy = 978$

$$\bar{x} = \frac{45}{9} = 5, \qquad \bar{y} = \frac{182}{9} = 20{,}22$$

$$b = \frac{\Sigma xy - n\bar{x}\bar{y}}{\Sigma x^2 - nx^2} = \frac{978 - (9)(5)(20{,}22)}{285 - (9)(25)} = \frac{978 - 909{,}9}{285 - 225} = \frac{68{,}1}{60} = 1{,}135$$

$$a = \bar{y} - b\,\bar{x} = 20{,}22 - (1{,}135)(5) = 20{,}22 - 5{,}675 = 14{,}545$$

$$\hat{y}\,(\text{registros}) = 14{,}545 + 1{,}135x$$

La proyección de clientes en 1997 (x es el número 11 en el sistema de codificación utilizado) es

$$\hat{y} = 14{,}545 + (1{,}135)(11) = 27{,}03$$

o 27.003 alojados en 1997.

Problema resuelto 5.3

La demanda trimestral de Jaguars XJ6 en un concesionario de Nueva York se prevé con la ecuación

$$\hat{y} = 10 + 3x$$

donde x = trimestres,

Trimestre I de 1994 = 0
Trimestre II de 1994 = 1
Trimestre III de 1994 = 2
Trimestre IV de 1994 = 3
Trimestre I de 1995 = 4
y demás.

$\hat{y}$ = demanda trimestral.

La demanda de Sedans deportivos es estacional y los índices para los trimestres I, II, III y IV son 0,80, 1,00, 1,30 y 0,90, respectivamente. Prevea la demanda para cada trimestre de 1996. Estacionalice después cada previsión para ajustarla a las variaciones trimestrales.

Solución

El trimestre II de 1995 está codificado como $x = 5$, el trimestre III de 1995 está codificado como $x = 6$ y el IV está codificado como $x = 7$. Por tanto, el trimestre I de 1996 estará codificado como $x = 8$; trimestre II, $x = 9$; y demás.

$\hat{y}$(1996 Trimestre I) = 10 + 3(8) = 34 Previsión ajustada = (0,80)(34) = 27,2
$\hat{y}$(1996 Trimestre II) = 10 + 3(9) = 37 Previsión ajustada = (1,00)(37) = 37
$\hat{y}$(1996 Trimestre III) = 10 + 3(10) = 40 Previsión ajustada = (1,30)(40) = 52
$\hat{y}$(1996 Trimestre IV) = 10 + 3(11) = 43 Previsión ajustada = (0,90)(43) = 38,7

PREGUNTAS DE DISCUSIÓN

1. Describa brevemente los pasos que se siguen para desarrollar un sistema de previsión.
2. ¿Qué es un modelo de previsión de series temporales?
3. ¿Cuál es la diferencia entre un modelo causal y un modelo de series temporales?
4. ¿Qué es un modelo de previsión cualitativa y cuándo es apropiado?
5. ¿Cuál es el significado de los mínimos cuadrados en un modelo de regresión?
6. ¿Cuáles son algunos de los inconvenientes del modelo de previsión de las medias móviles?
7. ¿Qué efecto tiene el valor de la constante de alisado en el peso dado a la previsión del pasado y al valor observado del pasado?
8. Describa brevemente la técnica Delphi.
9. ¿Qué es el D. A. M. y por qué es importante en la selección y uso de modelos de previsión?
10. Describa los tres horizontes temporales de previsión y sus usos.
11. Nombre y discuta tres métodos de previsión *cualitativa*.
12. ¿Cuál de las técnicas de previsión otorga mayor énfasis a los valores recientes? ¿Cómo lo hace?
13. ¿Qué significa descomponer una serie temporal?
14. ¿Cuál es la diferencia básica entre una media móvil ponderada y el alisado exponencial?
15. Describa dos medidas populares de precisión y una previsión.
16. ¿Cuál es la diferencia básica entre una variable dependiente y una independiente?
17. Defina con sus propias palabras el significado del coeficiente de determinación. Dé un ejemplo.
18. ¿Cuál es el propósito de una señal de rastreo?

EJERCICIO DE RAZONAMIENTO CRÍTICO

En 1994, el Consejo de Regentes, responsable de todas las fundaciones de educación superior pública de un gran Estado del medioeste, contrató un consultor para desarrollar una serie de modelos de previsión de matriculaciones, uno para cada "college". Estos modelos utilizaban datos históricos y alisado exponencial para prever las matriculaciones de los próximos años. Basándose en el modelo, que incluía una constante de alisado (α) para cada escuela, el Consejo fijaba el presupuesto de cada "college". El responsable del Consejo seleccionaba personalmente cada constante de alisado, basándose en lo que él denominaba su "ojo clínico y su agudeza política".

¿Cuáles cree que son las ventajas y las desventajas de este modelo? Conteste desde la perspectiva de (a) el Consejo de Regentes y (b) del Presidente de cada "college". ¿Cómo puede hacerse un mal uso de este modelo y cómo podría utilizarse para eliminar cualquier sesgo? ¿Cómo puede usarse un *modelo de regresión* para que produzca resultados que resalten a una previsión sobre las demás?

PROBLEMAS

• **5.1** Las temperaturas más altas de la ciudad de Boston en la pasada semana fueron las siguientes: 93, 94, 93, 95, 96, 88, 90 (ayer) (en grados Farenheit).

a) Prevea la temperatura más alta para hoy, utilizando una media móvil de tres días
b) Prevea la temperatura más alta para hoy, utilizando una media móvil de dos días
c) Calcule la desviación absoluta media basada en una media móvil de dos días.

• **5.2** Para los datos abajo indicados, desarrolle una previsión con una media móvil de tres meses.

Mes	Ventas de Baterías de Automóviles	Mes	Ventas de Baterías de Automóviles
Enero	20	Julio	17
Febrero	21	Agosto	18
Marzo	15	Septiembre	20
Abril	14	Octubre	20
Mayo	13	Noviembre	21
Junio	16	Diciembre	23

• **5.3** Dándole los siguientes datos, desarrolle una previsión de la demanda con una media móvil de tres años.

Año	1	2	3	4	5	6	7	8	9	10	11
Demanda	7	9	5	9	13	8	12	13	9	11	7

• **5.4** Eli Cohen ha desarrollado el siguiente modelo de previsión:

$$\hat{y} = 36 + 4{,}3x$$

donde $\hat{y}$ = demanda de acondicionadores de aire Aztec y
x = temperatura exterior (°F).

a) Demanda prevista para Aztec cuando la temperatura es de 70 °F
b) ¿Cuál es la demanda para una temperatura de 80 °F?
c) ¿Cuál es la demanda para una temperatura de 90 °F?

• **5.5** La relación de datos de la demanda anual de bolsas de 50 lb de semillas de césped en el Almacén de Bob es la mostrada en la siguiente tabla. Desarrolle una media móvil de tres años para prever las ventas. Después vuelva a estimar la demanda con una media móvil ponderada, en la que las ventas más recientes del año tengan un peso de 2 y las ventas de los otros dos años tengan cada una un peso de 1. ¿Qué método cree que es el mejor?

Año	1	2	3	4	5	6	7	8	9	10	11
Demanda de Semillas de Césped(miles de bolsas)	4	6	4	5	10	8	7	9	12	14	15

• **5.6** Desarrolle una media móvil de dos y cuatro años para las bolsas de semillas de césped del Problema 5.5.

• **5.7** En los Problemas 5.5 y 5.6 se han desarrollado cuatro modelos diferentes de previsión de demanda para las bolsas de semillas de césped. Estas cuatro previsiones son media móvil de dos años, media móvil de tres años, una media móvil ponderada y una media móvil de cuatro años. ¿Cuál utilizaría usted? Explique su respuesta.

: **5.8** Utilice un alisado exponencial con una constante de alisado de 0,3 para prever la demanda de semillas de césped dada en el Problema 5.5. Suponga que la previsión para el año 1 es de 5.000 bolsas para empezar el proceso. ¿Preferiría utilizar el modelo de alisado exponencial o el modelo de media móvil ponderada desarrollado en el Problema 5.5? Explique su respuesta.

• **5.9** Utilizando constantes de alisado de 0,6 y 0,9, desarrolle una previsión para las ventas de Green Line Jet Skis. Ver Problema Resuelto 5.1.

• **5.10** ¿Qué efecto tiene la constante de alisado en la previsión Green Line Jet Skis? Ver Problema Resuelto 5.1 y 5.9. ¿Qué constante de alisado es la que da una previsión más precisa?

• **5.11** Utilice un modelo de previsión de media móvil de tres años para prever las ventas de Green Line Jet Skis. Ver Problema resuelto 5.1.

• **5.12** Utilizando un modelo de proyección de tendencia, desarrolle un modelo de previsión para las ventas de Green Line Jet Skis. Ver Problema resuelto 5.1.

: **5.13** Para predecir las ventas de Green Line Jet Skis, ¿utilizaría usted el alisado exponencial con una constante de alisado de 0,3, una media móvil de tres años o el método de proyección de tendencia? Haga referencia a los Problemas Resueltos 5.1 y a los Problemas 5.11 y 5.12.

⋮ **5.14** La demanda de intervenciones quirúrgicas de trasplantes de corazón en el Hospital General de Washington ha aumentado de forma significativa en los últimos años, como puede observarse en la siguiente tabla.

AÑO	1	2	3	4	5	6
INTERVENCIONES DE TRASPLANTE DE CORAZÓN REALIZADAS	45	50	52	56	58	?

El director de los servicios médicos predijo hace seis años que la demanda en el año 1 sería de 41 intervenciones.

a) Utilice el alisado exponencial, primero con una constante de alisado de 0,6, después con una del 0,9 para desarrollar previsiones para los años 2 a 6.
b) Utilice una media móvil de 3 años para prever la demanda de los años 4, 5 y 6.
c) Utilice el método de la proyección de tendencia para prever la demanda de los años 2 a 6.
d) Tomando como criterio el D. A. M., ¿cuál es la mejor de las cuatro previsiones?

• **5.15** Una empresa ha efectuado un análisis detallado del coste de funcionamiento de un automóvil y ha desarrollado el siguiente modelo:

$$Y = 4.000 + 0{,}20\,X$$

donde Y es el coste anual y X son las millas conducidas.

a) Si un coche recorre 15.000 millas al año, ¿cuál es el coste previsto de funcionamiento de este coche?

b) Si un coche recorre 25.000 millas al año, ¿cuál es el coste previsto de funcionamiento de este coche?

c) Suponga que un coche recorriera 15.000 millas y el coste real de funcionamiento fuese de 6.000\$, y un segundo coche recorriese 25.000 millas y el coste real de funcionamiento fuese de 10.000\$. Calcule la desviación absoluta media en este caso.

• **5.16** Dados los siguientes datos, utilice el alisado exponencial ($\alpha = 0{,}2$) para desarrollar una previsión de demanda. Suponga que la previsión para el año inicial es 5.

PERÍODO	1	2	3	4	5	6
DEMANDA	7	9	5	9	13	8

5.17 Los ingresos de la consultoría del Dr. Thomas W. Jones Asociados en el período febrero-julio han sido los siguientes:

MES	Febrero	Marzo	Abril	Mayo	Junio	Julio
INGRESOS (EN MILES)	70,0	68,5	64,8	71,7	71,3	72,8

Utilice el alisado exponencial con ajuste de tendencia para prever los ingresos de agosto. Suponga que la previsión inicial para febrero es de 65.000$ y el ajuste de tendencia inicial es 0. Las constantes de alisado exponencial son $\alpha = 0{,}1$ y $\beta = 0{,}2$.

5.18 Resuelva el Problema 5.17 con $\alpha = 0{,}1$ y $\beta = 0{,}8$. Utilizando D. A. M., ¿qué constante de alisado proporciona una mejor previsión?

5.19 Calcule (a) D. A. M. y (b) E. C. M. para las siguientes previsiones versus las ventas reales.

PREVISIÓN	100	110	120	130
REAL	95	108	123	130

5.20 Dados los siguientes datos, utilice la regresión de mínimo cuadrados para deducir la ecuación de previsión. ¿Cuál es su estimación de demanda para el período 7?

PERÍODO	1	2	3	4	5	6
DEMANDA	7	9	5	11	10	13

5.21 Dados los siguientes datos, utilice la regresión de mínimos cuadrados para deducir la relación entre el número de días de verano lluviosos y el número de partidos perdidos por el equipo de baseball Boca Raton Cardinal.

AÑO	1986	1987	1988	1989	1990	1991	1992	1993	1994	1995
DÍAS LLUVIOSOS	15	25	10	10	30	20	20	15	10	25
PARTIDOS PERDIDOS	25	20	10	15	20	15	20	10	5	20

5.22 Las ventas de aspiradoras industriales de Gary Williams Supply Co. a lo largo de los pasados trece meses se muestra a continuación.

MES	Ene.	Feb.	Mar.	Abr.	May.	Jun.	Jul.
VENTAS (EN MILES)	11	14	16	10	15	17	11
MES	Agos.	Sept.	Oct.	Nov.	Dic.	Ene.	
VENTAS (EN MILES)	14	17	12	14	16	11	

a) Utilizando una media móvil con tres períodos, determine la demanda de aspiradoras para el próximo mes de febrero.

b) Utilizando una media móvil ponderada con tres períodos, determine la demanda de aspiradoras para el próximo mes de febrero. Utilice 3, 2 y 1 para los pesos del último, penúltimo y antepenúltimo período, respectivamente. Por ejemplo, si usted estuviese previendo la demanda para febrero, noviembre tendría un peso de 1, diciembre tendría un peso de 2 y enero pesaría 3.

c) Evalúe la precisión de cada uno de estos métodos.

d) ¿Qué otros factores debería considerar Williams al prever las ventas?

: **5.23** El director de operaciones de una distribuidora de instrumentos musicales piensa que la demanda de tambores graves puede estar relacionada con el número de apariciones televisivas del popular grupo de rock Green Shades a lo largo del mes anterior. El director ha recogido los datos mostrados en la siguiente tabla.

DEMANDA DE TAMBORES GRAVES	3	6	7	5	10	8
APARICIONES EN TV DEL GRUPO	3	4	7	6	8	5

a) Represente gráficamente estos valores para ver si una ecuación lineal podría describir la relación entre las apariciones televisivas del grupo y las ventas de tambores graves.

b) Utilice el método de regresión de mínimos cuadrados para deducir una ecuación de previsión.

c) ¿Cuál es su estimación de las ventas de tambores graves, si las apariciones del grupo durante el pasado mes en TV fueron 9?

· **5.24** Un estudio para determinar la correlación entre los depósitos bancarios y el índice de precios al consumo en Birmingham, Alabama, reveló lo siguiente (el estudio estaba basado en datos de $n = 5$ años):

$$\Sigma x = 15$$
$$\Sigma x^2 = 55$$
$$\Sigma xy = 70$$
$$\Sigma y = 20$$
$$\Sigma y^2 = 130$$

a) Halle el coeficiente de correlación. ¿Qué le da a entender?

b) ¿Cuál es el error estándar de la estimación?

: **5.25** El contable de Barbara Herdman Coal Distributors, Inc., observa que la demanda de carbón parece estar ligada a un índice de dureza de la climatología desarrollado por el U. S. Weather Bureau. Esto es, cuando el tiempo fue extremadamente frío en los Estados Unidos durante los últimos cinco años (y por tanto el índice fue alto), las ventas de carbón fueron elevadas. El contable propone que una buena previsión de la demanda de carbón para el próximo año podría hacerse desarrollando una ecuación de regresión y entonces consultar con el *Almanaque del agricultor* para ver la dureza del próximo invierno. Para los datos de la siguiente tabla, deduzca una regresión de mínimos cuadrados y calcule el coeficiente de correlación de los datos. Calcule también el error estándar de la estimación.

VENTAS DE CARBÓN, Y (EN MILLONES DE TN.)	4	1	4	6	5
ÍNDICE DE LA CLIMATOLOGÍA, X	2	1	4	5	3

: **5.26** Trece estudiantes entraron en el programa de POM en el "College" Rollins hace 2 años. La siguiente tabla indica cuál era su media de notas después de permanecer en el programa durante dos años y cuál fue la puntuación de cada estudiante en el examen SAT cuando él o ella estaba en la escuela secundaria. ¿Existe una relación relevante entre notas medias y puntuación SAT? Si un estudiante tiene una puntuación de 350 en el SAT, ¿cuál cree usted que será su nota media? ¿Y si su puntuación es de 800?

ESTUDIANTE	A	B	C	D	E	F	G	H	I	J	K	L	M
PUNTUACIÓN SAT	421	377	585	690	608	390	415	481	729	501	613	709	366
NOTA MEDIA	2,90	2,93	3,00	3,45	3,66	2,88	2,15	2,53	3,22	1,99	2,75	3,90	1,60

· **5.27** El Dr. Jerilyn Ross es un psicólogo de Nueva York especializado en el tratamiento de pacientes agorafóbicos (temerosos de salir de sus casas). La siguiente tabla indica cuántos pacientes ha visto el Dr. Ross en los últimos 10 años. Indica además qué tasa de robos hubo en Nueva York durante ese mismo año.

AÑO	1	2	3	4	5	6	7	8	9	10
NÚMERO DE PACIENTES	36	33	40	41	40	55	60	54	58	61
TASA DE CRIMINALIDAD (ROBOS) POR CADA MIL HABITANTES	58,3	61,1	73,4	75,7	81,1	89,0	101,1	94,8	103,3	116,2

Utilizando el análisis de tendencia, ¿cuántos pacientes cree usted que verá el Dr. Ross en los años 11, 12 y 13? ¿Con qué precisión ajusta el modelo los datos?

: **5.28** Utilizando los datos del Problema 5.27, aplique la regresión lineal para estudiar la relación entre la tasa de criminalidad y el número de pacientes del Dr. Ross. Si la tasa de robos se incrementa a 131,2 en el año 11, ¿cuántos pacientes fóbicos tratará el Dr. Ross? Si la tasa de robos desciende a 90,6, ¿cuál es la previsión de pacientes?

· **5.29** Los contables de la firma Doke and Reed creyeron que varios ejecutivos entregaron unos vales de viaje inusualmente elevados a la vuelta de sus viajes de negocios. Los contables tomaron una muestra de 200 vales entregados el año anterior; desarrollaron entonces la siguiente ecuación de regresión múltiple, relacionando el coste del viaje ($\hat{y}$), el número de días en carretera (x_1) y la distancia recorrida (x_2) en millas:

$$\hat{y} = 90{,}00\$ + 48{,}50\$x_1 + 0{,}40\$x_2$$

El coeficiente de correlación calculado fue 0,68.

a) Si Bill Tomlinson vuelve de un viaje de 300 millas que lo ha tenido fuera de la ciudad durante cinco días, ¿cuál es la cantidad que se espera que reclamará como gastos de viaje?

b) Tomlinson entregó una solicitud de devolución por un importe de 685$. ¿Qué debería hacer el contable?

c) ¿Podrían incluirse otras variables? ¿Cuáles? ¿Por qué?

· **5.30** En el pasado, la distribuidora de neumáticos de Kelly Gibson vendía una media de 1.000 neumáticos al año. En los dos últimos años, las ventas en otoño fueron de 200 y 250, respectivamente, mientras que en verano fueron 350 y 300, en primavera 150 y 165 y en verano 300 y 285. Con unos planes de expansión, Ms. Gibson proyecta incrementar las ventas del próximo año a 1.200 neumáticos. ¿Cuál será la demanda en cada estación?

· **5.31** Suponga que el número de accidentes automovilísticos en cierta región está relacionada con el número de coches matriculados (b_1), las ventas medias de alcohol en decenas de miles de dólares (b_2) y las lluvias registradas en pulgadas (b_3). Imagine además que la fórmula de la regresión ya ha sido calculada y es:

$$Y = a + b_1X_1 + b_2X_2 + b_3X_3$$

donde Y = número de accidentes automovilísticos,
$a = 7{,}5$ $b_1 = 3{,}5$ $b_2 = 4{,}5$ y $b_3 = 2{,}5$

Calcule el número esperado de accidentes automovilísticos bajo las siguientes condiciones:

	X_1	X_2	X_3
a)	2	3	0
b)	3	5	1
c)	4	7	2

· **5.32** Una empresa utiliza un índice de evaluación del rendimiento laboral de sus empleados basado en un test de preempleo y en la nota media obtenida en la universidad. La empresa ha desarrollado un modelo de regresión múltiple para predecir el rendimiento de sus futuros empleados, en base a dicho índice y que se indica a continuación:

$$Y = 35 + 20X_1 + 50X_2$$

donde Y = índice de rendimiento laboral
X_1 = puntuación del test preempleo
X_2 = nota media de la universidad

a) Prevea el índice de rendimiento laboral para un solicitante de empleo que obtuvo 3,0 GPA y una puntuación de 80 en el test preempleo.
b) Prevea el índice de rendimiento laboral para un solicitante de empleo que obtuvo 2,5 GPA y una puntuación de 70 en el test preempleo.

: **5.33** El Ayuntamiento ha recogido los siguientes datos de recaudaciones impositivas sobre las ventas anuales y matriculaciones de coches nuevos:

RECAUDACIONES IMPOSITIVAS SOBRE LAS VENTAS ANUALES (EN MILLONES)	1	1,4	1,9	2	1,8	2,1	2,3
NUEVAS MATRICULACIONES DE COCHES	10	12	15	16	14	17	20

Determine lo siguiente:
a) La ecuación de la regresión de mínimos cuadrados.
b) Utilizando los resultados obtenidos en (a), halle la recaudación de impuestos teniendo en cuenta que el total de coches matriculados es de 22.
c) El coeficiente de correlación y determinación.

: **5.34** El número de millas por pasajero realizadas por Northeast Airlines, una compañía que cubre la zona de Boston, son durante las últimas doce semanas las siguientes:

SEMANA	1	2	3	4	5	6
MILLAS POR PASAJERO ACTUALES (EN MILES)	17	21	19	23	18	16
SEMANA	7	8	9	10	11	12
MILLAS POR PASAJERO ACTUALES (EN MILES)	20	18	22	20	15	22

a) Suponiendo una previsión inicial para la semana 1 de 17.000 millas, utilice el alisado exponencial para calcular las millas para las semanas 2 a 12. Use $\alpha = 0{,}2$.
b) ¿Cuál es el D. A. M. de este modelo?
c) Calcule la S. E. P. y la señal de rastreo. ¿Están dentro de unos límites aceptables?

: **5.35** El número de viajeros de autobús y metro en Washington, DC, durante los meses de verano está fuertemente ligado al número de turistas que visitan esa ciudad. A lo largo de los pasados doce años, se han obtenido los siguientes datos:

AÑO	NÚMERO DE TURISTAS (EN MILLONES)	RIDERSHIP (EN MILLONES)	AÑO	NÚMERO DE TURISTAS (EN MILLONES)	RIDERSHIP (EN MILLONES)
1	7	1,5	7	16	2,4
2	2	1,0	8	12	2,0
3	6	1,3	9	14	2,7
4	4	1,5	10	20	4,4
5	14	2,5	11	15	3,4
6	15	2,7	12	7	1,7

a) Represente estos datos y decida si es factible un modelo lineal.
b) Desarrolle una relación de regresión.
c) ¿Cuál es el número de viajeros esperado si 10 millones de turistas visitan la ciudad en un año?
d) Determine el número de viajeros si no hubiese ningún turista.
e) ¿Cuál es el error estándar de la estimación?
f) ¿Cuál es el coeficiente de correlación del modelo y el coeficiente de determinación?

: **5.36** Las llamadas de emergencia al 911 de Gainesville, Florida, durante las pasadas veinticuatro semanas son las indicadas:

SEMANA	1	2	3	4	5	6	7	8	9	10	11	12
LLAMADAS	50	35	25	40	45	35	20	30	35	20	15	40
SEMANA	13	14	15	16	17	18	19	20	21	22	23	24
LLAMADAS	55	35	25	55	55	40	35	60	75	50	40	65

a) Calcule la previsión exponencialmente alisada de llamadas para cada semana. Suponga una previsión inicial de 50 llamadas en la primera semana y utilice $\alpha = 0{,}1$. ¿Cuál es la previsión para la semana 25?

b) Prevea de nuevo cada período utilizando $\alpha = 0{,}6$.

c) Las llamadas reales durante la semana 25 fueron 85. ¿Qué constante de alisado suministra una previsión mejor? Explique y justifique la medida de error utilizada.

: 5.37 Utilizando las llamadas al 911 del Problema 5.36, prevea las llamadas de las semanas 2 hasta la 25, con un alisado exponencial con ajuste de tendencia. Suponga una previsión inicial de 50 llamadas para la semana 1 y una tendencia inicial de cero. Utilice unas constante de alisado de $\alpha = 0{,}3$ y $\beta = 0{,}1$. ¿Es este modelo mejor que el del Problema 5.36? ¿Qué ajuste podría utilizarse para posteriores mejoras? (Suponga de nuevo que las llamadas reales en la semana 25 eran 85).

: 5.38 Des Moines Power and Light ha estado recogiendo datos de la demanda de energía eléctrica en su subregión del Este durante sólo los dos últimos años. Estos datos son los mostrados:

	Demanda en megavatios			Demanda en megavatios	
Mes	**Último año**	**Este año**	**Mes**	**Último año**	**Este año**
Enero	5	17	Julio	23	44
Febrero	6	14	Agosto	26	41
Marzo	10	20	Septiembre	21	33
Abril	13	23	Octubre	15	23
Mayo	18	30	Noviembre	12	26
Junio	15	38	Diciembre	14	17

La empresa necesita poder prever la demanda para cada mes del próximo año, para planificar una expansión y acordar el préstamo de energía de empresas próximas en los periodos punta. Sin embargo, los modelos estándar de previsión discutidos en este capítulo no se ajustarán a los valores observados para los dos años.

a) ¿Cuáles serían las deficiencias de las técnicas estándar de previsión al aplicarlas a este grupo de valores?

b) Ya que los modelos conocidos no son los realmente apropiados aquí, proponga su propio enfoque para realizar la previsión. A pesar de que no existe una solución perfecta para tratar datos como éstos (en otras palabras, no existen respuestas 100% correctas o incorrectas), justifique su modelo.

c) Prevea la demanda para cada mes del año próximo utilizando su modelo propuesto.

: 5.39 La asistencia a la atracción más nueva del parque de Disney en Orlando, Vacation World, ha sido la siguiente:

Trimestre	Asistentes (en millares)	Trimestre	Asistentes
Verano '92	73	Verano '93	124
Primavera '92	104	Otoño '93	52
Verano '92	168	Verano '94	89
Otoño '92	74	Primavera '94	146
Verano '93	65	Verano '94	205
Primavera '93	82	Otoño '94	98

Halle los índices de estacionalidad utilizando todos los datos.

- **5.40** Claude Simpson, gerente del Almacén Mayorista Simpson, ha utilizado la extrapolación de series temporales para prever las ventas a detallistas para los próximos cuatro trimestres. Las ventas estimadas eran 120.000, 140.000, 160.000 y 180.000 dólares para los respectivos trimestres. Se han calculado los índices de estacionalidad para los cuatro trimestres, siendo 1,25, 0,90, 0,75 y 1,15, respectivamente. Calcule una previsión estacionalizada o ajustada de las ventas.

APLICACIÓN DE BASE DE DATOS

: **5.41** El Banco Thornton and Loan está orgulloso de su larga tradición en Tampa, Florida. Fundada por Angela Thornton cuatro años después de la segunda guerra mundial, S & L ha roto la tendencia de problemas financieros y de liquidez que han inundado la industria desde 1985. Los depósitos han crecido lenta pero sostenidamente a lo largo de los años a pesar de las recesiones habidas en 1960, 1983, 1988 y 1991. La señora Thornton cree necesario tener un plan estratégico a largo plazo para su negocio, incluyendo una previsión de un año y preferentemente de hasta cinco años de los depósitos. Ella examina los datos sobre los depósitos habidos y también examina el producto estatal bruto de Florida (GSP) a lo largo de los mismos cuarenta y cuatro años. (GSP es análogo al PIB, pero a nivel estatal.)

a) Utilizando, el alisado exponencial con $\alpha = 0{,}6$, después el análisis de tendencia y finalmente la regresión lineal, discuta qué modelo de previsión es el que se ajusta mejor al plan estratégico de la señora Thornton. Justifique por qué un modelo debería seleccionarse antes que otro.

b) Examine cuidadosamente los datos. ¿Puede pensar un motivo para excluir una porción de la información? ¿Por qué? ¿Modificaría este cambio su elección del modelo?

AÑO	DEPÓSITOS*	GSP†	AÑO	DEPÓSITOS*	GSP†	AÑO	DEPÓSITOS*	GSP†
1952	0,25	0,4	1967	2,3	1,6	1982	24,1	3,9
1953	0,24	0,4	1968	2,8	1,5	1983	25,6	3,8
1954	0,24	0,5	1969	2,8	1,6	1984	30,3	3,8
1955	0,26	0,7	1970	2,7	1,7	1985	36,0	3,7
1956	0,25	0,9	1971	3,9	1,9	1986	31,1	4,1
1957	0,30	1,0	1972	4,9	1,9	1987	31,7	4,1
1958	0,31	1,4	1973	5,3	2,3	1988	38,5	4,0
1959	0,32	1,7	1974	6,2	2,5	1989	47,9	4,5
1960	0,24	1,3	1975	4,1	2,8	1990	49,1	4,6
1961	0,26	1,2	1976	4,5	2,9	1991	55,8	4,5
1962	0,25	1,1	1977	6,1	3,4	1992	70,1	4,6
1963	0,33	0,9	1978	7,7	3,8	1993	70,9	4,6
1964	0,50	1,2	1979	10,1	4,1	1994	79,1	4,7
1965	0,95	1,2	1980	15,2	4,0	1995	94,0	5,0
1966	1,7	1,2	1981	18,1	4,0			

*En $ millones.

†En $ billones.

CASO DE ESTUDIO

La Aerolínea Norte–Sur

En 1994, las Aerolíneas del Norte* se fusionaron con las Aerolíneas del Sudeste para crear la cuarta empresa más importante de transportes de los Estados Unidos. La nueva Aerolínea Norte-Sur heredó una envejecida flota de aviones Boeing 727-200 y a Stephen Ruth. Ruth era un duro ex-Secretario de la Armada, que se incorporó como nuevo presidente de la compañía.

La primera preocupación de Ruth para la creación de una compañía financieramente sólida eran los costes de mantenimiento. Estaba comúnmente asumido, en la industria aeronáutica, que los costes de mantenimiento crecían con la edad de los aviones. Rápidamente advirtió que históricamente había existido una diferencia significativa en los informes sobre costes de mantenimiento de los 727-200 (impreso 41 de la ATA), tanto en las áreas de fuselaje como de motores entre las Aerolíneas del Norte y las del Sudeste, teniendo esta última una flota más nueva.

El 12 de noviembre de 1994, Peg Young, Vicepresidente de Operaciones y Mantenimiento, fue llamado al despacho de Ruth y se le pidió que estudiase el asunto. En concreto, Ruth quería saber (1) si la edad media de la flota estaba correlacionada con los costes directos de mantenimiento de fuselaje y (2) si existía una relación entre la edad media de la flota y los costes directos de mantenimiento de motores. Young debía dar una respuesta, con descripciones gráficas y cuantitativas de las relaciones, el 26 de noviembre.

El primer paso de Young fue poner a trabajar a su equipo en la determinación de la edad media de las flotas de B727-200 del Norte y del Sudeste, por trimestres, desde la introducción de este avión en cada aerolínea a finales de 1985 y principios de 1986. La edad media de cada flota fue calculada multiplicando el número total de días de calendario que el avión había estado en servicio hasta el momento considerado por la utilización media diaria de las respectivas flotas, dando el total de horas voladas por la flota. El total de horas voladas por la flota se dividía entonces por el número de aviones en servicio en ese momento, dando la edad del avión "medio" de la flota.

La utilización media se halló calculando el total de horas reales de vuelo hasta el 30 de septiembre de 1993 de los datos de la del Norte y la del Sudeste, y dividiéndolas por el total de días de servicio de todos los aviones hasta ese momento. La utilización media para la Sudeste era de 8,3 horas por día, mientras que en la Norte era de 8,7 horas por día. Debido a que los datos de costes disponibles se calcularon para cada período anual acabando al final del primer trimestre, la edad media de la flota fue calculada en los mismos instantes de tiempo.

Los datos de la flota se muestran en la Tabla 1. Los costes de fuselaje y de motores están ambos emparejados con la edad media de la flota en esa tabla.

*Los datos y nombres de las aerolíneas e individuos han sido cambiados en este caso para mantener la confidencialidad. Los datos y temas aquí descritos son reales.

CUESTIONES DE DISCUSIÓN

1. Prepare la respuesta de Peg Young a Stephen Ruth.

TABLA 1 ■ Datos sobre los aviones Boeing 727-200 de las Aerolíneas Norte-Sur.

	Datos de las Aerolíneas del Norte			Datos de las Aerolíneas del Sudeste		
Año	Coste de fuselaje por aeronave	Coste de motores por aeronave	Edad media (en horas)	Coste de fuselaje por aeronave	Coste de motores por aeronave	Edad media (en horas)
1987	51,80$	43,49$	6.512	13,29$	18,86$	5.107
1988	54,92	38,58	8.404	25,15	31,55	8.145
1989	69,70	51,48	11.077	32,18	40,43	7.360
1990	68,90	58,72	11.717	31,78	22,10	5.773
1991	63,72	45,47	13.275	25,34	19,69	7.150
1992	84,73	50,26	15.215	32,78	32,58	9.364
1993	78,74	79,60	18.390	35,56	38,07	8.259

CASO DE ESTUDIO

El parque zoológico de Akron

En los últimos años de la década de los 70, los cambios globales en las preferencias del consumidor por la motorización, la inflación y los cambios en las prioridades gubernamentales casi significaron el cierre definitivo del Zoo infantil de Akron. Una escasa asistencia y un bajo número de socios benefactores no ayudó mucho tampoco. Haciendo frente a unas inciertas expectativas de continuidad, la ciudad de Akron se desprendió del negocio del zoo. En respuesta, el Parque Zoológico de Akron se organizó como una corporación que contrató con la ciudad la gestión del zoo.

El Parque Zoológico de Akron es una organización independiente que gestiona el Zoo Infantil de Akron para la ciudad. Para tener éxito, el zoo debe mantener su imagen de un lugar de calidad para que sus visitantes pasen allí su tiempo. Sus animales expuestos están limpios y aseados. Los animales, pájaros y reptiles tienen aspecto de estar bien atendidos. Cuando tiene recursos disponibles para construcciones y continuación de las actividades normales, el zoo continúa añadiendo nuevas exhibiciones y actividades. El empeño parece surtir efecto, porque la asistencia se incrementó de 53.353 en 1986 al récord absoluto de 133.762 en 1991.

Debido a su clima norteño, el criterio de apertura del zoo es desde mediados de abril hasta mediados de octubre. Vuelve a abrir sus puertas durante una semana en Halloween y en el mes de diciembre. La asistencia al zoo depende fundamentalmente del tiempo. Por ejemplo, la asistencia disminuyó durante el mes de diciembre de 1992, cuando se registraron temperaturas muy bajas y grandes espesores de nieve. Las variaciones en el tiempo afectan también al rendimiento de las cosechas y a los precios de los alimentos frescos de los animales, influyendo de este modo en los costes de mantenimiento de los animales.

En circunstancias normales, el zoo es capaz de alcanzar su objetivo y atraer a una asistencia anual igual al 40% de su comunidad. Akron no ha crecido apreciablemente durante la pasada década. Pero el zoo se ha convertido en una nueva fuente de recursos para la comunidad y, como se indica en la Tabla 2, los ingresos anuales por asistencia se han doblado. Aproximadamente el 35% del total de visitantes son adultos. Los niños se contabilizan como media entrada. Las admisiones de grupos se mantienen constantes en el 15% del total de asistentes.

El zoo no tiene un presupuesto de publicidad. Para ganar cuota en su mercado, por lo tanto, el zoo depende de anuncios en los servicios públicos, las series de la televisión pública del zoo y la cobertura en la prensa local de sus actividades y acontecimientos sociales. Muchas de estas actividades son recientes y son una poderosa razón de que haya aumentado la asistencia anual al zoo.

A pesar de que el zoo es una organización no lucrativa, debe asegurar que sus fuentes de ingresos igualen o excedan sus costes de funcionamiento y mantenimiento. La continuación de su existencia depende de su habilidad para generar ingresos y reducir gastos.

TABLA 2 ■ Asistencia anual.

		Precios de entradas ($)		
Año	Total personas	Adultos	Niños	Grupos
1995	117.874	4,00	2,50	1,50
1994	125.363	3,00	2,00	1,00
1993	126.853	3,00	2,00	1,50
1992	108.363	2,50	1,50	1,00
1991	133.762	2,50	1,50	1,00
1990	95.504	2,00	1,00	0,50
1989	63.034	1,50	0,75	0,50
1988	63.853	1,50	0,75	0,50
1987	61.417	1,50	0,75	0,50
1986	53.353	1,50	0,75	0,50

PREGUNTAS DE DISCUSIÓN

1. El Presidente del Zoo Akron le pide a usted que calcule las cifras de asistencia e ingresos esperados para 1996 y 1997. ¿Podría un análisis de regresión lineal simple ser la técnica de previsión apropiada?
2. Además del precio de admisión, ¿qué otros factores que influyen sobre la asistencia anual podrían considerarse en la previsión?

Fuente: Profesor F. Bruce Simmons, III, Universidad de Akron.

BIBLIOGRAFÍA

Box, G. E. P., and G. Jenkins. *Time Series Analysis: Forecasting and Control.* San Francisco: Holden Day, 1970.

Brown, R. G. *Statistical Forecasting for Inventory Control.* New York: McGraw-Hill, 1959.

Chambers, J. C., C. Satinder, S. K. Mullick, and D. D. Smith. "How to Choose the Right Forecasting Techniques." *Harvard Business Review,* 49 (July/August 1971): 45–74.

Collopy, F., and J. S. Armstrong. "Rule-Based Forecasting: Development and Validation of an Expert Systems Approach to Combining Time Series Extrapolations." *Management Science,* 38, no. 10 (October 1992): 1094.

Gardner, E. S. "Exponential Smoothing: The State of the Art." *Journal of Forecasting,* 4 (March 1985)

Georgoff, D. M., and R. G. Murdick. "Managers Guide to Forecasting." *Harvard Business Review,* 64 (Janu-ary/February 1986): 110–120.

Gips, J., and B. Sullivan. "Sales Forecasting–Replacing Magic with Logic." *Production and Inventory Management Review,* 2 (February 1982)

Murdick, R., B. Render, and R. Russell. *Service Operations Management.* Boston: Allyn and Bacon, 1990.

Murdick, R., and D. M. Georgoff. "Forecasting: A Systems Approach." *Technological Forecasting and Social Change,* 44 (1993): 1–16.

Render, B., and R. M. Stair. *Cases and Readings in Management Science,* 2nd ed. Boston: Allyn and Bacon, 1988.

———. *Quantitative Analysis for Management,* 5th ed. Boston: Allyn and Bacon, 1994.

6

ESTRATEGIA DEL PRODUCTO

CONTENIDO DEL CAPÍTULO

OBJETIVOS DE APRENDIZAJE

Cuando termine este capítulo debería ser capaz de:

Identificar o definir:
- Ciclo de Vida del Producto
- Equipo de Desarrollo del Producto
- Ingeniería de Valor
- Análisis de Valor
- Tecnología de Grupos
- Gestión de la Configuración
- Competencia basada en el Tiempo

Explicar:
- Análisis de Valor del Producto
- Documentación del Producto

PERFIL DE CLASE MUNDIAL: REGAL MARINE

LA ESTRATEGIA DE PRODUCTO PROPORCIONA UNA VENTAJA COMPETITIVA A REGAL MARINE

Veinticinco años después de su fundación por parte de Paul Kuck, un agricultor dedicado al cultivo de patatas, Regal Marine se ha convertido en una poderosa empresa de los mares del mundo. El diseño del producto es crucial en el altamente competitivo negocio de las embarcaciones de recreo, donde Regal es uno de los mayores fabricantes de los EEUU. "Estamos en contacto con nuestros clientes y respondemos al mercado", afirma Kuck. "Sólo en este año hemos introducido seis nuevos modelos. Diría que estamos, sin duda, en el extremo más agresivo del espectro."

Con el cambio de los gustos en los consumidores y de los materiales, así como una mejora permanente en la ingeniería marina, la función de diseño está bajo presión constante. Junto a estas presiones está la constante competencia en costes del producto y el suministro de un producto que los clientes valoran positivamente.

Como consecuencia, Regal Marine es un usuario frecuente del diseño asistido por computador (C. A. D.)[1] Los nuevos diseños ven la luz vía el sistema CAD tridimensional de Regal adaptado de la tecnología automovilística. El objetivo de los arquitectos navales de Regal es continuar reduciendo el tiempo desde la concepción del prototipo hasta la fabricación. Su último producto, el Rush, es una embarcación de 14 pies, de original diseño, de cuatro plazas, capaz de navegar en aguas poco profundas y apta para practicar el esquí acuático. El sofisticado sistema C. A. D. no solamente ha reducido el tiempo dedicado al desarrollo del producto, sino que también ha reducido los problemas de fabricación y montaje, a la vez que se obtenía un producto superior.

Todos los productos de Regal, desde el Rush de 9.000 dólares hasta el yate de 40 pies Commodore de 225.000 dólares, siguen un proceso de producción similar. Los cascos y la parte superior se fabrican manualmente de forma separada, pulverizando moldes prefabricados con un laminado de tres a cinco capas de fibra de vidrio. Este producto, tras endurecerse, se extrae, consiguiendose así la superior e inferior de la embarcación. Mientras esta

Una vez que el casco ha sido sacado del molde, se mueve sobre un monorrail en la línea de ensamblaje. Un sistema de inventario JIT suministra, cuando son necesarios, motores, instalaciones eléctricas, asientos, suelos e interiores.

El CAD/CAM se emplea para diseñar el casco de un nuevo producto. Este proceso proporciona un diseño y fabricación más rápidos y eficientes.

[1] El término original inglés es CAD (Computer-Aided Desing) (N. del T.)

"superestructura" se desplaza por la línea de montaje y se une, se le añaden los componentes en cada estación de trabajo.

Los plafones de madera, precortados en la empresa por sierras guiadas por computador, son entregadas siguiendo un sistema de Justo a Tiempo para su instalación en una estación de trabajo. Los motores, uno de los pocos componentes comprados, son instalados en otra. Los conjuntos de equipos eléctricos, diseñados y montados en la empresa, son entonces instalados. El departamento propio de tapizado entrega los asientos personalizados, camas, tableros y otros elementos acolchados. Finalmente, los adornos cromados se colocan en su sitio y la embarcación es enviada al tanque de pruebas para comprobar su estanqueidad, medidas e inspección de sistemas.

En la última fase, los barcos se colocan en un tanque de pruebas, donde con una máquina de lluvia se asegura la impermeabilidad.

La Rush, diseñada y fabricada en un tiempo récord, entró en el mercado de embarcaciones de recreo pequeñas, rápidas y potentes.

Un dispositivo de control numérico informatizado (una sierra CNC) corta las partes de madera (suelo, armarios y soportes), utilizados en la embarcación. El computador almacena cada parte en su memoria y permite que Regal maximice la eficiencia del proceso de corte.

La experiencia nos indica que cuando Toyota y General Motors (GM) diseñan, respectivamente un coche para 1998, a Toyota le lleva dos años mientras que a GM le lleva[5]. La velocidad en el diseño proporcionará a Toyota una serie de ventajas. Primero, Toyota podrá diseñar tecnología del próximo año en el coche y en el proceso de producción, mientras que GM estará utilizando tecnología con tres años de antigüedad. Además, Toyota únicamente deberá prever las necesidades del cliente en los dos próximos años, cuando GM necesitará un horizonte temporal de cinco años. Consecuentemente, es más probable que GM se equivoque. Y, por supuesto, el equipo de diseño de Toyota está ganando experiencia en el desarrollo dos veces más deprisa que GM.[2] ♦

Como Toyota y GM saben, la base para la existencia de cualquier organización está en el producto o servicio que proporciona a la sociedad. Las empresas que satisfagan las necesidades del cliente con productos o servicios interesantes, útiles y de alta calidad, encontrarán clientes. Aquellos que no lo hagan no subsistirán. Por ello, una de las decisiones críticas de los directivos de las empresas de clase mundial es la selección, definición y diseño de los productos. Los productos o servicios son diversos: van desde una tostadora de General Electric, a una vasectomía, a un plato de pollo del KFC, o a una cuenta corriente en el Citicorp. El objetivo de una **estrategia del producto** es satisfacer las demandas del mercado con una ventaja competitiva.

Estrategia de producto

La función de producción debe disponer de la competencia de gestión necesaria, de las capacidades tecnológicas y de los recursos financieros y humanos. Cuando estas competencias, capacidades y recursos, no sustentan un producto con una ventaja competitiva, el producto probablemente no debería producirse u ofrecerse.

Las decisiones de selección y diseño del producto deberían englobar a la totalidad de la organización, ya que afecta a toda la organización. Además, cambiar los compromisos sobre un producto estratégico puede resultar un proceso largo y costoso. En este capítulo trataremos sobre la selección del producto, desarrollo y documentación, realizada de forma eficiente. El llevar un producto desde la idea hasta el mercado es crítico para el éxito de la organización.

SELECCIÓN DEL PRODUCTO

Opciones de producto

La dirección tiene diferentes opciones en la selección, definición y diseño de productos. La selección de producto consiste en elegir el producto o servicio que se quiere proporcionar a los clientes. Por ejemplo, un hospital se especializa en diferentes tipos de clientes y de tratamientos. La gerencia de un hospital debe decidir si funcionar como un hospital de carácter general, como una maternidad o hacerlo como un hospital especializado en hernias. Los hospitales están decidiendo el producto cuando deciden qué tipo de hospital quieren ser. Existen muchas otras opciones para los hospitales, como las que existen para McDonald's o General Motors.

Las decisiones de producto son fundamentales y tienen enormes implicaciones en la función de operaciones. Las implicaciones estratégicas son esenciales y extensas. El siguiente ejemplo indica las implicaciones estratégicas de una modificación bastante mínima en el diseño.

---

[2] Véase la discusión relacionada en *The machine that changed the world* (Nueva York: Macmillan, 1990): 111, de James P. Womack, Daniel T. Jones y Daniel Roos.

Un fabricante de electrodomésticos encontró que podía alargar la vida de un producto y disminuir 1,75 dólares por unidad en costes de garantía, sustituyendo un componente rediseñado. En contra de lo esperado, resultó que el nuevo componente añadía más de 2 dólares al coste unitario —una proposición difícilmente atractiva desde el punto de vista operativo—. Pero, a nivel estratégico, el cambio todavía tenía sentido. Economizando en el coste del usuario final y en los inconvenientes surgidos a lo largo de la vida del producto, fortalecía el mensaje de las ventas de la empresa e incrementaba el valor del producto para los clientes. La decisión de los directivos de seguir adelante ha sido recompensada con un fuerte incremento en la cuota de mercado.[3]

La selección del producto se realiza tanto en servicios como en fabricación. El Shouldice Hospital es célebre por su especialización de clase mundial en operaciones de hernias. Ni urgencias, ni partos, ni cirugía de corazón, solamente hernias. Shouldice alcanzó la clase mundial seleccionando y, después, concentrándose en un solo producto (servicio) con el que podrían liderar el mercado. Dan de alta a sus pacientes tres días antes que cualquier otro hospital y su coste es aproximadamente una tercera parte del de los hospitales generalistas. Se utilizan anestésicos locales; los pacientes entran y salen del quirófano por su propio pie, las habitaciones son espartanas, desanimando a los pacientes a permanecer demasiado tiempo en ellas; y todas las comidas se sirven en un comedor común. Como ha demostrado Shouldice, la selección del producto afecta a todo el sistema de producción.

Identificación de nuevas oportunidades de productos

Una organización no puede sobrevivir sin la introducción de nuevos productos. Los productos viejos que están madurando y los que están en períodos de declive deben reemplazarse. Esto requiere una introducción permanente de nuevos productos que tenga éxito y una activa participación del director de operaciones. Las empresas con éxito son aquellas que han aprendido a transformar oportunidades en productos de éxito.

La selección, definición y diseño de productos sucede de una forma continuada, pues existen infinidad de oportunidades para nuevos productos.[4] Entre los factores que influyen sobre las oportunidades del mercado se incluyen los *cambios económicos,* los *cambios sociales* y *demográficos,* los *cambios tecnológicos* y los *cambios políticos.* Además, pueden aparecer otros cambios y oportunidades por la *práctica del mercado,* los *niveles de profesionalidad,* los *proveedores* y los *distribuidores.* El director de operaciones debe estar atento a estos factores y debe ser capaz de anticiparse a los cambios en los productos, en el volumen de producto y en el mix de producto.

Ciclo de vida del producto

Los productos nacen, viven y mueren. Son desechados por una sociedad cambiante. Puede resultar de utilidad el pensar que la vida de un producto está dividida en cuatro fases. Esas fases, que son introducción, crecimiento, madurez y declive, se ilustran con diferentes productos en la Figura 6.1. Esa figura también indica la posición relativa de una serie de productos.

Los ciclos de vida de los productos pueden ser cuestión de unas pocas horas (un periódico), de meses (modas estacionales y computadores personales), de años (los magnetoscopios Betamax), o de décadas (Volkswagen escarabajo). Independientemente de la duración del producto, el trabajo del director de operaciones es el mismo: diseñar un sistema que ayude a la introducción de nuevos productos con éxito. Si la función de operaciones no actúa de forma efectiva a este nivel, la empresa puede encasillarse en productos perdedores, productos que no pueden producirse de forma eficiente y, quizás, de ninguna forma. El apartado *POM en Acción* "Canibalismo en Tandem Computer" precisamente indica lo cruel que puede ser el ciclo de vida del producto.

---

3 Reeditado con permiso de la *Harvard Business Review.* Fragmento del "Breakthrough Manufacturing", de Elizabeth A. Hass (marzo/abril de 1987). Copyright © 1987 por el Presidente y miembros del Harvard College; todos los derechos reservados.

4 Vea, por ejemplo, un interesante artículo de Tom Peters, "All Markets Are Now Immature", *Industry Week* (3 de julio de 1989): 14-16.

FIGURA 6.1 ■ Ejemplos de productos en diferentes fases del ciclo de vida.

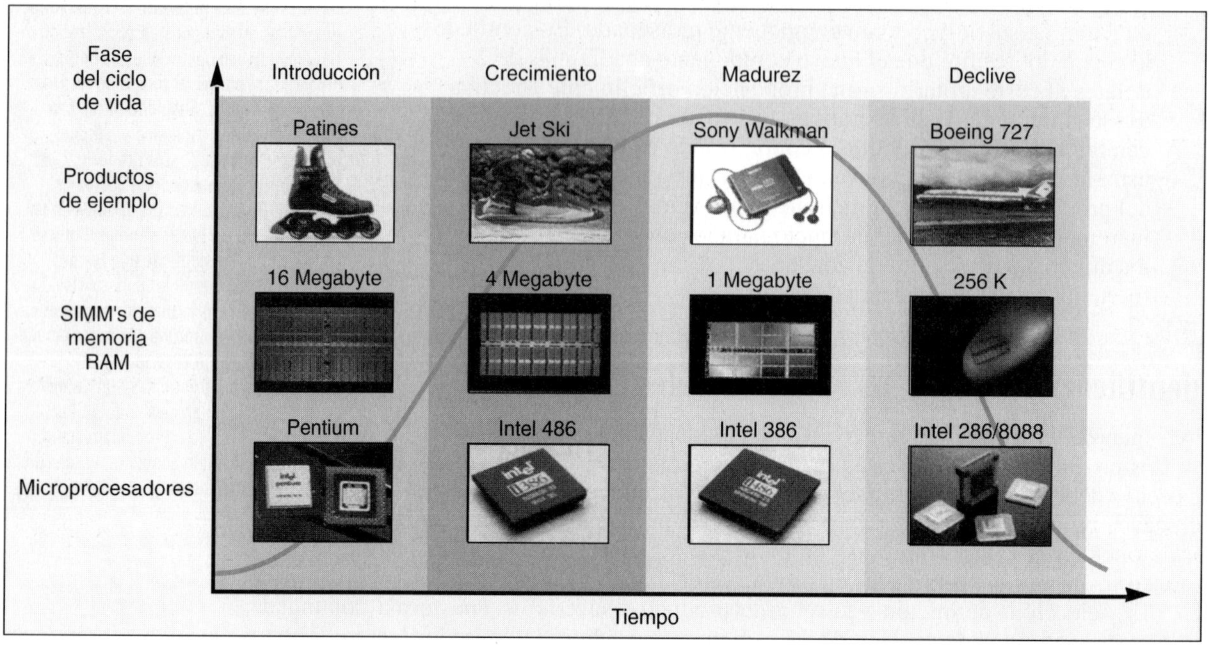

La Figura 6.2 muestra las cuatro fases de la vida y las relaciones entre las ventas del producto, los costes y los beneficios a lo largo del ciclo de vida de un producto. Nótese que habitualmente una empresa tiene un cash flow negativo mientras desarrolla el producto. Cuando el producto tiene éxito, esas pérdidas pueden recuperarse. Con el tiempo, el producto de éxito puede rendir un beneficio antes de su declive. De cualquier forma, el beneficio es fugaz. Como muestra la Figura 6.3, las empresas líderes generan una parte sustancial de sus ventas con productos de menos de cinco años.

A pesar del esfuerzo para introducir nuevos productos, muchos de ellos no tendrán éxito. Consecuentemente, la selección, definición y diseño de productos se efectúa con frecuencia. De hecho, se estima que en la actualidad sólo 1 de cada 25 productos introducidos tiene éxito. Sin embargo, muchos más productos pasan las etapas de desarrollo, diseño definitivo y pasos preliminares de fabricación, pero entonces se consideran demasiado marginales para inversiones adicionales. Por esa razón no llegan a ver la luz.

Esto significa que el número de productos que deben ser evaluados para producirse y, en algunos casos, ya en producción puede ser importante, incluso llegar a los 500 por cada producto que tenga éxito financiero. El número relativo de productos que sobreviven a una fase de desarrollo dada se muestra en la Figura 6.4. Los directores de producción y sus organizaciones deben ser capaces de tratar este volumen de ideas de nuevos productos, a la vez que mantienen las actividades a las que ya están comprometidos, es decir, la actividad de producción actual.[5]

Ciclo de vida y estrategia

Al tiempo que los directores de operaciones deben estar preparados para desarrollar nuevos productos, también deben estarlo para desarrollar las estrategias para los productos

[5] Vea una discusión sobre este tema en "Swimming in New Streams: Mastering Innovation Dilemmas", *California Managment Review*, 31, nº4 (verano de 1989): 45-69.

POM EN ACCIÓN

Canibalismo en Tandem Computer

Durante dos décadas, Tandem Computer abasteció al mundo con poderosos computadores "tolerantes a fallos" a un precio interesante. La compañía era extraordinariamente próspera. Pero cuando los ingresos disminuyeron y los clientes clamaban por un sistema operativo "abierto" y precios menores, se hizo necesario un cambio en la estrategia de producto.

La estrategia utilizada era la del canibalismo: ir hacia la eliminación de una línea existente de productos, incluso cuando se estaba vendiendo bien, introduciendo versiones mejores a precios competitivos y reduciendo los precios de la vieja línea. "Cuando estás en lo más alto, tienes que tener coraje para decir, 'tengo que dejar de investigar en este gran producto y voy a utilizar el dinero para crear un nuevo producto que lo matará", dice Willem Roelandts, directivo de la próspera empresa de computadores Hewlett-Packard. "Si usted no lo va a hacer, déjeme decirle que habrá un competidor que lo hará por usted."

Una creciente competencia y unos ciclos de vida cada vez más cortos han hecho del canibalismo un medio de supervivencia, especialmente en el altamente competitivo mundo de los computadores y de los productos electrónicos de consumo. Para mantenerse, las compañías de alta tecnología deben estar constantemente hallando la forma de recortar los costes y los precios, a la vez que comercializan nuevos productos que con el tiempo destruyan sus propias creaciones anteriores. Para demostrar su competencia, Tandem desea sacar al mercado computadores más potentes y baratos cada quince meses.

Fuentes: *Electronic News* (26 de julio de 1993): 15; y *Wall Street Journal* (24 de agosto de 1994):A1

FIGURA 6.2 ■ Ciclo de vida del producto, ventas, coste y beneficio.

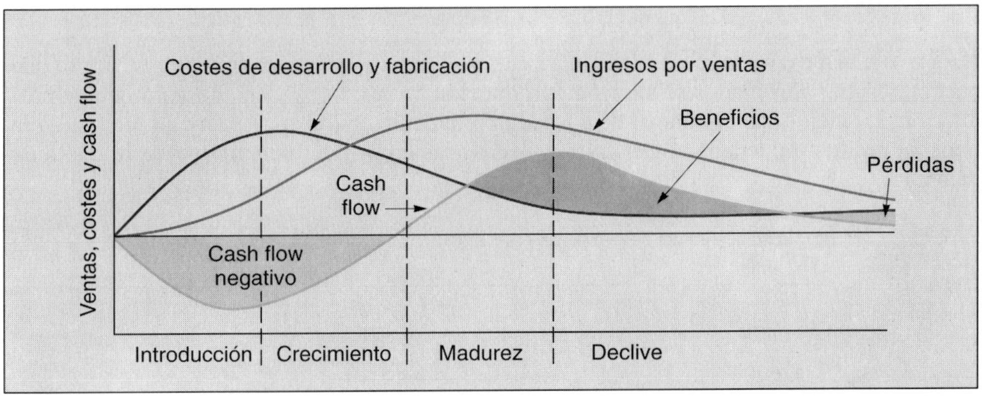

nuevos y para los ya existentes. Un examen periódico de los productos es apropiado para determinar su posición en el ciclo de vida, ya que *las estrategias cambian al variar los productos a lo largo del ciclo de vida*. El éxito de las estrategias de productos requieren la determinación de la mejor estrategia para cada producto, en función de su posición en el ciclo de vida. Por eso una empresa debe identificar sus productos o familia de productos y su posición en el ciclo de vida. Veamos algunas opciones estratégicas mientras el producto se desplaza por su ciclo de vida.

FASE DE INTRODUCCIÓN. Debido a que los productos en la fase introductoria todavía están siendo ajustados a las exigencias del mercado, al igual que sus técnicas de producción, pueden exigir gastos extras para: (1) investigación, (2) desarrollo de producto, (3) modificación y perfeccionamiento de procesos y (4) desarrollo de proveedores. Por ejemplo, cuando se introdujeron los magnetoscopios, se estaban todavía determinando las ca-

Una alta tasa de defectos en un producto puede hacer que se deseche lo que en un principio parecía seguro. Éste es el caso de la televisión de alta definición (HDTV) que sólo hace pocos años parecía una apuesta segura para la próxima generación de televisiones. HDTV incorporaba más potencia informática y memoria combinada con un nuevo tubo; la televisión de alta definición estaba pensada para proporcionar grandes volúmenes de ventas para las compañías que desarrollaban la tecnología. Ahora parece que el concepto total está muerto y será reemplazado por otras tecnologías.

FIGURA 6.3 ■ Porcentaje de ventas de los productos introducidos en los últimos cinco años. La empresa con un porcentaje mayor es probablemente una empresa líder.

racterísticas deseadas por los clientes. Al mismo tiempo, los directores de producción estaban todavía intentando lograr las mejores técnicas de producción.

Fase de crecimiento. En la fase de crecimiento, el diseño del producto ha empezado a estabilizarse y es necesaria una previsión efectiva de las necesidades de capacidad. Puede resultar necesario incrementar la capacidad o utilizar aún más la capacidad existente para amoldarse al incremento en la demanda de producto.

Fase de madurez. Con la madurez del producto llegan los competidores, por lo que pueden resultar apropiados sistemas de producción innovadores y de alto volumen de producción. La mejora en el control de costes, la reducción en las opciones y un recorte en la línea de producto pueden ser efectivas o necesarias en pro del beneficio y de la cuota de mercado.

FIGURA 6.4 ■ Rendimiento del desarrollo de productos.

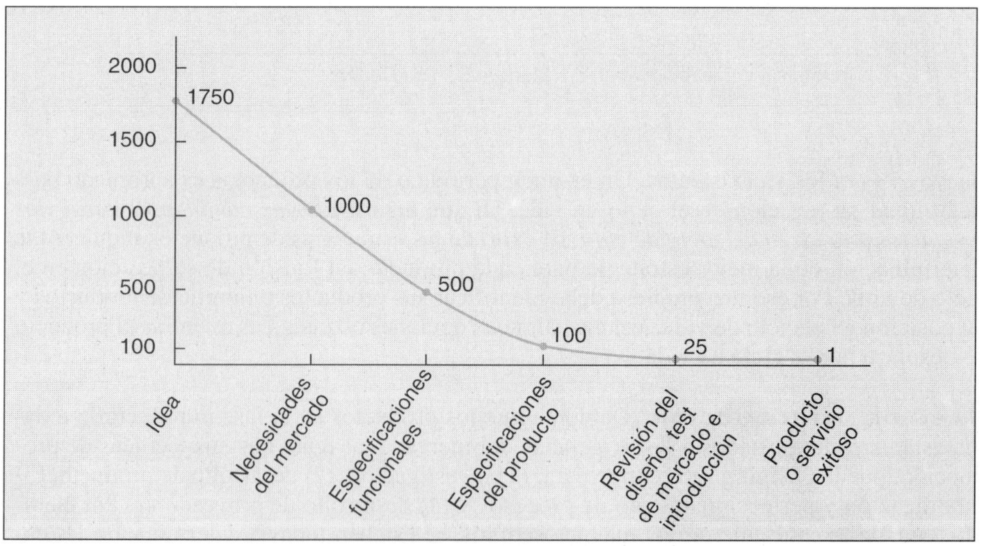

FASE DE DECLIVE. La dirección no puede tener miramientos con aquellos productos cuyo ciclo de vida está en su fin. Los productos moribundos son habitualmente productos pobres en cuanto a la inversión de recursos y talento. A no ser que los productos que se están muriendo aporten algo a la reputación de la empresa o a la línea de productos o que puedan venderse con una contribución excepcionalmente alta, su producción debería darse por finalizada.[6]

TABLA 6.1 ■ Cómo la gestión del desarrollo del producto provoca diferencias: desarrollo de producto de las industrias del automóvil.

	FABRICANTES JAPONESES	FABRICANTES EUROPEOS EN GLOBAL	FABRICANTES AMERICANOS
Número medio de horas por coche nuevo (millones)	1,7	2,9	3,1
Tiempo medio de desarrollo por coche nuevo (en meses)	46,2	57,3	60,4
Número de empleados en el equipo del proyecto	485	904	903
Número de modelos por coche nuevo	2,3	2,7	1,7
Ratio medio de componentes comunes	18%	28%	38%
Ratio de productos con retraso	1 de cada 6	1 de cada 3	1 de cada 2.

Fuente: Adaptación del texto de James P. Womack, Daniel T. Jones y Daniel Roos, *The Machine That Changed the World*, Nueva York: Macmillan, 1990: 118. Los datos son representativos de los resultados de mediados de los 80. La industria mundial del automóvil se ha hecho mucho más competitiva en la década siguiente.

DESARROLLO DEL PRODUCTO

La gestión del proceso de dirección de desarrollo del producto puede determinar perfectamente no sólo el éxito del producto, sino también el futuro de la empresa. La Tabla 6.1 muestra seis factores importantes en el desarrollo del producto en la industria automovilística. En esta sección examinamos cómo tener éxito en el desarrollo del producto.

NCR Corporation ha demostrado el éxito del enfoque de equipos con sus nuevas 2.760 cajas registradoras electrónicas. La caja registradora no tiene tornillos. La terminal entera consta sólo de quince componentes fabricados por el vendedor. El ensamblaje es tan fácil que un ingeniero puede montar el terminal con los ojos vendados. NCR ha reducido el número de componentes en un 85 por 100, el número de proveedores a 65, y el tiempo de montaje en un 25 por 100.

El sistema de desarrollo del producto

La Figura 6.5 muestra un sistema de desarrollo de producto. En este sistema, el desarrollo del producto pasa por ocho fases, comenzando por la generación de ideas, que pueden proceder tanto de fuentes internas como externas, y terminando por la evaluación del nuevo producto. La fase inicial del desarrollo de un producto puede poner énfasis en factores externos (determinados por el mercado) o internos (determinados por la tecnología y la innovación) o una combinación de ambos. Las organizaciones que sobresalen son las que encuentran la mejor combinación para la generación de ideas. El cuadro de *POM en Acción* "Las ideas de desarrollo de producto en Stryker's vienen de sus clientes" discute cómo Stryker mantiene su flujo de nuevas ideas.

[6] La contribución se define como la diferencia entre los costes directos y el precio de venta. Los costes directos son la mano de obra y materiales imputados al producto.

POM EN ACCIÓN

Las ideas de desarrollo de producto en Stryker´s vienen de sus clientes

La empresa de productos hospitalarios Homer Stryker ha estado en la lista Forbes de las mejores PYMES americanas durante diez años ininterrumpidamente. Desde su modesto comienzo hace 50 años por su fundador, un inteligente ortopedista, Strayker Corporation ofrece actualmente un conjunto de productos que incluye taladros y sierras para huesos, camas para hospitales, prótesis de caderas y videocámaras para cirugía interna.

El lanzamiento de nuevos productos ha sido la causa de la fortaleza de Stryker. Operando con divisiones independientes, cada una de ellas con su propio personal de ventas altamente cualificado y formado, Stryker sabe cómo escuchar a sus clientes. Los vendedores de Stryker actúan como un verdadero equipo de I + D. La mayoría de las nuevas ideas sobre productos vienen del personal de ventas, situado en la sala de operaciones junto al médico. Ahí pueden observar a los doctores en acción, escribir sus comentarios, y sugerir métodos para mejorar una sierra, un implante de cadera o una cama.

Un ejemplo de lo anterior sería la queja de los cirujanos oculistas acerca de la falta de movilidad de la zona donde se apoya la cabeza en las camas. Era difícil, comentaban, colocar la cabeza de los pacientes en la posición deseada. La gente de Stryker tomó nota y la empresa desarrolló una cama con un apoyo de cabeza móvil.

Otro producto nuevo es una cámara diminuta de 18.000 dólares empleada en el interior de un tubo largo introducido a través del abdomen para intervenir quirúrgicamente la vesícula. Guiado por la cámara, el cirujano puede operar rápidamente con sólo un minuto de intervención. En vez de estar hospitalizado una semana, el paciente es dado de alta al día siguiente. Este producto reduce los costes hospitalarios y ha significado importantes ventajas para Stryker.

Fuentes: Forbes (11 de noviembre de 1991):243-244; y *Marketing News* (1 de febrero de 1993):14.

Enfoque en el desarrollo de nuevos productos

Un enfoque para el desarrollo global de un producto es asignar un jefe de producto que se responsabiliza del mismo a través del sistema de desarrollo de producto y las organizaciones afectadas. Sin embargo, el mejor enfoque en el desarrollo del producto parece ser el enfoque de un equipo formal de desarrollo. Tales equipos se denominan equipos de desarrollo del producto, equipos de diseño para la fabricación y equipos de ingeniería de valor. Los japoneses evitan el término equipo no subdividiendo sus organizaciones en I + D, ingeniería, producción, etc. De acuerdo con el estilo japonés de esfuerzo y trabajo en grupo, estas actividades están todas al mismo tiempo en cualquier punto de la organización. La cultura japonesa y el estilo de dirección es más colegial y la organización menos estructurada que en la mayoría de los países occidentales. Por tanto, encuentran innecesario tener equipos a los que se ha de proporcionar la necesaria comunicación y coordinación. Sin embargo, el estilo típico occidental y lo que se juzga como normal es tener equipos. Los **equipos de desarrollo de producto** tienen la responsabilidad de conocer los requerimientos del mercado sobre el producto y conseguir un producto de éxito. (Figura 6.5). Estos equipos a menudo incluyen personal de las áreas de marketing, producción, compras, calidad y servicio al cliente. Muchos equipos incluyen a menudo representantes de los vendedores. Independientemente de la naturaleza formal del esfuerzo de desarrollo del producto, la investigación sugiere que es más probable alcanzar el éxito en una organización abierta con elevada participación, donde todos los que tienen algo que aportar lo puedan hacer. El objetivo de un equipo de desarrollo de producto es hacer del producto o servicio un éxito. Esto incluye que sea comercializable, de fácil producción y con un buen servicio.

Equipos de desarrollo de producto

Equipos de ingeniería de valor y de diseño para la fabricación

Los **equipos de ingeniería de valor y de diseño para la fabricación,** por otro lado, tienen una responsabilidad más limitada. Se les encomienda la mejora del diseño y de las

FIGURA 6.5 ■ Etapas en el desarrollo de producto.

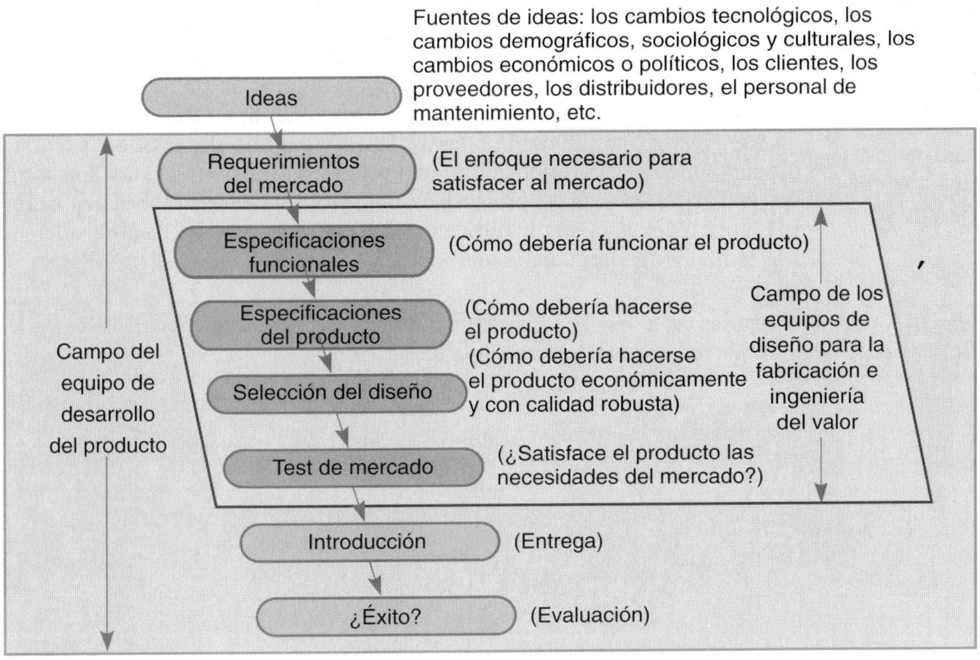

especificaciones en las etapas de investigación, desarrollo, diseño y fabricación del producto. Aparte de la evidente reducción en los costes, el diseño para la fabricación y la ingeniería del valor pueden producir otros beneficios. Éstos incluyen:

1. Reducción de la complejidad del producto.
2. Aumento de la estandarización de los componentes.
3. Mejora de los aspectos funcionales de los productos.
4. Diseño del trabajo y seguridad en el trabajo mejorados.
5. Mantenimientoy servicio del producto mejorado.
6. Diseño robusto en calidad.

Diseño para una calidad robusta

Diseño para una calidad robusta significa que el producto se diseña de forma que pequeñas variaciones en la fabricación o ensamblaje no afecten negativamente al producto. Por ejemplo, AT & T desarrolló un circuito integrado que podía ser empleado en muchos productos para la amplificación de señales acústicas. Tal y como fue diseñado originariamente, el circuito tenía que ser fabricado con gran precisión para evitar variaciones en la potencia de la señal. Fabricar tal circuito hubiera sido muy costoso debido a los rigurosos controles de calidad que hubieran sido precisos durante su fabricación. Pero los ingenieros de AT & T, después de probar y analizar el diseño, se dieron cuenta de que si reducían la resistencia del circuito —un pequeño cambio sin costes asociados— éste sería mucho menos sensible a variaciones durante la producción. El resultado fue una mejora de un 40% en la calidad.[7]

Los equipos de desarrollo de producto, los equipos de diseño para la fabricación y los equipos de ingeniería de valor pueden ser la mejor técnica de reducción de costes en la

[7] John Mayo, "Process Design as Important as Product Design", *Wall Street Journal* (29 de octubre de 1984):32.

La nueva transmisión de lavadora diseñada por Maytag puede pasar de un lento movimiento del eje agitador durante el ciclo de lavado a un rápido movimiento de rotación del bombo de la lavadora durante el ciclo de escurrido. El nuevo diseño que utiliza sólo 40 piezas es más fiable. La reducción en el número de partes significa una reducción sustancial en los costes, con muchos menos diseños y compras, así como menos gastos en inventarios y fabricación.

dirección de operaciones. Proporcionan mejoras de valor definiendo las funciones esenciales del artículo y logrando esas funciones sin disminuir calidad. Los programas de ingeniería de valor, cuando son gestionados eficientemente, normalmente reducen el coste entre un 15 y 70 por 100 sin reducir la calidad. Diferentes estudios han señalado que por cada dólar gastado en ingeniería de valor, ¡pueden lograrse ahorros de 10 a 25 dólares!

El diseño de producto tiene impacto virtualmente en todos los aspectos de los gastos operativos. Por tanto, los equipos de desarrollo, independientemente de su composición, necesitan asegurar una evaluación total del diseño del producto, previa a un compromiso para su fabricación. En la Figura 6.6 se muestra la reducción de coste lograda en una abrazadera a través de la ingeniería de valor.

FIGURA 6.6 ■ Reducción del coste de una abrazadera a través de la ingeniería de valor. Cada vez que la repisa es rediseñada y simplificada, podemos fabricarla de forma más barata.

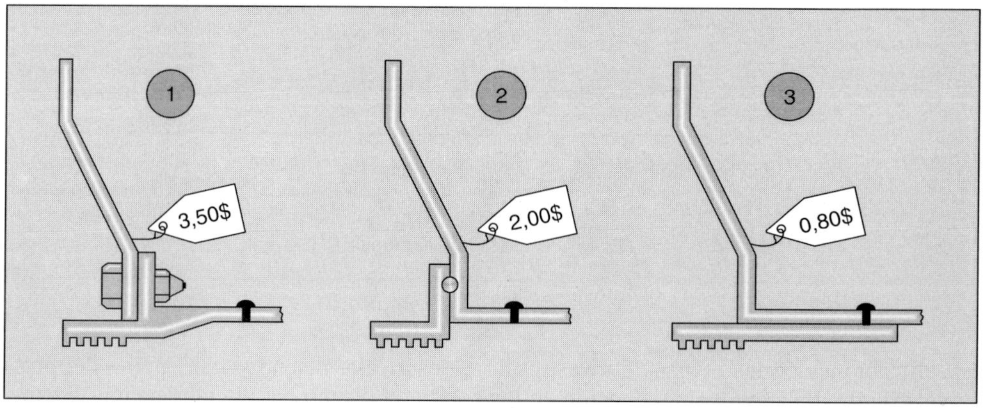

(*Fuente:* Adaptado de Robert Goodell Brown, *Management Decisions for Production Operations*, Hinsdale, IL: Dryden Press, Inc., 1971: 353.)

Análisis de valor

Análisis de valor

Mientras que la ingeniería de valor se centra en la mejora del diseño previo a la producción, el análisis de valor, una técnica relacionada, se realiza durante el proceso de producción, cuando está claro que el nuevo producto es un éxito. Los equipos de **análisis de valor** se encargan de la mejoras que conducen tanto a un producto mejor como a un producto hecho de forma más económica. Las técnicas y ventajas del análisis de valor son las mismas que las de la ingeniería de valor, aunque durante su implementación se producirán menos modificaciones en el producto, dado que el análisis se realiza mientras éste se está produciendo.

Competencia basada en el tiempo

Una empresa debe realizar una considerable inversión para colocar un nuevo producto en el mercado. Con muchos productos, la primera empresa en fabricarlo puede conseguir que su producto se adapte para ser utilizado en diferentes aplicaciones, lo que le generará ventas durante muchos años. Puede convertirse en el "estándar". Por tanto, existe a menudo más preocupación por lanzar rápido el producto al mercado que por un diseño óptimo del

POM EN ACCIÓN

Desarrollo de una nueva impresora en Hewlett-Packard

Hewlett-Packard (H-P) necesitaba un producto competitivo. Las investigaciones de mercado habían puesto de manifiesto que los usuarios de computadores querían una nueva impresora en el mercado. Podría ser relativamente lenta, pero tenía que imprimir con una claridad equivalente a la de una láser y ser vendida a un precio inferior a ésta. Un equipo de investigadores, ingenieros y expertos en marketing se reunieron para estudiar las posibilidades.

En su primera etapa, el equipo definió exactamente las necesidades de los consumidores y examinó las limitaciones de las impresoras existentes de bajo coste, como las japonesas Epson, que dominaban el mercado. Todavía en la fase conceptual, los ingenieros de producto afirmaron que H-P podría producir la impresora y el cabezal. Entonces, el equipo, como segundo paso, realizó un plan de acción. La dirección rápidamente dio su aprobación.

En ese momento, el equipo tenía que diseñar un prototipo que pudiera ser probado. Tenía que cumplir unos objetivos de funcionamiento, fiabilidad, coste y fabricación. H. P. comenzó con el ensamblaje de componentes a mano en las placas de los circuitos impresos, para representar el núcleo técnico de la impresora. Tan pronto como el prototipo se consideró viable y adaptado a las necesidades del mercado, el equipo del proyecto se agrandó. Especialistas en diseño mecánico, software de control y suministro de componentes se unieron para la producción de varios prototipos de trabajo. Estos modelos se ensamblaron completamente con carcasa exterior, software, paneles y alimentadores de hojas y entregadas a clientes para que las probaran. Basado en este ensayo, la calidad de impresión todavía tuvo que ser mejorada, pero la Deskjet estaba lista para su fabricación.

Justo veintiseis meses después de que H. P. examinara la idea por primera vez, la impresora Deskjet fue lanzada. Tuvo un éxito inmediato, como pasó con la impresora de color. La participación de la empresa en el mercado de las impresoras en los EE.UU pasó de un 2 por 100 en 1984 a un 35 por 100 en 1993.

Fuente: Harvard Business Review (mayo/junio de 1990): 156 y *Wall Street Journal* (8 de septiembre de 1994): A1, A9.

producto o por la eficiencia del proceso. La introducción rápida en el mercado puede ser una gestión acertada, ya que hasta que la competencia introduce copias o versiones mejoradas, el producto puede tener un precio más elevado, proporcionando ganancias incluso si no se usan diseño y métodos eficientes de producción. Por ejemplo, cuando Kodak introdujo por primera vez su carrete Ektar, éste se vendió entre un 10 y un 15 por 100 más caro que un carrete convencional. Los teléfonos de bolsillo de Motorola eran un 50 por 100 más pequeños que los de cualquier competidor japonés y se vendían por el doble.[8]

La tecnología y prosperidad de la sociedad moderna están también acortando la vida de los productos. Esto aumenta la importancia del desarrollo del producto porque los que desarrollen los productos más rápidos obtienen continuamente ventaja competitiva sobre los que lo hagan más despacio.[9] Aquéllos que desarrollan productos rápidamente también aprenden rápidamente. La introducción rápida de productos tiene efectos acumulativos y positivos, y no sólo en la posición de mercado, sino también en el diseño innovador, en mejoras de la calidad, y en reducción de los costes. La **competencia basada en el tiempo** es el concepto de que el desarrollo rápido del producto proporciona una ventaja competitiva. Como ejemplo, véase el cuadro de POM en Acción que describe la introducción de una nueva impresora por parte de Hewlett-Packard. Los productos deben desarrollarse rápidamente, pero también deben desarrollarse bien, y de forma económica. Hacer esto es difícil.

Competencia basada en el tiempo

---

[8] J. Dean y J. Evans, *Total Quality* (St. Paul, West Publishing, 1994): 251.

[9] Ver discusión en George Stalk, Jr. "Time— The Next Source of competitive Advantage", *Harvard Business Review*. (julio/agosto de 1988): 41-51; Joseph Blackburn, Time-Based Competition: The Next Batteground in American Manufacturing (Homewood, IL: Business One/Irwin, 1990); "Manufacturing: About Time," Economist (April 11, 1990): 72.

Producto por valor

Análisis del producto por valor

Un director de operaciones eficiente dirige sus esfuerzos hacia aquellos artículos que presentan las mayores expectativas. Es el principio de Pareto aplicado al mix de productos. Los recursos se invierten en los pocos críticos y no en los muchos triviales. El **análisis del producto por valor** enumera los productos en orden descendente por su *contribución monetaria individual* a la empresa. También lista cada año la *contribución monetaria total* del producto. Una contribución baja por unidad de un determinado artículo puede parecer sustancialmente diferente si representa un proporción importante de las ventas de la compañía.

Un informe de producto por valor permite a la dirección evaluar posibles estrategias para cada producto. Éstas pueden incluir incrementar el cash-flow (por ejemplo, incrementar la contribución, aumentando el precio de venta o bajando el coste), aumentar la penetración en el mercado (por ejemplo, mejorando la calidad y/o reduciendo el coste o precio), o reducir los costes (por ejemplo, mejorando el proceso de producción). El informe debe presentar también a la dirección qué productos ofrecidos deberían eliminarse y cuáles fallan para justificar futuras inversiones en investigación y desarrollo o equipo. El informe centra la atención de los directivos en la dirección estratégica para cada producto.

El diseño de producto puede significar también el cambio de materiales. Los fabricantes de automóviles están evaluando actualmente una serie de materiales para sustituir el acero, como el plástico y la fibra de vidrio, así como aluminio, para reducir el peso de los automóviles y así mejorar la autonomía. Los componentes de aluminio, por ejemplo, pueden pesar como mucho la mitad que los de acero. Sin embargo, el aluminio tiene sus inconvenientes, principalmente su coste — cuatro veces más que el acero— y generalmente procesos de fabricación más costosos.

DEFINIR Y DOCUMENTAR EL PRODUCTO

Una vez se han seleccionado nuevos productos o servicios para ser introducidos, el paso siguiente es su definición. En primer lugar, un producto o servicio se define en términos de sus funciones, es decir, qué es lo que debe hacer. Después, el producto se diseña, es decir, se determina cómo se llevarán a cabo las funciones. La dirección normalmente dispone de una variedad de opciones acerca de cómo un producto puede conseguir su objetivo funcional. Por ejemplo, cuando se construye un despertador, aspectos de diseño como el color, tamaño, o ubicación de los botones pueden comportar diferencias sustanciales en cuanto a la facilidad de fabricación, calidad y aceptación por parte del mercado.

Para asegurar una producción eficiente, son necesarias unas rigurosas especificaciones del producto. Los equipos productivos, layout y los recursos humanos no pueden decidirse hasta que el producto esté definido, diseñado y documentado. Por esta razón, toda organización necesita documentos para definir sus productos. Esta afirmación es cierta para todo tipo de productos o servicios, desde los pasteles de carne, al queso, a los computadores o a los tratamientos médicos. En el caso del queso, lo normal es que tenga una especificación escrita. En realidad, existen especificaciones escritas o clases de calidad que proporcionan la definición de la mayoría de los productos. Por ejemplo, el queso Monterey Jack tiene una descripción escrita que especifica las características necesarias para cada nivel de calidad del Departamento de Agricultura. En la Figura 6.7 se muestra una parte de la norma de calidad del Departamento de Agricultura para el queso Monterey Jack clase AA. De forma similar, McDonald's Corp. tiene 60 especificaciones referentes a sus patatas fritas.

Plano de ingeniería

Lista de materiales

La mayoría de los artículos fabricados, así como sus componentes, se definen normalmente a través de dibujos, que habitualmente se denominan planos de ingeniería. Un **plano de ingeniería** indica las dimensiones, tolerancias, materiales y acabados de un componente. Un plano de ingeniería correspondería a un artículo de una lista de materiales. En la Figura 6.8 se muestra un plano de ingeniería. En la **lista de materiales** se enumeran los componentes, su descripción y la cantidad de cada uno que se requiere para hacer una unidad de producto. En la Figura 6.9 se muestra una lista de materiales de un producto. Normalmente denominaremos a la lista de materiales como BOM (Bill of materials). El plano de ingeniería nos muestra cómo hacer un artículo de una lista de materiales.

FIGURA 6.7 ■ Monterey Jack. A continuación se presenta una parte de los requerimientos generales para las normas de calidad del queso Monterey.

58.2469 Especificaciones para las normas de calidad U.S. del queso Monterey (Monterey Jack).

(a) *Norma U.S. AA*, el queso Monterey deberá estar conforme con los siguientes requerimientos:

(1) *Sabor.* Es fino y muy sabroso, libre de malos sabores y olores. Puede tener un cierto grado de acidez.

(2) *Cuerpo y textura.* El envoltorio del queso deberá estar razonablemente sujeto. Deberá tener numerosas aberturas diminutas repartidas aleatoriamente por todo el envoltorio. No deberá tener cantidades dulces, cantidades de levadura o cualquier otro tipo de cantidades de gas.

(3) *Color.* Su apariencia deberá ser natural, uniforme, lustrosa y atractivo.

(4) *Acabado y presentación, apariencia, envoltorio y baño de parafina.* La corteza deberá ser sólida, firme y suave, dando una buena protección al queso.

Código de la Federal Regulation, partes 53 a la 109, revisado el 1 de enero de 1985 por la General Service Administration.

En la industria de restauración, las listas de materiales se expresan en normas de control de una ración. En la Figura 6.9 (b) se muestran las unidades por ración en el caso de una "Juicy Burger" ("hamburguesa jugosa"). En un producto más complejo, una lista de materiales se referencia en otras listas de materiales a las que pertenece. De esta forma, las subunidades (subconjuntos) son parte de la siguiente unidad superior (su componente padre), la cual, en última instancia, es el producto final. Los productos, además de estar definidos por una especificación escrita, un documento de control de ración o una lista de materiales, pueden definirse de otras maneras. Por ejemplo, los productos químicos, pinturas y otros derivados del petróleo deben definirse con fórmulas o proporciones que describan cómo deben hacerse.

G.E. Motores ha diseñado completamente los motores de sus lavadoras, reduciendo el número de partes individuales de 87 a 23, los procesos de fabricación de 61 a 20 y el ciclo de producción de cinco días a doce horas.

Fabricar o comprar

Para muchos componentes de productos, las empresas tienen la opción de producir el componente ellas mismas o comprarlo de una fuente externa a la empresa. La elección

FIGURA 6.8 ■ Los planos de ingeniería como éste muestran las dimensiones, tolerancias, materiales y acabados.

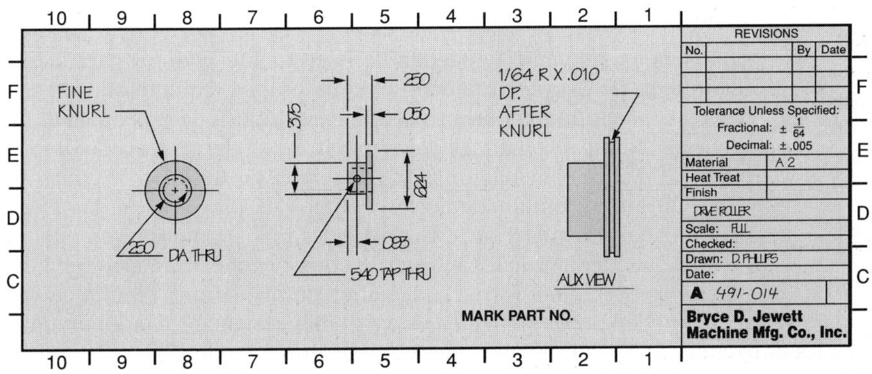

FIGURE 6.9 ■ Las listas de materiales presentan formas diferentes en una planta de fabricación (a) y en un restaurante de comida rápida (b), pero en ambos casos el producto debe estar definido.

Lista de Materiales para un Panel de Parte Soldadas

NÚMERO	DESCRIPCIÓN	CANTIDAD
A 60-71	PANEL DE PARTES SOLDADAS	1
A 60-7	MONTAJE TAMBOR INF.	1
R 60-17	TAMBOR	1
R 60-428	PASADOR	1
P 60-2	CONTRATUERCA	1
A 60-72	MONTAJE GUÍA POST.	1
R 60-57-1	ESCUADRA	1
A 60-4	TAMBOR	1
02-50-1150	TORNILLO	1
A 60-73	MONTAJE GUÍA ANT.	1
A 60-74	SOPORTE	1
R 60-99	CHAPA	1
02-50-1150	TORNILLO	1

(a)

Control de una Ración Estándar de Hamburguesa

PRODUCTO: Hamburguesa Juicy

DESCRIPCIÓN	CANTIDAD
Bollo	1
Queso	1 loncha
Hamburguesas	2
Rodajas de pepinillo	2
Cebolla deshidratada	1/250 pkg.
Salsa	1/137,5
Lechuga	1/26 cabeza

(b)

Decisión de fabricar o comprar

entre estas dos opciones se conoce como la decisión fabricar o comprar. La **decisión de fabricar o comprar** diferencia entre lo que la empresa decide producir y lo que decide comprar. Debido a las variaciones en calidad, coste y planificación de los suministros, la decisión de fabricar o comprar es crítica en la definición del producto. Muchos artículos pueden comprarse como "artículos estándar" producidos por cualquier otra empresa. Estos artículos estándar no requieren lista de materiales o plano de ingeniería porque su especificación de artículo estándar es suficiente. Como ejemplo podemos citar los tornillos estándar que aparecen en la lista de materiales que se muestra en la Figura 6.9 (a), para los que existen las especificaciones de la SAE (Society of Automoty Engineers). Consecuentemente, lo más frecuente es que la empresa no tenga que duplicar esta información en otro documento. En el Capítulo 12 se analiza con más detalle la decisión de fabricar o comprar.

> La planta procesadora de patatas de J. R. Simplot, en Cadwell, es la responsable de producir muchos de los miles de millones de patatas fritas que McDonald's utiliza cada año. Sesenta especificaciones definen cómo estas tiras de patatas se convierten en patatas fritas de McDonald's. Estas especificaciones definen este producto, en primer lugar, como una patata roja tipo Burbank. La patata roja Burbank tiene un sabor característico y un alto ratio de sólidos respecto a líquidos. Especifica también el tipo de aceite para freír y el característico proceso de secado utilizando vapor. Las patatas están entonces prefritas y secas; el tiempo exacto de fritura y la temperatura están patentadas. Las patatas son pulverizadas en lugar de meterlas en azúcar, como se hace en otros establecimientos, para tostarlas de manera uniforme. Además, se define el producto con la exigencia de que el 40 por 100 de todas las patatas han de tener entre dos y tres pulgadas de longitud y que el otro 40 por 100 ha de tener más de tres pulgadas de largo. El restante veinte por 100 son patatas de menor longitud.

Tecnología de grupos

Tecnología de grupos

Los planos de ingeniería pueden también incluir códigos para facilitar la **tecnología de grupos**. La tecnología de grupos requiere que los componentes se identifiquen por un sistema de códigos que especifica el tipo de proceso (como el taladrar) y los parámetros del proceso (como el tamaño). Entonces las máquinas pueden procesar familias de componentes como un grupo, minimizando los tiempos de preparación, las rutas y la manipulación de materiales. En la Figura 6.10 se muestra un ejemplo de cómo se pueden agrupar familias de componentes. La tecnología de grupos proporciona una forma sistemática de revisar una familia de componentes, para ver si alguno de los componentes ya existentes serían apropiados en un nuevo proyecto. La utilización de un componente ya existente elimina todos los costes relaciona-

FIGURA 6.10 ■ Diferentes sistemas de codificación permiten agrupar (b) a componentes desagrupados (a)

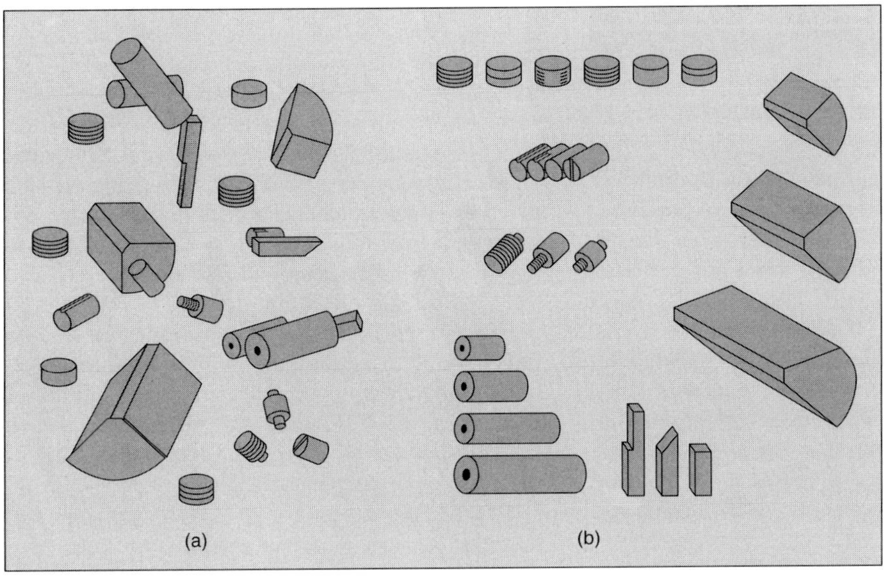

dos con el diseño y desarrollo de uno nuevo, lo cual es una importante reducción de coste. Por estas razones, una implementación con éxito de una tecnología de grupo proporciona:

1. Una mejora del diseño, ya que se puede dedicar más tiempo de diseño a menos productos
2. Reducir las materias primas y las compras,
3. Simplificar la planificación y el control de la producción,
4. Mejorar las rutas de fabricación y las cargas de máquinas,
5. Reducir el tiempo de preparación de máquinas, el stock en curso y el tiempo de producción.

La aplicación de la tecnología de grupos ayuda a toda la organización porque reduce muchos costes.

La tecnología de grupos también considera una utilización idéntica en otras aplicaciones. Por ejemplo, en el montaje de los Airbus A340, realizado en Toulouse (Francia), la mayor parte del ala es idéntica a la del Airbus A330. Las diferencias se limitan a la instalación del motor. El uso idéntico de los componentes puede ahorrar diseño y herramientasl, reduciendo tanto el coste como el tiempo de desarrollo.

Diseño asistido por computador

Diseño asistido por computador (C.A.D.)

El diseño de productos se ha beneficiado enormemente de la utilización del **diseño asistido por computador (C. A. D.).**[10] Cada vez son más los productos que se fabrican, se diseñan y documentan con C. A. D.

Donde se utiliza el C. A. D., el ingeniero de diseño comienza por desarrollar un sencillo boceto o, probablemente, tan sólo una idea. Después el diseñador utiliza un monitor de gráficos como soporte gráfico para construir la geometría de un diseño. En cuanto la definición geométrica está completada, un sofisticado sistema de C. A. D. permitirá al diseñador determinar diferentes datos de ingeniería, como la dureza o la conducción de calor.

[10] El término anglosajón es conocido debido a las aplicaciones informáticas con su nombre, CAD (Computer Aided Design) (N.del T.).

POM EN ACCIÓN

Diseño sin papeles en Boeing

Cuando los diseñadores del nuevo avión Boeing 777 de gran fuselaje quieren hacer cambios, no pueden ir a la mesa de dibujo. No existen las mesas de dibujo. Ni tampoco existe ningún dibujo sobre papel. Todos los diseños y planos de ingeniería del 777 han sido realizados en las pantallas del computador, realizando de esta manera el primer avión sin papeles.

El enfoque sin papeles ahorra mucho dinero, reduciendo enormemente el número de cambios de última hora que se necesitan para hacer que encajen los dos millones de piezas que componen un avión. También hace que sea innecesario construir una maqueta del avión a tamaño real.

"Todo ingeniero, desde Leonardo da Vinci, ha tenido que pensar en tres dimensiones, pero dibujar en dos dimensiones sobre papel", dice Felipe Condedo, VP de Boeing. Ahora las nuevas herramientas de cálculo permiten diseñar en 3D. Con esta completa eliminación del papel y poniendo 2 ó 3 billones de bytes de información en los computadores, Boeing trata de mantener su liderazgo en el mundo de los fabricantes de aviones. Desde la segunda guerra mundial, el 54% de todos los aviones que se han construido han sido Boeing.

El trabajo de diseño de los 777 requiere 5.600 personas repartidas en 18 ubicaciones en el área de puget sound. Los computadores proporcionan el enlace imprescindible, con una gran cantidad de modificaciones. El 777, con su primer test de vuelo realizado en 1994, representa una apuesta de 7.000 millones de dólares para Boeing.

Fuentes: New York Times (10 de noviembre de 1991): 3-1; y *Bussines Week* (28 de octubre de 1991): 120-121.

El C. A. D. también permite al diseñador asegurarse de que todos los componentes encajarán y de que no habrá interferencias cuando los componentes se monten de forma consecutiva. De esta manera, si el diseñador está diseñando el guardabarros de un coche, los soportes y los paneles relacionados se van modificando al modificar el guardabarros. El análisis de diseños ya existentes, así como el de los nuevos, puede hacerse en el momento económicamente oportuno. Estos avances en los sistemas C.A.D. se discuten más adelante en el apartado del *POM en Acción* "Diseño sin papeles de un Boeing" y en el Capítulo 8.

Diseño asistido por computador (CAD): Los ingenieros y directivos de B. F. Goodrich utilizan software de Structural Dynamics Research Corporation (SDRC) para modelar conjuntos de ruedas y frenos. Analizando la fatiga y el calor, pueden a menudo evitar costosos errores de diseño y fabricación. Los errores que se descubren en la etapa de diseño en la pantalla de computador se pueden solucionar con un coste determinado, pero el coste es mucho más importante cuando el producto se halla en fase de producción.

Una vez el ingeniero está conforme con el diseño, pasa a ser parte de una base de datos de dibujo en un soporte electrónico. El sistema C. A. D. a través de una librería de símbolos y otros detalles también ayuda a asegurar el cumplimiento de los estándares de dibujo. Además, debido a que los datos de C. A. D. están disponibles para posteriores utilizaciones por parte de otros, se facilita el trabajo del personal de diseño de herramientas y el de los programadores de máquinas de control numérico. Ahora ellos pueden proceder al diseño de herramientas y programas con la confianza de tener los más recientes y precisos datos y planos de ingeniería.

Una vez más vemos cómo decisiones tomadas cuando se está diseñando un producto tienen ramificaciones que afectan a muchas otras decisiones POM.

PREPARATIVOS PARA LA PRODUCCIÓN

Una vez que un producto ha sido seleccionado y diseñado restan aún una serie de puntos. Entre ellos están: a) la documentación que ayude durante el proceso de producción, b) gestión de la configuración, c) la determinación del momento exacto en el que debemos dar por finalizado el diseño y pasar a la producción del producto.

Documentación

Plano de montaje

Un **plano de montaje** simplemente muestra una visión "explosionada" del producto. Un plano de montaje acostumbra a ser un dibujo tridimensional que se conoce como dibujo isométrico. En él se muestran las posiciones relativas de los componentes relacionados los unos con los otros de forma que se muestre cómo se monta la unidad en cuestión [ver Figura 6.11 (a)].

Diagrama de montaje

El **diagrama de montaje** muestra en forma esquemática cómo se monta un producto. Los componentes fabricados, comprados o una combinación de ambas deben aparecer en el diagrama de montaje. El diagrama de montaje identifica el punto de la producción en el que los componentes pasan a ser submontajes y finalmente en el producto final. Un ejemplo de un diagrama de montaje es el que se muestra en la Figura 6.11 (b).

Hoja de ruta

La **hoja de ruta** enumera las operaciones (incluyendo el montaje y la inspección) necesarias para fabricar el componente a partir de los materiales especificados en la lista de materiales. La hoja de ruta de un artículo tendrá una entrada para cada operación que se lleve a cabo con el artículo. Cuando una hoja de ruta incluye métodos específicos de operación y los estándares de tiempos, se la conoce como *hoja de proceso*.

Instrucciones de trabajo

Manuales de estándares

Las organizaciones a menudo también encuentran necesario elaborar **instrucciones de trabajo**, que proporcionan instrucciones detalladas sobre la forma de llevar a cabo una tarea. Donde existan una gran variedad de trabajos, las instrucciones de trabajo cambiarán con frecuencia. Los manuales de instrucciones se utilizan en los trabajos que sufren pocas variaciones. Los diferentes **manuales de estándares** proporcionan los tiempos estándar de preparación, así como información sobre velocidades, capacidades, tolerancias y quizás otros datos de interés para cada una de las operaciones del proceso. Los manuales de estándares no sólo se encuentran en el sector de la fabricación, sino en la mayoría de las áreas operativas, como una cocina de un centro institucional que esté bien organizada o un centro informático.

FIGURA 6.11 ■ Esquema de montaje y diagrama de montaje.

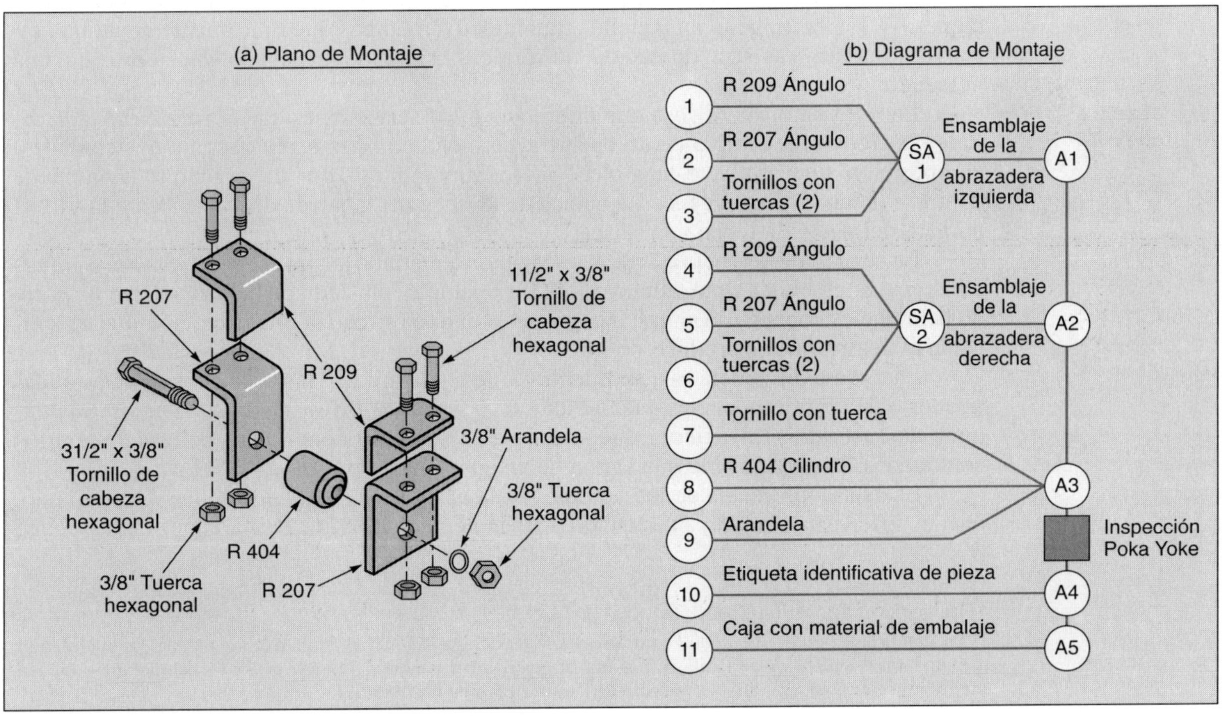

Orden de trabajo

La **orden de trabajo** es una instrucción para realizar una cantidad dada de un artículo determinado, normalmente dentro de una programación determinada. La hoja en la que el camarero toma nota en su restaurante favorito es una orden de trabajo. En un hospital o en una fábrica, la orden de trabajo es una orden más formal que autoriza a coger diferentes medicamentos o artículos del inventario, a realizar diferentes funciones y a asignar a personal para llevarlas a cabo. Cada vez con más frecuencia, las instrucciones de trabajo, los manuales de estándares y las órdenes de trabajo se gestionan con soporte informático.

Gestión de la configuración

Notificaciones de cambios de ingeniería

Gestión de la configuración

Las **notificaciones de cambios de ingeniería (E. C. N.)**[11] cambian algunos aspectos de la definición de productos o documentación, tales como el plano de ingeniería o una lista de materiales. En el caso de un producto ciertamente complejo que tiene un largo ciclo de fabricación, como puede ser un Boeing 747, los cambios pueden ser tan numerosos que no existan dos 747 construidos exactamente iguales. Esta frecuencia en los cambios ha provocado la aparición de una disciplina conocida como gestión de la configuración, que se ocupa de la identificación del producto, su control y su documentación. La **gestión de la configuración** es el sistema a través del que se identifican de forma precisa los cambios planificados en la configuración del producto y se realiza el control y contabilización de los mismos.

LOS SERVICIOS SON DIFERENTES

Gran parte de nuestra discusión se ha centrado en lo que podríamos llamar productos tangibles, es decir, bienes. En la otra cara de la moneda están los servicios. Las industrias de servicios engloban intangibles como la banca, los seguros, el transporte y las comunicaciones.[12] También incluyen aquellos tratamientos médicos que únicamente dejan una cicatriz diminuta tras una operación quirúrgica, así como el lavado y el corte en una peluquería.

Por ello, la primera cosa que diferencia a los servicios es que *normalmente son intangibles* (como la compra de un buen trayecto en una línea aérea que une dos ciudades) en oposición a un producto tangible. Nótese, sin embargo, que el servicio todavía puede definirse de una forma precisa. La butaca de la línea aérea puede definirse según la fila, el número del vuelo, la fecha y la clase.

La segunda diferencia es que los servicios a menudo se *producen y consumen simultáneamente;* no existe stock almacenado. Por ejemplo, un salón de belleza realiza un corte de pelo que es consumido simultáneamente, o el doctor realiza una operación que se consume al tiempo que se produce.

La tercera diferencia es que, mientras que la mayoría de los productos están estandarizados o tienen componentes que lo están, *la mayoría de los servicios son únicos.* Su conjunto de coberturas financieras, que se refleja en sus inversiones y sus pólizas de seguros contratadas, es muy posible que varíen de una persona a otra.

La cuarta diferencia de los servicios es la *alta interacción con el cliente.* A menudo, resulta difícil estandarizar, automatizar y ser tan eficientes como desearíamos debido a que

[11] Del inglés "Engineering Change Notices" (E. C. N.) (N. del T.).

[12] La *Statistical Abstract of the United States* considera servicios a la venta al por mayor y al detalle, las finanzas, las aseguradoras, agencias inmobiliarias y la administración gubernamental. La mayoría de las definiciones también incluyen la educación, la sanidad y las industrias jurídicas y de hostelería.

la interacción requiere un tratamiento personalizado. Esta personalización es, en muchas ocasiones, por lo que paga el cliente; por ello, el director de operaciones debe asegurarse de que el producto esté diseñado de forma que pueda ser proporcionado al cliente de una forma única y personal.

La quinta diferencia que hace únicos a los servicios es la *inconsistencia en la definición del producto.* La definición de un producto puede ser rigurosa, como en el caso de una póliza de seguros o accidente, o como en el caso de un corte de pelo. Por otra parte, la definición del corte de pelo no varía únicamente con cada cliente, sino con cada corte de pelo, e incluso para un mismo cliente.

A pesar de estas diferencias entre productos y servicios, existe aún una función operativa a ejecutar. Esto es lo que ocurre cuando una compañía aseguradora define el producto (digamos una póliza de seguros), procesa la transacción de compra, establece las primas y procesa estas primas. Lo mismo sería en el caso de una compraventa de una acción donde el "backroom", es decir, el centro de operaciones, gestiona la transacción. En el caso de una compañía aérea, la función operativa englobaría la planificación de los vuelos, tripulaciones y comidas, así como, normalmente, la gestión del mantenimiento. Por tanto, aunque los servicios a menudo son únicos, la función de operaciones continúa realizando una función de transformación, como se mostraba en los organigramas del Capítulo1.

LA APLICACIÓN DE ÁRBOLES DE DECISIÓN EN EL DISEÑO DE PRODUCTOS

Los árboles de decisión, introducidos en el suplemento del Capítulo 2, pueden utilizarse para las decisiones sobre nuevos productos de la misma forma que para una amplia variedad de problemas de gestión. Resultan particularmente útiles cuando existe una serie de decisiones y diferentes resultados que conducen a decisiones posteriores, seguidas por otros resultados. Podemos recordar de anteriores capítulos que para crear un árbol de decisiones, se utiliza el siguiente procedimiento:

1. Asegurarse que todas las posibles alternativas y estados de naturaleza están incluidos en el árbol de decisión. Esto incluye la alternativa de "no hacer nada".
2. Los resultados están al final de la rama apropiada. Este es el lugar para situar los resultados que conlleva la elección de esa rama.
3. El objetivo es determinar el valor esperado de cada vía de actuación. Esto se lleva a cabo comenzando por el final del árbol (el lado derecho) y trabajar en dirección hacia el inicio del árbol (a la izquierda), calculando los valores a cada paso y eliminando las alternativas que no sean tan buenas como otras del mismo nudo.

El Ejemplo 6.1 muestra la utilización de un árbol de decisión aplicado al diseño de un producto.

EJEMPLO 6.1

Silicon, Inc., un fabricante de semiconductores, está investigando la posibilidad de fabricar y comercializar un microprocesador. Emprender este proyecto requerirá la compra de un sofisticado sistema de C. A. D. o la contratación y la formación de varios ingenieros más. El mercado del producto puede ser favorable o desfavorable. Silicon, Inc., por supuesto, tiene la opción de no desarrollar el producto.

Con una aceptación favorable del mercado, las ventas serían de 25.000 procesadores vendidos a 100 dólares la unidad y si la aceptación del mercado no fuese favorable, las ventas serían de 8.000 procesadores vendidos a 100 dólares cada uno. El coste del equipo de C. A. D. es de 500.000 dólares, pero el de contratar y preparar a tres nuevos ingenieros es de tan sólo 375.000 dólares. Sin embargo, el coste de fabricación podría ir desde los 50 dólares la unidad, cuando se fabrica sin C. A. D., a 40 dólares la unidad, cuando se fabrica con el C. A. D.

La probabilidad de una aceptación favorable del nuevo microprocesador es del 40%, mientras que el de tener una aceptación desfavorable es del 60%. Ver la Figura 6.12.

FIGURA 6.12 ■ Árbol de decisión para el Desarrollo de un Nuevo Producto.

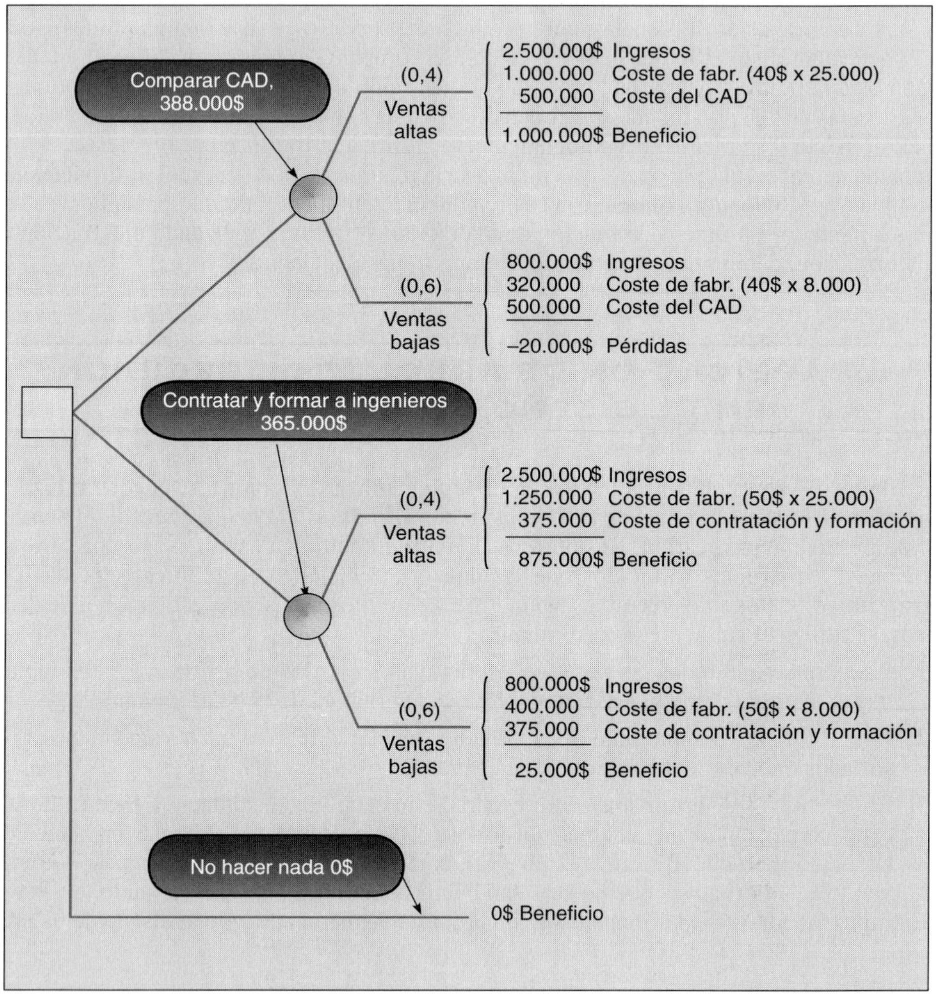

Los valores monetarios esperados (V. M. E.) se han colocado dentro de un círculo en cada etapa del árbol de decisión. Para la rama superior:

V .M. E. (compra del sistema C. A. D.) = (0,4) (1.000.000$) + (0,6) (– 20.000$) =
= 388.000 dólares

Esto representa el resultado que se tendrá si Silicon, Inc., compra el C. A. D.

El valor esperado de la contratación y preparación de los ingenieros es el de la segunda serie de ramas:

V. M. E. (contratar/preparar ingenieros) = (0,4) (875.000$) + (0,6) (25.000$) =
= 365.000 dólares

El V. M. E. de no hacer nada es 0 dólares.

Como la rama superior tiene el mayor valor monetario esperado (un V.M.E. de 388.000 dólares vs. 365.000 dólares vs. 0 dólares), ésta representa la mejor elección. La dirección debería comprar el sistema C. A. D.

TRANSICIÓN A LA PRODUCCIÓN

Finalmente nuestro producto ha sido seleccionado, diseñado y definido. El producto ha pasado de una idea a una definición funcional y entonces quizás a un diseño. En estos momentos, la dirección debe tomar una decisión sobre un posterior desarrollo, producción o terminación del producto ideado. Una de las artes en la gestión moderna es cuándo llevar un producto del desarrollo a la fase de producción; este paso es conocido como *transición a la producción*. El personal de desarrollo de productos siempre está interesado en hacer mejoras en el producto. Debido a que este personal tiende a ver el desarrollo del producto como una evolución, nunca podrán tener un producto finalizado, pero como ya hicimos constar en nuestra discusión anterior, el coste de una introducción tardía de un producto es elevado. A pesar de la existencia de este conflicto, la dirección debe tomar una decisión sobre si desarrollar más el producto o comenzar a fabricarlo.

Una vez que se ha tomado la decisión, lo habitual es que exista un período de pruebas de producción para confirmar que el diseño es verdaderamente susceptible de ser fabricado. Este es el test de "fabricabilidad". Éste proporciona al personal de fabricación la oportunidad de desarrollar las herramientas apropiadas, los procedimientos de control de calidad y la formación del personal, de manera que se asegure que la producción pueda iniciarse con éxito. Finalmente, cuando se juzga que el producto es a la vez comercializable y fabricable, la dirección de línea debe asumir la responsabilidad.

Algunas empresas designan a un jefe de proyecto y otras utilizan al equipo de desarrollo de productos que vimos anteriormente para asegurar que la transición de la fase de desarrollo a la de producción se lleva a cabo con éxito. Ambos enfoques permiten utilizar un amplio abanico de recursos y habilidades para así garantizar que se produce satisfactoriamente un producto nuevo. Un tercer enfoque es la integración de las respectivas organizaciones de desarrollo y fabricación del producto. Esto permite un intercambio de recursos fácil entre las dos organizaciones cuando las necesidades cambien. El trabajo del director de producción es realizar la transición de I + D a la producción de una forma suave y sin discontinuidades.

ALCANZANDO ESTÁNDARES DE CLASE MUNDIAL

Las empresas de clase mundial reconocen que sólo con una excelente estrategia de producto se puede dominar totalmente el mercado. Consecuentemente, estas empresas se centran sólo en unos pocos negocios o tecnologías. Por ejemplo, Honda se centra en los motores. Casi la totalidad de las ventas de Honda (por ejemplo, motos, coches, generadores, segadoras, etc.) están basadas en su excelente tecnología de motores. Lo mismo puede decirse para Intel (componentes de microcomputadores) y para Microsoft (programas informáticos para PC). Las empresas de clase mundial diseñan estos productos de forma que sean de "calidad robusta", mientras se hacen mejoras continuamente. Los directivos de las empresas de clase mundial insisten en que una estrecha comunicación entre cliente, producto, procesos y proveedores, proporciona una elevada probabilidad de éxito de los nuevos productos. Los benchmarks, por supuesto, varían por industria, ¡pero Rubbermaid saca al mercado cada día un nuevo producto!

Las empresas mundiales con frecuencia realizan una personalización de los productos o servicios existentes. Este enfoque permite al cliente escoger opciones del producto, reforzando así los puntos fuertes de la empresa. De esta forma, Dell Computers ha conseguido un enorme mercado. Dell entrega computadores con el hardware y el software que el cliente desea exactamente. Además, lo hacen de una forma rápida, otro de los atributos de las empresas de clase mundial que conviene resaltar. Ellas entienden que la velocidad de servicio en el mercado es importante, por lo que responden con rapidez. Motorola basa su negocio de comunicaciones en una respuesta rápida. La empresa redujo el tiempo de entrega de un pedido de un mes a menos de tres horas, proporcionando un benchmark para las demás empresas. Finalmente, una estrategia de producto de clase mundial vincula la estrategia de producto con la inversión, la cuota de mercado, los ciclos de vida del producto y la amplitud de la línea de productos. El desarrollo del producto y el diseño son claves en el éxito de la estrategia de negocios.

RESUMEN

Seleccionar, diseñar y definir un producto tiene implicaciones para todas las decisiones de operaciones siguientes. El director de operaciones debe ser imaginativo y tener muchos recursos en el proceso de desarrollo del producto. Los productos se definen a través de especificaciones escritas, listas de materiales y planos de ingeniería. La tecnología de grupos, el diseño asistido por computador y la ingeniería del valor son técnicas muy útiles de diseño de productos. Los planos de montaje, los diagramas de montaje, las hojas de ruta, las instrucciones de trabajo, las órdenes de trabajo y los manuales de estándares ayudan al directivo al definir un producto para su fabricación.

Una vez que el producto está en fabricación es recomendable hacer un análisis de valor para revisar la producción y la calidad. La gestión de la configuración permite a la gerencia seguir y documentar el producto que ha sido producido.

El cómo los productos se mueven a lo largo de sus ciclos de vida, de introducción, crecimiento, madurez y declive influye en la estrategia que el director de operaciones debe seguir. Además, los árboles de decisión son una técnica particularmente útil en muchas de las decisiones estratégicas.

TÉRMINOS CLAVE

Estrategia de producto
Equipos de desarrollo de producto
Equipos de Diseño para la fabricación y de ingeniería de valor
Diseño para una calidad robusta
Análisis de valor
Competencia basada en el tiempo
Análisis de producto por valor
Plano de ingeniería
Lista de materiales
Decisión sobre fabricar o comprar
Tecnología de grupo
Diseño asistido por computador
Plano de montaje
Diagrama de montaje
Hoja de ruta
Instrucciones de trabajo
Manual de estándares
Orden de trabajo
Notificación de cambios en ingeniería
Gestión de la configuración

PROBLEMA RESUELTO

Problema resuelto 6.1

Kris King, presidenta de King Electronics, Inc., tiene dos opciones de diseño para su nueva línea de tubos de rayos catódicos de alta resolución (CRTs) para estaciones de diseño asistido por computador. Las ventas para el ciclo de vida previsto son de 100.000 unidades.

La opción de diseño A tiene una probabilidad de 0,90 de producir 59 CRTs buenos de cada 100 y una probabilidad de 0,10 de producir 64 CRTs buenos de cada 100. Este diseño costará 1.000.000 de dólares.

La opción de diseño B tiene una probabilidad de 0,80 de producir 64 unidades buenas de cada 100 y una probabilidad de 0,20 de producir 59 unidades buenas de cada 100. Este diseño costará 1.350.000 dólares.

Bueno o malo, cada CRT costará 75 dólares. Cada CRT bueno se venderá por 150 dólares. Los CRT malos se destruyen y no tienen valor residual. Hay un pequeño coste de eliminación de desperdicios que se ignora en el problema.

Solución

Dibujamos el árbol de decisión para reflejar las dos decisiones y las probabilidades asociadas con cada decisión. Entonces determinamos el resultado asociado a cada rama. Esto se muestra en la Figura 6.13.

FIGURA 6.13 ■ Árbol de decisión del Problema resuelto 6.1.

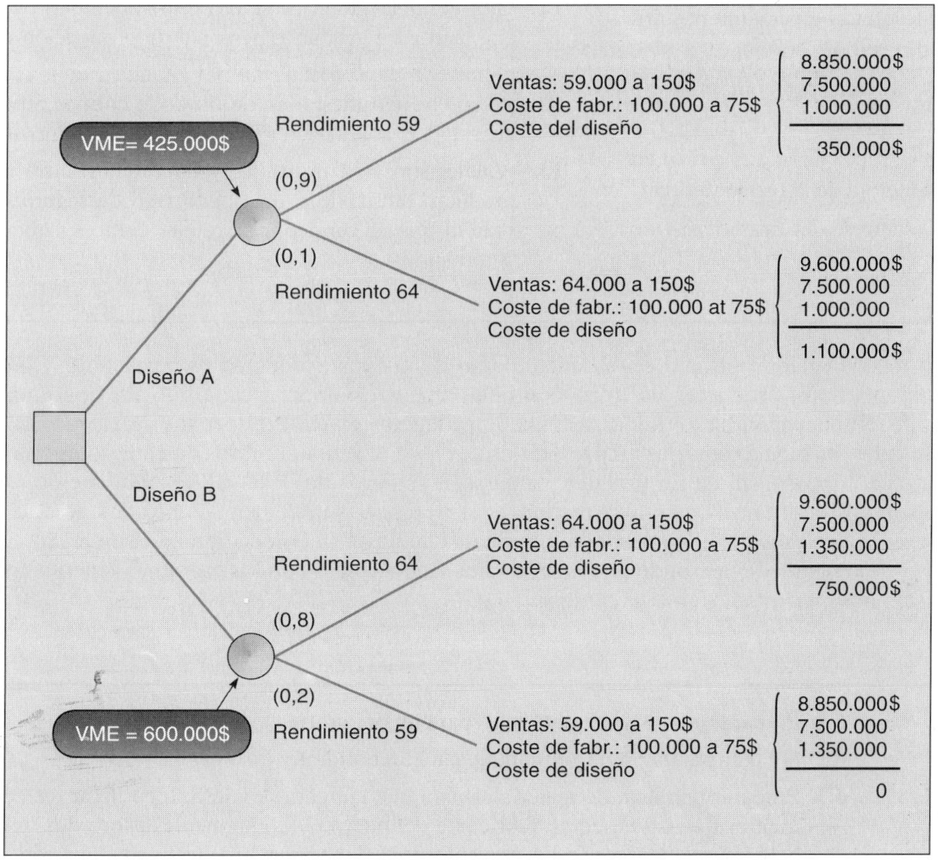

Para el diseño A

$$\text{VME (diseño A)} = (0{,}9)\ (350.000\$) + (0{,}1)\ (1.100.000\$) = \\ = 425.000 \text{ dólares}$$

Para el diseño B

$$\text{VME (diseño B)} = (0{,}8)\ (750.000\$) + (0{,}2)\ (0\$) = \\ = 600.000 \text{ dólares}$$

El mejor resultado se obtiene con la opción de diseño B y es de 600.000 dólares.

PREGUNTAS DE DISCUSIÓN

1. ¿Qué técnicas de gestión pueden resultar más útiles para realizar el paso de diseño a la producción?
2. ¿Por qué es necesario documentar explícitamente un producto?
3. ¿Qué técnicas se emplean para documentar un producto?
4. ¿En qué industrias ha resultado especialmente útil la configuración de la dirección? ¿Por qué?
5. ¿Cómo ayuda el diseño asistido por computador a otros departamentos?
6. ¿Qué es la tecnología de grupos y por qué es útil en nuestra búsqueda de la mejora de la productividad?
7. ¿Qué ahorros pueden esperarse del diseño asistido por computador?
8. ¿Cómo ayuda el diseño asistido por computador a la fabricación asistida por computador?
9. ¿Cuáles son las cuatro fases del ciclo de vida del producto?
10. ¿Cómo afecta la selección (y diseño) del producto a la calidad?
11. Una vez definido el producto, ¿qué documentos se emplean para ayudar al personal de producción en la fabricación de este producto?
12. ¿Cómo se manifiesta la gestión de la configuración cuando Vd. solicita un servicio para su automóvil?
13. ¿Cuáles son las similitudes y diferencias entre un producto fabricado y un nuevo tipo de seguro de vida al que el vendedor se refiere como su nuevo "producto"?

EJERCICIO DE RAZONAMIENTO CRÍTICO

El récord de Rubbermaid en el lanzamiento de nuevos productos es destacable. Con casi cinco mil productos, la firma continúa lanzando uno casi cada día... y con gran éxito. Rubbermaid ha dividido su línea de productos en cuatro docenas de categorías. Después, ha creado equipos empresariales de cinco o siete miembros en cada categoría. Cada equipo consta de un product manager, ingenieros de desarrollo y fabricación, y ejecutivos de finanzas, ventas y marketing. Los equipos conciben sus propios productos, y se encargan de ellos desde la fase de diseño hasta su colocación en el mercado.

Compárese el enfoque de los productos Rubbermaid con los enfoques americano y japonés presentados en este capítulo.

PROBLEMAS

- **6.1** Preparar una lista de materiales para un bolígrafo.
- **6.2** Dibujar un diagrama de montaje para un bolígrafo.
- **6.3** Preparar una lista de materiales para una lámpara de mesa. Identificar los elementos que usted, como fabricante del cuerpo y componentes asociados, probablemente fabricará y los que comprará al exterior. Justificar cada decisión.

6.4 Preparar un diagrama de montaje para la lámpara de mesa del Problema 6.3.

6.5 Para un proyecto de una biblioteca, encontrar una serie de códigos de tecnología de grupos.

6.6 Dada la contribución aportada por cada uno de los tres productos de la tabla siguiente y su fase del ciclo de vida, identifique una estrategia de operaciones razonable para cada uno de ellos.

TABLA PARA EL PROBLEMA 6.6 ■

PRODUCTO	CONTRIBUCIÓN DEL PRODUCTO (PORCENTAJE SOBRE EL PRECIO DE VENTA	CONTRIBUCIÓN A LA COMPAÑÍA (PORCENTAJE DE LA CONTRIBUCIÓN TOTAL ANUAL DIVIDIDA POR LAS VENTAS TOTALES ANUALES)	FASE DEL CICLO DE VIDA
Computador portátil	30	40	Crecimiento
Computador de mano	30	50	Introducción
Calculadora de mano	50	10	Declive

6.7 El grupo de planificación de producto de Hawkes Electric Supplies, Inc. ha determinado que necesita una nueva serie de interruptores. Deben decidir una de las tres posibles estrategias de diseño. La previsión de ventas es de 200.000 interruptores. Cuanto mayor y más sofisticada sea la estrategia de diseño y más tiempo se emplee en la ingeniería de valor, menor será el coste variable. El jefe de ingeniería de diseño, Dr. Gerry Johnson, ha decidido que los siguientes costes son una buena estimación de los costes iniciales y de las variables asociadas a cada posibilidad. Éstos son:

a) Low-tech: una estrategia de poca tecnología, proceso con bajo coste que consiste en la contratación de nuevos ingenieros junior. Esto representa un coste de 45.000 dólares y unos costes variables de 0,55 dólares, con una probabilidad de 0,20, 0,50 dólares con probabilidad de 0,50 y 0,45 dólares con una probabilidad de 0,30.

b) Subcontratar: sería un enfoque de coste medio empleando un buen personal de diseño externo. Esta posibilidad tendría un coste inicial de 65.000 dólares y unos costes variables de 0,45 dólares con probabilidad de 0,70, 0,40 dólares con una probabilidad de 0,10 y 0,35 dólares con probabilidad de 0,10.

c) High-tech: un enfoque de alta tecnología que utilizaría el mejor personal interno y la última tecnología de diseño asistido por computador. Esta posibilidad tendría un coste fijo de 75.000 dólares, y unos costes variables de 0,40 dólares con probabilidad de 0,90 y de 0,35 dólares con probabilidad 0,10.

¿Cuál es la mejor decisión basada en el criterio del valor monetario esperado (VME)?

(*Nota:* se desea el menor VME, ya que en este problema se está tratando con costes.)

6.8 Faber Manufacturing, Inc. de St. Paul, Minnesota, tiene la posibilidad de: (a) comenzar inmediatamente con la fabricación de una TV de gama alta, de la que se acaba de finalizar las pruebas de prototipo o (b) hacer que el equipo de análisis de valor complete el estudio. Si Karita France, vicepresidente de operaciones, prosigue con el prototipo existente (opción A), la empresa puede esperar unas ventas de 100.000 unidades a 550 dólares cada una con una probabilidad de 0,60, y vender 75.000 unidades a 750 dólares cada una con una probabilidad de 0,40. Si emplea, sin embargo, el equipo de análisis del valor (opción B), la firma espera unas ventas de 75.000 unidades a 750 dólares con una probabilidad de 0,70, y unas ventas de 70.000 unidades a 750 dólares con una probabilidad de 0,30. El coste del análisis de valor es de 100.000 dólares. ¿Qué opción presenta el mayor valor monetario esperado (VME)?

: **6.9** El director de materiales de Ritz Products, Houston Griffin, debe determinar si fabricar o comprar un nuevo semiconductor para la TV que se va a fabricar. Se espera producir un millón de unidades durante el ciclo de vida. Si se fabrica el semiconductor, el coste de preparación y producción es de 1.000.000 de dólares, con una probabilidad de 0,40 de que el producto sea satisfactorio y una probabilidad de 0,60 de que no lo sea. Si el producto no es satisfactorio, la empresa tendrá que evaluar de nuevo su decisión. Esto implicará que deberán gastarse otro 1.000.000 de dólares para volver a diseñar el semiconductor o bien no comprarlo. La probabilidad de tener éxito la segunda vez que se tome la decisión de fabricar es de 0,90. Si también fallara la segunda decisión de fabricar, la empresa debería comprar. Independientemente de cuando tenga lugar la compra, Houston Griffin estima que tendrá que pagar 50 dólares por unidad comprada más 1.000.000 de dólares en concepto de gastos de desarrollo del proveedor.

a) Suponiendo que Ritz products tenga que disponer del semiconductor (no es una opción viable prescindir de él), ¿cuál sería su mejor decisión?

b) ¿Qué criterio empleó para tomar esta decisión?

c) ¿Qué es lo peor que le puede ocurrir a Ritz Products en esta decisión concreta? ¿Qué es lo mejor que podría ocurrir?

: **6.10** Utilizando los datos del Problema Resuelto 6.1, compruebe cómo quedaría afectada la decisión tomada, si la Sra. King pudiera incrementar el rendimiento cuando era de 59 cada 100. Si el rendimiento es del 59 por 100, se puede emplear un fósforo especial pero caro para la pantalla, que añadiría un coste de 50 dólares a cada CRT. Este procedimiento será bueno para sólo un 5 por 100 de la unidades (es decir, este procedimiento, puede aumentar el rendimiento hasta el 64 por 100). Confeccione el árbol de decisión modificado. ¿Cuáles serían los resultados y cuál sería la rama con el mayor VME?

CASO DE ESTUDIO

El compresor rotatorio de GE

En 1981, la cuota de mercado y los beneficios de la división de electrodomésticos de General Electric estaban disminuyendo. La tecnología de la compañía era anticuada comparada con la de los competidores extranjeros. Por ejemplo, hacer un compresor de un refrigerador requería 65 minutos de mano de obra comparados con los 25 minutos que necesitaban los competidores japoneses e italianos. Por otra parte, los costes laborales de GE eran más elevados. Las alternativas eran obvias: o comprar compresores a Japón e Italia o diseñar y construir un modelo mejor.

Hacia 1983 se tomó la decisión de fabricar un nuevo compresor rotatorio en la empresa, junto con el compromiso de construir una nueva fábrica de 120 millones de dólares. GE no era un principiante en la tecnología de compresores rotatorios; había inventado la tecnología y la había estado empleando en los aparatos de aire acondicionado durante muchos años. Un compresor rotatorio pesaba menos, tenía una tercera parte menos de componentes y era más eficiente en el consumo de energía que los compresores alternativos del momento. El compresor rotatorio ocupaba menos espacio, lo que proporcionaba más espacio interior en el refrigerador, y ello satisfacía más las exigencias de los clientes.

Algunos ingenieros argumentaban lo contrario, resaltando el hecho de que los compresores rotatorios generaban más calor. Este no es un problema en la mayoría de los aparatos de aire acondicionado, porque el refrigerante enfría el compresor. En una nevera, sin embargo, el flujo de refrigerante es únicamente una décima parte más rápido, y la unidad funciona aproximadamente cuatro veces más que en un aparato de aire acondicionado a lo largo del año. GE tuvo problemas con los primeros compresores rotatorios en aires acondicionados. Aunque los defectos habían sido eliminados en unidades pequeñas, GE renunció al uso de compresores rotatorios en unidades grandes, puesto que se averiaban frecuentemente en climas calurosos.

Los directivos de GE e ingenieros de diseño estaban preocupados por otros temas. Los compresores rotatorios eran ruidosos, lo que preocupaba a los directivos por la posibilidad de que afectara negativamente en el grado de aceptación de los clientes. Se emplearon muchas horas en este tema por parte de los directivos y en paneles de prueba de consumidores. El nuevo diseño también requería que las partes clave ensamblaran con una tolerancia de 50 millonésimas de pulgada. Nunca antes se había producido de forma tan masiva y con tal precisión, pero los ingenieros de fabricación estaban seguros de que podían conseguirlo.

El compresor que finalmente se diseñó era prácticamente idéntico al empleado en los aires acondicionados, con un cambio. Dos pequeñas piezas interiores del compresor se habían fabricado de metal de polvo en lugar de acero y hierro, tal y como se hacía en los aparatos de aire acondicionado. Este material se escogió porque podía fabricarse con tolerancias más pequeños y menores costes de fabricación. El metal había sido probado una década antes en aire acondicionado, pero no funcionó. Los ingenieros de diseño eran nuevos en el diseño de compresores y no consideraron importante esta circunstancia.

Un consultor sugirió que GE considerará una joint venture con una compañía japonesa que tenía ya un compresor rotatorio en el mercado. La idea fue rechazada por los directivos. El diseñador original del compresor rotatorio de aire acondicionado, que había dejado GE, ofreció sus servicios como consultor. GE declinó su oferta, alegando que disponía de suficiente experiencia técnica.

Alrededor de 600 compresores fueron probados en 1983 sin un solo fallo. Estuvieron funcionando constantemente durante dos meses, bajo elevadas temperaturas y presiones que simulaban un funcionamiento de cinco años. Normalmente GE realiza amplias pruebas de campo de sus nuevos productos; su plan original de probar los modelos durante dos años se redujo a nueve meses, debido a las exigencias de tiempo para finalizar el proyecto.

Los técnicos que desmontaron e inspeccionaron los componentes pensaban que no los encontrarían correctos. Los componentes del motor estaban descoloridos, signo de un excesivo calor. Los cojinetes estaban desgastados, y parecía que las elevadas temperaturas habían estropeado el aceite lubricante. Los supervisores técnicos despreciaron estos hallazgos y no los transmitieron a los niveles superiores de dirección. Otro consultor que evaluó los resultados pensó que algo funcionaba mal, porque sólo se había producido un fallo en dos años, y propuso que se intensificaran las condiciones de las pruebas. Este sugerencia también fue rechazada por la dirección.

En 1986, sólo 2,5 años después de la aprobación, la nueva factoría estaba produciendo compresores a un ritmo de 10 por minuto. A finales de año, se habían fabricado más de un millón. La cuota de mercado aumentó y la nueva nevera parecía ser un éxito. Pero en julio de 1987 falló el primer compresor. Poco después llegaron informes de otros fallos en Puerto Rico. Alrededor del mes de septiembre, la división de electrodomésticos sabía que tenía un problema grave. En diciembre, la planta detuvo la fabricación de compresores. El problema no se diagnosticó hasta 1988: un excesivo desgaste en las dos partes de polvo de metal que quemaba el aceite. El coste en 1989 sólo fue de 450 millones de dólares. A mediados de 1990, GE sustituyó de forma voluntaria aproximadamente 1,1 millones de compresores con otros comprados a seis proveedores, cinco de ellos extranjeros.

CUESTIONES DE DISCUSIÓN

1. ¿Qué factores en el proceso de desarrollo del producto causaron el desastre? ¿Qué personas fueron las responsables?
2. ¿Cómo podría haberse prevenido este desastre? ¿Qué lecciones cree que aprendió GE para el futuro?
3. ¿Bajo qué criterio intentó GE lograr una ventaja competitiva? ¿Cómo fallaron?

Fuente: James Dean y James Evans, *Total Quality* (St. Paul West Publishing, 1994): 256–257.

BIBLIOGRAFÍA

Akao, Y., ed. *Quality Function Deployment: Integrating Customer Requirements into Product Design*. Cambridge, MA: Productivity Press, 1990.

Ali, A., M. U. Kalwani, and D. Kovenock. "Selecting Product Development Projects: Pioneering versus Incremental Innovation Strategies." *Management Science*, 39, no. 3 (March 1993): 255–274.

Berliner, C., and J. A. Brimson. *Cost Management for Today's Advanced Manufacturing*. Boston: Harvard Business School Press, 1988.

Bower, J. L., and T. M. Hout. "Fast Cycle Capacity for Competitive Power." *Harvard Business Review* (November/December 1988): 110–118.

Burbidge, J. L. "Production Flow Analysis for Planning Group Technololgy." *Journal of Operations Management*, 10, no. 1 (January 1991): 5–27.

Capon, N., J. U. Farley, D. R. Lehmann, and J. M. Hulbert. "Profiles of Product Innovators Among Large U. S. Manufacturers." *Management Science*, 38, no. 2 (February 1992): 157.

Choi, M. and W. E. Riggs. "GT Coding and Classification Systems for Manufacturing Cell Design." *Production and Inventory Management Journal*, 32 (First Quarter 1991): 28.

Clark, K., and S. Wheelwright. "Organizing and Leading 'Heavyweight' Development Teams." *The California Management Review*, (Spring 1992)

Eppen, G. D., W. A. Hanson, and R. K. Martin. "Bundling-New Products, New Markets, Low Risk." *Sloan Management Review*, 32 (Summer 1991): 7.

Fitzsimmons, J. A., P. Kouvelis, and D. N. Mallick. "Design Strategy and Its Interface with Manufacturing and Marketing: A Conceptual Framework." *Journal of Operations Management*, 10, no. 3 (August 1991): 398.

Garza, O., and T. L. Smunt. "Countering the Negative Impact of Intercell Flow in Cellular Manufacturing." *Journal of Operations Management*, 10, no. 1 (January 1991): 92–118.

Hastings, N. A., and C. Yeh. "Bill of Manufacture." *Production and Inventory Management Journal*, 33, no. 4 (Fourth Quarter 1992): 27–31.

Iansiti, M. "Real-World R&D: Jumping the Product Generation Gap." *Harvard Business Review*, 71, no. 3 (May/June 1993): 131–147.

Miltenburg, J., and W. Zhang. "A Comparative Evaluation of Nine Well-Known Algorithms for Solving the Cell Formation Problem in Group Technology." *Journal of Operations Management*, 10, no. 1 (January 1991): 44–72.

Otis, I., "Designing for Manufacture and Assembly to Improve Efficiency and Quality." *Industrial Engineering*, 24, no. 8 (August 1992): 60.

Samoras, T. T., and F. L. Czerwinski. *Fundamentals of Configuration Management*. New York: John Wiley, 1971.

Smith, P. G., and D. G. Reinertsen. *Developing Products in Half the Time*. New York: Van Nostrand Reinhold, 1991.

Stalk, G., Jr., and T. M. Hout. *Competing Against Time*. New York: Free Press 1990.

Suri, R., and S. de Treville. "Full Speed Ahead: A Timely Look at Rapid Modeling and Operations Management." *OR/MS Today* (June 1991): 34–42.

Ulrich, K., D. Sartorius, S. Pearson, and M. Jakiela. "Including the Value of Time in Design-for-Manufacturing Decision Making." *Management Science*, 39, no. 4 (April 1993): 429–447.

6 SUPLEMENTO

PROGRAMACIÓN LINEAL

CONTENIDO DEL SUPLEMENTO

El frente de tormentas se acercó rápidamente al aeropuerto de O'Hare (Chicago), descargando violentamente sin previo aviso. Los fuertes rayos y truenos y la escasa visibilidad hicieron correr a los pasajeros y al personal de tierra de American Airlines. El hecho de que American Airlines utilice la programación lineal (PL) para planificar horarios de vuelos, hoteles, tripulaciones y repostajes, implica que la PL tiene un impacto directo sobre la rentabilidad de la empresa. Como dice Tomas Cook, Presidente del Grupo Tecnológico de Decisión de American Airlines, "Encontrar soluciones rápidas para los problemas de PL es esencial. Si topamos con un importante fenómeno meteorológico en uno de los puntos importantes de conexión como Dallas o Chicago, tenemos un gran número de vuelos que deben ser cancelados, lo que significa tener un gran número de tripulaciones y aviones donde no deberían estar". PL es la herramienta que ayuda a líneas aéreas como la American Airlines a desenredar y solventar estos desbarajustes meteorológicos.[1] ◆

[1]Adaptado de *Introduction to Contemporary Mathematics*, 2ª ed. (Nueva York: W. H. Freeman, 1990): 82-83.

Muchas decisiones de Dirección de Operaciones incluyen el intentar conseguir utilizar los recursos de la organización de la manera más efectiva posible. Los recursos generalmente incluyen maquinaria (como los aviones), mano de obra (como los pilotos), dinero, tiempo y materias primas (como el combustible). Estos recursos se pueden utilizar para producir productos (como máquinas, muebles, alimentos o vestidos) o servicios (como listas de vuelos, campañas de publicidad o decisiones de inversión). La **Programación Lineal (PL)** es una técnica matemática ampliamente utilizada para ayudar a los directores de POM a planificar y a tomar las decisiones necesarias para asignar recursos.

Programación Lineal (PL)

A continuación presentamos una serie de ejemplos de problemas donde la PL ha sido aplicada con éxito en la gestión de operaciones:

1. Seleccionar la composición de la cartera de productos (product mix) en una fábrica para utilizar las máquinas y las horas de mano de obra disponibles de la mejor forma posible, *maximizando* el beneficio de la empresa.
2. Elegir materias primas en procesos de alimentación, para obtener mezclas con unas determinadas propiedades al *mínimo* coste.
3. Determinar el sistema de distribución que *minimice* el coste total de transporte, desde diversos almacenes a varios puntos de distribución.
4. Desarrollar un plan de producción que, satisfaciendo las demandas futuras de los productos de una empresa, *minimice* al mismo tiempo los costes totales de producción e inventario.

Como vemos en el *POM en Acción* "Utilización de la PL en la Selección de Arrendatarios en un Centro Comercial", la PL puede ser utilizada en un amplio abanico de posibilidades.

REQUISITOS DE UN PROBLEMA DE PROGRAMACIÓN LINEAL

Todos los problemas de PL tienen cuatro propiedades en común:

Función Objetivo

1. Los problemas de PL buscan *maximizar* o *minimizar* una cantidad (generalmente beneficios o costes). Nos referiremos a ello como la **Función Objetivo** (o Función Económica) de un PL. El principal objetivo de una empresa tipo es maximizar los beneficios a largo plazo. En el caso de un sistema de distribución, el objetivo puede ser minimizar los costes de transporte.

Restricciones

2. La presencia de **restricciones** limita el grado en que podemos perseguir el objetivo. Por ejemplo, decidir cuántas unidades se deben fabricar para una línea de productos de una empresa está restringido por la disponibilidad de horas de mano de obra y máquinas. Nosotros queremos, por lo tanto, maximizar o minimizar una cantidad (función objetivo) sujeta a las limitaciones de recursos (restricciones).
3. Deben existir *diferentes alternativas* donde poder elegir. Por ejemplo, si una empresa fabrica tres productos, los directivos pueden utilizar PL para decidir cómo asignar entre ellos sus recursos de producción limitados (trabajo, máquinas y demás). Si no existen alternativas evidentes que seleccionar, no necesitaremos la PL.
4. La función objetivo y las restricciones de un PL deben ser expresadas en términos de *ecuaciones lineales* o inecuaciones.

POM EN ACCIÓN

Utilización de la PL en la selección de arrendatarios en un centro comercial

Homart Development Company es uno de los mayores promotores de centros comerciales en los Estados Unidos. Cuando se desarrolla un nuevo centro, Homart realiza un plan de ocupación provisional. Este plan traza las líneas maestras de tamaños, formas y espacios de las grandes tiendas. Se llega a acuerdos de arrendamiento con dos o tres grandes cadenas de tiendas que servirán de gancho para los clientes. Estas tiendas que sirven de gancho tienen la posibilidad de negociar contratos de arrendamiento altamente favorables, que generalmente se traducen en menores alquileres o en otras concesiones. Los beneficios de Homart provienen principalmente de los otros arrendatarios, tiendas pequeñas que alquilan espacios en las galerías del centro. Las decisiones sobre la asignación de espacio a los arrendatarios potenciales y sobre el mix de tipos de establecimientos son cruciales en el éxito de la inversión.

El mix de establecimientos describe las tiendas deseadas en el centro comercial en cuanto a tamaño, localización general y tipo de mercancías o servicios que deberían ofrecer. Por ejemplo, un mix de establecimientos puede especificar dos joyerías pequeñas en la sección central, y una zapatería de tamaño medio y un restaurante grande en uno de los pasillos laterales. En el pasado, Homart realizaba una planificación del mix de establecimientos basándose en reglas que desarrolló durante los años de experiencia en la creación de centros comerciales.

Actualmente, para mejorar su umbral de rentabilidad en un mercado cada vez más competitivo, Homart trata el problema del mix de establecimientos como un modelo de *programación lineal.* En primer lugar, el modelo realiza la hipótesis de que los arrendatarios pueden clasificarse en categorías, de acuerdo con el tipo de mercancías o servicios que proporcionan. Una vez hecho esto, para cada categoría de tienda, los tamaños de éstas pueden también clasificarse en distintas categorías. Por ejemplo, una joyería pequeña debe tener alrededor de 700 pies cuadrados, y una grande, aproximadamente, unos 2.200. El modelo de mix de establecimientos es una poderosa herramienta para mejorar la planificación de centros comerciales y las actividades de arrendamiento de Homart.

(*Fuente:* Adaptado de James Bean *et. al.* "Selecting Tenants in a Shopping Mall", *Interfaces* (marzo/abril de 1988): 1-9).

FORMULACIÓN DE PROBLEMAS DE PROGRAMACIÓN LINEAL

Una de las aplicaciones más comunes de la programación lineal es el problema del plan de *producción.* Dos o más productos se fabrican con recursos limitados. La empresa desea saber cuántas unidades deben fabricarse de cada producto, maximizando los beneficios globales y teniendo en cuenta las limitaciones de recursos. Veamos un ejemplo.

Ejemplo: Shader Electronics

Shader Electronics Co. fabrica dos productos: (1) el Walkman Shader, un radiocasete portátil y (2) el Shader Watch-TV, un televisor en blanco y negro del tamaño de un reloj de pulsera. El proceso de producción de ambos productos se asemeja en que los dos necesitan un cierto número de horas de trabajo en el departamento de electrónica, y un cierto número de horas de mano de obra en el departamento de montaje. Cada Walkman necesita cuatro horas de trabajo en electrónica y dos en el taller de montaje. Cada televisor necesita tres horas de electrónica y una en montaje. Durante el actual período de producción se dispone de doscientas cuarenta horas en el departamento de electrónica y de cien horas en el de montaje. Cada Walkman vendido supone un beneficio de 7 dólares, mientras que para un televisor el beneficio unitario es de cinco dólares.

New England Apple Products es el fabricante de la línea de bebidas *Very Fine,* compuesta de 16 zumos de frutas, que van desde la manzana con cerezas a la manzana con arándanos, pasando por zumos de uvas con otras frutas. Son posibles un gran número de combinaciones de zumos de fruta, pero New England Apple tiene suministros limitados de los ingredientes. La empresa utiliza la programación lineal para tomar la decisión de qué combinaciones deben comercializarse y cuánto debe fabricarse de cada una. La cuestión clave es: ¿Qué combinación de productos comportará el mejor beneficio? Aunque la lista de ingredientes del lateral de cada botella es realmente extensa, PL es un *componente escondido.*

El problema de Shader es determinar la mejor combinación posible de Walkmans y televisores que debe producir para alcanzar el máximo beneficio. Esta situación puede formularse como un programa lineal.

Empezaremos resumiendo la información necesaria para formular y resolver este problema (ver Tabla S6.1). Una vez hecho esto, permítanos introducirle una notación simple que utilizaremos tanto en la función objetivo como en las restricciones:

X_1 = número de Walkmans a producir.
X_2 = número de televisores a producir.

Ahora podemos escribir la *función objetivo* en términos de X_1 y X_2:

$$\text{Maximizar Beneficio} = 7\,X_1 + 5\,X_2$$

Nuestro siguiente paso es desarrollar relaciones matemáticas que describan las dos limitaciones del problema. Una relación de carácter general sería que la cantidad de recursos utilizados sea menor o igual (≤) que la cantidad de recursos *disponibles.*

Primera Restricción: tiempo de electrónica utilizado ≤ tiempo de electrónica disponible

$$4\,X_1 + 3\,X_2 \leq 240 \text{ (horas de trabajo en electrónica)}$$

Segunda Restricción: tiempo de montaje utilizado ≤ tiempo de montaje disponible.

$$2\,X_1 + 1\,X_2 \leq 100 \text{ (horas de trabajo en montaje)}$$

Ambas restricciones representan las limitaciones de capacidad y, por supuesto, afectan al beneficio total. Por ejemplo, Shader no puede producir 70 Walkmans durante el período de producción porque si X_1 = 70, ambas restricciones se incumplen. Tampoco puede hacer 50 Walkmans y 10 televisores (X_1 = 50, X_2 = 10), porque en este caso se incumpliría la segunda restricción. Estas restricciones nos llevan a otro aspecto importante de la programación lineal: existirán interacciones entre variables. Cuantas más unidades se realicen de un producto, menos se fabricarán de otros.

RESOLUCIÓN GRÁFICA DE PROBLEMAS DE PROGRAMACIÓN LINEAL

La forma más fácil de solucionar un pequeño problema de PL, como por ejemplo el de Shader Electronics, es la solución gráfica. El procedimiento gráfico puede utilizarse cuando existen dos variables de decisión, como el número de Walkmans a producir (X_1) y el numero de televisores a producir (X_2). Cuando existen más de dos variables, es imposible dibujarlo en un gráfico de dos dimensiones, por lo que habrán de adoptarse otros métodos de resolución más complejos que describiremos más adelante.

TABLA S6.1 ■ Datos del problema de Shader Electronics.

	Horas necesarias para producir una unidad		
Departamento	(X_1) Walkmans	(X_2) Televisores	Horas disponibles
Electrónica	4	3	240
Montaje	2	1	100
Beneficio Unitario	7	5	

Representación gráfica de las restricciones

Para encontrar la solución óptima de un problema de PL, en primer lugar debemos identificar el conjunto o región de soluciones posibles (valores de las variables que cumplen las restricciones del problema). El primer paso para conseguirlo es dibujar las restricciones del problema en un gráfico. Retomemos el problema del ejemplo de Shader Electronics:

$$\text{Maximizar beneficio} = 7X_1 + 5X_2$$

Sujeto a las restricciones

$$4\,X_1 + 3\,X_2 \leq 240 \quad (\textit{horas de trabajo en electrónica})$$
$$2\,X_1 + 1\,X_2 \leq 100 \quad (\textit{horas de trabajo en montaje})$$
$$X_1, X_2 \geq 0 \quad (\textit{número de unidades producidas no debe ser negativo})$$

Para poder dibujar las restricciones en un gráfico, debemos tomarlas en igualdad estricta:

$$\text{Restricción A: } 4X_1 + 3X_2 = 240$$
$$\text{Restricción B: } 2X_1 + 1X_2 = 100$$

La variable X_1 (Walkmans) generalmente se dibuja en el eje horizontal y la variable X_2 (televisores) en el eje vertical. De esta manera, la restricción A la dibujamos en la Figura S6.1 y la B en la Figura S6.2.

Para dibujar la línea en la Figura S6.1, todo lo que necesitamos hacer es encontrar los puntos en los que la recta $4\,X_1 + 3\,X_2 = 240$ corta los ejes de X_1 y X_2. Cuando $X_1 = 0$ (esto es, cuando se toca el eje de X_2) implica que $3\,X_2 = 240$, o que $X_2 = 80$. De la misma manera, cuando $X_2 = 0$, $4\,X_1 = 240$, esto es, $X_1 = 60$. Así pues, vemos que la restricción A está delimitada por la recta que pasa por los puntos ($X_1 = 0$, $X_2 = 80$) y (60,0). El área sombreada representa los puntos que satisfacen la desigualdad original.

De la misma manera, dibujamos la restricción B. La recta que la delimita pasa por los puntos (0,100) y (50,0), y el área sombreada también indica los puntos que cumplen esta restricción.

FIGURA S6.1 ■ Restricción A

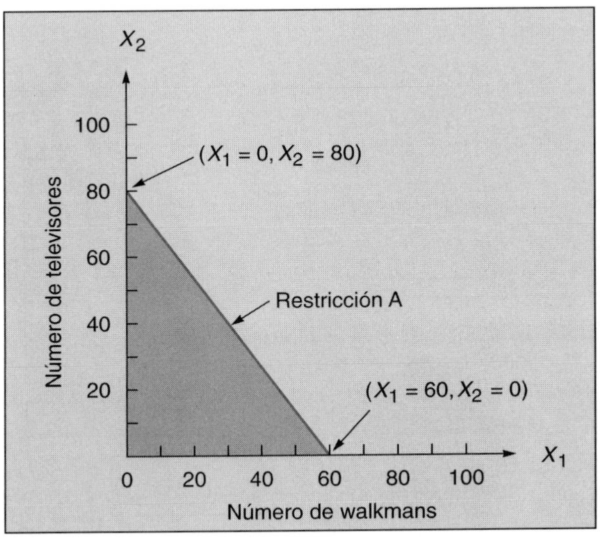

FIGURA S6.2 ■ Restricción B

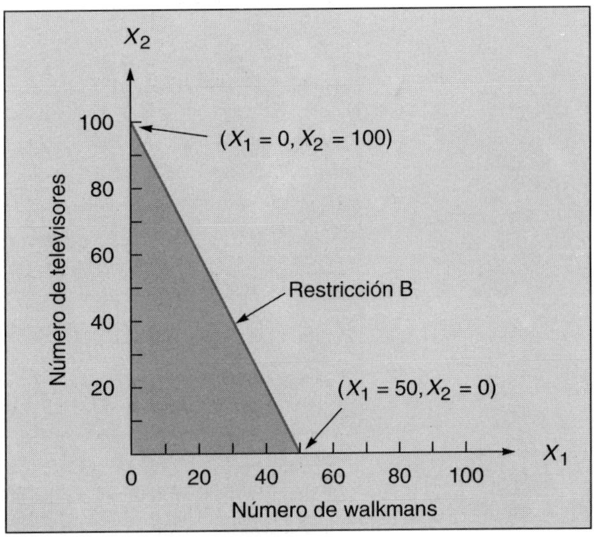

La Figura S6.3 nos muestra ambas restricciones juntas. El área sombreada, en este caso, muestra los puntos que cumplen ambas restricciones y se llama *conjunto de soluciones posibles* o, simplemente, *región posible.* Los puntos de esta región deben satisfacer *todas* las restricciones del problema y por ello es la intersección de todas las áreas especificadas por las restricciones de forma individual. Cada punto de esta región es una *solución posible* del problema de Shader Electronics. Cualquier punto fuera del área sombreada representará una *solución no posible.* De esta manera, será posible producir 30 Walkmans y 20 televisores (30,20), pero incumpliría las restricciones producir 70 Walkmans y 40 televisores (70,40), lo que podemos ver dibujando estos puntos en el gráfico de la Figura S6.3.

Método de solución basado en la línea Iso-beneficio

Una vez dibujado el conjunto de soluciones posibles, podemos proceder a buscar la solución óptima del problema. La solución óptima será el punto del conjunto de soluciones posibles que produzca el mayor beneficio.

Método de la línea Iso-beneficio

Para encontrar la solución óptima podemos utilizar diversos métodos. El más rápido es el **Método de la línea Iso-beneficio**[2].

Empezaremos fijando los beneficios a un valor arbitrario, por ejemplo, 210 dólares. En este caso, la función objetivo quedaría como sigue: $210 = 7\ X_1 + 5\ X_2$, que es justo la expresión de una recta que podremos dibujar en el gráfico obtenido en la Figura S6.3 (ver Fig. S6.4). De la misma manera que hicimos con las restricciones, procedemos a encontrar dos puntos de esta recta. Como ya vimos, la forma más fácil de conseguirlos es igualando las variables a cero:

FIGURA S6.3 ■ Conjunto de soluciones posibles para el problema de Shader Electronics

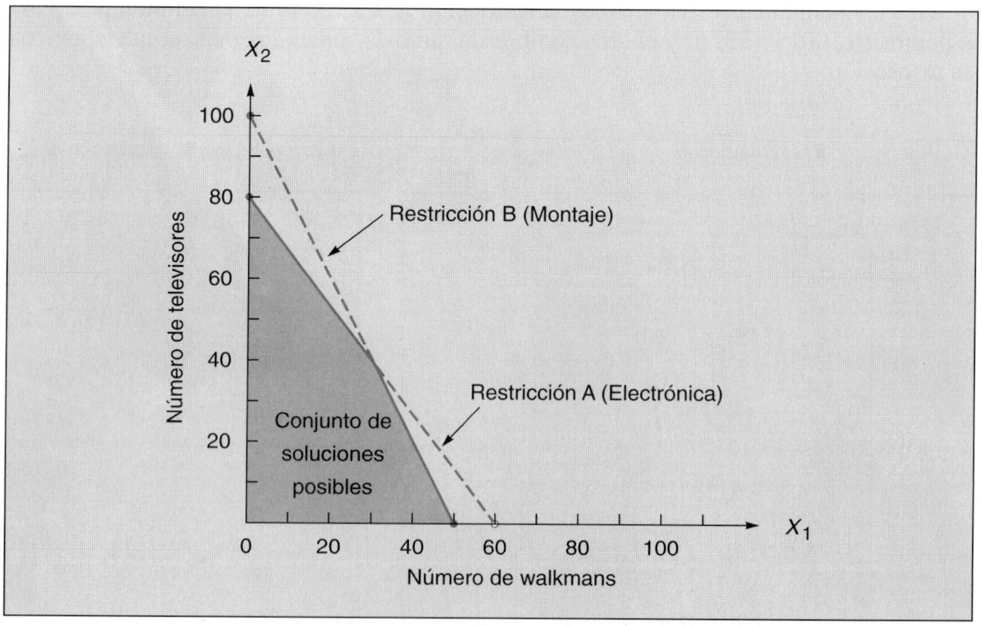

[2] *Iso* significa igual o similar. Por ello, la línea Iso-beneficio representa una línea donde todos los puntos tienen el mismo beneficio, en este caso 210 dólares.

Para $X_1 = 0$;

$$210 = 7(0) + 5X_2;$$
$$X_2 = 42$$

Para $X_2 = 0$;

$$210 = 7X_1 + 5(0);$$
$$X_1 = 30$$

con los puntos que hemos obtenido (0,42) y (30,0) trazamos una recta que dibujamos en la Figura S6.4. Todos los puntos de esta recta son las combinaciones de X_1 y X_2 (Walkmans y televisores) que producen un beneficio de 210 dólares, y, además, los que se encuentran dentro del conjunto de soluciones posibles cumplen las restricciones del problema.

Si observamos la Figura S6.4, veremos que la recta Iso-beneficio que acabamos de dibujar está en medio del conjunto de soluciones posibles, por lo que seguramente éste no sea el máximo que podemos conseguir. Variaremos, pues, el valor 210, incrementándolo a valores como 280, 350 y 420 (todos ellos escogidos al azar) y dibujamos las rectas Iso-beneficio resultantes. Para ello operaremos de la misma manera que lo hemos hecho antes, por ejemplo, para la recta Iso-beneficio de 280 dólares:

Para $X_1 = 0$;

$$280 = 7(0) + 5X_2;$$
$$X_2 = 56$$

Para $X_2 = 0$;

$$280 = 7X_1 + 5(0);$$
$$X_1 = 40$$

De nuevo, cualquier combinación de Walkmans y televisores situada en esta línea supondrá un beneficio de 280 dólares.

Una vez dibujadas estas líneas, podemos observar un par de cosas interesantes: (1) cada vez que nos alejamos del origen de coordenadas (0,0) el valor de la línea Iso-beneficio aumenta

FIGURA S6.4 ■ Línea de beneficio de 210 dólares obtenida para Shader Electronics Company.

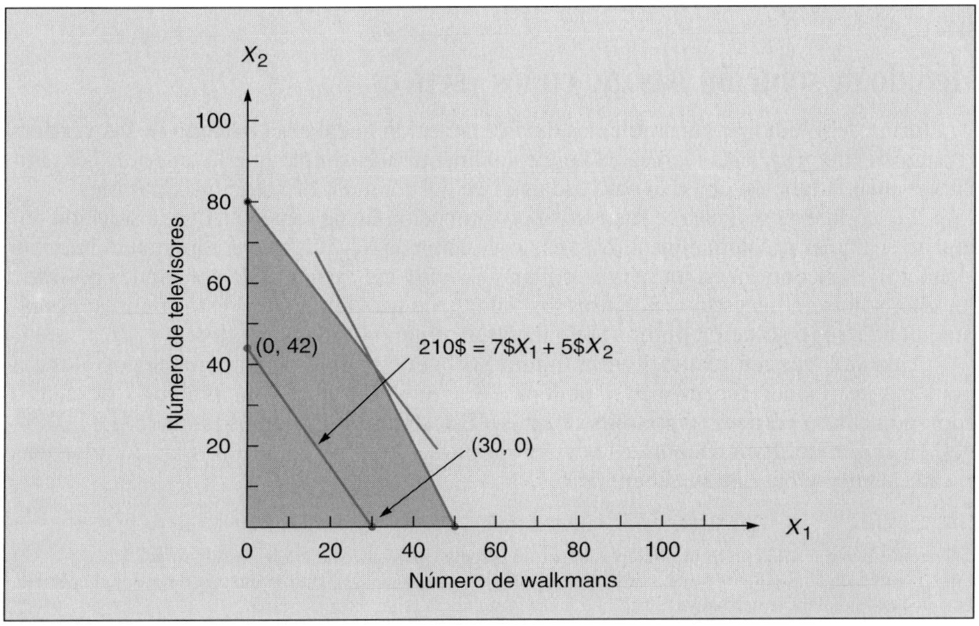

FIGURA S6.5 ■ Cuatro líneas Iso-beneficios obtenidas para la Shader Electronics Company.

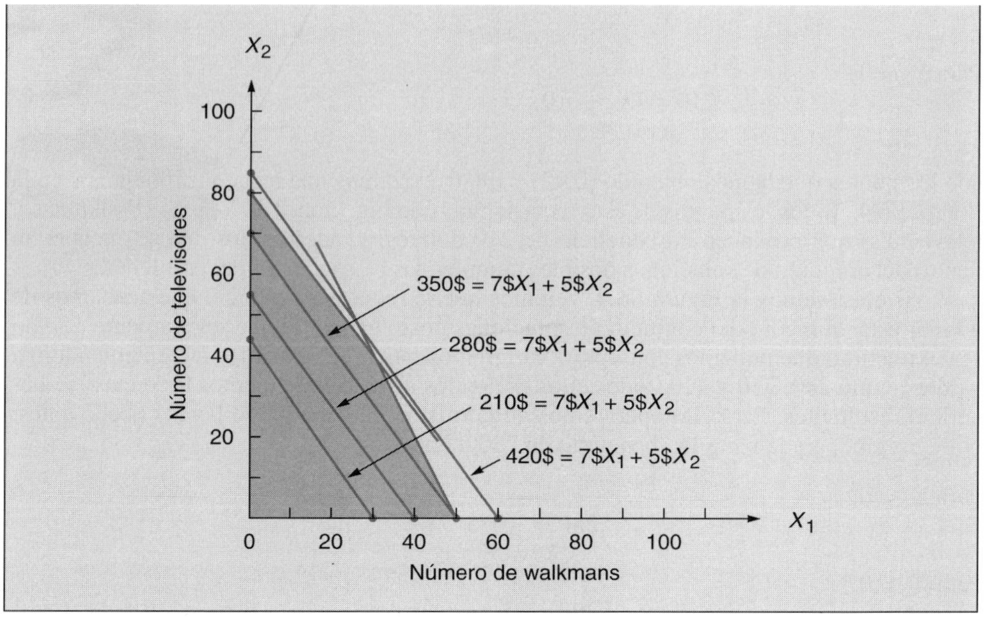

y (2) las rectas Iso-beneficio son todas paralelas.[3] Acabamos pues de encontrar la clave de cómo hallar la solución óptima: podemos ir dibujando rectas paralelas a una recta Iso-beneficio cualquiera hasta encontrar la recta más alta que toque el conjunto de soluciones posibles.

En la Figura S6.5 vemos que la recta Iso-beneficio correspondiente a 420 dólares es demasiado alta (no toca el conjunto de soluciones posibles). La recta más alta que toca el conjunto de soluciones posibles se muestra en la Figura S6.7 y toca el extremo del conjunto de soluciones posibles en el punto de esquina ($X_1 = 30, X_2 = 40$) con un beneficio de 410 dólares.

Método de solución basado en los vértices

Método de los vértices

Otra forma de solucionar los problemas de programación lineal es el **método de los vértices** (o puntos extremos). Esta técnica es conceptualmente más simple que la anterior, pero implica evaluar la función objetivo para cada vértice del conjunto de soluciones posibles.

La teoría matemática que sustenta la programación lineal sentencia que la solución óptima de cualquier problema lineal (esto es, los valores de X_1 y X_2 que comportan el máximo beneficio) se encontrará en un *vértice* o *punto extremo* del conjunto de soluciones posibles. Por ello, sólo será necesario encontrar los valores de las variables en estos puntos; el máximo beneficio (o solución óptima) se encontrará en uno (o más) de ellos.

Una vez más retomamos (en la Figura S6.7) el conjunto de soluciones posibles del problema de Shader Electronics y podemos ver que se trata de un polígono de cuatro lados, con cuatro vértices (o puntos extremos). Estos puntos les hemos llamado ①, ②, ③, y ④ en el gráfico. Para encontrar los valores óptimo de X_1 y X_2 miramos las coordenadas de cada vértice y buscamos el beneficio.

[3] De hecho, al variar sólo el término independiente de la recta (lo que no está multiplicado ni por X1 ni por X2) hemos mantenido la pendiente igual, por lo que solamente se consigue desplazar la recta realizando una paralela hacia la derecha (si incrementamos el valor) o hacia la izquierda (si lo disminuimos).

FIGURA S6.6 ■ Solución óptima para el problema de Shader Electronics.

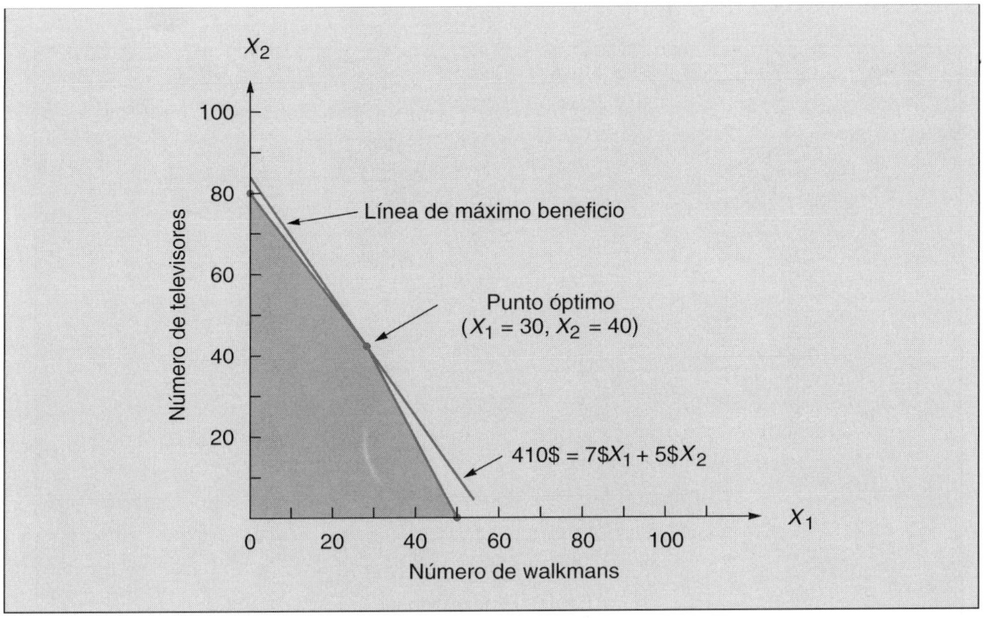

Punto ①: ($X_1 = 0, X_2 = 0$), Beneficio = 7·0 + 5·0 = 0
Punto ②: ($X_1 = 0, X_2 = 80$), Beneficio = 7·0 + 5·80 = 400
Punto ④: (X_1=50, X_2 = 0), Beneficio = 7·50 + 5·0 = 350

Nos hemos dejado el punto ③ momentáneamente porque para hallar *exactamente* sus coordenadas hemos de resolver la intersección de las dos rectas de las restricciones. Utilizando álgebra básica, podemos aplicar el método de *reducción* para resolver este sistema de ecuaciones:

$$4X_1 + 3X_2 = 240 \quad \text{(Restricción A: } \textit{electrónica}\text{)}$$
$$2X_1 + 1X_2 = 100 \quad \text{(Restricción B: } \textit{montaje}\text{)}$$

Para resolver el sistema, multiplicamos la segunda ecuación por –2

$$-2\,(2X_1 + 1X_2 = 100) = -4X_1 - 2X_2 = -200$$

y después la sumamos a la primera

$$\begin{array}{r} 4X_1 + 3X_2 = 240 \\ -4X_1 - 2X_2 = -200 \\ \hline X_2 = 40 \end{array}$$

Lo que nos permite eliminar una variable, X_1 y resolver el sistema para X_2. Ahora sustituiremos 40 por X_2 en cualquiera de las dos ecuaciones anteriores, y resolvemos para X_1. Utilicemos la primera ecuación. Cuando X_2 = 40, entonces

$$4X_1 + 3(40) = 240$$
$$4X_1 + 120 = 240$$

de donde despejando:

$$4X_1 = 240 - 120 = 120$$
$$X_1 = 120 / 4 = 30$$

Una de las primeras aplicaciones de la PL es el llamado Problema de la Dieta, que en su origen se utilizaba en los hospitales para determinar la dieta más económica que contuviera por lo menos los mínimos nutricionales requeridos por los pacientes. Conocido en los círculos agrícolas como el Problema de composición del pienso, el problema de la dieta determina la combinación de ingredientes que mantendrá al ganado sano y fuerte. Diariamente los ganaderos se dan cuenta de que pueden utilizar la PL para minimizar el coste total de alimentación, proporcionando una dieta alta en proteínas que incrementa la eficiencia de la producción de leche de sus vacas.

FIGURA S6.7 ■ Los cuatro vértices del conjunto de soluciones posibles.

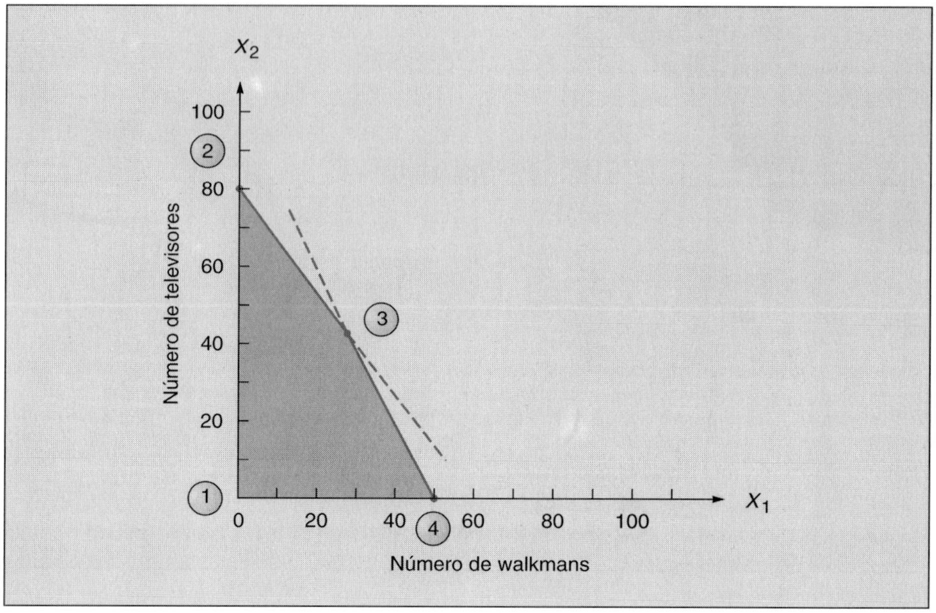

Así pues, el punto ③ tiene las coordenadas (30,40). Vamos a calcular el beneficio que aporta para completar el análisis:

$$\text{Punto ③} : (X_1 = 30, X_2 = 40); \quad \text{Beneficio} = 7 \cdot 30 + 5 \cdot 40 = 410$$

Dado que el punto ③ proporciona el mayor beneficio de todos los vértices realizar X_1 = 30 Walkmans y X_2 = 40 televisores es la solución óptima del problema de Shader Electronics. Esta solución llevará a un beneficio de 410 dólares por periodo de producción, y es la misma solución que obtuvimos utilizando el método de la línea Iso-beneficio.

Resolución de problemas de minimización

Muchos problemas de programación lineal tratan de *minimizar* un objetivo, como los costes, en lugar de maximizar beneficios. Un restaurante, por ejemplo, puede desear desarrollar una planificación de las necesidades de camareros que satisfaga las necesidades de los clientes, mientras minimiza el número total de camareros. Igualmente, una empresa puede buscar la distribución de sus productos desde sus fábricas a sus almacenes, de manera que minimice los costes totales de transporte.

Iso-beneficio

Los problemas de minimización pueden ser resueltos gráficamente, fijando primero el conjunto de soluciones posibles y después utilizando tanto el método de la línea **Iso-beneficio** (ahora Iso-coste) como el de los vértices, hallar los valores de X_1 y X_2 que proporcionen el mínimo coste.

El ejemplo S6.1 muestra cómo resolver un problema de minimización.

EJEMPLO S6.1

Mark Cohen Chemicals, Inc. fabrica dos tipos de líquidos de revelado de fotografía. El primero, un producto químico para el revelado en blanco y negro, tiene un coste de producción de 2.500 dólares por tonelada. El segundo, un producto químico para el revelado en color, cuesta 3.000 dólares por tonelada.

Basándose en el nivel actual de inventario y los pedidos pendientes de servir, el director de producción de Cohen ha especificado que, para el próximo mes, se deben producir al menos 30 toneladas de líquido para revelado en blanco y negro y 20 para el de revelado en color. Además, el director ha constatado la existencia de un stock de materia prima altamente perecedero, necesario para los dos productos, que debe utilizarse en los próximos treinta días. Con el objeto de no desperdiciar una materia prima tan cara, Cohen debe producir al menos 60 toneladas de líquido de revelado durante el próximo mes.

Podemos modelizar esta información en un programa lineal de minimización. Sea:

X_1 = número de toneladas producidas de líquido para revelado en blanco y negro.
X_2 = número de toneladas producidas de líquido para revelado en color.

Así pues se trata de minimizar costes = $2.500\ X_1 + 3.000\ X_2$
sujeto a:

$X_1 \geq 30$ (producción mínima de líquido para revelado en blanco y negro)
$X_2 \geq 20$ (producción mínima de líquido para revelado en color)
$X_1 + X_2 \geq 60$ (producción mínima de líquido para no desperdiciar materia prima)
$X_1, X_2 \geq 0$ (condiciones de no negatividad de las variables)

Para resolver el problema de Cohen, procedemos a dibujar el conjunto de soluciones posibles, como vemos en la Figura S6.8

En los problemas de minimización es muy normal encontrarse con conjuntos de soluciones posibles y abiertas (al no estar limitadas hacia arriba ni a la derecha); en cualquier caso, esto no representa mayores problemas para su solución. En tanto que

FIGURA S6.8 ■ Conjunto de Soluciones posibles del problema de Cohen Chemical.

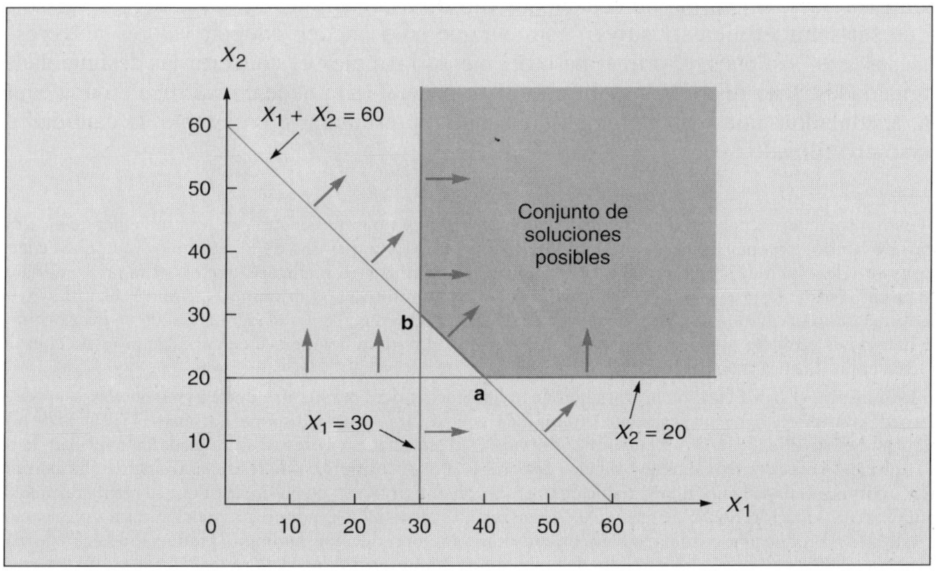

estén acotadas hacia el interior (hacia la izquierda y hacia abajo), podemos encontrar puntos extremos. La solución óptima estará por lo menos en alguno de ellos.[4]

En este caso, existen solamente dos vértices: el **a** = (40,20) y el **b** = (30,30). La solución óptima la obtendremos evaluando estos puntos en la función objetivo:

para **a**: 2.500 (40) + 3.000 (20) = 100.000 + 60.000
= 160.000 dólares
para **b**: 2.500 (30) + 3.000 (30) = 75.000 + 90.000
= 165.000 dólares

El coste más barato se encuentra pues en el punto **a**, por lo que Cohen debe producir 40 toneladas de líquido de revelado en blanco y negro y 20 toneladas de líquido de revelado en color durante el próximo mes.

EL MÉTODO SIMPLEX

Método simplex

La mayoría de problemas reales de PL tienen más de dos variables, por lo que resulta demasiado compleja (si no imposible) su resolución gráfica. Para hallar la solución óptima de estos problemas, podemos utilizar el método simplex. El **método simplex** es, de hecho, un algoritmo (conjunto de instrucciones para llegar a un determinado fin, en este caso, la solución óptima) con el que se examinan los vértices de una forma metódica hasta alcanzar la mejor solución: mayor beneficio o menor coste. Existen programas de computador y hojas de cálculo (ambos descritos en este capítulo) que pueden realizar los cálculos del método simplex. Pero necesita saber qué hay detrás del escenario para poder comprender mejor los resultados que ofrecen.

Conversión de Restricciones a Ecuaciones

Para poder aplicar el método simplex, se han de cumplir dos cosas: (1) las restricciones deben expresarse en forma de ecuaciones (no de inecuaciones) y (2) todas las variables han de ser semidefinidas positivas, esto es, que sólo pueden adoptar valores mayores o iguales a cero. Así pues, el primer paso del método simplex es convertir las desigualdades en igualdades. Una restricción del tipo menor o igual (≤) puede convertirse en una ecuación, añadiéndole una variable de holgura, que representará, por ejemplo, la cantidad de recurso no utilizado.[5]

---

[4] Los conjuntos abiertos pueden darse también, aunque de forma no tan frecuente, en los problemas de maximización. De hecho, matemáticamente sería posible encontrarnos con que uno de los extremos (que no vértices) del conjunto de soluciones posibles fuese la solución del problema, esto implicaría que el óptimo no tendría un valor propio, esto es, que el mejor beneficio sería el beneficio infinito o el mínimo coste el menos infinito. De todas formas, esta situación, si aplicamos el problema a datos cercanos a la realidad, lo que suele indicar es que la modelización es errónea, y generalmente viene determinado porque nos hemos dejado alguna restricción del problema en la construcción del modelo. [N. del T.]

[5] Evidentemente, el significado de las variables de holgura dependerá del significado de la restricción, así pues, si la restricción se refiere a que no se pueden utilizar más recursos de los que se dispone, entonces la variable de holgura tomará el significado de los recursos no utilizados, de esta manera la restricción quedaría: cantidad de recurso utilizado + recurso no utilizado = recurso disponible. Por el contrario, si la restricción significa producción mínima, entonces añadiríamos una variable de holgura con el significado de producción que se realiza además de la mínima (o producción hecha de más). De esta manera, la restricción quedaría: producción total - producción hecha de más = producción mínima, o bien, producción total = producción mínima + producción hecha de más. En cualquier caso, es claro que las variables de holgura no podrán tener nunca valores negativos, por lo que cumplen las condiciones de no negatividad. (N. del T.)

Anteriormente habíamos formulado el problema de Shader Electronics como sigue:

$$\text{Maximizar beneficio} = 7X_1 + 5X_2$$

sujeto a las restricciones

$$2X_1 + 1X_2 \leq 100 \text{ (horas de trabajo en montaje)}$$
$$4X_1 + 3X_2 \leq 240 \text{ (horas de trabajo en electrónica)}$$
$$X_2 \leq 0 \text{ (número de unidades producidas no debe ser negativo)}$$

dónde X_1 era el número de Walkmans y X_2 el número de televisores a producir.
Para convertir estas inecuaciones en ecuaciones, añadiremos las variables de holgura S_1 y S_2, y de esta manera la primera restricción quedará:

$$2X_1 + X_2 + S_1 = 100$$

y la segunda:

$$4X_1 + 3X_2 + S_2 = 240$$

Para incluir todas las variables en cada ecuación (condición del próximo paso del simplex), añadimos las variables de holgura en cada ecuación con coeficiente cero. Las ecuaciones serán entonces:

$$2X_1 + X_2 + 1S_1 + 0S_2 = 100$$
$$4X_1 + 3X_2 + 0S_1 + 1S_2 = 240$$

Dado que las variables de holgura representan recursos no utilizados, no aportan ningún beneficio adicional. Por lo tanto, el coeficiente de estas variables en la función objetivo será 0. Entonces la función objetivo se convierte en:

$$\text{Maximizar beneficio} = 7X_1 + 5X_2 + 0S_1 + 0S_2$$

Construcción de la Primera Tabla del Simplex

Para simplificar los cálculos con las ecuaciones y la función objetivo de un problema de PL, colocaremos todos los coeficientes en una tabla. Empezaremos por las restricciones:

SOLUCIÓN	X_1	X_2	S_1	S_2	CANTIDAD (RHS)
S_1	2	1	1	0	100
S_2	4	3	0	1	240

Las filas (2, 1, 1, 0) y (4, 3, 1, 0) representan los coeficientes de la primera y segunda restricción, respectivamente.

Como en el anterior método de solución basado en el gráfico, empezamos analizando el vértice correspondiente al origen de coordenadas ($X_1 = 0$, $X_2 = 0$) con un beneficio 0. Los valores de las otras dos variables (S_1 y S_2) deben ser por lo tanto diferentes de cero, porque si sustituimos los valores de X_1 y X_2 en la primera restricción, vemos claramente que $S_1 = 100$, y de la misma manera en la segunda también vemos que $S_2 = 240$. Estas dos variables componen pues la solución inicial y sus valores los podemos encontrar en la columna "cantidad". Como X_1 y X_2 no están en la solución, sus valores serán automáticamente igual a cero.

Algunos libros de dirección de producción y operaciones llaman a esta solución inicial *solución posible de base* y la expresan en forma vectorial de la siguiente manera:

$$\begin{bmatrix} X_1 \\ X_2 \\ S_1 \\ S_2 \end{bmatrix} = \begin{bmatrix} 0 \\ 0 \\ 100 \\ 240 \end{bmatrix}$$

Las variables que están en la solución se llaman, según la terminología de la PL, *variables en base*. En este caso, las variables básicas (o en base) serían S1 y S2, mientras que X_1 y X_2 serían *variables no básicas*.

La Tabla S6.2 muestra la tabla inicial completa del problema de Shader Electronics. Los términos y filas que no había visto hasta ahora son los siguientes:

C_j: Beneficio unitario de cada producto (coeficientes de la función objetivo). C_j está tanto en la primera fila como en la primera columna. En la primera fila se trata de los beneficios unitarios de cada una de las variables de la función objetivo. En la columna es el beneficio unitario de cada una de las variables básicas (representadas en la segunda columna).

Z_j: En la columna de "Cantidad" proporciona el beneficio total (beneficio bruto en este caso) de la solución actual. En el resto de columnas significa el beneficio bruto perdido por añadir una unidad de esta variable a la solución actual. El valor Z_j para cada columna se encuentra multiplicando la C_j de cada fila por el número de la columna en cuestión y sumando los valores resultantes.

Los cálculos para los valores de las Z_j en la Tabla S6.2 son los siguientes:

Z_j (para la columna de X_1) = 0 (2) + 0 (4) = 0
Z_j (para la columna de X_2) = 0 (1) + 0 (3) = 0
Z_j (para la columna de S_1) = 0 (1) + 0 (0) = 0
Z_j (para la columna de S_2) = 0 (0) + 0 (1) = 0
Z_j (para beneficio total) = 0 (100) + 0 (240) = 0

$C_j - Z_j$: Este número representa el beneficio neto (esto es, el beneficio ganado menos el beneficio perdido) del resultado de introducir una unidad del producto (variable) en la solución (en la base). No se calcula para la columna de "Cantidad". Para calcular estos valores simplemente restamos de C_j (de la primera fila) el valor de Z_j calculado en la fila anterior.

Es bastante obvio que el beneficio aportado por esta solución inicial (0 dólares) no es el óptimo. Examinando los valores de la fila de las $C_j - Z_j$ de la Tabla S6.2, podemos ver que el beneficio total aumentará en 7 dólares por unidad de X_1 (Walkmans) y en 5 dólares por unidad de X_2 (televisor). Un número negativo en esta fila nos indicaría que el beneficio decrecería en tal cantidad por unidad, si introducimos la variable en cuestión en la base. Nos encontraremos ante una solución óptima en el método simplex cuando en la fila de las $C_j - Z_j$ no se encuentre ningún número positivo (no podremos mejorar la solución obtenida con la introducción de nuevas variables), que no es el caso actual.

Procedimiento de Solución del Simplex

Una vez hemos completado la primera tabla, procederemos a través de series de cinco pasos para calcular todos los valores que se necesitarán en la siguiente tabla. Los cálculos no son difíciles, pero sí son lo suficientemente complejos para que cualquier pequeño error aritmético produzca una muy mala solución.

En primer lugar, enumeraremos los cinco pasos y después los aplicaremos en la construcción de la segunda y tercera tabla del ejemplo de Shader Electronics.

TABLA S6.2 ■ Tabla inicial del Simplex completa

$C_j \rightarrow$ ↓		7$	5$	0$	0$	
	SOLUCIÓN BASE	X_1	X_2	S_1	S_2	CANTIDAD (RHS)
$0	S_1	2	1	1	0	100
$0	S_2	4	3	0	1	240
	Z_j	0$	0$	0$	0$	$0
	$C_j - Z_j$	7$	5$	0$	0$	(beneficio total)

1. Determinar la variable que entrará en base e identificar la columna (y por tanto la variable) con el valor de $C_j - Z_j$ mayor de los positivos. Este paso significa que deseamos producir algo del producto que aporta el mayor beneficio adicional por unidad.
2. Determinar la variable que va a ser reemplazada. Dado que hemos decidido que una nueva variable pase a formar parte de la base, debemos decidir cuál de las existentes sale para dejarle espacio. Para ello, dividimos el valor de la columna "cantidad" de cada variable por el número de la misma fila y de la columna correspondiente a la variable que hemos decidido que entrase en el paso 1. Saldrá de la base la variable de la fila con *menor cociente* (de todas aquellas cuyo denominador sea mayor que cero).[6] Este valor (el menor de los cocientes) también proporciona el máximo número de unidades que podemos asignar a la variable que entra. La fila de la variable que sale de la base se llama la **fila del pivote**, mientras que la columna de la variable que entra en base se llama la **columna del pivote**. El **pivote** es el elemento común (la intersección) de la fila de la variable que sale con la columna de la variable que entra.

Fila del pivote.
Columna del pivote.
Pivote.

3. Calcular los nuevos valores de la fila del pivote. Para encontrarlos, simplemente dividimos cada componente por el pivote.
4. Calcular los nuevos valores para cada una de las filas restantes. En nuestro ejemplo, solamente existen dos filas, pero en problemas más grandes puede haber muchas más, en concreto, existirán tantas filas como restricciones. Los cálculos se efectúan de la siguiente forma:

$$\begin{pmatrix}\text{Valor en}\\ \text{fila nueva}\end{pmatrix} = \begin{pmatrix}\text{Valor en}\\ \text{fila antigua}\end{pmatrix} - \left[\begin{pmatrix}\text{número de la fila}\\ \text{antigua en la}\\ \text{columna del pivote}\end{pmatrix} \times \begin{pmatrix}\text{valor de la nueva fila del}\\ \text{pivote (la del paso 3) en la}\\ \text{columna del valor que se}\\ \text{calcula}\end{pmatrix}\right]$$

5. Calcular las filas de la Z_j y de las $C_j - Z_j$ de la misma forma que se hizo en la primera tabla. Si todas las $C_j - Z_j$ son negativas o cero, hemos hallado la solución óptima; si éste no es el caso volvemos al paso 1.

Todos estos cálculos los veremos mejor utilizando un ejemplo, por lo que, como habíamos avanzado, vamos a aplicar estos cinco pasos a partir de la tabla inicial del simplex del problema de Shader Electronics (Tabla S6.2) hasta alcanzar la solución óptima.

Paso 1: La variable X_1 entra en base dado que tiene la mayor $C_j - Z_j$. Esta columna será la columna del pivote

[6] Si no existiese ningún cociente con denominador estrictamente mayor que cero, nos encontraríamos ante una solución impropia, esto es, que en caso de máximo, el óptimo sería infinito y, en caso de mínimo, sería menos infinito. (N. del T.).

1.ª tabla

$C_j \rightarrow$ ↓		7$	5$	0$	0$		
	Solución Base	X_1	X_2	S_1	S_2	**Cantidad**	
0$	S_1	(2) ← pivote	1	1	0	100	← fila del pivote
0$	S_2	4	3	0	1	240	
	Z_j	0$	0$	0$	0$	0$	
	$C_j - Z_j$	7$	5$	0$	0$	0$	

↑ columna del pivote (valor máximo de $C_j - Z_j$)

Paso 2: Dividimos cada número de la columna "cantidad" por el número correspondiente de la columna del pivote: 100/2 = 50 para la primera fila, y 240/4 = 60 para la segunda. El menor de ellos (dado que ambos denominadores son mayores que cero) es el correspondiente a la primera fila (50), por lo que ésta será la fila del pivote y el pivote, que identificaremos dibujando un círculo alrededor, será el valor 2. La variable X_1, por tanto, reemplazará en la base a la variable S1, como vemos en la segunda tabla.

Paso 3: Calculamos la nueva fila del pivote tomando cada uno de los valores de la antigua, y dividiéndolos por el pivote: (2/2 = 1, 1/2 = 1/2, 1/2 = 1/2, 0/2 = 0, 100/2 = 50).

C_j	**Solución Base**	X_1	X_2	S_1	S_2	**Cantidad**
7$	X_1	1	1/2	1/2	0	50

Paso 4: Calculamos el resto de nuevos valores, es decir, los nuevos valores de la fila de S_2

$$\begin{pmatrix}\text{Valor en nueva}\\ \text{fila de } S_2\end{pmatrix} = \begin{pmatrix}\text{valor en fila}\\ \text{antigua de } S_2\end{pmatrix} - \left[\begin{pmatrix}\text{número de la fila}\\ \text{antigua en la}\\ \text{columna del pivote}\end{pmatrix} \times \begin{pmatrix}\text{valor de la nueva fila}\\ \text{del pivote (la del paso}\\ \text{3) en la columna del}\\ \text{valor que se calcula}\end{pmatrix}\right]$$

$$\begin{array}{rcrcccr}
0 & = & 4 & - & [(4) & \times & (1)] \\
1 & = & 3 & - & [(4) & \times & (1/2)] \\
-2 & = & 0 & - & [(4) & \times & (1/2)] \\
1 & = & 1 & - & [(4) & \times & (0)] \\
40 & = & 240 & - & [(4) & \times & (50)]
\end{array}$$

C_j	SOLUCIÓN (BASE)	X_1	X_2	S_1	S_2	CANTIDAD (RHS)
7$	X_1	1	1/2	1/2	0	50
0	S_2	0	1	-2	1	40

Paso 5: Calculamos las Z_j y las $C_j - Z_j$:

Z_j (de X_1) = 7 (1) + 0 (0) = 7 — $C_j - Z_j = 7 - 7 = 0$
Z_j (de X_2) = 7 (1/2) + 0 (1) = 7/2 — $C_j - Z_j = 5 - 7/2 = 3/2$
Z_j (de S_1) = 7 (1/2) + 0 (-2) = 7/2 — $C_j - Z_j = 0 - 7/2 = -7/2$
Z_j (de S_2) = 7 (0) + 0 (1) = 0 — $C_j - Z_j = 0 - 0 = 0$
Z_j (beneficio total) = 7 (50) + 0 (40) = 350

2.ª tabla

$C_j \rightarrow$ / $\downarrow$	SOLUCIÓN (BASE)	7$ X_1	5$ X_2	0$ S_1	0$ S_2	CANTIDAD	
7	X_1	1	1/2	1/2	0	50	
0	S_2	0	① ↖ pivote	-2	1	40	← fila del pivote
	Z_j	7	7/2	7/2	0	350 (total profit)	
	$C_j - Z_j$	0	3/2	-7/2	0		
			↑ columna del pivote				

Como no ocurre que todas las $C_j - Z_j$ sean cero o negativas, la solución actual (que es: $X_1 = 50$, $S_2 = 40$, $X_2 = S_1 = 0$, beneficio = 350), aunque mejor que la anterior,[7] todavía no es la óptima, por lo que procedemos a calcular la tercera tabla repitiendo los cinco pasos.

Paso 1: La variable X_2 entra en base dado que $C_j - Z_j = 3/2$ es la mayor (y única positiva). Por ello por cada unidad de X_2 el beneficio se incrementara en 3/2.

Paso 2: La fila del pivote será S_2 porque el cociente 40/1 = 40 es menor que $50/\left(\frac{1}{2}\right) = 100$.

Paso 3: Calculamos la nueva fila del pivote tomando cada uno de los valores de la antigua y dividiéndolos por el pivote pero, como ahora el pivote es 1, la fila no variará.

Paso 4: Calculamos el resto de valores, es decir, los valores de la fila de X_1.

$$\left(\begin{array}{c}\text{Valor en nueva}\\ \text{fila de } X_1\end{array}\right) = \left(\begin{array}{c}\text{valor en fila}\\ \text{antigua de } X_1\end{array}\right) - \left[\left(\begin{array}{c}\text{número de la fila}\\ \text{antigua en la}\\ \text{columna del pivote}\end{array}\right) \times \left(\begin{array}{c}\text{valor de la nueva fila}\\ \text{del pivote (la del paso}\\ \text{3) en la columna del}\\ \text{valor que se calcula}\end{array}\right)\right]$$

1	=	1	–	[(1/2)	×	(0)]
0	=	1/2	–	[(1/2)	×	(1)]
3/2	=	1/2	–	[(1/2)	×	(–2)]
–1/2	=	0	–	[(1/2)	×	(1)]
30	=	50	–	[(1/2)	×	(40)]

[7] Una característica del método Simplex es que las soluciones van mejorando de iteración a iteración.

Paso 5: Calculamos las Z_j y las $C_j - Z_j$:

Z_j (de X_1) = 7 (1) + 0 (0) = 7	$C_j - Z_j = 7 - 7 = 0$
Z_j (de X_2) = 7 (0) + 5 (1) = 5	$C_j - Z_j = 5 - 5 = 0$
Z_j (de S_1) = 7 (3/2) + 5 (–2) = 1/2	$C_j - Z_j = 0 - 1/2 = 1/2$
Z_j (de S_2) = 7 (–1/2) + 5 (1) = 3/2	$C_j - Z_j = 0 - 3/2 = 3/2$
Z_j (beneficio total) = 7 (30) + 5 (40) =410	

La tercera tabla la podemos ver en la Tabla S6.3.

Como todas las $C_j - Z_j$ de esta tabla son negativas o cero, podemos asegurar que hemos alcanzado el óptimo. La solución es: X_1 = 30 (Walkmans) y X_2 = 40 (Watch-TV), S_1 = 0 (no sobra nada del primer recurso), S_2 = 0 (del segundo recurso tampoco sobra nada) que proporciona un beneficio de 410 dólares.

Resumen de los pasos del simplex para problemas de máximo

Los pasos que se siguen si utilizamos el método simplex para ayudar a resolver un programa lineal con la función objetivo de máximo son los siguientes:

1. Escoger la variable con mayor $C_j - Z_j$ positiva para que entre en base. Si no existe ninguna, hemos llegado al óptimo, y finalizamos el algoritmo.
2. Determinar la variable que sale de la base como aquélla con menor cociente entre los valores de la columna "cantidad" y los valores de la columna de la variable que entra, siempre y cuando estos últimos sean mayores que cero. Si no existe ningún valor, en la columna del pivote, estrictamente mayor que cero, nos encontraremos ante una solución impropia (el beneficio sería infinito).
3. Calcular los nuevos valores de la fila del pivote.
4. Calcular los nuevos valores para el resto de las filas.
5. Calcular las Z_j y $C_j - Z_j$ de la nueva tabla y volver al paso 1.

Precio sombra

Precio sombra

El **precio sombra** es el valor de una unidad adicional de recurso, como por ejemplo una hora más de tiempo de máquina, una hora más de mano de obra, u otro recurso limitado. ¿Cuánto debe pagar como mucho la empresa por una unidad más de recurso? ¿Valdría la pena pagar horas extras para incrementar la producción? Afortunadamente, esta valiosa información para la gestión está disponible en la última tabla del simplex. Una propiedad importante de la fila de las $C_j - Z_j$ es que, en las columnas de las variables de holgura, *se encuentran con el signo cambiado los precios sombra de los recursos* a los que se refiere la restricción y a la cual está asignada dicha variable de holgura.

A la vista de la última tabla obtenida (Tabla S6.3), supongamos que Shader está considerando incrementar la capacidad de montaje (segunda restricción) con un coste de 5 dólares por encima del actual. ¿Es interesante esta opción? La respuestas es *no*, dado que una unidad más de capacidad de montaje haría crecer el beneficio en 0,5 dólares ($C_j - Z_j$ de S_2), por lo que la empresa estaría perdiendo 4,5 dólares por unidad de montaje adicional. El sobrecoste máximo que puede asumir es de 0,5 dólares, por lo que si ahora las está pagando a, pongamos por ejemplo, 9 dólares, el precio máximo que Shader estaría dispuesta a pagar por las unidades adicionales de capacidad de montaje sería de 9,5 dólares.

TABLA S6.3 ■ Tercera y última tabla.

$C_j \rightarrow$ ↓	Solución Base	7$ X_1	5$ X_2	0$ S_1	0$ S_2	Cantidad
$7	X_1	1	0	3/2	–1/2	30
$5	X_2	0	1	–2	1	40
	Z_j	7	5	1/2	3/2	410
	$C_j - Z_j$	0	0	–1/2	–3/2	

Análisis de sensibilidad

Análisis de sensibilidad

Los precios sombra son, de hecho, un forma de **análisis de sensibilidad**, esto es, el estudio de cómo es de sensible la solución óptima a errores o cambios de los parámetros iniciales del programa lineal. Por ejemplo, si el gerente de Shader Electronics se hubiese equivocado totalmente en la fijación del beneficio unitario de los Walkmans en 7 dólares, ¿alteraría drásticamente la decisión de producir 30 Walkmans y 50 Watch-TV? ¿Alteraría la solución actual el hecho de disponer de 265 horas de electrónica en lugar de las 240 actuales?

El Programa S6.1 es parte de los resultados generados por el programa AB:POM, para ayudar al que debe tomar decisiones a conocer lo sensible que es la solución a los cambios de los parámetros. (La ejecución completa del programa para estos datos, incluyendo la entrada y la salida completa, lo veremos un poco más adelante en el Programa S6.2).

En primer lugar, vamos a considerar cambios en la parte derecha de la restricción, es decir, en el término independiente. En el Programa S6.1 asumimos que los cambios se realizan únicamente sobre una restricción a la vez, mientras el resto permanecen fijos en sus valores originales. El *rango de variación* de los términos independientes indica, para cada restricción, los valores entre los que puede variar el término independiente para que el precio sombra siga siendo válido. En el ejemplo de Shader Electronics, el precio sombra de 1,50 dólares de las horas de electrónica será valido siempre y cuando la disponibilidad actual de 240 horas no baje de las 200 ni supere las 300, casos a partir de los cuales el precio sombra variaría.

Este concepto del rango de los términos independientes de las restricciones limita la validez de los precios sombra. Supongamos que Shader Electronics puede adquirir horas adicionales de electrónica a un sobreprecio inferior al precio sombra, la pregunta inmediata

PROGRAMA S6.1 ■ Análisis de sensibilidad de Shader Electronics utilizando AB:POM.

SHADER ELECTRONICS EXAMPLE

Solution value = 410

Constraint	Shadow Prices		Original RHS	Lower Limit	Upper Limit
ASSEMBLY	0.50		100.00	80.00	120.00
ELECTRONIC	1.50		240.00	200.00	300.00
Variable	**Optimal Value**	**Reduced Cost**	**Original Coef**	**Lower Limit**	**Upper Limit**
WALKMANS	30.00	0.00	7.00	6.666667	10.00
WATCH-TVS	40.00	0.00	5.00	3.50	5.25

sería: ¿cuántas horas se han de adquirir? Ésta puede responderse mediante el límite superior en el Programa S6.1, esto es, de entrada, sesenta horas, además de las doscienas cuarenta.

Ahora nos referiremos a los cambios en un coeficiente de la función objetivo. El análisis de sensibilidad proporciona, para cada variable real (variable de decisión), el rango de variación de los beneficios unitarios para que la solución sea la misma. Por ejemplo, el beneficio unitario de los Walkmans (X_1) en la función objetivo puede variar entre 6,67 y 10 dólares, sin que la solución final (X_1 = 30, X_2= 40) varíe. Evidentemente, si un beneficio unitario de una variable que está en base varía, el beneficio total de 410 dólares variará, aunque las cantidades óptimas a producir no lo hagan.

Variables artificiales y de holgura

Las restricciones de los programas lineales no siempre son de la forma "menor o igual a" (≤), como hemos visto en los ejemplos anteriores. Igual de habituales son las restricciones del tipo "mayor o igual a" (≥) y las que se expresan en forma de igualdad (=). Para utilizar el método simplex, cada una de ellas debe convertirse a un formato especial. Si no se hace así, el método simplex es incapaz de fijar una solución posible inicial en la primera tabla. El Ejemplo S6.2 muestra cómo realizar la conversión de este tipo de restricciones.

EJEMPLO S6.2

Se formularon las siguientes restricciones de un problema de PL para la editorial Claire Burns Publishing Company. Debemos realizar las conversiones pertinentes para poder utilizar el algoritmo simplex.

Restricción 1. $25X_1 + 30X_2 = 900$. Para reconvertir una igualdad, simplemente añadimos una variable artificial (A1) y queda la ecuación:

$$25X_1 + 30X_2 + A_1 = 900$$

Una *variable artificial* es una variable que no tiene ningún significado real, simplemente se utiliza para crear una solución posible de base inicial y así poder aplicar el método simplex, es pues, en definitiva, un truco o artificio matemático. Una variable artificial no puede estar en la solución final del problema.[8]

Restricción 2. $5X_1 + 13X_2 + 8X_3 \geq 2.100$. Para tratar una restricción del tipo ≥ utilizaremos una variable de holgura, pero, a diferencia de las anteriores, en lugar de sumarla, la restaremos (asignaremos un coeficiente –1),[9] y para obtener una solución de partida añadiremos una nueva variable artificial (A_2), quedando la siguiente ecuación:

$$5X_1 + 13X_2 + 8X_3 - S_2 + A_2 = 2.100$$

Variable de holgura

Una **variable de holgura** restando significa la cantidad que se excede del límite mínimo que fija la restricción.

[8] De hecho, una artificial podría estar en base en la última tabla en sólo una ocasión: cuando valiese cero. En cualquier otro caso, la presencia de artificiales en base en la última tabla nos indicaría que el conjunto de soluciones posibles es vacío, es decir, no hay ninguna combinación de valores de las variables reales y de holgura que cumpla simultáneamente todas las restricciones del problema. (N. del T.)

[9] En inglés, las variables de holgura reciben nombres diferentes según su coeficiente en la restricción, sea 1 ó –1. Así, en el caso anterior (coeficiente 1) a la variable se la llama Slack, que textualmente significa "inactividad", mientras que en el caso que nos ocupa (coeficiente –1) se la denomina Surplus, que textualmente significa "sobrante". (N.del T.)

Como siempre, cuando se añade una variable nueva a una restricción, para poder formar la primera tabla del simplex, debemos añadirla a las restantes restricciones (con coeficiente 0). Asimismo, las variables añadidas aparecerán en la función económica con coeficiente cero las variables de holgura y un coste muy grande (o un beneficio muy negativo), para asegurarse de que no aparecerá en la solución final, a las variables artificiales. En lugar de utilizar cifras como 10.000.000 ó 10^{45} simplemente se utiliza el símbolo M, que representa un número muy grande, por definición, mucho más grande que cualquier número que nos pueda aparecer en los cálculos. El Ejemplo S6.3 nos muestra cómo utilizarlas.

EJEMPLO S6.3

Memphis Chemical Corp. debe producir 1.000 libras de una mezcla especial de fosfato y potasio para un cliente. El fosfato cuesta 5 dólares por libra y el potasio 6. No se pueden utilizar más de 300 libras de fosfato ni menos de 150 libras de potasio.

Se desea formular el programa lineal que minimice el coste de la operación y convertir las restricciones y la función objetivo de forma que pueda utilizarse el algoritmo simplex para resolverlo.

X_1 = libras de fosfato en la mezcla
X_2 = libras de potasio en la mezcla

Función objetivo: minimizar coste = $5X_1 + 6X_2$
Función objetivo en formato simplex: $5X_1 + 6X_2 + 0S_1 + 0S_2 + MA_1 + MA_2$

FORMATO NORMAL		FORMATO SIMPLEX
1.ª restricción:	$1X_1 + 1X_2 = 1.000$	$1X_1 + 1X_2 \qquad +1A_1 = 1.000$
2.ª restricción:	$1X_1 \leq 300$	$1X_1 \qquad +1S_1 = 300$
3.ª restricción:	$1X_2 \geq 150$	$1X_2 \qquad -1S_2 \qquad +1A_2 = 150$

Resolución de problemas de minimización

Ahora que ya ha trabajado con diferentes ejemplos de problemas de PL con los tres tipos de restricciones, está preparado para resolver un problema de minimización utilizando el algoritmo simplex. Los problemas de minimización son muy similares a los de maximización que ya hemos resuelto anteriormente. La única diferencia significativa se encuentra en la fila de las $C_j - Z_j$. Dado que nuestro objetivo ahora es minimizar costes, la variable que entrará en base en cada iteración (la columna del pivote) será aquella que tenga una $C_j - Z_j$ *más negativa,* esto es, aquélla que reduzca más el coste total. En un problema de minimización, se alcanzará la solución óptima cuando ninguna variable pueda mejorar el coste total, es decir, cuando las $C_j - Z_j$ sean todas *positivas* o *cero.* El resto de pasos seguirán siendo los mismos:

1. Escoger la variable con una $C_j - Z_j$ más negativa para que entre en base. Si no existe ninguna negativa, estamos en el óptimo.
2. Determinar la variable que sale de la base, escogiendo aquélla que tenga un menor cociente entre los valores de la columna "cantidad" y los de la columna del pivote, para aquellos valores de la columna del pivote que sean estrictamente mayores que cero (si no existe ninguno, la solución será impropia, es decir, el coste óptimo será menos infinito).[10]

---

[10] Recordemos que la aparición de soluciones impropias generalmente indica que el planteamiento está incompleto (nos hemos dejado alguna restrición), dado que en la realidad encontrarse en estas situaciones es altamente improbable. Más concretamente, en los problemas de mínimo, otra solución "extraña" es la de que todas las variables sean cero, este caso generalmente también viene provocado por un planteamiento incompleto (quizás falta alguna restricción de producción mínima), dado que lo que indica es: no hagamos nada y no tendremos ningún coste. (N. del T.)

PROGRAMA S6.2 ■ Análisis de los Datos de Shader Electronics incluyendo las salidas opcionales de las tablas.

Data file: SHADER   Linear Programming   Solution

Number of constraints (2–99) 2   Number of variables (2–99) 2

maximize

SHADER ELECTRONICS EXAMPLE

Options -> Step Cmputr PrtOFF

	WALKMANS	WATCH-TV		RHS
Objective				Shadow
			≤	1.50
			≤	0.50
Values ->	30.00	40.00		$410.00

Phase 2   Iteration 3   0.38 seconds

F1 = Display solution table   F3 = Graph   F9 = Print   Esc

Press <Esc> key to continue or highlight key or function key for options

Iteration 1

	WALKMAN	WATCH-TV	slk 1	slk 2	RHS
maximize	– 7.00	– 5.00	0.00	0.00	0.00
slk 1	2.00	1.00	1.00	0.00	100.00
slk 2	4.00	3.00	0.00	1.00	240.00

Iteration 2

	WALKMAN	WATCH-TV	slk 1	slk 2	RHS
maximize	0.00	– 1.50	3.50	0.00	350.00
WALKMAN	1.00	0.50	0.50	0.00	50.00
slk 2	0.00	1.00	– 2.00	1.00	40.00

Iteration 3

	WALKMAN	WATCH-TV	slk 1	slk 2	RHS
maximize	0.00	0.00	0.50	1.50	410.00
WALKMAN	1.00	0.00	1.50	– 0.50	30.00
WATCH-TV	0.00	1.00	– 2.00	1.00	40.00

PROGRAMA S6.3 ■ Salida gráfica opcional del problema de Shader Electronics con AB:POM

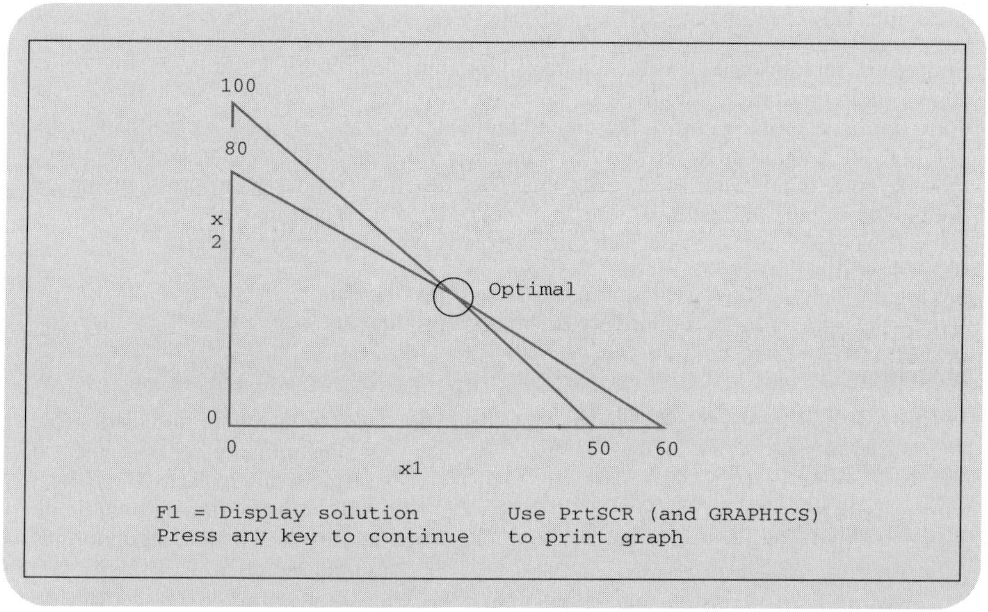

PROGRAMA S6.4 ■ Hoja de cálculo simbólica (con fórmulas) para el problema de Shader Electronics.

Value for number of Walkmans to be supplied by user (→ B4)

Value for number of Watch-TVs to be supplied by user (→ C4)

	A	B	C	D	E	F
1	Shader Company					
2						
3		Walkmans	Watch-TVs	Total	Available	Slack
4	Quantity	☐	☐			
5	Unit Profit	7	5			
6	Profit Contrib	+B5*B4	+C5*C4	@SUM(B6..C6)		
7						
8	Unit Electronics	4	3			
9	Electronics Time	+B8*B4	+C8*C4	@SUM(B9..C9)	240	+E9–D9
10						
11	Unit Assembly	2	1			
12	Assembly Time	+B11*B4	+C11*C4	@SUM(B12..C12)	100	+E9–D9
13						
14						

PROBLEMAS RESUELTOS

Problema resuelto S6.1

Smitty's es un fabricante textil de camisas y pijamas de hombre. Dispone de dos recursos básicos: tiempo de máquinas de coser (en la sección de confección) y tiempo de corte (en la sección de corte). Durante el siguiente mes, Smitty puede planificar hasta 280 horas de trabajo en la sección de confección y hasta 450 horas de trabajo en la sección de corte. Cada camisa necesita una hora de confección y una hora y media de corte. Cada pijama necesita 0,75 horas de confección y 2 horas de corte.

Para expresar las restricciones utilizaremos las siguientes variables:

X_1: número de camisas producidas
X_2: número de pijamas producidos

Solución:

Primera restricción (confección): $X_1 + 0{,}75\ X_2 \leq 280$ horas de tiempo disponible de máquina de coser —nuestro primer recurso escaso.

Segunda restricción (corte) $1{,}5\ X_1 + ② X_2 \leq 450$ horas tiempo disponible de corte —nuestro segundo recurso escaso.

Nota: Esto significa que cada pijama necesita dos horas de la sección de corte.

El contable de Smitty ha analizado los costes y las ventas, y ha dicho que el beneficio unitario de las camisas será de 4 dólares y el de los pijamas de 3 dólares.

Esta información la utilizaremos para crear la función objetivo:

$$\text{maximizar beneficio} = 4X_1 + 3X_2$$

Problema resuelto S6.2

Vamos a resolver el siguiente problema de PL de Failsafe Computers utilizando el método gráfico de los vértices:

$$\text{Maximizar beneficio} = 9X_1 + 7X_2$$
$$2X_1 + X_2 \leq 40$$
$$X_1 + 3X_2 \leq 30$$

Solución:
La Figura S6.9 representa el conjunto de soluciones posibles:

vértice **a:** (0,0) Beneficio = 0
vértice **b:** (0,10) Beneficio = 9 (0) + 7 (10) = 70
vértice **d:** (20,0) Beneficio = 9 (20) + 7 (10) = 180

El vértice **c** se obtiene resolviendo las ecuaciones $2X_1 + X_2 = 40$ y $X_1 + 3X_2 = 30$. Multiplicamos la segunda por –2 y las sumamos:

$$\begin{array}{r} 2X_1 + 1X_2 = 40 \\ -2X_1 - 6X_2 = -60 \\ \hline -5X_2 = -20 \end{array}$$

FIGURA S6.9 ■ Conjunto de soluciones posibles del problema de Failsafe Computers

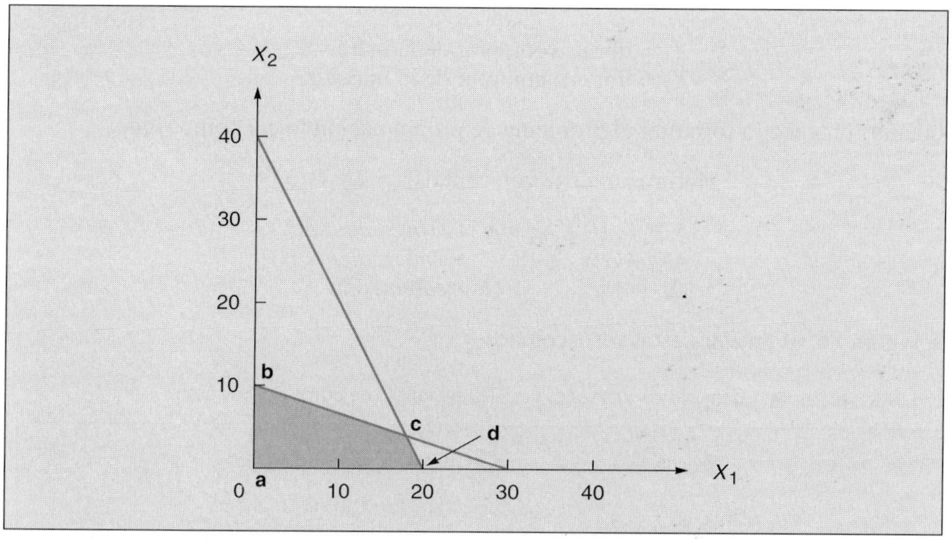

Por lo que $X_2 = 4$

sustituyendo en la segunda restricción:

$X_1 + 3\ (X_2 = 4)\ = 30$ o $X_1 + 12 = 30$ o $X_1 = 18$

vértice **c**: (18,4) Beneficio = 9 (18) + 7 (4) = 190

Por lo tanto, la solución óptima es:

$X_1 = 18, X_2 = 4$ con un beneficio de 190 dólares.

Problema resuelto S6.3

La granja de pavos Holiday Meal se está planteando la compra de dos tipos de alimento para pavos. Cada alimento contiene en diferentes proporciones alguno o todos los ingredientes nutricionales esenciales para el engorde de pavos. La marca Y cuesta 0,02 dólares por libra y la marca Z cuesta 0,03 dólares por libra. El granjero desea determinar la dieta que, con un coste mínimo, satisfaga las necesidades nutricionales mínimas de los pavos.

La tabla siguiente contiene la información relevante sobre las composiciones de las marcas Y y Z, así como los requisitos nutricionales mensuales mínimos por pavo.

	Composición por libra de alimento		
Ingrediente	Marca Y	Marca Z	Requisitos mínimos mensuales
A	5 onzas	10 onzas	90 onzas
B	4 onzas	3 onzas	48 onzas
C	0,5 onzas	0	1,5 onzas
Coste por libra	0,02 dólares	0,03 dólares	

Solución:

Si hacemos:

X_1 = libras a comprar de la marca Y
X_2 = libras a comprar de la marca Z

podemos proceder a formular el problema de programación lineal como sigue:

Minimizar coste con centavos = $2X_1 + 3X_2$

$5\,X_1 + 10\,X_2 \geq 90$ (*ingrediente* A)
$4X_1 + 3\,X_2 \geq 48$ (*ingrediente* B)
$\frac{1}{2}X_1 \geq 1\frac{1}{2}$ (*ingrediente* C)

La Figura S6.10 muestra estas restricciones

FIGURA S6.10 ■ Conjunto de soluciones posibles del rancho de pavos Holiday Meal.

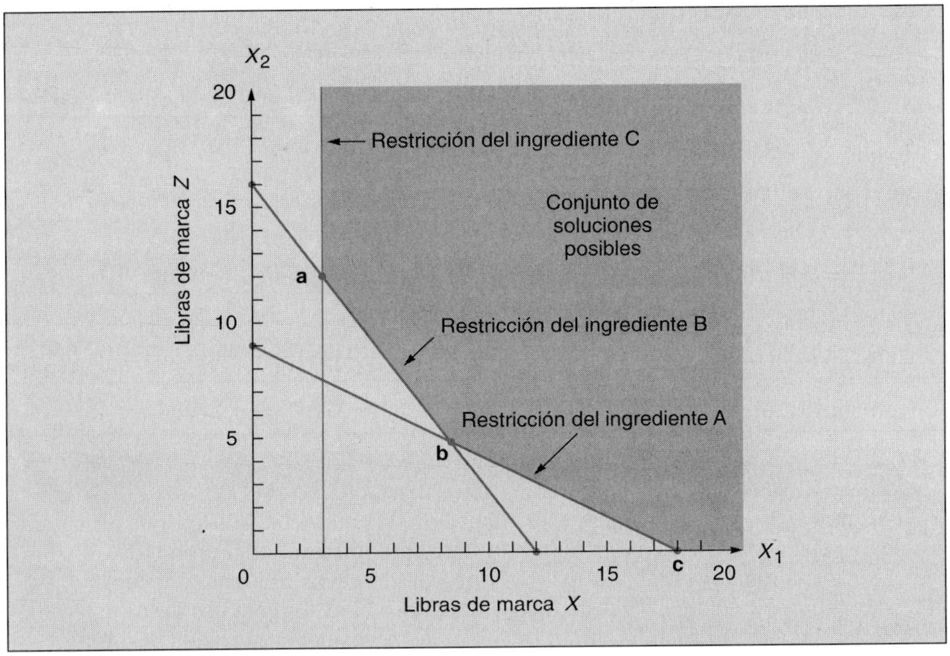

El método de la línea Iso-coste puede ser utilizado para resolver problemas de minimización, como el de la granja de pavos Holiday Meal. Como son líneas Iso-beneficio, no necesitamos calcular los beneficios de cada vértice, pero sí se deben dibujar series de líneas de coste paralelas. La línea de coste más bajo (esto es, la más cercana al origen de coordenadas), que toca el conjunto de soluciones posibles, nos proporciona el vértice óptimo.

Por ejemplo, empezamos en la Figura S6.11 dibujando la línea Iso-coste correspondiente a 54 centavos; obviamente, hay muchos puntos en la región posible que proporcionarán un coste más bajo. Procedemos a desplazar nuestra línea hacia el origen de coordenadas, paralelamente a la línea correspondiente al coste de 54 centavos. El último punto del conjunto de soluciones posibles que toca la línea es el marcado en la Figura S6.10 como b, con unas coordenadas (X1 = 8,4, X2 = 4,8) y un coste asociado de 31,2 centavos.

FIGURA S6.11 ■ Resolución gráfica del problema de la granja de pavos Holiday Meal, utilizando el método de la línea Iso-coste. Nótese que la última paralela (al coste de 54 dólares) que toca el conjunto de soluciones posibles indica el vértice óptimo.

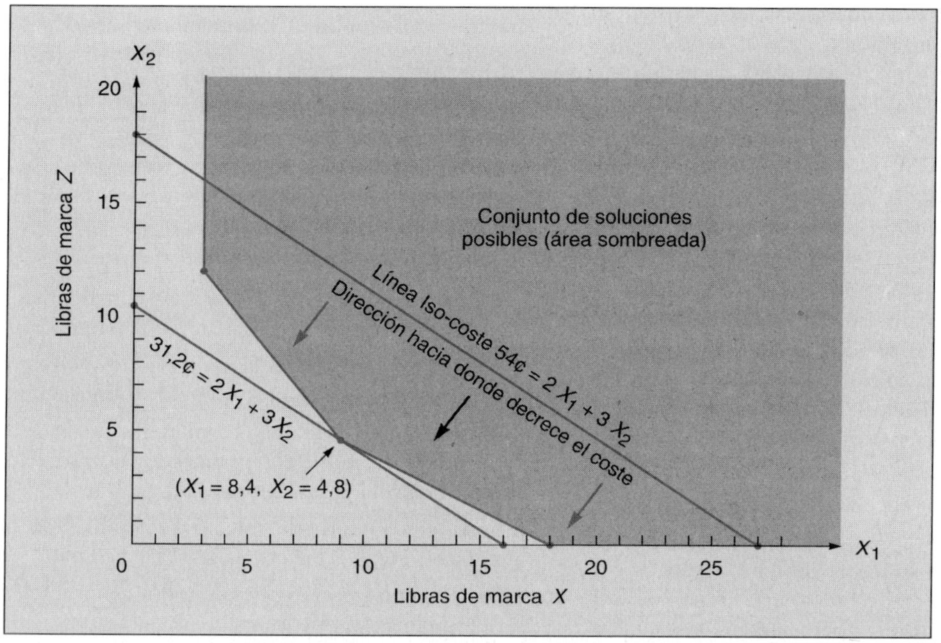

Problema resuelto S6.4

Convertir las siguientes restricciones y función objetivo a la forma adecuada para que puedan ser utilizadas en la resolución mediante el simplex.

Función objetivo: Minimizar coste $= 4X_1 + 1X_2$

Sujeto a las restricciones

$$3X_1 + X_2 = 3$$
$$4X_1 + 3X_2 \geq 6$$
$$X_1 + 2X_2 \leq 3$$

Solución

Minimizar coste $= 4X_1 + 1X_2 + 0S_1 + 0S_2 + MA_1 + MA_2$

Sujeto a

$$3X_1 + 1X_2 + 1A_1 = 3$$
$$4X_1 + 3X_2 - 1S_1 + 1A_2 = 6$$
$$1X_1 + 2X_2 + 1S_2 = 3$$

PREGUNTAS DE DISCUSIÓN

1. Discuta las semejanzas y diferencias entre los problemas de minimización y maximización utilizando los métodos de resolución gráfica de la programación lineal.
2. Es bien sabido que cada problema de PL con un conjunto de soluciones posibles tiene un infinito número de soluciones. ¿Por qué?

3. El director de producción de una gran empresa manufacturera de Cincinnati dijo una vez lo siguiente: "Me gustaría utilizar la programación lineal, pero es una técnica que necesita condiciones de certeza. Mi fábrica no tiene esta certeza; estamos en un mundo plagado de incertidumbres. Por lo tanto, la programación lineal no puede ser utilizada aquí". ¿Piensa usted que esta afirmación tiene alguna clase de justificación? Explique qué es lo que el directivo debería haber dicho.
4. El personal que utilizará los resultados de una técnica como la programación lineal, ¿debe conocer los aspectos técnicos de los aspectos de resolución del problema?
5. C. W. Churchman dijo una vez: "Las matemáticas... tienden a calmar a los confiados haciéndoles creer que, quien piensa de forma elaborada, piensa bien." ¿Piensa usted que los mejores modelos son siempre los más elaborados y, matemáticamente, más complejos? ¿Por qué?
6. Explique el objetivo y procedimientos del método simplex.
7. ¿En qué se diferencian los procedimientos gráficos y el método simplex en la resolución de programas lineales? ¿En qué se parecen? ¿Bajo qué circunstancias sería preferible el método gráfico?
8. ¿Cuáles son las reglas del simplex para seleccionar la columna del pivote? ¿Y para la fila del pivote? ¿Y para el pivote?
9. Un determinado problema de programación lineal tiene la siguiente función objetivo:

   Maximizar beneficio = $8X_1 + 6X_2 + 12X_3 - 2X_4$

   ¿Qué variable debería entrar en base en la primera iteración del simplex? Y si la función objetivo fuese:

   Minimizar coste = $2{,}5X_1 + 2{,}9X_2 + 4.0X_3 + 7{,}9X_4$

   ¿Qué variable debería entrar en base en la primera iteración del simplex?
10. En la resolución de un programa lineal por el método simplex: ¿cuándo se añaden las variables de holgura con coeficiente positivo?
11. ¿Qué es un precio sombra?
12. Explique cómo se utiliza la línea Iso-beneficio en la resolución gráfica de un problema de maximización.
13. Explique cómo se utiliza la línea Iso-coste en la resolución gráfica de un problema de minimización.
14. Compare cómo trabajan los métodos de la línea Iso-beneficio y el de los vértices en la resolución gráfica de problemas de programación lineal.
15. Defina el conjunto de soluciones posibles de un programa lineal. ¿Qué es una solución posible?
16. ¿Cuáles son las propiedades de todos los problemas de programación lineal?
17. Enumere los pasos del simplex para un problema de maximización.
18. ¿Qué significado tiene una variable de holgura con el coeficiente negativo? ¿Qué es una variable artificial?

EJERCICIO DE RAZONAMIENTO CRÍTICO

Una de las muchas áreas de aplicación de la programación lineal es el problema de la dieta. Como mucha gente que come en McDonald's está preocupada sobre si su dieta es completamente nutritiva, su trabajo consiste en elaborar una dieta diaria que: (1) satisfaga los estándares nutricionales mostrados en el siguiente párrafo, (2) esté compuesta exclusivamente por alimentos de los menús de McDonald's, (3) sea lo más barata posible. Para poder completar este proyecto necesitará una copia del "McDonald's Food: The facts" disponible en el Macdonald's más cercano o llamando al Centro de Información Nutricional al 708-575-FOOD.

Su dieta debe contener al menos el 100% del U. S. RDA de vitaminas A, B_1, B_2, C, niacin, calcio y hierro; aportar al menos 55 gramos de proteínas; contener como máximo 3 gramos de sodio, y obtener como máximo el 30% de las calorías de grasa (cada gramo de grasa tiene 9 calorías). Escoja al menos 10 alimentos del menú de McDonald's al formular su problema de PL.

PROBLEMAS

• **S6.1** Ray Christiansen está tratando de determinar cuántas unidades de teléfonos móviles debe producir cada día. Uno de ellos es el modelo estándar, el otro es el modelo de lujo. El beneficio unitario del modelo estándar es de 40 dólares, mientras que el del modelo de lujo es de 60 dólares. Cada unidad requiere treinta minutos de tiempo de montaje. El modelo estándar necesita diez minutos de tiempo de inspección y el de lujo necesita quince. La producción mínima debe ser de seis teléfonos. Se dispone de cuatrocientos cicuenta minutos de montaje y ciento ochenta de inspección cada día. ¿Cuántas unidades de cada producto deben fabricarse al día?

• **S6.2** Resuelva el siguiente programa lineal utilizando el método de los vértices.

$$\begin{aligned} &\text{Maximizar } X + 10Y \\ &\text{sujeto a } 4X + 3Y \leq 36 \\ &\qquad 2X + 4Y \leq 40 \\ &\qquad Y \geq 3 \\ &\qquad X, Y \geq 0 \end{aligned}$$

• **S6.3** Resuelva el siguiente programa lineal utilizando el método de los vértices.

$$\begin{aligned} &\text{Maximizar } 3X + 5Y \\ &\text{sujeto a } 4X + 4Y \leq 48 \\ &\qquad 1X + 2Y \leq 20 \\ &\qquad Y \geq 2 \\ &\qquad X, Y \geq 0 \end{aligned}$$

: **S6.4** Considere el siguiente programa lineal:

$$\begin{aligned} &\text{Maximizar } Z = 30X_1 + 10X_2 \\ &\text{sujeto a } 3X_1 + X_2 \leq 300 \\ &\qquad X_1 + X_2 \leq 200 \\ &\qquad X_1 \leq 100 \\ &\qquad X_2 \leq 50 \\ &\qquad X_1 - X_2 \leq 0 \\ &\qquad X_1, X_2 \leq 0 \end{aligned}$$

a) Resuélvalo gráficamente.

b) ¿Existe más de una solución? ¿Por qué?

• **S6.5** Suponga que un problema de PL (maximización) se ha resuelto y el valor óptimo de la función objetivo es de 300 dólares. Suponga que se añade una restricción adicional al problema. Explique cómo puede afectar a lo siguiente:

a) Al conjunto de soluciones posibles.

b) Al valor óptimo de la función objetivo.

: **S6.6** La empresa de alimentos de perros John Bragg's desea introducir una nueva marca de galletas para perros, compuesta de una mezcla de galletas con sabor a pollo y de sabor a hígado que cumplan ciertos requisitos nutricionales. Las de gusto a hígado tienen una unidad de nutriente A y dos de B. Las de sabor a pollo tienen una unidad de nutriente A y cuatro de B. De acuerdo con la normativa existente, debe haber al menos 40 unidades de nutriente A y 60 de B en cada paquete de la nueva mezcla. Además, la empresa ha decidido que no debe haber más de 15 galletas con sabor a hígado en cada paquete. Teniendo en cuenta que fabricar una galleta con sabor a hígado cuesta 1 centavo (0,01 dólares) y que fabricar una con sabor a pollo cuesta 2 centavos, ¿cuál es la mezcla óptima de un paquete de galletas de manera que se minimice el coste?

a) Formularlo como un problema de programación lineal.

b) Resolverlo gráficamente y obtener los valores óptimos de las variables.

c) ¿Cuál es el coste total de un paquete de galletas para perros, utilizando esta mezcla óptima?

· **S6.7** Electrocomp Corp. fabrica dos aparatos eléctricos: Aparatos de aire acondicionado y grandes ventiladores. El proceso de ensamblaje de ambos productos es similar, dado que ambos requieren cierta cantidad de cableado y taladrado. Cada aparato de aire acondicionado necesita tres horas de cableado y dos horas de taladrado. Cada ventilador necesita dos horas de cableado y una hora de taladrado. Durante el siguiente período de producción se dispone de doscientas cuarenta horas de cableado y ciento cuarenta de taladrado. Cada aparato de aire acondicionado aporta un beneficio unitario de 25 dólares, mientras que un ventilador supone un beneficio de 15 dólares.

Formular el problema de PL y encontrar la mejor combinación de aparatos de aire acondicionado y ventiladores que lleve al mayor beneficio posible. Utilice el método gráfico de los vértices.

· **S6.8** La empresa de bañeras Grec Duncan fabrica dos tipos de bañeras para cuartos de baño denominadas modelo A y modelo B. Cada bañera requiere una mezcla de acero y cinc. La empresa tiene disponibles 25.000 libras de acero y 6.000 de cinc. El modelo A necesita una mezcla de 125 libras de acero y 20 de cinc y proporciona un beneficio unitario de 90 dólares. Cada modelo B necesita 100 libras de acero y 30 de cinc, con un beneficio unitario de 70 dólares.

Encuentre, a través de un método de resolución gráfico, la producción que lleve a un máximo beneficio.

· **S6.9** Outdoor Forniture Corp. fabrica dos productos, bancos y mesas de picnic, para utilizar en patios y jardines. La empresa utiliza principalmente dos recursos: los carpinteros (fuerza de trabajo) y madera. Durante el siguiente ciclo de producción dispone de 1.200 horas de trabajo y de 3.500 pies cúbicos de madera. Cada banco necesita cuatro horas de trabajo y diez pies cúbicos de madera y cada mesa de picnic necesita seis horas de trabajo y 35 pies cúbicos de madera. Los bancos aportan un beneficio de 9 dólares cada uno, mientras que para las mesas el beneficio unitario es de 20 dólares. ¿Cuántos bancos y mesas deben producirse para conseguir el máximo beneficio? Utilice un método gráfico de resolución.

· **S6.10** MSA Computer Corp. fabrica dos modelos de computadores personales, el Alfa-4 y el Beta-5. La empresa tiene cinco empleados que trabajan 160 horas cada mes cada uno en la sección de montaje. La dirección insiste en mantener a todos los empleados ocupados durante el próximo mes, esto es, utilizar efectivamente las ciento sesenta horas de cada uno. Se necesitan veinte horas de trabajo para montar un Alfa-4 y 25 horas para un Beta-5. MSA desea al menos 10 Alfa-4 y 15 Beta-5 para el próximo mes. Los Alfa-4 generan un beneficio unitario de 1.200 dólares y los Beta-5, 1.800 dólares.

Determinar la cantidad de unidades más beneficiosa a producir el próximo mes para cada tipo de computadores.

• **S6.11** Resuelva el siguiente programa lineal utilizando el método de los vértices.

$$
\begin{array}{ll}
\text{Maximizar } 4X_1 + 4X_2 & \\
\text{sujeto a} & 3X_1 + 5X_2 \le 150 \\
 & X_1 + 2X_2 \le 10 \\
 & 5X_1 + 3X_2 \le 150 \\
 & X_1, X_2 \le 0
\end{array}
$$

• **S6.12** Considere el siguiente programa lineal:

$$
\begin{array}{ll}
\text{Minimizar costes } 1X_1 + 2X_2 & \\
\text{sujeto a} & {}_1 + 3X_2 \le 90 \\
 & 8X_1 + 2X_2 \le 160 \\
 & 3X_1 + 2X_2 \le 120 \\
 & X_2 \le 70
\end{array}
$$

a) Resuélvalo gráficamente mediante el método de la línea Iso-coste, especificando el conjunto de soluciones posibles, e indicando cuál es el vértice óptimo.

b) ¿Cuál es el coste de esta solución?

• **S6.13** Desarrolle sus propias restricciones y función objetivo e ilustre gráficamente las siguientes situaciones:

a) Un problema con solución impropia. Es decir, un problema que las restricciones no limiten el beneficio (o sea, que el beneficio infinito sea posible).

b) Un problema sin solución posible. Esto es, un problema en el que no pueda existir ningún punto que cumpla todas las restricciones.

c) Un problema con restricciones redundantes. Es decir, un problema donde existan restricciones que se cumplen automáticamente si se cumplen otras.

• **S6.14** Las relaciones matemáticas que se muestran a continuación fueron formuladas por una analista de investigación operativa en la Jennifer Black Chemical Co. ¿Cuál de ellas no son válidas para utilizarlas en un problema de PL? ¿Por qué?

$$
\begin{array}{ll}
\text{Maximizar } 4X_1 + 3X_1X_2 + 5X_3 & \\
\text{sujeto a} & 2X_1 X_2 + 2X_3 \le 50 \\
 & 8X_1 - 4X_2 \ge 6 \\
 & 1{,}5X_1 + 6X_2 + 3X_3 \ge 21 \\
 & 19X_2 - \tfrac{1}{3}X_3 = 17 \\
 & 5X_1 + 4X_2 + 3\sqrt{X_3} \le 80 \\
 & -X_1 - X_2 + X_3 = 5
\end{array}
$$

: **S6.15** Paul Feyen Corp. fabrica tres productos y dispone de tres máquinas. Para optimizar la producción ha desarrollado el siguiente programa lineal:

$$
\begin{array}{ll}
\text{Maximizar ecuación} = 4X_1 + 4X_2 + 7X_3 & \\
\text{Sujeto a:} & 1X_1 + 7X_2 + 4X_3 \le 100 \text{ (horas en máquina 1)} \\
 & 2X_1 + 1X_2 + 7X_3 \le 110 \text{ (horas en máquina 2)} \\
 & 8X_1 + 4X_2 + 1X_3 \le 100 \text{ (horas en máquina 3)}
\end{array}
$$

a) Determinar la solución óptima.

b) ¿Existe en la solución óptima un tiempo disponible para cualquier máquina que no se haya utilizado?

: **S6.16** Utilizando los datos del problema anterior, responda:

a) ¿Sería interesante disponer de más horas de la tercera máquina?

b) ¿Cuánto aumentaría el beneficio de la empresa si se disponen de diez horas adicionales de la segunda máquina sin tener ningún coste adicional?

: **S6.17** Denis Davis Manufacturing Corp dispone de 250.000 dólares para invertir durante doce meses antes de realizar una ampliación de su fábrica. Puede invertir en letras del tesoro, que le dan un interés del 8%, o en bonos municipales, a un interés del 9%. La dirección ha decidido que al menos un 50% se invierta en letras del tesoro y no más del 40% en bonos municipales. ¿Cuánto se debe invertir en cada opción para maximizar los ingresos a final de año?

: **S6.18** Muebles Malek fabrica dos tipos de armarios, el modelo Francés Provincial y el modelo Danés Moderno. Cada armario debe pasar por tres departamentos: carpintería, pintura y acabado. La tabla adjunta contiene la información relevante en cuanto a tiempos de producción por armario fabricado, capacidades de producción para cada operación por día y beneficios unitarios por unidad producida. La empresa tiene un contrato con un distribuidor de Indiana que le obliga a producir un mínimo de 300 por semana de cada tipo de armario (o un mínimo diario de 60 armarios de cada modelo). El propietario, Tom Malek, desea conocer el plan de producción que maximice su beneficio diario.

Modelo	Carpintería (horas/armario)	Pintura (horas/armario)	Acabado (horas/armario)	Beneficio unitario
Francés provincial	3	1½	¾	28$
Danés moderno	2	1	¾	25$
Capacidad (horas)	360	200	125	

Formular el problema de PL y resolverlo.

: **S6.19** El famoso restaurante de Silvia Bonadino está abierto las venticuatro horas del día. Los camareros entran a trabajar a las 03:00, 07:00, 11:00, 15:00, 19:00 y 23:00 horas y cada uno trabaja ocho horas de forma continuada. La siguiente tabla muestra las necesidades mínimas de camareros durante los seis períodos en que se ha dividido el día:

Determine el número de trabajadores que deben entrar en cada turno de forma que se minimice el número total de trabajadores necesarios. (*Pista:* haga X_i igual al número de camareros que entran a trabajar en el turno i, donde $i = 1, 2, ..., 6$.)

Período	Horario	Camareros necesarios
1	03:00–07:00	3
2	07:00–11:00	12
3	11:00–15:00	16
4	15:00–19:00	9
5	19:00–23:00	11
6	23:00–03:00	4

: S6.20 Estamos en la época del año de baja actividad para JES Inc. A JES Inc. le gustaría actualmente cerrar temporalmente su fábrica, pero, si la empresa despide a sus empleados fundamentales, probablemente irían a trabajar a la competencia. JES podría mantener a sus empleados fundamentales (a tiempo completo durante todo el año) ocupados en una producción mínima de 10.000 mesas redondas, o 20.000 mesas cuadradas (o cualquier proporción similar entre ambas). Además, JES tiene un contrato con un proveedor con el que se ha comprometido a solicitar como mínimo 5.000 sobres de mesas cuadradas precortados mensuales. Los costes asociados de manipulación y almacenaje de las mesas redondas son de 10 dólares, y los de las cuadradas de 8 dólares.

Dibuje un gráfico y, de forma algebraica, describa las restricciones y la función objetivo, identifique los vértices del conjunto de soluciones posibles, calcule los costes asociados a cada uno y determine cuál es la producción óptima.

: S6.21 Cada mesita de café que fabrican John Alessi Designers reporta a la empresa un beneficio de 9 dólares. Por cada librería se obtienen 12 dólares de beneficio. La empresa de Alessi es pequeña y sus recursos son limitados. Durante un determinado período de producción (una semana), se dispone de 10 galones de barniz y de 12 medidas de madera de secoya de alta calidad. Cada mesita de café necesita un galón de barniz y una medida de madera. Cada librería necesita un galón de barniz y dos medidas de madera.

Formular el problema del plan de producción de Alessi como un problema de PL, y resolverlo utilizando el método simplex.

: S6.22 **a)** A partir de los datos adjuntos haga la primera tabla del simplex.

$$\begin{aligned} &\text{maximizar beneficio} = 3\,X_1 + 9\,X_2 \\ &\text{Sujeto a} \qquad X_1 + 4\,X_2 \leq 24 \\ &\qquad\qquad\quad X1 + 2\,X_2 \leq 16 \end{aligned}$$

(deberá añadir las variables de holgura)

b) Explique brevemente los pasos necesarios para resolver el problema.

c) Haga la siguiente tabla. Determine si es óptima o no.

d) Si es necesario, desarrolle otra tabla y determine si esta nueva solución es óptima o no. Interprete esta tabla.

e) Empiece con la misma tabla inicial del apartado a), pero haga entrar en la base la variable X_1. Continúe iterando hasta llegar al óptimo (dos iteraciones).

: S6.23 Resuelva el siguiente programa lineal de forma gráfica. Después, resuélvalo mediante el simplex. Vaya indicando en el gráfico los vértices generados en cada iteración.

$$\begin{aligned} &\text{Maximizar beneficio} = 3X_1 + 5X_2 \\ &\text{Subjeto a:} \qquad X_2 \leq 6 \\ &\qquad\qquad 3X_1 + 2X_2 \leq 18 \\ &\qquad\qquad\quad X_1, X_2 \geq 0 \end{aligned}$$

: S6.24 Resuelva el siguiente programa lineal de forma gráfica. Después resuélvalo mediante el simplex.

$$\begin{aligned} &\text{Maximizar beneficio} = 4X_1 + 5X_2 \\ &\text{Subjeto a:} \qquad X_1 + 2X_2 \leq 80 \\ &\qquad\qquad\qquad 3X_1 + X_2 \leq 75 \\ &\qquad\qquad\qquad X_1, X_2 \geq 0 \end{aligned}$$

¿Cuáles son los valores de las variables en base en cada iteración? ¿Cuáles son las variables no base en cada iteración?

: S6.25 Distribuciones Barrow empaqueta y distribuye suministros industriales. Un envío estándar puede ser empaquetado en un contenedor de clase A, de clase K o de clase T. Un contenedor de clase A aporta un beneficio unitario de 8 dólares, el de clase K, de 6 dólares y el de clase T, de 14 dólares. Cada envío necesita una cierta cantidad de material de embalaje y un cierto tiempo de preparación.

RECURSOS NECESARIOS PARA UN ENVÍO ESTÁNDAR

CLASE DE CONTENEDOR	MATERIAL DE EMBALAJE (LIBRAS)	TIEMPO DE PREPARACIÓN (LIBRAS)
A	2	2
K	1	6
T	3	4
Recursos disponibles por semana	120 libras	240 horas

El director de la empresa, Joe Barrow, debe decidir el número óptimo de contenedores de cada clase que deben empaquetarse cada semana. Está limitado por las restricciones de recursos mencionadas previamente, pero además ha decidido que debe mantener a sus seis empleados ocupados las doscientas cuarenta horas de trabajo (seis empleados por cuarenta horas) de cada semana.

Formular y resolver el problema a través del método simplex.

: S6.26 Haga la primera tabla del simplex para el siguiente problema (corresponde a los datos del problema resuelto S6.4):

$$\begin{aligned} &\text{Maximizar beneficio} = 4X_1 + 1X_2 + 0S_1 + 0S_1 + MA_1 + MA_2 \\ &\text{Sujeto a:} \qquad 3X_1 + 1X_2 \qquad\qquad + 1A_1 \qquad\qquad = 3 \\ &\qquad\qquad\qquad 4X_1 + 3X_2 - 1S_2 \qquad\qquad + 1A_2 = 6 \\ &\qquad\qquad\qquad 1X_1 + 2X_2 \qquad + 1S_2 \qquad\qquad = 3 \end{aligned}$$

a) ¿Qué variable entrará en base?

b) ¿Qué variable saldrá de la base?

: S6.27 Resuelva el problema anterior aplicando el método simplex.

: S6.28 Utilizando los datos del Problema S6.7 y el computador:

a) Determine el rango de variación del beneficio unitario de los aparatos de aire acondicionado para que la solución siga siendo la misma.

b) Determine el precio sombra de la restricción del cableado y el rango de variación del término independiente, para que este precio sombra siga siendo válido.

: S6.29 Utilizando los datos del Problema S6.8 y el computdor:

a) Determine el rango de variación del beneficio unitario de las bañeras modelo A para que la solución siga siendo la misma.

b) Determine cuánto debería aumentar el beneficio unitario de las bañeras modelo B para que fuese interesante producirlas.

c) Determine el precio sombra del acero y el rango de variación de las disponibilidades para que siga siendo válido.

d) Determine el precio sombra del cinc y el rango de variación de las disponibilidades para que siga siendo válido.

: S6.30 Utilizando los datos del Problema S6.20 y el computador:

a) Determine el rango de variación del coste de una mesa cuadrada para que la solución óptima siga siendo la misma.

b) Determine el precio sombra de la restricción del trabajo y el rango de variación del término independiente de la restricción para que siga siendo válido.

c) Determine el precio sombra de la restricción del contrato y el rango de variación del término independiente de la restricción para que siga siendo válido.

: S6.31 John DeBruzzi, director de marketing de Diversey Paint and Supply, cadena de cuatro tiendas de bricolage del lado norte de Chicago, está considerando dos posibilidades de publicidad. La primera consiste en una serie de anuncios de media página, los domingos, en el periódico *Chicago Tribune* y la segunda en anuncios en la TV local de Chicago. Las tiendas están ampliando sus secciones de "Hágalo usted mismo", por lo que John está interesado en un nivel de exposición de al menos el 40% en la ciudad y un 60% en las áreas suburbanas del noroeste.

El tiempo de TV que se está considerando representa un ratio de exposición del 5% por anuncio en la ciudad y un 3% en los suburbios. El periódico del domingo aporta un ratio de exposición del 4% y del 3% por anuncio. El coste de un anuncio a media página el domingo en el *Chicago Tribune* es de 925 dólares, mientras que un anuncio televisivo cuesta 2.000 dólares.

Se desea obtener la estrategia de publicidad de menor coste que satisfaga los niveles de exposición mencionados. Formular y resolver este problema de PL.

⁝ S6.32 Bill Bilderback Manufacturing tiene tres fábricas (1, 2 y 3) y tres almacenes (A, B y C). El cuadro adjunto muestra los costes de transporte entre las fábricas y los almacenes, las capacidades de producción de las fábricas (en miles) y la demanda de los almacenes (también en miles). Plantee el programa lineal que minimice los costes totales de transporte, respetando las capacidades de las fábricas y sirviendo exactamente lo que piden los almacenes.

A DE	A	B	C	CAPACIDAD DE PRODUCCIÓN
Fábrica 1	6	5	3	6
Fábrica 2	8	10	8	8
Fábrica 3	11	14	18	10
Demanda de los Almacenes	7	12	5	

S6.33 Andy's Bicycle Company (ABC) tiene uno de los productos más interesantes del mercado de juguetes de gama alta: bicicletas (modelos chicos y chicas) de colores brillantes y unas características técnicas impresionantes. El precio de venta al distribuidor de su modelo para chicos es de 220 dólares y el de chicas de 175 dólares.

El departamento de contabilidad ha calculado los siguientes costes: mano de obra directa, 45% del precio para chicos y 40% para el modelo de chicas; pintado y empaquetado 20 dólares, independientemente del modelo; y otros costes de producción que representan 44 y 30 dólares para las bicicletas de chico y de chica, respectivamente.

La capacidad total de producción de la planta de Orlando es de 390 bicicletas por día. Cada bicicleta para chicos necesita 2,5 horas de trabajo, mientras que la de chicas necesita 2,4 horas. ABC tiene 120 empleados que trabajan ocho horas al día y no tiene intención de despedir ni contratar a nadie, por lo que se ha de mantener a los trabajadores ocupados.

Utilizando un método de resolución gráfico, determine el plan óptimo de producción de ABC.

S6.34 El Hospital Monte Sinaí de Nueva Orleans es un gran hospital privado de 600 camas, con laboratorios, quirófanos y servicio de radiología. Con el objetivo de mejorar los ingresos, los administradores del hospital han decidido construir un anexo con 90 camas en una parte del actual aparcamiento del personal. Los administradores creen que los servicios de laboratorios, quirófanos y radiología no se utilizan al 100 por 100 y, por lo tanto, no es necesario ampliarlos. Queda pendiente decidir, de las 90 camas, cuántas se asignarán a medicina general y cuántas a cirugía.

El departamento de contabilidad y el de historiales médicos han proporcionado la siguiente información relevante: la estancia media de un paciente de medicina general es de ocho días y proporciona unos ingresos de 2.280 dólares. La estancia media de un paciente de cirugía es de cinco días y proporciona unos ingresos de 1.515 dólares. El laboratorio es capaz de realizar 15.000 análisis más por año de los que realiza. En promedio, el paciente de medicina general necesita 3,1 análisis y 2,6 el paciente de cirugía. Las necesidades medias de radiología son de dos radiografías para los pacientes de cirugía y una para los de medicina general. Si se aumentara en 90 camas el servicio de radiología, sería capaz el hospital de dar servicio a 7.000 pacientes de medicina general además de los actuales sin ningún coste adicional significativo. Finalmente el servicio de cirugía cree que se podrían realizar hasta 2.800 intervenciones más con las instalaciones actuales. Los pacientes de medicina, evidentemente, no necesitan ninguna intervención quirúrgica, mientras que a los de cirugía se les realiza sólo una intervención.

Plantee el programa lineal que determine el número de camas de medicina general y de cirugía que deben añadirse para maximizar los ingresos. Suponga que el hospital trabaja a pleno rendimiento los trescientos sesenta y cinco días del año.

APLICACIÓN DE BASE DE DATOS

S6.35 Mann Enterprises es un fabricante de Houston de mesas y accesorios de computadores personales. La empresa se ve envuelta en un círculo vicioso entre la caída rápida de precios en el mercado por culpa de la competencia a nivel internacional, y una estabilidad de costes del mercado doméstico de materias primas. Se ha de realizar un plan de producción muy ajustado de los 15 productos referenciados en la tabla adjunta, maximizando los beneficios. En caso contrario, dentro de tres meses, no quedarán ni los puestos de trabajo ni la empresa. Su tarea, como recién licenciado en POM, es enderezar los datos presentados por Laura Man, la presidenta de la compañía, esta mañana en una reunión de emergencia. Sin que se lo hayan dicho explícitamente, usted ha entendido perfectamente que, o realiza un plan de producción muy ajustado y a tiempo, o se va a la calle. Para ayudarle, un grupo de ingenieros industriales y contables le han proporcionado los datos que se resumen en el cuadro adjunto.

Producto	Aleación de Acero (Libras)	Plástico (Pies 2)	Madera (Pies 3)	Aluminio (Libras)	Formica (Pies 3)	Mano de Obra (Horas)	Demanda Mínima Mensual (Unidades)	Beneficio Unitario
A158	—	0,4	0,7	5,8	10,9	3,1	—	18,79
B179	4	0,5	1,8	10,3	2,0	1,0	20	6,31
C023	6	—	1,5	1,1	2,3	1,2	10	8,19
D045	10	0,4	2,0	—	—	4,8	10	45,88
E388	12	1,2	1,2	8,1	4,9	5,5	—	63,00
F422	—	1,4	1,5	7,1	10,0	0,8	20	4,10
G366	10	1,4	7,0	6,2	11,1	9,1	10	81,15
H600	5	1,0	5,0	7,3	12,4	4,8	20	50,06
I701	1	0,4	—	10,0	5,2	1,9	50	12,79
J802	1	0,3	—	11,0	6,1	1,4	20	15,88
K900	—	0,2	—	12,5	7,7	1,0	20	17,91
L901	2	1,8	1,5	13,1	5,0	5,1	10	49,99
M050	—	2,7	5,0	—	2,1	3,1	20	24.00
N150	10	1,1	5,8	—	—	7,7	10	88,88
P259	10	—	6,2	15,0	1,0	6,6	10	77,01
Disponibilidad mensual	980	400	600	2.500	1.800	1.000		

a) ¿Cuántos de los 15 productos deben producirse cada mes?

b) Explique claramente el significado de cada precio sombra.

c) Un grupo de trabajadores interesados en ahorrar algo de dinero para las vacaciones están dispuestos a trabajar horas extras el mes próximo, a un coste de 12,50 dólares por hora. ¿Sería interesante su contratación?

d) Un proveedor nos ha comunicado que dispone de dos toneladas de aleación de acero que nos vendería a un precio especial de 8.000 dólares. ¿Debemos comprarlas? ¿Debemos comprarlas todas o solamente una parte?

e) Los contables acaban de descubrir un error en el cálculo del beneficio unitario del producto N150. El valor correcto es de 88 dólares. ¿Cuáles son las implicaciones de este error?

f) Los directivos están considerando el abandono de cinco productos (los de referencia A hasta la E) Si no se establece una demanda mínima mensual para estos productos, ¿qué implicaciones habría? Nótese que ya no existen mínimos para dos de estos productos. Utilice el valor corregido del producto N150.

CASO DE ESTUDIO

Golding Landscaping and Plants, Inc.

Kenneth y Patricia Golding habían trabajado toda la vida como inversores inmobiliarios en Washington D. C. Cuando, finalmente, se han retirado a un rancho de 25 acres en el condado de Fairfax, al norte de Virginia, se han convertido en unos entusiastas jardineros aficionados. Kenneth ha plantado arbustos y árboles frutales, mientras que Patricia pasa su tiempo plantando plantas de todas las medidas en macetas. Cuando el volumen de arbustos y plantas alcanzó el punto en que los Golding empezaron a pensar en su *hobby* como en una seria oportunidad de negocio, construyeron un invernadero al lado de su casa e instalaron sistemas de calefacción y riego.

En 1984, cuando los Golding se retiraron de su inmobiliaria, solamente cambiaron su trabajo por el negocio de las plantas y los arbustos, ya que acabaron solicitando los permisos pertinentes a las autoridades de Virginia para iniciar la explotación de lo que empezó siendo su *hobby*. Unos meses más tarde, y con ayuda de su abogado, constituyeron la sociedad Golding Landscape and Plants, Inc.

Con el nuevo negocio, Kenneth, reconoció muy pronto la necesidad de disponer de un fertilizante de alta calidad que él mismo podía hacer a partir de diferentes compuestos químicos, y que podía utilizar tanto para consumo propio como para venderlo a terceros. Su objetivo era mantener sus costes al mínimo, mientras producía un fertilizante especialmente adecuado al clima del norte de Virginia. Trabajando conjuntamente con químicos de las universidades de Virginia Tech y George Mason, Golding consiguió la mezcla "Golding-Grow", que integra cuatro compuestos químicos: C-30, C-92, D-21 y E-11. El coste por libra de cada compuesto se muestra en la tabla siguiente:

TABLA 6.1

COMPUESTO QUÍMICO	COSTE POR LIBRA
C-30	0,12
C-92	0,09
D-21	0,11
E-11	0,04

Las especificaciones del Golding-Grow son las siguientes:

a) El compuesto E-11 debe representar al menos el 15 por 100 de la mezcla.

b) C-92 y C-30 juntos deben ser al menos el 45 por 100.

c) D-21 y C-92 juntos no pueden ser más del 30 por 100.

d) Golding-Grow se envasa y vende en sacos de 50 libras.

PREGUNTAS DE DISCUSIÓN

1. Formular el programa lineal para determinar qué mezcla de los cuatro compuestos químicos permitirán a los Goldwing minimizar el coste del saco de 50 libras de fertilizante.
2. Resolverlo.

Fuente: Barry Render y Ralph Stair, *Introduction to Management Scinece* (Boston: Allyn and Bacon, 1992): 84.

CASO DE ESTUDIO

Mexicana Wire Works

Ron García se sentía bien después de su primera semana como directivo en formación en Mexicana Wire Winding, Inc. Todavía no conocía bien los aspectos técnicos del proceso de producción, pero había visitado toda la fábrica, localizada en las afueras de la ciudad de México, y había conocido a muchas personas en diferentes áreas de operaciones.

Mexicana, es una subsidiaria de Westover Wire Works (la empresa mediana de Texas de la que ya hablamos unos capítulos atrás), empresa dedicada al bobinado de cable para transformadores eléctricos. José Arroyo, el director de control de producción, describió las bobinas a Ron desde el inicio del diseño estándar. La visita de Ron por la fábrica, con un layout orientado a procesos (ver Fig. S6.12), siguió la secuencia de fabricación: trefilado, extrusión, bobinado, inspección y empaquetado. Después de la inspección, los productos buenos se empaquetaban y

FIGURA S6.12 ■ Plano de la fábrica de Mexicana Wire Winding, Inc.

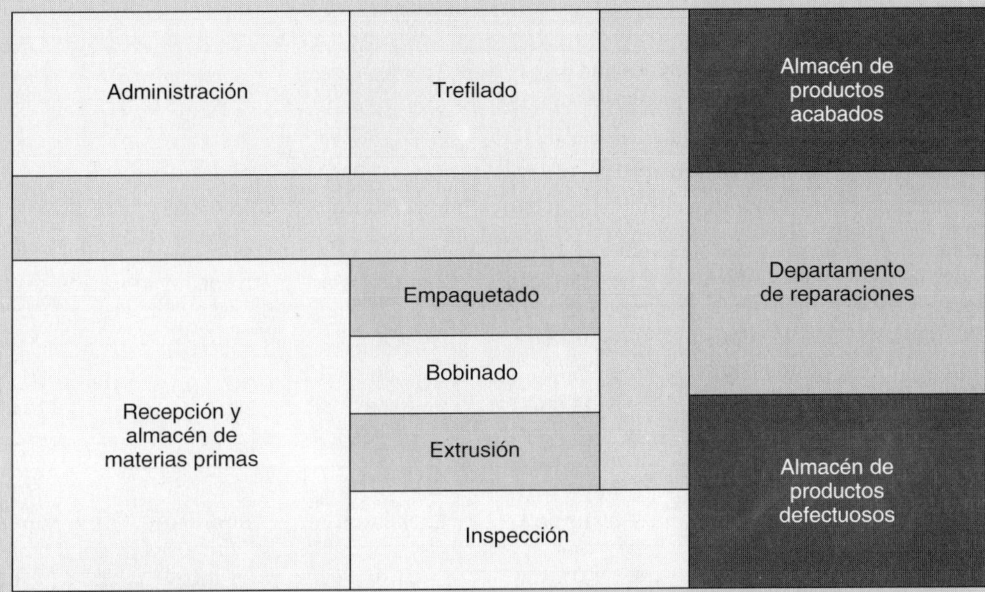

se enviaban al almacén de productos acabados, los productos defectuosos se almacenaban por separado hasta que eran reparados. El 8 de marzo, Vivian Espania, Directora General de Mexicana, se detuvo en la oficina de Ron y le pidió que asistiera a la reunión de dirección a las 13:00 horas.

"Empecemos con los asuntos que tenemos entre manos", dijo Vivian al empezar la reunión, "Todos conocéis a Ron García, nuestro nuevo directivo en formación. Ron ha estudiado dirección de operaciones en su MBA de la Universidad de Southern California, por lo que creo que está preparado para ayudarnos en el problema que hemos estado discutiendo durante tanto tiempo y que todavía no hemos resuelto. Estoy segura de que todos vosotros prestaréis a Ron toda vuestra ayuda."

Vivian se giró hacia José Arroyo y le dijo: "José, ¿por qué no nos describes el problema que nos ocupa?

"Bien", dijo José, "los negocios van muy bien. Estamos recibiendo más pedidos de los que podemos servir. Dispondremos de nuevos equipos en los próximos meses que solucionarán nuestros problemas de capacidad, pero que no nos ayudarán en abril. He localizado a algunos empleados retirados que trabajaban en la sección de trefilado y estoy pensando en ofrecerles un contrato temporal para el mes de abril y poder así incrementar la capacidad de esta sección. Como estamos pensando en renegociar nuestros créditos a largo plazo, Vivian está interesada en que nuestros beneficios en el mes de abril sean los mayores posibles. Me queda un duro trabajo para decidir qué órdenes se van a servir y cuáles van a ser aplazadas, por lo que debo realizar una planificación muy ajustada. ¿Puedes ayudarme en esto?"

Ron quedó muy sorprendido y acogotado al recibir un encargo de estas características tan pronto. Recuperándose rápidamente, dijo: "Pásame los datos (tabla adjunta) y déjame trabajar en ello un día o dos."

PREGUNTAS DE DISCUSIÓN

1. ¿Qué recomendaciones puede dar Ron García? ¿Con qué justificación? Proporcione un análisis detallado con gráficos y salidas de computador incluidas.
2. Discuta la necesidad de la contratación de trabajadores temporales en el departamento de trefilado.
3. Comente la distribución en planta.

Fuente: Profesor Victor E. Shower, Universidad de Houston State. Este material está basado en una situación real y actual, donde se han cambiado los nombres y los datos por cuestiones de confidencialidad.

TABLA 2

PEDIDOS DE ABRIL

Producto Núm. W0075C	1.400 unidades
Producto Núm. W0033C	250 unidades
Producto Núm. W0005X	1.510 unidades
Producto Núm. W0007X	1.116 unidades

Nota: Vivian ha dado su palabra a un cliente importante de que se fabricarán para él 600 unidades de W0007X y 150 de W0075C durante el mes de abril.

COSTES ESTÁNDAR	PRODUCTO	MATERIALES	MANO DE OBRA	OTROS	PRECIOS DE VENTA
	W0075C	33,00	9,90	23,10	100,00
	W0033C	25,00	7,50	17,50	80,00
	W0005X	35,00	10,50	24,50	130,00
	W0007X	75,00	11,25	63,75	175,00

TIEMPO DE TRABAJO (HORAS)	PRODUCTO	TREFILADO	EXTRUSIÓN	BOBINADO	EMPAQUETADO
	W0075C	1,0	1,0	1,0	1,0
	W0033C	2,0	1,0	3,0	0,0
	W0005X	0,0	4,0	0,0	3,0
	W0007X	1,0	1,0	0,0	2,0

TIEMPO DE TRABAJO (HORAS)	PRODUCTO	EXTRUSIÓN	BOBINADO	EMPAQUETADO
	4.000	4.200	2.000	2.300

Nota: La capacidad de inspección no representa ningún problema. Se pueden utilizar las horas necesarias para completar el trabajo planificado.

Otros Datos Interesantes

Producción media mensual: 2.400 unidades.

Utilización media de la maquinaria: 63%.

Porcentaje medio de producción enviada al departamento de reparaciones: 5% (la mayoría de la sección de bobinado).

Promedio de unidades rechazadas esperando ser reparadas: 850 (la mayoría de la sección de bobinado).

BIBLIOGRAFÍA

Bodington, C. E., and T. E. Baker. "A History of Mathematical Programming in the Petroleum Industry." *Interfaces*, 20, no. 4 (July/August 1990): 117–132.

Farley, A. A. "Planning the Cutting of Photographic Color Paper Rolls for Kodak (Australasia) Pty. Ltd." *Interfaces*, 21, no. 1 (January/February 1991): 92–106.

Ferris, M. C., and A. B. Philpott. "On the Performance of Karmarkar's Algorithm." *Journal of the Operational Research Society*, 39 (March 1988): 257–270.

Gass, S. I. *An Illustrated Guide to Linear Programming*. New York: Dover, 1990.

Greenberg, H. J. "How to Analyze the Results of Linear Programs–Part 1: Preliminaries." *Interfaces*, 23, no. 4 (July/August 1993): 56–68.

——. "How to Analyze the Results of Linear Programs—Part 3: Infeasibility Diagnosis." *Interfaces*, 23, no. 6 (November/December 1993): 120–139.

Hirshfeld, D. S. "Some Thoughts on Math Programming Practice in the '90s." *Interfaces*, 20, no. 4 (July/August 1990): 158–165.

Oliff, M., and E. Burch. "Multiproduct Production Scheduling at Owens-Corning Fiberglass." *Interfaces*, 15 (September/October 1985): 25–34.

Orden, A. "LP from the '40s to the '90s." *Interfaces*, 23, no. 5 (September/October 1993): 2.

Quinn, P., B. Andrews, and H. Parsons. "Allocating Telecommunications Resources at L.L. Bean, Inc." *Interfaces*, 21, no. 1 (January/February 1991): 75–91.

Render, B., and R. M. Stair. *Introduction to Management Science*. Boston: Allyn and Bacon, 1992.

——. *Quantitative Analysis for Management*, 5th ed. Boston: Allyn & Bacon, 1994.

Rubin, D. S., and H. M. Wagner. "Shadow Prices: Tips and Traps for Managers and Instructors." *Interfaces*, 20, no. 4 (July/August 1990): 150–157.

Saltzman, M. J. "Survey: Mixed Integer Programming." *OR/MS Today*, 21, no. 2 (April 1994): 42–51.

Schindler, S., and T. Semmel. "Station Staffing at Pan American World Airways." *Interfaces*, 23, no. 3 (May/June 1993): 91.

Sexton, T. R., S. Sleeper, and R. E. Taggart, Jr. "Improving Pupil Transportation in North Carolina." *Interfaces*, 24, no. 1 (January/February 1994): 87–104.

Zangwill, W. I. *Lightning Strategies for Innovation: How the World's Best Firms Create New Products*. New York: Lexington Books, 1993.

Zappe, C., W. Webster, and I. Horowitz. "Using Linear Programming to Determine Post-Facto Consistency in Performance Evaluations of Major League Baseball Players." *Interfaces*, 23, no. 6 (November/December 1993): 107–119.

7

ESTRATEGIA DE PROCESOS Y PLANIFICACIÓN DE CAPACIDAD

CONTENIDO DEL CAPÍTULO

OBJETIVOS DE APRENDIZAJE

Cuando haya completado este capítulo debe ser capaz de:

Identificar o definir:

- Enfoque de proceso
- Enfoque de producto
- Enfoque repetitivo

Explicar:

- Lean Production
- Los conceptos de capacidad
- Análisis de punto muerto o equilibrio
- Consideraciones financieras
- Inversiones soporte de la estrategia

PERFIL DE CLASE MUNDIAL: NUCOR

LA SELECCIÓN DEL PROCESO PROPORCIONA UNA VENTAJA COMPETITIVA A NUCOR

En Crawfordsville, Indiana, Nucor produce láminas de acero con un proceso aproximadamente continuo y con pocas variaciones. Pero con pequeños cambios en la mezcla de aceros, aleaciones, y en la medida y acabado del acero, cubren una amplia gama de los requisitos del mercado.

Nucor construye y trabaja con un tipo de acerías conocidas como «minimill». Las «minimills» son más pequeñas, más baratas y menos complejas, y han demostrado ser más eficientes que las acerías integradas. Las «minimills» normalmente fabrican el acero a partir de chatarra y no de mineral. Cerca de la mitad del acero que se consume en los Estados Unidos se produce de este modo.

El acero se produce en dos fases. En la primera, la chatarra es cargada en dos hornos de arco eléctrico de 125 toneladas cada uno. Acto seguido, una enorme descarga eléctrica funde la chatarra. Entonces se realiza un análisis de la aleación y se añade una variedad de ingredientes adicionales, dependiendo de la naturaleza de la chatarra y del tipo de producto que se desee. El fundido de la chatarra se hace a unos 3.000 ºF. Posteriormente, el líquido es vertido en un caldero y transportado por una grúa elevada hacia una máquina moldeadora, donde el acero se solidifica en forma de una cinta de acero de dos pulgadas, roja y caliente, que es cortada a lo largo mientras se enfría. Las láminas cortadas pesan unas 25 toneladas.

En la segunda fase, las características del acero pueden ser ligeramente modificadas y determinan la forma y acabado. Las instalaciones de Crawfordsville

En este horno de arco eléctrico caben 125 toneladas. Los electrodos colocados entre la chatarra fría de acero en el horno producen un arco de calor que funde la chatarra.

Este caldero, equipado con agitadores magnéticos y desgasificación al vacío, vierte el acero a través de una tobera cerámica en un recipiente, y de ahí a un molde especial que puede ajustar las dimensiones de la plancha.

normalmente realizan láminas de acero. Esto se lleva a cabo en un tren de laminado y operaciones relacionadas.

El tren de laminado, por el que circula el acero a una velocidad de 30 millas por hora, presiona progresivamente las láminas incandescentes hasta conseguir las formas deseadas.

Las siguientes operaciones de acabado pueden modificar las características de la lámina de acero dependiendo de los deseos del cliente y el mercado.

En Nucor, la selección de procesos proporciona una ventaja competitiva de diversas maneras.

Primero, Nucor moldea el acero próximo a la forma final del producto, eliminando inversiones innecesarias en equipo y personal.

Segundo, el proceso continuo elimina una substancial cantidad de recalentamientos antes de laminarlo. Esto proporciona importantes ahorros en costes de energía.

Tercero, un proceso eficiente, combinado con un efectivo sistema de incentivos, proporciona el más alto nivel de productividad del mundo para una acería. Las horas de mano de obra por tonelada en Nucor son la mitad que las de sus competidores.

Cuarto, el proceso tecnológico usado en Crawfordsville da una alta productividad y un alto nivel de calidad. El proceso ofrece un excelente control de las características del acero, y una mano de obra, energía, y trabajo en curso, reducidos, al mismo tiempo que ahorros netos en inversión de capital.

¿Cómo mantiene Nucor una ventaja competitiva? Gracias a una excelente dirección de operaciones, incluyendo una estrategia de proceso adecuada.

La fotografía presenta una bobina de lámina de acero enrollada de aproximadamente 25 toneladas.

La fotografía muestra cómo el acero sale del molde de fundición como una lámina de 2 pulgadas de espesor y 52 pulgadas de ancha, y entra en el horno caliente, con una temperatura uniformemente fijada al nivel necesario para el laminado. Se puede obtener una lamina de más alta calidad si la temperatura es uniforme.

Fabricando compresores para aparatos de aire acondicionado, Carrier Corporation debe enfrentarse a competidores de todo el mundo. Para contraatacar, Carrier decidió recientemente cambiar su estrategia y construir compresores sólo bajo pedido del cliente. Esto significa que las grandes fábricas de la empresa, construidas en los años 70 y 80, con sus elevados costes fijos y líneas de producción inflexibles, no son adecuadas. Esto también supone que Carrier debe diseñar procesos de fabricación que sean lo suficientemente flexibles como para responder a las órdenes de los clientes, y no tener inventarios de productos acabados. Para ser una empresa de clase mundial, Carrier no tuvo otra elección que cambiar su estrategia de proceso.[1] ♦

En el Capítulo 6 examinamos la necesidad de seleccionar, definir y diseñar los productos. Ahora nos orientaremos hacia la selección de los procesos utilizados para hacer aquellos productos, y examinaremos las ventajas y desventajas de cambios de procesos, como los realizados por Carrier y Nucor. La principal decisión para un director de operaciones es encontrar la mejor manera de producir un producto. Este capítulo trata de las maneras de ayudar a los directivos a desarrollar lo que se denomina como la estrategia de proceso.

Estrategia de proceso

Una **estrategia de proceso** (o de transformación) es el enfoque que adopta una organización para transformar recursos en bienes y servicios. El *objetivo de una estrategia de proceso* es encontrar una forma de producir bienes que satisfagan las necesidades de los clientes y las epecificaciones de los productos, a un coste concreto y bajo determinadas restricciones de gestión.

El proceso seleccionado tendrá efectos a largo plazo en las actividades, eficiencia y producción de la organización, así como en la flexibilidad, coste y calidad de los bienes producidos. Por esa razón, buena parte de la estrategia de la empresa se determina a la vez que se realiza la selección del proceso. El resultado de una selección eficaz de proceso previa a la producción es mucho más fructífera que el esfuerzo mismo empleado más tarde para mejorar un proceso equivocado.

TRES ESTRATEGIAS DE PROCESO

Prácticamente todo en el mundo se hace utilizando alguna variante de las tres estrategias de proceso siguientes: proceso, repetitiva y producto.

Enfoque de proceso

Enfoque de proceso

Procesos intermitentes

Quizás hasta el 75% de la producción de los Estados Unidos está dedicada a hacer productos de *bajo volumen* y *alta variedad,* en lugares denominados "talleres". Las instalaciones se organizan para realizar un *proceso.* En una fábrica, estos procesos pueden ser las secciones o departamentos de soldadura, pintura y, en un entorno de oficina, pueden ser pago de cuentas, ventas y departamento de nóminas. Estas instalaciones tienen un **enfoque de proceso** en términos de equipos, layout y supervisión. Proporcionan un alto grado de flexibilidad de producto, ya que están diseñadas para procesar una amplia variedad de requerimientos y manejar frecuentes cambios. En consecuencia, también son conocidos como **procesos intermitentes**.

[1] Erle Norton, "Future Factories", *Wall Street Journal* (13 de enero de 1993): A1.

Enfoque de producto

La producción de *alto volumen* y *baja variedad* se denomina **enfocada a producto**. El equipo, layout y la supervisión están organizadas para hacer un *producto*. Debido a que las instalaciones enfocadas a producto tienen tiradas de producción muy largas, también se denominan procesos continuos. Un proceso continuo se utiliza para hacer productos como vidrio, papel, hojalata, bombillas, tornillos y tuercas. Algunos productos, como las bombillas, son discretos, es decir, unidades distintas y separadas. Otros, como las bobinas de papel no son discretos. Una empresa que produce todos los días las mismas bombillas o los mismos bocadillos puede invertir y organizar alrededor del producto. Una organización con un proceso continuo tiene una capacidad inherente para establecer estándares y mantener una calidad dada, a diferencia de una empresa que cada día produce un producto diferente. Observe en el *POM en Acción* "Uniformar a los cerdos contribuye a la eficiencia" que, el esfuerzo realizado en la industria de los cerdos para estandarizar los productos es un intento de ser más eficiente, cambiando hacia un proceso continuo.

Enfocada a producto

Orientada a producto

Procesos continuos

Proceso repetitivo

La producción no tiene por qué estar sólo **orientada a producto** o a proceso, ya que existe otra posibilidad. Un tercer enfoque es el de proceso repetitivo. El proceso repetitivo utiliza módulos. Los *módulos* son partes o componentes preparados previamente, a menudo en **procesos continuos**. Un ejemplo de proceso repetitivo es la clásica línea de montaje. El proceso repetitivo es ampliamente utilizado, incluyendo el montaje de prácticamente todos los automóviles y electrodomésticos. La estrategia repetitiva tiene menos flexibilidad que una instalación orientada a proceso, pero más flexibilidad que una instalación enfocada a producto.

Las empresas de comida rápida son otro ejemplo de proceso repetitivo que utilizan módulos. Este tipo de producción permite más customización[2] que un proceso continuo; de este modo los módulos (por ejemplo, carne, queso, salsa, tomate, cebolla) se ensamblan para conseguir un producto casi bajo pedido, un cheeseburger, por ejemplo. De esta forma, la empresa obtiene a la vez las ventajas del bajo coste unitario del modelo continuo (donde muchos de los módulos están preparados) y la ventaja de la customización del modelo de bajo volumen y alta variedad.

La Tabla 7.1 compara las principales características de las estrategias del enfoque a proceso repetitivo y enfoque a producto.

En 1947, como la mayoría de los restaurantes, McDonald's invertía en salarios entre el 35 y 40 por 100 de sus ingresos brutos. En 1948, Richard y Mac McDonald's cambiaban su proceso a un menú limitado y rígidamente estandarizado. Los hermanos establecieron porciones determinadas para ser servidas en cada tipo de menú. Esto incluía cosas como los dosificadores, que ponían una cantidad determinada de kettchup o mostaza en cada bollo, y vasos y platos de cartón para reemplazar a los vasos de vidrio y platos de porcelana. En 1952, servir a un cliente una hamburguesa, una bebida, una ración de patatas fritas y un helado suponía veinte segundos en McDonald's; los costes de mano de obra se habían reducido a un 17 por 100 de los ingresos brutos y McDonald's empezaba su andadura como restaurante de comida rápida de clase mundial.

Hacia una actuación de clase mundial con la Lean Production[3]

Productores excelentes (lean producers) es el término empleado para describir a los productores repetitivos de clase mundial.[4] La misión de los productores excelentes es alcanzar la perfección. Lean production también significa reducir posiciones de staff y, por consiguiente, los responsables de un trabajo lo hacen todo, desde la limpieza del puesto, a la ejecución, pasando por la planificación. Lean production significa formación continua,

Productores excelentes

---

[2] El término correcto en castellano sería personalización, en referencia a adaptarse a las particularidades solicitadas por un cliente. No obstante, hemos mantenido el término "customización" por el uso elevado que tiene en la jerga empresarial. (N. del T.)

[3] El término "Lean Production" se traduce a veces como Producción Ajustada. En el presente texto utilizaremos el término inglés por considerarlo de utilización universal. No obstante, creemos que sería más adecuada la traducción del término como Producción Excelente y, por tanto, lo utilizaremos alguna vez.

[4] "Fabricación sincronizada" es otro término actualmente en boga para describir procesos repetitivos eficientes. General Motors ha llegado a introducir en su léxico la denominación de director de fabricación sincronizada.

TABLA 7.1 ■ Comparación de las características de los tres tipos de proceso.

PROCESO DE BAJO VOLUMEN Y ALTA VARIEDAD (ENFOQUE A PROCESO) (EJEMPLO: HOSPITALES)	PROCESO MODULAR (ENFOQUE REPETITIVO) (EJEMPLO: BURGER KING).	PROCESO DE ALTO VOLUMEN Y BAJA VARIEDAD (ENFOQUE A PRODUCTO) (EJEMPLO: NUCOR STEEL)
1. Se producen pequeñas cantidades y gran variedad de productos.	**1.** Se producen largas tandas de producción, normalmente de un producto estandarizado con opciones, a partir de módulos.	**1.** Se produce una gran cantidad y pequeña variedad de productos.
2. El equipo utilizado es de propósito general.	**2.** Equipo especial ayuda en la utilización de una línea de montaje.	**2.** El equipo utilizado es especializado.
3. Los operarios son altamente cualificados (amplia formación).	**3.** Los empleados están relativamente entrenados.	**3.** Los operarios están muy poco formados.
4. Hay muchas instrucciones de trabajo porque cada trabajo es diferente.	**4.** Las operaciones repetitivas reducen el entrenamiento y los cambios en las instrucciones de trabajo.	**4.** Las órdenes de trabajo y las instrucciones de trabajo son pocas, debido a que están estandarizadas.
5. Los inventarios de materias primas son relativamente altos para el valor del producto.	**5.** Se utilizan técnicas Just in time de aprovisionamiento.	**5.** Los inventarios de materias primas son relativamente bajos para el valor del producto.
6. El stock de trabajo en curso es alto en comparación al output.	**6.** Se utilizan técnicas Just in time de gestión de inventarios.	**6.** El inventario de trabajo en curso es bajo comparado con el output.
7. Las unidades se mueven lentamente a través de la planta.	**7.** El movimiento se mide en horas y días.	**7.** Es típico un movimiento rápido de las unidades a través de la instalación.
8. Los materiales se mueven a través de un pequeño equipo flexible.	**8.** Los materiales se mueven con transportadores, máquinas transfers, AGVs, etc.	**8.** Los materiales se mueven por tuberías conectadas, guías de materiales, etc.
9. Son típicos los pasillos anchos y los almacenes amplios.	**9.** Pasillos de anchura media o estrecha, poco espacio de almacenaje.	**9.** La instalación se construye alrededor de los equipos, máquinas, y flujo de producto.
10. Los artículos finales normalmente se hacen contra pedido y no se almacenan.	**10.** Los artículos finales se producen a partir de previsiones frecuentes.	**10.** Los artículos acabados normalmente se realizan a partir de una previsión y se almacenan.
11. Planificar los pedidos es complejo y depende de un equilibrio entre disponibilidad de inventario, capacidad y servicio al cliente.	**11.** La planificación está basada en construir distintos modelos a partir de diferentes módulos para los que se hacen previsiones.	**11.** La planificación es relativamente simple y busca establecer una tasa de producción suficiente para satisfacer las previsiones de ventas.
12. Los costes fijos tienden a ser altos y los variables altos.	**12.** Los costes fijos dependen de la flexibilidad de la instalación.	**12.** Los costes fijos tienden a ser altos y los variables bajos.
13. El coste se estima antes de hacer el trabajo, pero sólo se conoce después del trabajo	**13.** Los costes normalmente son conocidos, debido a numerosas experiencias previas.	**13.** Dado que los costes fijos son altos, los costes dependen mucho de la utilización de la capacidad.

POM
EN ACCIÓN

Uniformar cerdos contribuye a la eficiencia

En las apartadas colinas de Princeton, Missouri, está produciéndose una revolución alimentaria de varios miles de millones de dólares: Technopork.

Dentro del granero número 5 del gran complejo de Premium Standard Farms Inc., 1.100 cerdos están siendo criados uniformemente delgados, con menos grasa en el cuerpo que el americano adulto medio. Las píldoras hacen ruido en los tubos de plástico cuando baja la comida. Un computador cierra las cortinas cuando la noche es fría y las estufas entran en acción. (Puesto que a los cerdos mayores les gusta la temperatura más bajas un computador baja la temperatura medio grado[5] al día según van creciendo.) Cuando el hedor es demasiado fuerte, se despeja el estiércol con agua.

Una puerta cruje al abrirse y repentinamente los cerdos gruñen y se vuelven al unísono hacia dos hombres con limpios chándals azules, la vestimenta de los cuidadores de cerdos del siglo XXI. VP Dan Skadburg golpea suavemente las costillas de un 235 libras. Cinco días para el matadero, calcula.

Operaciones industriales como ésta, que combina tecnología y finanzas, están cambiando el aspecto de la industria del cerdo. Lejos del sucio negocio adicional que representaba para las granjas familiares, las megagranjas pueden producir un saludable cerdo delgado por un 10% menos del coste de sus competidores más pequeños.

Y, puesto que los cerdos de Premium Standard son tan uniformes, su matadero de 50 millones de dólares va a estar también mecanizado. Los lomos los sacarán robots. Descuartizar, un trabajo que requiere una docena de carniceros, se automatizará. Además de una alta calidad, el cerdo será más barato en el mercado. Es una lección que se aprendió hace tiempo en la industria: los procesos eficientes necesitan productos estandarizados.

Fuentes: Wall Street Journal, 28 de marzo de 1994: A-1; 1 de diciembre de 1994: A-1, 8; y 4 de mayo de 1995: A1-6.

creatividad y equipos de trabajo. Requiere el compromiso total y la aplicación de las capacidades de todo el mundo.

Los productores excelentes comprenden lo que quieren los clientes y rápidamente diseñan productos de calidad para satisfacer sus preferencias. Los logros conseguidos por los productores excelentes son espectaculares (ver la Tabla 7.2). Los atributos de los productores excelentes son los siguientes:

- Eliminan el despilfarro, concentrándose en la *reducción de inventarios.* Eliminan prácticamente todo el inventario. La desaparición de los inventarios elimina las posibilidades de que un producto deficiente pueda seguir su camino a través del proceso de producción.
- Utilizan las técnicas de *justo a tiempo* para reducir el inventario y el despilfarro causado por el mismo. Reducen el tiempo y el coste de cambiar la producción de un producto a otro.
- Construyen *sistemas que ayudan a los empleados* a producir partes perfectas permanentemente.
- *Reducen las necesidades de espacio.* La técnica consiste en minimizar la distancia que recorren las partes fabricadas.
- *Desarrollan una gran relación con los proveedores;* los proveedores entienden las necesidades de la empresa y las de sus clientes.
- *Educan a los proveedores* para aceptar la responsabilidad de ayudar a satisfacer las necesidades de los clientes.
- Se esfuerzan en reducir los costes continuamente, *eliminando todas las actividades sin valor añadido.* Eliminan transportes de materiales, inspecciones, inventarios y

[5] Grados Farenheit, medio grado Farenheit es algo más de un cuarto de grado centígrado. (N. del T.)

TABLA 7.2 ■ Resumen de realizaciones en plantas de montaje de automóviles.

	PRODUCTOS EXCELENTES	OTROS		
	JAPONESES EN JAPÓN	JAPONESES EN NORTEAMÉRICA	AMERICANOS EN NORTEAMÉRICA	EUROPA
Inventarios (días de 8 muestras de partes)	0,2	1,6	2,9	2,0
Calidad (defectos de montaje/100 vehículos)	60,0	65,0	82,3	97,0
Espacio (pies cuadrados/vehículo/año)	5,7	9,1	7,8	7,8
Participación en ingeniería de los proveedores:	51%	14%	37%	32%
Productividad (horas/vehículo)	16,8	21,2	25,1	36,2
% de trabajadores en equipos	69,3	71,3	17,3	0,6
Número de puestos de trabajo	11,9	8,7	67,1	14,8
Formación de nuevos trabajadores de producción	380,3	370,0	46,4	173,3
Sugerencias/empleados	61,6	1,4	0,4	0,4
Absentismo	5,0	4,8	11,7	12,1

Fuente: Adaptado de James P. Womack, Daniel T. Jones y Daniel Roos, *The Machine That Changed de World* (Nueva York: Macmillan, 1990): 92, 118.

reparación de defectuosos porque no añaden valor al producto. Sólo conservan aquellas actividades que añaden valor. El despilfarro se elimina.

- *Se preocupan del desarrollo de los trabajadores.* Constantemente mejoran el diseño de los trabajos, la formación, la participación y compromiso de los empleados, y los equipos de trabajo.
- *Hacen que los trabajos sean más incentivantes,* llevando la responsabilidad al nivel más bajo posible. Reducen el número de clases de trabajo.

Visto en este contexto, observamos que las técnicas tradicionales de producción tenían *objetivos* limitados. Por ejemplo, tradicionalmente, los directivos habían aceptado la producción de un número limitado de partes defectuosas y habían aceptado el stock de seguridad como límite de la reducción de inventarios. Los productores excelentes (lean producters), en cambio, fijan su objetivo en la perfección; ni partes defectuosas ni inventarios. Los resultados son una disminución constante de los costes mediante la calidad de los trabajadores, cero stocks, un enfoque de los equipos de trabajo y comunicación, y una automejora continua por la que los empleados amplían sus habilidades. Los productores excelentes están construyendo permanentemente un sistema de producción mejor. Tal sistema permite cada vez más un trabajo satisfactorio e incentivante para los empleados y una respuesta al mercado más rápida.

La Lean production requiere estar de acuerdo en eliminar permanente aquellas actividades que no añaden valor al producto. En consecuencia, podemos pensar en la lean production como en una filosofía de reducción del despilfarro. Los productores excelentes comienzan una batalla sin fin para reducir los tiempos de inactividad, los tiempos de cambio, inventarios, calidad deficiente, proveedores deficientes, diseños de productos deficientes y actividad deficiente. Sólo cuando se ha hecho esto la organización es excelente y de clase mundial.

Presentamos un ejemplo de éxito de lean production en Westinghouse en el próximo *POM en Acción.*

Comparación de las estrategias de proceso

La Figura 7.1 compara las tres estrategias de proceso que se han presentado. Las ventajas se presentan a través de la línea continua. El coste unitario será menor en el caso de proceso continuo, si existen altos volúmenes gracias a los equipos e instalaciones especializadas. Sin embargo, los bajos volúmenes, servicios o productos únicos son más económicos cuando se producen bajo un enfoque de proceso. La fila inferior de la Figura 7.1 indica que la utilización del equipo en una instalación enfocada a proceso está a menudo en un rango del 5 al 25 por 100. Utilizaciones superiores al 15 por 100 sugieren moverse hacia la derecha en la línea continua de estrategia. McDonald's inició una industria completamente nueva, trasladándose de la izquierda a la derecha en la línea continua.

> Las industrias farmacéuticas y petroquímicas son ejemplos de "industrias de proceso". Las industrias de proceso normalmente trabajan con materias primas líquidas y voluminosas.

Sin embargo, cambiar un sistema de producción del modelo orientado a proceso al modelo orientado a producto suele resultar caro. En algunos casos este cambio significa comenzar de nuevo. En consecuencia, elegir dónde actuar en la línea continua de la estrategia de proceso determinará la estrategia de transformación para un período extenso de tiempo.

FIGURA 7.1 ■ Proceso Continuo.

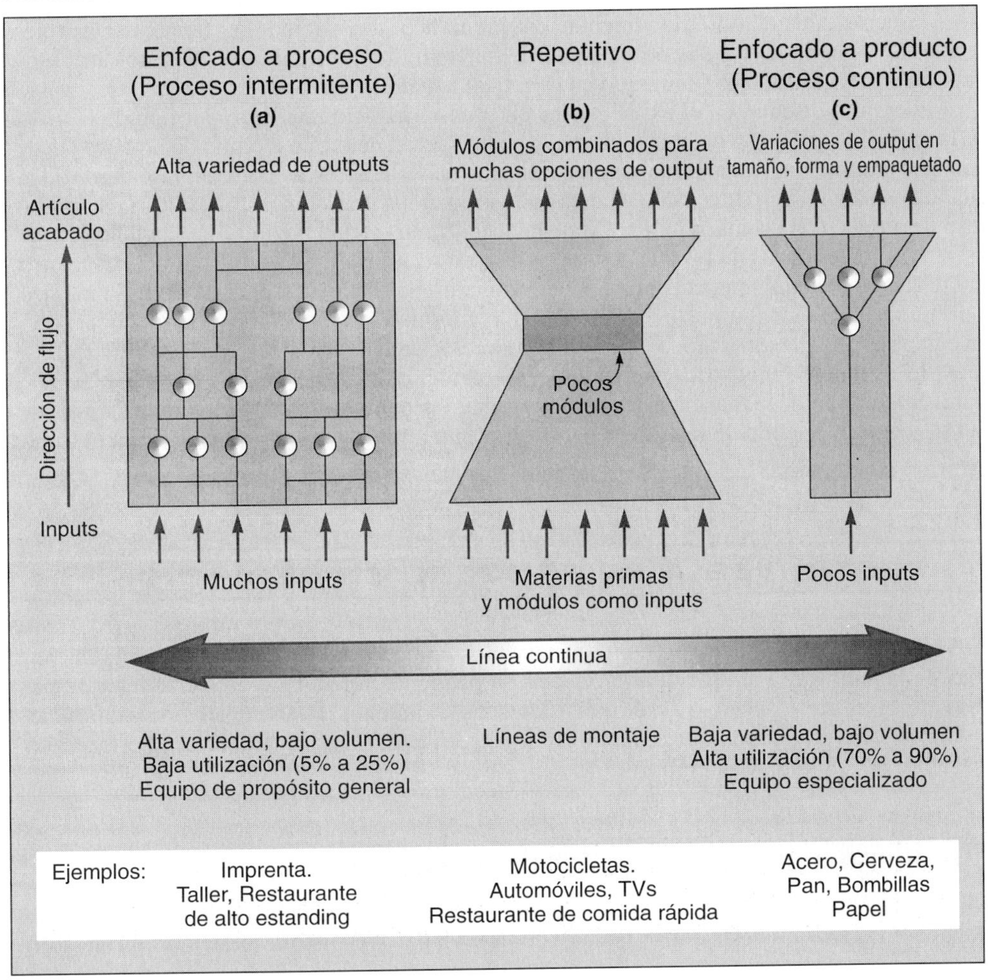

La tecnología puede proporcionar nuevos procesos. Un nuevo proceso desarrollado por Floyd Hammer convierte plástico en bancos para los parques resistentes a la climatología, topes en los parkings, etc. La empresa de Hammer, Plastic Recycling Corp., situada en Iowa Falls, espera crecer de sólo 2 plantas a más de 16, ya que su nuevo proceso proporciona un producto respetuoso con el medio ambiente.

El desplazarse hacia la derecha es deseable si:

1. Los *cash flows* para retribuir los costes fijos son adecuados:
2. El *riesgo de baja* demanda es insignificante.
3. Se puede mantener la necesaria *variedad de productos*.

La idea es moverse hacia la derecha tan rápidamente como sea posible, para aumentar la utilización, sin que los costes fijos se conviertan en intolerables o se destruya la necesaria variedad de productos.

Selección de las máquinas y los equipos

Finalmente, las decisiones sobre un determinado proceso requieren elegir maquinaria y equipos. Estas decisiones son complejas, ya que, en prácticamente todas las funciones de operaciones, ya sean hospitales, restaurantes, o instalaciones manufactureras, son posibles métodos de producción alternativos. La elección del mejor equipo significa entender la industria concreta, los procesos establecidos y la tecnología (ver las fotos de Plastic Recycling Corp.). Esta elección de equipo, ya sea un aparato de rayos X en un hospital, un torno controlado por computador en una fábrica, o un nuevo computador en una oficina, requiere considerar los costes, calidad, capacidad y flexibilidad. Para tomar esta decisión, el personal de operaciones elabora documentación que indica la capacidad, el tamaño y las tolerancias de cada opción, y sus necesidades de mantenimiento. Cualquiera de estos atributos puede ser el factor decisor, teniendo en cuenta el uso de un proceso.

Como se discutió en el *POM en Acción* "Automatización de la producción de la masa de la pizza", la selección de la maquinaria y equipo de un determinado tipo de proceso puede también proporcionar una ventaja competitiva. Muchas empresas, por ejemplo, desarrollan una máquina singular o una técnica única que proporciona una ventaja competitiva en un proceso de producción establecido. Esta ventaja puede venir de una flexibilidad añadida para satisfacer las necesidades de los clientes, de un bajo coste, o de una alta calidad. La innovación y modificación del equipo puede también permitir conseguir un proceso de producción más estable que requiera menos ajustes, mantenimiento y formación de operarios. En cualquier caso, un equipo especializado y único a menudo proporciona una manera de conseguir pedidos.

El estudio de industrias específicas y de su tecnología está fuera del objetivo de este libro. Sin embargo, los avances tecnológicos que influyen en la estrategia de procesos de POM, y en la selección de maquinaria y equipo, son importantes y se presentan en el Capítulo 8.

ESTRATEGIA DE PROCESO EN SERVICIOS

La Figura 7.1 es de aplicación tanto en servicios como en fabricación. Por ejemplo, muchas de las industrias de servicio producen en pequeños lotes. Esto es cierto para despachos de abogados, servicios médicos, dentistas y muchos restaurantes. A menudo se producen lotes de tamaño tan pequeño como una unidad. Estas organizaciones estarían situadas en la izquierda de la Figura 7.1.

Consideraciones para el sector de servicios

Como indica la Figura 7.1, la utilización de los equipos es extremadamente baja en las instalaciones enfocadas a proceso, quizás tan baja como un 5 por 100. Esto es cierto no sólo en fabri-

POM EN ACCIÓN

Los métodos de lean production son un éxito en Westinghouse

Para Westinghouse, los problemas estaban claros: la competencia internacional estaba creciendo; la compañía estaba obligada a bajar los precios, a pesar de que el coste de materiales, personal y gastos generales continuaba creciendo; y las expectativas cada vez mayores de los clientes pedían tiempos de ciclo más cortos, calidad superior y satisfacción del cliente.

La lean production (conocida como reingeniería en Westighouse) fue la respuesta. La expresión comprende técnicas como los equipos de trabajo que entrenan a los trabajadores en múltiples habilidades para que puedan realizar más de un trabajo, como el "enpowerment" o potenciación de los trabajadores, que significa llevar la autoridad de toma de decisiones tan abajo como se pueda en la organización. También supone reorganizar las líneas de montaje y las oficinas para simplificar y aumentar la velocidad del flujo de trabajo.

La solución de la empresa consistió en desarrollar la WESTIP (Westighouse Technology to Improve Process), un método para hacer reingeniería o mejora de procesos del negocio durante doce años. Equipos multidepartamentales de empleados utilizaron WESTIP para analizar los procesos, rediseñarlos e implementarlos rápida y sencillamente.

El resultado fue un Baldrige National Quality Award y los beneficios siguientes: 22 millones de dólares en ahorros en un año, reducción de los costes de materiales en dos tercios, reducción del plazo de diseño de noventa días a diez días, un 30 por 100 de reducción en los costes de fabricación gracias a la mejora del layout, una disminución en el tiempo de tratamiento de las órdenes de compra de catorce días a seis horas, y reducción del coste de las órdenes de 86 dólares a 12 dólares. Finalmente, una fábrica que utilizaba 100.000 pies cuadrados para producir componentes Westinghouse, ahora sólo necesita 40.000 pies cuadrados.

Fuentes: Westinghouse Productivity and Quality Center Workshop, Pittsburgh, diciembre 1–3, 1993; y *Wall Street Journal* (marzo 16, 1993): A-1.

cación, sino también en servicios. Una máquina de rayos X en la consulta de un dentista y la mayoría de los equipos de un restaurante de lujo tienen una baja utilización. Los hospitales, también pueden situarse en este rango, lo que explicaría el porqué de sus altos costes. ¿Por qué se da esta baja utilización? En parte, porque se desea tener exceso de capacidad para los picos de carga. Los directores de hospitales, así como los directores de otras instalaciones de servicio y sus pacientes y clientes, cuentan con que los equipos estén disponibles cuando se necesiten. Otra razón de la baja utilización es la existencia de una planificación deficiente (aunque se han realizado importantes esfuerzos para prever la demanda en las industrias de servicios) y el desequilibrio resultante en la utilización de las instalaciones.

Restaurantes, como el General Mills'Red Lobster, son parte de la industria de servicios, pero son también la etapa final de una gran línea de producción. Al principio de la línea entran las materias primas, un total de 60 millones de libras de marisco al año. El marisco se compra en todo el mundo. Las gambas llegan en cajas congeladas de Ecuador y Tailandia a la planta de proceso de General Mills en St. Petersburg, Florida. Allí las gambas se cargan en una cinta transportadora para ser descortezadas, cocinadas, rápidamente congeladas, clasificadas, y reempaquetadas para la entrega final a los restaurantes.

La industria de servicios se mueve hacia la derecha de la Figura 7.1, a través del establecimiento de restaurantes de comida rápida, talleres de engrase de automóviles, talleres de puestas a punto de automóviles, etc. Obsérvese cómo la industria de los cerdos y el negocio de las pizzas se mueven hacia la derecha en nuestra línea continua de procesos, como se indica en los *POM en acción* anteriores a este capítulo. Como la variedad de servicios se reduce, podemos esperar que su coste unitario disminuya. Esto es lo que normalmente sucede.

Contacto con clientes y estrategia de proceso

El nivel de contacto existente con los clientes es una variable de gran importancia en un sistema de transformación. En un proceso que interacciona directamente con el cliente, se puede prever que éste afectará negativamente en la realización del proceso. En un restaurante, una

POM
EN ACCIÓN

Automatización de la producción de la masa de la pizza

Aunque en el negocio de la pizza los artesanos están siendo sustituidos por la máquina, la estrella de toda pizzería es la persona con delantal blanco que moldea la masa hasta la consistencia adecuada, la voltea en el aire para darle forma, añade los complementos, y la pone en el horno. Todo este trabajo manual tiene por objetivo producir una pizza con la combinación ideal de masa crujiente y masticable.

Ahora, AM Manufacturing de Chicago ha desarrollado un sistema que puede producir una masa similar, sin que la toquen manos humanas. Su masa se vende en tiendas de alimentación a gente normal para que hagan sus propias pizzas en casa.

A continuación explicamos cómo se hace esta masa: el primer paso consiste en mezclar harina, agua, y otros ingredientes. Entonces la masa se coloca en un transportador que la lleva a una máquina donde se corta en porciones, según la medida deseada. Después, la masa se enrolla en bolas para poderla mover y darle consistencia. Las bolas pasan a otra cinta, que las transporta a una prensa que las convierte en discos. Una vez aplanada, la masa se dirige a otra prensa donde matrices calientes hacen los bordes de la masa.

El tiempo de cocción en la línea de fabricación de AM es de sólo tres minutos, lo que proporciona una masa esponjosa. Los métodos antiguos que producían masas menos sabrosas cortaban simplemente bases de una lámina de masa fría y las horneaban durante períodos más largos de tiempo.

Fuentes: Restaurant Business (sept., 1, 1992): 148-150; y *The New York Times* (junio 27, 1993): F10.

instalación médica, un despacho de abogados, o una tienda detallista, la interacción entre el consumidor y el proceso impide a este último operar tan equilibradamente como lo podría hacer en caso contrario. La atención individual y la customización del producto o del servicio para el cliente pueden provocar estragos en el proceso. Cuanto más aislado pueda estar un proceso de las exigencias individuales de un cliente, más bajos serán los costes. La mejora de la productividad puede alcanzarse de diferentes maneras, como se indica en la Tabla 7.3.

CAPACIDAD

Después de estudiar las distintas opciones de proceso, aún quedan por analizar otros temas relacionados. En el resto del capítulo trataremos de tres conceptos que son importantes para la toma de buenas decisiones de proceso, a saber: la capacidad, el análisis de equilibrio o de punto muerto, y la inversión.

TABLA 7.3 ■ Contacto con el cliente y estrategia de proceso. Estas técnicas se utilizan para aumentar la productividad.

TÉCNICA	EJEMPLO
Restringir las ofertas.	Restaurante de menú limitado.
Estructurar el servicio de manera que los clientes vayan donde se ofrezca éste.	Bancos donde los clientes van a la sección de cuentas nuevas para abrir una, al departamento de préstamos a solicitar uno, o a la caja para depositar o sacar dinero.
Proporcionar autoservicio para que los clientes examinen, comparen y evalúen por sí mismos.	Supermercados y grandes almacenes.
Separar los servicios que puedan automatizarse.	Cajeros automáticos.
Customización en la entrega.	Customización de furgonetas en la entrega en lugar de en la producción.

La fabricación flexible puede mejorar el servicio al cliente y dar una ventaja competitiva. El proceso de producción de bicicletas Panasonic customizadas de National Bicycle comienza definiendo las necesidades del cliente. El cliente se monta en un cuadro de bicicleta especial, en una tienda Panasonic, y se le toman las medidas necesarias. Estas medidas se envían a la fábrica, donde un software de C. A. D. produce un diseño en unos tres minutos. Al mismo tiempo, se prepara una etiqueta de código de barras que identificará los diferentes componentes de la bicicleta en su movimiento a través de la producción. El tiempo entre el principio y el final es de tres horas.

La **capacidad** se define como el máximo output (producción) de un sistema en un período dado y bajo condiciones ideales. En una instalación orientada a proceso, la capacidad se define a menudo por alguna medida de tamaño, como el número de camas en un hospital o el número de sillas en un restaurante. En un proceso repetitivo, el número de unidades montadas en cada turno, por ejemplo, el número de refrigeradores, puede ser el criterio para definir la capacidad y, en una instalación enfocada al producto como Nucor, la medida de capacidad pueden ser las toneladas de acero procesadas por turno. Cualquiera que sea la unidad de medidas, la decisión sobre capacidad es crítica para una organización, ya que todo, desde el coste hasta el servicio al cliente, depende de la capacidad del proceso de producción.

Muchas organizaciones explotan sus instalaciones a un ritmo inferior al de su capacidad; lo hacen así porque han descubierto que pueden trabajar más eficientemente cuando sus recursos no se fuerzan al límite. En su lugar, puede que trabajen al 92% de la capacidad. Este concepto se denomina **capacidad efectiva**, o **utilización**, que es sencillamente el porcentaje de capacidad con que se puede contar. Se puede calcular con la siguiente expresión:

Capacidad efectiva utilización

$$\text{Capacidad efectiva o utilización} = \frac{\text{Capacidad esperada}}{\text{Capacidad}}$$

La capacidad efectiva, o utilización, es la capacidad que una empresa puede esperar alcanzar dado su mix de producción, métodos de programación, mantenimiento y niveles de calidad.

Otro concepto relativo a capacidad es la eficiencia. Dependiendo de cómo se utilizan o gestionan las instalaciones, puede ser difícil o imposible alcanzar el 100% de eficiencia. Normalmente la **eficiencia** se expresa como un porcentaje de la capacidad efectiva. La eficiencia es una medida del output actual respecto a la capacidad efectiva:

Eficiencia

$$\text{Eficiencia} = \frac{\text{Output actual}}{\text{Capacidad efectiva}}$$

La **capacidad estimada** es una medida de la capacidad máxima utilizable de la instalación. La capacidad estimada siempre será menor o igual a la capacidad. La ecuación para calcularla es:

Capacidad estimada

$$\text{Capacidad estimada} = (\text{capacidad})\ (\text{utilización})\ (\text{eficacia})$$

En el siguiente ejemplo se determina una capacidad estimada:

EJEMPLO 7.1

La panadería de Sara James tiene una planta de procesado de bollos de desayuno. La instalación tiene una eficiencia del 90 por 100 y una utilización del 80 por 100. Se utilizan tres líneas de proceso para la producción de bollos. Las líneas operan siete días a la semana y tres turnos de ocho horas al día. Cada línea se diseñó para procesar 120 bollos estándares por hora. ¿Cuál es la capacidad estimada?

Para calcular la capacidad estimada multiplicaremos la capacidad (que es igual al número de líneas multiplicado por el número de horas, multiplicado por el número de bollos por hora) por la utilización y por la eficiencia. Cada instalación se utiliza siete días por semana, tres turnos al día. Por lo tanto, cada línea de proceso se utiliza 168 horas a la semana (7 días × 3 turnos por día × 8 horas por turno = 168 horas). Con esta información, la capacidad estimada es:

$$\begin{aligned}\text{Capacidad estimada} &= (\text{capacidad})\ (\text{utilización})\ (\text{eficiencia}) \\ &= [(120)\ (3)\ (168)]\ (0{,}8)\ (0{,}9) = 43.546 \text{ bollos/semana}\end{aligned}$$

Las inversiones de capital para un cambio de capacidad pueden ser enormes. Muchas compañías hacen frente a esto realizando los incrementos poco a poco cuando es posible. Otras se ajustan a la situación, modificando viejos equipos o utilizando equipos de segunda mano incluso si no es eficiente. Por ejemplo, los directivos de la empresa familiar Chelsea Milling Company, fabricantes de la marca Jiffy de harinas y similares, decidió que su empresa y su estrategia de POM no permitía inversiones adicionales de capital en nuevos equipos. En consecuencia, cuando realizan reparaciones, modifican equipos o los adaptan para períodos punta, se sirven de recambios y equipos a menudo usados.

Planificación de las necesidades de capacidad

La determinación de las necesidades de capacidad futuras puede ser un procedimiento complicado, basado en gran parte en la demanda futura prevista. Cuando la demanda futura de bienes y servicios se puede prever con un grado razonable de precisión, la determinación de las necesidades de capacidad es directa. Normalmente requiere dos fases. En la primera se pronostica la demanda futura con métodos tradicionales, como el análisis de regresión. En la segunda fase, esta previsión se utiliza para determinar las necesidades de capacidad.

Una vez se ha realizado la previsión de capacidades estimadas, los directivos deben decidir cómo realizar el aumento de capacidad. La hipótesis subyacente es que la dirección conoce la tecnología y el *tipo* de instalaciones a emplear para satisfacer estas futuras demandas.

La Figura 7.2 indica dos maneras de planificar la nueva capacidad para hacer frente al crecimiento de la demanda futura. En la Figura 7.2 (a), la nueva capacidad se adquiere al inicio del año 1. Este aumento de capacidad será suficiente para afrontar el crecimiento de demanda hasta el principio del año 2, instante en que deberá realizarse otro aumento de capacidad que permitirá a la empresa satisfacer la demanda hasta el principio del año 3. Este proceso puede repetirse de forma indefinida en el futuro.

Otra alternativa posible se indica en la Figura 7.2 (b). En ella, al principio del año 1 se lleva a cabo un gran aumento de capacidad, que servirá para satisfacer la demanda hasta el inicio del año 3.

Las Figuras 7.2 (a) y 7.2 (b) presentan sólo dos de las muchas posibles alternativas existentes. En algunos casos, determinar las necesidades de capacidad y decidir entre alternativas distintas puede ser relativamente sencillo. Los directivos determinan el coste total de cada alternativa y seleccionan la de menor coste total. En la mayoría de los casos, sin embargo, determinar la capacidad de las futuras instalaciones puede ser mucho más complicado. Existen muchos factores difíciles de cuantificar y medir. El principal factor es la aceptación por el mercado de los productos y servicios que se producirán. Sin embargo, otros factores a tener en consideración son los cambios tecnológicos, las acciones de los competidores, las restricciones de construcción, el coste futuro del capital, la disponibilidad de recursos humanos y las leyes y regulaciones.

Cuando el futuro es una gran incertidumbre, el enfoque directo sugerido en la Figura 7.2 puede no ser adecuado. En estos casos son más apropiados los modelos "probabilísticos". Una técnica para tomar con éxito decisiones de planificación de la capacidad con demanda incierta es la teoría de la decisión, incluyendo la utilización de los árboles de decisión.

FIGURA 7.2 ■ Aumento de capacidad.

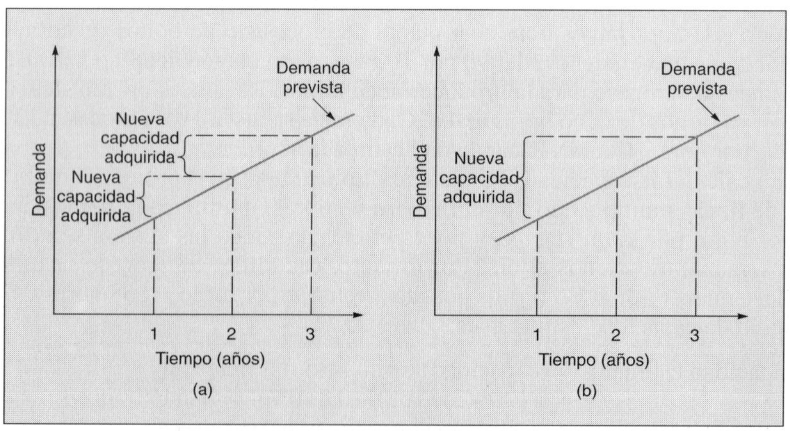

EJEMPLO 7.2

Southern Hospital Supplies, una compañía que produce vestuario de hospital, está pensando en aumentar su capacidad. Sus principales alternativas son no hacer nada, construir una planta pequeña, construir una planta media, o construir una planta grande. La nueva instalación produciría un nuevo tipo de vestuario, y actualmente el potencial de comercialización de este nuevo producto es desconocido. Si se construye una planta grande y existe un mercado favorable, se podría obtener un beneficio de 100.000 dólares. Un mercado desfavorable supondría unas pérdidas de 90.000 dólares. Si se construye una planta mediana y el mercado fuera favorable, el beneficio que se obtendría sería de 60.000 dólares y, en el caso de mercado desfavorable, la pérdida sería de 10.000 dólares. Finalmente, si la elección es de una planta pequeña, en caso de mercado favorable, el beneficio sería de 40.000 dólares y, en caso de mercado desfavorable, se daría una pérdida de sólo 5.000 dólares. Obviamente, siempre existe la posibilidad de no hacer nada.

Estudios de mercado recientes indican que hay una probabilidad de 0,4 de que el mercado sea favorable, lo que significa que la probabilidad de que el mercado sea desfavorable es de 0,6. Con esta información podremos seleccionar la alternativa que dé el mayor valor monetario esperado (VME).

VME (planta grande) = (0,4)(100.000$) + (0,6)(–90.000$) = –14.000$
VME (planta media) = (0,4)(60.000$) + (0,6)(–10.000$) = +18.000$
VME (planta pequeña) = (0,4)(40.000$) + (0,6)(–5.000$) = +13.000$
VME (no hacer nada) = 0$

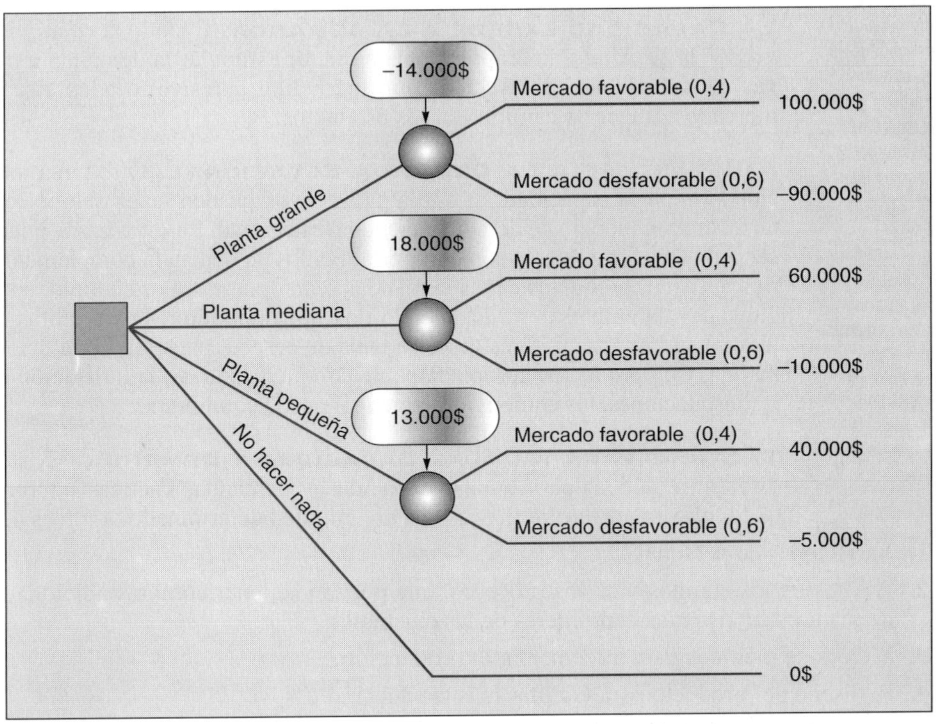

Basándose en el criterio del VME, Southern debe construir una planta de tamaño medio

Árboles de decisión aplicados a la toma de decisiones de capacidad

Los árboles de decisión, como vimos en el suplemento del Capítulo 2, requieren una definición de las alternativas y de los diferentes estados de la naturaleza. Para las situaciones de planificación de capacidad, el estado de la naturaleza normalmente es la demanda futura o situación del mercado. Asignando valores de probabilidad a los diferentes estados de la naturaleza, es posible tomar decisiones que maximicen el valor esperado de las alternativas. El Ejemplo 7.2 muestra cómo aplicar los árboles de decisión a la planificación de capacidad.
Mejor que gestionar estratégicamente la capacidad, los directivos de POM deben gestionar tácticamente la demanda. Ahora presentaremos algunas técnicas para gestionar la demanda.

Gestión de la demanda

Aun con buenas previsiones e instalaciones construidas en función de ellas, puede existir actualmente una relación deficiente entre la demanda y la capacidad disponible. Una coincidencia pobre puede significar que la demanda excede a la capacidad o que la capacidad excede a la demanda. Sin embargo, en ambos casos las empresas tienen opciones para hacer frente a la situación.

LA DEMANDA EXCEDE A LA CAPACIDAD. Cuando la *demanda excede a la capacidad*, la empresa puede hacer disminuir la demanda simplemente aumentando los precios, programando largos plazos de entrega (lo que puede ser inevitable) y desanimando la actividad marginalmente rentable. Dado que las instalaciones inadecuadas reducen los ingresos por debajo de lo posible, la solución a largo plazo es normalmente aumentar la capacidad.

LA CAPACIDAD EXCEDE A LA DEMANDA. Cuando la *capacidad excede la demanda*, la empresa puede querer estimular la demanda a través de reducciones de precios o un marketing agresivo, o adaptarse al mercado a través de cambios en los productos.

AJUSTÁNDOSE A LA DEMANDA ESTACIONAL. Otro tema relacionado con la capacidad, al que los directivos pueden tener que enfrentarse, es a un modelo de demanda cíclico o estacional. En estos casos puede ser útil ofrecer productos con comportamientos de demanda complementarios, es decir, productos cuyas demandas sean opuestas. Por ejemplo, en la Tabla 7.3, la empresa está añadiendo una línea de motores para motos de nieve a su línea de motores de cortadoras de césped, para equilibrar su demanda. Con productos apropiadamente complementarios, la utilización de las instalaciones, los equipos y el personal puede equilibrarse.

TÁCTICAS PARA IGUALAR CAPACIDAD Y DEMANDA. Existen diferentes tácticas para igualar capacidad y demanda. Tácticas internas, que incluyen ajustar los procesos a un volumen determinado, a través de:

1. Variaciones en personal.
2. Ajustes en los equipos y en los procesos, que pueden suponer compras adicionales de maquinaria o ventas o alquileres de las existentes.
3. Mejora de métodos para incrementar la producción.
4. Rediseño del producto para facilitar más producción.

Las tácticas externas se pueden usar para ajustar la demanda a las instalaciones existentes. El tema estratégico es, evidentemente, qué tamaño correcto debe tener una instalación. El análisis de equilibrio o de punto muerto puede ayudar a tomar esta decisión.

> Prever la capacidad puede ser complicado incluso en la relativamente estable industria del suministro eléctrico. La fijación de precios por la administración, las restricciones relativas a emisiones de sulfuros provenientes del carbón y del petróleo, y los cambios en las políticas de aprobación de plantas nucleares, hacen que la planificación de la capacidad de las empresas de suministro eléctrico a largo plazo sea difícil. Las técnicas de previsión de Southern Edison abarcaban diez años y preveían 12 alternativas futuras. Los resultados fueron previsiones que variaban en un intervalo del 60 por 100.
> Con estas previsiones, el trabajo de la dirección de la empresa se dirigió a introducir flexibilidad en su sistema, no en construir más centrales eléctricas. Ahora, la empresa dispone de planes para satisfacer la demanda vendiendo o comprando energía, dependiendo del escenario que se presente. Otras opciones incluyen la gestión de la demanda a través de programas, induciendo a los consumidores a reducir o aumentar su consumo de electricidad.

FIGURA 7.3 ■ Combinando productos que tienen modelos de demanda estacionalmente complementarios, puede utilizarse mejor la capacidad. Una demanda más equilibrada en las ventas también contribuye a una mejor planificación y a mejores estrategias de recursos humanos.

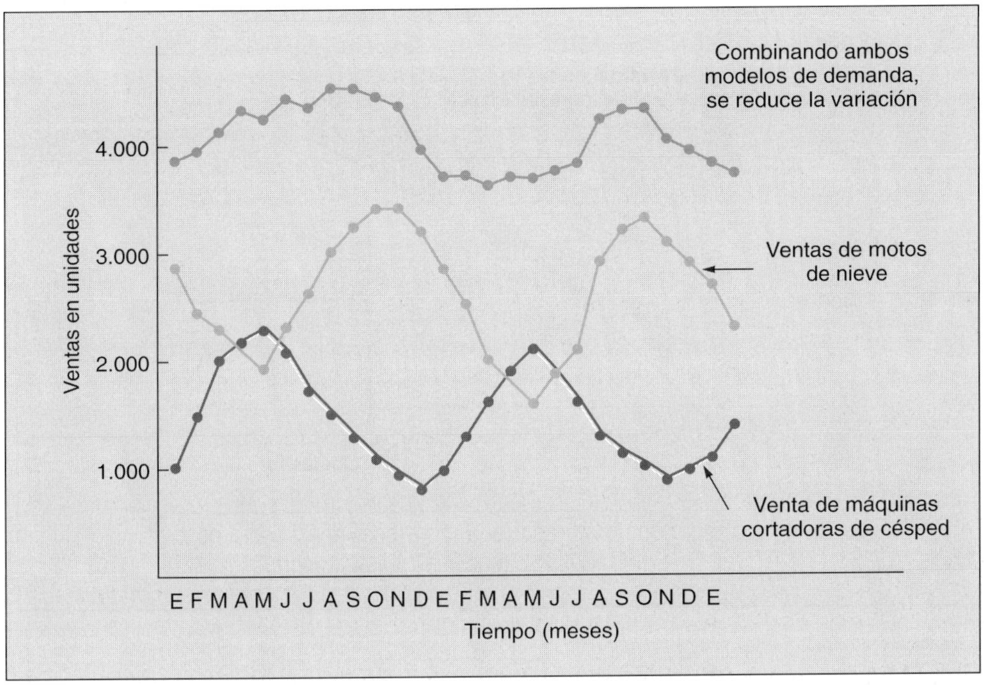

ANÁLISIS DE EQUILIBRIO O DE PUNTO MUERTO

El objetivo del **análisis de equilibrio** es encontrar el punto, en dólares y unidades, en el que los costes se igualan a los ingresos. Este punto es el punto muerto o de equilibrio. El análisis de equilibrio requiere una estimación de los costes fijos, costes variables e ingresos.

Análisis de equilibrio

Los **costes fijos** son aquellos que continúan existiendo aunque no se produzca ninguna unidad. Ejemplos de éstos son la depreciación, impuestos, pago de deudas e hipotecas. Los costes variables son los que varían con el volumen de unidades producidas. Los principales componentes de los costes variables son la mano de obra y las materias primas. Sin embargo, otros costes, como el consumo de electricidad o de combustible, que también varían con el volumen, son también costes variables.

Costes fijos

Otro elemento a considerar en el análisis de equilibrio es la **función de ingresos**. Tiene su inicio en el origen de coordenadas y va creciendo con una pendiente igual al precio de venta de cada unidad. Esta recta de ingresos es la que aparece en la Figura 7.4. El punto donde la función de ingresos corta la línea de costes totales es el punto muerto o de equilibrio, con una zona de beneficios a su derecha y una zona de pérdidas a su izquierda.

Función de ingresos

El análisis de punto muerto supone que los costes y los ingresos crecen en proporción directa al volumen de unidades producidas. Sin embargo, ni los costes fijos ni los costes variables (ni, por lo que hace a esto, la función de ingresos) tienen por qué ser una línea recta. Por ejemplo, los costes fijos cambian a la vez que utilizamos más equipos o espacio de almacén; los costes de mano de obra cambian cuando se utilizan horas extras, y la función de ingresos puede cambiar con factores como los descuentos por volumen.

FIGURA 7.4 ■ Análisis de punto muerto

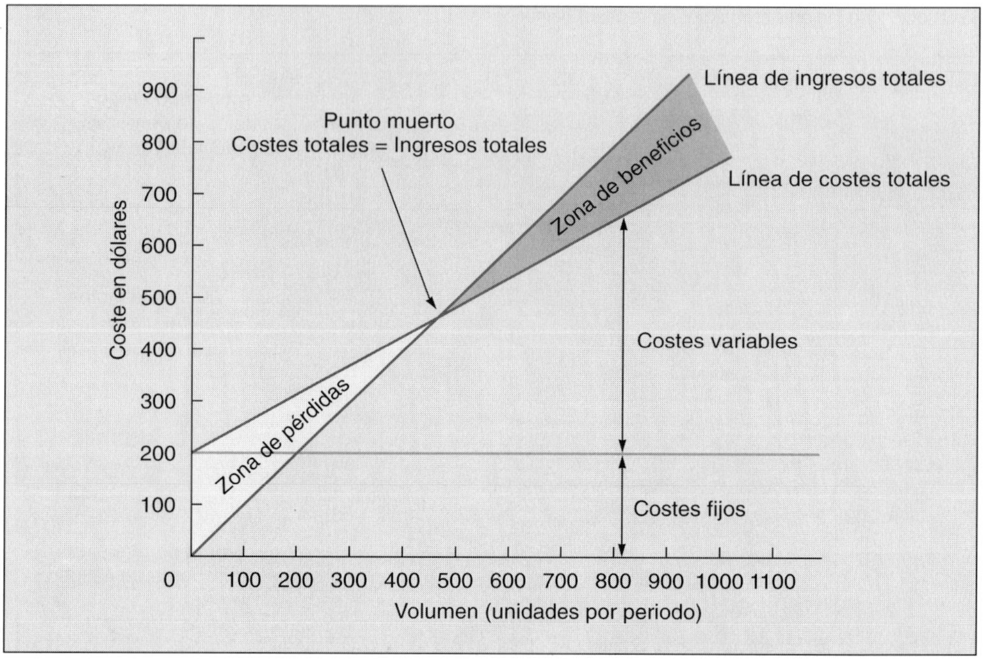

El primer paso en el análisis de punto muerto es definir los costes que son fijos y sumarlos. A continuación se estiman los costes variables analizando la mano de obra, materiales y otros costes relacionados con la producción de cada unidad. Los costes fijos se dibujan mediante una recta horizontal que comienza en el punto del eje vertical correspondiente al valor total de los mismos, como se indica en la Figura 7.4. La línea de los costes variables, que comienza en el punto de intersección del eje vertical y la recta de costes fijos, es una recta que va creciendo de forma gradual, aumentando con el volumen de producción (eje horizontal). La información de ambos tipos de costes, fijos y variables, se obtiene normalmente del departamento de contabilidad de costes de la empresa, aunque un departamento de ingeniería industrial puede facilitar también dicha información.

Las fórmulas respectivas del análisis de equilibrio, en unidades y dólares, se presentan a continuación:

$PM\ (x)$ = punto muerto en unidades

$PM\ (\$)$ = punto muerto en dólares

P = precio de venta por unidad (dólares recibidos después de todos los descuentos)

x = número de unidades producidas

IT = ingresos totales = Px

F = costes fijos

V = costes variables por unidad

CT = costes totales = $F + Vx$

Suponiendo que el total de ingresos se iguale al total de costes, tenemos:

$$IT = CT$$

o

$$Px = F+Vx$$

Resolviendo para x, tenemos

$$PM(x) = \frac{F}{P - V}$$

y

$$PM(\$) = PM\,(x)\,P$$

$$= \frac{F}{P - V}P = \frac{F}{(P - V)/P}$$

$$= \frac{F}{1 - V/P}$$

$$\text{Beneficio} = IT - CT$$

$$= Px - (F + Vx)$$

$$= Px - F - Vx$$

$$= (P - V)x - F$$

Las máquinas de producción de papel de International Paper en Texarkana, Texas, mejoradas recientemente con un coste de 500 millones de dólares, producen cartón decolorado, que se utiliza en los paquetes de cigarrillos, señales indicadoras, cajas farmacéuticas, etc. Esta enorme inversión provocará unos costes fijos muy altos, pero permitirá producir los productos a un coste variable muy bajo. El trabajo del director de producción es mantener la utilización de las máquinas por encima del punto muerto para así conseguir beneficios.

Utilizando estas ecuaciones, podemos encontrar directamente el punto muerto y el beneficio total. Las dos fórmulas que tienen un interés principal son:

$$PM\,(x) = \text{Punto muerto en unidades} = \frac{\text{Costes fijos totales}}{\text{precio} - \text{coste variable}} \tag{7.1}$$

$$PM\,(\$) = \text{Punto muerto en dólares} = \frac{\text{Costes fijos totales}}{1 - \dfrac{\text{coste variable}}{\text{precio de venta}}} \tag{7.2}$$

GRÁFICOS COMPARATIVOS DE PUNTO MUERTO. El análisis de punto muerto ayuda a la selección de procesos, identificando los procesos con el coste total más bajo para el volumen de producción esperado. Tal punto, evidentemente, también indicará la zona de mayor beneficio. Por lo tanto, estamos en condiciones de determinar dos cosas: el proceso de coste más bajo y la cifra absoluta de beneficio. Sólo teniendo en cuenta ambos conceptos podemos tener éxito en la decisión sobre el proceso. La Figura 7.5 muestra tres procesos alternativos, comparados en un único gráfico. Este gráfico se denomina **gráfico comparativo**. El proceso A tiene el coste total más bajo para volúmenes de producción inferiores a V_1. El proceso B tiene el coste más bajo entre V_1 y V_2. El proceso C tiene el menor coste para volúmenes superiores a V_2.

Gráfico comparativo

Caso de producto único

En el Ejemplo 7.3 determinamos el punto de equilibrio en dólares y unidades de un único producto.

EJEMPLO 7.3

Jimmy Stephens, Inc., tiene unos costes fijos de 10.000 dólares en este período. La mano de obra directa es de 1,50 dólares por unidad, y los materiales de 0,75 dólares por unidad. El precio de venta es de 4 dólares la unidad.

El punto muerto en dólares se calcula como sigue:

$$PM(\$) = \frac{F}{(1 - V/P)} = \frac{10.000\$}{1 - [(1{,}50 + 0{,}75)/(4{,}00)]} = \frac{10.000\$}{0{,}4375} = 22.857{,}14\$$$

y el punto muerto en unidades es

$$PM(x) = \frac{F}{P - V} = \frac{10.000\$}{4{,}00 - (1{,}50 + 0{,}75)} = 5.714$$

Obsérvese que en este ejemplo debemos utilizar el total de costes variables (es decir, tanto la mano de obra como los materiales).

FIGURA 7.5 ■ Gráficos comparativos de punto muerto. De tres procesos distintos se puede esperar obtener tres costes diferentes. Sin embargo, para un volumen de producción dado, sólo uno será el que tendrá el coste más bajo.

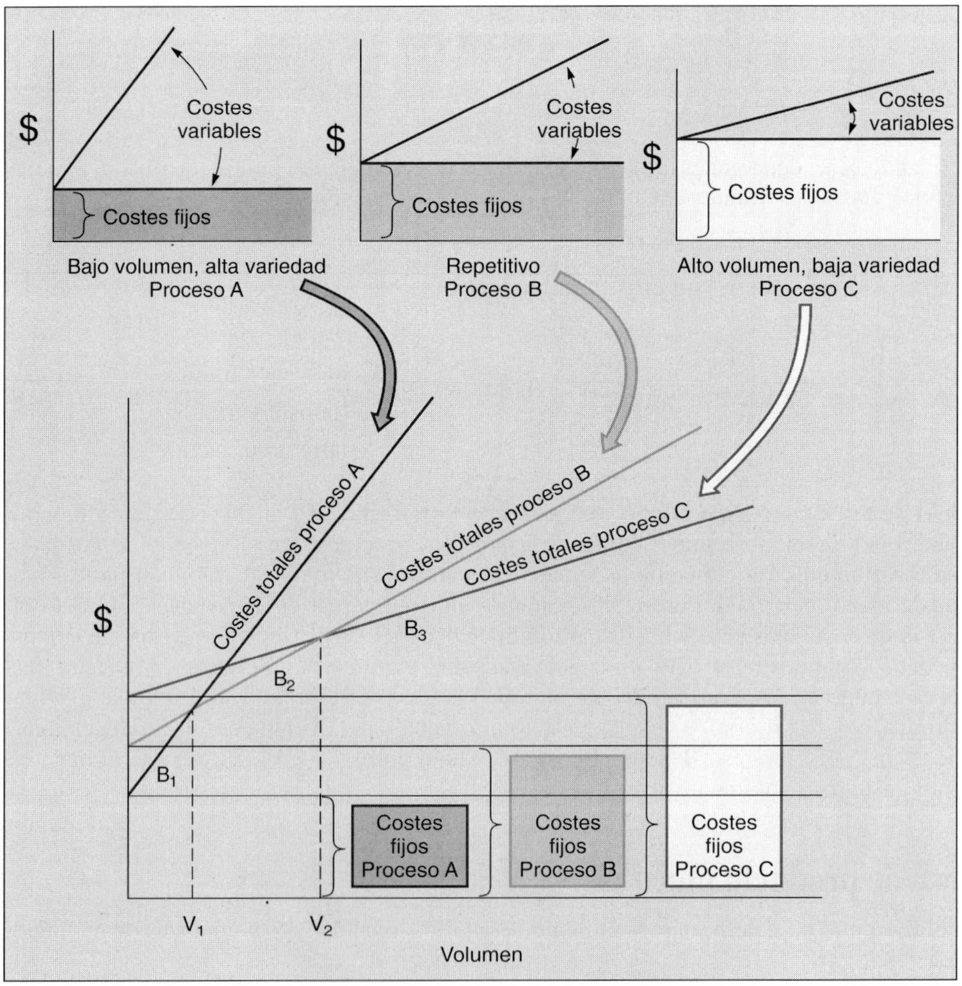

Caso multiproducto

La mayoría de las empresas, tanto las manufactureras como las de servicios (incluso los restaurantes de comida rápida), tienen una variedad de ofertas. Cada producto puede tener un precio de venta distinto y coste variable diferente.

Utilizando el análisis de punto muerto, debemos modificar la Ecuación (7.2) para reflejar la proporción de ventas de cada producto. Hacemos esto ponderando la contribución de cada producto con su proporción en las ventas. La fórmula es entonces la siguiente:

$$PM(\$) = \frac{F}{\sum\left[\left(1-\frac{V_i}{P_i}\right)\times\left(W_i\right)\right]} \tag{7.3}$$

donde V = coste variable por unidad

P = precio por unidad

F = coste fijo

W = porcentaje de las ventas de cada producto sobre el total de ventas en dólares

i = cada producto

El Ejemplo 7.4 indica cómo obtener el punto muerto en un caso multiproducto.

EJEMPLO 7.4

Los costes de Le Bistro, un cafetería de estilo francés, se indican a continuación. Los costes fijos son de 3.500 dólares al mes.

ARTÍCULO	PRECIO	COSTE	VENTAS PREVISTAS EN UNIDADES
Bocadillos	2,95$	1.25$	7.000
Bebida suave	0,80	0,30	7.000
Patatas cocidas	1,55	0,47	5.000
Té	0,75	0,25	5.000
Ensalada	2,85	1,00	3.000

Con múltiples productos realizaremos el análisis de punto de equilibrio igual que hicimos en el caso de producto único, excepto que ponderaremos cada producto con su proporción sobre el total de ventas.

PUNTO DE EQUILIBRIO MULTIPRODUCTO—DETERMINACIÓN DE LA CONTRIBUCIÓN

1 ARTÍCULO (i)	2 PRECIO DE VENTA (P)	3 COSTE VARIABLE (V)	4 (V/P)	5 1 – (V/P)	6 VENTAS PREVISTAS	7 % DE VENTAS	8 CONTRIBUCIÓN PONDERADA (= COL. 5 × COL. 7)
Bocadillos	2,95$	1,25$	0,42	0,58	20.650$	0,446	0,259
Bebida suave	0,80	0,30	0,38	0,62	5.600	0,121	0,075
Patatas cocidas	1,55	0,47	0,30	0,70	7.750	0,167	0,117
Té	0,75	0,25	0,33	0,67	3.750	0,081	0,054
Ensalada	2,85	1,00	0,35	0,65	8.550	0,185	0,120
					46.300$	1,000	0,625

Por ejemplo, los ingresos por bocadillos son de 20.650 dólares, lo que representa el 44,6 por 100 del total de ingresos, es decir, de 46.300 dólares. Por lo tanto, la contribución de los bocadillos se pondera con el 0,446.
La contribución ponderada es 0,446 × 0,58 = 0,259. De esta forma, su contribución relativa estará adecuadamente reflejada.

Utilizando este enfoque para cada producto, se obtiene que la contribución ponderada total es de 0,625 por cada dólar vendido, y que el punto de equilibrio en dólares es de 67.200:

$$PM(\$) = \frac{F}{\Sigma\left[\left(1-\frac{V_i}{P_i}\right)\times\left(W_i\right)\right]}$$

$$= \frac{3.500\$ \times 12}{0{,}625} = \frac{42.000\$}{0{,}625}$$

$$= 67.200\$$$

La información dada en este ejemplo implica un total de ventas diarias (52 semanas a 6 días cada una) de

$$\frac{67.200\$}{312 \text{ días}} = 215{,}38\$$$

Los puntos de equilibrio por producto informan al directivo perspicaz sobre la realidad de sus previsiones de venta. Indican exactamente cuánto debe venderse cada día del producto. El Ejemplo 7.5 da una muestra de ello.

EJEMPLO 7.5

Utilizando los datos del Ejemplo 7.4, tomamos la previsión de ventas de bocadillos de 44,6 por 100 veces el punto muerto diario de 215,38 dólares, dividido por el precio de venta de cada bocadillo (2,75 dólares). Entonces las ventas de bocadillos deberían ser de

$$\frac{0{,}446 \times 215{,}38\$}{2{,}75\$} = \text{número de bocadillos} = 34{,}9 = 35 \text{ bocadillos al día}$$

Una vez que el análisis de este tipo ha sido preparado, analizado, y juzgado razonable, se pueden tomar las decisiones sobre el tipo de equipos necesario. Verdaderamente, ahora se puede hacer un mejor juicio de las posibilidades de éxito de la empresa.

INVERSIONES SOPORTE DE LA ESTRATEGIA

Tratemos ahora de integrar estrategia e inversión con nuestra decisión sobre los procesos. Cada vez más, los directivos están de acuerdo en que los beneficios sostenidos vienen de haber elaborado una ventaja competitiva, no de un buen rendimiento financiero de un proceso determinado.[6] Recomendamos que el enfoque tradicional del análisis de inversiones

[6] Para una excelente discusión en inversiones que den soporte a una ventaja competitiva, ver Terry Hill, *Manufacturing Strategy: Text and Cases* (Homewood, IL: Irwin, 1989). Ver también "Selling Rockwell on Automation", *Business Week* (6 de junio de 1988): 104.

(mirando los retornos financieros) sea mejorado mediante consideraciones estratégicas. Concretamente, las consideraciones estratégicas que aconsejamos son:

1. Que las inversiones se hagan como *parte de un plan estratégico coordinado.* ¿A qué parte de la empresa van estas inversiones? Las inversiones no deben hacerse como gastos aislados, sino como parte de un plan estratégico coordinado que situará a la empresa en una ventajosa posición. La pregunta a contestar es, "¿me darán la posibilidad de conseguir clientes estas inversiones?".
2. Que las inversiones *proporcionen una ventaja competitiva* (flexibilidad de proceso, velocidad de entrega, calidad, etc.).
3. Que las inversiones *tengan en cuenta los ciclos de vida de los productos.*
4. Que se *incluyan diferentes factores de operaciones en el análisis del rendimiento de la inversión* (por ejemplo, reducciones en rechazos, en trabajos de eliminación de defectos, en espacio de planta y en inventarios).
5. Que las inversiones se hayan *estudiado a la luz de diferentes previsiones de ingresos,* para asegurar así que han sido consideradas las situaciones potenciales superiores e inferiores de riesgo.

Una vez consideradas las implicaciones estratégicas de las inversiones potenciales, es cuando es adecuado el análisis tradicional de las mismas. Introducimos a continuación los aspectos de inversión en la selección de procesos.

Inversión, coste variable y cash flow

Dado que existen procesos alternativos, también existirán opciones en lo referente a inversión de capital y a costes variables. Los directivos deben elegir entre diferentes opciones financieras, así como entre procesos alternativos. El número de alternativas iniciales puede ser enorme, pero el análisis de los seis principales factores (coste, volumen, restricciones de recursos humanos, tecnología, calidad, y fiabilidad) normalmente reduce el número de alternativas a unas pocas. El análisis debe mostrar para cada alternativa la inversión de capital, el coste variable y el cash flow, así como el valor actual neto.

Valor actual neto

Valor actualizado neto

Determinar el valor actualizado de una serie de futuros ingresos se conoce como técnica del **valor actualizado neto**. A modo de introducción, consideremos el valor en el tiempo del dinero. Digamos que usted invierte 100 dólares en un banco al 5 por 100 de interés durante un año. Su inversión tendrá un valor al final del año de 100$ + (100$)(0,05) = 105$. Si usted invierte los 105 dólares en un segundo año valdrá 105$ + (105$) (0,05) = 110,25$ al final del segundo año. Obviamente, podría calcular el valor futuro de 100 dólares al 5 por 100 para tantos años como quisiera, simplemente extendiendo estos cálculos. Pero existe una manera muy sencilla de expresar esta relación matemáticamente. Para el primer año:

$$105\$ = 100\$\ (1 + 0{,}05)$$

Para el segundo año:

$$110{,}25\$ = 105\$\ (1 + 0{,}05) = 100\$\ (1 + 0{,}05)^2$$

En general,

$$VF = VA(1 + i)^N \qquad (7.4)$$

donde VF = valor futuro (tal como 110,25$ ó 105$)
VA = valor actual (tal como 100$)
i = tipo de interés (tal como 0,05)
N = número de años (tal como un año o dos años)

En la mayoría de las decisiones de inversión, sin embargo, estamos interesados en calcular el valor actual de una serie de futuros ingresos en caja. Despejando P en la ecuación anterior, tenemos

$$VA = \frac{VF}{(1 + i)^N} \tag{7.5}$$

Cuando el número de años no es demasiado grande, la ecuación anterior es eficaz. Cuando el número de años, N, es grande, la fórmula es de difícil aplicación manualmente. Para 20 años, debería calcular $(1 + i)^{20}$. Sin una sofisticada calculadora, este cálculo sería realmente complicado. Afortunadamente, existen tablas de tipos de interés, como la Tabla 7.4, que solucionan esta situación.
Escribamos de otra forma la ecuación del valor actual:

$$VA = \frac{VF}{(1 + i)^N} = (VF)x$$

donde

$$X = \text{un factor definido como} = 1/(1 + i)^N \tag{7.7}$$

y

$$VF = \text{fututo valor}$$

De este modo, todo lo que tenemos que hacer es encontrar el factor X y multiplicarlo por VF para calcular el valor actual VA. Los factores, evidentemente, son función del tipo de interés, i, y del número de años, N. La Tabla 7.4 lista algunos de estos factores.

Las Ecuaciones (7.4), (7.5), y (7.6) se utilizan para determinar los valores actuales de un ingreso futuro en caja, pero hay situaciones en las que una inversión genera una serie de ingresos de caja uniformes e iguales. Este tipo de inversión se denomina *anualidad.* Por ejemplo, una inversión puede proporcionar 300 dólares al año durante tres años. Obviamente, se podría utilizar la Ecuación (7.4) tres veces, para uno, dos, y tres años, pero hay un método más corto. Aunque hay una fórmula que puede utilizarse para encontrar el valor actual de una serie anual de uniformes e iguales cash flows (una anualidad), para ello se ha desarrollado una tabla muy fácil de usar. Como para los habituales cálculos del valor actual, este cálculo también utiliza un factor. Los factores para las anualidades están en la Tabla 7.5. La relación básica es

$$S = RX$$

TABLA 7.4 ■ Valor actual de un dólar.

AÑO	5%	6%	7%	8%	9%	10%	12%	14%
1	0,952	0,943	0,935	0,926	0,917	0,909	0,893	0,877
2	0,907	0,890	0,873	0,857	0,842	0,826	0,797	0,769
3	0,864	0,840	0,816	0,794	0,772	0,751	0,712	0,675
4	0,823	0,792	0,763	0,735	0,708	0,683	0,636	0,592
5	0,784	0,747	0,713	0,681	0,650	0,621	0,567	0,519
6	0,746	0,705	0,666	0,630	0,596	0,564	0,507	0,456
7	0,711	0,665	0,623	0,583	0,547	0,513	0,452	0,400
8	0,677	0,627	0,582	0,540	0,502	0,467	0,404	0,351
9	0,645	0,592	0,544	0,500	0,460	0,424	0,361	0,308
10	0,614	0,558	0,508	0,463	0,422	0,386	0,322	0,270
15	0,481	0,417	0,362	0,315	0,275	0,239	0,183	0,140
20	0,377	0,312	0,258	0,215	0,178	0,149	0,104	0,073

TABLA 7.5 ■ Valor actual de una anulidad de un dólar.

AÑO	5%	6%	7%	8%	9%	10%	12%	14%
1	0,952	0,943	0,935	0,926	0,917	0,90	0,893	0,877
2	1,859	1,833	1,808	1,783	1,759	1,73	1,690	1,647
3	2,723	2,673	2,624	2,577	2,531	2,48	2,402	2,322
4	3,546	3,465	3,387	3,312	3,240	3,17	3,037	2,914
5	4,329	4,212	4,100	3,993	3,890	3,79	3,605	3,433
6	5,076	4,917	4,766	4,623	4,486	4,35	4,111	3,889
7	5,786	5,582	5,389	5,206	5,033	4,86	4,564	4,288
8	6,463	6,210	5,971	5,747	5,535	5,33	4,968	4,639
9	7,108	6,802	6,515	6,247	5,985	5,75	5,328	4,946
10	7,722	7,360	7,024	6,710	6,418	6,14	5,650	5,216
15	10,380	9,712	9,108	8,559	8,060	7,60	6,811	6,142
20	12,462	11,470	10,594	9,818	9,128	8,51	7,469	6,623

donde X = factor de la Tabla 7.5
S = valor actual de una serie de ingresos anuales uniformes
R = ingresos que se recibirán cada año durante la vida de la inversión (la anualidad)

El valor actual de una serie anual uniforme de cantidades es una extensión del valor actual de una cantidad única, y consecuentemente la Tabla 7.5 puede desarrollarse directamente de la Tabla 7.4. Los factores para un tipo de interés dado en la Tabla 7.5 son nada más que la suma acumulativa de los valores de la Tabla 7.4. En la Tabla 7.4, por ejemplo, 0,952, 0,907, y 0,864 son los factores para los años 1, 2, y 3 cuando la tasa de interés es del 5 por 100. La suma acumulativa de estos factores es 2,723 = 0,952 + 0,907 + 0,864. Ahora miremos en la Tabla 7.5, donde el tipo de interés es del 5 por 100 y el número de años es tres. El factor para el valor actual de una anualidad es del 2,723, como era de esperar. La Tabla 7.5 puede ser de mucha ayuda en la reducción de los cálculos necesarios para la toma de decisiones financieras.

El Ejemplo 7.6 muestra cómo determinar el valor actual de una anualidad.

EJEMPLO 7.6

River Road Medical Clinic está planteándose invertir en una nueva instalación médica. Generará 7.000 dólares al año de ingresos durante cinco años. ¿Cuál es el valor actual de este cash flow? Suponga una tasa de interés del 6 por 100.

$$S = RX = 7.000\$(4{,}212) = 29.484\$$$

El factor de la Tabla 7.5 (4,212) se obtuvo encontrando ese valor cuando el tipo de interés es del 6 por 100 y el número de años es cinco. Hay otra manera de analizar este ejemplo. Si usted va hoy a un banco y solicita un préstamo de 29.4484$, deberá devolver unas cuotas de 7.000$ al año durante cinco años, si el banco utiliza un tipo de interés del 6 por 100 calculada anualmente. En consecuencia, 29.484$ es el valor actual *verdadero* de la inversión.

El método del valor actual es considerado como uno de los mejores métodos para clasificar alternativas de inversión. El procedimiento es directo; usted simplemente calcula el valor actual de todos los cash flows de cada alternativa de inversión. Cuando se decide entre alternativas de inversión, se elige aquélla que tiene el valor actual neto más alto. De forma similar, cuando se hacen varias inversiones, aquéllas que tienen los valores actuales netos más altos son preferibles a las inversiones con valores actuales netos más bajos.

El Ejemplo 7.7 muestra cómo utilizar el valor actual neto para elegir entre alternativas de inversión.

EJEMPLO 7.7

Quality Plastics, Inc., está considerando dos alternativas de inversión distintas. La inversión A tiene un coste inicial de 25.000 dólares y la inversión B tiene un coste inicial de 26.000 dólares. Ambas inversiones tienen una vida útil de 4 años. Los cash flows para estas inversiones se indican a continuación. El coste del capital o tipo de interés (i) es del 8 por 100.

CASH FLOW DE LA INVERSIÓN A	CASH FLOW INVERSIÓN B	AÑO	FACTOR VALOR ACTUAL AL 8%
10.000$	9.000$	1	0,926
9.000	9.000	2	0,857
8.000	9.000	3	0,794
7.000	9.000	4	0,735

Para encontrar el valor actual de los cash flows de cada inversión, multiplicaremos el factor de valor actual por el cash flow de cada inversión en cada año. La suma de estos cálculos de valores actuales, menos la inversión inicial, es el valor actual neto de cada inversión. Los cálculos aparecen en la tabla siguiente.

AÑO	VALORES ACTUALES DE LAS INVERSIONES A	VALORES ACTUALES DE LAS INVERSIONES B
1	9.260$ = (0,926)(10.000$)	8.334$ = (,926)(9.000$)
2	7.713 = (0,857)(9.000$)	7.713 = (,857)(9.000$)
3	6.352 = (0,794)(8.000$)	7.146 = (,794)(9.000$)
4	5.145 = (0,735)(7.000$)	6.615 = (,735)(9.000$)
Totales:	28.470$	29.808$
Menos inversión inicial	– 25.000	– 26.000
Valor actual neto	3.470$	3.808$

El criterio del valor actual neto muestra que la inversión B es más atractiva que la A debido a que tiene un valor actual superior.

En el Ejemplo 7.7 no era necesario realizar todos los cálculos de valor actual para la inversión B. Dado que los cash flows son uniformes, la Tabla 7.5, la tabla de las anualidades, da el factor de valor actual. Evidentemente, obtendríamos idéntica respuesta. Como usted podrá recordar, la Tabla 7.5 da los factores para el valor actual de una anualidad. En este ejemplo, para pagos de 9.000 dólares, coste de capital del 8 por 100, y cuatro años, encontramos un factor de 3,312. En consecuencia, el valor actual de esta anualidad es (3,312)(9.000$) = 29.808$, el mismo valor que en el Ejemplo 7.7.

Aunque el valor actual neto es una de las mejores técnicas para evaluar las alternativas de inversión, también tiene sus defectos. Las limitaciones del enfoque del valor actual neto son:

1. Proyectos de inversión con el mismo valor actual pueden tener horizontes de vida muy diferentes y distintos valores de rescate.
2. Inversiones con el mismo valor actual neto pueden tener diferentes cash flows. Diferentes cash flows pueden provocar diferencias importantes en la capacidad de la compañía para pagar sus gastos.
3. La hipótesis subyacente en el cálculo del valor actual es que se conoce el tipo de interés futuro, lo que no es verdad.
4. Los pagos se realizan siempre al final del período (semana, mes o año)

ALCANZANDO ESTÁNDARES DE CLASE MUNDIAL

Los productores de clase mundial usan su estrategia de proceso como un arma competitiva. Los directivos de operaciones seleccionan un proceso de producción con la necesaria calidad, flexibilidad y estructura de costes para satisfacer las necesidades de producto y cantidad. De forma creciente, los competidores de clase mundial encuentran maneras para combinar el bajo coste unitario de la fabricación de alto volumen y poca variedad, con la customización que proporcionan las instalaciones de bajo volumen y alta variedad. Empezábamos este capítulo con una explicación sobre cómo Carrier Corporation está realizando este cambio. Además, los directivos encuentran las maneras para usar las técnicas de la Lean production y la participación de los empleados para elaborar los productos de calidad que piden los clientes.

Las empresas de clase mundial animan al desarrollo de equipos y procesos eficientes y de su única propiedad. Ellas diseñan sus equipos y procesos para disponer de capacidades superiores a las tolerancias requeridas por los clientes, a la vez que aseguran la flexibilidad necesaria para adaptarse a variaciones en la tecnología y en los volúmenes.

Además, las empresas de clase mundial realizan inversiones en procesos que son eficientes, al asegurarse de que estas inversiones apoyan una estrategia a largo plazo. Los criterios para las decisiones de inversión son su contribución al plan estratégico global y para conseguir pedidos beneficiosos de los clientes y no sólo el retorno de la inversión. Las empresas de clase mundial seleccionan el proceso correcto y la capacidad adecuada que contribuyan a su estrategia a largo plazo.

RESUMEN

Los procesos que los directores de operaciones emplean para realizar transformaciones pueden ser tan importantes como los mismos productos. Los procesos de transformación determinan muchos de los costes fijos y variables, así como la cantidad y la calidad de los productos. De la decisión sobre los procesos puede resultar la selección de una tecnología de transformación orientada a proceso o enfocada al producto o que esté entre ambas. Sin embargo, debe ser de una capacidad y tecnología que pueda proporcionar una ventaja competitiva.

Unas buenas previsiones, y las técnicas de análisis de punto muerto, gráficos comparativos, árboles de decisión, cash flow y valor actual neto (VAN) son especialmente útiles para los directores de operaciones cuando toman decisiones de proceso.

TÉRMINOS CLAVE

Estrategia de proceso
Enfoque a proceso
Procesos intermitentes
Enfoque a producto
Procesos continuos
Procesos repetitivos
Módulos
Productores excelentes
Capacidad
Capacidad efectiva, o utilización
Eficiencia
Capacidad estimada
Análisis de punto muerto, o de equilibrio
Costes fijos
Costes variables
Función de ingresos
Gráficos comparativos, o de punto de equilibrio
Valor actual neto

PROBLEMAS RESUELTOS

Problema resuelto 7.1

La panadería de Sara James, descrita anteriormente en el Ejemplo 1, ha decidido incrementar sus instalaciones añadiendo una línea de proceso adicional. La empresa tendrá cuatro líneas de proceso, trabajando siete días a la semana, tres turnos por día, ocho horas por turno. La utilización es del 90 por 100. Este aumento, sin embargo, reducirá la eficiencia global del sistema al 85 por 100. Calcule la nueva capacidad estimada con este cambio en las instalaciones.

Solución

Capacidad estimada = capacidad × utilización × eficiencia
= [(120) (4 × 7 × 3 8)] × (0,9) × (0,85)
= (80,640) × (0,9) × (0,85)
= 61.689,6 por semana
o
= 120 × 4 × 0,9 × 0,85
= 367,2 por hora

Problema resuelto 7.2

Marta McDonald trabaja a tiempo parcial fabricando remos de canoas en Wisconsin. Sus costes fijos anuales son de 10.000 dólares, la mano de obra directa es de 3,50 dólares por remo, y el material asciende a 4,50 dólares por remo. El precio de venta es de 12,50 dólares por remo. ¿Cuál es el punto muerto en dólares? ¿Cuál es el punto muerto en unidades?

Solución

$$PM(\$) = \frac{VF}{1 - V/P} = \frac{10{,}000\$}{1 - (8{,}00\$/12{,}50\$)} = \frac{10.000\$}{0{,}36} = 27.777\$$$

$$PM(x) = \frac{VF}{VA - V} = \frac{10.000\$}{12{,}50\$ - 8{,}00\$} = \frac{10.000\$}{4{,}50\$} = 2.222 \text{ unidades}$$

PREGUNTAS DE DISCUSIÓN

1. ¿Qué ventajas tiene la estandarización? ¿Cómo obtenemos variedad a la vez que se mantiene estandarización?
2. ¿Qué tipo de proceso se utiliza para la producción de los siguientes productos?
   (a) cerveza
   (b) tarjetas de crédito
   (c) automóviles
   (d) teléfono
   (e) "Big Macs"
   (f) casas a medida
3. En una sociedad rica, ¿cómo producimos un amplio número de opciones para productos a bajo coste?
4. ¿Qué productos esperaría que fuesen fabricados por un proceso repetitivo?
5. ¿De dónde obtienen los directivos los datos necesarios para el análisis del punto muerto?
6. ¿Qué causas pueden hacer que los datos de costes fijos y variables no sigan una línea recta?
7. ¿Qué causas pueden hacer que los datos de ingresos no sigan una línea recta?
8. ¿Qué hipótesis hay en el análisis del punto muerto?
9. ¿Cómo podemos aislar el proceso de producción/operaciones de los clientes?
10. ¿Cuáles son las hipótesis de la técnica del valor actual neto?
11. Identifique dos servicios situados en el lado del enfoque a proceso de la línea continua de estrategia de proceso (Figura 7.1).
12. Identifique dos servicios situados en el lado del enfoque al producto de la línea continua de estrategia de proceso (Figura 7.1).
13. Identifique dos servicios que estén organizados como repetitivos.
14. Haga la distinción entre capacidad diseñada, capacidad efectiva y eficiencia.
15. Refiriéndonos a la exposición realizada al principio del capítulo sobre el proceso de fabricación de Carrier, ¿cómo está cambiando la estrategia de proceso?

EJERCICIO DE RAZONAMIENTO CRÍTICO

Premium Standar Farms, la empresa descrita en el *POM en Acción* "Uniformar cerdos contribuye a la eficiencia", ha transformado la cría de cerdos en una producción estándar, como la de tostadoras. Las cerdas preñadas esperan durante cuarenta días en establos metálicos tan reducidos que apenas si pueden moverse. Después de una prueba con ultrasonidos, esperan sesenta y siete días en otro establo similar hasta que dan a luz. Dos semanas después de haber parido 10 u 11 crías, las cerdas retornan a la salas de reproducción para iniciar un nuevo ciclo. Al cabo de tres años, la cerda es sacrificada. Las sociedades de defensa de los animales dicen que este confinamiento vuelve locos a los cerdos. Premium Standars les replica que sus animales deben sentirse a gusto, pues sólo un 1 por 100 muere antes de ser sacrificado. Discuta las implicaciones empresariales y éticas de esta industria y estas dos opiniones divergentes.

PROBLEMAS

· **7.1** River Road Medical Clinic, que gestiona un laboratorio de optometría, ha tenido un crecimiento sustancial durante los últimos diez años. Además, pudo ir realizando aumentos adicionales de maquinaria de modelado de lentes en unidades relativamente pequeñas. Anteriores análisis de sus datos (desde que su crecimiento ha sido estable y constante) sugieren que el análisis de regresión (que vimos en el Capítulo 5) es adecuado para determinar su capacidad necesaria. Los datos de los diez últimos años son los siguientes:

	AÑO									
	1984	**1985**	**1986**	**1987**	**1988**	**1989**	**1990**	**1991**	**1992**	**1993**
Unidades producidas (en centenares)	15,0	15,5	16,25	16,75	16,9	17,24	17,5	17,3	17,75	18,1

a) Determinar sus necesidades de capacidad, en unidades, para 1994, 1996 y el 2000.

b) Si cada máquina es capaz de producir 2.500 lentes por año, ¿cuántas máquinas debería tener en 1996?

• **7.2** Suponga que River Road Medical Clinic (Problema 7.1) tiene 8 máquinas en 1994, cada una capaz de producir 2.500 lentes por año. Sin embargo, acaba de aparecer en el mercado una nueva máquina con una capacidad de producción de 5.000 lentes por año.

a) ¿Cuál sería la capacidad de la empresa en el año 2000 si compra esta nueva máquina en 1994?

b) ¿ Cuál sería la capacidad de la empresa en el año 2000 si compra una máquina estándar, capaz de producir 2.500 lentes al año, en 1994?

• **7.3** Un centro de trabajo opera en dos turnos al día (ocho horas por turno) durante cinco días a la semana y dispone de cuatro máquinas de la misma capacidad. Si las máquinas se utilizan el 80% del tiempo con una eficiencia del sistema del 95%, ¿cuál es el output estimado en horas estándar por semana?

• **7.4** La tabla adjunta muestra los minutos disponibles y los datos referentes a utilización y eficiencia, durante el siguiente trimestre, de tres departamentos de MMU Manufacturing de Waco, Texas.

DEPARTAMENTO	MINUTOS DISPONIBLES	UTILIZACIÓN EFECTIVA	EFICIENCIA RECIENTE
Diseño	93.600	0,92	0,95
Fabricación	156.000	0,95	1,03
Acabado	62.400	0,96	1,05

Calcular la capacidad esperada para el próximo trimestre y para cada departamento.

• **7.5** Butch Porter Manufacturing intenta incrementar su capacidad, solucionando un cuello de botella con la adquisición de nuevos equipos. Dos vendedores han presentado ofertas. Los costes fijos de la oferta A son de 50.000 dólares y para la oferta B de 70.000. Los costes variables son de 12 dólares para la oferta A y de 10 dólares para la B. Los ingresos generados por cada unidad son de 20 dólares.

a) ¿Cuál es el punto muerto en unidades para la oferta A?

b) ¿Cuál es el punto muerto en unidades para la oferta B?

• **7.6** Con los datos del Problema 7.5:

a) ¿Cuál es el punto muerto en dólares para la oferta A?

b) ¿Cuál es el punto muerto en dólares para la oferta B?

• **7.7** Con los datos del Problema 7.5, ¿en qué volumen de producción (unidades) se obtendrá el mismo beneficio con las dos ofertas?

• **7.8** Con los datos del Problema 7.5:

a) Si el volumen de producción esperado es de 8.500 unidades, ¿qué oferta debe escogerse?

b) Si el volumen de producción esperado es de 15.000 unidades, ¿qué oferta debe escogerse?

: **7.9** ¿Cuál es el valor actual neto de una inversión que cuesta 123.545 dólares y tiene un valor residual de 44.560? El beneficio anual de la inversión es de 14.667 dólares anuales durante cinco años. El coste del capital es del 2 por 100.

· **7.10** La inversión inicial de un proyecto es de 65.000 dólares con un coste de capital del 10 por 100. Los beneficios anuales son de 16.000 dólares durante ocho años. ¿Cuál es el valor actual neto de este proyecto?

· **7.11** Un proyecto de inversión generará 1.000 dólares dentro de dos años a partir de ahora. ¿Cuáles su valor hoy?, es decir, ¿cuál es el valor actual neto? Suponga que el tipo de interés es del 9%.

· **7.12** ¿Cuál es el valor actual neto de 5.600 dólares, cuando el tipo de interés es del 8% y los beneficios no se retiran durante quince años?

: **7.13** Mr. Klonda, VP de operaciones de McClain Manufacturing, tiene que tomar una decisión entre dos alternativas de inversión. El proyecto A tiene un coste inicial de 61.000 dólares, mientras que el B es de 74.000. La vida útil es de seis años para el A y de siete para el B. Dado un coste de capital del 9% y los siguientes cash flows de cada alternativa, determinar la opción más deseable, de acuerdo con los criterios del valor actual neto.

CASH FLOW DEL PROYECTO A	CASH FLOW DEL PROYECTO B	AÑO
19.000$	19.000$	1
19.000	20.000	2
19.000	21.000	3
19.000	22.000	4
19.000	21.000	5
19.000	20.000	6
19.000	11.000	7

: **7.14** Una empresa electrónica fabrica actualmente un artículo con un coste variable de 0,50 dólares por unidad y un precio de venta unitario de 1 dólar. Los costes fijos son de 14.000 dólares. El volumen actual de producción es de 30.000 unidades. La empresa puede mejorar sensiblemente la calidad del producto añadiendo una nueva máquina al equipo productivo que cuesta 6.000 dólares (coste fijo), con lo que los costes variables se incrementarían hasta 0,60 dólares por unidad, pero, manteniendo el precio de venta, el volumen de producción pasaría a ser de 50.000 unidades gracias a la mayor calidad del producto. ¿Debe la empresa comprar esta máquina?

: **7.15** La empresa de electrónica del Problema 7.14 está considerando, si tuviese la máquina nueva, de subir el precio de venta a 1,10 dólares. La producción estimada pasaría a ser de 45.000 unidades. ¿Sería interesante la compra de la máquina nueva bajo estos condicionantes?

· **7.16** Dados los siguientes datos, calcular el punto muerto en dólares y en unidades, y el beneficio a un nivel de 10.000 unidades

P = 8 dólares/unidad $\quad$ V = 4 dólares/unidad $\quad$ F = 50.000 dólares

: **7.17** A Kathleen Bentley le han solicitado que evalúe dos máquinas. Después de algunas investigaciones ha determinado los costes que se muestran en la tabla adjunta. Además sabe que debe tener en cuenta que:

a) La vida útil de ambas máquinas es de tres años.

b) La empresa piensa que puede realizar inversiones que aporten un interés del 12% con el mismo riesgo que ésta.

	MAQUINA A	MAQUINA B
Coste inicial	10.000$	20.000$
Coste de mano de obra anual	2.000	4.000
Coste anual de mantenimiento	4.000	1.000
Valor residual	2.000	7.000

Determine, a través del valor actual neto, qué máquina debe recomendar Kathleen.

: **7.18** Su jefe le ha pedido que evalúe dos hornos para Tink-the-Tinkers, un bar de bocadillos. Las opciones a considerar son: (a) comprar tres hornos pequeños a 1.250 dólares cada uno o (b) comprar dos hornos grandes a 2.500 dólares cada uno. Después de recibir las especificaciones y realizar algunas preguntas a los vendedores, ha sacado en claro la siguiente información:

La compra de los hornos pequeños supondrá un incremento de costes de mano de obra de 750 dólares más que si se realiza la opción de comprar dos hornos grandes.

Los costes de limpieza y mantenimiento son de 250 dólares por cada horno pequeño y 200 dólares por cada horno grande.

Los valores residuales son de 250 dólares para los hornos pequeños y 500 para los grandes.

La vida útil de ambos hornos es de cinco años.

La empresa piensa que puede realizar inversiones que aporten un interés del 14% con el mismo riesgo que ésta.

Determinar a través del valor actual neto cuál de las dos opciones es más interesante.

: **7.19** Tom Miller y Jeff Vollman han abierto un servicio de fotocopias en la avenida Comonwealth. Estiman que sus costes fijos serán de 12.000 dólares y sus costes variables de 0,01 dólares por copia. El precio medio de las fotocopias es de 0,05 dólares por copia.

a) ¿Cuál es el punto muerto en dólares?

b) ¿Cuál es el punto muerto en copias?

: **7.20** La Dra. Aleda Roth, una prolífica escritora, está pensando seriamente en crear su propia editorial. Piensa llamarla DSI Publishing Inc. y los costes estimados son:

Fijos	250.000 dólares
Variables por libro	20 dólares
Precio medio de venta por libro	30 dólares

¿Cuántos libros debe vender para empezar a obtener beneficios?

: **7.21** Además de los costes del Problema 7.20, la Dra. Roth quiere pagarse un sueldo de 50.000 dólares al año.

¿Cuál es ahora el punto muerto en unidades? ¿Y en libros?

⋮ **7.22** Como posible futuro propietario de un club llamado Red Rose, está interesado en determinar el volumen de negocio (ventas en dólares) necesario para poder alcanzar en el próximo año su punto muerto. Ha decidido dividir los ingresos del club en cuatro categorías. Para la primera categoría, licores y cerveza, estima que venderá 30.000 bebidas a un precio medio de 1,50 dólares y con un coste de 0,75 dólares por bebida. La segunda categoría son las comidas, que espera que sean 10.000 con un precio medio de 10 dólares y un coste de 5 dólares por comida. La tercera son los postres y vinos, de los que también espera vender, lógicamente, 10.000, pero con un precio medio de venta de 2,50 dólares y un coste de un dólar por unidad. La última categoría son aperitivos y bocadillos baratos, donde espera llegar a la cifra de 20.000 unidades con un precio medio de 6,25 dólares y con unos costes unitarios de 3,25 dólares. Los costes fijos esperados son de 3.800 dólares cada mes.

a) ¿Cuál es el punto muerto en dólares?

b) ¿Cuál es el número medio esperado de comidas diarias si abre trescientos sesenta días al año?

⋮ **7.23** Utilizando los datos del Problema 7.22, vamos a hacer el problema algo más realista. Suponga que el coste de personal representa una tercera parte del coste de las comidas y los bocadillos. Añada, además, un 10% del coste para todas las categorías como gastos variables (suministros de cocina, mantelerías, etc.).

a) ¿Cuál es ahora el punto muerto?

b) Si espera ganar 35.000 dólares (antes de impuestos) y abre doce horas al día, ¿cuáles han de ser las ventas diarias?

⋮ **7.24** Como director de operaciones de Baby Furniture Inc. debe tomar la decisión sobre expandir su línea de muebles para bebés (esto es, cunas, baúles de juguetes, cambiadores y demás). Discutiendo las posibilidades con la directora de ventas, Betsy Vaug-McCollum, deciden que definitivamente existirá mercado y que la empresa debe entrar en el mismo. Sin embargo, como los muebles de bebés normalmente se deben pintar en lugar de barnizar, decide que hará falta una nueva línea de producción. No tiene dudas en su decisión y está seguro de que debe tener un segundo proceso. Pero se pregunta lo grande que ha de ser. Una línea de producción grande costaría unos 300.000 dólares, mientras que una pequeña unos 200.000. La cuestión es, por tanto, la demanda que existirá para los muebles de bebés. Después de extensas discusiones con Mrs. Vaug-McCollum y con Mr. Utecht de la empresa de investigación de mercados Utecht Market Research, ha determinado que, con una probabilidad de 2/3, las ventas serán altas y se podrá obtener un beneficio de 600.000 dólares y, con una probabilidad de 1/3, las ventas serán bajas y significarán un beneficio de 300.000 dólares.

Con una línea de producción grande se puede hacer frente a unas ventas altas y conseguir directamente los beneficios de 600.00 dólares. En cambio, si la demanda es alta pero se ha optado por una línea de producción pequeña, puede ampliarla (a un coste de 150.000 dólares), pero solamente lograría un beneficio de 500.000 dólares por el tiempo perdido en la ampliación. Otra opción sería no ampliarla, lo que llevaría un beneficio de 400.000 dólares. Si se opta por la línea de producción pequeña y la demanda es baja se podrá satisfacer sin ningún problema.

¿Se debe disponer de una línea de producción grande o pequeña?

7.25 Usted es el nuevo director de la concesionaria de los quioscos de bebidas del pabellón de baloncesto de la universidad. Le han dicho de forma clara que las ventas de la concesión deben financiarse por sí solas. La siguiente tabla proporciona la información disponible para poder trabajar:

ARTÍCULO	PRECIO DE VENTA	COSTE VARIABLE	PORCENTAJE DE INGRESOS
Refresco			
Grande	1,10$	0,65$	10
Mediano	0,75	0,45	10
Pequeño	0,60	0,40	20
Perritos calientes	0,75	0,45	10
Café	0,50	0,25	20
Bolsa de patatas (y similares)	0,40	0,30	30

La directora del año pasado, La Tonya Thomson, le ha advertido que debe aumentar un 10% los costes variables como consecuencia de desperdicios, para todas las categorías.

Tiene previsto que el coste de mano de obra (cinco quioscos con tres personas cada uno) sean de 250 dólares. Incluso si no vende nada estos costes serán de 250 dólares por partido, por lo que decide considerarlos como costes fijos. Además, el alquiler de los quioscos, con un coste contractual de 50 dólares por quiosco y partido, también es un coste fijo.

a) ¿Cuál es el punto muerto por partido para todos los quioscos?

b) ¿Cuántos perritos calientes espera vender en el punto muerto?

7.26 Ordene las siguientes inversiones de acuerdo con su valor actual neto. Cada alternativa requiere una inversión inicial de 20.000 dólares. Suponga un coste de capital del 10%.

AÑO	CASH FLOWS PARA LA INVERSIÓN 1	CASH FLOWS PARA LA INVERSIÓN 2	CASH FLOWS PARA LA INVERSIÓN 3
1	1.000$	7.000$	10.000$
2	1.000	6.000	5.000
3	3.000	5.000	3.000
4	15.000	4.000	2.000
5	3.000	4.000	1.000
6	1.000	4.000	1.000
7	—	4.000	1.000
8	1.000	2.000	—
9	—	—	1.000

CASO DE ESTUDIO

Matthew Yachts Inc.

Matthew Yachts Inc, localizada en Montauk, Long Islang, fabrica yates de vela de todo tipo. La empresa empezó construyendo yates a medida para una gran clientela, fundamentalmente de Nueva York. Los yates a medida siguen representando tres quintas partes de las ventas en unidades y cuatro quintas partes de las ventas en dólares y de los beneficios. A lo largo de los años, a medida que se ha ido extendiendo la reputación de calidad de los barcos de Matthew Yacht's, la zona de ventas ha ido ampliándose hasta cubrir todo el litoral del este.

En un esfuerzo por capitalizar este reconocimiento y para asegurarse una parte del creciente mercado de la navegación a vela, Matthew Yachts empezó a fabricar un nuevo barco estándar. Matthew atacó solamente la parte alta de este mercado, ya que dicho barco tenía 37 pies de eslora. Sin embargo, aunque se trataba del segmento alto del mercado, el cliente tipo era más sensible al precio y estaba menos preocupado por las características que los tradicionales clientes de barcos a medida.

Todos los yates se fabricaban en la planta de Montauk y compartían los mismos equipos y trabajadores. Los diseños a medida tenían prioridad en la planificación y el nuevo barco solamente entraba en los planes de fabricación cuando la demanda aflojaba. Sin embargo, como las ventas del modelo estándar aumentaban fue necesario introducirlo regularmente en la planificación.

Matthew Yachts había sido creada de abajo a arriba. La fabricación de cascos fue el primer paso. La demanda de cascos de fibra de vidrio fue incrementándose cada vez más gracias a la velocidad que ofrecían y al bajo mantenimiento. Después se incorporaron los trabajos en madera debajo de la cubierta, seguidos de los trabajos tanto en madera como en fibra de vidrio por encima de la cubierta. Los mástiles se torneaban y taladraban por separado. Al final se unían los mástiles y el casco y se realizaban las tareas de acabado.

Durante el año pasado el barco de diseño estándar continuaba con su incremento sostenido en ventas y costes, y los pedidos empezaron a crecer precipitadamente. Durante este período, cuando la demanda de los dos tipos de barcos, estándar y a medida, excedía la capacidad, la construcción de barcos estándar siempre proporcionaba tiempo y recursos a la construcción de barcos a medida de alto margen de beneficios. Como resultado, muchos yates estándar se esparcían por los terrenos de la empresa en diversas fases de construcción. Además el espacio en la empresa empezó a escasear y la expansión de la planta de una forma u otra parecía inevitable.

PREGUNTAS DE DISCUSIÓN

1. ¿Debe Matthew Yachts permanecer en el negocio de barcos estándar?
2. En caso afirmativo, ¿cómo debe continuar?

Fuente: Roger W. Schmener, *Production/Operations Management* 5.ª ed., Nueva York: Macmillan, 1993: 517.

BIBLIOGRAFÍA

Berry, W. L., C. C. Bozarth, T. J. Hill, and J. E. Klompmaker. "Factory Focus: Segmenting Markets from an Operations Perspective." *Journal of Operations Management*, 10, no. 3 (August 1991): 363.

Burbidge, J. L. "Production Flow Analysis for Planning Group Technology." *Journal of Operations Management*, 10, no. 1 (January 1991): 5–27.

Ettlie, J. E. "What Makes a Manufacturing Firm Innovative." *The Executive* (November 1990): 10.

Ettlie, J. E., and E. M. Reza. "Organizational Integration and Process Innovation." *The Academy of Management Journal* (October 1992): 795.

Ferguson, J. T., and J. H. Heizer. *Real Estate Investment Analysis*. Boston: Allyn and Bacon, 1990.

Grant, R. M., R. Krishnan, A. B. Shani, and R. Baer. "Appropriate Manufacturing Technology: A Strategic Approach." *Sloan Management Review*, 33, no. 1 (Fall 1991): 43–54.

Heizer, J. H. "Manufacturing Productivity: Japanese Techniques Not Enough." *Industrial Management* (September/October 1986): 21–23.

Hounshell, D. A. *From the American System to Mass Production, 1800–1932*. Baltimore: Johns Hopkins University Press, 1984.

Kim, D., V. A. Mabert, and P. A. Pinto. "Integrative Cycle Scheduling Approach for a Capacitated Flexible Assembly System." *Decision Sciences*, 24, no. 1 (January/February 1993): 126–147.

Kwan, C. C. Y., and Y. Yuan. "The Present Value Issue in a Sequential Selection Problem." *Decision Sciences*, 24, no. 5 (September/October 1993): 1057.

Leachman, R. C., and T. F. Carmon. "On Capacity Modeling for Production Planning with Alternative Machine Types." *Industrial Engineering Research & Development*, 24, no. 4 (September 1992): 62.

Mansfield, E. "The Diffusion of Flexible Manufacturing Systems in Japan, Europe, and the United States." *Management Science*, 39, no. 2 (February 1993): 149–159.

McCutcheon, D. M., A. S. Raturi, and J. R. Meredith. "The Customization-Responsiveness Squeeze." *Sloan Management Review*, 35, no. 2 (Winter 1994): 89–100.

Morris, J. S., and R. J. Tersine. "A Simulation Analysis of Factors Influencing the Attractiveness of Group Technology Cellular Layout." *Management Science*, 36 (December 1990): 1567–1578.

Parsaei, H. R., and A. Mital. *Economic Aspects of Advanced Production and Manufacturing Systems*. New York: Van Nostrand Reinhold, 1991.

Pine, B. J., II. *Mass Customization: The New Frontier in Business Competition*. Boston: Harvard Business School Press, 1993.

Quinn, J. B., and J. A. Mueller. "Transferring Research Results to Operations." *Harvard Business Review* (January/February 1991): 39–40.

Sekine, K. *One-Piece Flow*. Cambridge, MA: Productivity Press, 1992.

Womack, J. P., and D. T. Jones. "From Lean Production to the Lean Enterprise." *Harvard Business Review*, 72, no. 2 (March/April 1992): 93–103.

Young, S. M. "A Framework for Successful Adoption and Performance of Japanese Manufacturing Practices in the United States." *The Academy of Management Review*, 17, no. 4 (October 1992): 677.

8

ESTADO DEL ARTE DE LA TECNOLOGÍA EN POM

CONTENIDO DEL CAPÍTULO

OBJETIVOS DE APRENDIZAJE

Cuando haya completado este capítulo debe ser capaz de:

Identificar y definir:

Diseño asistido por computador

- Fabricación asistida por computador
- Control numérico
- Lógica Borrosa
- Redes neuronales

Explicar:

- Sistemas de fabricación flexible
- Fabricación integrada por computador
- Sistemas expertos
- La utilización del MIS en la producción

PERFIL DE CLASE MUNDIAL: AT & T MICRO-ELECTRONICS

LA TECNOLOGÍA LE PROPORCIONA A AT & T VENTAJA COMPETITIVA

AT & T, vencedor del premio Shingo de calidad en la producción, es verdaderamente un productor global de chips para computadores. Con plantas de fabricación en Allentown y Reading, Pennsylvania, Orlando, Florida y Madrid (España) e instalaciones para producción en Malmsburg (Inglaterra), Matamoros (México), Bangkok (Tailandia) y Singapur, AT & T es uno de los mayores productores mundiales de chips para unidades de disco, teléfonos celulares e interruptores de redes.

Recorrer una planta de fabricación es como entrar en una bolsa sellada al vacío. No es un lugar hecho para la gente, que por naturaleza está «sucia», con piel escamada que crea nubes de polvo. Los chips actuales pueden contaminarse con una simple partícula de polvo, de 1/100 la anchura de un cabello humano. Los mismos chips miden menos de la millonésima parte de un metro (una micra).

¿Qué ocurre en una planta de fabricación, denominada también fab.? Placas de silicio vacías valoradas en unos 200$ son el producto inicial. El output es una placa con complejos dibujos que la recorren, valorada ahora en 20.000 dólares o más.

El verdadero centro de la «fab» es el área de fotolitografiado. Aquí se pulveriza un gel foto-sensible sobre las placas que después pasan a una máquina que proyecta los elementos del circuito sobre la placa. Al proyector se le llama andador, ya que proyecta la misma imagen unas 100 veces sobre cada placa, moviendo la placa por pasos para recibir cada imagen sucesiva.

Trabajadores «disfrazados de conejo» completan un paso en el proceso de fotolitografiado de desarrollo de una placa llena de chips. El proceso de producir miles de chips a partir de una placa de silicio es como imprimir una reproducción sobre papel de seda con tinta de 20 colores diferentes. En cada paso se calienta una nueva capa de dióxido de silicio, se graban los componentes de la nueva capa y se añaden elementos químicos a las áreas de exposición.

Un diseñador de circuitos impresos ajusta la diminuta sonda electro-óptica de cristal para intentar averiguar qué es lo que pasa dentro de los circuitos sin necesidad de separarlos. El extremo óptico y del tamaño de una micra de la señal de láser proporciona una «ventana» del interior del mundo del circuito integrado. La foto muestra el microscopio, cristal, láser, cuadro del circuito y el computador utilizado para medir las corrientes eléctricas.

El equipo de fotolitografiado requerido para imprimir los circuitos diseñados es de alta tecnología y cada máquina puede costar más de 2 millones de dólares. No es inusual que el coste de construcción de una sala estéril de producción supere los quinientos mil millones de dólares.

La limpieza de la sala de la fábrica se específica en términos del número de partículas de tamaño superior a la mitad de una micra que se puedan hallar por pie cúbico de aire. La típica aula de un colegio puede tener unos cuantos cientos de miles de partículas por pie cúbico. Un quirófano tiene un nivel inferior a unas 20.000 partículas. En las áreas de manipulación de las placas en la fábrica de AT & T, el nivel se reduce hasta ¡una!

Una vista ampliada de la nueva técnica de AT & T para efectuar medidas internas de los circuitos integrados.

Para maximizar el uso del equipo, la planta de fabricación de AT & T opera durante las veinticuatro horas del día, los siete días de la semana. Los trabajadores realizan turnos de doce horas, trabajando tres turnos una semana y cuatro la siguiente.

Estos tres investigadores están examinando una placa en una «sala estéril». Sus atuendos de sala estéril consisten en una bata, unos guantes y una capucha que se ponen los trabajadores después de que ellos mismos se hayan limpiado en salas especiales. En algunas salas estériles tan sólo está permitido el acceso a los no fumadores, ya que una partícula residual en el bigote de un fumador puede contaminar el proceso del chip.

El proceso de completar el valor de una placa supone unas doce semanas. No es una línea de montaje, sino que es un proceso cíclico. Una tras otra, las placas son tratadas con calor, impresas, grabadas y tratadas con productos químicos.

Cuando la «fab» termina un placa, se envía a las plantas de ultramar, donde se coloca en chips. Los chips pasan después a colocarse en el interior de cajas de plástico, de aspecto común, de las que les sobresalen unos cables y son enviadas a clientes de todo el mundo.

En una industria en la que la vida de un nuevo producto se mide en meses y no en años, AT & T debe utilizar su tecnología en mantener un nivel competitivo global.

Gillette está en el negocio de la fabricación de navajas y hojas de afeitar, y muchas otras cosas que vende a precios bajos. Ha profundizado en el arte de utilizar la tecnología para recortar fracciones de centavo al coste de producción año tras año. En sólo algo más de dos años, Gillette redujo los costes unitarios de su maquinilla de afeitar Sensor en un 30 por 100. ¿Cómo? Utilizando tecnología avanzada como los computadores para el control y seguimiento de stocks de componentes y soldadores láser diseñados para ellos para realizar los cartuchos de doble hoja Sensor. La compañía utiliza además cámaras de "visión" para controlar y asegurar la calidad del producto. Gracias al uso de la tecnología, Gillette ha llegado a ser un fabricante de bajo coste y alta calidad. La compañía es un líder internacional no sólo con su afeitadora Sensor, sino también con otros productos.[1] ♦

Una de las grandes ventajas de los robots es que pueden reprogramarse para diferentes movimientos simplemente cambiando las señales electrónicas que los controlan. Sin embargo, una de las limitaciones de los robots ha sido su incapacidad de "sentir" su fuerza, posición o la presión que está ejerciendo cuando "agarra" o "golpea" alguna cosa. Consecuentemente, en los últimos años se ha realizado un esfuerzo importante en este área. Los tremendos avances que se han llevado a cabo en este área son evidentes, por ejemplo, en los dedos robotizados que cogen y sostienen los semiconductores de un chip.

En este capítulo introduciremos el uso de tecnología en POM. Como Gillette y AT & T pueden atestiguar, la tecnología puede resultar una potente herramienta en el desarrollo de una ventaja competitiva[2]. Las empresas que han conseguido una ventaja competitiva a través de la tecnología:

- Planifican con un horizonte temporal mayor:
- Tienen una reducida línea de productos y conocen sobradamente su producto y a su cliente:
- Tiene una fuerte capacidad técnica interna que está ligada al análisis estratégico.
- Tienen una gestión estratégica consistente y estable.
- Tiene métodos efectivos para implementar los cambios necesarios para el uso constructivo de la tecnología.

En la POM existen oportunidades de usos innovadores de la tecnología, desde el desarrollo de productos hasta su mantenimiento.[3] Ya que la tecnología de la información es tan persuasiva, la mayoría de este capítulo está enfocado a su aplicación en la POM.

LA TECNOLOGÍA EN LA FABRICACIÓN

Las ciencias de la información son las conductoras de la tecnología tanto en la producción como en los servicios. Entre las herramientas proporcionadas por las ciencias de la información están el Diseño Asistido por Computador (CAD), la Fabricación Asistida por Computador (CAM), los Sistemas automatizados de almacenaje y extracción (ASRSs), los Vehículos autoguiados (AGVs), los Sistemas Flexibles de Fabricación (FMSs) y la Fabricación Integrada por Computador (CIM).

---

[1] *Wall Street Journal* (6 de abril de 1992): A1; y *AME news*, 7, nº. 4 (julio/agosto, 1994): 3.

[2] Ver, por ejemplo, S. C. Fleming, «Using Technology for Competitive Advantage», *Research Technology Managment*, 11, nº5 (septiembre/octubre de 1994): 34-41; P. H. Biranbaum-More, A. R. Weiss y R. W. Wright, "How do Rivals Compete : Strategy, Technology and Tactics", *Research Policy*, 23, nº 3 (mayo de 1994): 249-265; Andrew Bartmess y Keith Cerny , "Building Competitive Advantege Throught a Global Network of Capabilities", *California Managment Review*, 35, nº 2 (invierno de 1993): 78-103; y M. E. Porter, "The Technological Dimension of Competitive Strategy", en R. S. Rosenbloom, ed. *Research on Technology Innovation, Managment and Policy* (Greenwich, CT: JAI Press): 3.

[3] Por ejemplo, vea un excelente tratado sobre los usos estratégicos de la tecnología en la innovación de productos por Joseph Morone, «Strategic Use of Tecnology», *California Managment Review* (verano de 1989): 81-110.

POM EN ACCIÓN

Diseño para fabricación y montaje (DPFM): relatos en Ford, IBM y Brown & Sharpe

Un nuevo programa de software está reduciendo en más de un 50% los tiempos que transcurren entre el inicio del diseño y la producción. El software, denominado diseño para fabricación y montaje (DPFM), incrementa la calidad del producto, al tiempo que fabrica el producto en menos tiempo y por menos dinero. Permite a los ingenieros y a los diseñadores examinar las diferentes alternativas de diseño antes de fabricar el producto. A continuación se relatan tres historias reales.

IBM utilizaba el DPFM para diseñar su impresora de gran éxito Proprinter. La impresora, que antes se hacía en Japón, tenía 152 componentes y en su montaje se tardaba media hora. La nueva Proprinter, ahora totalmente fabricada y montada en los Estados Unidos, tiene únicamente 61 componentes y se monta en tan sólo tres minutos.

Brown & Sharpe Manufacturing, un gran fabricante de herramientas, utilizó, para el diseño de su Micro Measuring Machine, el DPFM. Antes de su uso, el diseño original tenía 57 componentes: El DPFM redujo el diseño a cuatro componentes, permitiendo a la empresa vender un producto competitivo con la mitad de coste que la competencia y triunfar en el mercado internacional.

Por último, más de 1.000 ingenieros de Ford utilizaron el DPFM con el modelo Taurus y redujeron los costes de fabricación en un 30%, lo que equivale a más de mil millones. "El DPFM se puede utilizar para cualquier cosa, desde calzado hasta partes de automóvil o componentes aeroespaciales", dice John Ingalls, consultor de Boston.

Fuentes: Industrial Engineering (agosto de 1992): 60-62; y *Manufacturing Issues* (invierno de 1995): 1-5.

El flujo electrónico de datos que finalmente se transforma en información es la comunicación que liga cada mejora en los equipos. Este flujo electrónico de información permite reemplazar las operaciones manuales por operaciones automáticas. El impacto de la información afecta a la totalidad del espectro de la fabricación, desde el diseño hasta la producción, desde las compras hasta los envíos.

Diseño asistido por computador (CAD) y fabricación asistida por computador (CAM)

Diseño Asistido por Ordenador

Diseño Asistido por Computador (CAD) es el uso de los computadores para preparar, de forma interactiva, los planos de ingeniería. A pesar de que la variedad de software sobre CAD es amplia, la mayoría se utiliza para dibujar en tres dimensiones. Existe un software de CAD especializado en aplicaciones para circuitos electrónicos y, más concretamente, para el diseño de los circuitos impresos. También existe otro software de CAD adaptado a las aplicaciones mecánicas, tales como el análisis de calor o fatiga. Adicionalmente, algunos softwares están enfocados a ver cómo el diseño afecta a los procesos, cómo se discute en el apartado de *POM en Acción* "Diseño para fabricación y montaje (DFMA)".

Como vimos en el Capítulo 6, la mayoría de los costes de producción son determinados en la fase de diseño.[4] El software de CAD permite a los diseñadores ahorrar tiempo y dinero, reduciendo los ciclos de desarrollo virtualmente para todos los productos. La velocidad y la facilidad con que sofisticados diseños pueden manipularse, analizarse y modificarse con CAD hace posible revisar numerosas opciones posibles antes de comprometerse finalmente. Desarrollo más rápido, mejores productos, precisos flujos de información a otros departamentos, todo contribuye a una tremenda amortización del CAD.

---

[4] Ver Mohan V. Tatikunda, «Desingn for Assembly: A Critical Methodology for Product Reengineering and New Product Development», *Production and Inventory Managment Journal* (Primer trimestre de 1994): 31-38.

POM EN ACCIÓN

El diseño electrónico acelera el desarrollo del próximo Ford "coche del mundo"

La clave del futuro, como Ford dice, es el enfoque de "coche mundial", la fabricación global de una familia de automóviles que comparten componentes idénticos producidos en plantas de todo el mundo. Sus nuevas series de coches con componentes comunes. El Ford Contour, el Mercury Mystique y el Mondeo (su versión Europea) tienen un coste de desarrollo de 6.000 millones de dólares.

Para reducir de manera importante los costes de sus próximos sedanes, Ford está dirigiéndose hacia un proceso de diseño interactivo para reducir sus plazos a veinticuatro meses. Este plazo se puede comparar de forma positiva con los treinta y cinco meses que se tardó en diseñar el Mustang del 1994 y los cincuenta y cuatro meses que se tarda en promedio en la industria automovilística de Estados Unidos.

Veamos cómo funciona: Un ingeniero de Ford en Inglaterra transmite desde un enorme fichero de computador los planos detallados de 3-D del automóvil a los diseñadores en Dearbon, Michigan. Esta transmisión, que se realiza a través de satélite, dura quince minutos. Una vez hechas las revisiones pertinentes, los diseñadores de Dearbon llaman a Inglaterra y coordinan los cambios finales con los técnicos ingleses. Todos ven las últimas imágenes en su estado real. Los planos revisados se transmiten al estudio de diseño de Ford en Turín, Italia, donde una fresadora dirigida por computador realiza un modelo en arcilla o espuma de plástico en cuestión de horas.

Esta estructura de diseño interactiva asistida por computador permite que los ingenieros, fabricantes y proveedores de todo el mundo se involucren rápidamente en la fase de diseño del automóvil. Esta tecnología no sólo reduce los costes y acelera el desarrollo, sino que los diseñadores también esperan que esto reducirá el número de modificaciones de los prototipos cuando lleguen a las carreteras.

Fuente: New York Times (29 de agosto de 1993): y *Forbes* (15 de marzo de 1993): 54

Norma para el intercambio de datos del producto (STEP)

La transferencia electrónica de la información del diseño del producto ha demostrado ser tan importante que se ha desarrollado una norma para su intercambio. Este estándar es conocido como la **Norma para el intercambio de datos del producto (STEP)** (Standard for the exchange of product data). Esta norma permite a los fabricantes expresar información tridimensional del producto en un formato estándar, de manera que pueda ser intercambiada internacionalmente. El STEP permite que fabricantes que se encuentran dispersados geográficamente integren los procesos de diseño, producción y soporte. También comporta una reducción del plazo de diseño, así como de los costes de desarrollo. El apartado de *POM en Acción* "El diseño electrónico acelera el desarrollo del próximo Ford "El Coche del Mundo" muestra la eficacia que puede obtenerse con esta tecnología.

Fabricación asistida por computador (CAM)

Fabricación asistida por computador (CAM). Se refiere al uso de programas informáticos especializados en la dirección y control de los equipos de fabricación. Cuando la información del CAD, diseño asistido por computador, es transformada en forma de instrucciones para el CAM, fabricación asistida por computador, el resultado de estas dos tecnologías es el CAD/CAM. Las ventajas del CAD/CAM son:

1. *Calidad del producto.* CAD proporciona al diseñador una oportunidad para investigar más alternativas, problemas potenciales y riesgos.
2. *Reducir el tiempo de diseño.* Puesto que el tiempo es dinero, reducir la fase de diseño es disminuir el coste.
3. *Reducciones del coste de producción.* La reducción de los stocks, una utilización del personal más eficaz al mejorar la planificación y una más rápida implementación de los cambios de diseño supone una reducción de costes.
4. *La disponibilidad de las bases de datos.* La consolidación de datos exactos de los productos, de forma que todo el mundo esté trabajando a partir de la misma información, implica reducciones importantes de los costes.

5. *Nuevas capacidades.* Por ejemplo, la capacidad de rotar y pintar los objetos en tres dimensiones, comprobar las holguras, relacionar componentes y accesorios, mejorar el uso de máquinas controladas numéricamente, todas ellas proporcionan nuevas capacidades para la fabricación. El CAD/CAM elimina de forma sustancial el trabajo de detalle, lo que permite a los diseñadores concentrarse en los aspectos conceptuales e imaginativos de su tarea.

Control numérico

El éxito del CAD/CAM es debido en parte a que la gran mayoría de la maquinaria mundial puede controlarse electrónicamente. La maquinaria puede diseñarse para ser controlada electrónicamente mejor que para ser controlada manual o mecánicamente. El control electrónico incrementa tanto la velocidad como la flexibilidad. La maquinaria, que puede controlarse de forma electrónica, habitualmente utilizando cinta magnética, se la denomina maquinaria de **control numérico (CN)**. A las máquinas que tienen su propio microcomputador *y* memoria para almacenar programas informáticos se las denomina maquinaria de **control numérico informatizado (CNC)**. El control electrónico se logra creando programas informáticos que son almacenados en la cinta magnética en el caso de las máquinas de C. N. y en la memoria del computador en el caso de las máquinas C. N. C. El programa informático se escribe tal y como uno escribiría un programa en BASIC o Cobol para rellenar cheques. Los lenguajes utilizados incluyen APT (Automatically Programmed Tool) y Compact II.

Control numérico (CN)

Control numérico informatizado (CNC)

La tercera fase del control numérico es el **control numérico directo (DNC)**. Las máquinas D. N. C. están conectadas a un computador central que puede enviar los programas necesarios a las memorias de las máquinas de D. N. C.

Control numérico (DNC)

Control de procesos

El **control del proceso** es la utilización de la tecnología de la información para supervisar y controlar un proceso físico. Estos procesos normalmente coinciden con lo que entendemos por *proceso continuo*. Por ejemplo, el control de procesos se utiliza para medir el grado de humedad y gramaje del papel mientras que se mueve a través de una máquina a gran velocidad. El control de procesos también se utiliza para determinar y controlar temperaturas, presiones y cantidades en las refinerías petrolíferas, procesos petroquímicos, plantas cementeras, acererías, reactores nucleares y otros procesos continuos.

Control de proceso

Los sistemas de control de procesos actúan de diferentes formas, siendo las siguientes las más habituales:

- Tienen sensores, a menudo dispositivos analógicos de recogida de datos.
- Los dispositivos analógicos leen los datos con cierta periodicidad, a veces una vez por minuto o segundo.
- Las mediciones se transforman en señales digitales, que se transmiten a un computador.
- Programas informáticos leen el archivo (los datos digitalizados) y analizan los datos.
- El output puede tomar diversas formas. Entre ellas se incluyen un mensaje en la pantalla de un computador o en la impresora, una señal a un motor para cambiar el ajuste de una válvula, una luz o alarma sonora de advertencia o un gráfico de control estadístico de procesos.

Sistemas de visión

Los **sistemas de visión** combinan cámaras de vídeo y tecnología informática. Estos sistemas son utilizados principalmente en tareas de inspección. La inspección visual es una

Sistemas de visión

tarea importante en casi todas las empresas de fabricación y procesado de alimentos. Por otra parte, en algunas aplicaciones, la inspección visual realizada por hombres es tediosa, mentalmente atrofiadora y propensa al error. Este es el porqué del uso mayoritario de los sistemas de visión cuando los artículos a inspeccionar son muy similares. Por ejemplo, los sistemas de visión son utilizados para inspeccionar las patatas fritas, de forma que identifiquen las imperfecciones mientras las patatas continúan en la línea de producción. Los sistemas de visión son utilizados para ver si hay sellador y en la cantidad apropiada en las transmisiones de las lavadoras de Whirpool. Estos sistemas también son utilizados para inspeccionar los equipos de commutación en la planta Foster en Des Olaines, Illinois. Los sistemas de visión son muy precisos, no llegan a aburrirse y tienen un coste modesto. En consecuencia, estos sistemas son notablemente superiores a las personas cuando se trata de realizar estos trabajos.

Robots

Robot

Cuando una máquina es flexible y tiene la habilidad de coger, mover y posiblemente capturar artículos, se la suele llamar **robot**. No obstante y a pesar de las películas basadas en ellos, los robots no son personas mecanizadas. Son aparatos mecánicos que pueden tener unos pocos impulsos electrónicos almacenados en chips semiconductores capaces de activar motores o commutadores. Cuando los robots forman parte del proceso de fabricación, normalmente realizan el movimiento de los materiales entre las máquinas. También pueden utilizarse de forma muy efectiva para realizar tareas que sean especialmente monótonas, peligrosas o cuando la tarea sea susceptible de mejora, sustituyendo mecánicamente el esfuerzo del hombre. Sería el caso en que se pudiera mejorar la consistencia, precisión, velocidad o la fuerza o energía necesaria en un proceso, sustituyendo a las personas por máquinas.

En la actualidad, los robots y las máquinas programables son competitivas en coste para una gran variedad de aplicaciones, como los trabajos con lotes pequeños o los trabajos continuos y largos. Robots menos flexibles y consecuentemente de menor coste pueden sustituirse por equipos especializados, incluso en el caso de procesos continuos. El control y las instrucciones del robot son similares a los utilizados para las máquinas controladas numéricamente. Estas instrucciones proporcionan un control total sobre las tareas, dando la posición, orientación, velocidad y aceleración. La comunicación entre el operador y el robot normalmente es suministrada por un terminal de computador, aunque también puede recibir instrucciones a través de un método de conducción por el operario. Una vez las instrucciones han sido introducidas, son almacenadas en la memoria del computador y modificadas al tiempo que se van realizando cambios en el producto o en el proceso. Los robots no son una panacea para todas las empresas y para todas las tareas, tal y como se puede ver en el apartado *POM en Acción* titulado “El papel del robot no es necesario en todas las fábricas”.

Sistemas automatizados de almacenaje y extracción (ASRSs)

Sistemas automatizados de almacenaje y extracción (ASRSs)

Debido a la gran cantidad de mano de obra involucrada en las tareas realizadas en los almacenes y en consecuencia a la gran posibilidad de cometer errores, han sido desarrollados los almacenes controlados informáticamente. Estos sistemas, conocidos como **sistemas automatizados de almacenaje y extracción (ASRSs)**, proporcionan la colocación y extracción automática de componentes en y de lugares concretos del almacén. Estos sistemas son utilizados habitualmente en distribuidores al detalle, como Wal-Mart, Tupperware, y Benetton. (Vea el apartado de *POM en Acción* “Benetton, El Fabricante Más Rápido del Mundo”, en la página 332.) Estos sistemas también se encuentran en las áreas de inventario y control de empresas manufactureras.

POM EN ACCIÓN

El Papel del robot no es necesario en todas las fábricas

Steve Antenen dirige la mayor empresa del país de venta de robots de segunda mano. Sus 70 robots industriales tienen todos un aspecto impecable, habiendo trabajado la mayoría no más de unas pocas miles de horas antes de que sus anteriores dueños, algunas de las compañías líderes del país, los pusieran de patitas en la calle.

No se esperaba que las cosas fueran de esta manera. Para los sindicatos, los robots representan una amenaza para las personas de carne y hueso. Para la industria, iban a ser una solución, permitiendo producir las veinticuatro horas del día y relevando a los trabajadores de las tareas desagradables. Pero finalmente, las empresas han descubierto que los hombres todavía en muchos casos trabajan mejor que los robots, siendo la población de robots en Estados Unidos no de cientos de miles, como se predijo, sino sólo rozando los 45.000.

Por otro lado, los robots en ocasiones manifiestan conductas erróneas. En General Motors ha habido ejemplos de robots pintándose entre ellos en vez de pintar los coches, y rumores de un robot caprichoso dando vueltas y aplastando los parabrisas que otro robot acababa de instalar. En otras palabras, los cuidados y el mantenimiento de un robot puede, en algunas ocasiones, ser más costoso que los de un hombre.

"Los robots son simples máquinas", dice Walter Seering del MIT. "Tienen su lugar entre las máquinas." Son especialmente buenos para trabajar en salas donde la pintura en aerosol o las partículas de fibra de vidrio polucionan el ambiente. "Los robots no tienen que respirar", dice Seering.

Fuentes: New York Times (1 de julio de 1990): 16 ; y *Fortune* (21 de septiembre de 1992): 62-74.

Vehículos autoguiados (AGVs)

El manejo automatizado de materiales puede realizarse a través de monorraíles, transportadores, robots o vehículos autoguiados (AGVs). Los **vehículos autoguiados (AGVs)** son carretillas guiadas y controladas de forma electrónica que se utilizan en las fábricas para transportar componentes y materiales. También se utilizan en oficinas para repartir el correo y en hospitales o prisiones para la entrega de comidas.

Vehículos autoguiados (AGVs)

Sistemas flexibles de fabricación (FMSs)

En situaciones sofisticadas, el equipo para el manejo de materiales se utiliza para complementar a las máquinas de control numérico directo (CND). Los equipos para el manejo de materiales pueden ser un robot, máquinas tranfer, o vehículos autoguiados; mueven los materiales de una estación de trabajo a otra. Para el manejo de materiales y la estación de trabajo, los equipos han de estar conectados a un computador central, que proporciona las instrucciones para dirigir los trabajos a la estación de trabajo adecuada y las instrucciones para cada estación de trabajo. Este conjunto se denomina celda de trabajo automatizada o más comunmente **sistema flexible de fabricación (FMS)**. (Vea Figura 8.1.)

Sistema flexible de fabricación (FMS)

Con los avances en la tecnología, la programación asistida por computador y la mejora de la utilización posible de las FMS están popularizando aún más estos sistemas.

Fabricación integrada por computador (CIM)

Un sistema flexible de fabricación puede extenderse hacia atrás electrónicamente a los departamentos de ingeniería (Diseño asistido por computador), producción y control de stocks. De esta forma, el dibujo asistido por computador puede, en última instancia, generar el programa electrónico (instrucciones) necesario para controlar una máquina de control numérico directo (DNC). Si la máquina está conectada a otras y al equipo para el

FIGURA 8.1 ■ Los sistemas flexibles de fabricación FMS sitúan a máquinas y diferentes dispositivos de manejo de materiales controlados por computador bajo el control, a su vez, de un computador central. Las máquinas y los dispositivos de manejo de materiales pueden ser de diferentes tipos. Las preparaciones y el cambio de herramientas para cada trabajo se realiza de forma automática.

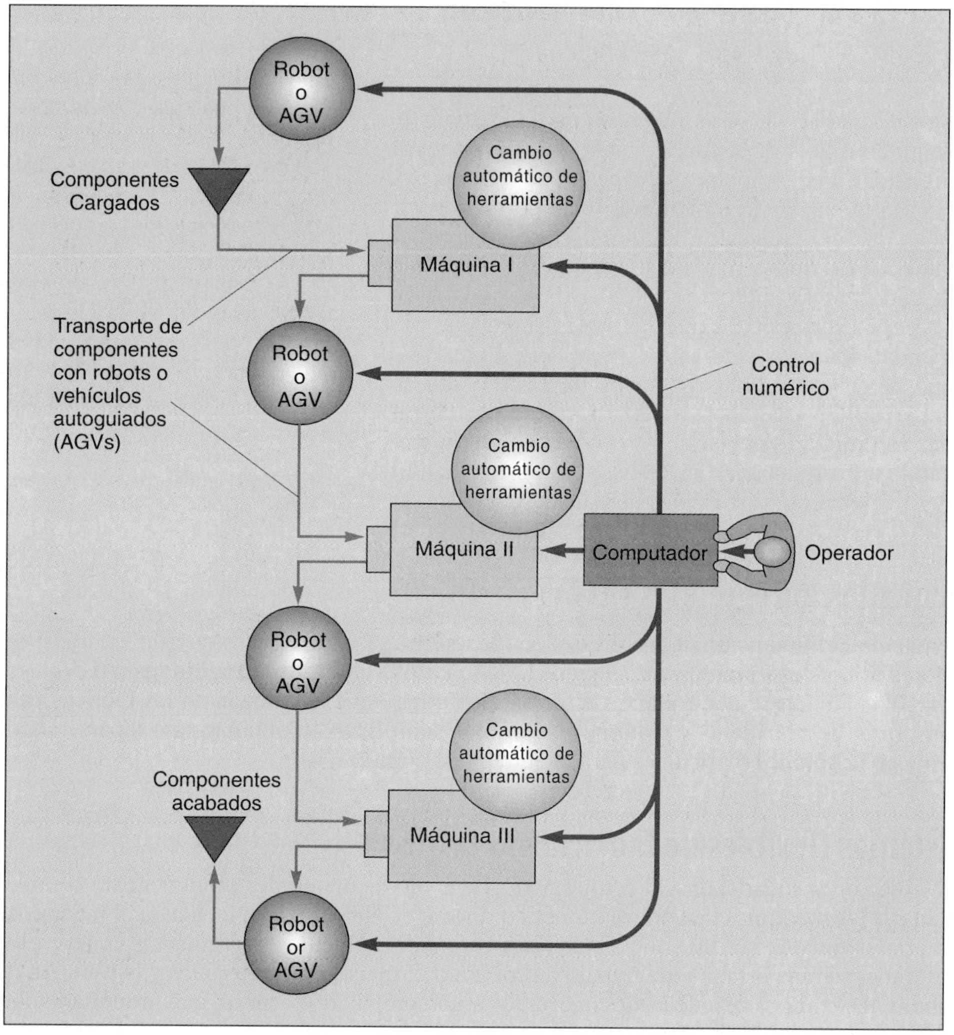

Fabricación integrada por computador (CIM)

Los robots pueden realizar multitud de tareas peligrosas y monótonas para las que están mucho más preparados que los hombres. De cualquier forma, hasta los robots han de ser instruidos para realizar esas tareas.

manejo de materiales como parte de un sistema flexible de fabricación, a todo el sistema se le llamaría **fabricación integrada por computador** (Computer-integrated manufacturing) **(CIM)** (Figura 8.2).

En el entorno de una fabricación integrada por computador, una modificación del diseño comenzada en un terminal con diseño asistido por computador (CAD) puede materializarse en la pieza producida en cuestión de minutos.

FIGURA 8.2 ■ **Fabricación Integrada por Computador (CIM).** El diseño asistido por computador(CAD), la fabricación asistida por computador (CAM), los sistemas flexibles de fabricación (FMSs), actuando conjuntamente con los sistemas automatizados de almacenaje y extracción (ASRSs) y los vehículos autoguiados (AGVs).

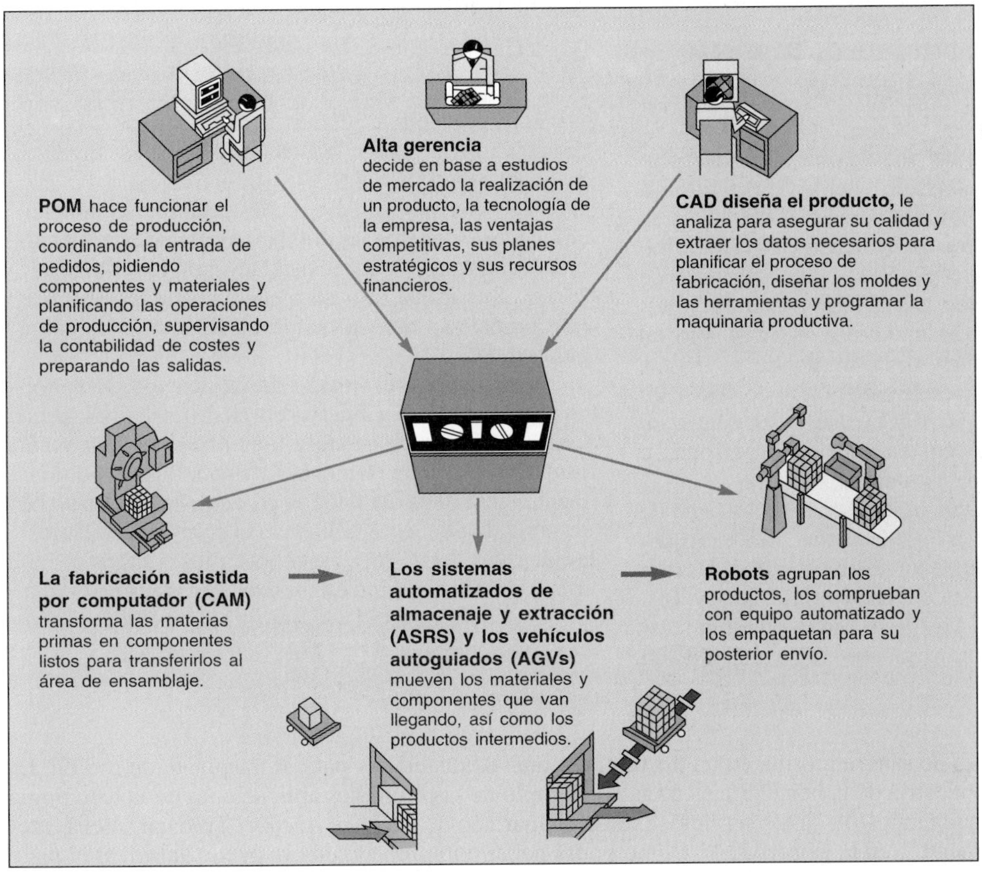

Ampliación del FMS y del CIM

> Los robots no sólo son utilizados para ahorrar mano de obra, sino para algo mucho más importante, como los trabajos peligrosos o monótonos o que requieran consistencia, como en el pintado uniforme de un automóvil.

Los Sistemas Flexibles de Fabricación (FMS) y fabricación integrada por computador (CIM) están reduciendo la distinción entre la producción de poco volumen, gran variedad, y la producción de gran cantidad, poca variedad. La tecnología de la información está permitiendo a FMS y CIM ser cada vez más flexibles y ampliarse para incluir un rango de cantidades cada vez mayores, como se muestra en la Figura 8.3. La Tabla 8.1 presenta una sinopsis de algunos de los principales avances en tecnología de fabricación.

LA TECNOLOGÍA EN LOS SERVICIOS

El uso de la tecnología se extiende más allá de la fabricación. La tecnología tiene una gran variedad de aplicaciones en la industria de los servicios. Entre éstas, se incluyen desde un equipo de diagnóstico de un taller de reparación de automóviles, a un equipo para el análi-

POM
EN ACCIÓN

Benetton: el fabricante de ropa más rápido del mundo

Bennetton, la empresa italiana de ropa informal, probablemente puede presumir de tener la fábrica más rápida del mundo y los distribuidores más eficientes en la industria de la confección. Ubicada en Lozano, Italia, Benetton fabrica y envía 50 millones de piezas de vestir, mayoritariamente pantalones, vestidos y jerseys, cada año a todo el mundo. Existe tan sólo un único almacén de Benetton, desde donde se sirve a 5.000 tiendas en 60 países de todo el mundo. Tiene un coste de 60 millones de dólares, pero este centro de distribución funciona con tan sólo ocho personas y envía 230.000 piezas de ropa al día.

A continuación vamos a describir la eficacia de Benetton para satisfacer las demandas del mercado. Imaginemos que un vendedor de una tienda de Boston se percata de que se está quedando sin el jersey azul que está teniendo más éxito esta temporada. Llama al representante de Benetton, que introduce el pedido en un PC y lo envía de forma electrónica al computador principal de Benetton en Italia. Como el jersey azul originariamente fue creado con diseño asistido por computador (CAD), el computador principal tiene todas sus medidas y las pasa a la máquina de confección. La máquina lo confecciona y se empaqueta en una caja, poniéndole además en un código de barras la dirección de la tienda de Boston, y la caja se envía al almacén central italiano.

Una vez los jerseys azules están perfectamente colocados en una de las 300.000 localizaciones del almacén, un robot los sobrevuela leyendo los códigos de barras. Recoge la caja correcta y cualquier otra que esté preparada para la tienda de Boston y las carga para su envío.

Incluyendo el tiempo de fabricación, Benetton entrega el pedido a Boston en cuatro semanas si no tenía ningun jersey en stock y en una semana si tenía cantidad suficiente en stock. En una industria notoriamente lenta como es la de la confección, Benetton ha respondido al cliente utilizando la comunicación electrónica, el CAD/CAM, los robots y los códigos de barras y se ha convertido en un líder de clase mundial.

Fuentes: *Fortune* (13 de febrero de 1989): 54-59; y *Distribution* (octubre de 1993): 62-66.

sis de sangre u orina en un hospital o a nuevos materiales para el trasplante de rodilla. La industria de la hostelería es un buen ejemplo de las múltiples aplicaciones de la tecnología en la industria de los servicios (véase el apartado de *POM en Acción* "Trabajar inteligentemente", en la página 334). Como podrá haber comprobado, ahora puede autorizar el pago de su factura del hotel a través de un canal del televisor de su habitación. El trabajo ahorrado en recepción y la mejora del servicio al cliente están actualmente proporcionando una ventaja competitiva a Hoteles Sheraton.

Las empresas a menudo juntan diferentes tipos de equipo automático en un único sistema integrado.

La Tabla 8.2 nos enseña una pequeña muestra del impacto que ha tenido la tecnología en los servicios. Los directores de operaciones en los servicios, como en la fabricación, deben ser capaces de evaluar el impacto de la tecnología en sus empresas. Esto requiere una habilidad especial cuando se evalúa la habilidad, se analizan inversiones, necesidades de recursos humanos y mantenimiento/servicio.

CIENCIAS DE LA INFORMACIÓN EN LAS OPERACIONES

Las ciencias de la información están provocando un gran impacto en otras áreas que tienen aplicaciones en operaciones. Estas áreas son el proceso de transacciones, los sistemas de información para la dirección y los sistemas de soporte en las decisiones. La Figura 8.4 muestra estos sistemas de información.

FIGURA 8.3 ■ Diferentes procesos de producción proporcionan diferentes combinaciones de cantidad y variedad. A medida que FMS y CIM se amplían, habrá una mayor solapación entre opciones.

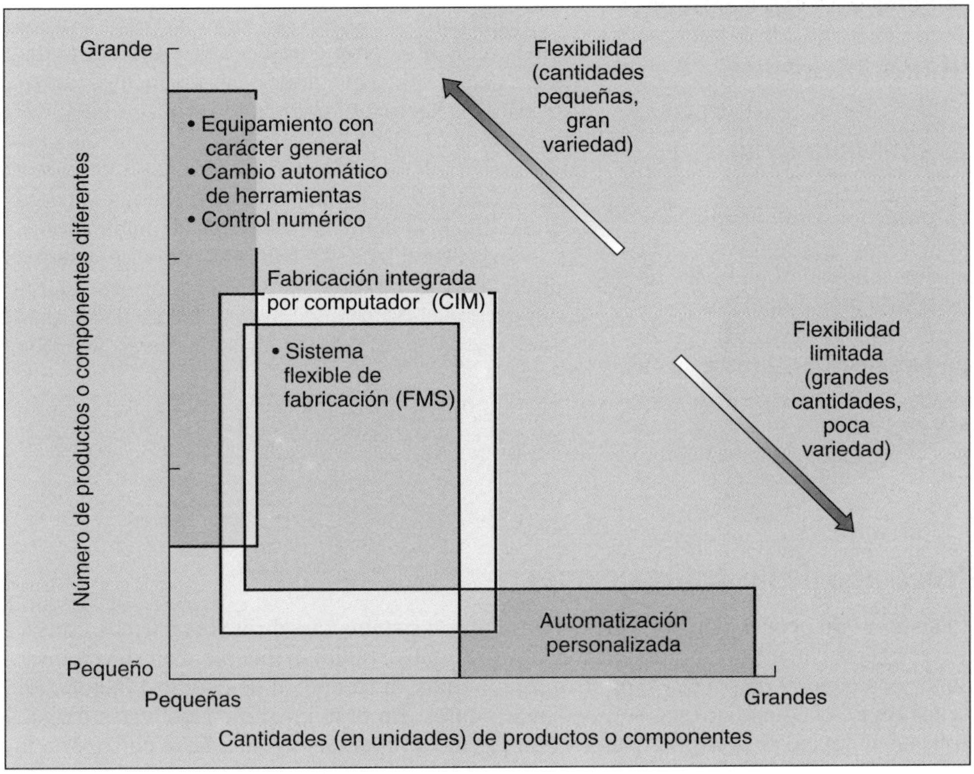

TABLA 8.1 ■ Las principales innovaciones tecnológicas en la fabricación.

MAQUINARIA	INNOVACIÓN TECNOLÓGICA
Control Numérico (CN)	Instrucciones electrónicas leídas de una cinta.
Control Numérico Informatizado (CNC)	Inserción de memoria informática en la máquina.
Control Numérico Directo (DNC)	Inserción de memoria informática en la máquina y la máquina conectada a un computador central.
Centro de Maquinaria Flexible (FMC)	Control electrónico de varias máquinas de DNC y del equipo necesario (como robots y AGVs) para mover el material entre las máquinas.
Fabricación Integrada por Computador (CIM)	Una ampliación del FMS que incluye diseño (CAD), control de stocks, almacenaje y envío.

En un esfuerzo por optimizar el tiempo y la burocracia asociada a la gestión de los partes en las aseguradoras, State Farm Mutual Automobile Insurance está probando computadores tipo "notepad". Un computador tipo "notepad" utiliza un bolígrafo electrónico como el que utiliza la persona que realiza el parte para rellenar el impreso y señalar los daños en un esquema del vehículo. El computador utiliza entonces los datos que tiene almacenados sobre componentes del vehículo y sus precios para evaluar los daños. La información, incluyendo las versiones digitalizadas de las firmas, se transfiere al computador central al final del día. Se espera que este sistema mejore la precisión y reduzca el tiempo y los costes asociados a los partes de los seguros de automóvil.

POM EN ACCIÓN

Trabajar de forma inteligente: Las empresas de servicios se esfuerzan para aumentar su productividad

La tecnología de la información está provocando cambios en la industria hotelera. Los hoteleros pueden saber ahora exactamente el empleo que hace de su tiempo una señora de la limpieza gracias a un sistema de seguridad. Cuando una señora de la limpieza entra en una habitación, introduce una tarjeta que a su vez notifica la ubicación al computador del mostrador de recepción. "Ahora podemos mostrarle una copia impresa de lo que tarda en hacer una habitación", dice un importante inversor de una franquicia de Salisbury.

El sistema de seguridad también permite a los clientes utilizar su propia tarjeta de crédito como llaves para abrir sus habitaciones. Existen además otros usos para el sistema. El computador puede impedir el acceso de un cliente a la habitación una vez finalizada la estancia, así como controlar de forma automática que se encienda o apague la calefacción o el aire acondicionado al dar de alta o de baja la habitación.

En un hotel de 92 habitaciones, este sistema equivale a once empleados a jornada completa, un director general, 4 ó 5 recepcionistas, cinco señoras de la limpieza y un encargado de mantenimiento a media jornada.

Fuentes: Lodging Hospital (junio de 1992): 38-40; y *Hotel and Motel Managment* (7 de septiembre de 1992): 31-33, y (26 de mayo de 1992): 21.

Procesado de las transacciones

Sistema de proceso de las transacciones

Un **sistema de proceso de las transacciones** es un sistema que dirige las muchas transacciones que se dan entre empresas. Estas transacciones, tradicionalmente, han sido transacciones con soporte de papel y engloban las nóminas, la recepción de pedidos, facturación, recepción de cheques, inventarios, personal y otras. En el momento en que estas transacciones han dejado de ser sobre papel y han pasado a procesarse y guardarse en soporte in-

TABLA 8.2 ■ Ejemplos de Impactos Tecnológicos en los Servicios.

INDUSTRIA DE SERVICIOS	EJEMPLO
Servicios Financieros	Tarjetas de débito, transferencia electrónica de fondos, cajeros automáticos.
Educación	Presentaciones multimedia, paneles electrónicos de comunicación, sistemas de catalogación en bibliotecas.
Empresas públicas y gobierno	Camiones de recogida de basura manejados por una sola persona, escáner óptico de correo, avisadores de vuelo y sistemas control
Restaurantes	Escáneres ópticos para las cuentas, emisión de vales por compras específicas en caja, emisión sin cables de pedidos de los camareros a cocina, robot de despiece.
Comunicaciones	Edición electrónica, TV interactiva, correo hablado, computadores teléfonos celulares.
Hoteles	Sistemas electrónicos de entradas y salidas, sistemas electrónicos de llaves.
Tiendas de venta al detalle	Terminales de punto de venta electrónicos, transportadores de limpiadores en seco, código de barras, sistemas automatizados de seguridad.
Transporte	Cabinas automáticas de peaje, cohetes especiales, sistemas de navegación.
Sanidad	Escáneres MRI, sonogramas, sistemas de control de pacientes, sistemas de información médica "on-line".

FIGURA 8.4 ■ DSS, MIS y Proceso de transacción en la dirección de la Producción/Operaciones.

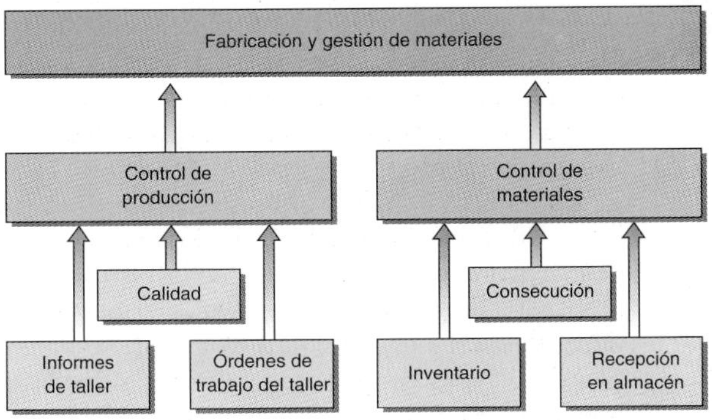

Sistemas de soporte a las decisiones (DSS) utilizan técnicas de modelización como la programación lineal y la previsión

Sistemas de información para la dirección (MIS) suministran planes y medidas de la ejecución informes que proporcionan retroinformación

Los sistemas de procesado de transacciones proporcionan informes relacionados de datos y envío de datos

formático, tenemos ya un sistema de transacciones por computador. La cantidad de papeles que requerían las transacciones en General Motors era tan enorme que GM compró Electronic Data Systems, Inc. (EDS), para que estas transacciones pudieran informatizarse y de esa forma reducir costes. En la medida que estos sistemas se pueden automatizar en mayor grado que los de los competidores, puede obtenerse una ventaja sobre estos últimos, en cuanto a velocidad, precisión, o reducción de costes. Si General Motors tiene mil millones de transacciones con soporte papel al año y es capaz de reducir el coste de cada transacción en 5 dólares, estamos hablando de un ahorro considerable.

> Los códigos de barras han estado entre nosotros desde hace tiempo. Ahora, sin embargo, la tecnología de los símbolos ha desarrollado lo que se denomina un código de barras bidimensional, capaz de almacenar cantidades de información cien veces superiores. Esto significa que podemos leer de forma automática grandes cantidades de información así como facilitar una amplia variedad de tareas adicionales. Por ejemplo, además del típico código de producto y precio, un código de barras puede incluir también cosas como el vendedor, número de serie e incluso las instrucciones para un robot del siguiente paso en el proceso de producción.

Los sistemas modernos de proceso de transacciones se basan en las señales electrónicas, que son un gran vehículo de transmisión de información, pero que tienen una gran limitación, la mayoría de los datos POM no nacen como bits y bytes, por eso, debemos capturar los datos de una forma electrónica. Los **sistemas de identificación automática (AISs)** son la tecnología que nos facilita la traducción de los datos a bits y bytes. Los códigos de barras, las radiofrecuencias y todos esos caracteres ópticos de los cheques bancarios son sistemas de identificación automática que nos ayudan a llevar los datos al medio electrónico. Los códigos de barras en Litton Industries se utilizan para comprobar el inventario y, en los hospitales, para comparar los medicamentos de un paciente con el brazalete de identificación del mismo. Para ver otra aplicación, puede remitirse al apartado de *POM en Acción* "TRW y Ford aprenden la importancia del seguimiento en la producción de airbags".

Sistemas de identificación automática (AISs)

Sistema de información para la dirección (MIS)

El segundo tipo de sistema de información es el **Sistema de Información para la Dirección (MIS)**. Los sistemas MIS se dedican a obtener, estructurar, manipular y presentar los datos en la forma adecuada para la dirección cuando sea necesario. La mayor parte de la información de control de una empresa es facilitado por el sistema MIS. Los sistemas de información se hacen notar en la POM de múltiples maneras, desde la programación al MRP (planificación de necesidades de materiales).

Sistemas de Información para la Dirección (MIS)

Sistema de soporte a la decisión

Otro área en la que las ciencias de la información están ayudando a las operaciones, tanto en los servicios como en la fabricación, es a través del uso de un sistema de soporte para la

POM
E N A C C I Ó N

TRW y Ford aprenden la importancia del seguimiento en la producción de airbags

Se supone que los airbags evitan el peligro de lesiones, pero en el Ford 1990 de Audrey Baker tuvieron justamente el efecto contrario. El coche de la señora Baker formaba parte de los 165.000 vehículos con airbags defectuosos que podían tener escapes de gases inflamables sobre los ocupantes, lo que obligó a Ford a realizar una sustitución multimillonaria de los mismos. La experiencia de 1991 supuso una cara lección para Ford sobre el valor de los códigos de barras.

Los airbags suministrados por TRW, Inc., pusieron de manifiesto los riesgos de convertir una tecnología experimental en un bien de producción en masa. Un airbag es un sistema complejo realizado a partir de sensores que detectan un impacto y entonces hacen explotar un pequeño recipiente de gas, que infla temporalmente una bolsa para amortiguar el impacto de los ocupantes del auto. Para satisfacer la demanda, TRW aceleró la producción utilizando robots para automatizar tareas anteriormente manuales. Pero una máquina fuera de tolerancia estropeó una junta en el módulo airbag, lo que podía haber permitido que algunos airbags esparcieran sus gases. No se produjeron daños por el defecto, y TRW dijo que sólo 3.133 airbags presentaban el problema.

El único problema era que nadie sabía qué airbags tenían el defecto, ya que ni TRW ni Ford habían utilizado códigos de barras o cualquier otro sistema de identificación individual de airbags o de su lote de producción. ¿Qué debía hacer Ford?. Las implicaciones morales y legales provocaron que Ford tuviera que asegurarse mediante una renovación total. Ford también anunció que esperaba que TRW compartiera los gastos. Al mismo tiempo, canceló su contrato de exclusividad con TRW e inició planes para comprar de múltiples fuentes en 1996. Esto provocó que los ejecutivos de TRW aprendieran el coste oculto de no seguir los productos en su fabricación, lo que puede ser realizado de manera muy económica mediante los códigos de barras.

Fuentes: Wall Street Journal (marzo 12, 1991): A4; y J.A.F. Stoner and R.E. Freeman, *Management*, 5th ed. (Englewood Cliffs, NJ: 653. Prentice-Hall, 1992)

Sistema de soporte a la decisión (DSS)

toma de decisión. Un **sistema de soporte a la decisión (DSS)** es una extensión lógica del MIS que ayuda a los directivos en la *modelización* y toma de decisiones. Más que suministrar simplemente información, un DSS permite al directivo ejecutar el análisis "qué pasaría si" dados ciertos parámetros financieros u operativos. Un DSS también puede aportar una amplia variedad de modelos científicos de gestión y salidas gráficas. Un modelo de hoja de cálculo que se utilice para examinar diferentes alternativas es una variante de un DSS.

Inteligencia artificial

MIS Y DSS se apoyan en recientes avances en inteligencia artificial. Las tres herramientas siguientes, sistemas *expertos, lógica borrosa* y *redes neuronales*, forman parte de una disciplina general denominada inteligencia artificial. Vamos a presentar cada una de estas herramientas.

Sistemas expertos (ESs)

Los **sistemas expertos (ESs)** son programas informáticos que imitan la lógica humana y "solucionan" problemas mejor de lo que podría hacerlo un humano experto. La idea que está detrás del uso de un sistema experto es recopilar en un programa informático los conocimientos y habilidades de una persona experta en un determinado campo. De hecho, las cinco ventajas de los ESs son que:

1. Toman decisiones más rápidamente que un experto.
2. Integran los beneficios de tener un experto y su disponibilidad, pero sin necesidad de tenerlo presente.
3. Iguala y supera, al menos en cuanto a consistencia, al experto humano.

4. Libera al experto para que realice otros trabajos.

5. Puede utilizarse por numerosos inexpertos para su educación y entrenamiento.

A pesar de que la idea es bastante simple, la mecánica para crear un sistema experto es complicada. Para hacer la función del sistema, deben existir unos conocimientos básicos que son facilitados por un experto.

Cada paso del proceso debe estar meticulosamente programado, incluyendo cualquiera y todas las opciones de decisión tomadas a lo largo del proceso. Estos conocimientos básicos informatizados están diseñados para ser actualizados periódicamente a fin de incluir nuevas reglas y hechos. Una representación electrónica del proceso de razonamiento del experto se denomina "máquina de inferencia" que abastece de combustible al conocimiento básico.

La Tabla 8.3 indica las áreas en las que se han desarrollado sistemas expertos. Se incluyen también sus nombres y una escueta explicación. El apartado de *POM en Acción* "La autorización de crédito en American Express" trata un caso concreto de un sistema experto. A lo largo de este libro, en determinados capítulos, se tratan más detalladamente varios sistemas expertos.

Aunque la utilización de sistemas expertos se ha difundido ampliamente y con rapidez, tiene una serie de limitaciones. Por ejemplo, está determinar la relevancia de la información y reconocer la falta de información, que aún faltan por incluirse en los sistemas expertos. De cualquier forma, estas limitaciones se están solventando por la lógica borrosa y las redes neuronales.

Lógica borrosa

Algunas decisiones no son lo suficientemente claras como para utilizar los sistemas expertos. Un sí o un no puede resultar insuficiente. Es por ello que se ha desarrollado otra herramienta, la *lógica borrosa*, como otra de las técnicas que pueden utilizar los directores de operaciones. La **lógica borrosa** puede tratar con valores aproximados, influencias e informaciones incompletas o ambigüas a la hora de tomar decisiones. Por ejemplo, cuando se elabora hormigón o acero, la experiencia de años de entrenamiento es a menudo un ingrediente crítico para conseguir un buen lote de producción. El saber cuándo añadir material, calor u otro ingrdiente menor puede ser crítico. Añadir reglas borrosas del tipo "si está demasiado caliente, disminuir combustible" o "si la mezcla no es suficientemente consistente o está demasiado líquida, mezclar más tiempo", permite tratar con estas ambigüedades. En la actualidad, la lógica borrosa está siendo escrita en programas de computador tanto para fabricar hormigón como acero. También se está utilizando para añadir nuevas características a los productos de consumo, como podemos ver en el apartado del *POM en Acción* "La lógica borrosa de Matsushita en los Microondas y Lavadoras".

Redes neuronales

Las **redes neuronales**, modelizadas como la red enlazada de células interconectadas del cerebro, reconocen modelos, programan ellas mismas y resuelven los problemas que se presenten. La ventaja, para el director de operaciones, es que están programadas para aprender. Pueden, por ejemplo, reconocer comportamientos no naturales, como los ciclos y tendencias en los gráficos de control. A causa de esta capacidad de aprender y reconocer modelos, pueden suministrar una valiosa información para el control de procesos a tiempo real[5].

Estas tres herramientas de inteligencia artificial se han desarrollado hasta tal punto que están impactando de gran manera en la dirección de operaciones.

ALCANZANDO ESTÁNDARES DE CLASE MUNDIAL

Las empresas de clase mundial se distinguen no por la utilización de tecnología punta, sino por la utilización *estratégica* que hacen de ésta. El objetivo no es únicamente el de conseguir el último artilugio tecnológico, sino el de utilizar la tecnología para, a largo

[5] H. Brian Hwarng y Norma Faris Habele, " x Control Chart Pattern Identifications Through Efficient Off-Line Neural Neturork Training", *IIE Transactions*, 25, nº 3 (mayo, 1993): 27-40.

TABLA 8.3 ■ Sistemas expertos en POM.

NOMBRE	UTILIZACIÓN	DESCRIPCIÓN
XCON (experto configurador), Digital Equipment Corporation	Configuraciones	Analiza los pedidos de ventas y determina los componentes necesarios para configurar el sistema.
Asistente de Autorizaciones, American Express	Créditos	Ayuda a determinar el nivel apropiado de crédito, basándose en una variedad de criterios.
CONSULTANT, IBM	Ofertas	Ayudas a los vendedores a preparar ofertas, analizando las peticiones de presupuesto.
PILOPLAN	Programación	Programa la fabricación de componentes en función de sus características y de las capacidades y disponibilidades de las máquinas.
SPC (Control Estadístico de Procesos), Automatix, Inc.	Control de Procesos	Analiza los datos para ayudar a que el proceso de fabricación se anticipe a funcionamientos defectuosos.
DELTA (Localización de Problemas en las Locomotoras Eléctricas Diesel), General Electric	Mantenimiento	Ayuda al personal de mantenimiento a aislar y reparar diferentes fallos en las locomotoras.
FADES (Sistema experto de Diseño de Instalaciones)	Layout	Desarrolla un buen diseño de una instalación a través de técnicas cuantitativas y criterios humanos.

Fuentes: Adaptado de H. Raghav Rao y B. P. Lingaraj, "Experts Systems in Production and Operations Managment: Classification and Prospects", *Interfaces*, 18 (noviembre/diciembre de 1988): 80-91; y Dorothy Leonard-Barton y John J. Sviokla, "Putting Experts Systems to Work", *Harward Business Review*, 66 (marzo/abril de 1988): 92.

plazo, conseguir los objetivos estratégicos de la empresa. Para las empresas de clase mundial, la rentabilidad es sólo uno de los criterios de la inversión tecnológica. Estas empresas también se preguntan: "¿la tecnología nos hace conseguir pedidos?" Además, estas empresas se aseguran de tener los recursos financieros y humanos para hacer que la tecnología funcione. Obviamente, este no era el caso de las empresas vistas en el *POM en Acción* "El papel del robot no es necesario en todas las fábricas".

RESUMEN

La tecnología es una importante fuente de ventaja competitiva. Los avances se están produciendo en multitud de áreas, pero especialmente en las ciencias de la información. Las ciencias de la información están mejorando los sistemas de información para la dirección, los sistemas de proceso de transacción y los sistemas de soporte a las decisiones. La tecnología de la información también está mejorando las máquinas de control, desde las de control numérico hasta la fabricación integrada por computador. Estos avances están, con la dirección apropiada, facilitando una mayor flexibilidad de cara a satisfacer las necesidades de los clientes, así como productos de mayor calidad y una mayor utilización de los recursos.

POM EN ACCIÓN

La autorización de crédito en American Express

La American Express Company no tiene fijados límites de cargos. Para ayudar a la compañía a decidir si aprobar o no un cargo concreto, se utiliza un sistema experto para buscar a través de 13 bases de datos. Esta característica tiene valor por razones competitivas, pero más importante es que ha facilitado el difícil reto administrativo de determinar el nivel de crédito de un cliente.

Un comercio llama a AMEX para que autorice un cargo cuando un cliente realiza una compra importante. Antes de que funcione el sistema experto, el empleado de AMEX debía utilizar su propio criterio. Si una compra determinada estaba fuera del comportamiento normal de compra de un cliente, el empleado de AMEX tenía que buscar en otras bases de datos para reunir más información. Ahora el sistema experto de ayuda al autorizador dirige la búsqueda y hace recomendaciones a la persona que ha de autorizar la decisión. La totalidad del proceso se realiza en unos segundos, mientras el comerciante permanece al teléfono.

Fuentes: *ComputerWorld* (25 de enero de 1993); y *Datamation* (1 de diciembre de 1992): 95-96.

TÉRMINOS CLAVE

Diseño asistido por computador (CAD)
Norma para el intercambio de datos del producto (STEP)
Fabricación asistida por computador (CAM)
Control numérico (NC)
Control numérico informatizado (CNC)
Control numérico directo (DNC)
Control de procesos
Sistemas de visión
Robot
Sistemas Automatizados de Almacenaje y Extracción (ASRSs)
Vehículos autoguiados (AGVs)
Sistemas flexibles de fabricación (FMS)
Fabricación integrada por ordenador (CIM)
Sistema de procesado de transacciones
Sistema de identificación automatizada (AIS)
Sistemas de identificación automática (AISs)
Sistema de información para la dirección (MIS)
Sistema de soporte a las decisiones (DSS)
Sistemas expertos (ESs)
Lógica borrosa
Redes neuronales

PREGUNTAS DE DISCUSIÓN

1. ¿Cuáles son las posibles aplicaciones de un sistema experto?
2. ¿En qué tipo de situaciones se están utilizando en la actualidad los sistemas expertos?
3. ¿Cuál es la diferencia entre un sistema de información para la dirección (MIS) y un sistema de soporte a las decisiones (DSS)?
4. Denos algunos ejemplos recientes de tecnología de la información aplicada con éxito a nuevos productos y nuevos procesos en: (a) fabricación y (b) servicios.
5. Distinga entre sistemas flexibles de fabricación (FMSs) y fabricación integrada por computador (CIM)
6. ¿Qué tipo de mejoras se están realizando en los sistemas de diseño asistido por computador (CAD)?
7. Distinga entre sistemas expertos, lógica borrosa y redes neuronales.
8. ¿Cómo trabajan los "sistemas de visión" y dónde pueden usarse?
9. ¿Cuáles son las ventajas de un sistema del tipo de la "Norma para el intercambio de datos del producto" (STEP)?
10. Explique las diferencias entre máquinas de NC, CNC y DNC.
11. ¿Cuáles son los diferentes tipos de sistemas de diseño asistido por computador?

POM EN ACCIÓN

La lógica borrosa de Matsushita en los microondas y las lavadoras

Matsushita Electric Industries (MEI), el gigante japonés de la fabricación de electrodomésticos, está construyendo máquinas que imitan la lógica humana. La piedra angular de su tecnología está en sus controladores lógicos neuroborrosos. En lugar de responder al sí-no o a las señales digitales on-off, el sistema borroso puede responder con acciones del tipo "un poco" y "quizás, pero veamos" basadas en la programación lógica.

Los hornos microondas con lógica borrosa de MEI, por ejemplo, simulan la decisión de un cocinero, fijando las temperaturas de acuerdo con la respuesta del proceso de cocinado. Controlan la temperatura del aire, la textura de los alimentos y la humedad para controlar electrónicamente y ajustar cada minuto los tiempos y niveles de calor.

La empresa también utiliza la lógica borrosa para controlar las lavadoras de forma que los ciclos de lavado, la temperatura del agua y la velocidad de centrifugado se ajusten a modelos predeterminados asociados a los diferentes tipos de ropa. MEI afirma que sus lavadoras y secadoras realizan la selección de programas mucho mejor que una persona, que supone lo que es mejor y desaparece.

La tecnología de MEI se encuentra también en más de 2.000 hogares experimentales y mecanismos de oficina, incluyendo cámaras. Estas cámaras mejoran las características de enfoque automático, seguimiento de sensibilidad de luz, equipo de flash y la velocidad de disparo y el control de apertura. La tecnología de lógica borrosa utiliza ahora "redes neuronales" que pueden "aprender" de informaciones preprogramadas de expertos y de su propia acumulación de informaciones de proceso.

Fuentes: Business Week (26 de septiembre de 1994): 144; y *Wall Street Journal* (21 de octubre de 1991): R18.

EJERCICIOS DE RAZONAMIENTO CRÍTICO

1. ¿Observa usted algún problema en el sistema experto presentado en el *POM en Acción* "Autorización de crédito en American Express" que determine su límite de crédito? ¿Qué opinión moral tendría usted de un médico que utilizara un sistema experto para diagnosticar su dolencia y prescribirle un tratamiento?
2. ¿Cuáles son las implicaciones para una organización que desarrolla un sistema experto basado en los años de experiencia de su personal del departamento de planificación para reducir la plantilla de ese departamento? ¿Qué ocurre en tales circunstancias si el sistema experto no es válido para el futuro debido a cambios en aspectos como la tecnología, el coste de preparación y los niveles de personal?

PROBLEMAS

8.1 Heyl Machine Shop, Inc., tiene un contrato de un año para la producción de 200.000 cajas de cambios para un nuevo vehículo todo-terreno. El propietario, Jeff Heyl, espera que el contrato se amplíe y el volumen de producción aumente en el próximo año. Mr. Heyl ha estudiado los costes de las tres alternativas (ver Figura 8.3), que son un equipo de carácter general (GPE), sistemas de fabricación flexibles (FMS) y automatización dedicada (DA). Los costes para cada una de ellas son los siguientes:

	Equipo de carácter general (GPE)	Sistema de fabricación flexible (FMS)	Automatización dedicada (DA)
Unidades contratadas al año	200.000	200.000	200.000
Costes fijos anuales	100.000$	200.000$	500.000$
Coste variable unitario	15,00$	14,00$	13,00$

¿Cuál de los procesos es el mejor para este contrato?

8.2 Utilizando los datos del Problema 8.1, determine el montante económico de cada proceso.

8.3 Utilizando los datos del Problema 8.1, determine el mejor proceso para cada una de las siguientes cantidades: (1) 50.000 (2) 250.000 (3) 350.000.

8.4 Refiriéndonos al Problema 8.1. Si está pendiente un contrato para un segundo y tercer año, ¿qué implicaciones tendrá en el proceso de selección?

CASO DE ESTUDIO

Rochester Manufacturing Corporation

Rochester Manufacturing Corporation (RMC) estaba considerando trasladar parte de su producción de sus tradicionales máquinas de control numérico a sistemas flexibles de fabricación (FMS). Sus máquinas tradicionales de control numérico han estado funcionando en un entorno de producción con gran variedad de productos y bajos volúmenes, de manera intermitente. La utilización de las máquinas, aproximadamente, ronda el 10%. Los vendedores de las máquinas herramienta y una firma de consultoría quieren colocar las maquinas juntas en un FMS. Creen que gastarán 3 millones de dólares en maquinaria y que las máquinas transfer tratarán alrededor del 30 por 100 del trabajo de RMC. La empresa todavía no ha introducido todos sus componentes en un sistema de tecnología de grupo, pero cree que el 30 por 100 es una buena estimación. Este 30 por 100 encaja muy bien dentro de una "familia". Como consecuencia de esta mayor utilización, debería reducirse el número de máquinas. La empresa debería ser capaz de pasar de quince a cuatro máquinas y el personal de quince personas a tres. Igualmente, la reducción de superfície iría de 20.000 pies a 6.000 aproximadamente. La salida de pedidos mejoraría también en esta familia de partes al ser procesadas en un intervalo de 1 a 2 días en lugar de los siete a diez actuales. La reducción del inventario está estimada en 750.000 dólares, y un ahorro en costes laborales de aproximadamente 300.000 dólares.

Aunque las previsiones parecen todas muy positivas, un análisis de la rentabilidad de la inversión del proyecto indicó que estaría entre el 10% y el 15% anual. Tradicionalmente, la empresa ha considerado que los proyectos debían proporcionar una rentabilidad de un 15 por 100, y un período de recuperación de la inversión inferior a los cinco años.

CUESTIONES DE DISCUSIÓN

1. Como director de producción para RMC, ¿qué recomendaría?¿Por qué?
2. Prepare un caso con un director de planta tradicional que quiere mantener el *status quo* hasta que las ganancias sean más obvias.
3. Prepare el caso con un director de ventas optimista que desearía realizar el paso a un FMS ahora.

BIBLIOGRAFÍA

Beatty, C. A. "Implementing Advanced Manufacturing Technologies: Rules of the Road." *Sloan Management Review*, 33, no. 4 (Summer 1992): 49.

Byrd, T. A. "Expert Systems in Production and Operations Management: Results of a Survey." *Interfaces*, 23, no. 2 (March/April 1993): 118–129.

Davenport, T. H. *Process Innovation*, Cambridge, MA: Harvard Business School Press, 1993.

Grant, R. M., R. Krishnan, A. B. Shani, and R. Baer. "Appropriate Manufacturing Technology: A Strategic Approach." *Sloan Management Review*, 33 (Fall 1991): 43.

Roberts, E. B. "The Success of High-Technology Firms: Early Technological and Marketing Influences." *Interfaces*, 22, no. 4 (July/August 1992): 3.

Rodriquiz, A. A., and O. R. Mitchell. "A Vision System for Manufacturing Applications Under Moderately Unconstrained Conditions." *Industrial Engineering Research & Development*, 25, no. 4 (July 1993): 15–25.

Roth, A. V., C. Gaimon, and L. Krajewski. "Optimal Acquisition of FMS Technology Subject to Technological Progress." *Decision Sciences*, 22 (Spring 1991): 308.

Stefik, M., J. Aikins, R. Balzer, J. Benoit, L. Birnbaum, F. Hayes-Roth, and E. Sacerdoti. "The Organization of Expert Systems: A Tutorial." *Artificial Intelligence*, 13 (March 1986): 135–173.

Turban, E. *Decision Support and Expert Systems: Managerial Perspectives*. New York: Macmillan, 1988.

Van Weelderen, J. A., and H. G. Sol. "MEDESS: A Methodology for Designing Expert Support Systems." *Interfaces*, 23, no. 3 (May/June 1993): 51–61.

Wu, B. *Fundamentals of Manufacturing Systems Design and Analysis*. New York: Van Nostrand Reinhold, 1991.

9

ESTRATEGIA DE LOCALIZACIÓN

CONTENIDO DEL CAPÍTULO

OBJETIVOS DE APRENDIZAJE

Cuando haya completado este capítulo debe ser capaz de:

Identificar o definir:

- Objetivo de la estrategia de localización
- Aspectos internacionales de localización

Describir o explicar:

- Métodos de resolución del problema de localización:
  - Método de los factores ponderados
  - Análisis del punto muerto
  - Método del centro de gravedad

PERFIL DE CLASE MUNDIAL: FEDERAL EXPRESS

La localización proporciona una ventaja competitiva a Federal Express

Fred Smith, fundador y presidente de Federal Express, recibió un aprobado raso en un trabajo que presentó en el instituto, en el que proponía el "concepto del concentrador"[1] (que Delta Airlines utiliza en el aeropuerto de Atlanta), pero para paquetería. A partir de ahí, Fred Smith demostró que el concepto del concentrador proporciona un sistema de distribución radial único y efectivo. Fred Smith seleccionó Memphis (Tennessee) como el concentrador central.

Memphis proporciona a Federal Express un centro de distribución en un aeropuerto no congestionado, localizado en el centro de los Estados Unidos, y que tiene un promedio de cierres por causas meteorológicas de muy pocas horas al año. Las empresas competidoras realizan sus vuelos desde aeropuertos con mayores problemas meteorológicos. La localización puede ser una de las razones del récord de seguridad de Federal Express: en sus veinticinco años de existencia nunca ha tenido ningún accidente aéreo.

Cada noche, excepto los domingos, Federal Express lleva a Memphis paquetes desde todos los rincones del mundo, que van a ciudades a las que Federal Express no tiene un vuelo directo desde el origen. El concentrador central permite dar servicio a un gran número de puntos con menos aviones que el tradicional sistema entre ciudades. Además, permite a Federal Express asignar los diferentes aviones según la cantidad y tamaño de los envíos a una ruta e incluso cambiar rutas cuando las cargas así lo requieren, lo que redunda en un mayor ahorro de costes. Además, Federal Express también cree firmemente que el sistema de concentrador central ayuda a reducir las pérdidas de envíos y el retraso en la distribución, dado que existe un total control sobre los paquetes desde su recogida hasta la entrega.

En el área de clasificación preliminar, se clasifican los paquetes y documentos y se envían al área de clasificación secundaria. Las instalaciones de Memphis tienen un millón y medio de pies cuadrados[2] y es tan grande que cabrían 33 campos de fútbol. Los paquetes se clasifican e intercambian hasta las cuatro de la mañana.

El concentrador de Federal Express en Memphis, Tennessee, donde aproximadamente 100 aviones de Federal Express convergen cada noche (alrededor de la medianoche) con más de 700.000 documentos y paquetes.

[1] Del inglés "hub", término que también se utiliza para los concentradores de una red informática, se trata de un dispositivo donde llegan cables de un cierto número de computadores por los que transcurre la información, la idea es concentrar toda la información en un punto para enviarla a un "servidor" que la transforme y la reenvíe al lugar que corresponda a través de la misma línea y a partir de los mismos concentradores. (N. del T.)

[2] Casi 140.000 metros cuadrados. (N. del T.)

En el área de carga y descarga, los paquetes y documentos que han pasado por la clasificación primaria y secundaria se comprueban de nuevo por ciudad, Estado y código postal del destino. Después, se depositan en contenedores que serán cargados a bordo del avión correspondiente para ser entregados en su destino final, en cualquiera de los 170 países que se cubren.

Los contenedores que transportan documentos y paquetes se cargan en un avión de la Federal Express. Una serie de rodamientos en el suelo facilitan su movimiento hasta su posición final en la bodega de carga, donde unos sistemas de fijación aseguran que se mantendrán en su lugar durante el vuelo.

En una estación de Federal Express, los empleados cogen los envíos para una determinada ruta y los cargan en una furgoneta, también de Federal Express, para ser entregados en su destino final.

POM EN ACCIÓN

Alabama da una bienvenida calurosa a Mercedes

Cuando Mercedes Benz anunció sus planes de construir su primera planta al otro lado del Atlántico, en Vance, Alabama, el Estado aclamó al fabricante alemán como el salvador de la industria. La euforia de Alabama llegó un año después de una dura competencia entre 170 lugares de 30 Estados. Los perdedores incluían a los finalistas Carolina del Norte y Carolina del Sur, y a los semifinalistas Tennessee, Georgia y Nebraska. El Gobernador de Alabama, Jim Folsom, recibió calurosamente al complejo de 300 millones de dólares y a los 1.500 bien pagados puestos de trabajo como un símbolo de prosperidad. La ciudad de Birmingham incluso gastó 75.000 dólares en erigir el emblema de la marca en el estadio de fútbol de "Legium Field" a modo de agradecimiento a la empresa.

Pero, a pesar de la trascendencia de los incentivos económicos, no todo fue tan feliz para el gobernador. Aparte de las subvenciones por valor de 253 millones de dólares en inversiones de capital y las exenciones impositivas, las adulaciones a una compañía extranjera levantaron alguna que otra animadversión. En un Estado donde la fiebre del "Compre Americano" es muy elevada, la noticia de que el gobernador Folsom había ordenado la compra de un Mercedes de 82.000 dólares como su nuevo coche oficial, acabando así con la costumbre de Alabama de comprar coches americanos, no fue precisamente bien recibida.

Alabama también prometió comprar hasta 25.000 Mercedes para las agencias gubernamentales y los centros de enseñanza. Esto hizo que surgiese la imagen de trabajadores públicos conduciendo coches más caros que muchas de las casas de Alabama.

Miembros de la administración afirman que las contraprestaciones se verán en 1997, cuando la fábrica inicie su producción con 60.000 vehículos anuales, y hacia el año 2017, cuando se supone que se generarán 13.500 puestos de trabajo adicionales.

Fuentes: Economist (8 de enero de 1994):32; *Business Week* (11 de octubre de 1993): 138-139; y *Orlando Sentinel* (31 de diciembre de 1993): B–1.

La etapa final de una decisión de localización es la de encontrar un lugar específico dentro de una comunidad. La empresa debe elegir una localización en la que tenga facilidades en cuanto a transportes, urbanismo de la zona, servicios comunitarios, tamaño y coste. La Figura 9.1 resume esta serie de decisiones y los factores que las afectan.

Aparte de la globalización, existen otros factores que afectan a la decisión de localización. Entre ellos está la productividad de la mano de obra, el comercio exterior y las actitudes cambiantes frente a la industria, sindicatos, empleo, legislación urbanística, polución, impuestos, etc.

Productividad de la Mano de Obra

Cuando se decide una localización, los directivos pueden estar tentados por áreas de salarios bajos (ver Figura 9.2 para una comparación de los costes horarios de mano de obra de fabricación en 17 países). De todas formas, los salarios no pueden ser tomados en consideración aisladamente, como veremos en el *POM en acción* de Quality Coil. Los directivos deben también considerar la productividad.

Como vimos en el Capítulo 1, existen diferencias en la productividad entre países. Lo que realmente interesa a la dirección es la combinación de la productividad y los salarios. Por ejemplo, una empresa que pague 12 dólares por hora, con una producción de 1,25 unidades por hora, tendrá menos costes que una que pague 10 dólares la hora produciendo solamente una unidad en este tiempo.

POM EN ACCIÓN

Por qué la empresa canadiense Norbord Industries se dirigió a Mississippi

¿Por qué el fabricante canadiense de productos de madera Norbord Industries seleccionó Tupelo (Mississippi) como el lugar donde invertir 83 millones de dólares en una nueva fábrica? Resulta que Tupelo, aunque es una población pequeña de 30.000 habitantes y con rentas bajas, es la envidia de los lugares que encarecidamente buscan un mayor desarrollo industrial en los Estados Unidos, por haber conseguido la instalación de empresas como Nordbord, Sara Lee, Philip Morris y Cooper Tire and Rubber y una larga lista de fabricantes de muebles de procedencia tan lejana como Suiza, Brasil y Australia. Y Tupelo no regala nada.

Lo que hace a Tupelo tan seductora es su buena hospitalidad sureña a la antigua usanza, por ejemplo, contestando las llamadas telefónicas. Un CEO canadiense dijo: "En Nueva York tuve que hacer tres llamadas telefónicas sólo para encontrar a alguien con quien hablar. En Tupelo, seis chicos me vinieron a buscar al aeropuerto, y tenían cinco sitios esperándome y listos para visitar cuando quisiese." Para otros, Tupelo es muy inteligente en la inversión de su escaso presupuesto de marketing.

Conociendo que Nordbord necesitaba estar cerca de su fuente de materias primas, o sea, pinos, Tupelo se gastó 15.000 dólares en la compra de 300.000 pinos jóvenes, antes de que llegaran los observadores de Norbord. Dio estos pinos a los granjeros y demás propietarios de tierras y a 600 niños para que los plantasen en sus jardines. Norbord quedó impresionada, dado que en Mississippi los pinos crecen tres veces más rápido que en Canadá. El resultado: Norbord escogió a Tupelo frente a las competidoras.

Los resultados para Tupelo: 1.000 nuevos puestos de trabajo anuales más, en promedio, que en la década anterior, la segunda mayor renta per cápita del Estado, su propia orquesta sinfónica y el mayor hospital rural de los Estados Unidos.

Fuentes: Wall Street Journal (4 de marzo de 1994): A-1 y *Economic Development Review*, vol. 12 (otoño de 1994): 78–82.

FIGURA 9.2 ■ Costes de mano de obra en fabricación de 17 países en 1993. Expresados como dólares por hora (en promedio) e incluyendo beneficios.

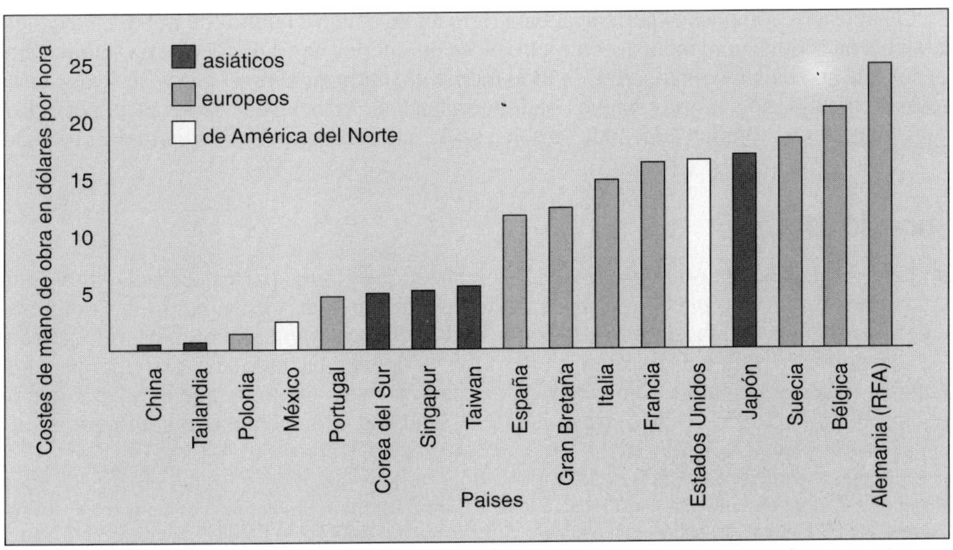

Fuente: Wall Street Journal (30 de septiembre de 1994):R-4; Morgan Stanley Research; y DRI (McGraw–Hill).

POM EN ACCIÓN

Quality Coils se va de México

Keith Gibson, Presidente de Quality Coils Inc., vio los ahorros que podían generar los bajos salarios de México y se fue al sur. Cerró la fábrica de Connecticut y abrió una en Juárez, donde podía pagar a los mexicanos una tercera parte del salario que pagaba a los norteamericanos. "Todas las cifras apuntaban a que aquéllo era una ganga", dice Gibson.

Sin embargo, su empresa estuvo al borde de la quiebra. El fabricante de bobinas electromagnéticas estuvo perdiendo dinero continuamente durante cuatro años. Alto absentismo, baja productividad y problemas derivados de lo lejos que estaban los directivos hicieron que Gibson fuese reduciendo su optimismo inicial hasta que cerró la planta de Juárez.

De regreso a los Estados Unidos y volviendo a contratar algunos de los antiguos empleados, Gibson aprendió que: "Puedo contratar una persona en Connecticut para hacer lo que hacen tres en Juárez."

Cuando los sindicatos americanos se quejan de que no pueden competir con los salarios de otros países pasan por alto numerosos factores. En primer lugar, la productividad en los países de niveles salariales bajos elimina a menudo esta ventaja de salarios, es decir, no es tanta ventaja como a primera vista puede creerse. En segundo lugar, un abanico de problemas, desde las malas infraestructuras viarias hasta los gobiernos corruptos, elevan los costes de la operación. Y, lo más importante, el coste de mano de obra, para la mayoría de los fabricantes americanos, es menos importante que otros factores, tales como la capacidad de los trabajadores, la calidad del transporte y el acceso a la tecnología.

Fuentes: Wall Street Journal (15 de septiembre de 1993): A-1 y CFO Vol 10 (marzo, 1994): 63-65.

$$\frac{\text{Costes de mano de obra por hora}}{\text{Productividad (es decir, unidades por hora)}} = \text{coste unitario}$$

$$\text{Caso 1:} \quad \frac{\text{12 dólares por hora}}{\text{1,25 unidades producidas por hora}} = \frac{12}{1{,}25} = 9{,}60 \text{ dólares}$$

$$\text{Caso 2:} \quad \frac{\text{10 dólares por hora}}{\text{1,0 unidades producidas por hora}} = \frac{10}{1} = 10 \text{ dólares}$$

Empleados con poca experiencia, baja formación, o malos hábitos de trabajo pueden no ser tan buena adquisición, incluso contratándolos con salarios bajos. En el mismo sentido, empleados que no pueden o no quieren, en todo momento, alcanzar el nivel que se les exige en su puesto de trabajo, no son muy buenos para la organización, incluso si se les paga poco. Los costes salariales por unidad a menudo también se llaman el *contenido de trabajo* del producto.

¡Papá!, ¿puedo recibir mi paga en marcos alemanes?

Tipos de cambio

Aunque los salarios y la productividad pueden hacer que ciertos países parezcan interesantes, los tipos de cambio pueden deshacer todo interés. A veces, sin embargo, las empresas pueden conseguir ventajas de unos tipos de cambio especialmente favorables, relocalizándose o exportando a un país extranjero. Pero los valores de las monedas extranjeras continuamente suben y bajan en la mayoría de los países. Estos cambios pueden hacer que lo que era bueno en 1995 sea desastroso en 1999. Muchas de las plantas maquiladoras,[4] de

[4] "Maquiladora" es un término que se utiliza en los EE.UU. para describir aquellas plantas de montaje situadas muy cerca de la frontera con México, que reciben todos los componentes de los EE.UU., montan el producto y vuelven a enviarlo al lugar de origen. El significado original de maquiladora viene del castellano antiguo, maquila, que era la porción de grano que se pagaba al molinero por haber molido el grano. (N. del T.)

propiedad americana, situadas en Juárez, Tijuana y Matamoros, en México, abrieron muy poco antes de que el peso cayera un 200% frente al dólar en los años 80.

Costes

Podemos dividir los costes de localización en dos categorías: tangibles e intangibles. Los **costes tangibles** son aquellos que pueden ser identificados rápidamente y calculados de forma precisa. Incluyen suministros, mano de obra, materiales, impuestos, depreciación, y otros costes que el departamento de contabilidad y la dirección pueden identificar. Además, costes como el transporte de materias primas, transporte de productos acabados y de construcción de la planta son englobados en el coste general de una localización.

Costes tangibles

Los **costes intangibles** son más difíciles de cuantificar. Comprenden la calidad de la educación, los servicios de transporte público, actitudes de la comunidad hacia la industria y la empresa, y la calidad y actitudes de los posibles empleados futuros. También incluyen variables relacionadas con la calidad de vida, como el clima, los equipos deportivos, los hábitos alimenticios, que pueden influir en el reclutamiento de personal.

Costes intangibles

Actitudes

Las actitudes de los gobiernos, nacionales, estatales o municipales, hacia la propiedad privada, el urbanismo, el medio ambiente y la estabilidad del empleo, deben tenerse en cuenta. Las actitudes gubernamentales en el momento en que se decide la localización pueden no ser permanentes. Es más, la dirección puede encontrarse con que estas actitudes se vean influenciadas por el partido o persona que esté en el poder.

MÉTODOS DE EVALUACIÓN DE ALTERNATIVAS DE LOCALIZACIÓN

Método de los factores ponderados

Los cuatro métodos más importantes utilizados para resolver problemas de localización son los siguientes: el método de los factores ponderados, el análisis del punto muerto, el método del centro de gravedad y el modelo de transporte.

> Las plantas de montaje que trabajan en todo el lado mexicano de la frontera, con los Estados Unidos, desde California hasta Texas, se llaman maquiladoras. Algunas de las 1.400 empresas son propiedad de RCA, General Motors, Zenith, Hitachi y General Electric. Estas plantas fueron diseñadas, en un principio, para ayudar a las empobrecidas regiones de ambos lados de la frontera. A partir de 1982, con la devaluación del peso, el número de maquiladoras se ha triplicado y se estima que, para el año 2000, emplearán hasta un millón de trabajadores. Los salarios mexicanos son bajos, y con los tipos actuales de cambio, las empresas no miran hacia el "lejano este", tal y como hacían hace tiempo.

El método de factores ponderados

En la selección de una localización aparecen muchos factores, tanto cuantitativos como cualitativos, que deben tomarse en consideración. Algunos de estos factores son más importantes que otros, por lo que los directivos pueden utilizar pesos para hacer el proceso de decisión más objetivo. El **método de los factores ponderados** es muy popular, porque pueden introducirse factores tan diversos como la educación, el ocio y la capacitación de los trabajadores, entre otros.

Para darle una idea de cuáles son los factores típicos a tomar en cuenta en un proceso de localización y sus pesos relativos en un entorno de fabricación, le mostramos la Tabla 9.1. Esta tabla ha sido desarrollada por Grant Thomson, una empresa de consultoría con sede central en Chicago, basado en una encuesta a las asociaciones de fabricantes del Estado.

El método de los factores ponderados consiste en seis pasos:

TABLA 9.1 ■ Factores a tomar en cuenta en un proceso de localización y sus pesos.

LOS SIGUIENTES 19 FACTORES HAN SIDO CONSIDERADOS COMO IMPORTANTES PARA LAS EMPRESAS MANUFACTURERAS			
FACTOR	**PESO (%)**	**FACTOR**	**PESO (%)**
Costes de mano de obra		**Política Fiscal del Gobierno**	
Salarios	8	Crecimiento ingresos personales	9
Filiación Sindical	6	Presión Fiscal	4
Cambios en salarios	5	Cambios impositivos	4
Cambio de afiliación sindical	5	Incentivos estatales a las empresas	4
	24		21
Disponibilidad de recursos y productividad		**Regulaciones estatales sobre costes del empleo**	
Mano de obra disponible	7	Seguro de desempleo	6
Costes energéticos	5	Costes de despido	9
Valor añadido	5	Seguridad Social	5
Horas perdidas de trabajo	4		20
	21		
		Calidad de vida	
		Educación	5
		Coste de la vida	3
		Transportes	3
		Sanidad	3
			14

Fuente: Series de estudios anuales Grant Thomson Manufacturing Climates. Los factores fueron desarrollados junto a asociaciones estatales de fabricantes, directores de desarrollo económico del Estado y cámaras de comercio del Estado.[5]

1. Determinar una relación de los factores relevantes (como los de la Tabla 9.1).
2. Asignar un peso a cada factor que refleje su importancia relativa en función de los objetivos de la empresa.
3. Fijar una escala a cada factor (por ejemplo, 1-10 ó 1-100 puntos).
4. Hacer que los directivos evalúen cada localización para cada factor, utilizando la escala definida en el paso 3.
5. Multiplicar la puntuación por los pesos para cada factor y obtener el total (sumando los resultados) para cada localización.
6. Hacer una recomendación basada en la localización que haya obtenido la mayor puntuación, sin dejar de tener en cuenta los resultados obtenidos a través de métodos cuantitativos.

El Ejemplo 9.1 muestra cómo utilizar el método de los factores ponderados.

---

[5] Cuando se hace referencia al Estado hay que entender Illinois (Estado en el que se encuentra Chicago).

EJEMPLO 9.1

Mademoiselle Linda Cosmetics de New Hampshire ha decidido incrementar su producción de colonia Mask abriendo una nueva fábrica. La expansión se debe a la limitada capacidad de su fábrica actual. La Tabla 9.2 proporciona una lista de los factores cualitativos relevantes en opinión de la dirección. Se muestran los pesos asignados y los valores para dos posibles localizaciones: St. Cloud en Minnesota y Billings en Montana.

TABLA 9.2 ■ Pesos, valores y solución.

		Valores (s/100)		Valores ponderados	
Factor	Peso	St. Cloud	Billings	St. Cloud	Billings
Costes, valores y actitud	0,25	70	60	(0,25)(70) = 17,5	(0,25)(60) = 15,0
Sistemas de transporte	0,05	50	60	(0,05)(50) = 2,5	(0,05)(60) = 3,0
Educación y Sanidad	0,10	85	80	(0,10)(85) = 8,5	(0,10)(80) = 8,0
Estructura impositiva	0,39	75	70	(0,39)(75) = 29,3	(0,39)(70) = 27,3
Recursos y Productividad	0,21	60	70	(0,21)(60) = 12,6	(0,21)(70) = 14,7
Total	1,00			70,4	68,0

La Tabla 9.2 también muestra los pesos utilizados para evaluar las localizaciones alternativas. Dando la opción de asignar hasta 100 puntos para cada factor, la localización de St. Cloud es preferible. Cambiando los valores o los pesos ligeramente de algunos factores, podemos realizar un análisis de sensibilidad de la decisión. Por ejemplo, podemos ver que un cambio de 10 puntos en los valores de los costes laborales y actitud puede hacer variar la decisión.

Cuando una solución es sensible a pequeños cambios es apropiado realizar un análisis más profundo de los factores, tanto en los pesos asignados como en las valoraciones realizadas. De forma alternativa, la dirección puede llegar a la conclusión de que estos factores intangibles no son el criterio adecuado en el que basar una decisión de localización y deben, en consecuencia, dar más peso a aspectos más cuantitativos de la decisión.

Análisis del Punto Muerto de Localización

Análisis del punto muerto de localización

El **análisis del punto muerto de localización** es la utilización del análisis coste-volumen para realizar una comparación económica de las alternativas de localización. Identificando los costes fijos y los variables para cada localización y disponiéndolos en un gráfico, se puede determinar cuál de ellas proporciona un menor coste. Este enfoque gráfico también proporciona el rango de variación del nivel de producción en el que cada localización es preferible a las demás.

Los tres pasos del análisis del punto muerto de localización son los siguientes:

1. Determinar los costes fijos y variables para cada localización.
2. Realizar un gráfico donde los costes de cada localización se reflejen en el eje vertical y el volumen anual de producción en el horizontal.
3. Seleccionar la localización que proporcione el coste total mínimo para el volumen de producción esperado.

El Ejemplo 9.2 muestra cómo realizar este análisis.

El Método del Centro de Gravedad

Método del centro de gravedad

El **método del centro de gravedad** es una técnica matemática utilizada para encontrar la localización de un centro de distribución que minimice los costes de distribución. El método tiene en cuenta la localización de los clientes, el volumen de artículos transportados y los costes de transporte, para encontrar la mejor localización del centro de distribución.

El primer paso en el método del centro de gravedad es situar las localizaciones posibles en un sistema de coordenadas. El lugar en el que situar el origen de coordenadas y la escala a utilizar es arbitrario, lo que importa es que las distancias relativas se representen correctamente. Esto puede hacerse de una forma muy sencilla dibujando una cuadrícula en un mapa. El centro de gravedad vendrá determinado por las ecuaciones 9.1 y 9.2:

$$C_x = \frac{\sum_i d_{ix} W_i}{\sum W_i} \quad (9.1)$$

$$C_y = \frac{\sum_i d_{iy} W_i}{\sum W_i} \quad (9.2)$$

donde:
C_x = coordenada X del centro de gravedad.
C_y = Coordenada Y del centro de gravedad.
d_{ix} = coordenada X de la localización i.
d_{iy} = coordenada Y de la localización i.
W_i = volumen de artículos transportados a (o desde) la localización i.

Nótese que las Ecuaciones (9.1) y (9.2) incluyen el término W_i, que es el volumen de artículos transportados a (o desde) la localización i.

En una decisión de localización debe considerarse el volumen transportado, dado que el número de contenedores transportados cada mes afecta al coste. El método del centro de gravedad asume que el coste es directamente proporcional tanto a la distancia como al volumen transportado. La localización ideal es aquella que minimiza la distancia ponderada entre el almacén y los destinos finales, donde la distancia se pondera con el número de contenedores transportados.

El Ejemplo 9.3 muestra cómo utilizar el método del centro de gravedad para escoger la localización de un almacén.

EJEMPLO 9.2

Un fabricante de carburadores de automoción está considerando tres posibles localizaciones: Akron, Bowling Green y Chicago, para su nueva fábrica. Los estudios de costes indican que los costes fijos anuales para las tres localizaciones son de 30.000, 60.000 y 110.000 dólares, respectivamente, mientras que los costes variables serían de 75, 25 y 45 dólares por unidad, respectivamente. El precio esperado de venta de los carburadores es de 210 dólares. La empresa desea encontrar la localización más económica para un volumen de producción previsto de 2.000 unidades anuales.

Para cada una de las tres localizaciones, podemos dibujar las líneas de costes según las siguientes ecuaciones (ver Figura 9.3):

Akron:

Coste para un volumen X = Coste fijo + Coste variable $X = 30.000 + 75\ X$

Bowling Green:

$60.000 + 45\ X$

Chicago:

$110.000 + 25\ X$

Si sustituimos el valor X por el volumen deseado (2.000 unidades) vemos que los costes totales son de 180.000, 150.000 y 160.000 dólares, por lo que Bowling Green proporciona el menor coste total de las tres. El beneficio esperado sería de:

$120 \times 2.000 - 150.000 = 90.000$ dólares/año.

FIGURA 9.3 ■ Gráfico de costes de las tres localizaciones posibles.

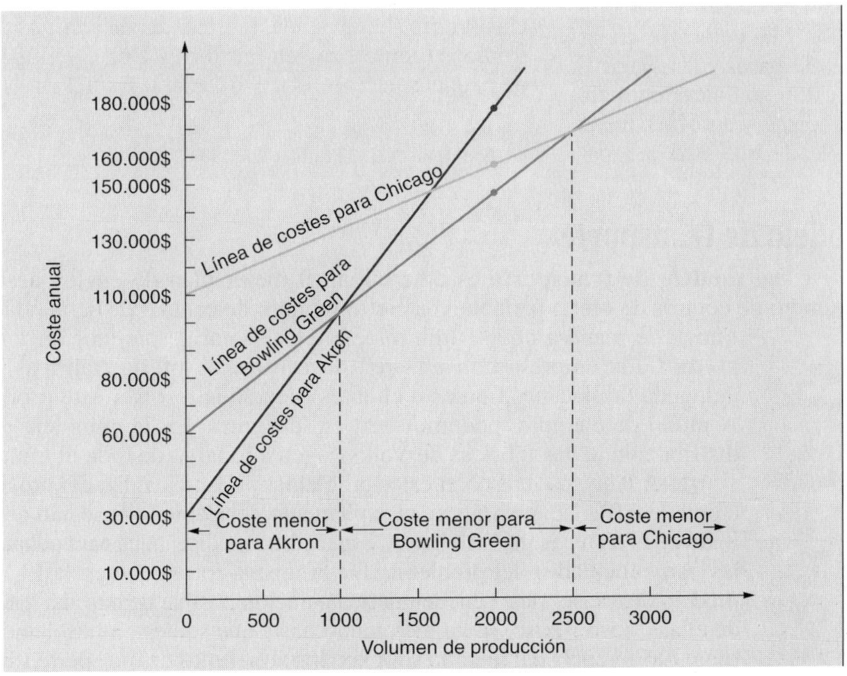

El gráfico nos muestra, además, que para un volumen de producción menor de 1.000 unidades es preferible la localización en Akron; para un volumen de producción mayor de 2.500 unidades sería preferible Chicago y, para un volumen de producción entre estos valores, la preferida, como en el caso actual, es Bowling Green.

POM
EN ACCIÓN

La tercera oleada de emigración urbana lleva a una nueva geografía

¿Por qué Citicorp localiza su centro de operaciones de tarjetas de crédito en Dakota del Sur y el vendedor de ropa Patagonia coloca su personal de servicio al consumidor en Montana? ¿Por qué Utah se ha convertido en un centro nacional de desarrollo de software? y ¿por qué U. S. West escogió al pequeño pueblo de Lusk (1.504 habitantes) en Wyoming como centro de telecomunicaciones? La respuesta es la misma: avances impresionantes en el cableado de fibra óptica, conmutadores digitales e informática han hecho que las regiones interiores estén cada vez más cerca. "La geografía es irrelevante en la selección de localizaciones", señala el consultor inmobiliario Chris Leinberger.

Los empresarios, por supuesto, han ido poco a poco, pero constantemente, saliendo de las ciudades desde hace mucho tiempo. En la primera oleada de emigración urbana, los fabricantes cogieron sus empresas de las áreas donde estaban y las colocaron en las áreas donde llegaban las líneas eléctricas y las de ferrocarril. La mejora del sistema de comunicaciones terrestre, con los sistemas de autopistas y autovías, fue el hilo conductor en la segunda oleada, que hizo que muchas plantas de montaje y fábricas textiles se desplazaran a zonas rurales. También significó el éxodo de las oficinas centrales de las corporaciones desde los centros de las ciudades a las áreas suburbanas colindantes.

La tercera oleada, llamada la oleada de la fibra óptica, es, en los Estados Unidos, la electrificación de todo el país con una red de fibra óptica. Solamente ha tardado en realizarse quince años. La tercera oleada es una de las razones por las que Fidelity Investments trasladó a muchos de sus empleados en 1993 desde Boston a Covington, en Kentucky. Hoy en día, los empleados de la región de bajos costes de Covington se conectan a través de la línea telefónica con sus colegas de la oficina de Boston a un coste inferior a un penique por minuto. Esto es menos de lo que Fidelity se gasta en llamadas locales.

¿Quién será el vencedor en los movimientos de localización realizados gracias a la fibra óptica? Los Estados con menores cargas fiscales, que posean terrenos en franjas suburbanas y en áreas rurales con todos los servicios disponibles, son los que quedarán en cabeza. Y por el lado de las empresas: proveedores de servicios de correo electrónico (como MCI), los fabricantes de software que permitan realizar teletrabajo[6] (como Lotus), empresas de videoconferencias (como Picture-Tel), fabricantes de equipos electrónicos (como Hewlett Packard y Dell), y empresas de paquetería (como UPS o Federal Express).

Fuente: *Forbes* (23 de noviembre de 1992): 184-190; y *Telemarketing Magazine*, Vol. 12 (febrero de 1994): 42–43.

El Modelo de transporte

Modelo de transporte

El objetivo del **modelo de transporte** es determinar el mejor plan de envíos desde un cierto número de centros de oferta (orígenes) a cierto número de centros de demanda (destinos), de manera que se minimice el coste total de producción y transporte. Cada empresa con una red de centros de oferta (fábricas) y de demanda (almacenes finales o clientes) tiene que resolver este problema. A modo de ejemplo, podemos ver, en la Figura 9.5, la compleja red de distribución de las fábricas de Volkswagen a lo largo de todo el mundo.

Incluso con reducidos márgenes de beneficios y en el saturado mercado hotelero siguen existiendo oportunidades cuando un hotel/motel consigue una buena localización. Sitios buenos son los situados cerca de los hospitales y centros médicos. A medida que los complejos médicos en áreas metropolitanas continúan creciendo, se crea la necesidad de hoteles para acomodar a los familiares de los pacientes. Además, servicios médicos como la medicina ambulatoria, estancias hospitalarias cortas y muchas pruebas diagnósticas incrementan las necesidades de hoteles cerca de los hospitales.

Aunque para resolver estos problemas podemos utilizar la programación lineal (PL), que vimos en el suplemento del Capítulo 6, se han desarrollado otras técnicas más eficientes, especialmente diseñadas para adaptarse a las particularidades del problema. De la misma forma que en la PL, en el modelo de transporte se encuentra una solución posible de partida y, a partir de ella, y paso a paso, se va mejorando hasta que se llega a la solución óptima. A diferencia del método simplex, los algoritmos de transporte son bastante más sencillos en cuanto a su cálculo.

En el suplemento de este capítulo podemos encontrar la descripción de los algoritmos de transporte y su utilización en las decisiones de localización.

6 Del inglés "Telecommuting" que significa trabajar en casa utilizando un modem y un ordenador conectado con el de la oficina. (N. del T.)

EJEMPLO 9.3

Considere el caso de Quain's Discount Department Stores, una cadena de cuatro grandes almacenes situados en Chicago, Pittsburg, Nueva York y Atlanta. Actualmente estos centros se sirven desde un inadecuado y antiguo almacén de distribución en Pittsburg, lugar donde se creó la primera tienda de la empresa. En la Tabla 9.3 vemos las demandas de cada centro.

TABLA 9.3 ■ Demandas para Quain´s Discount Stores.

LOCALIZACIÓN DEL ALMACÉN	NÚMERO DE CONTAINERS ENVIADOS MENSUALMENTE
Chicago	2.000
Pittsburgh	1.000
Nueva York	1.000
Atlanta	2.000

FIGURA 9.4 ■ Localización mediante coordenadas de las tiendas de Quain´s.

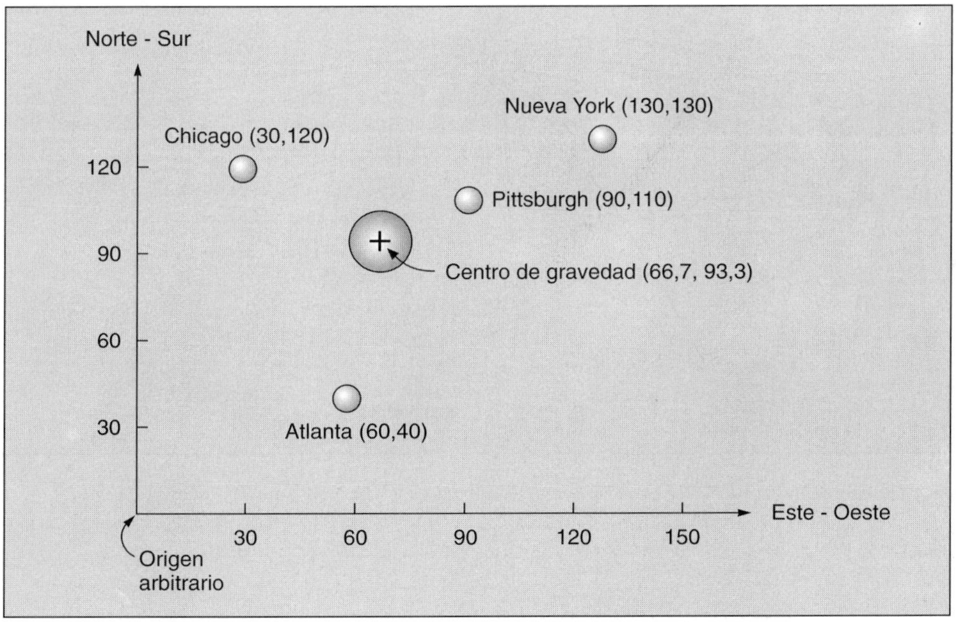

La empresa ha decidido encontrar alguna localización "central" en la que construir un nuevo almacén de distribución. En la Figura 9.4, se muestran las localizaciones actuales de las tiendas en un sistema de coordenadas. Por ejemplo, para Chicago, si tomamos los datos de la Tabla 9.3 y de la Figura 9.4 tenemos que:

$$d_{1x} = 30$$

$$d_{1y} = 120$$

$$W_1 = 2.000$$

Utilizando los datos de la Tabla 9.3 y de la Figura 9.4 para cada una de las ciudades restantes en las Ecuaciones (9.1) y (9.2), tenemos que:

$$C_x = \frac{(30)(2.000) + (90)(1.000) + (130)(1.000) + (60)(2.000)}{2.000 + 1.000 + 1.000 + 2.000} = \frac{400.000}{6.000} = 66,7$$

$$C_y = \frac{(120)(2.000) + (110)(1.000) + (130)(1.000) + (40)(2.000)}{2.000 + 1.000 + 1.000 + 2.000} = \frac{560.000}{6.000} = 93,3$$

La localización (66,7, 93,3), que se muestra en la Figura 9.4 con una cruz, es el centro de gravedad. Poniendo estas coordenadas sobre el mapa, vemos que se corresponde con la parte central de Ohio. La empresa bien podría considerar a Columbus (Ohio) la ciudad más cercana, como la localización más apropiada.

FIGURA 9.5 ■ Red de distribución mundial de Volkswagen de automóviles y partes. Red de abastecimientos de Volkswagen.

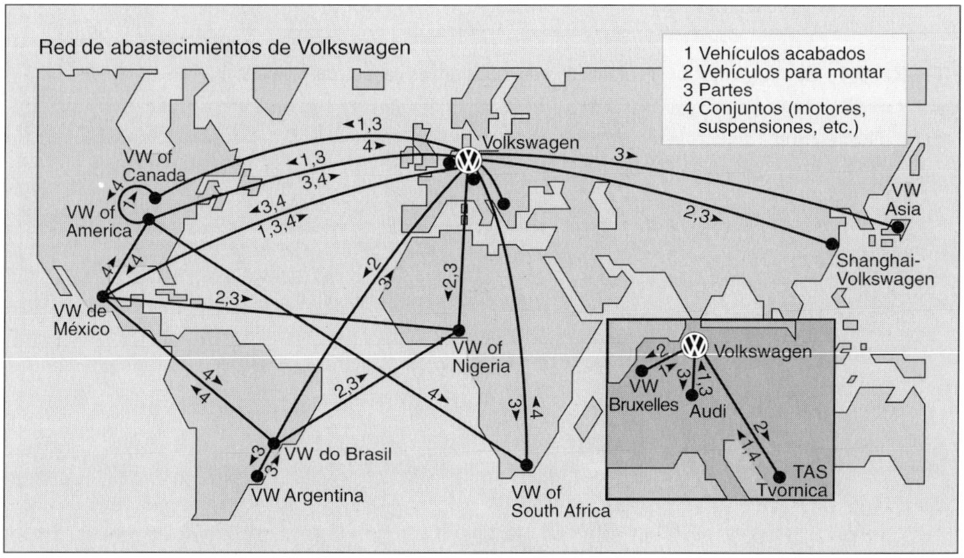

Fuente: The Economist, © 1985, *The Economist, Ltd.* Distribuido por The New York Times/Special Features.

Volkswagen ha encontrado importantes mercados fuera de Alemania. El mercado mexicano o brasileño puede que actualmente no sea lo suficientemente grande como para dar soporte a una gran inversión, pero VW se ha ido hacia allí y ha invertido fuertemente porque el mercado del mañana será de 100 millones de personas. Las estrategias de localización global requieren bases desde las que llegar a los mercados de todo el mundo.

SECTOR SERVICIOS/DETALLISTA/ PROFESIONALES

Mientras que la principal preocupación en el análisis de localización en el sector industrial es la minimización de costes, en el sector servicios es la maximización de los ingresos. Esto se debe a que los costes de fabricación tienden a variar considerablemente entre distintas localizaciones, mientras que en empresas de servicios los costes no varían demasiado dentro de un área de mercado determinada. Por tanto, para una empresa de servicios, una localización concreta influye en los ingresos más que en

POM
EN ACCIÓN

Cómo la Quinta Motor Inns selecciona localizaciones ventajosas para hoteles

Una de las decisiones más importantes de una cadena hotelera radica en la localización. Las cadenas hoteleras que eligen localizaciones más correctas y de forma más rápida que la competencia disponen de una ventaja diferencial. La Quinta Motors Inns, con sede en San Antonio, Texas, es una cadena de 150 moteles de precios moderados orientada a hombres de negocios que viajan frecuentemente. Para modelizar el sistema de selección de moteles y poder predecir el éxito de una localización determinada, La Quinta utiliza el análisis estadístico de regresión.

El hotel empieza probando con 35 variables independientes para saber cuál presenta una mayor correlación con los beneficios previstos, la variable dependiente. Las variables independientes que reflejan la "competitividad" incluyen el número de habitaciones en las cercanías y los precios medios por habitación. Las variables "generadoras de demanda" son instalaciones locales, tales como edificios de oficinas y hospitales, que atraen clientes potenciales en una área comercial de 4 millas. Variables "demográficas", como la población local y la tasa de desempleo, pueden también afectar al éxito de un hotel. La cuarta categoría se refiere a "factores propios del mercado", como el número de hoteles de la región. Y, finalmente, las "características físicas" del lugar, tales como la facilidad de acceso o la visibilidad de los rótulos proporcionan el último grupo de las 35 variables independientes.

Al final, el modelo de regresión escogido, con una R2 del 0,51, incluía solamente cuatro variables predictivas. Éstas eran: el precio de la habitación, los niveles medios de ingresos, la población estatal por hotel y la localización de universidades cercanas (que sirve como referencia de otros generadores de demanda). La Quinta utiliza posteriormente el modelo de regresión para realizar previsiones de los beneficios y desarrollar el camino más corto que proporcione los mejores resultados en la previsión del éxito o fracaso de un lugar. Actualmente se utiliza una hoja de cálculo (Lotus) que aplica las reglas de decisión y sugiere "construir" o "no construir". A Sam Barshop, Presidente y fundador de La Quinta, le gusta tanto el modelo, que nunca más se ha visto obligado a intervenir personalmente en la selección de nuevos lugares donde construir hoteles.

Fuente: Sheryl Kimes y James Fitzsimmons "Selecting Profitable Hotel Sites at La Quinta Motor Inns", *Interfaces* (marzo-abril de 1990): 12–20.

los costes. Esto significa que el enfoque en la localización de empresas de servicios debe dirigirse hacia el volumen de negocio y a los ingresos. Existen 8 principales componentes del volumen de negocio y de los ingresos para una empresa de servicios, que son:

1. Poder de compra de los consumidores del área.
2. Servicio e imagen compatible con la demografía de los consumidores del área.
3. Competencia en el área.
4. Calidad de la competencia.
5. Particularidades de las localizaciones de la empresa y de los competidores.
6. Calidad física de las instalaciones y negocios vecinos.
7. Políticas de operaciones de la empresa.
8. Calidad de la gestión.

Un análisis realista de estos factores puede proporcionar una imagen razonable de los ingresos esperados. La Tabla 9.4 proporciona un resumen de estrategias de localización tanto para organizaciones industriales como de servicios. La Quinta Motor Inns, como se describe en el *POM en Acción,* utiliza una de las técnicas enumeradas en la Tabla 9.4, el análisis de regresión y correlación, en la selección de nuevas localizaciones.

TABLA 9.4 ■ Estrategias de localización: organizaciones de servicios frente a organizaciones industriales.

SERVICIOS	INDUSTRIA
ORIENTADA A INGRESOS	ORIENTADA A COSTES
Volumen de negocio/ingresos Tipo de zona; poder adquisitivo Competencia, publicidad, precios **Calidad física** Aparcamientos/acceso, seguridad/luminosidad, apariencia/imagen **Determinantes de costes** Calidad de los directivos Políticas de operaciones	**Costes tangibles** Costes de transporte de materias primas Costes de transporte de productos acabados Costes de energía y otros suministros; mano de obra; materias primas; impuestos, etc. **Costes intangibles** Actitud hacia los sindicatos Calidad de vida Gastos educativos del Estado Calidad del gobierno regional y local
TÉCNICAS	TÉCNICAS
Modelos de regresión para determinar la importancia de diversos factores Medición del tráfico Análisis demográfico del área. Análisis del poder adquisitivo del área	Método del Transporte Método de los factores ponderados para los intangibles Análisis del punto muerto Gráficas comparativas
HIPÓTESIS	HIPÓTESIS
La localización es el mayor determinante de los ingresos Un elevado contacto con el cliente es crítico Se deben identificar explícitamente los costes más relevantes, para cada lugar a tomar en consideración	La localización es el mayor determinante de los costes Los costes son relativamente constantes para una área determinada; por consiguiente, la función de ingresos es crítica Un bajo contacto con los clientes permite concentrarse en los costes identificables Los costes intangibles pueden ser evaluados

ALCANZANDO ESTÁNDARES DE CLASE MUNDIAL

Las organizaciones de clase mundial reconocen que las decisiones de localización de instalaciones son compromisos críticos a largo plazo. Dado que estas empresas desean estar localizadas de forma óptima, buscan en todo el mundo nuevas localizaciones posibles y no están acotadas por las fronteras nacionales. Mercedes y BMW han abierto plantas de fabricación en los Estados Unidos, Volkswagen está actualmente en México y Brasil, y, como vimos en el *POM en Acción,* la empresa canadiense Nordbord Industries se ha establecido en Tupelo, Mississippi. Al mismo tiempo, Quality Coils ha dejado México y ha vuelto a Connecticut.

Los factores que deben tomarse en consideración difieren según el tipo de instalaciones y operaciones. Sin embargo, todas las empresas de clase mundial se toman el tiempo necesario para recoger los datos que hagan falta y poder aplicar las técnicas que hemos descrito. Estas empresas vigilan, además, los movimientos de la competencia y luchan duro por los incentivos económicos que cada país, región o ciudad pueda ofrecer. Claramente, la localización es una de las más importantes elecciones estratégicas que una organización puede realizar.

RESUMEN

La localización puede determinar hasta un 10 por 100 de los costes de una empresa industrial. La localización es también un elemento crítico en la determinación de los ingresos de una empresa de servicios. Las empresas industriales deben de tener en cuenta tanto los costes tangibles como los intangibles. Generalmente, tratamos los problemas de localización industrial mediante el método de los factores ponderados, el del punto muerto, el del centro de gravedad y el método de transporte de programación lineal.

Para las empresas de servicios, el análisis se realiza a partir del estudio de una serie de variables, entre las que se pueden encontrar el poder adquisitivo del área, la competencia, la publicidad y promociones, las calidades físicas de la localización y las políticas de operaciones de la empresa.

TÉRMINOS CLAVE

Costes tangibles.
Costes intangibles.
Método de los factores ponderados.
Análisis del punto muerto.
Método del centro de gravedad.
Modelo de transporte.

UTILIZACIÓN DE AB: POM Y HOJAS DE CÁLCULO EN LA SOLUCIÓN DE PROBLEMAS DE LOCALIZACIÓN

Resolución de los Ejemplos 9.1 y 9.3 mediante el módulo de localización de AB:POM

El módulo de localización de instalaciones de AB:POM incluye dos modelos diferentes. El primero, el "Qualitative Weighting Model" (que hemos visto como el método de los factores ponderados), lo utilizaremos para resolver el Ejemplo 9.1. El segundo, "Two Dimensional Siting" (que hemos visto como método del centro de gravedad), lo utilizaremos para resolver el Ejemplo 9.3.

PROGRAMA 9.1 ■ El método de los factores ponderados (Factor Rating Method) del módulo de AB:POM aplicado al Ejemplo 9.1. Cuando ejecutamos este módulo, en primer lugar, debemos introducir el número de factores (hasta 99) y localizaciones (hasta 6) a considerar. En el ejemplo 9.1 evaluábamos dos ciudades sobre cinco factores. La potencia particular del programa se ve en el análisis de sensibilidad de uno o más pesos o valores en la selección final.

Plant Location — Solution

Number of factors (1–99) 5 Number of locations (1–6) 2

COSMETIC COMPANY, EXAMPLE 1

FACTORS	Weight	city 1	city 2
LABOR	0.25	70.00	60.00
TRANSPORT	0.05	50.00	60.00
EDUCATION	0.10	85.00	80.00
TAXES	0.39	75.00	70.00
POWER	0.21	60.00	70.00
Weighted score		70.35	68.00

The location with the best (highest) score is city 1

PROGRAMA 9.2 ■ Módulo de Localización (Plant Location) de AB:POM: Método del centro de gravedad para el Ejemplo 9.3. Esta pantalla muestra tanto la entrada de datos como la salida de resultados del problema de Quanin's Department Stores.

Plant Location — Solution

Number of sites (1–99) 4

QUAIN'S DEPARTMENT STORES

SITES	Weight/trips	x coord	y coord	WEIGHTED COORDINATES X-coord	Y-coord
CHICAGO	2000.00	30.00	120.00	60000	240000
PITTSBURGH	1000.00	90.00	110.00	90000	110000
NEW YORK	1000.00	130.00	130.00	130000	130000
ATLANTA	2000.00	60.00	40.00	120000	80000
TOTAL	6000.00	310.00	400.00	400000	560000
AVERAGE		77.50	100.00	66.6667	93.3333

The unweighted center of gravity is x = 77.5 y = 100

The weighted center of gravity is x = 66.66666 y = 93.33334

Solución del Ejemplo 9.1 mediante una hoja de cálculo

El Programa 9.3 proporciona una hoja de cálculo alternativa al Programa 9.1. El Programa 9.3 muestra lo fácil que es resolver un problema del método de los factores ponderados con las fórmulas de una hoja de cálculo.

PROGRAMA 9.3 ■ Hoja de cálculo para el Ejemplo 9.1.

	A	B	C	D	E	F
1						
2			SCORES			
3			(OUT OF 100)		WEIGHTED SCORES	
4						
5	FACTOR	WEIGHT	St. Cloud	Billings	St. Cloud	Billings
6						
7	Labor costs	0.25	70	60	+B7*C7	+B7*D7
8	Transportation	0.05	50	60	+B8*C8	+B8*D8
9	Education	0.1	85	80	+B9*C9	+B9*D9
10	Tax structure	0.39	75	70	+B10*C10	+B10*D10
11	Resources	0.21	60	70	+B11*C11	+B11*D11
12						
13	Totals	@sum(B7..B11)			@sum(E7..E11)	@sum(F7..F11)

PROBLEMAS RESUELTOS

Problema Resuelto 9.1

Tal y como hemos visto anteriormente en este capítulo, el método de los factores ponderados sirve para comparar ciudades y comunidades como sedes de una futura localización, pero también puede ser útil en la decisión de localización de lugares en el interior de las ciudades. La Tabla 9.5 muestra los cuatro factores que consideran relevantes los miembros del departamento de sanidad de Washington D. C. para la apertura de la primera clínica pública de tratamiento del SIDA. El principal factor (peso 5) es que sea accesible al mayor número posible de pacientes. El alquiler anual del edificio también tiene su importancia, dadas las restricciones del presupuesto disponible. La posible localización en el nuevo Ayuntamiento, entre las calles 14 y U, está muy valorado en este aspecto, puesto que su utilización sería gratuita. Un viejo edificio de oficinas cerca de la estación de autobuses del centro tiene una valoración más baja por culpa del coste que representa. La misma importancia que el alquiler tiene la necesidad de confidencialidad de los pacientes, por lo tanto, la clínica debe situarse en un lugar relativamente discreto. Finalmente, dado que la mayor parte del personal de esta clínica trabajará voluntariamente (sin cobrar), la seguridad, el aparcamiento y la accesibilidad de la posible localización también son importantes.

TABLA 9.5 ■ Localizaciones potenciales de una clínica de SIDA en Washington D. C.

		Localizaciones Potenciales*			Valores ponderados		
Factor	Peso	Casa de caridad	Ayuntamiento	Área de la Estación de autobuses	Casa de caridad	Ayuntamiento	Área de la Estación de autobuses
Accesibilidad de los pacientes	5	9	7	7	45	35	35
Alquiler anual	3	6	10	3	18	30	9
Discreción	3	5	2	7	15	6	21
Accesibilidad del personal	2	3	6	2	6	12	4
				Totales:	84	83	69

* Todas las localizaciones han sido evaluadas en una escala del 1 al 10.

Solución

A partir de las tres columnas más a la derecha de la Tabla 9.5, obtenemos la suma de los valores ponderados. La estación de autobuses podemos descartarla de posteriores consideraciones, pero las otras dos localizaciones son virtualmente idénticas en cuanto a puntuación. La ciudad debe, pues, considerar otros factores, incluyendo los políticos, en la selección entre ambas localizaciones.

Fuente: De R. Murdick, B. Render y R. Rusell, *Service Operations Management*, © 1990 de Allyn y Bacon, reproducido bajo autorización.

Problema Resuelto 9.2

Chuck Bimmerle está considerando la apertura de una nueva fundición en Denton (Texas), Edwardsville (Illinois) o Fayetteville (Arkansas) para la producción de miras de rifle de alta calidad. Chuck ha calculado los siguientes datos referentes a costes:

		Costes variables		
Localización	Coste fijo anual	Materiales	Mano de obra	Operación
Denton	200.000$	0,20$	0,40$	0,40$
Edwardsville	180.000$	0,25$	0,75$	0,75$
Fayetteville	170.000$	1,00$	1,00$	1,00$

(a) Realizar un gráfico con las curvas de costes totales

(b) ¿Para qué rangos de producción es mejor cada una de las localizaciones?

(c) ¿Cuál es el volumen de producción en la intersección de Edwardsville y Fayetteville?

Solución

(a) El gráfico se muestra en la Figura 9.6

(b) Para producciones menores a 8.000 unidades, es mejor Fayetteville; para producciones entre 8.000 y 26.666 unidades, la preferida es Edwardsville, y para producciones mayores de 26.666 unidades, la localización a elegir es Denton. (En

FIGURA 9.6 ■ Gráfico de costes para el Problema Resuelto 9.2.

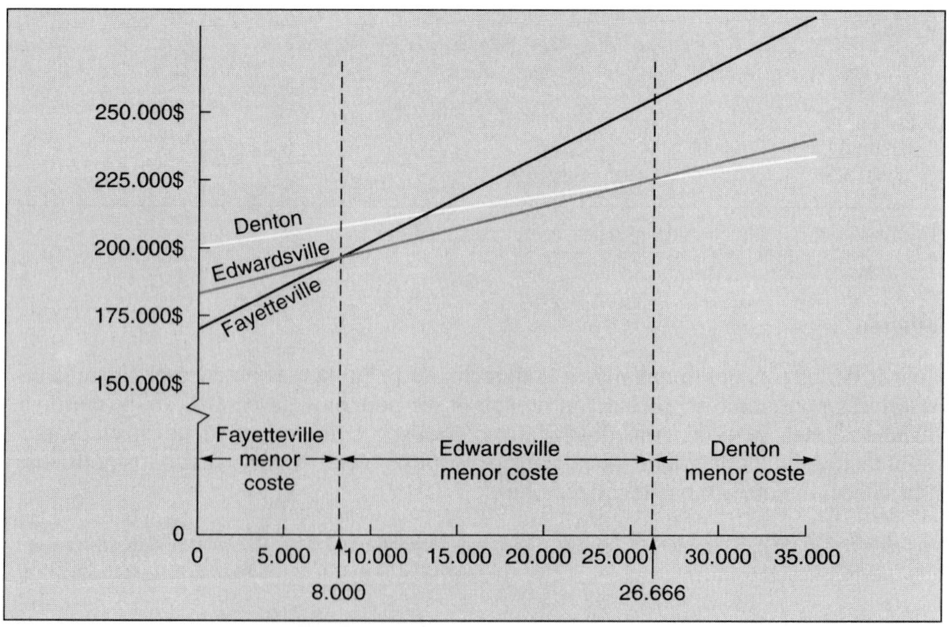

este problema hemos supuesto que las diferencias en otros costes, como entregas, intangibles, etc., no son relevantes).

(c) En el gráfico podemos ver que la intersección entre las líneas de coste se corresponde con el valor 8.000; no obstante, lo podemos calcular utilizando un poco de álgebra:

$$180.000\$ + 1.75Q = 170.000\$ + 3{,}00Q$$
$$10.000\$ = 1{,}25Q$$
$$8.000 = Q$$

PREGUNTAS DE DISCUSIÓN

1. ¿En qué se diferencian los objetivos estratégicos de las decisiones de localización de una empresa industrial y una de servicios?
2. En los últimos años, el gobierno federal ha incrementado la libertad en la fijación de tarifas de las empresas de ferrocarriles y ha desregularizado la mayoría de los sistemas de fijación de tarifas del transporte aéreo y por carretera. ¿Cuál puede ser el impacto a largo plazo de estas desregularizaciones en las estrategias de localización?
3. Beth Wood, gestora municipal de una importante ciudad del este, respondiendo a un grupo de fabricantes que se quejaban del impacto de una subida impositiva, dijo que los impuestos de una ciudad no se consideraban importantes por las empresas que estaban planteándose establecerse en ella. Si usted fuese el presidente de la cámara de comercio local, ¿cómo respondería? Si usted fuese una persona preocupada por la tasa de desempleo de la ciudad, ¿cómo respondería?
4. Explique las hipótesis que hay detrás del método del centro de gravedad. ¿Cómo podría utilizarse el modelo en la localización de empresas de servicios?
5. ¿En qué se diferencian las decisiones de localización de empresas industriales y de servicios en términos de las técnicas utilizadas para analizarlas?
6. ¿Cuál es el objetivo de la estrategia de localización?
7. ¿Cuáles son los tres pasos en el análisis del punto muerto de localización?
8. ¿Cuáles son los factores más relevantes que las empresas consideran cuando eligen un país para localizar sus instalaciones?
9. ¿Qué factores afectan a las decisiones de localización a nivel regional?
10. Enumere algunos factores que afecten al lugar final de localización, dentro de una ciudad.
11. ¿Cómo pueden ser tomados en cuenta los factores cuantitativos y cualitativos de una decisión de localización?
12. Los estudios de Grant Thornton generaron unos pesos de factores muy similares a los de la Tabla 9.1. ¿Deberían todas las empresas utilizar estos pesos para sus decisiones? ¿Por qué? ¿Por qué no?

EJERCICIO DE RAZONAMIENTO CRÍTICO

En este capítulo hemos comentado numerosas decisiones de localización, incluyendo la decisión de Mercedes de instalar en Vance, Alabama, su primera fábrica en Estados Unidos. De forma similar, la compañía aérea United Airlines recientemente ha anunciado su concurso para seleccionar una ciudad para su nueva base de mil millones de dólares para la reparación de aviones. Las ofertas para el premio de 7.000 puestos de trabajo han sido rápidas y frenéticas, con Orlando ofreciendo 154 millones de dólares en incentivos y Denver algo más del doble. El Gobernador de Kentucky, Wilkinson, muy a su pesar, ha decidido retirar la oferta de Louisville de 330 millones de dólares, porque la licitación les está "exprimiendo cada gota de sangre". ¿Cuáles son las implicaciones éticas, legales y económicas de una localización como ésta? ¿Quién acaba pagando los incentivos? ¿Se les debería permitir a los ciudadanos votar las ofertas realizadas por sus ciudades, Estados o países? ¿Deberían ponerse límites a estos incentivos?

PROBLEMAS

• **9.1** Consolidated Refineries, con sede en Houston, debe decidir entre tres lugares la localización de su nueva refinería. La empresa ha seleccionado seis factores relevantes y les ha dado un peso entre 1 y 5, según la siguiente tabla:

NÚMERO	FACTOR	PESO
1	Proximidad a puertos	5
2	Disponibilidad de fuentes de energía y coste	3
3	Actitud y coste de la mano de obra	4
4	Distancia desde Houston	2
5	Aceptación por parte de la comunidad	2
6	Proveedores de equipos en la zona	3

La dirección ha evaluado cada localización para cada factor y les ha dado valores entre 1 y 100.

FACTOR	LOCALIZACIÓN A	LOCALIZACIÓN B	LOCALIZACIÓN C
1	100	80	80
2	80	70	100
3	30	60	70
4	10	80	60
5	90	60	80
6	50	60	90

¿Qué localización debería recomendarse?

• **9.2** La siguiente tabla muestra los costes fijos y variables para cuatro posibles fábricas de equipos de esquí:

LUGAR	COSTE FIJO ANUAL	COSTE VARIABLE UNITARIO
Atlanta	125.000$	6$
Burlington	75.000	5
Cleveland	100.000	4
Denver	50.000	12

a) Realizar un gráfico con las curvas de costes totales

b) ¿Para qué rangos de producción es mejor cada una de las localizaciones?

c) Si la previsión del volumen de fabricación fuese de 5.000 unidades, ¿qué recomendaría?

9.3 Un restaurante de Detroit especializado en pescados y mariscos está considerando abrir un nuevo local en las afueras de Bloomfield. La tabla adjunta muestra la evaluación y pesos de cinco factores para cuatro localizaciones potenciales. ¿Cuál debería escogerse?

		LOCALIZACIONES POSIBLES			
FACTOR	PESO	1	2	3	4
Afluencia de población local	10	70	60	85	90
Costes de construcción y terrenos	10	85	90	80	60
Densidad de tráfico	25	70	60	85	90
Disponibilidad de aparcamientos	20	80	90	90	80
Crecimiento potencial	15	90	80	90	75

9.4 En la selección de la localización de una nueva clínica, los dirigentes de sanidad de la región tienen en consideración tres lugares. Los datos relevantes se muestran en la tabla adjunta. ¿Cuál es el mejor lugar?

		LOCALIZACIONES POSIBLES		
FACTOR	PESO	CENTRO	SUBURBIO A	SUBURBIO B
Facilidad de utilización	9	9	7	6
Tiempo medio por viaje de emergencia	8	6	6	8
Preferencias de los empleados	5	2	5	6
Accesibilidad a autopistas	5	8	4	5
Costes del suelo	4	2	9	6

9.5 La oficina principal de correos de Tampa (Florida) debe ser reemplazada por una mucho mayor y más moderna, capaz de absorber el tremendo flujo de correo que no ha dejado de crecer en la ciudad desde 1970. Dado que todo el correo, el que se recibe y el que se envía, se transporta desde oficinas de correos regionales a la oficina central, la localización de ésta puede provocar diferencias significativas en la eficiencia de los envíos, tanto en términos de coste como de tiempo. Utilizando los datos de la tabla adjunta, calcule el centro de gravedad para las nuevas instalaciones.

OFICINA REGIONAL	COORDENADAS	N.º DE VIAJES DE CAMIÓN DIARIOS
Ybor City	(10,5)	3
Davis Island	(3,8)	3
Dale-Mabry	(4,7)	2
Palma Ceia	(15,10)	6
Bayshore	(13,3)	5
Temple Terrace	(1,12)	3
Hyde Park	(5,5)	10

9.6 Gretchen Harris es la propietaria de dos tiendas exclusivas de ropa de mujeres en Miami, Florida. En su plan de expansión, con una tercera tienda, ha reducido su decisión a tres localizaciones posibles: una en un edificio de oficinas del centro, otra en un centro comercial y la tercera en una casa victoriana en el área suburbana de Coral Gables. Ella cree que el nivel de renta es el factor más importante a tener en cuenta, mientras que el tráfico a pie tiene una importancia del 90% de la renta. Además, cree que cuanto más alejada esté la nueva tienda de las anteriores, mucho mejor. Ella pondera este factor con una importancia del 80% sobre el del trafico a pie. Gretchen ha desarrollado la siguiente tabla en la que ha evaluado cada localización con el mismo sistema que utilizaba en sus estudios de MBA.[7] ¿Qué lugar es el preferible?

	CENTRO CIUDAD	CENTRO COMERCIAL	CORAL GABLES
Nivel de renta	D	C	A
Tráfico a pie	B	A	D
Distancia respecto a las actuales tiendas	B	A	C

9.7 La siguiente tabla proporciona las coordenadas geográficas y las cargas enviadas para un conjunto de ciudades que desean conectarse con un almacén de un centro de distribución. ¿Cerca de qué coordenadas debe construirse este centro de distribución?

CIUDAD	COORDENADAS (X, Y)	NÚMERO DE ENVÍOS
A	(5,10)	5
B	(6,8)	10
C	(4,9)	15
D	(9,3)	5
E	(7,9)	15
F	(3,2)	10
G	(2,6)	5

9.8 Nancy Hard Retailers está tratando de decidir la localización de una nueva tienda. De momento tiene tres alternativas: ampliar las instalaciones existentes, hacer una nueva tienda en la calle principal de la vecina ciudad de Newbury, o situarse en un nuevo centro comercial en Hyde Park. Se han seleccionado cuatro factores, que se enumeran en la tabla adjunta, como los fundamentales para evaluar las alternativas, y se han asignado los pesos relativos a cada factor.

NÚMERO	FACTOR	PESO
1	Nivel de renta medio	0,30
2	Potencial de crecimiento	0,15
3	Disponibilidad de transporte público	0,20
4	Disponibilidad de mano de obra, actitud y coste	0,35

[7] El sistema de puntuación americano más común es el siguiente: A: excelente, B: notable, C: aprobado, D: suspendido y E: muy deficiente. (N. del T.)

El Sr. Hard ha evaluado cada localización para cada factor dándole valores entre 1 y 100.

	LOCALIZACIÓN		
FACTOR	ACTUAL	NEWBURY	HYDE PARK
1	40	60	50
2	20	20	80
3	30	60	50
4	80	50	50

¿Qué localización es preferible?

: **9.9** Los costes fijos y variables para tres plantas potenciales de fabricación de la empresa de Martin MacDonald's son los siguientes:

LUGAR	COSTES FIJOS ANUALES	COSTES VARIABLES UNITARIOS
Sitio 1	500$	11$
Sitio 2	1.000	7
Sitio 3	1.700	4

a) ¿Para qué rango de producción es mejor cada una de las localizaciones?

b) Para una producción de 200 unidades, ¿qué lugar es el mejor?

APLICACIÓN DE BASE DE DATOS

: **9.10** La unificación europea ha traído consigo cambios en la reglamentación de las líneas aéreas que han afectado dramáticamente a las principales empresas europeas de transporte aéreo, como British International Air, SAS, KLM, Air France, Alitalia y Sabena. Con unos planes de expansión ambiciosos, British International Air (BIA) ha decidido que necesita una segunda base de operaciones en el continente para complementar las grandes instalaciones de reparación que posee en Heathrow (Londres). La selección de localizaciones es crítica, y con un potencial de 4.000 nuevos puestos de trabajo, virtualmente cualquier ciudad del oeste licitará por ser seleccionada.

Después de las investigaciones iniciales realizadas por el jefe del departamento de operaciones, Harry Zipper, BIA ha restringido sus candidatas a una lista de 16 ciudades. Cada una de ellas ha sido valorada mediante 12 factores, obteniéndose los resultados de la tabla adjunta.

a) Ayude a Zipper a escoger las tres mejores ciudades para su nuevo centro de mantenimiento de aviones.

b) Después de una investigación más profunda, Zipper ha decidido que el factor "existencia de instalaciones" no es tan importante como pensaba y ha decidido bajar su peso a 30. ¿Cambia la solución anterior?

c) Después del cambio realizado en el apartado *b*, Alemania anuncia que reconsidera su oferta inicial y ofrece incentivos adicionales por valor de 200 millones de marcos. De acuerdo con esto, BIA ha elevado su valoración a 10 en dicho factor. ¿Afecta a la solución obtenida en el apartado *b*?

TABLA PARA LA APLICACIÓN DE BASE DE DATOS 9,10

		Localización															
		Italia			Francia			Alemania			España	Suiza		Holanda		Dinamarca	Portugal
Factor	Peso	Milán	Roma	Génova	París	Lyon	Niza	Múnich	Bonn	Berlín	Madrid	Berna	Zurich	Amsterdam	La Haya	Copenhague	Lisboa
Incentivos financieros	85	8	8	8	7	7	7	7	7	7	9	8	8	9	9	8	10
Mano de obra preparada	80	4	6	5	9	9	7	10	8	9	4	9	10	9	8	7	3
Instalaciones existentes	70	5	3	2	9	6	5	9	9	2	5	7	8	8	2	8	6
Nivel salarial	70	9	8	9	4	6	6	4	5	5	10	3	3	5	9	5	10
Competencia para los puestos de trabajo	70	7	3	8	2	8	7	4	8	9	6	5	4	3	7	6	6
Facilidad de acceso por tráfico aéreo	65	5	4	6	2	8	8	4	8	9	5	5	5	3	9	4	6
Coste inmobiliario	40	6	4	7	4	6	6	3	4	5	8	2	1	3	5	4	7
Nudos de comunicaciones terrestres	25	6	7	6	9	9	9	10	9	8	2	8	8	8	6	9	2
Atractivo para el traslado de directivos	15	4	8	3	9	6	6	2	3	3	4	9	8	9	6	7	3
Consideraciones políticas	10	6	6	6	8	8	8	8	8	8	5	9	9	8	8	8	2
Posibilidades de expansión	10	10	2	8	1	5	4	4	5	6	5	3	2	3	8	4	6
Fortaleza de los sindicatos	10	1	1	1	5	5	5	6	6	6	9	8	8	7	7	5	9

CASO DE ESTUDIO

Southern Recreational Vehicle Company

En octubre de 1994, la alta dirección de Southern Recreational Vehicle Co. de St. Louis, Missouri anunció sus planes para cambiar de lugar sus operaciones de fabricación y montaje, construyendo una nueva planta en Ridgecrest, Mississippi. La empresa, un importante fabricante de caravanas (incorporadas al vehículo o como remolque), tenía la mala experiencia de cinco años consecutivos de disminución de beneficios tras haber entrado en una espiral de costes de producción. Los costes de mano de obra y de materias primas se habían incrementado alarmantemente; los costes de los suministros se habían disparado hacia arriba; y los impuestos y los costes de transporte se hacían insoportables. Incluso con un aumento de ventas, la empresa había sufrido sus primeras pérdidas netas desde el inicio de sus operaciones en 1977.

Cuando la dirección empezaba a considerar un cambio de lugar, escudriñó a fondo varias áreas geográficas. De máxima importancia para la decisión de relocalizar era la existencia de instalaciones de transporte adecuadas, las estructuras de impuestos municipales y estatales, una adecuada oferta de mano de obra, actitudes positivas de la comunidad, costes de implantación razonables y ayudas financieras. Aunque muchas comunidades ofrecieron incentivos semejantes, la dirección de Southern Recreational Vehicle Co. quedó impresionada, favorablemente, por los esfuerzos de Mississippi Power and Light Co. para atraer empresas "limpias e intensivas en mano de obra", y por el entusiasmo mostrado por los responsables de la administración local y estatal, que activamente trataban de ayudar a la economía del Estado atrayendo empresas manufactureras que quisieran instalarse dentro de sus fronteras.

Dos semanas antes de anunciar su decisión, la dirección de Southern Recreational Vehicle Co. finalizaba sus planes de relocalización. Fue seleccionado un edificio existente en el parque industrial de Ridgecrest (el edificio había albergado antes a un fabricante de casas móviles que había ido a la bancarrota por culpa de un financiación inadecuada y una gestión pobre). Inicialmente, el reclutamiento de mano de obra se llevó a cabo a través de la oficina de empleo estatal, a la vez que se iniciaban esfuerzos para poder alquilar o vender la propiedad de St. Louis. Entre los incentivos ofrecidos a Southern Recreational Vehicle Co. para localizarse en Ridgecrest estaban los siguientes:

1. Exención de impuestos municipales y del condado durante cinco años.
2. Servicios gratuitos de agua y alcantarillado.
3. Construcción gratuita de un segundo muelle de carga en el lugar.
4. Un acuerdo para la emisión de 500.000 dólares en bonos industriales para futuras expansiones.
5. Formación de los trabajadores financiada públicamente en la escuela local de formación industrial.

Además de estos incentivos, otros factores tuvieron un elevado peso en la decisión de instalarse en la pequeña ciudad de Mississippi. Los costes de mano de obra serían significativamente inferiores a los que se tenían en St. Louis; el poder de los sindicatos sería menor (Mississippi es un Estado donde existe una prohibición legal a la obligatoriedad de afiliación a un sindicato); y los costes de los suministros y los impuestos serían moderados. Sumando y sumando, la dirección de Southern Recreational Vehicle Co. se convenció cada vez más en cambiar su localización.

El 15 de octubre se adjuntó la siguiente nota a la nómina de los empleados:

A: Empleados de Southern Recreational Vehicle Co.

De: Gerald O'Brien, Presidente

Por desgracia, la dirección de Southern Recreational Vehicle Co. anuncia sus planes de cesar todas las actividades de fabricación en St. Louis el 31 de diciembre. Debido a los incrementos en los costes de operación y a las irrazonables demandas forzadas por los sindicatos, es imposible operar de forma rentable. Aprecio sinceramente el buen trabajo que cada uno de ustedes ha prestado a la empresa desde hace años. Si puedo ayudarles a encontrar un trabajo adecuado en otra empresa, por favor háganmelo saber. Muchas gracias de nuevo por su cooperación y servicios prestados.

PREGUNTAS DE DISCUSIÓN

1. Evalúe los incentivos ofrecidos a Southern Recreational Vehicle Co. por las autoridades de Ridgecrest, Mississippi.
2. ¿Qué problemas puede experimentar la empresa al trasladar a sus ejecutivos desde una gran ciudad fuertemente industrializada a un pequeño pueblo rural?
3. Evalúe las razones citadas por Mr. O'Brien para justificar la relocalización. ¿Son justificables?
4. ¿Qué responsabilidades piensa usted que tiene una empresa con sus empleados cuando se toma la decisión de cesar las operaciones?

Fuente: Profesor Jerry Kinard, Universidad de Western Carolina.

BIBLIOGRAFÍA

Craig, C. S., et al., "Models of the Retail Location Process." *Journal of Retailing*, 60 (April 1984): 5–36.

DeForest, M. E. "Thinking of a Plant in Mexico?" *The Academy of Management Executive*, 8, no. 1 (February 1994): 33–40.

Domich, P. D., K. L. Hoffman, R. H. F. Jackson, and M. A. McClain. "Locating Tax Facilities: A Graphics-Based Microcomputer Optimization Model." *Management Science*, 37 (August 1991): 960.

Fitzsimmons, J. A. "A Warehouse Location Model Helps Texas Comptroller Select Out-of-State Audit Officers." *Interfaces*, 13 (October 1983): 40–45.

Kimes, S. E., and J. A. Fitzsimmons. "Selecting Profitable Hotel Sites at La Quinta Motor Inns." *Interfaces*, 20 (March/April 1990): 12–20.

Murdick, R., B. Render, and R. Russell. *Service Operations Management*. Boston: Allyn and Bacon, 1990.

Price, W. L., and M. Turcotte. "Locating a Blood Bank." *Interfaces*, 16 (September/October 1986): 17–26.

Render, B., and R. M. Stair. *Introduction to Management Science*. Boston: Allyn and Bacon, 1992.

——. *Quantitative Analysis for Management*, 5th ed. Boston: Allyn and Bacon, 1994.

"The Checklist of Site Selection Factors." In *Site Selection Handbook*. Atlanta, GA: Conway, 1978.

Vargas, G. A., and T. W. Johnson. "An Analysis of Operational Experience in the US/Mexico Production Sharing (Maquiladora) Program." *Journal of Operations Management*, 11, no. 1 (March 1993): 17–34.

9 SUPLEMENTO

MODELO DEL TRANSPORTE

CONTENIDO DEL SUPLEMENTO

El problema al que se enfrentaba la empresa de alquiler de automóviles AVIS el año pasado era el viajar a través del país. Muchos viajes. Los coches alquilados en Nueva York acababan en Chicago, los de Los Ángeles se entregaban en Philadelphia, y los de Boston en Miami. Esta escena se repetía en unas 100 ciudades a lo largo y a lo ancho de los Estados Unidos. Como resultado, algunas ciudades tenían más automóviles de los que necesitaban y otras tenían demasiado pocos. Los directivos de operaciones de AVIS debían decidir cuántos coches de alquiler tenían que ser transportados (a través de costosos envíos con camiones especiales) desde cada ciudad con exceso de vehículos a cada ciudad que necesitaba más de los que tenía. El proceso requería una acción rápida con las asignaciones de rutas más económicas. ¿Qué hizo AVIS? Utilizó el método de transporte de programación lineal para encontrar la solución óptima.♦

El objetivo de los modelos de transporte es encontrar la solución a un coste mínimo para realizar un plan de envíos desde varios orígenes a varios destinos, es decir, determinar qué cantidad del producto o productos a transportar se enviará desde cada punto origen a cada punto destino, teniendo en cuenta las restricciones del problema en cuanto a capacidades y demandas, y de forma que el coste total de distribución sea mínimo. Los orígenes pueden ser fábricas, almacenes, agencias de alquiler de coches como Avis, o cualquier otro punto desde el que se quiera enviar algo. Los destinos son los puntos que reciben estas mercancías. Para utilizar el modelo de transporte, debemos conocer:

1. Los orígenes y la capacidad de suministro de cada uno de ellos por período.
2. Los destinos y la demanda de cada uno de ellos por período.
3. El coste de enviar una unidad de cada origen a cada destino.

El modelo de transporte es, de hecho, un caso particular de la programación lineal que vimos en el suplemento del Capítulo 6. Al igual que para la programación lineal, existe software disponible para la resolución de problemas de transporte. Para poder utilizar bien estos programas, es necesario comprender las hipótesis en las que se basa el modelo. Para facilitar la comprensión del modelo de transporte, a lo largo del suplemento iremos trabajando con un ejemplo de una empresa llamada Arizona Plumbing, que fabrica, entre otros productos, una línea completa de bañeras. Los datos referentes a las bañeras de Arizona Plumbing se muestran en la Figura S9.1 y en la Tabla S9.1. La empresa debe decidir desde qué fábricas deben servir a qué almacenes.

TABLA S9.1 ■ Costes de transporte por bañera para Arizona Plumbing.

Desde \ Hasta	Alburquerque	Boston	Cleveland
Des Moines	5$	4$	3$
Evansville	8$	4$	3$
Fort Lauderdale	9$	7$	5$

FIGURA S9.1 ■ Problema de transporte.

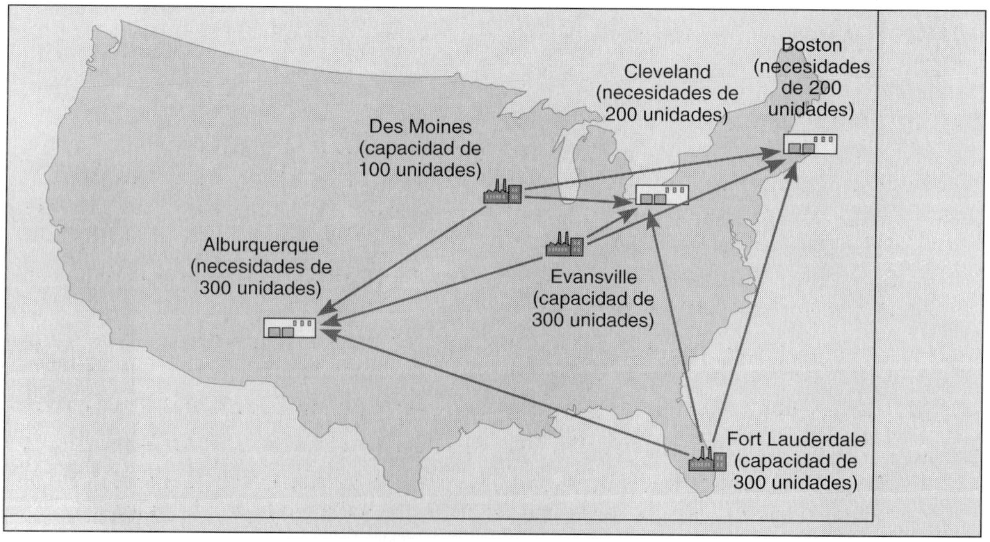

FIGURA S9.2 ■ Matriz de transporte para Arizona Plumbing

Desde \ Hasta	Alburquerque	Boston	Cleveland	Capacidad de las fabricas
Des Moines	5$	4$	3$	100
Evansville	8$	4$	3$	300
Fort Lauderdale	9$	7$	5$	300
Necesidad de los almacenes	300	200	200	700

Restricción de capacidad de Des Moines

Celda que representa una asignación posible de unidades a transportar desde el origen (fila) al destino (columna), en este caso de Evansville a Cleveland

Coste de enviar una unidad desde la fábrica de Fort Lauderdale al almacén de Boston

Demanda de almacén de Cleveland

Demanda Total (= Capacidad Total)

El primer paso en el proceso de modelización es la elaboración de la matriz de transporte. Su objetivo es el de resumir conveniente y concisamente todos los datos relevantes y realizar el seguimiento de los cálculos del algoritmo. Utilizando la información de Arizona Plumbing mostrada en la Tabla S9.1 y en la Figura S9.1 podemos construir una matriz de transporte como la mostrada en la Figura S9.2.

SOLUCIÓN DE PARTIDA – EL MÉTODO DEL RINCÓN NOROESTE

Método del rincón noroeste

Una vez hemos dispuesto los datos en forma de tabla, debemos encontrar una solución posible e inicial para el problema. Un procedimiento sistemático, conocido como el **método del rincón noroeste**, empieza por la celda de más arriba y más a la izquierda (rincón noroeste) de la tabla y asigna las cantidades a transportar de la forma siguiente:

1. Sature la oferta (capacidad de la fábrica) de cada fila antes de saltar a la siguiente hacia abajo
2. Sature las necesidades (del almacén) de cada columna antes de pasar a la siguiente hacia la derecha.
3. Compruebe que se satisfacen todas las demandas y ofertas (capacidades).

EJEMPLO S9.1

En la Figura S9.3 hemos utilizado el método del rincón noroeste para encontrar una solución de partida posible para el problema de Arizona Plumbing. En este ejemplo han sido necesarios cinco pasos para encontrarla:

1. Asignamos 100 bañeras de Des Moines a Alburquerque (agotamos la oferta de Des Moines, por lo que continuamos hacia abajo).
2. Asignamos 200 bañeras de Evansville a Alburquerque (saturamos la columna de Alburquerque, por lo que continuamos hacia la derecha).
3. Asignamos 100 bañeras de Evansville a Boston (saturamos la oferta de Evansville).
4. Asignamos 100 bañeras de Fort Lauderdale a Boston (saturamos la demanda de Boston).
5. Asignamos 200 bañeras de Fort Lauderdale a Cleveland (y saturamos, finalmente, tanto la oferta de Fort Lauderdale como la demanda de Cleveland).

FIGURA S9.3 ■ Solución de partida a través del método del rincón noroeste para el problema de Arizona Plumbing.

Desde \ Hasta	(A) Alburquerque	(B) Boston	(C) Cleveland	Capacidad de las fábricas
(D) Des Moines	5$ 100	4$	3$	100
(E) Evansville	8$ 200	4$ 100	3$	300
(F) Fort Lauderdale	9$	7$ (100)	5$ 200	300
Necesidades de los almacenes	300	200	200	700

Significa que la empresa debe enviar 100 bañeras desde Fort Lauderdale a Boston

El coste total de este plan de envíos es de 4.200 dólares (ver Tabla S9.2).

TABLA S9.2 ■ Cálculo del coste del plan de envíos.

Ruta				
De	A	Bañeras enviadas	Coste unitario	Coste Total
D	A	100	5$	500$
E	A	200	8	1.600
E	B	100	4	400
F	B	100	7	700
F	C	200	5	1.000
				Total: 4.200$

La solución obtenida es posible porque satisface todas las restricciones de demanda y oferta. Sin embargo, tendríamos mucha suerte si esta solución conlleva el mínimo coste total de transporte del problema. Lo más probable es que debamos utilizar un procedimiento adicional para encontrar la solución óptima, dado que el método del rincón noroeste solamente nos proporciona una solución de partida.

EL ALGORITMO DE STEPPING-STONE[1]

El Algoritmo de stepping-stone

El algoritmo de stepping-stone nos permitirá ir de la solución de partida a la solución óptima. Se utiliza para evaluar la efectividad del coste de enviar unidades a través de rutas

[1] "Stepping Stone", en inglés, significa una piedra que permite dar un paso, como por ejemplo cuando se cruza un arroyo; no obstante, en la literatura de dirección de producción/operaciones y de investigación operativa, este algoritmo siempre se cita utilizando la fórmula inglesa. (N. del T.)

que en la actual solución no se contemplan. Vamos a comprobar cada celda o casilla no utilizada (sin cantidad asignada, es decir, vacía) en la matriz de transporte preguntándonos: "¿Qué pasaría con el coste total de transporte si enviásemos una unidad de producto (por ejemplo, bañeras) por esta vía no utilizada? Lo realizaremos de la siguiente forma:

> El movimiento de tierras para permitir la expansión del aeropuerto internacional de Brisbane (Australia) es un problema clásico de transporte. Comportaba el movimiento de al menos 2 millones de metros cúbicos de tierra desde 26 orígenes a 35 destinos finales de relleno. Utilizando el modelo de transporte se ahorraron aproximadamente unos 800.000 dólares, que representaban el 27% de los costes totales de transporte.

1. Seleccionar una celda no utilizada para ser evaluada.
2. Empezando por esta celda, trazar un circuito que acabe en esta misma celda, a través de celdas que sí estén utilizadas (sólo se permiten movimientos horizontales o verticales). Podemos pasar, sin embargo, tanto por celdas utilizadas como por las no utilizadas, pero sólo podemos cambiar de dirección por las que efectivamente están en uso (con cantidad asignada).
3. Empezando con un signo + en la celda seleccionada en el punto 1, vamos colocando alternativamente signos – y signos + en cada celda en la que cambiamos de dirección (esquinas) del circuito que hemos trazado, hasta llegar de nuevo a la celda inicial, que evidentemente habrá de tener el signo +.
4. Calcular el índice de mejora, sumando los costes unitarios de las celdas con el signo + y restando los costes asociados a las celdas con el signo menos.
5. Repetir los pasos 1 a 4 hasta que se hayan calculado los índices de mejora para todas las celdas vacías. Si todos los índices calculados son mayores o iguales a cero, la solución actual es la solución óptima. En caso contrario es posible mejorar dicha solución y rebajar el coste total de transporte.

El Ejemplo S9.2 muestra cómo utilizar el método de setpping stone para llegar a la solución óptima.

EJEMPLO S9.2

Podemos aplicar el método de stepping-stone a los datos del problema de Arizona Plumbing de la Figura S9.3 para evaluar las rutas no utilizadas. En este momento, las rutas no utilizadas son: de Des Moines a Boston, de Des Moines a Cleveland, de Evansville a Cleveland y de Fort Lauderdale a Alburquerque.

Pasos 1 y 2. Empezando por Des Moines-Boston, trazamos un circuito utilizando solamente celdas ocupadas (ver Figura S9.4). Ponemos alternativamente signos más y menos en las esquinas del circuito. Nótese que hemos utilizado solamente celdas donde existen envíos para cambiar de dirección la ruta que sigue el circuito que estamos trazando. Por lo tanto, el circuito: Des Moines-Boston, Des Moines-Alburquerque, Fort Lauderdale-Alburquerque, Fort Lauderdale-Boston, Des Moines-Boston no sería aceptable porque la celda correspondiente a Fort Lauderdale-Alburquerque está vacía. Resulta que *solamente existe un circuito para cada celda vacía.* Una vez se ha identificado el circuito, podemos asignar los signos + y – a las casillas del circuito.

Paso 3. ¿Cómo decidimos a qué celdas se les asigna un signo + y a cuáles un signo –? La respuesta es fácil. Dado que estamos comprobando la efectividad del coste de la ruta Des Moines-Boston, vamos a tratar de enviar una bañera de Des Moines a Boston. Esto es una unidad más de lo que estamos enviando entre dos ciudades, por lo tanto colocamos un signo más en la celda. Pero si enviamos una unidad más que antes desde Des Moines a Boston, estaremos enviando 101 desde la fábrica de Des Moines. Como la capacidad de la fábrica de Des Moines es solamente de 100 bañeras, debemos enviar una menos desde Des Moines a Alburquerque. Este cambio nos permite cumplir con la restricción del límite de capacidad de Des Moines.

Para indicar que reducimos el envío de Des Moines a Alburquerque, colocamos un signo – en esta celda. Continuando a lo largo del circuito, nótese que no estamos cumpliendo con las necesidades del almacén de Alburquerque, que eran de 300 unidades.

De hecho, si reducimos el envío de Des Moines a Alburquerque a 99 unidades, debemos incrementar el de Evansville a Alburquerque en una unidad hasta llegar a las 201 bañeras. Por lo tanto, debemos colocar un signo más para indicar el incremento. Observe además que estas celdas donde cambiamos de dirección (y sólo estas celdas) tendrán signos + o –.

Finalmente, si asignamos 201 bañeras a la ruta de Evansville a Alburquerque, debemos reducir el envío de Evansville a Boston en una unidad, hasta las 99 bañeras, con el objeto de seguir cumpliendo la restricción de capacidad de Evansville de 300 unidades. Por lo tanto, asignamos un signo menos a la celda Evansville-Boston. Como resultado hemos equilibrado las limitaciones de suministros entre las cuatro rutas que componen el circuito.

FIGURA S9.4 ■ Evaluación mediante el algoritmo de stepping-stone de las rutas alternativas del problema de Arizona Plumbing.

Evaluación de la celda de Des Moines a Boston

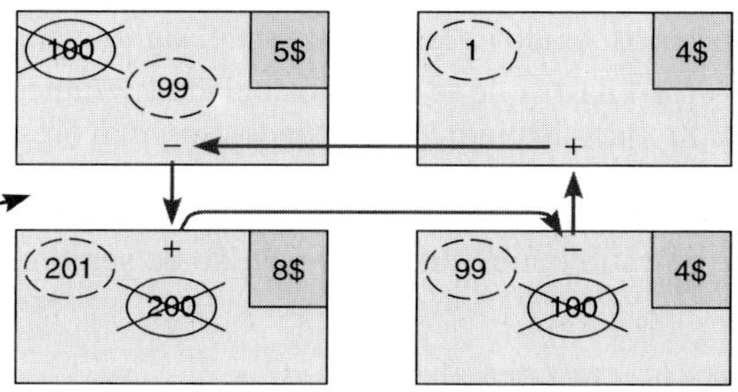

Resultado del movimiento de asignación propuesto = 1 × 4$ – 1 × 5$ + 1 × 8$ – 1 × 4$ = +3$

Desde \ Hasta	(A) Albuquerque	(B) Boston	(C) Cleveland	Capacidad de las fábricas
(D) Des Moines	5$ 100 –	Start 4$ +	3$	100
(E) Evansville	8$ 200 +	4$ 100 –	3$	300
(F) Fort Lauderdale	9$	7$ 100	5$ 200	300
Necesidades de los almacenes	300	200	200	700

Paso 4. Cálculo del índice de mejora para la ruta Des Moines - Boston sumando los costes unitarios que tengan un signo + en la celda y restando los que tengan un signo –.

Índice de Des Moines a Boston : 4 – 5 + 8 – 4 = +3

Esto significa que para cada bañera enviada de Des Moines a Boston, los costes totales de transporte se incrementarán en 3 dólares por encima del coste de la solución actual.

Vamos a examinar ahora la ruta no utilizada de Des Moines a Cleveland, con un circuito un poco más complejo que el anterior. Hay que recordar que solamente podemos cambiar de dirección en las celdas que están siendo utilizadas. El circuito puede ir

FIGURA S9.5 ■ Evaluando Des Moines a Cleveland.

Desde \ Hasta	(A) Albuquerque	(B) Boston	(C) Cleveland	Fábrica
(D) Des Moines	$5 100 −	$4	Inicio $3 +	100
(E) Evansville	$8 200+	$4 − 100	$3	300
(F) Fort Lauderdale	$9	$7 + 100	$5 − 200	300
Necesidades de los almacenes	300	200	200	700

hacia Evansville-Cleveland, pero aquí no podremos girar, por lo que no podemos asignar un signo más o menos (ver Figura S9.5).

Índice de mejora para Des Moines-Cleveland : 3 – 5 + 8 – 4 + 7 = + 4

Por lo tanto, realizar envíos desde Des Moines a Cleveland no va a mejorar el coste total.

Las otras dos rutas las podemos evaluar de la misma forma:

Índice de mejora para Evansville-Cleveland =3 – 4 + 7–5 = 1

(circuito: EC–EB–FB–FC)

Índice de mejora para Fort Lauderdale-Alburquerque = 9 – 7 + 4 – 8 = –2

(circuito: FA–FB–EB–EA)

Dado que este último índice es negativo, se pueden obtener mejoras en el coste total, realizando envíos por esta ruta, Fort Lauderdale-Alburquerque, actualmente no utilizada.

En el Ejemplo S9.2 hemos visto que es posible mejorar la solución, puesto que existe una ruta, que actualmente no se utiliza, con un índice de mejora negativo. Cada índice negativo representa la cantidad en que mejora (se reduce) el coste total de transporte si enviamos una unidad de producto desde el origen al destino asociados a la celda en cuestión. El siguiente paso es, por lo tanto, escoger la ruta (celda vacía) con el índice de mejora más negativo, y enviaremos a través de ella la cantidad máxima posible con el objeto de reducir, consecuentemente, el coste total.

¿Cuál es la cantidad máxima que podemos enviar a través de esta nueva ruta? La cantidad se obtiene del circuito que ha servido para calcular el índice, y seleccionaremos la cantidad más pequeña de las que tienen asignado un signo menos.

Para obtener la nueva solución, sumaremos este valor a las celdas que tienen asignado el signo más y se la restaremos a las que tienen el signo menos.

Hemos completado, pues, una iteración del algoritmo de stepping stone. De nuevo debemos comprobar si esta solución es la óptima, o, en su lugar, dónde podemos encontrar nuevas mejoras. Esto se realiza evaluando cada celda no utilizada, de la misma manera que hemos hecho antes. El Ejemplo S9.3 continúa la resolución del problema de Arizona Plumbing hasta llegar a la solución óptima.

EJEMPLO S9.3

Para mejorar la solución de Arizona Plumbing utilizaremos los índices calculados en el Ejemplo S9.2. El índice de mejora más negativo (y el único negativo) es el correspondiente a la celda de Fort Lauderdale-Alburquerque, como vemos en la Figura S9.6.

La cantidad máxima que podemos transportar en la nueva ruta (FA) es el número más pequeño de los que tienen asignados un signo menos, en este caso 100. ¿Por qué 100 unidades? Porque como el coste total desciende en 2 dólares por unidad transportada, enviaremos lo máximo posible. Los cálculos previos del algoritmo indicaban que cada unidad de incremento en la ruta FA implicaba un incremento de una unidad en la ruta EB y un descenso de una unidad tanto en la ruta FB (ahora se transportan 100) como en la EA (que ahora se transportan 200). Por lo tanto, la cantidad máxima que podemos transportar por la ruta FA es 100 bañeras (una cantidad mayor implicaría un transporte negativo en la ruta FB). Esta solución implica que se transportarán 0 unidades por la ruta FB. Ahora, por lo tanto, procedemos a añadir 100 unidades a la ruta FA (a las cero actualmente transportadas); restamos 100 a la ruta FB, dejando un cero en esta celda, pero permitiendo que la fila siga sumando lo mismo, es decir, 300; sumamos 100 a la ruta EB dejándola en 200; y, finalmente, restamos 100 a la ruta EA dejándola en 100 unidades. Véase que los nuevos números siguen produciendo los totales necesarios en las filas y columnas (ofertas y demandas originales). La nueva solución se muestra en la Figura S9.7

FIGURA S9.6 ■ Tabla de transporte: Ruta FA.

Desde \ Hasta	(A) Alburquerque	(B) Boston	(C) Cleveland	Fábrica
(D) Des Moines	5$ — 100	4$	3$	100
(E) Evansville	8$ — 200 −	4$ — + 100	3$	300
(F) Fort Lauderdale	9$ — +	7$ — − 100	5$ — 200	300
Almacén	300	200	200	700

FIGURA S9.7 ■ Solución en la nueva iteración (sigue no siendo óptima).

De \ A	(A) Alburquerque	(B) Boston	(C) Cleveland	Fábrica
(D) Des Moines	5$ — 100	4$	3$	100
(E) Evansville	8$ — 100	4$ — 200	3$	300
(F) Fort Lauderdale	9$ — 100	7$	5$ — 200	300
Almacén	300	200	200	700

El coste total de transporte se ha reducido en (100 unidades) × (2 dólares de ahorro)= = 200 dólares, por lo que ahora es de 4.000 dólares. Este valor del coste total, por supuesto, también se puede obtener multiplicando las unidades enviadas a través de cada ruta por el coste unitario y al final sumando los valores resultantes, de la siguiente forma:

$$100\,(5) + 100\,(8) + 200\,(4) + 100\,(9) + 200\,(5) = 4.000$$

Si observamos detenidamente la Figura S9.7 podemos detectar que la solución no es la óptima. La ruta EC (Evansville - Cleveland) tiene un índice de mejora negativo. Mire si puede encontrar la solución por sí solo. Los Programas S9.1 y S9.2, al final de este suplemento, proporcionan la solución mediante AB:POM.

DEMANDA DIFERENTE A LA OFERTA

Un origen ficticio o un destino ficticio

Una situación bastante común en los problemas reales es el caso en que la demanda total no es igual a la oferta total. Podemos tratar estos problemas "descompensados" sin la menor dificultad, utilizando las técnicas que hemos descrito, si antes introducimos **un origen ficticio** o **un destino ficticio**. En el caso que la oferta total sea mayor que la demanda total crearemos un destino ficticio con una demanda igual a la diferencia entre la oferta total y la demanda total, de manera que estos valores, demanda total y oferta total, con este nuevo destino, acaben igualándose. De la misma manera, procederemos cuando la demanda total sea mayor que la oferta total, pero en este caso, creando un origen ficticio con una capacidad igual a la diferencia. En cualquiera de los dos casos asignaremos un coste de transporte igual a cero, porque, de hecho, estas unidades al final no serán transportadas.

Cuando la marina de Thailandia recluta un joven, en primer lugar lo comunica al centro de reclutamiento más cercano a su casa. Desde uno de los 36 centros de reclutamiento del país, el joven es transportado mediante camión a una de las cuatro bases navales Tai. La decisión de cuantos hombres deben asignarse y transportarse de cada centro a cada base, se toma con la ayuda de la utilización del modelo de transporte. De esta manera cada base consigue el número de reclutas que necesita, evitando costosos viajes extras.

EJEMPLO S9.4

El Ejemplo S9.4 muestra cómo utilizar un destino ficticio.
Arizona Plumbing incrementa la capacidad de producción de su fábrica de Des Moines a 250 bañeras. Para reformular este problema "descompensado" utilizaremos los datos del Ejemplo S9.1 y construiremos la nueva matriz en la Figura S9.8. Una vez el problema queda compensado por la introducción del destino ficticio correspondiente, operaremos de la misma forma. Utilizaremos el método del rincón noroeste para encontrar la solución de partida.

FIGURA S9.8 ■ Método del rincón noroeste con ficticios.

De \ A	(A) Alburquerque	(B) Boston	(C) Cleveland	Ficticio	Capacidad de las fábricas
(D) Des Moines	5$ / 250	4$	3$	0	250
(E) Evansville	8$ / 50	4$ / 200	3$ / 50	0	300
(F) Fort Lauderdale	9$	7$	5$ / 150	0 / 150	300
Necesidades de los almacenes	300	200	200	150	850

Nueva capacidad de Des Moines

Coste total = 250(5$) + 50(8$) + 200(4$) + 50(3$) + 150(5$) + + 150(0) = 3.350$

DEGENERACIÓN

Para aplicar el algoritmo de stepping stone a un problema de transporte debemos cumplir una condición sobre el número de rutas utilizadas (celdas no vacías): *El número de celdas utilizadas (no vacías) en cualquier solución (inicial o posterior) debe ser igual al número de filas más el número de columnas de la tabla menos 1.* Las soluciones que no cumplen esta condición se denominan soluciones degeneradas.

Degeneración

La **degeneración** ocurre cuando se están utilizando demasiadas pocas rutas (celdas). Como consecuencia, es imposible poder trazar un circuito para una o más celdas no utilizadas. Ninguno de los problemas que trataremos más adelante en este capítulo es degenerado. El problema original de Arizona Plumbing, por ejemplo, tenía cinco rutas asignadas (3 filas + 3 columnas – 1= 5). El Ejemplo S9.4, que utilizaba un destino ficticio, utilizaba seis rutas (3 filas + 4 columnas –1 = 6) y tampoco era degenerado.

Para tratar los problemas degenerados creamos, artificialmente, una celda ocupada, es decir, emplazamos un cero o un valor *muy* pequeño (representando un falso envío) en una de las celdas no utilizadas y *la tratamos como si realmente se utilizase*. Debe señalarse sin embargo, que la celda escogida debe estar en una posición que permita que se tracen todos los circuitos necesarios. Veámoslo en el Ejemplo S9.5

EJEMPLO S9.5

La empresa de transportes Martin Shipping Co. dispone de tres almacenes donde sirve a sus tres clientes prinicipales de San José. Los costes de transporte de Martin, las ofertas de los almacenes y las demandas de los clientes se presentan en la tabla de transporte adjunta. Para encontrar una solución de partida, aplicaremos el método del rincón noroeste (ver Figura S9.9).

FIGURA S9.9 ■ Método del rincón noroeste para el problema de Martin.

De \ A	Cliente 1	Cliente 2	Cliente 3	Oferta almacén
Almacén 1	8$ 100	2$	6$	100
Almacén 2	10$ 0	9$ 100	9$ 20	120
Almacén 3	7$	10$	7$ 80	80
Demanda cliente	100	100	100	300

La solución inicial es degenerada, ya que no cumple la regla de que las celdas ocupadas deben ser la suma de las filas más las columnas menos uno. Para corregir el problema, vamos a colocar un cero en una celda vacía que permita el cálculo de los índices de mejora para todas las celdas vacías. Se tendrán que realizar algunas pruebas, dado que no todas las celdas permitirán trazar circuitos para las restantes. Además, debemos evitar situar el cero en una celda que se le asigne un signo menos en un circuito, puesto que entonces no podríamos cambiar de solución.

Para este ejemplo podríamos escoger la celda vacía que representa la ruta desde el almacén 2 al cliente 1, de esta manera podremos cerrar todos los circuitos y calcular todos los índices de mejora.

EL ALGORITMO DE DISTRIBUCIÓN MODIFICADA (MODI)[2]

El algoritmo de distribución modificada (MODI)

El algoritmo de distribución modificada (MODI) permite calcular los índices de mejora para las celdas no utilizadas sin necesidad de dibujar todos los circuitos. Por ello, frecuentemente, ahorrará un tiempo considerable respecto a la utilización del algoritmo de stepping stone en la resolución de problemas de transporte.

En la aplicación del algoritmo MODI empezamos, también, con una solución de partida obtenida a partir del método del rincón noroeste. Debemos calcular un valor para cada fila (llamémosles R_1, R_2, R_3) y para cada columna (sean K_1, K_2, K_3) en la tabla de transporte. En general tendremos:

R_i = valor asignado a la fila i-ésima.

K_j = valor asignado a la columna j-ésima

C_{ij} = coste de la celda ij (desde el origen i al destino j)

El algoritmo MODI consiste en 5 pasos:

1. Para calcular los valores de cada fila y columna hacemos $R_i + K_j = C_{ij}$, pero solamente para aquellas celdas que se estén utilizando (no vacías). Por ejemplo, si la celda correspondiente a la segunda fila y a la primera columna no está vacía haremos: $R_2 + K_1 = C_{21}$.
2. Una vez hemos escrito todas las ecuaciones hacemos $R_1 = 0$.
3. Resolver el sistema de ecuaciones para todos los valores de R_i y K_j.
4. Calcular el índice de mejora de cada celda no utilizada de la siguiente forma:
$$\text{Índice} = C_{ij} - R_i - K_j$$
5. Seleccionamos la celda con el índice de mejora más negativo y procedemos a cambiar de solución de la misma manera que hacíamos en el algoritmo de stepping stone.

El Ejemplo S9.6 utiliza el algoritmo MODI para el problema de Arizona Plumbing.

EJEMPLO S9.6

Dada la solución de partida para el problema de Arizona Plumbing (Ejemplo S9.1), podemos utilizar el algoritmo MODI para calcular el índice de mejora de cada celda vacía. La tabla inicial de transporte se repite en la Figura S9.10.

En primer lugar establecemos una ecuación para cada celda ocupada (no vacía):

1. $R_1 + K_1 = 5$
2. $R_2 + K_1 = 8$
3. $R_2 + K_2 = 4$
4. $R_3 + K_2 = 7$
5. $R_3 + K_3 = 5$

Hacemos $R_1 = 0$ y podemos resolver fácilmente, paso a paso el sistema de ecuaciones.

1. $0 + K_1 = 5 \Rightarrow K_1 = 5$
2. $R_2 + 5 = 8 \Rightarrow R_2 = 3$
3. $3 + K_2 = 4 \Rightarrow K_2 = 1$
4. $R_3 + 1 = 7 \Rightarrow R_3 = 6$
5. $6 + K_3 = 5 \Rightarrow K_3 = -1$

[2] Del inglés Modified Distribution. Basado en la teoría de la dualidad de la programación lineal, en la literatura castellana se le denomina también simplemente Algoritmo de Transporte, dado que al final acaba siendo el más utilizado por dos razones: su rapidez y el fácil tratamiento de las soluciones degeneradas (N. del T.).

FIGURA S9.10 ■ Tabla de transporte

	K_j	K_1	K_2	K_3	
R_i	De \ A	Alburquerque	Boston	Cleveland	Capacidad de las fábricas
R_1	Des Moines	5$ 100	4$	3$	100
R_2	Evansville	8$ 200	4$ 100	3$	300
R_3	Fort Lauderdale	9$	7$ 100	5$ 200	300
	Necesidades de los almacenes	300	200	200	700

El índice de mejora para cada celda no vacía es Cij – Ri – Kj:

$$\text{Des Moines-Boston} = C_{12} - R_1 - K_2 = 4 - 0 - 1 = 3\$$$

$$\text{Des Moines-Cleveland} = C_{13} - R_1 - K_3 = 3 - 0 - (-1) = 4\$$$

$$\text{Evansville-Cleveland} = C_{23} - R_2 - K_3 = 3 - 3 - (-1) = 1\$$$

$$\text{Fort Lauderdale-Albuquerque} = C_{31} - R_3 - K_1 = 9 - 6 - 5 = -2\$$$

Véase que estos índices son exactamente los mismos que los que calculamos en el Ejemplo S9.2. Ahora sólo es necesario un circuito, para Fort Lauderdale-Alburquerque, para poder continuar con el algoritmo, de la misma manera que hicimos en stepping stone.

ANÁLISIS DE LOCALIZACIÓN DE INSTALACIONES

Como vimos anteriormente, la localización de una nueva fábrica o almacén es una cuestión de gran importancia financiera para una empresa. Generalmente se tienen en cuenta varias localizaciones alternativas y se evalúan. Aunque se deban tener en consideración una amplia variedad de factores subjetivos, se necesitan decisiones racionales para minimizar los costes.

Los modelos de transporte que acabamos de ver son muy útiles cuando se tienen en consideración diferentes localizaciones alternativas de instalaciones dentro del marco de un sistema de producción y distribución existente. Cada nueva fábrica o almacén provocará un plan de envíos diferente, dependiendo de su producción y costes de transporte y los de cada instalación existente. La elección de una nueva localización depende de aquellas alternativas que proporcionen un coste mínimo para todo el sistema. Este concepto lo podemos ver en el Ejemplo S9.7.

EJEMPLO S9.7

Williams Auto Top Carriers actualmente tiene dos fábricas, en Atlanta y Tulsa, que proveen a sus dos principales centros de distribución, en Los Ángeles y Nueva York. Williams ha decidido abrir una tercera planta de fabricación, a causa del incremento de demanda, y ha reducido la elección a una de las dos siguientes ciudades: Nueva Orleans o Houston. La Tabla S9.3 proporciona los costes pertinentes de producción y distribución, así como las capacidades de las fábricas y las demandas de los centros de distribución.

TABLA S9.3 ■ COSTES DE PRODUCCIÓN, DISTRIBUCIÓN, CAPACIDAD DE PLANTA Y DEMANDA DE MERCADO PARA WILLIAMS AUTO TOP CARRIERS

	Desde las fábricas	A los centros de distribución: Los Ángeles	Nueva York	Producción normal	Coste unitario de producción
Fábricas actuales	Atlanta	8$	5$	600	6$
	Tulsa	4$	7$	900	5$
Localizaciones propuestas	New Orleans	5$	6$	500	4$ (previsto)
	Houston	4$	6$*	500	3$ (previsto)
Previsión de demanda		800	1.200	2.000	

*Indica que los costes de distribución (transporte, manutención, almacenaje) serán de 6 dólares por contenedor entre Houston y Nueva York.

La pregunta clave que se hace Williams es: "¿Cuál de las nuevas localizaciones proporcionará un menor coste para la empresa en combinación con las fábricas y centros de distribución existentes?" Para conocer la respuesta, debemos resolver dos problemas de transporte, uno para cada combinación posible. La combinación que presente un menor coste de producción y distribución en el sistema actual será la recomendada.

Empezamos construyendo una tabla de transporte que supone la apertura de una nueva fábrica en Nueva Orleans (ver Figura S9.11). Utilizamos el método del rincón noroeste para encontrar la solución de partida. El coste total de esta solución de partida es de 23.600 dólares. Véase que el coste total de cada celda (o ruta) "desde la fábrica al centro de distribución" es el resultado de añadir el coste de transporte al coste de producción de cada fábrica. Por ejemplo, el coste total de producción y distribución de una unidad desde Atlanta a Los Ángeles es de 14 dólares (8 de distribución más 6 de producción).

FIGURA S9.11 ■ Tabla de transporte para Nueva Orleans.

De \ A	Los Ángeles	Nueva York	Capacidad de producción
Atlanta	14$ — 600	11$	600
Tulsa	9$ — 200	12$ — 700	900
Nueva Orleans	9$	10$ — 500	500
Demanda	800	1,200	2,000

$$\begin{aligned} \text{Coste total} &= (600 \text{ unidades} \times 14\$) + (200 \text{ unidades} \times 9\$) \\ &\quad + (700 \text{ unidades} \times 12\$) + (500 \text{ unidades} \times 10\$) \\ &= 8.400\$ + 1.800\$ + 8.400\$ + 5.000\$ \\ &= 23.600\$ \end{aligned}$$

PROGRAMA S9.2 ■ Solución de AB:POM para el problema de transporte de Arizona Plumbing. La parte (b) muestra los índices de mejora.

(a) ARIZONA PLUMBING, EXAMPLES S1–S3

SHIPMENTS	ALBUQ	BOSTON	CLEVELD	Supply
DES MOINE	100			100
EVANSVILL		200	100	300
FT. LAUD	200		100	300
Demand	300	200	200	

The minimum total cost = $3,900

(b) ARIZONA PLUMBING, EXAMPLES S1–S3

IMPROV IND	ALBUQ	BOSTON	CLEVELD	Supply
DES MOINE		+2	+2	100
EVANSVILL	+1			300
FT. LAUD		+1		300
Demand	300	200	200	

The minimum total cost = $3,900

PROBLEMA RESUELTO

Problema resuelto S9.1

Marion Sobol, presidente de la empresa fabricante de hormigón Sobol Concrete Company, tiene plantas en tres localizaciones diferentes y está trabajando actualmente en tres grandes proyectos de construcción, localizados en diferentes ciudades. El coste de transporte por camión de hormigón, las capacidades de las plantas y las necesidades de las construcciones se proporcionan en la tabla adjunta. Con estos datos se debe:

(a) Encontrar una solución de partida utilizando el método del rincón noroeste.

(b) Una vez obtenida, evaluar cada ruta no utilizada (celdas vacías) aplicando el algoritmo de stepping stone y calcular todos los índices de mejora. Recuerde que debe:

1. Comprobar que la demanda total sea igual a la oferta total.
2. Completar la tabla con el método del rincón noroeste.
3. Comprobar que la solución no es degenerada (es decir, que existen tantas casillas ocupadas como número de filas más número de columnas menos uno).
4. Encontrar un circuito para cada celda vacía.
5. Calcular el índice de mejora para cada celda vacía.
6. Mover tantas unidades como le sea posible a la celda con un índice de mejora más negativo (si hay alguna).
7. Repetir los pasos 3 a 6 hasta que no se pueda realizar ninguna mejora.

	A			
Desde	**Construcción A**	**Construcción B**	**Construcción C**	**Capacidades**
Planta 1	10$	4$	11$	70
Planta 2	12$	5$	8$	50
Planta 3	9$	7$	6$	30
Demandas	40	50	60	150

Solución

(a) Solución de partida obtenida con el método del rincón noroeste.
Coste inicial = $40(10) + 30(4) + 20(5) + 30(8) + 30(6) = 1.040$

Desde \ A	Construcción A	Construcción B	Construcción C	Capacidades
Planta 1	10$ — 40	4$ — 30	11$	70
Planta 2	12$	5$ — 20	8$ — 30	50
Planta 3	9$	7$	6$ — 30	30
Demandas	40	50	60	150

(b) Utilizando el algoritmo de stepping stone se han calculado los siguientes índices de mejora:

Índice para la ruta planta 1 a construcción C: 11 – 4 + 5 – 8 = + 4
(circuito = 1C a 1B a 2B a 2C)

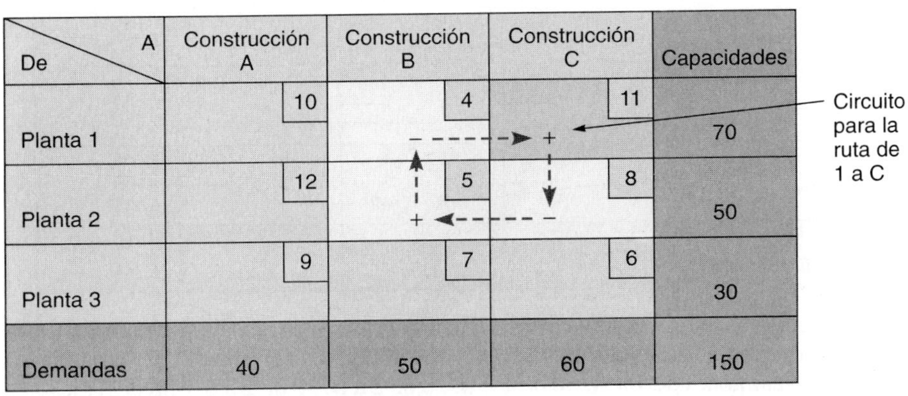

Índice para la ruta 2 a A: 12 – 5 + 4 – 10 = +1
(circuito = 2A a 2B a 1B a 1A)

Circuito para la ruta de 2 a A

Desde \ A	Construcción A	Construcción B	Construcción C	Capacidades
Planta 1	10 (−)	4 (+)	11	70
Planta 2	12 (+)	5 (−)	8	50
Planta 3	9	7	6	30
Demandas	40	50	60	150

Índice para la ruta 3 a A: 9 − 6 + 8 − 5 + 4 − 10 = 0
(circuito = 3A a 3C a 2C a 2B a 1B a 1A)

Circuito para la ruta de 3 a A

De \ A	Construcción A	Construcción B	Construcción C	Capacidades
Planta 1	10 (−)	4 (+)	11	70
Planta 2	12	5 (−)	8 (+)	50
Planta 3	9 (+)	7	6 (−)	30
Demandas	40	50	60	150

Índice para la ruta 3 a B: 7 − 6 + 8 − 5 = 4
(circuito = 3B a 3C a 2C a 2B)

Circuito para la ruta de 3 a B

Desde \ Hasta	Construcción A	Construcción B	Construcción C	Capacidades
Planta 1	10	4	11	70
Planta 2	12	5 (−)	8 (+)	50
Planta 3	9	7 (+)	6 (−)	30
Demandas	40	50	60	150

Como todos los índices son mayores o iguales que cero (no hay ningún negativo), esta solución de partida es, a la vez, la solución óptima y proporciona el plan de envíos a mínimo coste que es: 40 camiones de 1 a A, 30 de 1 a B, 20 de 2 a B, 30 de 2 a C y 30 de 3 a C.

Si nos hubiésemos encontrado con un índice de mejora negativo habríamos movido toda la cantidad posible a la ruta asociada y hubiésemos recalculado todos los índices para las nuevas celdas vacías (rutas no utilizadas).

PREGUNTAS DE DISCUSIÓN

1. ¿Qué es un problema de transporte *"compensado"*? ¿Cómo resolvería un problema que no lo fuese?
2. ¿En qué se diferencia el algoritmo de stepping stone con el algoritmo MODI?
3. Desarrolle el método del rincón *noreste* y explique cómo funcionaría. Calcule una solución de partida para el problema de Arizona Plumbing del Ejemplo S9.1.
4. ¿Qué pasaría si una solución (inicial o intermedia) tuviese menos rutas utilizadas que la suma del número de filas más el de columnas menos uno?
5. En la resolución de un problema de transporte, ¿cuándo?:

   a) Es óptima una solución de partida.

   b) Es óptima una solución obtenida con el algoritmo MODI.
6. Además de los de distribución, ¿cómo puede tratar el algoritmo de transporte los costes de fabricación?
7. ¿Cuál es la diferencia entre una solución posible y una solución óptima?
8. ¿Cuál es el objetivo del algoritmo de stepping stone?
9. ¿Cómo se actúa frente a un problema degenerado?
10. ¿Para qué sirven los *orígenes* y *destinos ficticios* en un problema de transporte?
11. Identifique los tres pasos del método del rincón noroeste.

EJERCICIO DE RAZONAMIENTO CRÍTICO

Cahill May Roberts (CMR) es el mayor distribuidor de medicamentos de Irlanda. Tiene sus oficinas centrales y tres almacenes en Dublín, y cinco almacenes más repartidos por toda Irlanda. CMR sirve a 400 farmacias de Dublín y a unos 800 clientes más en unas 300 ciudades y pueblos circundantes. Los consumidores son servidos mediante una flota de furgonetas de reparto, con una frecuencia que varía desde dos veces al día hasta una vez por semana. Es normal que los clientes reciban los pedidos desde más de un almacén. Haga recomendaciones específicas para mejorar la eficiencia de CMR y satisfacer las demandas de los clientes.

PROBLEMAS

: **S9.1** La siguiente tabla contiene los datos de un problema de transporte de la empresa de muebles de Judeth Hall. Construya la tabla de transporte adecuada y encuentre la solución de partida, utilizando el método del rincón noroeste.

De \ A	1	2	3	Capacidades
A	30	10	5	20
B	10	10	10	30
C	20	10	25	75
Demandas	40	60	55	

: **S9.2** La siguiente tabla de transporte es el resultado de una o más iteraciones:

De \ A	1	2	3	Capacidades
A	30 40	10	5 10	50
B	10	10 30	10	30
C	20	10 30	25 45	75
Demandas	40	60	55	155

a) Realice la siguiente iteración utilizando el algoritmo de stepping stone.

b) Calcule el coste total que se tiene si los resultados que obtiene pueden ser aceptados como solución final.

: **S9.3** Determine si la tabla del Ejemplo S9.3 contiene la solución óptima del problema de transporte de Arizona Plumbing. Si no es así, calcule una solución mejor y compruebe su optimalidad.

: **S9.4** En el Ejemplo S9.7, Williams Auto Top Carrier se proponía abrir una nueva fábrica en Nueva Orleans o en Houston. La dirección había calculado el coste total del sistema (producción más distribución) que era de 20.000 dólares si se abría la fábrica en Nueva Orleans.

¿Cuál sería el coste total del sistema si la nueva fábrica se situase en Houston? ¿Dónde se debería abrir la nueva fábrica, en Nueva Orleans o en Houston?

: **S9.5** Después de una iteración con el algoritmo de stepping stone, G. W. Willis Paint Co. obtuvo la siguiente tabla de transporte:

G. W. Willis Paint Company.

De \ A	Almacén 1	Almacén 2	Almacén 3	Capacidades
Fábrica A	8$ 120	5$	6$	120
Fábrica B	15$	10$ 80	14$	80
Fábrica C	3$ 30	9$	10$ 50	80
Demandas	150	80	50	280

Coste = 2.350$

S9.6 La solución de partida para el problema de transportes de la empresa de cementos Hardrock Concrete Co., obtenida a partir del método del rincón noroeste, se presenta en la tabla adjunta. Aplique el algoritmo MODI para encontrar la solución óptima.

Hardrock Concrete Company.

De \ A	Construcción A	Construcción B	Construcción C	Capacidades
Fábrica 1	10$ / 40	4$ / 30	11$	70
Fábrica 2	12$	5$ / 20	8$ / 30	50
Fábrica 3	9$	7$	6$ / 30	30
Demandas	40	50	60	150

S9.7 El grupo J. C. Clothing es el propietario de tres fábricas en tres ciudades diferentes (W, Y y Z), que sirven sus productos a tres tiendas detallistas del grupo situadas en otras tres ciudades (A, B, y C). La tabla adjunta resume las disponibilidades de las fábricas, las demandas de las tiendas y los costes de transporte.

JC Clothing Group.

De \ A	Tienda A	Tienda B	Tienda C	Disponibilidades
Fábrica W	4$	3$	3$	35
Fábrica Y	6$	7$	6$	50
Fábrica Z	8$	2$	5$	50
Demandas	30	65	40	135

a) Determine la solución óptima.

b) ¿Cómo sabe si la solución es óptima o no?

S9.8 Sound Track Stereos ensambla sus sistemas estéreos de alta fidelidad en tres plantas de montaje y los distribuye desde tres almacenes regionales. Las capacidades de producción de las plantas, las demandas de los almacenes y los costes unitarios de transporte se encuentran en la tabla adjunta.

a) Plantee el problema de transporte añadiendo una planta de montaje ficticia. Después utilice el método del rincón noroeste para encontrar una solución de partida.

b) ¿Cuál es la solución óptima?

Sound Track Stereos.

De \ A	Almacén A	Almacén B	Almacén C	Capacidades
Planta W	6$	4$	9$	200
Planta Y	10$	5$	6$	175
Planta Z	12$	7$	8$	75
Demandas	250	100	150	500 \ 450

: **S9.9** Whybark Mill Works (WMW) transporta puertas de interior a tres almacenes de construcción desde sus aserraderos de Mountpelier, Nixon y Oak Ridge. Determine el mejor plan de envíos para WMW a partir de los datos proporcionados por Tad Hixon, jefe de transportes de WMW, que se muestran en la tabla adjunta. Utilice el método del rincón noroeste y después el algoritmo de stepping stone.

Whybark Mill Works.

De \ A	Almacén 1	Almacén 2	Almacén 3	Capacidades
Mountpelier	3$	3$	2$	25
Nixon	4$	2$	3$	40
Oak Ridge	3$	2$	3$	30
Demandas	30	30	35	95

: **S9.10** Utilizando los datos del Problema S9.8, resuélvalo con el algoritmo MODI.

: **S9.11** Utilizando los datos del Problema S9.9, resuélvalo con el algoritmo MODI.

: **S9.12** Jim Lloyd, vicepresidente de operaciones de HHN, Inc., fabricante de armarios para conmutadores telefónicos, está considerando ampliar la producción de su empresa, que actualmente realiza en tres centros de fabricación situados en Waterloo, Pusan y Bogotá, con la construcción de una nueva fábrica. Los estudios previos han acotado la decisión a dos localizaciones posibles: Fontainebleau (Francia) y Dublín (Irlanda). Lloyd ha pedido que le ayude y le ha pasado un resumen de la información que considera relevante (ver cuadro adjunto). Lloyd espera de usted que le diga, en base a los costes de producción y transporte de todo el sistema, cuál de las dos localizaciones es más interesante. *Nota*: Este problema es degenerado (en los dos casos a considerar).

ÁREA DE MERCADO	LOCALIZACIÓN DE LAS FÁBRICAS				
	WATERLOO	PUSAN	BOGOTÁ	FONTAINEBLEAU	DUBLÍN
Canadá: Demanda 4.000					
Coste de producción	50	30	40	50	45
Coste de transporte	10	25	20	25	25
Sudamérica: Demanda 5.000					
Coste de producción	50	30	40	50	45
Coste de transporte	20	25	10	30	30
Área del Pacífico: Demanda 10.000					
Coste de producción	50	30	40	50	45
Coste de transporte	25	10	25	40	40
Europa: Demanda 5.000					
Coste de producción	50	30	40	50	45
Coste de transporte	25	40	30	10	20
Capacidad	8.000	2.000	5.000	9.000	9.000

: S9.13 Susan Helms Manufacturing Co. le ha contratado para evaluar sus costes de transporte. La tabla adjunta muestra la demanda actual, capacidad y costes de transporte entre cada fábrica y cada almacén. Encuentre el plan de envíos a coste mínimo.

Susan Helms Manufacturing Data.

De \ A	Almacén 1	Almacén 2	Almacén 3	Almacén 4	Capacidades
Fábrica 1	4	7	10	12	2.000
Fábrica 2	7	5	8	11	2.500
Fábrica 3	9	8	6	9	2.200
Demandas	1.000	2.000	2.000	1.200	

: S9.14 Cerveny Corp. está considerando la creación de una nueva fábrica que se sumaría a las tres existentes en Decatur, Minneapolis y Carbondale. Se están considerando como posibles localizaciones St. Louis y East St. Louis. Teniendo en cuenta los costes de transporte mostrados en la tabla adjunta, ¿cuál es la mejor localización?

A	Desde fábricas existentes: Decatur	Minneapolis	Carbondale	Demandas
Blue Earth	20$	17$	21$	250
Ciro	25	27	20	200
Des Moines	22	25	22	350
Capacidad	300	200	150	

A	Desde fábricas propuestas: East St. Louis	St. Louis
Blue Earth	29$	27$
Ciro	30	28
Des Moines	30	31
Capacidad	150	150

: S9.15 Utilizando los datos del Problema S9.14 y los costes unitarios de producción de la tabla adjunta, ¿qué localización aporta el menor coste?

Localización	Coste de producción
Decatur	50$
Minneapolis	60
Carbondale	70
East St. Louis	40
St. Louis	50

: S9.16 Dé el resultado de la próxima iteración de la siguiente tabla del problema de transporte de la cadena de tiendas de ropa de David Chou.

David Chou's Store Data.

A \ De	1	2	3	Demanda
A	(1) 9	(6)	(7)	9
B	(2)	(5)	(3) 8	8
C	(3) 10	(2)	(4)	10
D	(6)	(3) 24	(9) 7	31
Capacidad	19	24	15	

APLICACIÓN DE BASE DE DATOS

S9.17 Duffy Pharmaceuticals tiene una posición dominante en el sudoeste de los Estados Unidos con unos 800 puntos de venta. Estas tiendas son servidas dos veces por semana desde los 13 almacenes de Duffy, quienes a la vez son servidos diariamente por siete fábricas que fabrican el 70 por 100 de los productos de la cadena.

Jo Ann Duffy, VP de operaciones, tiene muy claro que se necesita urgentemente otro almacén que pueda absorber el crecimiento de la demanda y los pedidos retrasados. Tres ciudades: Mobile, Tampa y Huntsville han quedado finalmente como candidatas para ubicar el nuevo almacén. La tabla adjunta contiene la información sobre la capacidad de las fábricas, demanda de los almacenes y costes de transporte por caja enviada.

a) Basándose exclusivamente en los costes de transporte, ¿qué ciudad debe elegirse como localización del nuevo almacén?

b) La capacidad de Ocala, como muestra un estudio, puede incrementarse a 500 cajas por día. ¿Afectará a la decisión del apartado **(a)**?

c) Debido a un nuevo acuerdo de transporte interestatal, los costes de transporte desde las fábricas de Florida (FL) a los almacenes de Florida serán de 1 dólar menos por caja. ¿Cómo afecta a las decisiones de los apartados **(a)** y **(b)**?

TABLA PARA LA APLICACIÓN DE BASE DE DATOS S9.17

Fábrica \ Almacén	Atlanta, GA	New Orleans, LA	Jackson, MS	Birmingham, AL	Montgomery, AL	Raleigh, NC	Ashville, NC	Columbia, SC	Capacidad (cajas/día)
Valdosta, GA	3$	5$	4$	3$	4$	6$	8$	8$	500
Ocala, FL	4	6	5	5	6	7	6	7	300
Augusta, GA	1	4	3	2	2	6	7	8	400
Stuart, FL	3	5	2	6	6	5	5	6	200
Biloxi, MS	4	1	4	3	3	8	9	10	600
Starkville, MS	3	3	1	2	2	6	5	6	400
Durham, NC	4	8	8	7	7	2	2	2	500
Requirements (cajas/día)	150	250	50	150	100	200	150	300	

TABLA PARA LA APLICACIÓN DE BASE DE DATOS S9.17 (continuación)

Fábrica \ Almacén	Orlando, FL	Miami, FL	Jacksonville, FL	Wilmington, NC	Charlotte, NC	Mobile, AL	Tampa, FL	Huntsville, AL	Capacidad (cajas/día)
Valdosta, GA	9$	10$	8$	8$	11$	4$	6$	3$	500
Ocala, FL	2	3	2	6	7	5	2	5	300
Augusta, GA	7	9	6	8	9	3	5	2	400
Stuart, FL	2	2	3	5	5	6	3	5	200
Biloxi, MS	7	13	9	8	8	2	6	3	600
Starkville, MS	6	8	7	7	8	3	6	2	400
Durham, NC	6	8	5	1	2	8	7	8	500
Requirements (cajas/día)	250	300	300	100	150	300	300	300	

CASO DE ESTUDIO

Custom Vans Inc

Custom Vans Inc. está especializada en convertir furgonetas estándar en camperas. Dependiendo de la cantidad de trabajo y la costumización (las particularidades solicitadas por los clientes) a realizar, la conversión de una furgoneta en una campera puede costar desde menos de 1.000 dólares hasta unos 5.000. En menos de cuatro años, Tony Rizzo, ha sido capaz de expandirse desde su pequeño taller de Gary, Indiana, abriendo otras tiendas más grandes en Chicago, Milwaukee, Minneapolis y Detroit.

La innovación ha sido el factor más importante en el éxito de Tony y ha convertido un pequeño taller de furgonetas en uno de los más grandes y rentables negocios de modificaciones a medida de furgonetas del Medio Oeste. Parece que Tony tenga una habilidad especial en diseñar y desarrollar características únicas y dispositivos que siempre han resultado ser muy solicitados por los propietarios de furgonetas. Un ejemplo es el Shower-Rific, que fue desarrollado solamente seis meses después de que arrancase la empresa. Estas pequeñas duchas eran completamente estancas y podían ser colocadas en la mayoría de modelos de furgonetas y, además, en diferentes sitios dentro de la furgoneta. Shower-Rific estaba hecha de fibra de vidrio e incluía estantes para toallas, contenedores de jabón y champú integrados y una exclusiva puerta de plástico. Cada Shower-Rific necesita dos galones de fibra de vidrio y tres horas de mano de obra para ser fabricada.

La mayoría de las Shower-Rific se fábricaban en Gary, en el mismo almacén donde Custom Vans Inc. fue fundada. La planta de fabricación de Gary es capaz de producir 300 Shower-Rific al mes, pero su capacidad nunca ha parecido ser suficiente. Todas las tiendas de Custom Van se quejan de que no tienen suficientes Shower-Rific, y, como Minneapolis es la planta más lejana de Gary, Tony siempre se inclina más por enviar Shower-Rific a otras localizaciones antes que a Minneapolis. Esto ponía furioso al director de Minneapolis, por lo que, después de acaloradas discusiones, Tony decidió abrir una nueva planta de fabricación de Shower-Rific en Fort Wayne, Indiana. Esta planta de fabricación era capaz de producir 150 Shower-Rific al mes.

La aportación de la planta de fabricación de Fort Wayne seguía sin satisfacer la demanda de Shower-Rific y Tony sabía que la demanda de su ducha exclusiva crecería rápidamente el año siguiente. Después de consultar con su abogado y su banquero, Tony llegó a la conclusión de que debía abrir dos nuevas plantas de fabricación lo antes posible. Cada planta tendría la misma capacidad que la de Fort Wayne. Se hicieron investigaciones iniciales de dónde podrían ubicarse estas dos nuevas plantas, y Tony acabó tomando la decisión que debían localizarse en Detroit (Michigan), Rockford (Illinois) o en Madison (Winsconsin). Tony sabía que seleccionar la mejor localización para las dos plantas sería difícil. Los costes de transporte y las demandas de los diferentes lugares debían tenerse muy en cuenta.

La tienda de Chicago estaba dirigida por Bill Burch. Esta tienda de Custom Van era una de las primeras establecidas por Tony y seguía siendo la mejor de todas. La fábrica de Gary le enviaba 200 Shower-Rifics cada mes, aunque Bill conocía que la demanda mensual de Chicago era de 300. Los costes de transporte desde Gary eran de 10 dólares por unidad, y aunque los costes de transporte desde Fort Wayne eran del doble, Bill siempre le estaba rogando a Tony que le enviara 50 unidades mensuales desde Fort Wayne. Las dos fábricas adicionales ciertamente serían capaces de servir a Bill las 100 Shower-Rifics adicionales que necesitaba cada mes. Los costes de transporte, evidentemente, variarían dependiendo de las dos localizaciones que Tony escogiese. Los costes de transporte por cada ducha serían de 30 dólares desde Detroit, 5 desde Rockford y 10 desde Madison.

Wilma Jackson, directora de la tienda de Custom Van en Milwaukee, era la que estaba más enfadada por no tener un adecuado suministro de duchas. Ella tenía una demanda de 100 unidades, y, actualmente, estaba recibiendo la mitad desde la fábrica de Fort Wayne. Ella no podía entender por qué Tony no le enviaba las 100 duchas desde Gary. Los costes de transporte desde Gary eran solamente de 20 dólares, mientras que el coste de transporte desde Fort Wayne era de 30 dólares por ducha. Wilma esperaba que Tony seleccionase Madison como localización de una de las futuras plantas de fabricación. Ella podría tener todas las Shower-Rific que necesitaba desde Madison con un coste de transporte de solamente 5 dólares por unidad. Si no se escogía Madison, una nueva planta en Rockford podría servirle también toda la demanda, pero los costes de transporte serían el doble que desde Madison. Wilma especulaba que, aunque se abriese una nueva fábrica en Detroit, no recibiría duchas desde allí porque los costes de transporte desde Detroit serían de 40 dólares por ducha.

Custom Vans Inc. de Minneapolis estaba dirigida por Tom Poanski. Él iba recibiendo 100 duchas desde la planta de Gary, pero la demanda era de 150 unidades. Tom hacía frente a los costes de transporte más elevados desde cualquier localización. Los costes de transporte desde Gary eran de 40 dólares por unidad, mientras que desde Fort Wayne representaban 10 dólares más por unidad. Tom esperaba que Detroit no fuese una de las escogidas, ya que los costes de transporte eran de 60 dólares por ducha. Rockford y Madison tendrían unos costes de transporte de 30 y 25 dólares, respectivamente, por ducha transportada a Minneapolis

La posición de la tienda de Detroit era similar a la de Milwaukee: solamente recibía la mitad de la demanda cada mes. Las 100 unidades que recibía Detroit cada mes venían directamente de Fort Wayne. Los costes de transporte eran sólo de 15 dólares por Shower-Rific desde Fort Wayne, mientras que, si las duchas venían desde Gary, el transporte tenía un coste de 25 dólares por unidad. A Dick López, director de Custom Vans Inc. de Detroit, le gustaba mucho la posibilidad de tener una de las nuevas plantas en Detroit. La fábrica estaría al otro lado de la ciudad y los costes de transporte sólo representarían 5 dólares por ducha. Podría tener 150 duchas de Detroit y las 50 restantes de Fort Wayne. Incluso si Detroit no fuese la escogida, las otras dos localizaciones no eran intolerables. Rockford tenía un coste unitario de transporte de 35 dólares, mientras que transportar desde Madison supondría unos costes de 40 dólares por ducha.

Tony estuvo pensando dónde localizar las dos nuevas plantas de fabricación durante varias semanas antes de convocar una reunión con todos los directores de las tiendas de Custom Vans. La decisión era complicada, pero el objetivo estaba claro: minimizar los costes totales. La reunión se llevó a cabo en Gary, y todos los directivos estaban presentes, excepto Wilma.

Tony: Gracias por venir. Como todos sabéis, he decidido abrir dos nuevas plantas de fabricación en Rockford, Madison o Detroit. Las dos localizaciones, por supuesto, cambiarán nuestras costumbres de transporte y, sinceramente, espero que puedan suministraros las Shower-Rifics que habéis estado pidiendo. Sé que podíais haber vendido más unidades y quiero que sepáis que lamento mucho lo sucedido.

Dick: Tony, le he estado dando muchas vueltas a esta situación, y creo firmemente que una de las nuevas fábricas debe localizarse en Detroit. Como sabes, ahora estoy recibiendo sólo la mitad de las duchas que necesito. Mi hermano, Leon, está muy interesado en gestionar la planta y sé que podría realizar un buen trabajo.

Tom: Estoy seguro de que Leon puede hacer un buen trabajo, y sé las dificultades que ha tenido desde los recientes despidos de la industria del automóvil. De todas formas, debemos considerar los costes totales y no las cuestiones personales. Creo que las nuevas plantas deben localizarse en Madison y Rockford. Yo estoy más lejos de las otras fábricas que cualquier otra tienda, y estas fábricas supondrían una reducción importante de los costes de transporte.

Dick: Puede ser verdad, pero existen otros factores. Detroit tiene uno de los mayores proveedores de fibra de vidrio, y he comprobado los precios. Una nueva fábrica en Detroit podría comprar la fibra de vidrio a 2 dólares menos por galón que en las fábricas existentes o cualquier otra propuesta.

Tom: En Madison tenemos una mano de obra excelente. Se debe fundamentalmente al gran número de estudiantes que van a la Universidad de Madison. Estos estudiantes son trabajadores duros, y trabajarían por 1 dólar menos la hora que en las otras localizaciones que estamos considerando.

Bill: Calmaos los dos. Es obvio que no se puede satisfacer a todos con la localización de las dos nuevas plantas. Propongo que votemos las dos mejores localizaciones.

Tony: No creo que votar sea una buena idea. Wilma no ha podido venir y deberíamos poder tener en cuenta todos estos factores de una forma lógica.

PREGUNTAS DE DISCUSIÓN

1. ¿Dónde localizaría las dos nuevas plantas? ¿Por qué?

Fuente: Éscrito por R. M. Stair Jr. en Barry Render y Ralph M. Saint, *Quantitative Analysis for Management*, 5ª ed. Boston: Allyn & Bacon, 1994.

BIBLIOGRAFÍA

Ver las referencias al final del Capítulo 9.

10

Estrategia de Layout de Operaciones

CONTENIDO DEL CAPÍTULO

OBJETIVOS DE APRENDIZAJE

Cuando finalice este capítulo debería ser capaz de:

Identificar o definir:

- Layout de posición fija
- Layout orientado a proceso
- Cédulas de trabajo
- Centro de trabajo enfocado
- Layout de comercio/servicio
- Layout de almacén
- Layout orientado a producto
- Línea de montaje de una fábrica

Explicar:

- Cómo lograr un buen layout para las instalaciones de proceso
- Cómo equilibrar el flujo de producción en una instalación repetitiva u orientada a producto

PERFIL DE CLASE MUNDIAL: AEROPUERTO DE PITTSBURGH

EL LAYOUT PROPORCIONA UNA VENTAJA COMPETITIVA PARA LAS LÍNEAS AÉREAS EN EL AEROPUERTO DE PITTSBURGH

La terminal internacional del aeropuerto de Pittsburgh con forma de X reduce los tiempos de maniobra y mejora el acceso a las puertas de embarque, reduciendo así sustancialmente el coste de combustible de las líneas aéreas. Estas zonas dobles de maniobras contribuyen a reducir el tiempo de maniobra de los aviones en el aeropuerto de Pittsburgh, así como conseguir una frecuencia de despegue mayor.

Tal y como las técnicas de operaciones pueden ayudar en el layout para fábricas, tiendas, y hospitales, también pueden ayudar en el layout de los aeropuertos. Los criterios importantes de layout comprenden reducción de la congestión, distancias y retrasos. Estos criterios se han aplicado con éxito en el nuevo aeropuerto de Pittsburgh. El layout del aeropuerto de Pittsburgh también tuvo que acomodarse a las necesidades de los pasajeros, el coste y la capacidad de aplicación, así como a los criterios tradicionales de la POM de eficiencia operativa.Para

El layout proporciona un entorno similar al de un paseo para los viajeros.

Una gran cantidad de equipos de movimiento de personas —desde trenes lanzadera, escaleras mecánicas, a cintas transportadoras— mejoran la satisfacción de los empleados.

adaptarse a las necesidades de los pasajeros, los diseñadores crearon un revolucionario aeropuerto en forma de X. El aeropuerto incluye una zona central de compras, varias cintas transportadoras de personas y un sistema de manejo de equipajes de 34 millones de dólares. El diseño en forma de X influye positivamente en el movimiento de pasajeros y aviones. La combinación de escaleras mecánicas, cintas transportadoras de pasajeros y los trenes lanzadera trasladan a los pasajeros a cualquiera de las 75 puertas de embarque en alrededor de once minutos.

La terminal en forma de X también ha probado ser un excelente vehículo para la eficiencia de las operaciones. Se realizaron elaboradas simulaciones para evaluar la actividad de los vuelos, y su impactos en las pistas de aterrizaje, zonas de maniobras y puertas de embarque en la primera fase del diseño.

El layout también permite dobles rampas de maniobra alrededor de las puertas de los aviones para permitir un acceso de entrada y salida eficiente a los mismos desde cualquier posición. Esto se completa con zonas dobles de maniobras en ambas direcciones desde y hacia las pistas de aterrizaje ya existentes. Esta combinación contribuye a reducir retrasos y permite despegues más rápidos. La eficiencia resultante para las líneas aéreas que emplean Pittsburgh significa una expectativas de ahorro de 15 millones de dólares por año en gastos operativos.

El aeropuerto de Pittsburgh, a través del uso de las técnicas de P/OM, está estableciendo un nuevo estándar de eficiencia.

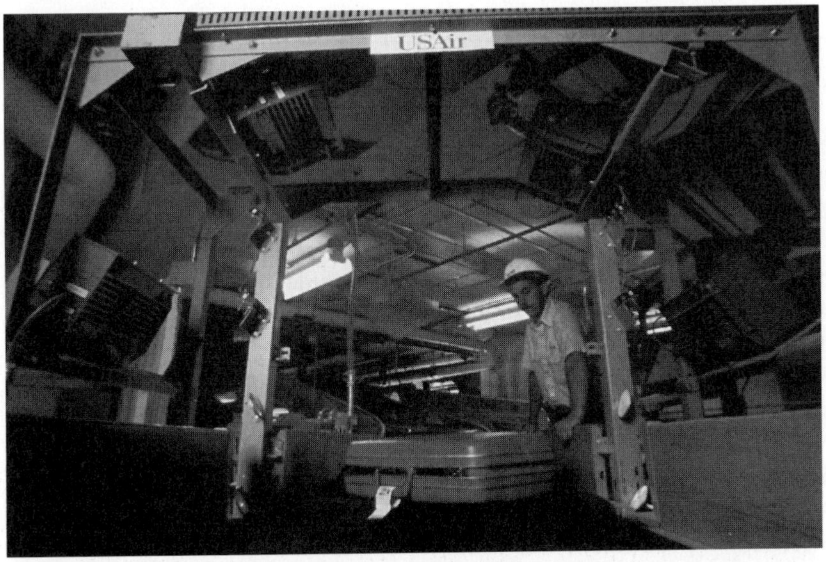

Este sistema de manejo de maletas automático de 34 millones de dólares emplea unas etiquetas de diez dígitos para ordenar las maletas. El sistema emplea unos escáneres láser dirigidos por computador para llevar las maletas a través de doce kilómetros de cintas transportadoras.

Al entrar en el Wal-Mart en Rogers, Arkansas, los clientes que esperan la atmósfera habitual de los almacenes de descuento se sorprenden. Con amplios pasillos, expositores abiertos, áreas de descanso para clientes y expositores para ropa elegante, Wal-Mart parece un almacén de gama alta. Los expositores organizan los productos relacionados, como cortinas para la ducha, toallas y adornos para el baño en áreas visuales que favorecen lo que la tienda llama "ventas múltiples". ¿Qué es lo que hace de Wal-Mart un líder en layout? Los ejecutivos de ventas al por menor dicen que es un layout dirigido a encauzar las actitudes de los clientes.[1] ♦

El layout es una de las áreas estratégicas que determinan la eficiencia a largo plazo de las operaciones. Los conceptos de layout se aplican en Wal-Mart, en el Aeropuerto Internacional de Pittsburgh, y de hecho, en cualquier organización del mundo. El *objetivo de la estrategia de layout* es desarrollar un layout económico que satisfaga los requerimientos de:

1. Diseño de producto y volumen.
2. Equipos de proceso y capacidad.
3. Calidad de vida en el trabajo.
4. Restricciones de edificios y localización.

Un layout especifica la ordenación de procesos (como soldadura, fresado y pintura), las máquinas y equipos asociados y áreas de trabajo, incluyendo las de servicio al cliente y las de almacenaje. Un layout efectivo también presenta el flujo de materiales y personal dentro y entre las áreas. Las decisiones de los directivos sobre layout deben tomarse teniendo presente esta eficacia y eficiencia. Las decisiones sobre layout incluyen la mejor localización de las máquinas (en un entorno de producción), despachos y mesas (en un entorno de oficinas) o centros de servicios (en un entorno de hospitales o de grandes almacenes).

TIPOS DE LAYOUT

Para alcanzar estos objetivos del layout, se han desarrollado diferentes tipos. Seis de ellos se discutirán en este capítulo:

Layout de posición fija

1. **Layout de posición fija:** dirigido a las necesidades de layout de grandes y voluminosos proyectos, como barcos o edificios.

Layout orientado al proceso

2. **Layout orientado al proceso:** dirigido a producciones de bajo volumen y gran variedad (también se le conoce con el nombre "taller" o producción intermitente).

Layout de oficinas

3. **Layout de oficinas:** la posición de los empleados, su equipo, espacios/despachos se distribuyen en función del movimiento de la información.

Layout de detallista/servicio

4. **Layout de detallista/servicio:** organiza el espacio para estanterías y responde al comportamiento de los clientes.

Layout de almacenes

5. **Layout de almacenes:** busca el equilibrio entre necesidades de espacio y manejo de materiales.

Layout orientado a producto

6. **Layout orientado a producto:** busca la mejor utilización de personal y maquinaria en la producción repetitiva o continua.

---

[1] Fuente: *Wall Street Journal* (17 de mayo de 1991).

TABLA 10.1 ■ Estrategias de layout.

PROYECTO (POSICIÓN FIJA)	TALLER (ORIENTADO A PROCESO)	OFICINA	DETALLISTA (SERVICIO/ DETALLISTA)	ALMACÉN (ALMACENAJE)	REPETITIVO/ CONTINUO (ORIENTADO A PRODUCTO)
Ejemplo:					
Ingall Ship Building Co.	Shouldice Hospital	Allstate Insurance	Kroger's Supermarket	Almacén de Federal-Mogul's	Línea de montaje de TV en Sony
Trump Plaza	Olive Garden Restaurants	Microsoft Corp.	Walgreens Drug Co. Bloomingdales		Dodge Caravan Minivans
Problema:					
Mover material a las áreas de almacenaje limitadas alrededor del lugar	Gestionar flujos de material variados para cada producto	Localizar a los trabajadores que necesitan contactos frecuentes juntos	Exponer los artículos con márgenes altos a los clientes	Equilibrar costes bajos de almacenaje con costes bajos de manejo de materiales	Organizar el flujo del producto de una estación de trabajo a otra

En la Tabla 10.1 se presentan ejemplos de cada una de estas clases de layouts

Sólo algunas de estas seis clases pueden ser modelizadas matemáticamente, por tanto, el layout y el diseño de las instalaciones físicas tienen todavía algo de arte. Sin embargo, sabemos que un buen layout debe determinar:

1. *El equipo de manejo de materiales:* Los directivos deben decidir qué equipo debe emplearse, incluyendo instalaciones transportadoras, grúas y carretillas automáticas para entregar el material o la correspondencia.
2. *Necesidades de capacidad y espacio:* Sólo cuando se conocen las necesidades de personal, máquinas y equipos podemos proceder al layout y asignar el espacio a cada componente. En el caso de trabajo de oficina, los directores de operaciones deben evaluar las necesidades de espacio de cada trabajador. Pueden existir cubículos de 6×6 pies más asignaciones para vestíbulos, pasillos, aseos, cafeterías, escaleras ascensores, etc., o pueden existir amplios despachos para los ejecutivos y salas de conferencias. La dirección debe considerar también las necesidades de seguridad e higiene referidas a ruidos, polvo, humo, temperatura, así como el espacio necesario alrededor de los equipos y máquinas.
3. *Entorno y estética:* El layout a menudo requiere decisiones sobre ventanas, plantas, y altura de las particiones para facilitar el flujo del aire, para reducir el ruido, proporcionar privacidad, etc.
4. *Flujos de información:* La comunicación es importante para cualquier compañía y debe ser facilitada por el layout. Pueden ser necesarias decisiones sobre proximidad, así como espacios abiertos versus divisiones con separadores o despachos privados.
5. *Coste de moverse entre las diferentes áreas de trabajo:* Deben tenerse en cuenta consideraciones relativas al movimiento de materiales o a la importancia de que ciertas áreas estén próximas a otras. Por ejemplo, mover acero fundido es más difícil que mover acero frío.

LAYOUT DE POSICIÓN FIJA

La construcción de una casa a través de la forma tradicional de layout de posición fija sería construida en el lugar con equipo, materiales y trabajadores trasladados al lugar. Sin embargo, las imaginativas soluciones de la POM permiten la construcción de la misma casa a un coste mucho menor. La casa es construida en dos módulos móviles en una fábrica donde el equipo y materiales empleados son facilitados. Trabajar en un entorno cubierto significa que no existirán retrasos por motivos del tiempo o robos nocturnos. El trabajo preposicionado y grúas montadas en el techo de la fábrica hacen el trabajo más fácil, rápido y barato.

En un *layout de posición fija* el producto (proyecto) permanece en un lugar y los trabajadores y equipo acuden a esa única área de trabajo. Ejemplos de este tipo de proyectos son los barcos, autopistas, puentes, casas y pozos petrolíferos.

Las técnicas para dirigir un layout de posición fija no están bien desarrolladas y son complicadas por tres factores.

Primero, existe espacio limitado prácticamente en todos los lugares. Segundo, en las diferentes fases del proceso de construcción son necesarios diferentes materiales; por tanto, diferentes elementos se convierten en críticos a medida que el proyecto se va desarrollando. Y tercero, el volumen de materiales necesario es variable. Por ejemplo, el ratio de uso de los paneles de acero para el casco de un barco cambia a medida que avanza el proyecto.

Diferentes industrias se enfrentan a estos problemas de diferentes maneras. La industria de la construcción habitualmente tiene un "encuentro de comerciantes" para asignar espacio para diferentes períodos de tiempo. Como se puede adivinar, esto da a menudo una solución que no es óptima, ya que la discusión puede ser más política que analítica. Las navieras, sin embargo, tienen zonas de carga llamadas "plataformas" junto a los barcos, que son cargadas según las directrices de un departamento de programación.

Debido a que el layout de posición fija es muy difícil de resolver en el lugar donde se realiza el proyecto, una estrategia alternativa es realizar lo máximo del proyecto en otro lugar. Este enfoque es empleado en las industria naviera cuando unidades estándar se montan en un proceso de línea de ensamblaje próximo (una instalación orientada a producto). Ingal*l* Ship Bulding Corporation ha construido secciones similares de un barco (módulos) o la misma sección de diferentes barcos similares en un línea orientada al producto, en un intento de añadir eficiencia a la construcción de barcos.[2] De forma similar, otras navieras están experimentando con la tecnología de grupos para producir componentes.[3] Incluso algunos constructores de casas están intentando ir hacia un entorno de construcción fuera del lugar del proyecto.

LAYOUT ORIENTADO A PROCESO

El *layout orientado a proceso* puede utilizarse para una amplia variedad de productos o servicios a la vez. De hecho, es más eficiente cuando se fabrican productos que tienen diferentes requerimientos o cuando los clientes tienen diferentes necesidades. Un layout orientado a proceso es la estrategia típica para bajos volúmenes y gran variedad de producción discutida en el Capítulo 7. En este entorno de taller, cada producto o cada pequeño grupo de productos tiene una secuencia de operaciones diferente. Un producto o pequeño lote es fabricado moviéndolo de una sección a otra, según la secuencia requerida para ese producto. Las máquinas están agrupadas según el tipo de proceso que realizan.

La figura 10.1 muestra este proceso para dos productos, sierras eléctricas y taladros eléctricos. Otro ejemplo de layout orientado a proceso es un hospital o clínica. Un flujo

[2] "Ingall's 130 Million Dollar Ship Factory", *Shipbuilding and Shipping Record*, 115, 22 (Londres: Transport and Technical Publications Ltd.): 25–26.

[3] Naboru Yamamoto, Kiyohi Terai, y Tatsumi Kurioka, "The Continuous Flow Production System Which Has Applied to Hull Works in Shipbuilding Industry", *Selected Journal of the Society of Naval Architects of Japan*, no. 35, Society of Naval Architects of Japan, Shiba-Kotohiracho, Minato-Ku, Tokyo, Japón, 5, 70: 153–174.

continuo de entrada de pacientes, cada uno con su propias necesidades de tratamiento, requiere un recorrido por las áreas de archivo, admisión, laboratorios, quirófanos, unidades de cuidados intensivos, farmacia, salas de enfermeras, etc.

Una gran ventaja del layout orientado a proceso es su flexibilidad en la asignación del equipo y personal. La avería de una máquina, por ejemplo, no implica parar el proceso entero, porque el trabajo puede transferirse a otras máquinas de la sección. El layout orientado a proceso es especialmente bueno para la fabricación de componentes en pequeños lotes, o **lotes de trabajo**, y para la fabricación de una amplia variedad de artículos de diferentes tamaños o formas.

Lotes de trabajo

Las desventajas del layout orientado a proceso vienen de la utilización de maquinaria de carácter general. Las órdenes necesitan más tiempo y dinero en su movimiento a través del proceso, debido a la dificultad de planificación, preparación, y manipulación de materiales. Además, las habilidades necesarias de los trabajadores e inventarios de productos semielaborados son mayores, pues existen mayores desequilibrios en el proceso de fabricación. La necesidad de un personal altamente cualificado aumenta los niveles necesarios de formación y experiencia; los altos niveles de material en proceso incrementa la inversión de capital.

FIGURA 10.1 ■ Un layout orientado a proceso mostrando la ruta de dos familias de componentes.

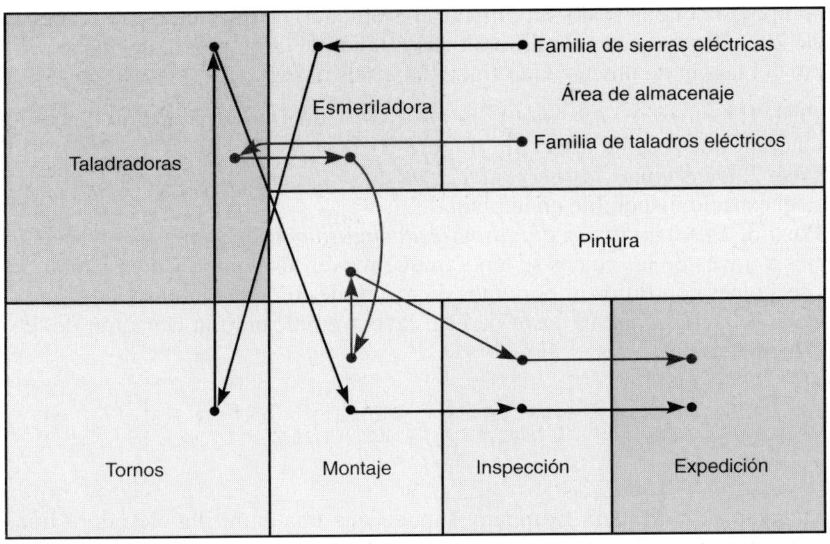

En la planificación del layout por proceso, la táctica más común es colocar las secciones o centros de trabajo de forma que se minimicen los costes de movimiento de material. En otras palabras, los departamentos con grandes flujos de componentes o personas entre ellos deben colocarse juntos. El coste del manejo de materiales en este enfoque depende de: (1) el número de cargas (o personas) a mover durante un período de tiempo determinado entre dos secciones (i o j) y (2) los costes asociados a la distancia entre secciones. El coste puede ser una función de la distancia entre las secciones. El objetivo puede expresarse como sigue:

$$\text{Minimizar coste} = \sum_{i=1}^{n} \sum_{j=1}^{n} X_{ij} C_{ij} \qquad (10.1)$$

Donde n = número total de centros de trabajo o secciones
i, j = secciones individuales
X_{ij} = número de cargas movidas de la sección i al j
C_{ij} = coste de mover una carga entre la sección i y la j

Las instalaciones orientadas a proceso (y los layouts de posición fija también) tratan de minimizar los costes relacionados con la distancia de las cargas o viajes. El término C_{ij} combina la distancia y otros costes en un solo factor. De este modo, asumimos que no sólo la dificultad de movimiento es igual, sino que los costes de recogida y entrega son constantes. Aunque no son siempre constantes, por motivos de simplificación, resumimos estos datos (esto es, coste, dificultad y costes de recogida y entrega) en esta única variable. La mejor forma de entender los pasos del proceso de layout es ver un ejemplo.

EJEMPLO 10.1

La dirección de Walters Company desea ordenar las seis secciones de su fábrica de modo que se minimizen los costes del manejo de materiales entre los departamentos. Se toma la hipótesis inicial (para simplificar el problema) de que cada sección tiene un tamaño de 20 × 20 pies y que el edificio tiene 60 pies de largo por 40 de ancho. El procedimiento del layout de proceso que sigue tiene seis pasos:

Paso 1. *Construir una "matriz desde-hasta"* que muestre el flujo de componentes o materiales de sección a sección (Figura 10.2).

Paso 2. *Determinar las necesidades de espacio* para cada sección (la Figura 10.3 muestra el espacio disponible en la planta).

Paso 3. *Desarrollar un diagrama-esquema inicial* que muestre la secuencia de secciones a través de las cuales se tendrán que mover los componentes. Tratar de colocar los secciones con flujos importantes de materiales o partes juntas (ver Figura 10.4).

Paso 4. *Determinar el coste* de este layout empleando la ecuación del coste de manejo de materiales:

$$\text{Coste} = \sum_{i=1}^{n} \sum_{j=1}^{n} X_{ij} C_{ij}$$

Para este problema, Walters Company supone que una carretilla elevadora transporta todas las cargas interdepartamentales. El coste de mover una carga entre secciones adyacentes se estima en un dólar. Mover una carga entre secciones no adyacentes cuesta dos dólares. Por consiguiente, el coste de transporte entre las secciones 1 y 2 es de 50 dólares (1$ × 50 cargas), 200 dólares entre las secciones 1 y 3 (2$ × 100 cargas), 40 dólares entre las secciones 1 y 6 (2 dólares × 20 cargas), etc. El coste total del layout mostrado en la Figura 10.4 es:

Coste = 50$	+ 200$	+ 40$	+ 30$	+ 50$	+ 10$	+ 40$	+ 100$	+ 50$ =
(1 y 2)	(1 y 3)	(1 y 6)	(2 y 3)	(2 y 4)	(2 y 5)	(3 y 4)	(3 y 6)	(4 y 5)

= 570 dólares

Paso 5. Por prueba y error (o a través de un sofisticado programa de computador, que se discutirá de forma breve), *intentar mejorar este layout* para establecer una ordenación razonablemente buena de las secciones.

FIGURA 10.2 ■ Flujo interdepartamental de componentes. Los mayores flujos entre 1 y 3, y 3 y 6 se ponen de manifiesto inmediatamente. Las secciones 1, 3 y 6, por tanto, deberían estar juntas.

Número de cargas por semana

Sección	1	2	3	4	5	6
1		50	100	0	0	20
2			30	50	10	0
3				20	0	100
4					50	0
5						0
6						

FIGURA 10.3 ■ Dimensiones del edificio y posible layout de las secciones.

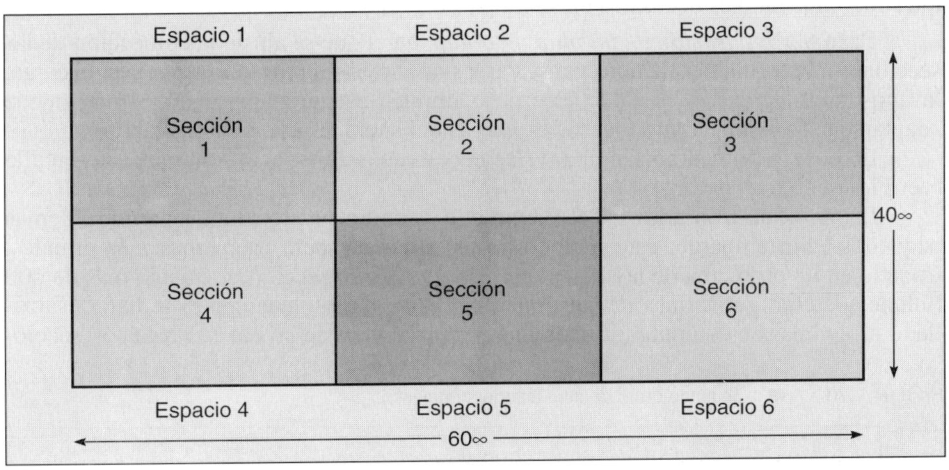

Teniendo en cuenta tanto el flujo del grafo como los cálculos de costes, parece deseable colocar las secciones 1 y 3 juntas. Actualmente no son adyacentes, y el alto volumen de flujo entre ellas provoca un elevado coste de manutención. Observando la situación, se necesita comprobar el efecto de cambiar secciones y posiblemente aumentar, en lugar de disminuir, los costes totales.

Una posibilidad es cambiar las secciones 1 y 2. Este cambio produce el segundo grafo de flujo interdepartamental (Figura 10.5), el cual muestra que es posible reducir el coste a 480 dólares, con un ahorro en el coste de movimiento de materiales de 90 dólares.

Coste = 50$ + 100$ + 20$ + 60$ + 50$ + 10$ + 40$ + 100$ + 50$ =
(1 y 2) (1 y 3) (1 y 6) (2 y 3) (2 y 4) (2 y 5) (3 y 4) (3 y 6) (4 y 5)
= 480 dólares

FIGURA 10.4 ■ Grafo de flujo interdepartamental en el que se muestra el número de cargas semanales.

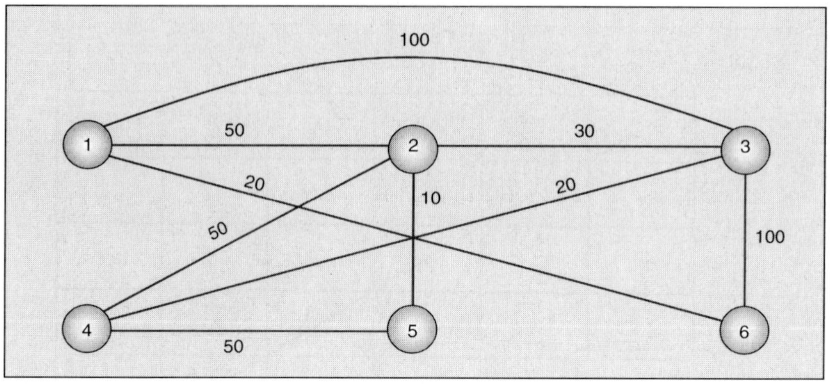

Este cambio, por supuesto, es sólo uno de los múltiples cambios posibles. Para un problema con seis secciones existen de hecho 720 (o $6! = 6 \times 5 \times 4 \times 3 \times 2 \times 1$) colocaciones posibles. En los problemas de layout raramente se encuentra la solución óptima y muchas veces debemos conformarnos con una solución "razonable" alcanzada después de varios intentos. Supóngase que Walters Company está satisfecha con el coste de 480 dólares y el grafo de flujo de la Figura 10.5. El problema puede no estar resuelto todavía. A menudo es necesario un sexto paso.

Paso 6. *Preparación de un plan detallado* en el que se ajuste la colocación de las secciones a la forma del edificio y a sus áreas no movibles (como los muelles de carga, lavabos y escaleras). A menudo este paso implica asegurar que el plan final puede adaptarse a las instalaciones eléctricas, cargas del suelo, estética y otros factores.

En el caso de Walters Company, las necesidades de espacio son una cosa sencilla (ver Figura 10.6)

La aproximación gráfica del Ejemplo 10.1 da buenos resultados para problemas pequeños.[4] Sin embargo, este método no es suficiente para problemas más grandes. Cuando en un problema de layout están involucradas 20 secciones, existen más de 600 billones de configuraciones de secciones distintas. Afortunadamente, se han desarrollado programas de computador para manejar problemas de layout con hasta 40 seccio-

FIGURA 10.5 ■ Segundo grafo de flujo interdepartamental.

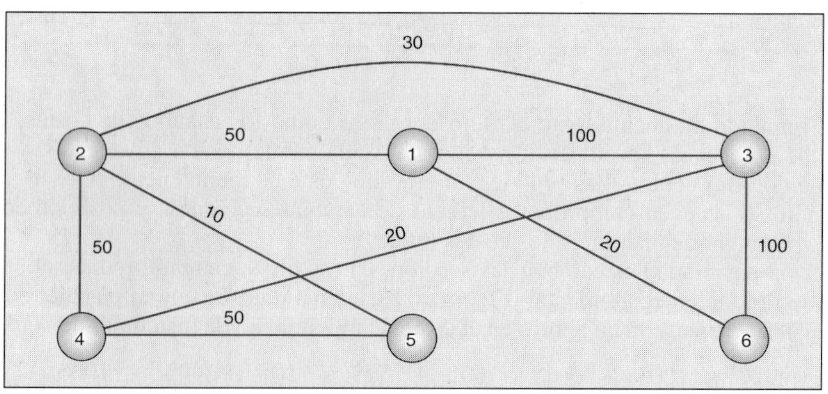

[4] Véase también Richard Muther, Systematic Layout Planning, 2ª ed. (Boston: Cahners,1976), para un enfoque similar al que el autor llama planificación simplificada del layout.

FIGURA 10.6 ■ Un layout posible para Walters Company.

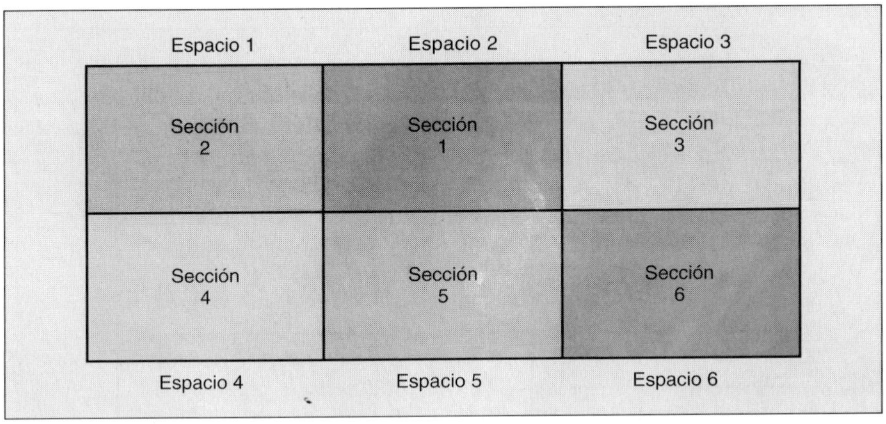

nes. El más conocido de estos es el **CRAFT** (Computerized Relative Allocation of Facilities Technique/ Técnica informatizada de asignación relativa de instalaciones),[5] un programa que proporciona "buenas" soluciones aunque no siempre "óptimas". CRAFT es una técnica de búsqueda que sistemáticamente examina ordenaciones alternativas de las secciones, para reducir el coste total de movimiento de materiales (ver Figura 10.7). CRAFT tiene la ventaja añadida de permitir no sólo analizar las cargas transportadas y la distancia, sino incluir también un tercer factor, un ratio de dificultad.

CRAFT

Las técnicas por computador han sido desarrolladas tanto para los casos 2-D y 3-D. El caso bidimensional es para instalaciones de una única planta y se realiza de forma satisfactoria con CRAFT. El caso tridimensional es para instalaciones con múltiples plantas, y se resuelve empleando el **SPACECRAFT**.[6] Existen también técnicas manuales, pero son más difíciles de emplear que las técnicas de computador.

SPACECRAFT

Sistemas expertos en layout

Históricamente, los modelos físicos tridimensionales fueron a menudo construidos para los problemas de layout. Ahora empleamos los modelos tridimensionales por computador para alcanzar el mismo propósito, pero a un coste mucho más reducido.

CRAFT y SPACECRAFT son sólo dos de las técnicas informatizadas para ayudar al diseño y el layout de las instalaciones. Pero éstos y otros programas populares, como CORELAP, ALDEP y COFAD, no consideran el conocimiento de expertos a la hora de ordenar planes alternativos. No tienen reglas internas que permitan considerar los aspectos creativos que un diseñador humano consideraría.

FADES (Facilities Design Expert System/Sistema experto de diseño de instalaciones) es un sistema experto que combina las reglas de juicio de los expertos humanos con las herramientas matemáticas que se han introducido anteriormente en esta sección.[7] Desarrolla buenos diseños de instalaciones para situaciones no estructuradas. FADES refleja

---

[5] E. S. Buffa, G. S. Armor, y T. E. Vollman, "Allocating Facilities with CRAF.", *Harvard Business Review*, 42, 2 (marzo, abril, 1964): 136–159.

[6] R. V. Johnson, "SPACECRAFT for Multi-Floor Layout Planning". *Management Science*, 28, 4 (1982): 407–417. A discussion of CRAFT, COFAD, PLANET, CORELAP, and AIDED is available in James M. Moore and James A. Tompkins, *Computer Aided Layout: A User's Guide*, Publication Number 1 in the monograph series, *Facilities Planning and Design Division* (American Institute of Industrial Engineers): 77–1. Norcross, GA.

[7] Ver E. L. Fisher, "An AI Based Methodology for Factory Design", *AI Magazine*, 3, 4 (otoño 1986): 72–85, y E. L. Fisher y S. F. Nof, "FADES", *Proceedings of the Annual IIE Meeting* (1984): 74–82.

FIGURA 10.7 ■ En este ejemplo de seis secciones, CRAFT ha mejorado el layout inicial (a) con un coste de 201,00 dólares a un nuevo layout con un coste asociado de 143,90 dólares, como se muestra en (b).

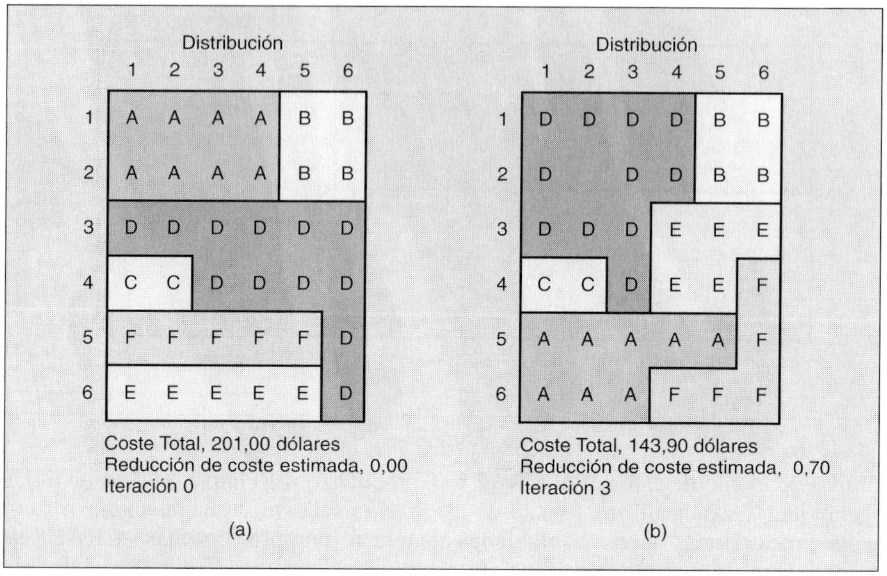

la nueva forma de toma de decisiones que se apoya en la inteligencia artificial, descrita con detalle en el Capítulo 8.

Células de trabajo

Un caso especial de layout orientado al proceso es la célula de trabajo. Aunque la idea de las células de trabajo fue presentada por primera vez por R. E. Flanders[8] en 1925, ha sido únicamente con el aumento de la tecnología de grupos (ver Capítulo 6) cuando la técnica se ha reafirmado. La organización celular del trabajo se emplea donde el volumen justifica una organización especial de la maquinaria y el equipo. En un entorno de fabricación, la tecnología de grupos identifica productos que tienen características similares y permite que no sólo un lote concreto (por ejemplo, varias unidades del mismo producto), sino también una familia de lotes, sean procesados en una célula de trabajo concreta.[9] La idea de la **célula de trabajo** es coger personal y maquinaria que normalmente estarían dispersos en diferentes secciones de proceso y colocarlos temporalmente juntos en un pequeño grupo que pueda dedicarse a realizar un único producto o grupo de productos relacionados (Figura 10.8). La célula de trabajo se construye alrededor del producto. Las ventajas de las células de trabajo son:[10]

Célula de trabajo

1. *Inventario de productos en curso reducido*, dado que la célula de trabajo está preparada para proporcionar un flujo equilibrado de una máquina a otra.
2. *Menor espacio de planta* necesario, ya que se necesita menos espacio entre las máquinas para colocar los productos en curso.

---

[8] R. E. Flanders, "Design Manufacture and Production Control of a Standard Machine", *Transactions of ASME*, 46 (1925).

[9] Los pequeños lotes de una instalación orientada al proceso (por ejemplo, un taller) se llaman lotes de trabajo.

[10] Burton I. Zisk, "Flexibility Is Key to Automated Material Transport System for Manufacturing Cells", *Industrial Engineering* (noviembre 1983): 58–64 y Williams J. Dumoliem y William P. Santen, "Cellular Manufacturing Becomes Philosophy of Management at Components Facility", *Industrial Engineering* (noviembre 1983): 72–76.

FIGURA 10.8 ■ Mejora de layouts orientándose al concepto de células de trabajo.

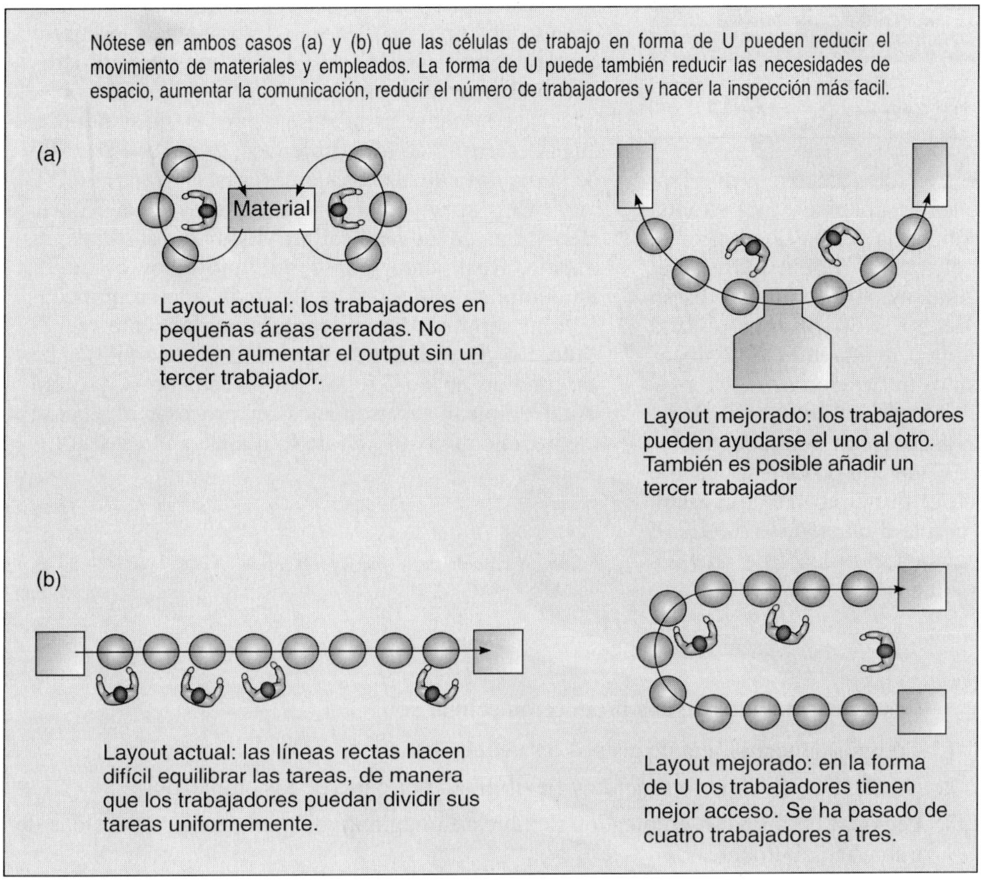

3. *Reducción del inventario de materias primas y productos acabados*, porque el menor volumen de productos en curso permite un movimiento más rápido de los materiales a través de la célula de trabajo.
4. *Reducción de los costes de mano de obra directa*, gracias al mejor flujo de materiales y a una planificación mejorada.
5. *Elevado sentimiento de participación de los empleados* en la organización y en el producto, debido a que los empleados aceptan la responsabilidad añadida de que la calidad del producto está directamente relacionada a ellos y a la célula de trabajo.
6. *Incremento de la utilización del equipo y de la maquinaria* debido a la mejor programación y a un flujo de materiales más rápido.
7. *Reducción de la inversión en maquinaria y equipo,* debido a que una mejor utilización de la instalación reduce las necesidades en número de máquinas, equipo y herramientas.[11]

[11] En contra de las ventajas 6 y 7, dos investigadores han señalado una aumento en la inversión en capital y menor utilización de la maquinaria cuando se emplean celdas de trabajo. Quizás empresas diferentes logran diferentes utilizaciones dependiendo de su capacidad de cambiar la configuración de la celda y mover al personal, así como de los costes fijos de su maquinaria y equipo concreto. Ver Timothy J. Greene y Randall P. Sadowski, "A Review of Cellular Manufacturing Assumptions, Advantages and Design Techniques", *Journal of Operations Management*, 4,2 (febrero, 1984): 85-97.

POM
E N A C C I Ó N

La fábrica del futuro en Square D

Square D, fabricante de productos eléctricos que factura 1,6 miles de millones de dólares y está situada en Illinois, ha revolucionado la forma de pensar de sus trabajadores sobre el trabajo. En su fábrica del futuro en Lexington, Kentucky, 800 empleados están divididos en equipos de 20 ó 30 personas. Cada equipo funciona como una pequeña unidad de negocio dirigido por los mismos trabajadores.

Para conseguir este logro, el layout de planta de Square D ha sido rediseñado en pequeñas factorías dentro de la fábrica. Cada equipo es responsable de sus productos, desde el principio hasta el final. Ahora, y sin consultar con la dirección, se toma allí mismo la decisión de cambiar el orden en el que los componentes son ensamblados.

El cambio de Square D comenzó en 1988, cuando el Director General, Jerre Stead, descubrió que se estaba gastando más dinero en pintar edificios que en formar a los empleados. Justo cinco años después, la compañía gastaba un 4 por 100 de su nómina en el desarrollo de los empleados, frente al 1 por 100 de la mayoría de las otras empresas.

Del actual diseño de equipos dice Gloria Henry, una de las empleadas: "Estoy orgullosa de mi trabajo. Realmente pienso que ahora soy alguien." Su equipo, el equipo 440, ha finalizado su quincuagésimo séptimo día sin ningún componente rechazado. En general, la tasa de rechazos de la fábrica ha descendido en un 75 por 100. Y, mientras que era usual emplear seis semanas en procesar el pedido medio, el equipo 440 ahora lo realiza en tres días.

Fuente: Adaptado de "American Agenda" ABC News (24 de febrero de 1993).

Los requerimientos de una producción celular son:

1. Códigos de tecnología de grupos o su equivalente.
2. Un elevado nivel de formación y flexibilidad por parte de los empleados.
3. Personal de apoyo o empleados flexibles e imaginativos para montar las celdas de trabajo inicialmente.

Las celdas de trabajo se organizan, a veces, en forma de U. Las celdas de trabajo en forma de U, como se muestran en la Figura 10.8, tienen varias ventajas sobre las dispuestas en línea recta. Ayudan de cinco formas: (1) las tareas pueden agruparse, por lo que la inspección es inmediata; (2) se necesitan menos trabajadores; (3) los trabajadores pueden abarcar más espacio de la línea; (4) la línea puede equilibrarse más eficientemente; y (5) se aumenta la comunicación.

Centros de trabajo enfocados y la fábrica enfocada

Centro de trabajo enfocado

Fábrica enfocada

Cuando una empresa ha *identificado una gran familia de productos similares que tienen una demanda grande y estable,* entonces puede organizar un **centro de trabajo enfocado**. Un centro de trabajo enfocado traslada la producción desde una instalación con un layout orientado a proceso de propósito general a una gran celda de trabajo. La gran celda de trabajo puede ser parte de la fábrica actual, en cuyo caso se le llamará centro de trabajo enfocado, o puede estar separada, en cuyo caso se denomina **fábrica enfocada**. Un restaurante de comida rápida es una factoría enfocada. Burger King, por ejemplo, cambia el número de empleados y la asignación de tareas en lugar de mover maquinaria y equipo. De esta manera, la empresa equilibra la línea de montaje para adaptarse a cambios en la demanda de la producción. En efecto, el "layout" cambia numerosas veces cada día.

El término de *fábricas enfocadas* puede referirse también a instalaciones que están orientadas de formas diferentes a la de línea de producto o layout. Por ejemplo, la fábrica

TABLA 10.2 ■ Celdas de trabajo, centros de trabajo orientados y fábricas orientadas.

CÉLULA DE TRABAJO	CENTRO DE TRABAJO ENFOCADO	FÁBRICA ENFOCADA
Una celda de trabajo es una organización temporal de maquinaria y personal orientada al producto, en lo que ordinariamente es una instalación orientada a proceso.	Un centro de trabajo enfocado es una organización permanente orientada al producto de maquinaria y personal, en lo que ordinariamente es una instalación orientada a proceso.	Una fábrica enfocada es una instalación permanente para fabricar un producto o componente en una instalación orientada al producto. Muchas de las fábricas enfocadas construidas actualmente en los Estados Unidos fueron originariamente parte de una instalación orientada al proceso.
Ejemplo: Un taller con maquinaria y personal organizado para producir 30 paneles de control únicos.	*Ejemplo:* Fabricación de soportes de tuberías en un astillero.	*Ejemplo:* Una fábrica para producir radios de coches.

puede estar enfocada para conseguir calidad, o para introducir nuevos productos, o necesidades de flexibilidad.[12]

Las instalaciones enfocadas en fabricación y en servicios parecen estar más capacitadas para sintonizar con sus clientes, producir productos de calidad y operar con elevados márgenes. Esto es cierto tanto si son fábricas de acero como SMI, Nucor o Chaparral, como si son restaurantes, como MacDonald's y Burger King.

La Tabla 10.2 resume nuestra exposición sobre células de trabajo, centros de trabajo enfocados y fábricas enfocadas.

Siemens, el gigante alemán de la electrónica, heredó su planta de fabricación de Lake Mary, Florida, de la británica Plessey Co. Para conseguir en la planta estándares de clase mundial, invirtió millones de dólares en un nuevo layout. Siemens cambió el flujo de producción de norte a sur a un layout con forma de U de este a oeste, que comienza con la recepción en un extremo y expide en el otro. Siemens también "limpia el escenario". Su director de POM para los Estados Unidos dice: "En la mayoría de las compañías que pueden considerarse operadoras de clase mundial, una de las cosas que primero advertirás cuando caminas entre sus instalaciones es que están absolutamente resplandecientes."

LAYOUT DE OFICINAS

La principal diferencia entre el layout de oficinas y fábricas es la importancia dada a la información. En un entorno de fabricación, el trabajo se basa en el flujo de componentes y materiales, pero en la oficina el trabajo se basa en el movimiento de la información.

La Figura 10.9 muestra un gráfico de relaciones. Es una manera muy efectiva de planificar las actividades de oficina. Este gráfico, preparado para una oficina de ingenieros consultores, indica que Ms. Payne debe estar: (1) cerca del área de ingenieros, (2) menos cerca de la secretaría y del archivo central y (3) nada cerca de la fotocopiadora o de la sala de almacenamiento.

Las pautas generales de oficinas asignan una media de alrededor de 100 pies cuadrados por persona (incluyendo pasillos). A un ejecutivo importante se le asignan 400 pies cuadrados, y para una sala de conferencias se dan 25 pies cuadrados por persona, con un máximo de 30 personas. En contraste, los restaurantes asignan de 16 a 50 pies cuadrados por cliente (cocina total y área de restaurante dividida por la capacidad). Haciendo un uso efectivo de la dimensión vertical en el puesto de trabajo, algunos diseñadores de oficinas extienden el espacio hacia arriba en lugar de hacia afuera. Con esto se consigue que cada estación de trabajo (lo que los diseñadores llaman la "huella") sea lo más pequeña posible.

---

12 Ver, por ejemplo, Wickham Skinner, "The Focused Factory", *Harvard Business Review*, 52, 3 (mayo–junio 1974): 113–121.

FIGURA 10.9 ■ Gráfico de relaciones en la Oficina.

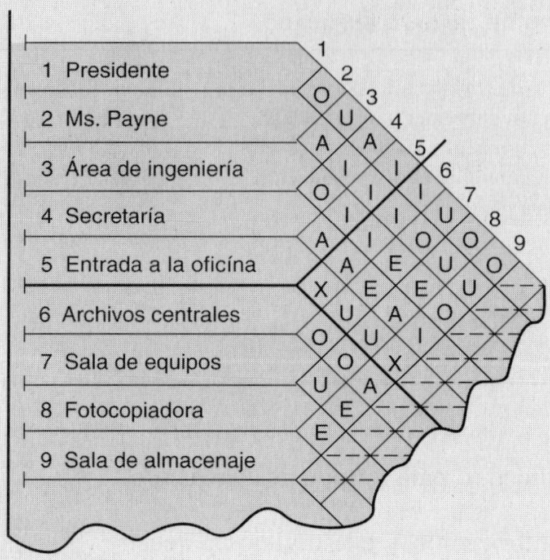

Clave	Proximidad
A	Absolutamente necesaria
E	Especialmente importante
I	Importante
O	Proximidad normal
U	No importante
X	No deseable

Fuente: Adaptado de Richard Muther, *Systematic Layout Planning,* 2ª ed. Boston: Cahners Publishing Company, 1973. Used by permission of the publisher.)1973. (Reproducido con autorización del editor.)

Una vez que los flujos de material e información de un layout establecen una organización general, deben añadirse los detalles del layout. Tradicionalmente, esto se ha realizado en tablas de dibujo, con recortes de cartulina, o con un modelo tridimensional. Sin embargo, AutoDesk de Sausalito (California), tiene un nuevo programa, Office Layout, que presenta muchas de las características de un producto de CAD (diseño asistido por computador), y que permite incluir dimensiones, muros, divisores y muebles, así como personas e incluso plantas, para después imprimirlo.

Sin embargo, estos conceptos americanos de espacio no son universales. En la oficina de Toyota en Tokyo, por ejemplo, existen alrededor de 110 personas trabajando en una gran sala.[13] Es típico en las oficinas japonesas que se trabaje sin despachos, con mesas apretujadas y en grupos denominados islas. Las islas se organizan en largas filas, los directores se sientan al final de las filas, con una visión total de sus subordinados. (Cuando acuden visitas importantes para reuniones, se les conduce a salas especiales y no ven estas oficinas.)

Existen consideraciones adicionales de layout que son universales (algunas de las cuales se aplican tanto a fábricas como a oficinas). Tienen que ver con los equipos de trabajo, autoridad y *status.* ¿Deben tener aire acondicionado todas las zonas de trabajo o sólo una parte? ¿Deben utilizar todos los empleados la misma entrada, lavabos (véase el *POM en Acción* "Potty-Parity"), armarios y cafetería? Como se ha mencionado anteriormente, las decisiones de layout tienen una parte de arte y otra de ciencia. Sólo la parte que es ciencia, el flujo de papeles en la oficina, puede analizarse de la misma forma que el flujo de componentes en un layout de proceso.

LAYOUT DE COMERCIOS

El layout de los comercios está basado en la idea de que las ventas varían directamente con la forma de exponer los productos a los clientes. Por lo tanto, muchos directores de operaciones de tiendas tratan de exponer a los clientes al máximo número posible de artículos.

[13] "Think Japan Inc. Is Lean and Mean? Step into This Office", *The New York Times* (20 de marzo de 1994).

POM EN ACCIÓN

El Potty-Parity conduce a buscar nuevos layouts para los servicios

En Texas, un ayudante de un congresista pasó buena parte de la noche en un festival de rock, acompañando a su novia en una cola de cuarenta y cinco minutos para el servicio de señoras. En Washington D. C. una congresista se perdió por completo la actuación de la banda de la Universidad de su Estado, Ohio, porque estaba esperando en una cola en el servicio de señoras. Una secretaria en Houston fue arrestada por emplear los servicios de caballeros en un concierto porque encontró una cola de 20 personas para entrar en los servicios de señoras y ninguna persona para entrar en el de caballeros. (Fue declarada inocente después de deliberar el jurado en tan sólo veintitrés minutos.)

Sucesos como éstos han llevado a la discusión de una abundante nueva legislación, obligando a los teatros, estadios y salas de convenciones a tener el doble de lavabos para mujeres que para hombres. En una docena de Estados rige el "potty parity" y en muchas más el tema está pendiente. Los legisladores partidarios de la paridad han podido sustentar sus tesis en investigaciones académicas. Los profesores de Virginia Teach, por ejemplo, han encontrado que las mujeres necesitan aproximadamente el doble de tiempo que los hombres en los servicios. En los estadios deportivos, las mujeres necesitaban tres minutos, mientras que los hombres 83,6 segundos.

Pero el nuevo Centro de Convenciones de Colorado ha tratado el problema con un creativo layout. Los lavabos de caballeros y señoras están separados por paredes móviles. Cuando la mayoritariamente femenina Sociedad de Enfermeras lo alquila, el centro de convenciones puede proporcionar el triple de servicios de señoras que de caballeros. Para la predominantemente masculina reunión de Geólogos del Petróleo, el centro invertirá la proporción. Otras propuestas de arquitectos apuntan a servicios unisex para las zonas de lavado de manos y tocadores, algo que han estado aplicando muchos centros europeos desde hace décadas.

Fuente: Adaptado de *Wall Street Journal* (24 de febrero de 1994):A1.

Muchos estudios han demostrado que un alto ratio de exposición proporciona unas ventas elevadas y una alta rentabilidad de la inversión. El director de operaciones puede alterar ambas a la vez con la organización global de la tienda y la asignación del espacio a los diferentes productos.

FIGURA 10.10 ■ Layout de una tienda con los productos lácteos y el pan, de consumo diario, en diferentes esquinas de la tienda.

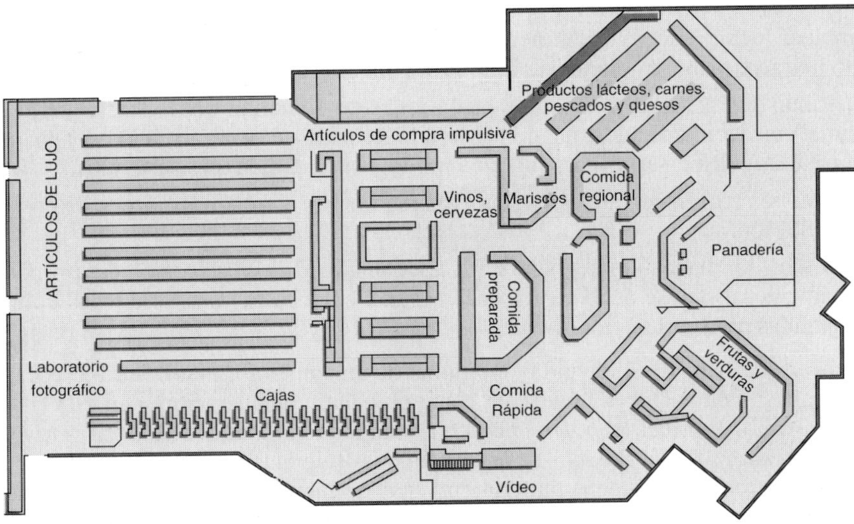

POM
EN ACCIÓN

Lechuga en el pasillo 4, préstamos en el pasillo 10 en Kroger

Una razón por la que los supermercados tienen el aspecto que tenían hace cuarenta años es que se ha estado empleando el mismo layout durante todo este tiempo. Pero los patrones demográficos y de compra están cambiando. Cada vez más la comida se está comprando en restaurantes, desde comida selecta a comida rápida y para llevar. En cierto modo, esto se debe a que en las familias trabajan tanto el hombre como la mujer, y porque nos hemos vuelto una sociedad que prefiere picotear. Los datos revelan que el número de comidas preparadas en el hogar y las compras asociadas en las tiendas de comestibles están disminuyendo. Por lo tanto, los supermercados se están replanteando su layout.

El supermercado moderno incluye actualmente un restaurante de comida rápida, un departamento de comidas preparadas, un laboratorio fotográfico, una tienda de vídeo y un lugar para pagar las compras. Los productos de consumo diario como las carnes, lácteos, panadería y frutas y verduras, están todavía en los extremos de las tiendas, pero los productos de altos márgenes, como comida preparada, comida selecta, farmacia, licores o cosméticos, se sitúan para que su exposición sea máxima. Además, se han añadido otros servicios para atraer a los clientes.

Uno de ellos es la banca. NCB, por ejemplo, ha colocado catorce sucursales en los supermercados Kroger de Memphis. Jóvenes entusiastas empleados de NCB detienen a la gente en los pasillos y emplean un lenguaje coloquial para vender créditos y promocionar los servicios bancarios que el consumidor tiene a su disposición en la oficina de NCB de la tienda. Los brillantes, dicharacheros y atractivos banqueros realizan una triple tarea como cajeros, empleados de créditos y vendedores, y hasta saben dónde se encuentran los productos.

Fuentes: Adaptado de *Forbes* (3 de agosto de 1992):. 39-40; *Forbes* (17 de febrero de 1992): 58-63 y *Wall Street Journal* (20 de mayo de 1994): B1.

Aunque el *POM en Acción* "La lechuga en el pasillo 4, los préstamos en el pasillo 10 en Kroger", sugiere que no hay ningún modelo de layout de tiendas preestablecido, podemos considerar todavía cinco ideas que son útiles para determinar la organización global de los comercios tales como de supermercados y droguerías:

1. Colocar los productos de consumo diario en la periferia de la tienda. Por lo tanto, acostumbramos a encontrar los productos lácteos en un lado y el pan y los productos de panadería en el otro. Un ejemplo de esto se muestra en la Figura 10.10.
2. Emplear localizaciones prominentes para los productos de compra impulsiva y de alto margen, como productos de limpieza, belleza y champús.
3. Distribuir los artículos conocidos en la jerga de comercio como "artículos de reclamo", es decir, artículos que dominan un recorrido de compra, en los dos lados de un pasillo, y dispersarlos para incrementar la visibilidad de otros artículos.
4. Utilizar los extremos finales de los pasillos porque tienen un ratio de exposición muy elevado.
5. Transmitir la imagen del negocio a través de una cuidadosa selección del primer departamento al que se accede. Algunas tiendas colocan la panadería y las comidas preparadas para atraer a los clientes.

Una vez que se ha decidido el layout global de un comercio, es necesario colocar los productos para su venta. Deben tenerse en cuenta muchas consideraciones en esta colocación. Sin embargo, el principal *objetivo de un layout de detallista es maximizar el beneficio por metro cuadrado del espacio de las estanterías* (algunas tiendas pueden basar este beneficio en metros lineales de estantería en lugar de metros cuadrados de estanterías). Los productos caros pueden proporcionar grandes ventas, pero el beneficio por metro cuadrado puede ser más bajo. Existen diferentes programas de computador que pueden ayudar a los directivos a evaluar la rentabilidad de las diferentes mercancías. Uno de ellos, SLIM (Store Labor and Inventory Management), puede ayudar a los directivos de tiendas a determinar cuándo una estantería es adecuada para colocar otra caja llena. Otro paquete de software es COSMOS (Computerized Optimization and Simulation Modeling for Operatimg Supermarkets), el cual compatibiliza el espacio de estanterías con las entregas previstas, asignando suficiente espacio para minimizar las faltas de stocks entre recepciones de pedidos.

Federal-Mogul, un gran fabricante de componentes de motores para automóviles, adoptó un enfoque absolutamente radical para el layout de su revolucionario centro de distribución de Alabama. Con más de 50.000 referencias diferentes que deben ser almacenadas, recuperadas, seleccionadas, empaquetadas y enviadas, un sistema que no fuera automático no sería de gran utilidad. La solución fue un sistema de almacenaje y retirada automática de 70 pies de alto y 7 millas, y un sistema de vehículos para el picking guiados por railes con 26 pasillos y de 24 pies de altura, y una generosa dosis de control por computador.

LAYOUT DE ALMACENES

El objetivo del *layout de almacenes* es encontrar un equilibrio óptimo entre los costes de manutención y el espacio del almacén. Por consiguiente, los directivos deben maximizar el uso total del espacio cúbico del almacén, esto es, emplear su volumen completo manteniendo bajos los costes de manipulación del material. Definimos los costes de manutención del material como todos los costes relacionados con el transporte de entrada, almacenaje y transporte de salida del material. Estos costes incluyen el equipo, personal, material, supervisión, seguros y depreciación. Un layout de almacén efectivo debe, por supuesto, minimizar también las roturas y robos de material en el almacén. La dirección minimiza la suma de recursos gastados en retirar material, más el deterioro y rotura del mismo. La variedad de artículos almacenados y el número de artículos seleccionados influyen directamente en el layout óptimo. Un almacén que tenga pocos artículos se presta a una mayor densidad que uno con gran variedad de artículos. La dirección moderna de almacenes es, en muchos casos, un procedimiento automatizado que emplea grúas, transportadores y sofisticados controles que manejan el flujo de materiales. Ejemplos de empresas que usan la última tecnología son Federal-Mogul y The Gap, ambas ilustradas en fotos.

LAYOUT ORIENTADO A PRODUCTO

Los *layouts orientados al producto* están organizados alrededor de un producto o familia de productos similares con altos volúmenes y baja variedad. La producción repetitiva y la producción continua, discutidas en el Capítulo 7, emplean layouts orientados al producto. Las hipótesis son:

1. El volumen es adecuado para una elevada utilización del equipo.
2. La demanda del producto es suficientemente estable como para justificar una elevada inversión en equipo especializado.
3. El producto está estandarizado o aproximándose a una fase del ciclo de vida que justifica la inversión en equipo especializado.
4. Los proveedores de materias primas y componentes son adecuados y de calidad uniforme (adecuadamente estandarizada) para asegurar que podrán trabajar con el equipo especializado.

Dos tipos de layout orientados al producto son la línea de fabricación y la línea de ensamblaje o montaje. La **línea de fabricación** produce componentes como neumáticos de automóvil o componentes metálicos para un frigorífico, a través de una serie de máquinas. Una **línea de montaje** ensambla los componentes fabricados en una serie de estaciones de trabajo. Los dos son procesos repetitivos, y en ambos casos la línea debe estar

Línea de fabricación

Línea de montaje

POM EN ACCIÓN

Tiempo flexible para las cocinas de los aviones

Las cocinas y lavabos producen los mismos dolores de cabeza a los diseñadores de aviones que a las compañías aéreas. Puesto que son ellos los que dividen las áreas del avión, separando la clase turista, la de negocios y la primera clase, cada compañía aérea desea un layout diferente basado en su ruta y configuraciones de pasajeros.

Por ejemplo, una compañía aérea que realiza vuelos de larga distancia transportando una elevada proporción de pasajeros en viaje de negocios, probablemente especificaría un avión con unas grandes secciones de primera clase de negocios y una reducida clase turista. Pero una compañía aérea que transporta turistas, más preocupados por el coste, podría eliminar completamente los asientos de precio elevado.

"Tenemos que rediseñar cada vez que conseguimos un nuevo cliente" dice Ron Ostrowski, diseñador de Boeing. "Es una pesadilla en la fábrica y supone mucho tiempo de ingeniería."

Las compañías aéreas tienen el problema de haber comprado aviones para un tipo de mercado y después ver cómo cambia ese mercado. Por ejemplo, tener en tierra tres semanas un Boeing 747 para cambiar el interior genera unas sustanciales pérdidas de ingresos.

Para resolver este problema, Boeing ha desarrollado un layout abierto y opcional para sus nuevos 777, que permite que las cocinas y lavabos puedan cambiarse de posición en menos de un día, a pesar de la complejidad de la instalación eléctrica y de fontanería.

Pero esta flexibilidad se paga con el aumento de peso, debido a las decoraciones y equipos de fontanería extras. Esto se traduce en un menor número de pasajeros y carga que pueden transportar. La autonomía del avión también se limita. La flexibilidad de layout en los aviones, como en las fábricas, no es nada barata.

Fuentes: The New York Times (10 de noviembre de 1991):. 3-1 y *Aviation Week* (19 de julio de 1993):.56-7.

equilibrada. Es decir, el trabajo realizado en una máquina debe equilibrarse con el trabajo realizado por la máquina siguiente en la línea de fabricación, así como el trabajo realizado por un empleado en una estación de trabajo en una línea de montaje debe coincidir en tiempo con el trabajo realizado en la siguiente estación de trabajo por el siguiente empleado.

Las líneas de fabricación tienden a estar basadas en máquinas y requieren cambios mecánicos y de ingeniería para facilitar el equilibrado. Las líneas de ensamblaje, por otra parte, tienden a estar basadas en las tareas de trabajo asignadas a los individuos o a las estaciones de trabajo. Las líneas de montaje, por consiguiente, pueden equilibrarse pasando tareas de un individuo a otro. De esta forma, la cantidad de *tiempo* requerido por cada individuo o estación se iguala. El ensamblaje final de algunos grandes productos, como un avión Boeing 747, aún se realiza en un layout orientado al producto.

El problema central en la planificación de un layout orientado al producto es equilibrar la producción en cada estación de trabajo con la línea de producción, de forma que sea aproximadamente la misma, a la vez que se obtiene la producción deseada. El objetivo de los directivos es crear un flujo continuo y uniforme a lo largo de la línea de ensamblaje con un tiempo mínimo de inactividad para cada persona y cada estación de trabajo. Una línea de montaje bien equilibrada tiene la ventaja de una elevada utilización del personal e instalaciones y una carga de trabajo equitativa entre los trabajadores. Algunos convenios sindicales exigen que la carga de trabajo debe ser aproximadamente la misma para todos los trabajadores de una misma la línea de ensamblaje. El término más empleado para definir este proceso es el de **equilibrado de líneas de montaje**. Verdaderamente, el objetivo de un *layout orientado al producto es minimizar el desequilibrio en la línea de fabricación o de ensamblaje.*

Equilibrado de líneas de montaje

La principal ventaja de un layout orientado al producto son los bajos costes variables por unidad normalmente asociados a altos volúmenes y productos estandarizados. El layout orientado al producto también mantiene los costes de manipulación de materiales a un nivel bajo, reduce los inventarios de productos semielaborados y tiene una formación e inspección más fáciles. Estas ventajas a menudo sobrepasan las desventajas del layout de producto. Estas desventajas son las siguientes:

1. Se necesitan elevados volúmenes debido a la gran inversión necesaria para preparar el proceso.
2. La parada de cualquier punto provoca la parada del proceso entero.
3. Existe falta de flexibilidad para producir diferentes productos o tasas de producción.

The Gap, Inc., compite simultáneamente con alta calidad y bajos costes. Lo consigue mediante: (1) el diseño de sus propios vestidos, (2) el control de calidad en los puntos de venta, y (3) el mantenimiento de una permanente disminución en los costes de distribución. Se ha diseñado un nuevo centro automático de distribución cerca de Baltimore, Maryland, que permite aprovisionar diariamente las tiendas de la Costa Este, en lugar de tres veces a la semana.

Debido a que los problemas de las líneas de fabricación y montaje son similares, centramos nuestra discusión en términos de una línea de montaje. En una línea de montaje, el producto se mueve normalmente por medios automáticos, tales como los transportadores, mediante las estaciones de trabajo hasta que es completado (Figura 10.11). Esta es la manera en que se montan los automóviles, y se hacen las hamburguesas en los restaurantes de comida rápida. Un layout orientado al producto emplea más equipos automáticos y especialmente diseñados que un layout orientado a proceso.

Equilibrado de líneas de montaje

El equilibrado de una línea se realiza normalmente para minimizar los desequilibrios entre máquinas o personal, al tiempo que se obtiene la producción deseada de la línea. Para equilibrar una línea, los directivos deben conocer las herramientas, equipo y métodos de trabajo empleados. Entonces debe determinarse el tiempo necesario para cada tarea de ensamblaje (como perforación de un agujero, apretar un tornillo, o pintar un componente). La dirección también necesita saber las relaciones de precedencia entre las actividades, es decir, el orden en que deben realizarse las tareas. El Ejemplo 10.2 muestra cómo presentar estas informaciones de las tareas en un diagrama de precedencias.

FIGURA 10.11 ■ Un layout de línea de montaje.

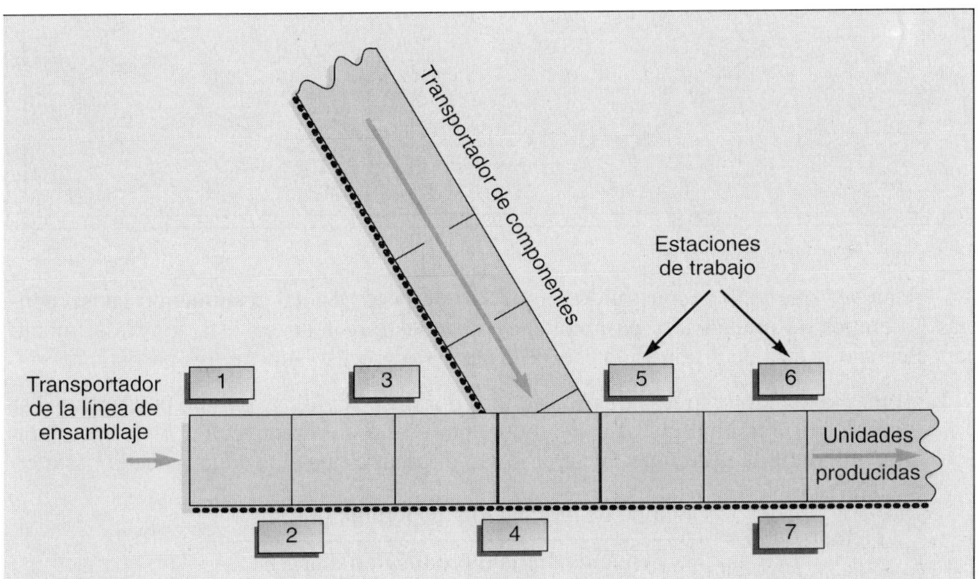

EJEMPLO 10.2

Deseamos desarrollar un diagrama de precedencias para una copiadora electroestática que necesita un tiempo total de ensamblaje de sesenta y seis minutos. La Tabla 10.3 y Figura 10.12 proporcionan las tareas, tiempos de montaje y necesidades de secuencia para la copiadora.

TABLA 10.3 ■ Información sobre precedencias.

Tarea	Tiempo de realización (minutos)	La tarea debe suceder a	
A	10	—	
B	11	A	Esto significa que las tareas B y E no pueden realizarse hasta que haya finalizado la tarea A
C	5	B	
D	4	B	
E	12	A	
F	3	C, D	
G	7	F	
H	11	E	
I	3	G, H	
Tiempo total	66		

FIGURA 10.12 ■ Diagrama de precedencias.

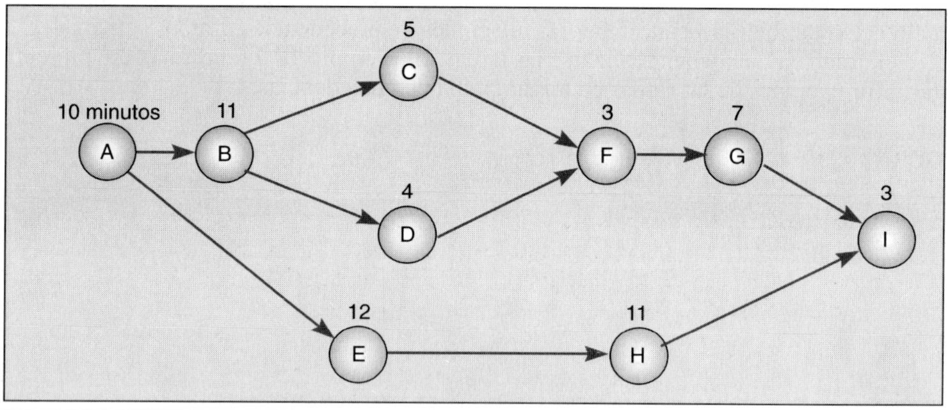

Una vez que hemos construido un gráfico de precedencias resumiendo las secuencias y tiempos de realización, pasamos a agrupar las tareas en las estaciones de trabajo para alcanzar la tasa de producción especificada. Este proceso supone tres pasos:

Tiempo ciclo

1. Tomar la demanda (o tasa de producción) por día y dividir el tiempo productivo disponible por día (en minutos o segundos) por esa tasa de producción. Esta operación nos proporciona el **tiempo ciclo**, es decir, el tiempo que el producto puede pasar en cada estación:

$$\text{Tiempo ciclo} = \frac{\text{tiempo de producción disponible por día}}{\text{demanda diaria o producción diaria}} \qquad (10.2)$$

2. Calcular el número mínimo teórico de estaciones de trabajo. Esto es, la duración total de las tareas dividido por el tiempo de ciclo. Las fracciones se redondean al entero siguiente y superior.

$$\text{Número mínimo de estaciones de trabajo} = \frac{\sum_{i=1}^{m} \text{tiempo para la tarea } i}{\text{Tiempo de ciclo}} \qquad (10.3)$$

donde m es el número de tareas del montaje

3. Realizar el equilibrado de la línea, asignando tareas de ensamblaje específicas a cada estación de trabajo. Un equilibrado eficiente es el que completará el montaje requerido, siguiendo la secuencia especificada, y manteniendo el tiempo de inactividad de cada estación de trabajo al mínimo. Un procedimiento formal para hacer esto es:

(a) Identificar una lista principal de elementos de trabajo, y separar los elementos de trabajo disponibles de los elementos de trabajo no disponibles.

(b) Eliminar aquellos elementos de trabajo que han sido asignados.

(c) Eliminar aquellos elementos de trabajo cuyas relaciones de precedencia no han sido satisfechas.

(d) Eliminar aquellos elementos para los que existe un tiempo disponible inadecuado en la estación de trabajo.

(e) Identificar una unidad de trabajo que pueda ser asignada como la primera unidad de trabajo de la lista, la última unidad de trabajo en la lista, la unidad de trabajo con el menor tiempo, la unidad de trabajo con el mayor tiempo, una unidad de trabajo seleccionada aleatoriamente, o algún otro criterio.

(f) Cambiar los elementos de trabajo para encontrar el mejor equilibrio posible.

> **Boeing, el mayor empleador de Seattle y el mayor fabricante del mundo de aviones para líneas comerciales, emplea una construcción modular para montar sus "componentes". Estos componentes, la cola, el cuerpo trasero, el cuerpo central, las alas, el cuerpo delantero y la cabeza se montan juntos. Los trabajadores unen cuidadosamente las partes del cuerpo, midiéndolas y equilibrándolas para una ajuste perfecto. El tren de aterrizaje se instala y el avión está listo para sus últimas cinco operaciones en la línea de ensamblaje.**

El Ejemplo 10.3 ilustra un procedimiento simple de equilibrado de líneas.

EJEMPLO 10.3

En base al diagrama de precedencias y los tiempos de las actividades dados en el Ejemplo 10.2, la empresa ha determinado que hay 480 minutos de tiempo productivo disponible al día. Además, la planificación de la producción requiere que se completen 40 unidades de producto en la línea de ensamblaje cada día. Entonces,

$$\text{Tiempo de ciclo (en minutos)} = \frac{480 \text{ minutos}}{40 \text{ unidades}}$$

$$= 12 \text{ minutos/unidad}$$

$$\text{Número mínimo de estaciones de trabajo} = \frac{\text{tiempo total}}{\text{tiempo de ciclo}} = \frac{66}{12}$$

$$= 5{,}5 \text{ ó } 6 \text{ estaciones}$$

La Figura 10.13 muestra una solución que no viola los requerimientos de la secuencia y en la que las tareas están agrupadas en seis estaciones de trabajo. Para obtener esta solución, se asignarán las actividades apropiadas a cada estación de trabajo utilizando como máximo el tiempo ciclo disponible de 12 minutos. La primera estación de trabajo consume 10 minutos y tiene un tiempo de inactividad de dos minutos.

FIGURA 10.13 ■ Una solución de seis estaciones de trabajo para el problema de equilibrado de líneas.

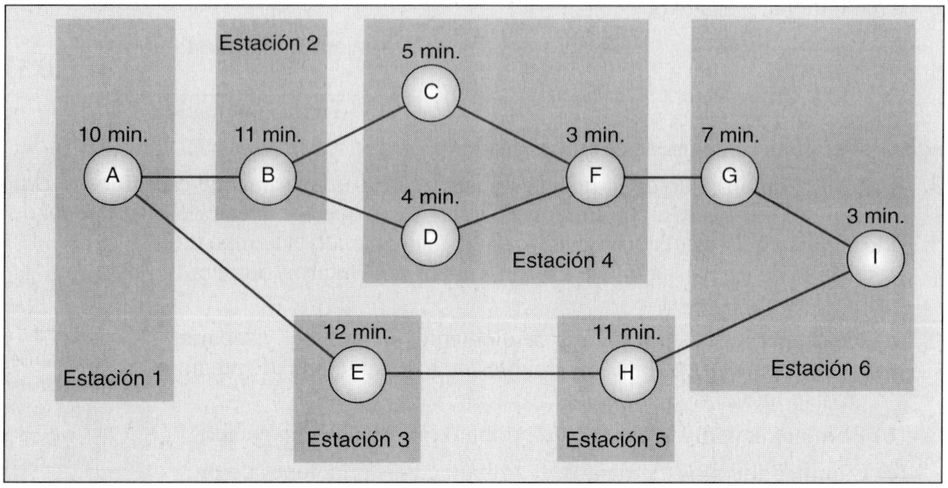

La segunda estación de trabajo emplea once minutos, y la tercera consume completamente los doce minutos. La cuarta estación agrupa tres pequeñas tareas y se equilibra perfectamente en doce minutos. La quinta tiene un minuto de inactividad, y la sexta (integrada por las actividades G e I) tiene dos minutos de tiempo de inactividad por ciclo. El tiempo total de inactividad para esta solución es de seis minutos por ciclo.

Podemos calcular la eficiencia del equilibrado de una línea dividiendo el tiempo total de las tareas por el producto entre el número de estaciones de trabajo y el tiempo ciclo asignado:

$$\text{Eficiencia} = \frac{\sum \text{tiempo de las tareas}}{(\text{número de estaciones de trabajo}) \times (\text{tiempo ciclo asignado})} \qquad (10.4)$$

La dirección a menudo compara diferentes niveles de eficiencia para un número diferente de estaciones de trabajo. De esta forma, la empresa puede determinar la sensibilidad de la línea a cambios en la tasa de producción y en las asignaciones a estaciones de trabajo.

EJEMPLO 10.4

Podemos calcular la eficiencia del equilibrado para el Ejemplo 10.3 de la siguiente forma:

$$\text{Eficiencia} = \frac{66 \text{ minutos}}{(6 \text{ estaciones}) \times (12 \text{ minutos})} = \frac{66}{72} = 91{,}7\%$$

Abriendo una séptima estación de trabajo, por cualquier razón, disminuiría la eficiencia del equilibrado al 78,6 por 100:

$$\text{Eficiencia} = \frac{66 \text{ minutos}}{(7 \text{ estaciones}) \times (12 \text{ minutos})} = 78{,}6\%$$

POM EN ACCIÓN

Las líneas de desmontaje de Automóviles: La moda de un futuro ecológicamente correcto

Visionarios como Walter Chrysler y Louis Chevrolet no podían haber imaginado los enormes cementerios de coches y camiones oxidados que dan testimonio de la cultura del automóvil que ellos ayudaron a levantar. En la actualidad, sin embargo, los cementerios se están encogiendo poco a poco. "Hacia finales de este siglo, creemos que las personas comprarán coches en función de lo "verdes" que sean", dice David Millerick, director de reciclado de vehículos de Ford. El director correspondiente en BMW, Horst Wolf, está de acuerdo: "A largo plazo, todos los vehículos deberían diseñarse de tal forma que sus materiales se pudieran reutilizar fácilmente en la siguiente generación de coches."

BMW, sensible al poder político del movimiento verde en Alemania, ya ha construido una planta piloto de "desmontaje de coches". En los Estado Unidos, la compañía ofrece 500 dólares con la compra de un BMW nuevo a cualquiera que entregue un BMW viejo para sus centros de reciclado en Nueva York, Los Ángeles u Orlando.

Las líneas de desmontaje consisten en sacar la mayoría de las partes de plástico del coche y clasificarlas para su reciclaje. Pero esto no es fácil. Sólo desmontar el coche puede ocupar a cinco personas durante una hora. BMW también tuvo que inventar herramientas para la perforación y drenaje de forma segura de los depósitos de combustible con gasolina en su interior. Distintos plásticos se reciclan de forma diferente, por lo que cada uno debe etiquetarse o codificarse por color. Algunos tipos de plástico pueden ser refundidos y convertidos en nuevos componentes. Nissan Motor, con plantas de desmontaje en Alemania y Japón, convierte actualmente 2.000 parachoques por mes en conductos de aire, apoyos para los pies, componentes de parachoques y palets.

El tratar las partes de metal de la línea de desmontaje es aún más fácil. Con trituradoras e imanes se clasifican trozos de metal de pequeño tamaño después de que hayan sido extraídos los motores, radios, baterías y tubos de escape. Los fabricantes de acero han ayudado durante los últimos veinte años construyendo acerías que usan la chatarra.

La situación irónica de una industria abocada a mejorar la seguridad frente al riesgo de choques es que los fabricantes de coches necesitan ahora también automóviles y camiones que se puedan desmontar fácilmente.

Fuentes: Adaptado de *The New York Times* (8 de septiembre de 1992) y *Machine Desing* (12 de febrero de 1993): 56-57

Los problemas de equilibrado de líneas de gran escala, como los problemas de layout de grandes procesos, se resuelven a menudo con computadores. Existen varios programas de computador para tratar la asignación de estaciones de trabajo en las líneas de ensamblaje con 100 (o más) actividades de trabajo. Tanto el programa llamado COMSOAL (Computer Method for Sequencing Operations for Assembly Lines)[14] como ASYBL (General Electric's Assembly Line Configuration program) son ampliamente utilizados en problemas grandes para evaluar los miles o millones de combinaciones posibles de estaciones de trabajo, y esto consiguiendo una eficiencia mayor a la que podría conseguir cualquier procedimiento manual.

El software de microcomputador descrito al final de este capítulo, AB:POM, también resuelve una variedad de pequeños problemas e ilustra el problema descrito en los Ejemplos 10.2, 10.3 y 10.4. Ofrece cinco heurísticas diferentes (o "reglas a ojo") para equilibrar la línea.

En el caso de las operaciones de un matadero, la línea de montaje es, de hecho, una línea de desmontaje. Los procedimientos de equilibrado de la línea son los mismos que los mostrados en este capítulo para las líneas de ensamblaje. Una planta de proceso del pollo, debe equilibrar el trabajo de varios cientos de empleados. La división del trabajo genera eficiencia. Puesto que las habilidades se desarrollan de forma reiterada, se pierde menos tiempo en el cambio de herramientas, y se desarrollan herramientas especializadas. El volumen total de trabajo en cada uno de los pollos procesados es de pocos minutos. ¿Cuánto tiempo tardaría en procesar un pollo usted mismo?

[14] A. L. Arcus, "COMSOAL: A Computer Method of Sequencing Operations for Assembly Line", *International Journal of Production Research*, 4, 4 (1966).

ALCANZANDO ESTÁNDARES DE CLASE MUNDIAL

Las organizaciones de clase mundial prestan gran atención al layout de las instalaciones, debido a que el layout afecta al funcionamiento de toda la compañía. Las empresas orientadas al servicio compiten por los clientes y se centran en estrategias que tienen en cuenta sus necesidades. La cita inicial de este capítulo describe el rediseño de Wal-Mart para hacer la compra de los clientes más agradable y organizada. Los detallistas de clase mundial incrementan sus ventas optimizando el layout de sus estanterías con programas de computador como COSMOS y SLIM.

Los fabricantes de clase mundial buscan flexibilidad en los layouts, de forma que los cambios en los modelos y en los volúmenes de producción sean fáciles y rápidos. Para obtener flexibilidad en el layout, forman a sus trabajadores en diferentes tareas, mantienen el equipo en condiciones óptimas, mantienen inventarios bajos, colocan las estaciones de trabajo juntas y usan equipo pequeño y flexible. Siguiendo el modelo japonés, los layout son próximos y compactos, con muchas líneas de producción en forma de U que permiten la interacción de los trabajadores y su rotación en el trabajo. Las empresas de clase mundial también emplean numerosos layouts de producción celular.

En términos de manipulación de materiales y almacenaje, las empresas de clase mundial mantienen sus costes bajos con la automatización. Los "almacenes oscuros" funcionan con unos pocos empleados y su flota de vehículos, guiados automáticamente (AGV's), emplea sofisticados sistemas de conducción por computador. En las instalaciones de Tupperware International en Carolina del Sur, por ejemplo, las manos humanas no necesitan tocar los pedidos, ya que son sacados de su estantería y empaquetados automáticamente

RESUMEN

Las buenas estrategias de layout generan una diferencia importante en la eficiencia de las operaciones. Las seis situaciones clásicas de layout son: 1) posición fija, 2) orientado al proceso, 3) oficinas, 4) detallistas, 5) almacenes y 6) orientado al producto. Se han desarrollado diferentes técnicas con la intención de resolver estos problemas de layout. Las empresas industriales se centran en la reducción del movimiento de materiales y el equilibrado de las líneas de ensamblaje. Las empresas detallistas se centran en la exposición de los productos. Los layout de almacenes se centran en el equilibrio óptimo entre los costes de almacenaje y los costes de manipulación.

A menudo las variables en el problema del layout son de un rango tan amplio y numeroso como para excluir el encontrar una solución óptima. Por esta razón, las decisiones de layout, aunque han sido objeto de un considerable esfuerzo de investigación, tienen todavía mucho que ver con el arte.

TÉRMINOS CLAVE

- Layout de posición fija
- Layout orientado al proceso
- Layout de oficinas
- Layout de detallistas y servicios
- Layout de almacenes
- Layout orientado al producto
- Lote de trabajo
- CRAFT
- SPACECRAFT
- Célula de trabajo
- Centro de trabajo enfocado
- Fábrica enfocada
- Línea de fabricación
- Línea de montaje
- Equilibrado de líneas de ensamblaje
- Tiempo ciclo

USO DE AB: POM PARA LA RESOLUCIÓN DE PROBLEMAS DE LAYOUT

Resolución del Ejemplo 10.1 empleando el módulo de Layout Operations de AB:POM

El módulo de layout de instalaciones de AB:POM puede emplearse para situar hasta diez departamentos en 10 espacios para minimizar la distancia total recorrida, en función de la distancia entre espacios y el flujo entre departamentos. El programa realiza comparaciones a pares, modificando los departamentos hasta que ningún cambio puede reducir la cantidad total de movimientos.

Después de que se haya introducido el número de departamentos (que son 6 en el caso del Ejemplo 1) se generará la pantalla de datos, con el aspecto mostrado en el Programa 10.1. Los datos consisten esencialmente en dos tablas de números, una para los flujos y otra para las distancias.

Resolución de los Ejemplos 10.2, 10.3 y 10.4 empleando el Módulo de Assembly Line-Balancing de AB:POM

El módulo de AB:POM para equilibrado de líneas puede manejar una línea de hasta 99 tareas, cada una de ellas con hasta seis predecesoras inmediatas. Los Programas 10.2 y 10.3 ilustran las pantallas de entrada y salida de datos del computador de este módulo aplicado a los Ejemplos 10.2, 10.3 y 10.4

PROGRAMA 10.1 ■ El programa de Operations Layout de AB:POM aplicado a los datos de Walters Company del Ejemplo 10.1. Los departamentos o secciones pueden escribirse en sus columnas. Normalmente, la matriz de distancias será simétrica. Si no, deben realizarse todas las entradas. La solución aparece en la parte derecha de la pantalla.

Data file: WALTERS —— Operations Layout —— Solution ——

Number of departments (3–10) 6 Symmetric distances

WALTERS COMPANY, EXAMPLE 1

Flow matrix

	Dept 1	Dept 2	Dept 3	Dept 4	Dept 5	Dept 6	Department in Room	
Dept 1	0	50	100	0	0	20	Dept 1 in	Room 3
Dept 2	0	0	30	50	10	0	Dept 2 in	Room 5
Dept 3	0	0	0	20	0	100	Dept 3 in	Room 2
Dept 4	0	0	0	0	50	0	Dept 4 in	Room 4
Dept 5	0	0	0	0	0	0	Dept 5 in	Room 1
Dept 6	0	0	0	0	0	0	Dept 6 in	Room 6

Distance Matrix

	Room 1	Room 2	Room 3	Room 4	Room 5	Room 6
Room 1	0	1	2	1	1	2
Room 2	1	0	1	1	1	1
Room 3	2	1	0	2	1	1
Room 4	1	1	2	0	1	2
Room 5	1	1	1	1	0	1
Room 6	2	1	1	2	1	0

The total movement is 430

PROGRAMA 10.2 ■ Pantalla de entrada de datos del programa de equilibrado de líneas de ensamblaje (Assembly Line-Balancing Program) de AB:POM. El tiempo ciclo puede introducirse de dos formas: (1) bien directamente a la derecha de "Cycle Time" si es conocido o bien (2) puede introducirse la tasa de demanda con el tiempo disponible, como se muestra más abajo. Se pueden emplear cinco "reglas heurísticas": (1) mayor tiempo de operación (2) más tareas siguientes (3) peso posicional ordenado (4) menor tiempo de operación y (5) menor número de tareas siguientes. Ninguna de estas reglas puede garantizar una solución óptima. La regla por defecto empleada es la de mayor tiempo de operación.

```
———————— Balancing, Assembly line ———————— Data Screen ————————
Number of tasks (1-99)    9
————————————————————————————————————————————————————————————————
————————   ASSEMBLY LINE BALANCING, EXAMPLES 2-4   ————————
Rule            Longest operation time
Demand rate          40      units per 480.00 minutes
Cycle Time                 0.00

Task      minutes       Predecessors
a          10.00         - -    - -   - -   - -   - -   - -
b          11.00          A     - -   - -   - -   - -   - -
c           5.00          B     - -   - -   - -   - -   - -
d           4.00          B     - -   - -   - -   - -   - -
e          12.00          A     - -   - -   - -   - -   - -
f           3.00          C      D    - -   - -   - -   - -
g           7.00          F     - -   - -   - -   - -   - -
h          11.00          E     - -   - -   - -   - -   - -
i           3.00          G      H    - -   - -   - -   - -
```

PROGRAMA 10.3 ■ Salida del programa de equilibrado de líneas de AB:POM para los Ejemplos 10.2-10.4 y el Programa 10.2. Nótese que la heurística del tiempo de operación mayor proporciona una solución diferente a la que se había encontrado en la Figura 10.13.

```
———————— ASSEMBLY LINE BALANCING, EXAMPLES 2-4 ————————
Longest operation time                  cycle time = 12 minutes
Station     Task      Time       Time left ready tasks
                                           a
   1          a       10.00        2.00 b,  e
   2          e       12.00        0.00 b,  h
   3          b       11.00        1.00 h,  c,  d
   4          h       11.00        1.00 c,  d
   5          c        5.00        7.00 d
              d        4.00        3.00 f
              f        3.00        0.00 g
   6          g        7.00        5.00 i
              i        3.00        2.00
Time allocated (cyc*sta)  =    72.00; Min (theoretical) # of stations = 6
Time needed (sum task)    =    66.00; EFFICIENCY = 91.67%;
Idle time (alloc-needed)  =     6.00 minutes per cycle
```

PROBLEMA RESUELTO

Problema resuelto 10.1

El hospital Snow-Bird es una pequeña instalación orientada a las emergencias, situada en una popular estación de esquí al norte de Michigan. Su nueva administradora, Mary Lord, ha decidido reorganizar el hospital, empleando el método de layout orientado al proceso que estudió en la universidad. El layout actual de Snow-Bird dispone de ocho salas de emergencias dispuestas como se muestra en la Figura 10.14

FIGURA 10.14 ■ Layout del Hospital Snow-Bird.

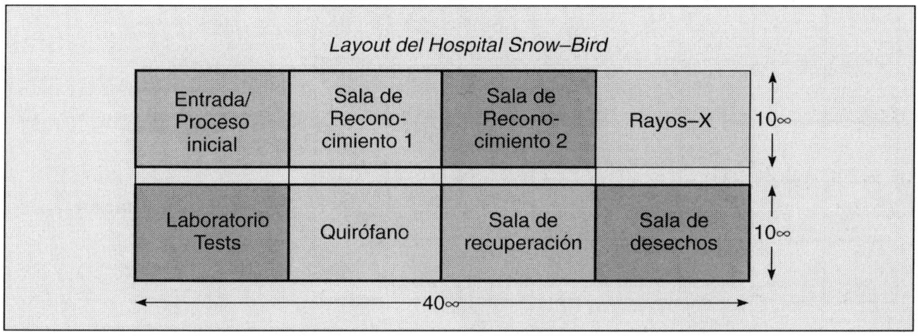

La única restricción física que tiene Lord es la necesidad de mantener la entrada y proceso inicial en su localización actual. El resto de secciones o salas (cada una de ellas de 10 pies cuadrados) puede cambiarse de lugar si el análisis del layout indica que sería beneficioso.

El primer paso de Mary es analizar los ficheros para determinar el número de viajes hechos por los pacientes entre las secciones en un mes medio. Los datos se muestran en la Figura 10.15. El objetivo decidido por Lord es situar todas las salas de forma que se minimice la distancia total recorrida por los pacientes que ingresan para recibir tratamiento. Formula su objetivo de la siguiente forma:

$$\text{Minimizar el movimiento de los pacientes} = \sum_{i=1}^{8} \sum_{j=1}^{8} X_{ij} C_{ij}$$

Donde X_{ij} = número de pacientes por mes (cargas o viajes) que se mueven de la sección i a la j

C_{ij} = distancia en pies entre las secciones i y j (que, en este caso, es equivalente al coste de mover una carga entre secciones).

Nótese que ésta es una pequeña modificación de la ecuación de costes mostrada anteriormente en este capítulo.

Para secciones que están juntas, como la entrada y la sala de reconocimiento 1, se asume que existe una distancia caminando de 10 pies. Las secciones en diagonal también se consideran adyacentes, por lo que se les asigna una distancia de 10 pies. Las secciones no adyacentes, como la entrada y la sala de reconocimiento 2, o la entrada y la sala de recuperación, están separadas por 20 pies, y los espacios no adyacentes, como la entrada y sala de rayos X, están separadas por 30 pies. (Aquí, 10 pies se consideran como 10 unidades de coste, 20 pies como 20 unidades de coste y 30 pies como 30 unidades de coste.)

Con la información dada anteriormente, diseñar el layout del Hospital Snow-Bird para mejorar su eficiencia en términos de flujo de pacientes.

FIGURA 10.15 ■ Número de pacientes que se mueven entre secciones en un mes.

1	2	3	4	5	6	7	8	Departamento
	100	100	0	0	0	0	0	1. Entrada y proceso inicial
		0	50	20	0	0	0	2. Sala de reconocimiento 1
			30	30	0	0	0	3. Sala de reconocimiento 2
				20	0	0	20	4. Rayos X
					20	0	10	5. Laboratorio/tests
						30	0	6. Quirófano
							0	7. Sala de recuperación
								8. Sala de desechos

Solución:

Primero, establecer el layout actual de Snow-Bird, como se muestra en la Figura 10.16. Empleando el layout de Snow-Bird actual, puede calcularse el movimiento de pacientes.

$$\begin{aligned}
\text{Movimiento total} &= \underset{1\text{ a }2}{(100 \times 10')} + \underset{1\text{ a }3}{(100 \times 20')} + \underset{2\text{ a }4}{(50 \times 20')} + \underset{2\text{ a }5}{(20 \times 10')} \\
&\quad + \underset{3\text{ a }4}{(30 \times 10')} + \underset{3\text{ a }5}{(30 \times 20')} + \underset{4\text{ a }5}{(20 \times 30')} + \underset{4\text{ a }8}{(20 \times 10')} \\
&\quad + \underset{5\text{ a }6}{(20 \times 10')} + \underset{5\text{ a }8}{(10 \times 30')} + \underset{6\text{ a }7}{(30 \times 10')} \\
&= 1{,}000 + 2{,}000 + 1{,}000 + 200 + 300 + 600 + 600 \\
&\quad + 200 + 200 + 300 + 300 = 6.700 \text{ pies}
\end{aligned}$$

FIGURA 10.16 ■ Flujo actual de pacientes en Snow-Bird.

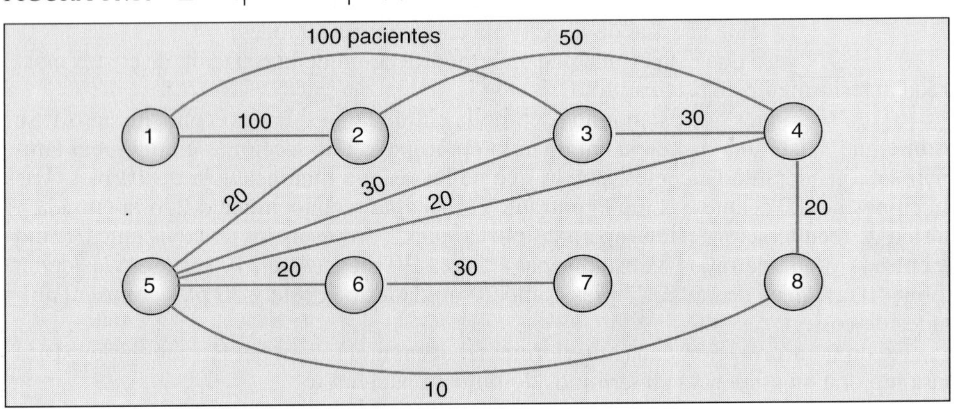

Es imposible asegurar una solución matemáticamente "óptima", pero debe ser capaz de proponer un nuevo layout que reduzca la distancia actual de 6.700 pies. Por ejemplo, dos cambios útiles serían cambiar las salas 3 y 5 e intercambiar las salas 4 y 6. Este cambio proporcionaría el esquema mostrado en la Figura 10.17

$$\begin{aligned}\text{Movimiento total} &= \underset{1\text{ a }2}{(100 \times 10')} + \underset{1\text{ a }3}{(100 \times 10')} + \underset{2\text{ a }4}{(50 \times 10')} + \underset{2\text{ a }5}{(20 \times 10')}\\ &\quad + \underset{3\text{ a }4}{(30 \times 10')} + \underset{3\text{ a }5}{(30 \times 20')} + \underset{4\text{ a }5}{(20 \times 10')} + \underset{4\text{ a }8}{(20 \times 20')}\\ &\quad + \underset{5\text{ a }6}{(20 \times 10')} + \underset{5\text{ a }8}{(10 \times 10')} + \underset{6\text{ a }7}{(30 \times 10')}\\ &= 1{,}000 + 1{,}000 + 500 + 200 + 300 + 600 + 200\\ &\quad + 400 + 200 + 100 + 300 = 4.800 \text{ pies}\end{aligned}$$

FIGURA 10.17 ■ Layout mejorado.

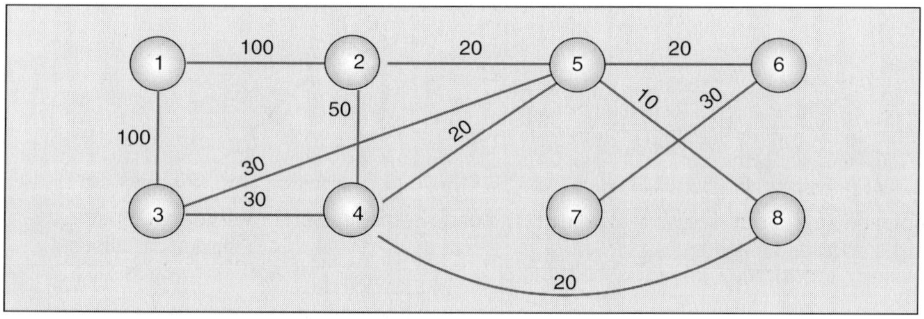

¿Ve algún espacio para futuras mejoras? (Ver el Problema 10.2).

Problema resuelto 10.2

Una línea de ensamblaje, cuyas actividades se muestran en la Figura 10.18, tiene un tiempo ciclo de ocho minutos. Dibuje el grafo de precedencias y encuentre el menor número posible de estaciones de trabajo. Organice entonces las actividades de trabajo en estaciones de trabajo para equilibrar la línea. ¿Cuál es la eficiencia de este equilibrado de línea?

TAREA	TIEMPO DE REALIZACIÓN (MINUTOS)	TAREA QUE DEBE IR DESPUÉS DE LA TAREA
A	5	—
B	3	A
C	4	B
D	3	B
E	6	C
F	1	C
G	4	D, E, F
H	2	G
	28	

Solución:
El número mínimo teórico de estaciones de trabajo es:

$$\frac{\sum t_i}{\text{Tiempo de ciclo}} = \frac{28 \text{ minutos}}{8 \text{ minutos}} = 3{,}5 \text{ ó } 4 \text{ estaciones}$$

En la Figura 10.18 se muestran el grafo de precedencias y un buen layout

$$\text{Eficiencia} = \frac{\text{tiempo total de las tareas}}{(\text{número de estaciones de trabajo}) \times (\text{tiempo ciclo})} = \frac{28}{(4)(8)} = 87{,}5\%$$

FIGURA 10.18 ■ Una solución de cuatro estaciones para el problema de equilibrado de líneas

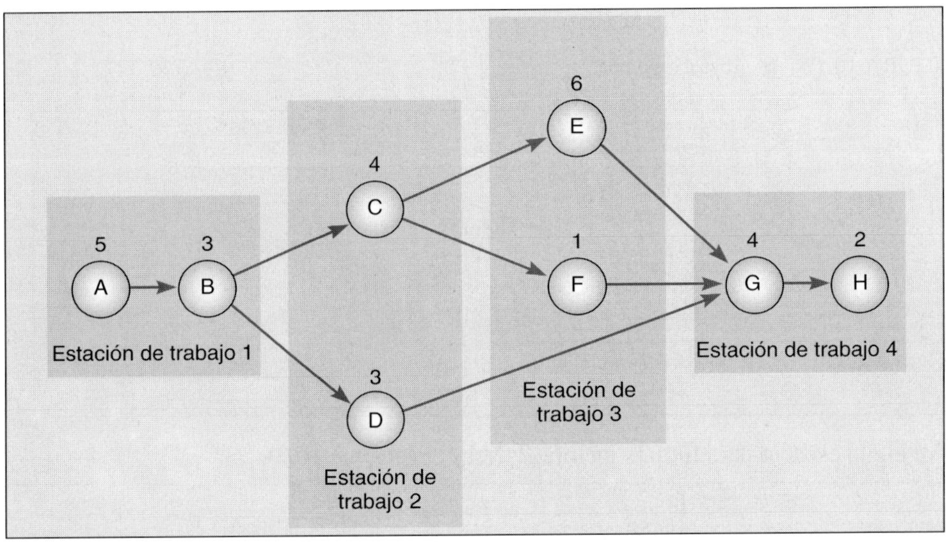

PREGUNTAS DE DISCUSIÓN

1. ¿Cuál es la estrategia de layout en su imprenta local?
2. ¿Cómo recolectaría datos para ayudar a un pequeño negocio, como-su imprenta local, a mejorar su layout?
3. ¿Cuáles son las seis estrategias de layout presentadas en este capítulo?
4. ¿Cuáles son las ventajas y desventajas de un layout orientado al producto?
5. ¿Cuáles son las ventajas y desventajas de un layout orientado al proceso?
6. ¿Cuáles son las ventajas y desventajas de las células de trabajo?
7. ¿Qué innovaciones en layout ha percibido recientemente en los establecimientos detallistas?
8. ¿Qué técnicas pueden emplearse para superar los problemas inherentes a un layout de posición fija?
9. ¿Qué variables de layout puede considerar particularmente importantes en el layout de una oficina donde se realizan programas para computador?
10. ¿Qué condiciones son necesarias para que sea apropiado un centro de trabajo enfocado o fábrica enfocada?
11. ¿Qué tipos de layout de los descritos en este capítulo asumen que la demanda es estable?

12. ¿Cuáles son las variables que un directivo puede manipular en el layout de una tienda?

13. Visite un supermercado local y haga un esbozo de su layout. ¿Cuáles son sus principales observaciones con respecto a los departamentos y a sus localizaciones?

14. Dado que la mayoría de los estudiantes de ingeniería en los Estados Unidos son hombres, y que la mayoría de estudiantes de enfermería son mujeres, ¿deberían las facultades construir edificios de aulas adaptados a las proporciones actuales entre sexos? (Mire el cuadro de POM en Acción "Potty-Parity".)

EJERCICIO DE RAZONAMIENTO CRÍTICO

Nuestra discusión sobre el layout de las oficinas incluye una nota sobre la diferencia entre las empresas norteamericanas y las japonesas. Las oficinas están más apiñadas y menos automatizadas en Japón; no es tampoco extraño que dos trabajadores compartan el teléfono. Nadie en la oficina de Toyota en Tokyo tiene su propio PC; en su lugar, existe una sala de máquinas para compartir.

Discutir sus percepciones sobre los estilos norteamericano y japonés de layout de oficinas. ¿Cuál proporciona mayor productividad?

PROBLEMAS

: **10.1** Dadas las siguientes matrices de flujos y distancias en el taller de Roy Martin, ¿cuál es el layout apropiado?

MATRIZ DE FLUJOS

	SECCIÓN A	SECCIÓN B	SECCIÓN C	SECCIÓN D	SECCIÓN E	SECCIÓN F
Sección A	0	100	50	0	0	50
Sección B	25	0	0	50	0	0
Sección C	25	0	0	0	50	0
Sección D	0	25	0	0	20	0
Sección E	50	0	100	0	0	0
Sección F	10	0	20	0	0	0

MATRIZ DE DISTANCIA

	SECCIÓN A	SECCIÓN B	SECCIÓN C	SECCIÓN D	SECCIÓN E	SECCIÓN F
Sección A	0	1	2	3	4	5
Sección B	1	0	5	4	3	2
Sección C	2	5	0	6	7	6
Sección D	3	4	6	0	4	3
Sección E	4	3	7	4	0	5
Sección F	5	2	6	3	5	0

: **10.2** En el Problema resuelto 10.1 mejoramos el layout de Snow-Bird a 4.800 pies de desplazamientos. ¿Es posible un layout mejor? ¿Cuál sería?

: **10.3** El período de matriculación en la Universidad de Southeastern ha sido siempre un período de emoción, conmoción, y colas. Los estudiantes deben trasladarse a lo largo de cuatro puestos para completar el molesto proceso semianual. La matriculación del último semestre, realizada en las oficinas del campus, se describe en la Figura 10.19. Puede ver, por ejemplo, que 450 estudiantes se desplazaron desde el puesto de los impresos de matriculación (A) hasta el puesto en el que se les aconsejaba sobre la matriculación (B) y 550 fueron directamente de A a recoger su carnet de clases (C). Los estudiantes matriculados ya en cursos anteriores, la mayor parte con prematrícula, fueron directamente de A a la estación donde se verifica la matriculación y procedió al pago de la misma (D). El layout empleado el último semestre también se muestra en la Figura 10.19. El jefe de matriculación se está preparando para montar los puestos de este semestre y prevé los mismos números.

a) ¿Cuál es la "carga × distancia", o coste del layout mostrado?

b) Proporcionar un layout mejorado y calcular su coste.

FIGURA 10.19 ■ Flujo de matriculación de estudiantes.

Flujo de matriculación entre estudiantes

	Actividad entre puestos (A)	Recogida de formularios (B)	Puesto de recomendaciones (C)	Recogida de los carnets de clase (D)
Formularios (A)	---	450	550	50
Recomendaciones (B)	200	---	200	0
Carnets de clase (C)	0	0	---	750
Verificación/pago (D)	0	0	0	---

Layout existente

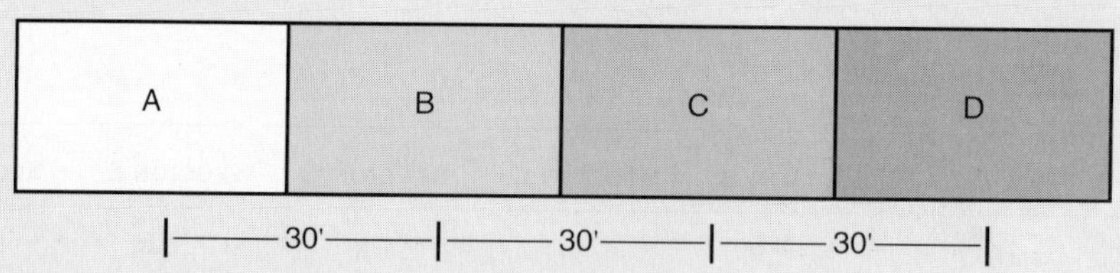

10.4 Usted acaba de ser contratado como Director de Operaciones de Bellas Chocolates, en Blacksburg (Virginia), un productor de chocolates muy selectos. Bellas Chocolates está considerando dos layout de cocina para su departamento de elaboración de recetas y pruebas. La estrategia es proporcionar el mejor layout posible para la cocina, para que los "científicos de la comida" puedan dedicar sus tiempo y energía a la mejora del producto, y no los desperdicien en la cocina. Se le ha pedido que evalúe estos dos layout de la cocina y que prepare una recomendación para su jefe, el Sr. Bellas, de forma que se pueda proceder a la concesión del contrato para construir la cocina de prueba (ver la Figura 10.20).

FIGURA 10.20 ■ Opciones de layout.

Número de viajes entre los centros de trabajo

De: \ a:		Refrigeración 1	Mostrador 2	Fregadero 3	Almacenaje 4	Horno 5
Refrig.	1	0	8	13	0	0
Most.	2	5	0	3	3	8
Freg.	3	3	12	0	4	0
Almacen.	4	3	0	0	0	5
Horno	5	0	8	4	10	0

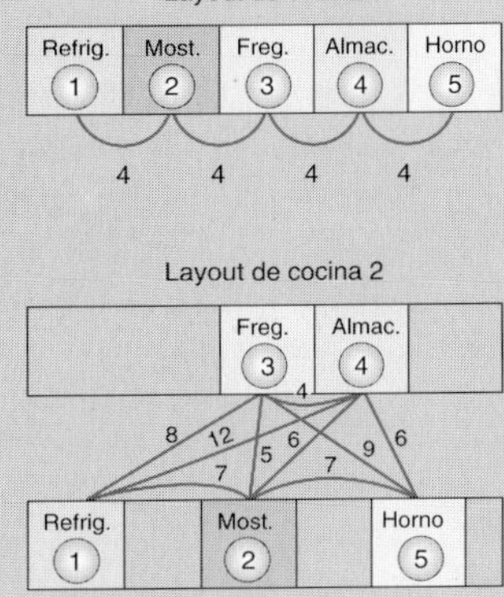

: **10.5** Bellas Chocolates (ver Problema 10.4) está considerando un tercer layout, que se muestra más abajo. Evaluar su eficiencia en distancia de viajes.

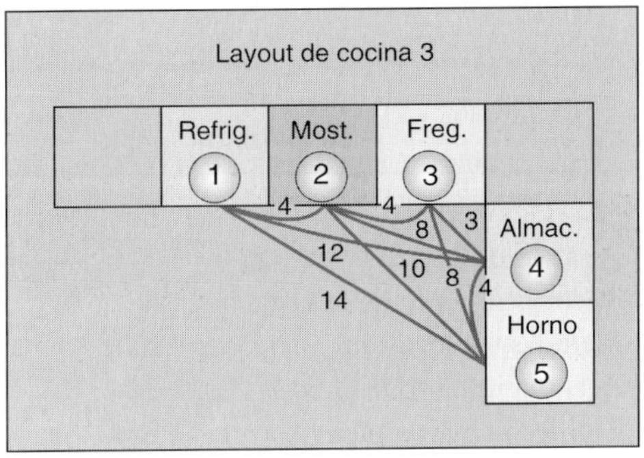

: **10.6** Bellas Chocolates (ver Problemas 10.4 y 10.5) tiene todavía dos layout más en consideración.

(a) El layout número 4 se muestra más abajo, ¿cuál es la distancia total de viajes?

(b) El layout número 5, también mostrado más abajo, ¿qué distancia total tiene?

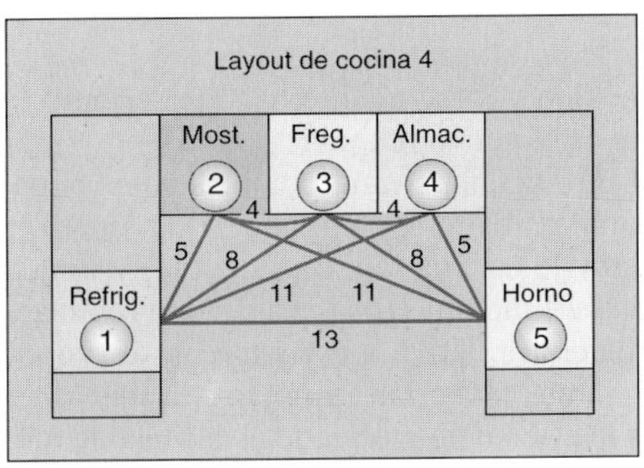

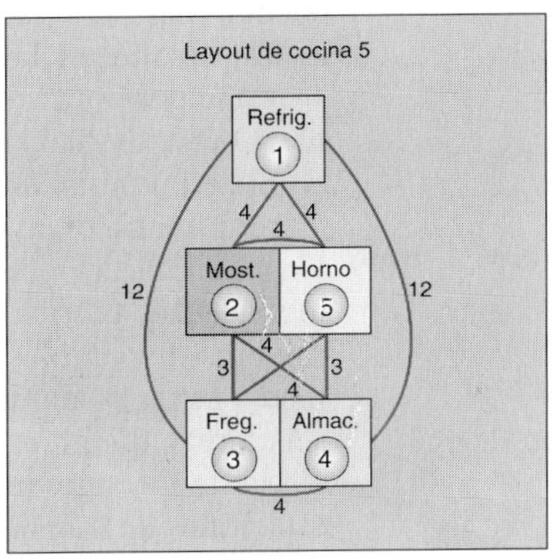

· **10.7** Dadas las siguientes tareas, tiempos y secuencias, desarrollar una línea equilibrada capaz de operar con un tiempo ciclo de diez minutos en la empresa de Paul Reed. ¿Cuál es la eficiencia de esta línea?

TAREAS	TIEMPO (MINUTOS)	TAREA PREDECESORA
A	3	—
B	5	A
C	7	B
D	5	—
E	3	C
F	3	B, D
G	5	D
H	6	G

: **10.8** El examen médico para ingresar en el ejército de los Estados Unidos consta de las siete actividades siguientes:

ACTIVIDAD	TIEMPO MEDIO (EN MINUTOS)
Historial médico	10
Análisis de sangre	8
Reconocimiento de la vista	5
Medidas (peso, altura, presión arterial)	7
Reconocimiento médico	16
Entrevista psicológica	12
Evaluación médica final	10

Estas actividades pueden realizarse en cualquier orden, salvo dos excepciones: el historial médico debe realizarse lo primero y la evaluación médica final lo último. En la actualidad, existen tres ayudantes médicos y dos médicos de servicio en cada turno. Sólo un médico puede realizar la evaluación médica final o realizar la entrevista psicológica. Las otras actividades pueden realizarse tanto por médicos como por ayudantes.

a) Desarrolle un layout y equilibre la línea. ¿Cuánta gente puede procesarse por hora?

b) ¿Qué actividad es el cuello de botella actual?

c) Si se pudieran añadir un médico y un ayudante más de servicio, ¿cómo rediseñaría el layout? ¿Cuál es el nuevo output?

: **10.9** Una fábrica de montaje final de Dictatape, una empresa muy popular de grabadoras, fabrica el DT, una grabadora de mano. Hay cuatrocientos minutos disponibles en la planta de ensamblaje final de DT, y la demanda media es de 80 unidades diarias. El montaje final requiere la realización de seis tareas distintas. La información relativa a estas tareas se proporciona en la tabla siguiente. ¿Qué tareas deberían asignarse a las diferentes estaciones de trabajo y cuál es la eficiencia global de esta línea de montaje?

Tarea	Tiempo de realización (minutos)	La tarea debe suceder a la tarea
1	1	—
2	1	1
3	4	1, 2
4	1	2, 3
5	2	4
6	4	5

10.10 SCFI, South Caroloina Furniture, Inc. fabrica todo tipo de mobiliario para oficinas. La Executive Secretary es una silla ergonómica diseñada para proporcionar confort durante largas horas de trabajo. La silla se vende por 130 dólares. Tenemos cuatrocientos ochenta minutos disponibles durante el día, y la demanda media diaria ha sido de 50 sillas. Existen ocho tareas. Con la información dada más abajo, resolver este problema de equilibrado de líneas.

Tarea	Tiempo de realización (minutos)	La tarea debe suceder a la tarea
1	4	—
2	7	1
3	6	1, 2
4	5	2, 3
5	6	4
6	7	5
7	8	5
8	6	6, 7

10.11 Tailwind, Inc. fabrica zapatillas de deporte de alta calidad pero caras para corredores. La zapatilla Tailwind, que se vende a 110 dólares, tiene a la vez cámaras de aire y líquidas para proporcionar más estabilidad y mayor protección contra las lesiones de rodilla, pie y espalda. La fabricación de las zapatillas requiere la realización de diez tareas distintas. ¿Cómo deberían agruparse esta tareas en estaciones de trabajo? Se dispone de cuatrocientos minutos diarios en la fábrica para producir las zapatillas. La demanda diaria es de 60 zapatillas. La información sobre las tareas es la siguiente:

Tarea	Tiempo de realización (minutos)	La tarea debe suceder a la tarea
1	1	—
2	3	1
3	2	2
4	4	2
5	1	3, 4
6	3	1
7	2	6
8	5	7
9	1	5, 8
10	3	9

: **10.12** Mach es una embarcación individual diseñada para ser empleada en el océano. Fabricada por Creative Leisure, Mach 10 puede resistir vientos de 80 kilómetros por hora y olas de hasta 10 pies. La planta de ensamblaje final de Creative Leisure está en Cupertino, California. Actualmente, se dispone de doscientos minutos diarios para fabricar Mach 10. La demanda diaria es de 60 embarcaciones. Dada la información siguiente, ¿cuántas estaciones de trabajo recomendaría?

Tarea	Tiempo de realización (minutos)	La tarea debe suceder a la tarea
1	1	—
2	1	1
3	2	1
4	1	3
5	3	3
6	1	3
7	1	4, 5, 6
8	2	2
9	1	7, 8

: **10.13** Debido a la elevada demanda esperada de Mach 10, Creative Leisure ha decidido incrementar el tiempo de fabricación disponible para fabricar la embarcación (ver el Problema 10.12). ¿Qué impacto tendría disponer de trescientos minutos por día en la línea de ensamblaje? ¿Qué impacto tendrían cuatrocientos minutos?

: **10.14** Nearbeer Products, Inc. fabrica bebidas que saben igual que la cerveza, pero no contienen nada de alcohol. Con los cambios en la legislación sobre bebidas alcohólicas y en la población, se ha expermimentado un creciente interés en Nearbeer Lite. Esta cerveza tiene menos calorías que la cerveza habitual, llena menos y sabe bien. La operación final de empaquetado de Nearbeer Lite requiere 13 tareas. Nearbeer embotella Nearbeer Lite durante cinco horas al día, cinco días a la semana. La demanda semanal es de 3.000 botellas de Nearbeer Lite. Dada la información siguiente, resolver este problema de equilibrado de líneas.

Datos para los Problemas 10.14 y 10.15

Tarea	Tiempo de realización (minutos)	La tarea debe suceder a la tarea
1	0,1	—
2	0,1	1
3	0,1	2
4	0,2	2
5	0,1	2
6	0,2	3, 4, 5
7	0,1	1
8	0,1	7
9	0,2	7, 8
10	0,1	9
11	0,2	6
12	0,2	10, 11
13	0,1	12

10.15 El presidente de Nearbeer, Reed Doke, cree que la demanda semanal de Nearbeer Lite podría dispararse (ver Problema 10.14). ¿Qué ocurriría si se doblara?

10.16 Suponga que las necesidades de producción del Problema Resuelto 10.2 se incrementan y es necesario reducir el tiempo ciclo de ocho a siete minutos. Equilibre la línea de nuevo con el nuevo tiempo ciclo. Observe que no es posible combinar los tiempos de las tareas, así como agrupar tareas en el número mínimo de estaciones de trabajo. Esta situación se produce en el equilibrado de líneas de forma bastante frecuente.

10.17 Marilyn Hart, directora de operaciones en Nesa Electronics, se enorgullece de su excelente equilibrado de líneas. Dice que la empresa necesita 1.400 relés electrónicos completados por día. Los días laborables tienen cuatrocientos veinte minutos de tiempo productivo (lo que equivale a 25.200 segundos). Agrupar las actividades de la línea de montaje en las estaciones de trabajo apropiadas y calcule la eficiencia del equilibrado.

TAREA	TIEMPO (SEGUNDOS)	DEBE SUCEDER A LA TAREA	TAREA	TIEMPO (SEGUNDOS)	DEBE SUCEDER A LA TAREA
A	13	—	G	5	E
B	4	A	H	6	F, G
C	10	B	I	7	H
D	10	—	J	5	H
E	6	D	K	4	I, J
F	12	E	L	15	C, K

10.18 Dados los siguiente datos que describen un problema de equilibrado de líneas en la empresa Mayur Mehta, desarrollar una solución que permita un tiempo ciclo de tres minutos. ¿Cuál es la eficiencia de la línea?

TAREA ELEMENTO	TIEMPO (MINUTOS)	ELEMENTO PREDECESOR
A	1	—
B	1	A
C	2	B
D	1	B
E	3	C, D
F	1	A
G	1	F
H	2	G
I	1	E, H

APLICACIÓN DE BASE DE DATOS

10.19 Al completar los planes para su nueva línea de montaje, Williams Bicycle Co., en Omaha, ha identificado 25 tareas diferentes en el proceso de producción. R. Don Williams, el Vicepresidente de Operaciones, se enfrenta ahora al problema del equilibrado de la línea. Enumera las precedencias y proporciona estimaciones de los tiempos para cada etapa basadas en la técnicas de muestreo de trabajo. El objetivo de Williams es fabricar 1.000 bicicletas por semana estándar de cuarenta horas de trabajo.

TAREA	TIEMPO (SEGUNDOS)	DEBE SUCEDER A LA TAREA	TAREA	TIEMPO (SEGUNDOS)	DEBE SUCERDER A LA TAREA
K3	60	—	E3	109	F3
K4	24	K3	D6	53	F4
K9	27	K3	D7	72	F9, E2, E3
J1	66	K3	D8	78	E3, D6
J2	22	K3	D9	37	D6
J3	3	—	C1	78	F7
G4	79	K4, K9	B3	72	D7, D8, D9, C1
G5	29	K9, J1	B5	108	C1
F3	32	J2	B7	18	B3
F4	92	J2	A1	52	B5
F7	21	J3	A2	72	B5
F9	126	G4	A3	114	B7, A1, A2
E2	18	G5, F3			

a) Equilibrar esta operación, empleando diferentes "heurísticas". ¿Cuál es la mejor?
b) ¿Qué sucedería si la empresa pudiera cambiar a cuarenta y una horas de trabajo semanales?

CASO DE ESTUDIO

Banco Nacional Des Moines

El Banco Nacional Des Moines (BND) ha finalizado recientemente la construcción de un nuevo edificio en la zona financiera de la ciudad. Trasladarse a un nuevo edificio proporciona la oportunidad de organizar los diferentes departamentos para optimizar la eficiencia y eficacia de las operaciones.

Una operación básica del BND es su división de proceso de cheques. La división actúa como cámara de compensación para los cheques comerciales y personales. Estos cheques se reciben de los cajeros de la planta inferior, así como de otras pequeñas instituciones financieras que BND ha contratado para el proceso de cheques. Los cheques se ordenan para enviarse al banco propietario, empleando la información magnética de la parte inferior del cheque. El área de conciliación se asegura de que las entradas y salidas totales coinciden, y el área de créditos realiza los asientos correspondientes para completar la transacción. Finalmente, los cheques ordenados se empaquetan y se envían desde el área de distribución.

El personal en esta división también es responsable de procesar los cheques del gobierno y del tratamiento de cualquier cheque devuelto que regresa al sistema. Debido a que estos cheques necesitan diferentes operaciones en su proceso, están colocados en otros departamentos, separados de los cheques comerciales, aunque están en el mismo piso.

El ascensor de servicio sólo va de la planta baja al segundo piso, por lo que se ha decidido que el departamento de proceso de cheques se situará en el segundo piso del nuevo edificio de BND. El segundo piso está dividido en ocho salas de igual tamaño, como muestra la Figura 10.21. (Les llamaremos salas, aunque no estén separadas por paredes.) Cada sala tiene 75 de ancho × 75 de largo. Afortunadamente, esto no preocupa a la dirección del banco, ya que los ocho departamentos que deben colocarse en esta planta necesitan 5.000 pies cuadrados, estas salas disponen de espacio adicional para el almacenaje y futuras ampliaciones.

El flujo físico de materiales —como el de los cheques que se procesan y los listados de computador de las áreas de conciliación y créditos— se producirá en los pasillos que van por el centro de las salas, tal como se muestra en la Figura 10.21. Los cheques llegarán y se distribuirán por el ascensor de servicio, por lo que es necesario colocar el departamento de distribución en la sala que tiene el ascensor.

No existen más restricciones físicas que exijan la colocación de un departamento en una sala determinada.

FIGURA 10.21 ■ Plano de planta del segundo piso del edificio BND.

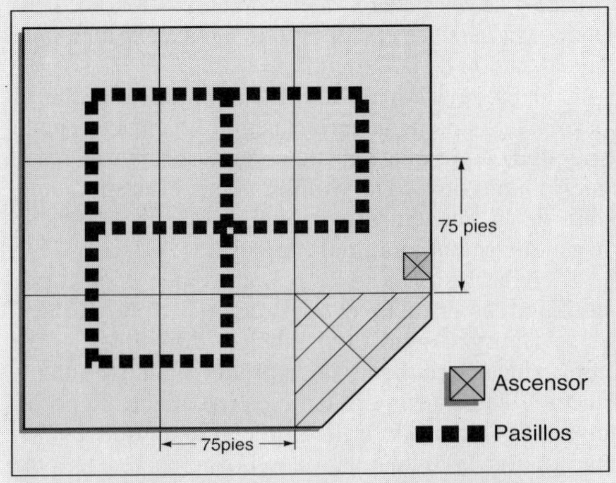

El primer paso en este análisis fue determinar el flujo de trabajo entre los departamentos. Los datos recogidos de varias semanas determinaron el tráfico medio diario, medido como número de viajes entre departamentos. Aunque hay alguna fluctuación en el número de cheques procesados durante diferentes días de la semana, esta media proporciona una buena estimación del flujo de trabajo entre cada par de departamentos.

Una revisión de los datos del flujo de trabajo reveló que había importantes relaciones que no se consideraron. Por ejemplo, aunque no hay flujos de material directos entre el área que ordena los cheques comerciales y el área de cheques gubernamentales, éstas emplean el mismo tipo de equipo. Este equipo es muy ruidoso y requiere un muro que aísle el ruido. Por tanto, es necesario mantener todo este equipo junto para minimizar los costes de construcción. También, debido a este ruido, es deseable mantener este departamento alejado de áreas que requieren concentración, como la de conciliación y las oficinas. Para tener en cuenta este tipo de problemas, se establecieron ratios de proximidad para cada par de departamentos, empleando el siguiente esquema de ratios:

A - Absolutamente necesario
E - Especialmente importante
I - Importante
O - Proximidad ordinaria OK
U - No importante
X - No deseable

La Tabla 10.4 proporciona la media diaria de flujo de trabajo entre departamentos en la parte superior derecha y los ratios de proximidad en la parte inferior izquierda. Por ejemplo, el flujo de trabajo entre el área que ordena los cheques y la que los concilia es 50 unidades diarias, y existe una ratio de proximidad de "X".

PREGUNTAS DE DISCUSIÓN

1. Desarrollar un layout que minimice el flujo de trabajo total.
2. Desarrollar un layout empleando las relaciones definidas por los ratios de proximidad.
3. Desarrollar un layout que considere a la vez el flujo de trabajo y las relaciones de proximidad entre departamentos.
4. Comentar los frentes layouts desarrollados.
5. Discutir otros factores que deberían considerarse cuando se desarrolla un layout para la división de proceso de cheques.

Fuente: Profesor Timothy L. Urban, Universidad de Tulsa.

TABLA 10.4 ■ Flujo de trabajo y relaciones de proximidad entre los departamentos.

DEPARTAMENTO	1	2	3	4	5	6	7	8
1. Ordenación de cheques	—	50	0	250	0	0	0	0
2. Conciliación de cheques	X	—	50	0	0	0	0	0
3. Acreditación de cheques	X	A	—	0	0	0	0	10
4. Distribución de cheques	U	U	U	—	40	60	0	0
5. Cheques del gobierno	A	U	U	E	—	0	0	0
6. Cheques devueltos	U	U	U	E	U	—	12	0
7. Ajuste de créditos	X	A	A	U	U	E	—	10
8. Oficinas	X	I	I	U	O	O	I	—

CASO DE ESTUDIO

Renovación de los permisos de conducción

Henry Coupe, director de la oficina de renovación de permisos de conducción, intentó realizar un análisis de las operaciones de renovación de las licencias de conducción. El proceso estaba compuesto de varias etapas. Después de examinar el proceso, identificó las etapas y tiempos asociados necesarios para realizarlas, tal y como se muestra en la tabla siguiente:

DURACIÓN DEL PROCESO DE RENOVACIÓN DE LOS PERMISOS DE CONDUCCIÓN

ETAPA	TIEMPO MEDIO DE EJECUCIÓN (SEGUNDOS)
1. Revisión de la solicitud de renovación	15
2. Proceso y registro del pago	30
3. Comprobación del fichero en busca de infracciones y restricciones	60
4. Realización de la prueba de visión	40
5. Fotografía al solicitante	20
6. Expedición de una licencia provisional	30

Coupe encontró que cada paso estaba asignado a una persona diferente. Cada solicitud era un proceso separado con la secuencia mostrada anteriormente. Coupe determinó que la oficina debería estar preparada para ajustarse a la demanda máxima de procesar 120 solicitudes de renovación de permiso por hora.

Observó que el trabajo estaba desigualmente repartido entre los empleados, y que la empleada que era responsable de comprobar las infracciones tendía a acortar su tarea para seguir a los otros empleados. Se formaban grandes colas en los períodos de máxima demanda.

Coupe también descubrió que los pasos 1 a 4 los realizaban generalmente empleados a los que se les pagaba 6 dólares por hora. El paso 5 lo realizaba un fotógrafo al que se le pagaba ocho dólares por hora. Para el paso 6, la expedición de una licencia temporal, la policía local determinó que esta tarea debía realizarla un oficial de tráfico uniformado. A los oficiales se les pagaba nueve dólares por hora, pero podía asignárseles cualquier otra tarea a excepción de la realización de la fotografía.

Una revisión de los trabajos indicaba que el paso 1, revisión de la correcta cumplimentación de la solicitud, tenía que realizarse antes de que se realizará ningún otro paso. Similarmente, el paso 6, emisión de la licencia provisional, no podía realizarse hasta que se hubiera finalizado el resto de pasos.

A las oficinas se les cobraba cinco dólares por hora por cada cámara de realización de fotografías.

Henry Coupe tuvo muchas dificultades para conseguir una aumento de la productividad y una reducción de costes, pero también fue advertido por el director regional de tráfico de que tenía que gestionar mejor la demanda de renovaciones. De otro modo, "rodarían cabezas".

PREGUNTAS DE DISCUSIÓN

1. ¿Cuál es el número máximo de solicitudes por hora que pueden procesar con la configuración actual del sistema?
2. ¿Cuántas solicitudes pueden procesarse por hora si se añade un segundo empleado a la comprobación de infracciones?
3. Suponiendo la incorporación de un nuevo empleado, ¿cuál es el número máximo de solicitudes que el proceso puede procesar?
4. ¿Qué modificación sugeriría para adaptar el proceso a una demanda de 120 solicitudes por hora?

Fuente: W. Earl Sasser, Paul R. Olson, y D. Daryl Wyckoff, *Management of Services Operations: Text, Cases, and Readings* (Boston: Allyn and Bacon, 1978).

BIBLIOGRAFÍA

Balakrishnan, J. "Notes: The Dynamics of Plant Layout." *Management Science*, **39**, 5 (May 1993): 654–655.

Ding, F., and L. Cheng. "An Effective Mixed-Model Assembly Line Sequencing Heuristic for Just-In-Time Production Systems." *Journal of Operations Management*, **11**, 1 (March 1993): 45–50.

Faaland, B. H., T. D. Klastorin, T. G. Schmitt, and A. Shtub. "Assembly Line Balancing with Resource

Dependent Task Times." *Decision Sciences*, **23**, 2 (March–April 1992): 343.

Francis, R. L., L. F. McGinnis, and J. A. White. *Facility Layout and Location*, 2nd ed. Englewood Cliffs, NJ: Prentice Hall, 1992.

Huang, P. Y., and B. L. W. Houck. "Cellular Manufacturing: An Overview and Bibliography." *Production and Inventory Management*, **26** (Fourth Quarter 1985): 83–92.

Joshi, S., and M. Sudit. "Procedures for Solving Single-Pass Strip Layout Problems." *IIE Transactions*, **26**, 1 (January 1994): 27–37.

Leung, J. "A New Graph-Theoretic Heuristic for Facility Layout." *Management Science*, **38**, 4 (April 1992): 594.

Makens, P. K., D. F. Rossin, and M. C. Springer. "A Multivariate Approach for Assessing Facility Layout Complexity." *Journal of Operations Management*, **9**, 2 (April 1990): 185.

Montreuil, B., U. Venkatadri, and H. D. Ratliff. "Generating a Layout from a Design Skeleton." *Industrial Engineering Research & Development*, **25**, 1 (January 1993): 3–15.

Morris, J. S., and R. J. Tersine. "A Comparison of Cell Loading Practices in Group Technology." *Journal of Manufacturing and Operations Management*, **2**, 4 (Winter 1989): 299.

Vakharia, A. J., and B. K. Kaku. "Redesigning a Cellular Manufacturing System to Handle Long-Term Demand Changes: A Methodology and Investigation. *Decision Sciences*, **24**, 5 (September–October 1993): 909.

10 SUPLEMENTO

MODELOS DE LÍNEAS DE ESPERA

CONTENIDO DEL SUPLEMENTO

La situación en Zayres ha ido de mal en peor. Habiendo sido la cadena líder de almacenes tipo «discount» en los Estados Unidos, Zayres fue perdiendo cuota de mercado, y las ventas comenzaron a caer drásticamente. K-Mart, Wal-Mart, J. C. Penney y otras cadenas de «discount» habían recuperado terreno respecto a Zayres, y la razón era evidente. A cualquier hora del día o de la noche un cliente podía entrar en un gran almacen de Zayres, podía coger 30 artículos o uno sólo y, al ir a pagar, permanecer en la cola de la caja una eternidad. Era el momento de actuar con decisión y Zayres lo hizo. Una gran y costosa campaña nacional decía: «Si hay tres o más personas en una cola, abriremos otra caja». Pero ya fue tarde. Zayres cerró. Nadie quiere largas colas.◆

Teoría de colas

Líneas de espera

El tema de las líneas de espera, a menudo llamado **teoría de colas**, es una parte importante de la POM y una valiosa herramienta para los directores de operaciones. Las **líneas de espera** son una situación común; pueden tomar, por ejemplo, la forma de automóviles esperando a ser reparados en un taller Midas Muffler, trabajos para ser finalizados en una imprenta Kinkos, o desdichados clientes esperando para que les cobren en la caja de cualquiera de los almacenes Zayres. La Tabla S10.1 enumera unas pocas utilizaciones de los modelos de líneas de espera en la POM.

TABLA S10.1 ■ Situaciones normales de colas.

SITUACIÓN	LLEGADAS A LA COLA	PROCESO DE SERVICIO
Supermercado	Clientes	Cobro de las compras en la caja
Cabina de peaje de autopista	Automóviles	Cobro del peaje
Consulta del médico	Pacientes	Tratamiento por el médico y enfermeras
Computador	Programas a ser procesados	El computador ejecuta los programas
Compañía telefónica	Clientes que llaman	Equipos de conmutación para dirigir las llamadas
Banco	Clientes	Transacciones realizadas por el cajero
Mantenimiento de maquinaria	Máquinas averiadas	Personal de mantenimiento arreglando las máquinas
Puerto	Barcos y barcazas	Los trabajadores del puerto cargan y descargan

Los modelos de líneas de espera son de utilidad tanto en las empresas manufactureras como en las de servicios. El análisis de las colas en términos de la longitud de la línea de espera, tiempo medio de espera, y otros factores nos ayuda a entender los sistemas de servicio (tales como las ventanillas de caja en los bancos), las actividades de mantenimiento (que deben reparar maquinaria averiada) y el control de actividades en la planta de fabricación. En realidad, los pacientes que esperan en el consultorio del médico y las prensas averiadas esperando ser reparadas por un servicio de mantenimiento tienen numerosos puntos en común desde una perspectiva de POM. Ambos utilizan recursos humanos y equipos para restaurar valiosos activos de producción (personas y máquinas) en condiciones operativas.

COSTES EN LAS COLAS

Los directores de operaciones reconocen el equilibrio que debe existir entre el coste de suministrar un buen servicio y el coste del tiempo de espera de un cliente o de una máquina. Los directivos desean colas que sean lo suficientemente cortas para que los clientes no se desesperen y se vayan sin comprar o aunque compren no vuelvan más. Sin embargo, los directivos están de acuerdo en permitir alguna espera si ésta es equilibrada por importantes ahorros en los costes del servicio.

Una manera de evaluar un dispositivo de servicio es cuantificar el coste esperado total (Figura S10.1). El coste total es la suma de los costes esperados de servicio y los costes esperados de espera.

Los costes de servicio aumentan cuando la empresa intenta mejorar su nivel de servicio. Los directores de *algunos* centros de servicios pueden variar su capacidad teniendo personal y máquinas desocupadas que, en un momento dado, pueden asignarse a estaciones de servicio específicas para evitar o reducir colas excesivamente largas. En un super-

FIGURA S10.1 ■ El intercambio entre Costes de Espera y Costes de Servicio.

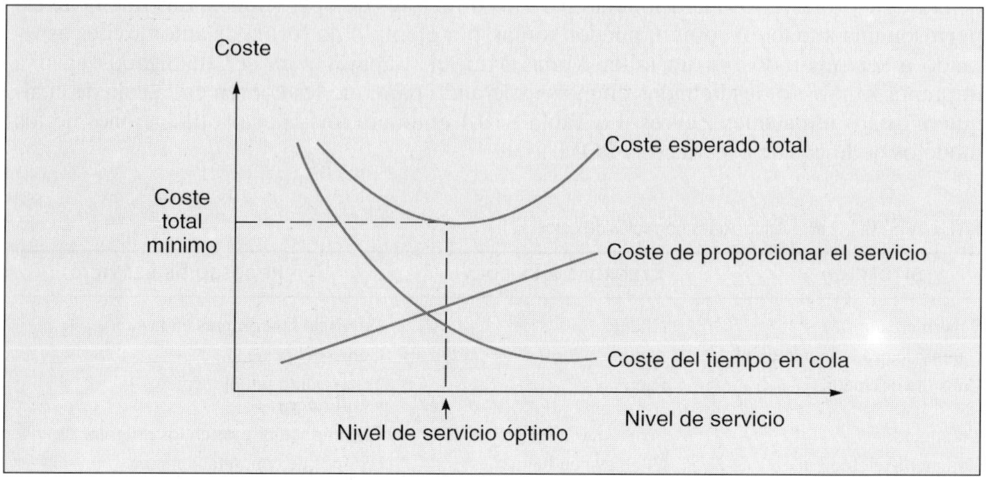

mercado, el director puede aumentar el número de cajas en funcionamiento cuando sea necesario. En los mostradores de embarque de los aeropuertos y en las ventanillas de caja de un banco, se solicitan empleados a tiempo parcial para que ayuden cuando sea necesario. Cuando el servicio aumenta (es decir, la velocidad aumenta), disminuye, sin embargo, el coste de tiempo empleado esperando en la cola. El coste de la espera puede reflejar las pérdidas en productividad de los trabajadores como consecuencia de que sus herramientas o máquinas estan esperando a ser reparadas, o puede simplemente ser una estimación del coste que suponen los clientes perdidos por un servicio pobre y largas colas. En algunos sistemas de servicio (por ejemplo, un servicio de ambulancias de emergencia), el coste de largas líneas de espera puede ser intolerablemente alto.

CARACTERÍSTICAS DE UN SISTEMA DE LÍNEAS DE ESPERA

En esta sección, estudiaremos tres partes de un sistema de líneas de espera, o colas:

1. Llegadas o inputs al sistema.
2. Disciplina de la cola, o de la línea de espera.
3. El dispositivo de servicio.

Características de las llegadas

El centro emisor que genera llegadas o clientes para el sistema de servicio tiene tres características fundamentales: el tamaño de la población, es decir el número de clientes potenciales del sistema, el patrón de llegadas a la cola, y el comportamiento de las llegadas.

Población

Ilimitada o infinita

TAMAÑO DE LA POBLACIÓN. El tamaño de la población puede ser considerado ilimitado (o infinito) o limitado (finito). Cuando el número de clientes o llegadas en cualquier momento es solamente una pequeña parte de las llegadas potenciales, la **población** se considera **ilimitada** o **infinita**. Ejemplos de poblaciones ilimitadas pueden ser automó-

FIGURA S10.2 ■ Dos ejemplos de la Distribución de Poisson para los Instantes de Llegadas.

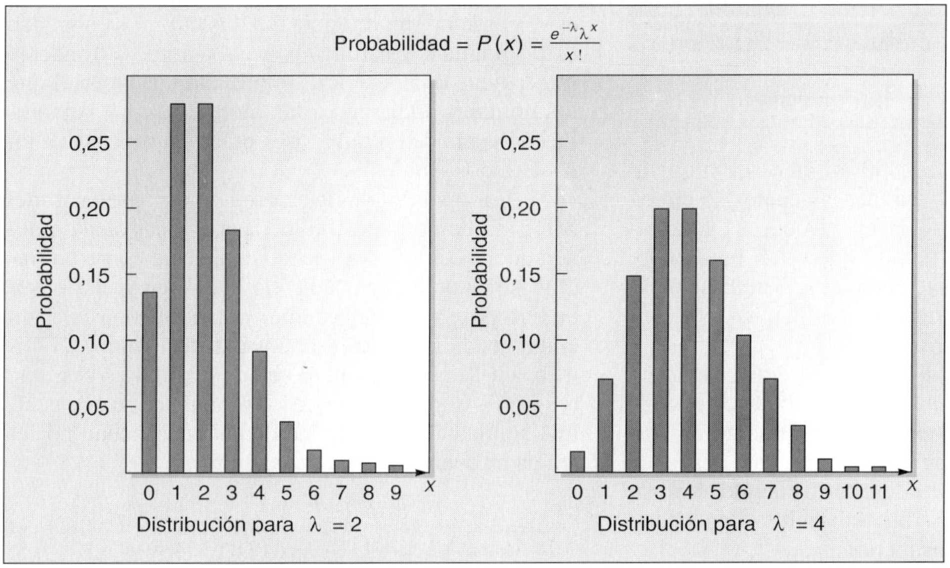

viles llegando a una cabina de peaje en una autopista, clientes llegando a un supermercado y estudiantes llegando a la secretaría de una facultad para matricularse. La mayoría de los modelos de colas suponen poblaciones de llegada infinitas. Un ejemplo de una población **limitada,** o **finita**, es un centro de reprografía con sólo ocho máquinas fotocopiadoras, que pueden averiarse y necesitar servicio.

Limitada o finita

PATRÓN DE LAS LLEGADAS AL SISTEMA. Los clientes pueden llegar al dispositivo de servicio según una secuencia conocida (por ejemplo, un paciente cada quince minutos o un estudiante cada media hora) o de una manera *aleatoria.* Las llegadas se consideran aleatorias cuando unas son independientes de las otras y su ocurrencia no puede ser prevista de forma exacta. Frecuentemente, en los problemas de colas el número de llegadas por unidad de tiempo puede estimarse por la **distribución de probabilidad de Poisson**. Para cualquier tasa de llegadas (tales como dos clientes por hora, o cuatro camiones por minuto), una distribución de Poisson se expresa a través de la fórmula

Distribución de probabilidad de Poisson

$$P(x) = \frac{e^{-\lambda}\lambda^x}{x!} \qquad \text{para } x = 0, 1, 2, 3, 4, \ldots \qquad \text{(S10.1)}$$

donde $P(x)$ = probabilidad de x llegadas
x = número de llegadas por unidad de tiempo
λ = tasa media de llegadas
e = 2,7183 (que es la base de los logaritmos naturales)

Con la ayuda de la tabla del Anexo C, estos valores se calculan fácilmente. La Figura S10.2 muestra la distribución de Poisson para $\lambda = 2$ y $\lambda = 4$. Esto significa que si la tasa media de llegadas es $\lambda = 2$ clientes por hora, la probabilidad de que en una hora cualquiera llegen 0 clientes es aproximadamente del 13 por 100, la probabilidad de un cliente es del 27 por 100, de dos clientes del 27 por 100, de tres clientes del 18 por 100, de cuatro clientes del 9 por 100, etc. La posibilidad de que lleguen nueve ó más clientes es prácticamente nula.

POM EN ACCIÓN

La cultura de hacer colas

Los americanos gastan 37.000 millones de horas al año esperando en colas, durante las cuales se ponen nerviosos, se enfadan, fruncen el ceño y generalmente se lamentan del tiempo que están perdiendo. Las colas son actualmente complejos sistemas sociales que incorporan culturalmente principios específicos de equidad y justicia.

Los sociólogos han demostrado que, dejado a su propio albedrío, el *homo sapiens* no hace colas. Y en ciertas partes del mundo, principalmente en Europa y Latinoamérica, esta práctica es casi desconocida, un hecho que Disney descubrió cuando abrió su EuroDisney en Francia y solicitaba a los clientes que aguardaran en cola de forma ordenada.

Un factor fundamental para respetar las colas es el grado de importancia que las culturas conceden a la igualdad. En muchos países árabes, donde la mujer tiene una posición subordinada, es normal que los hombres adelanten a las mujeres en las ventanillas de venta de entradas, una práctica impensable en los Estados Unidos.

En opinión de Richard Larson, profesor del MIT: «El comportamiento de las personas cuando tienen que hacer una cola puede explicarse como un microcosmos de la sociedad en la que viven.» «En el sur de Europa es parte de la cultura colarse en una cola; sin embargo, en Inglaterra y en los Estados Unidos, el primero en llegar, el primero en ser servido, es casi una religión.» Constatemos que los problemas de este capítulo suponen una disciplina de cola que puede no ser tenida en cuenta en todas las culturas.

Fuentes: San Antonio Express-News (7 de febrero de 1993): 3-G; *Orlando Sentinel* (18 de diciembre de 1992): E7, y *Cornell Hotel and Restaurant Quaterly* (febrero de 1991): 994-99.

Una P_3 de 0,0625 significa, por ejemplo, que la posibilidad de que haya más de tres clientes en la cola de embarque en un determinado momento del día es de una posibilidad entre dieciséis. Si en este departamento pueden atender cuatro o más pasajeros en cola durante un 6 por 100 de su tiempo, un empleado de servicio será suficiente. Si no, deberán añadir más personal y posiciones de embarque.

Las llegadas, obviamente, no se distribuyen siempre según una ley de Poisson (pueden seguir cualquier otra distribución) y deben examinarse para cerciorarse de que pueden aproximarse bien mediante una Poisson antes de que se utilice la distribución.

COMPORTAMIENTO DE LAS LLEGADAS. La mayoría de los modelos de colas suponen que el cliente que llega es un cliente paciente. Los clientes pacientes son personas o máquinas que esperan en su cola hasta que son servidos y no pasan de una cola a otra. Desgraciadamente, la vida se complica porque las personas suelen ser impacientes. Están los clientes que se niegan a colocarse en una cola si ésta es demasiado larga para sus necesidades o intereses. Otro tipo de cliente es aquél que se coloca en la cola, espera durante un rato, se impacienta, y se va sin completar su transacción. Actualmente, ambas situaciones sirven para acentuar la necesidad de la teoría de colas y del análisis de las líneas de espera (vea el *POM en Acción* "La cultura de hacer colas").

Características de las líneas de espera

La línea de espera propiamente dicha es el segundo componente de un sistema de colas. La longitud de la cola puede ser limitada o ilimitada. Una cola es *limitada* cuando no puede, por ley o por restriciones físicas, aumentar a una longitud infinita. Esta es la situación que se da en una barbería que sólo tiene un número limitado de sillas de espera. Los modelos analíticos de colas son tratados en este suplemento con la hipótesis de que las colas tienen longitud ilimitada. Una cola es ilimitada cuando su tamaño no está restringido, como es el caso de una cabina de peaje que sirve a los automóviles que llegan.

La segunda característica de las líneas de espera es la *disciplina de la cola*. Esto se refiere a la regla que rige el orden en que los clientes que están en la cola reciben el servicio. La mayoría de los sistemas utilizan una disciplina de cola conocida como la regla del primero llegado-primero servido **(first in-first out: FIFO)**. En el servicio de urgencias de un hospital o en una cola de una caja expres de un supermercado, sin embargo, pueden utilizarse otro tipo de prioridades diferentes a la FIFO. Los pacientes muy graves recibirán tratamiento antes que los que tienen un dedo roto o una nariz rota. Los clientes de un supermercado con menos de 10 artículos pueden colocarse en la cola de la caja exprés (donde seguirán una regla FIFO). La ejecución de los programas en un computador es otro ejemplo de sistema de colas que trabajan con una programa de prioridades. En la mayoría de las grandes compañías, cuando al final de mes se necesita que el computador genere los sobres de nómina, la ejecución del programa de nóminas tiene prioridad máxima sobre cualquier otro.[1]

(first in-first out: FIFO)

Características del dispositivo de servicio

La tercera parte de cualquier sistema de colas es el dispositivo de servicio. Tiene dos características importantes: (1) la configuración del sistema de servicio y (2) el patrón de los tiempos de servicio.

Configuraciones básicas de los Sistemas de Colas. Los sistemas de servicio normalmente se clasifican en función de su número de canales (por ejemplo, número de servidores) y su número de fases (por ejemplo, número de paradas de servicio que deben realizarse). Un **sistema de colas de un único canal**, con un servidor, está tipificado por un banco que tiene sólo una ventanilla de caja abierta, o por un drive-through (ventanilla de servicio a automóviles) de un restaurante de comida rápida. Si, en la situación contraria, el banco dispone de varias ventanillas de caja en funcionamiento, y cualquier cliente espera en una cola común para la primera ventanilla disponible, entonces estamos ante un sistema de colas multicanal. Hoy en día, la mayoría de los bancos son **sistemas de servicio multicanal**, lo mismo que las barberías grandes, los mostradores de venta de billetes de avión y las oficinas de correos.

Sistema de colas de un único canal

Sistemas de servicio multicanal

Un **sistema de una fase** es aquél en que el cliente recibe el servicio en una única estación y entonces abandona el sistema. Un restaurante de comida rápida en el que la persona que le toma la nota también le sirve la comida y le cobra, es un sistema de una fase. Pero si en el restaurante le toman el pedido en una estación, paga en una segunda, y recoge la comida en una tercera parada de servicio, se convierte en un sistema multifase
Para ayudarle a relacionar los conceptos de canales y fases, la Figura S10.3 presenta cuatro configuraciones posibles.

Sistema de una fase

Distribución del tiempo de servicio. Los patrones de servicio son como los patrones de llegadas, pueden ser constantes o aleatorios. Si el tiempo de servicio es constante, se emplea el mismo tiempo en servir a cada cliente. Este es el caso en las operaciones de servicio realizadas por una máquina, como el de las máquinas automáticas de lavado de automóviles. Más a menudo, los tiempos de servicio están distribuidos aleatoriamente. En muchos casos, podemos plantear la hipótesis de que los tiempos de servicio se pueden describir por la **distribución de probabilidad exponencial negativa.**

Distribución de probabilidad exponencial negativa

Medida del funcionamiento de las colas

Los modelos de colas ayudan a los directivos en la toma de decisiones para equilibrar los costes de servicio deseables con los costes de las líneas de espera. A continuación, se pre-

[1]El término *FIFS* (firs in, first served-primero llegado, primero servido) es utilizado a menudo en lugar de FIFO. Otra disciplina, LIFS (last in, first served-último llegado, primero servido), también denominada LIFO (last in, first out-último llegado, primero salido), es común cuando el material se amontona o apila y los artículos situados encima son los que se utilizan primero.

FIGURA S10.3 ■ Configuraciones básicas de los Sistemas de Colas.

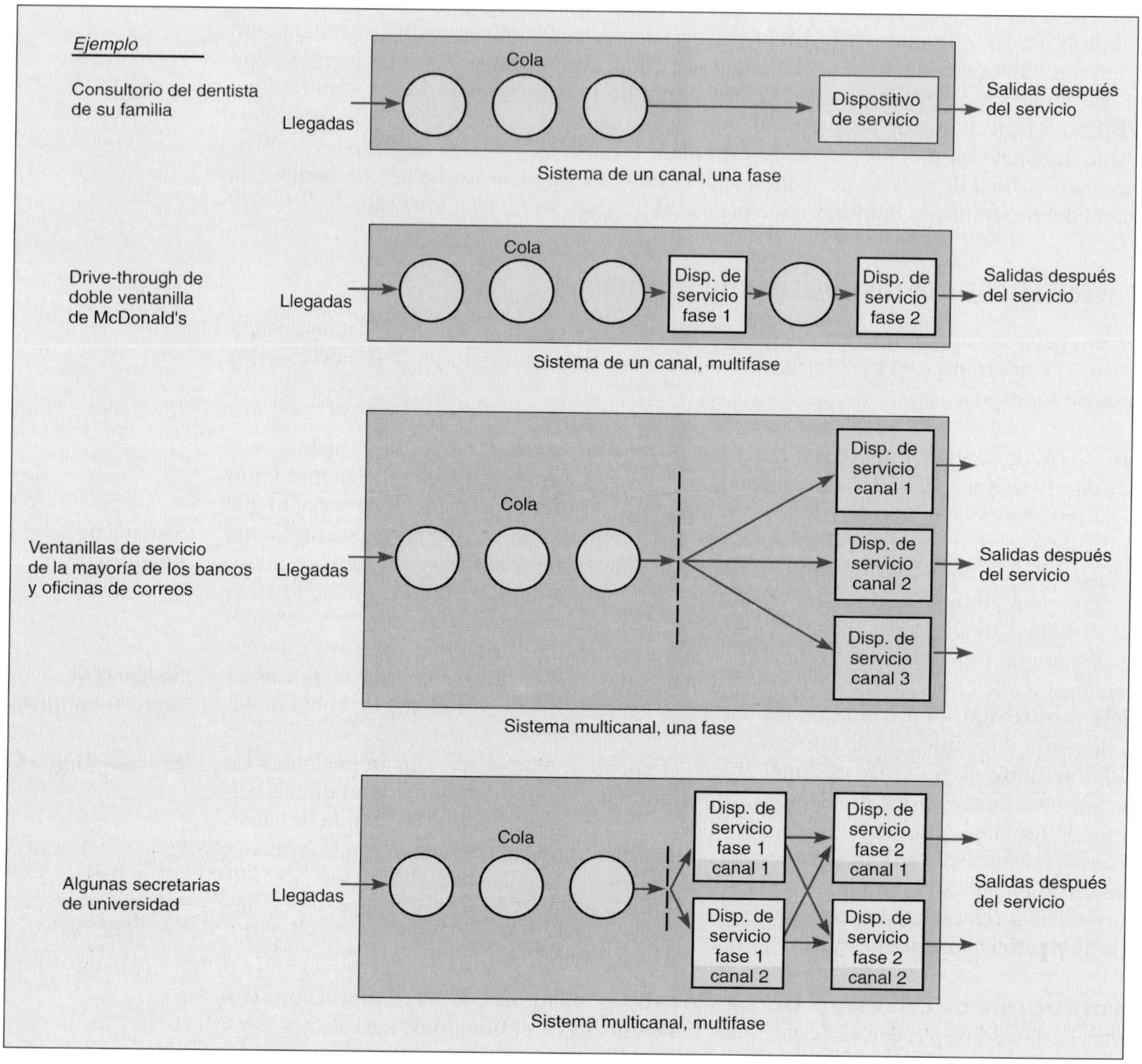

sentan algunas de las muchas medidas de evaluación de los sistemas de líneas de espera que se utilizan normalmente en el análisis de las mismas:

1. Tiempo medio que cada cliente u objeto permanece en la cola.
2. Longitud media de la cola.
3. Tiempo medio que cada cliente permanece en el sistema (tiempo de espera más tiempo de servicio).
4. Número medio de clientes en el sistema.
5. Probabilidad de que el centro de servicio esté desocupado.
6. Factor de utilización del sistema.
7. Probabilidad de que haya un número determinado de clientes en el sistema.

FIGURA S10.4 ■ Dos Ejemplos de Distribución Exponencial Negativa para Servicios.

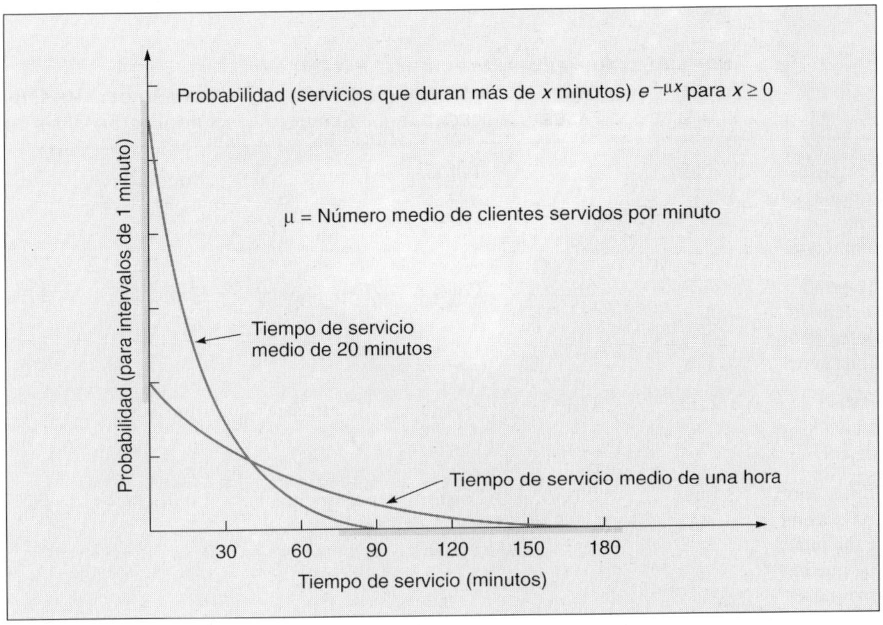

La Figura S10.4 muestra que los *tiempos de servicio* siguen un distribución exponencial negativa, la probabilidad de un tiempo de servicio largo es baja. Por ejemplo, cuando el tiempo de servicio medio es de veinte minutos, raramente un cliente necesitará más de noventa minutos en el dispositivo de servicio. Si la media del tiempo de servicio es de una hora, la probabilidad de estar más de ciento ochenta minutos en el servicio es prácticamente cero.

Tras oír durante años las quejas de los clientes, las líneas aéreas han aprendido algunas lecciones sobre la recuperación de equipajes. Cuando American diseñó su área de recuperación de equipajes en el aeropuerto de Dallas, Dallas Forth Worth, lo situó cerca de las puertas de embarque/salida (gates), por lo que los pasajeros que desembarcaban no tenían que caminar demasiado. Pero aunque los pasajeros llegaban al área rápidamente, debían esperar para recoger sus maletas. En el aeropuerto internacional de Los Ángeles, los pasajeros deben caminar una cierta distancia hasta el área de recogida, pero cuando llegan, sus maletas están normalmente allí. Aunque en Los Angeles los pasajeros pasan más tiempo real para recuperar sus maletas, American ha descubierto que no se quejan tanto sobre los retrasos de sus equipajes como los de Dallas.

TIPOS DE MODELOS DE COLAS

En la dirección de operaciones se puede utilizar una amplia variedad de modelos de colas. En la Tabla S10.2 presentamos de manera esquemática cuatro de los modelos más ampliamente utilizados.
Asimismo, en los siguientes epígrafes se verán ejemplos de cada uno. En los libros de texto sobre teoría de colas[2] se describen modelos más complejos, que también pueden desarrollarse mediante la utilización de la simulación (que es el tema del que trata el suplemento del Capítulo 13). Observemos que los cuatro modelos de la Tabla S10.2 tienen tres características en común. Todos suponen que:

1. Las llegadas se distribuyen según la ley de Poisson.
2. La disciplina es FIFO.
3. El servicio es de una fase única.

[2] Ver, por ejemplo, W. Griffin, *Queuing: Basic Theories and Applications* (Columbus: Grid Publishing, 1978); o R. B. Cooper, Introduction to Quening Theory, 2ª ed. (Nueva York: Elsevier- North Holland, 1980).

TABLA S10.2 ■ Modelos de colas descritos en este capítulo.

Modelo	Denominación (nombre técnico entre parentesis)	Ejemplo	Número de canales	Número de fases	Patrón del ritmo de llegadas	Patrón del tiempo de servicio	Tamaño de la población	Disciplina de cola
A	Sistema simple (M/M/1)	Ventanilla de información en unos almacenes	Uno	Uno	Poisson	Exponencial	Ilimitada	FIFO
B	Multicanal (M/M/S)	Mostrador de venta de billetes de una línea aérea	Varios	Uno	Poisson	Exponencial	Ilimitada	FIFO
C	Servicio constante (M/D/1)	Túnel de lavado de coches	Uno	Uno	Poisson	Constante	Ilimitado	FIFO
D	Población Limitada (población finita)	Taller con una docena de máquinas que pueden averiarse	Uno	Uno	Poisson	Exponencial	Limitada	FIFO

Además, los modelos describen sistemas de servicio funcionando en condiciones estabilizadas. Esto significa que las tasas de llegada y de servicio permanecen estables durante el análisis.

Modelo A: Modelo de cola de canal único con llegadas de Poisson y tiempos de servicio exponenciales

La mayoría de los casos comunes de los problemas de colas se refieren a la línea de espera de canal único, o servidor único. En esta situación, las llegadas forman una cola única que será servida por una sola estación (Figura S10.3). Se supone que en este tipo de sistema se dan las siguientes condiciones:

1. Las llegadas se sirven con disciplina FIFO, y cada unidad que llega espera hasta que se le sirve, con independencia de la longitud de la cola.
2. Las llegadas son independientes de las llegadas anteriores, pero el número medio de llegadas (tasa o ritmo de llegadas) no cambia a lo largo del tiempo.
3. Las llegadas se describen mediante una distribución de probabilidad de Poisson y provienen de una población infinita (o muy grande).
4. Los tiempos de servicio varían de un cliente a otro y son independientes entre sí, pero se conoce el tiempo medio.
5. Los tiempos de servicio siguen una distribución de probabilidad exponencial.
6. El ritmo de servicio es mayor que el de llegadas.

Cuando se dan estas condiciones, podemos utilizar las ecuaciones mostradas en la Tabla S10.3. Los Ejemplos S10.1 y S10.2 exponen cómo utilizar el modelo A (que en las revistas técnicas es conocido como modelo M/M/1).

TABLA S10.3 ■ Fórmulas del modelo A: Sistema Simple (M/M/1).

λ = Número medio de llegadas por periodo de tiempo

μ = Número medio de personas o artículos servidos por periodo de tiempo

L_s = Número medio de unidades (clientes) en el sistema

$$= \frac{\lambda}{\mu - \lambda}$$

W_s = Tiempo medio que una unidad está en el sistema (tiempo de espera más tiempo de servicio)

$$= \frac{1}{\mu - \lambda}$$

L_q = Número medio de unidades en la cola

$$= \frac{\lambda^2}{\mu(\mu - \lambda)}$$

W_q = Tiempo medio que una unidad espera en la cola

$$= \frac{\lambda}{\mu(\mu - \lambda)}$$

ρ = Factor de utilización del sistema

$$= \frac{\lambda}{\mu}$$

P_0 = Probabilidad de que haya 0 unidades en el sistema (es decir, que el sistema esté desocupado)

$$= 1 - \frac{\lambda}{\mu}$$

$P_{n>k}$ = Probabilidad de que haya más de k unidades en el sistema, donde n es el número de unidades en el sistema

$$= \left(\frac{\lambda}{\mu}\right)^{k+1}$$

EJEMPLO S10.1

Jones, el mecánico del taller Golden Muffler, puede colocar nuevas fundas de asientos de automóviles a un ritmo medio de tres por hora (o de una cada veinte minutos), siguiendo una distribución exponencial negativa. Los clientes que desean este servicio llegan al taller a un ritmo medio de dos por hora, siguiendo una distribución de Poisson. Los clientes son servidos según una regla FIFO (primero en llegar, primero en ser servido) y provienen de una enorme población de posibles compradores (población infinita).

De esta descripción, podemos obtener las características operativas del sistema de colas de Golden Muffler:

λ = dos llegadas de automóviles por hora

μ = tres automóviles servidos por hora

$$L_s = \frac{\lambda}{\mu - \lambda} = \frac{2}{3 - 2} = \frac{2}{1}$$

= dos automóviles en el sistema, en promedio

POM EN ACCIÓN

L. L. Bean se convierte a la Teoría de Colas

L. L. Bean se enfrentaba a importantes problemas. Era la temporada punta de ventas, y el nivel de servicio para las llamadas que llegaban era simplemente inaceptable. Ampliamente conocido como vendedor al detalle de productos de exteriores de alta calidad, cerca del 65 por 100 de su volumen de ventas se generaba a través de pedidos telefónicos desde sus centros de llamada gratuita situados en Maine.

Expliquemos lo mala que era su situación: durante determinados períodos, el 80 por 100 de las llamadas recibían la señal de ocupado y, las que no, a menudo debían esperar más de diez minutos antes de hablar con un agente de ventas. L. L. Bean estimaba que perdía 10 millones de dólares a causa de la manera en que utilizaba sus recursos de telemarketing. Mantener a los clientes esperando «en la línea» (en el teléfono) estaba costando 25.000 dólares diarios. En días especialmente ocupados, el total de órdenes perdidas debido a los problemas de colas rondaban los 500.000 dólares en ingresos brutos.

Desarrollando modelos similares a los presentados en este capítulo, L. L. Bean pudo determinar el número de líneas de teléfono y el número de agentes que debía tener trabajando cada media hora todos los días del período. En un año, la utilización de estos modelos se tradujo en un 24 por 100 más de llamadas contestadas, 17 por 100 más de pedidos tomados y 16 por 100 más de ingresos. También supuso un 81 por 100 menos de clientes que colgaban el teléfono, y un tiempo de respuesta un 84 por 100 más rápido. El porcentaje de llamadas que esperaban menos de veinte segundos en la cola aumentó del 25 por 100 al 77 por 100. La teoría de colas cambió la forma de pensar de L. L. Bean sobre las telecomunicaciones.

Fuentes: P. Quinn, B. Andrews, y H. Parsons, *Interfaces* (enero/febrero 1991): 75–91; y B. Render y R. Stair, *Quantitative Analysis for Management*, 5ª ed. (Boston: Allyn y Bacon, 1994): 645.

$$W_s = \frac{1}{\mu - \lambda} = \frac{1}{3-2} = 1$$

= 1-hora en promedio de tiempo en el sistema

$$L_q = \frac{\lambda^2}{\mu(\mu - \lambda)} = \frac{2^2}{3(3-2)} = \frac{4}{3(1)} = \frac{4}{3}$$

= 1,33 automóviles esperando en la cola, en promedio

$$W_q = \frac{\lambda}{\mu(\mu - \lambda)} = \frac{2}{3(3-2)} = \frac{2}{3} \text{ hora}$$

= 40-minutos en promedio de tiempo de espera por coche

$$\rho = \frac{\lambda}{\mu} = \frac{2}{3}$$

= 66,6% del tiempo está ocupado el mecánico

$$P_0 = 1 - \frac{\lambda}{\mu} = 1 - \frac{2}{3}$$

= 0,33 probabilidad de que haya 0 automóviles en el sistema

PROBABILIDAD DE MÁS DE K AUTOMÓVILES EN EL SISTEMA

K	$P_{N>K} = (2/3)^{K+1}$
0	0,667 ← observe que esto es igual a $1 - P_0 = 1 - 0{,}33 = 0{,}667$.
1	0,444
2	0,296
3	0,198 ← Significa que existe un 19,8% de posibilidades de que haya más de tres coches en el sistema
4	0,132
5	0,088
6	0,058
7	0,039

Una vez se han calculado las características operativas de un sistema de colas, a menudo es importante realizar un análisis económico de su impacto. El modelo de línea de espera descrito anteriormente es útil en la predicción potencial de los tiempos de espera, tamaño de la cola, tiempo desocupado, etc., pero no identifica las decisiones óptimas o considera factores de coste. Como vimos anteriormente, la solución de un problema de colas requiere la acción de la dirección para realizar un equilibrio entre el incremento de coste que resulta de dar un mejor servicio y la disminución de los costes de espera derivados de dar ese servicio.

El Ejemplo S10.2 examina los costes asociados al Ejemplo S10.1

EJEMPLO S10.2

El propietario del taller Golden Muffler estima que el coste del tiempo de espera de un cliente, en términos de insatisfacción del cliente y pérdida de imagen, es de 10 dólares por hora de espera en cola, ya que la media de espera por coche es de 2/3 horas (Wq) y se atienden aproximadamente 16 coches al día (llegan dos por hora y se trabaja ocho horas al día); el número total de horas al día que los clientes esperan para que se les instalen las fundas es:

$$\frac{2}{3}(16) = \frac{32}{3} = 10\frac{2}{3} \text{ horas}$$

Por lo tanto, en este caso,

Coste del tiempo de espera de los clientes = 10 \$ (10 2/3) = 107 \$ al día

El único coste importante que el propietario de Golden puede identificar en esta situación de colas es el salario de Jones, el mecánico, que gana siete dólares a la hora, o 56 dólares al día. De este modo,

Costes totales esperados = 107\$ + 56\$
= 163\$ al día

Este enfoque será de utilidad en el Problema resuelto S10.2

El Epcot Center y Disney World en Orlando, Disneyland en California, EuroDisney cerca de París, y Disney Japan cerca de Tokyo, tienen todos una característica común, grandes colas y al parecer esperas sin fin. Sin embargo, es una de las compañías líderes del mundo en el análisis científico de la teoría de colas. Analiza los comportamientos de las colas y puede predecir qué cantidad de personas atraerá cada atracción. Para mantener felices a los visitantes, Disney realiza tres acciones: (1) hace que parezca que las colas se mueven constantemente hacia adelante; (2) entretienen a la gente mientras que hacen cola y (3) colocan indicadores en los que se dice a los visitantes cuántos minutos deben estar en cola para cada atracción. De esta manera, los padres pueden decidir si una espera de veinte minutos para Small World vale la pena más que una de treinta minutos para Mr. Frog's Wild Ride.

Modelo B: Modelo de Cola Multicanal

Ahora veremos el sistema de colas multicanal en el que dos o más servidores o canales están disponibles para atender a los clientes que llegan. Supongamos todavía la hipótesis de que los clientes que esperan el servicio forman una única cola y que entonces van al primer servidor que queda libre. Un ejemplo de este tipo de sistema de línea de espera multicanal, y de una sola fase, la encontramos hoy día en muchos bancos. Se forma una línea común, y el cliente que está en el primer lugar de la cola es atendido por el primer servidor que quede libre. (Vea en la Figura S10.3 una típica configuración multicanal.)

El sistema multicanal presentado en el Ejemplo S10.3 supone también que las llegadas siguen una distribución de probabilidad de Poisson y que los tiempos de servicio están distribuidos exponencialmente. El servicio es FIFO, y todos los servidores realizan el servicio al mismo ritmo. Las demás hipótesis enumeradas anteriormente para el modelo de canal único son también válidas aquí.

Las ecuaciones de cálculo de las características operativas del modelo B (que se denomina técnicamente M/M/S) se indican en la Tabla S10.4. Estas ecuaciones son obviamente más complejas que las del modelo de canal único; sin embargo, se utilizan de la misma forma y suministran el mismo tipo de información que el modelo simple. El software AB:POM, del cual hablaremos más adelante en el capítulo, es muy útil en la resolución de problemas de colas multicanal, así como otros modelos de colas.

TABLA S10.4 ■ Fórmulas para el modelo B: Sistema Multicanal, también denominado M/M/S.

M = número de canales abiertos

λ = tasa media de llegada

μ = tasa media de servicio en cada canal

La probabilidad de que haya cero personas o unidades en el sistema es:

$$P_0 = \frac{1}{\left[\sum_{n=0}^{M-1} \frac{1}{n!}\left(\frac{\lambda}{\mu}\right)^n\right] + \frac{1}{M!}\left(\frac{\lambda}{\mu}\right)^M \frac{M\mu}{M\mu - \lambda}} \qquad \text{para } M\mu > \lambda$$

El número medio de personas o unidades en el sistema es:

$$L_s = \frac{\lambda\mu(\lambda/\mu)^M}{(M-1)!(M\mu - \lambda)^2} P_0 + \frac{\lambda}{\mu}$$

El tiempo medio que una unidad permanece en el sistema (en la cola más en el servicio) es:

$$W_s = \frac{\mu(\lambda/\mu)^M}{(M-1)!(M\mu - \lambda)^2} P_0 + \frac{1}{\mu} = \frac{L_s}{\lambda}$$

El número medio de personas o unidades esperando en la cola para recibir el servicio es:

$$L_q = L_s - \frac{\lambda}{\mu}$$

El tiempo medio que una persona permanece en la cola es:

$$W_q = W_s - \frac{1}{\mu} = \frac{L_q}{\lambda}$$

EJEMPLO S10.3

El taller Golden Muffler ha decidido abrir una segunda zona de trabajo en el taller y contratar para ello un segundo mecánico. Los clientes, que llegan a un ritmo de dos por hora, deberán esperar en una única cola hasta que uno de los dos mecánicos quede libre. Cada mecánico coloca las fundas a una tasa de aproximadamente tres por hora.

Para poder comparar este sistema con el ya visto del canal único, calcularemos las diferentes características operativas para el sistema de M = 2 canales, y compararemos estos resultados con los encontrados en el Ejemplo S10.1.

$$P_0 = \frac{1}{\left[\sum_{n=0}^{1} \frac{1}{n!}\left(\frac{2}{3}\right)^n\right] + \frac{1}{2!}\left(\frac{2}{3}\right)^2 \frac{2(3)}{2(3)-2}}$$

$$= \frac{1}{1 + \frac{2}{3} + \frac{1}{2}\left(\frac{4}{9}\right)\left(\frac{6}{6-2}\right)} = \frac{1}{1 + \frac{2}{3} + \frac{1}{2}} = \frac{1}{2}$$

= 0,5 probabilidad de cero automóviles en el sistema

Entonces,

$$L_s = \frac{(2)(3)(2/3)^2}{1![2(3)-2]^2}\left(\frac{1}{2}\right) + \frac{2}{3} = \frac{8/3}{16}\left(\frac{1}{2}\right) + \frac{2}{3} = \frac{3}{4}$$

= 0,75 número de automóviles en el sistema

$$W_s = \frac{L_s}{\lambda} = \frac{3/4}{2} = \frac{3}{8} \text{ hora}$$

= 22,5 minutos de tiempo medio que un automóvil pasa en el sistema

$$L_q = L_s - \frac{\lambda}{\mu} = \frac{3}{4} - \frac{2}{3} = \frac{1}{12}$$

= 0,083 número medio de automóviles en la cola

$$W_q = \frac{L_q}{\lambda} = \frac{0{,}083}{2} = 0{,}0415 \text{ horas}$$

= 2,5 minutos de tiempo medio que un automóvil pasa en la cola

Ahora podemos resumir estas características y compararlas a las del modelo simple, como indicamos a continuación:

	CANAL SIMPLE	DOS CANALES
P_0	0,33	0,5
L_s	2 autom.	0,75 autom.
W_s	60 minut.	22,5 minut.
L_q	1,33 autom.	0,083 autom.
W_q	40 minut.	2,5 minut.

La mejora del servicio tiene un importante efecto en casi todas las características. En particular, el tiempo de espera en la cola cae de cuarenta minutos a sólo 2,5 minutos.

TABLA S10.5 ■ Fórmulas para el modelo C: Tiempo de servicio constante, también denominado modelo M/D/1.

Longitud media de la cola: $L_q = \dfrac{\lambda^2}{2\mu(\mu - \lambda)}$

Tiempo de espera medio en la cola: $W_q = \dfrac{\lambda}{2\mu(\mu - \lambda)}$

Número medio de clientes en el sistema: $L_s = L_q + \dfrac{\lambda}{\mu}$

Tiempo de estancia medio en el sistema: $W_s = W_q + \dfrac{1}{\mu}$

Las colas existen en todas las industrias y en todo el mundo. El McDonald's de Moscú en la Plaza Puskin, a cuatro manzanas del Kremlin, presume de tener una gran capacidad, 700 asientos interiores y 200 exteriores, de emplear a 800 ciudadanos rusos, y de realizar unas ventas anuales de 80 millones de dólares. A pesar de su tamaño y volumen, aún se producen colas y ha sido necesario desarrollar una estrategia para poder manejarlas.

Modelo C: Modelo de tiempo de servicio constante

Algunos sistemas de servicio tienen un tiempo de servicio constante, en vez de estar distribuido exponencialmente. Cuando los clientes o equipos son procesados de acuerdo a un ciclo fijo, como es el caso de un túnel automático de lavado de automóviles o una atracción de un parque de atracciones, es apropiado la consideración de tiempos de servicio constantes. Ya que los ritmos de servicio constantes son verdaderos, los valores de L_q, W_q, L_s, y Ws son siempre menores que los que tendríamos en el modelo A, que tiene ritmos de servicio variables. En realidad, la longitud media y el tiempo medio de espera en la cola son la mitad en el modelo C. Las fórmulas del modelo de servicio constante se dan en la Tabla S10.5. El modelo C también recibe el nombre técnico M/D/1 en la literatura de la teoría de colas. El Ejemplo S10.4 proporciona un análisis de este modelo.

EJEMPLO S10.4

García-Golding Recycling, Inc. recoge y compacta botes de aluminio y botellas de vidrio en Nueva York. Sus conductores de camiones, que llegan para descargar estos materiales en la planta de reciclaje, esperan habitualmente una media de quince minutos antes de vaciar sus cargas. El coste del tiempo del conductor y del camión mientras están en la cola se valora en 60 dólares por hora. La empresa está considerando la posibilidad de comprar una nueva compactadora automática que procesará la carga de los camiones a un ritmo constante de 12 camiones por hora (es decir, cinco minutos por camión): los camiones llegan, según una distribución de Poisson, de media ocho por hora. Si se comprara el nuevo compactador, su coste sería amortizado a una tasa de tres dólares por camión descargado. La empresa ha contratado a un estudiante de POM, que realiza el siguiente análisis para evaluar los costes vs. beneficios de la compra:

Coste de espera actual/viaje = (1/4 hr. de espera) (60$/hr. coste) = 15$/viaje

Nuevo sistema: $\lambda = 8$ camiones/hr. llegados $\mu = 12$ camiones/hr. servidos

Tiempo medio de espera en la cola $= W_q = \dfrac{\lambda}{2\mu(\mu - \lambda)} = \dfrac{8}{2(12)(12-8)} = \dfrac{1}{12}$ hr

Coste de espera/viaje con el nuevo compactador = (1/12 hr. espera) (60$/hr. coste) = 5$/viaje

Ahorro con el nuevo equipo = 15$ (sistema actual) – 5$ (nuevo sistema)	= 10$/viaje
Coste de amortización del nuevo equipo	= 3$/viaje
Ahorro neto	7$/viaje

Modelo D: Modelo de población limitada

En los edificios de oficinas y en los hoteles, los espejos junto a los ascensores o en las puertas de los ascensores hacen la espera más feliz. La gente se peina; arreglan sus vestidos. Un estudio demostró que los huéspedes de hoteles con espejos pensaban que los ascensores eran más rápidos que los clientes de hoteles donde no había espejos cerca de los ascensores. La realidad era que las esperas de los ascensores eran exactamente idénticas; la única diferencia era la percepción que la gente tenía de ellas.

Cuando existe una población limitada de clientes potenciales para un servicio, se necesita utilizar un modelo de colas diferente a los vistos. Este modelo se utilizaría, por ejemplo, si consideráramos las reparaciones de maquinaria en una fábrica con cinco máquinas, si fuéramos los responsables del mantenimiento de una flota de 10 aviones, o si fuéramos los responsables de una sala con 20 camas en un hospital. El modelo de población limitada permite considerar cualquier número de servidores.

La razón por la que este modelo difiere de los tres modelos de colas anteriores es que ahora hay una relación *dependiente* entre la longitud de la cola y la tasa de llegadas. Para verlo, supongamos una situación extrema: si su fábrica, por ejemplo, tiene cinco máquinas, y todas están averiadas y en espera de ser reparadas, la tasa de llegadas será en ese momento cero. En general, cuando la longitud de la cola aumenta en el modelo de población limitada, la tasa de llegadas de clientes o máquinas disminuye.

La Tabla S10.6 muestra las fórmulas del modelo de población limitada. Observemos que se emplea una nomenclatura diferente a la vista para los modelos *A*, *B*, y *C*. Para simplificar unos cálculos demasiado largos, se han elaborado tablas de colas finitas que determinan *D* y *F*. *D* representa la probabilidad de que una máquina que necesita reparación deba esperar en cola. F es un factor de eficiencia del tiempo de espera. *D* y *F* son necesarias para calcular la mayor parte de las otras fórmulas del modelo finito.

En este epígrafe se muestra una pequeña parte de las tablas publicadas de colas finitas. La Tabla S10.7, en la página 462, corresponde al caso de una población de $N = 5$.[3] Para utilizar la Tabla S10.7 seguiremos cuatro pasos:

1. Calcular X (el factor de servicio, donde $X = T(T + U)$.
2. Localizar dicho valor (o una aproximación) de X en la tabla, y entonces encontrar la línea de M (donde M es el número de canales de servicio).
3. Encontrar para ese valor de M los correspondientes valores de D y F.
4. Calcular L, W, J, H, o cualquier otro que sea necesario para medir el funcionamiento del sistema de servicio.

El Ejemplo S10.5 muestra estos pasos.

---

[3] Las tablas de colas limitadas, o finitas, se elaboran para trabajar con poblaciones de hasta 250 unidades. Aunque no existe un número concreto que pueda utilizarse para decidir qué es una población limitada y qué una ilimitada, puede ayudarnos a establecer la diferencia la regla siguiente: si el número de unidades en cola es una proporción significativa de la población, debe utilizarse un modelo de colas de población limitada. Una serie completa de valores de N aparece en *Finite Queuing Tables* de L. G. Peck y R. N. Hazelwood (Nueva York: John Wiley, 1958).

TABLA S10.6 ■ Fórmulas y notación del modelo D: población limitada.

FÓRMULAS	
Factor de servicio: $X = \dfrac{T}{T+U}$	Número medio en funcionamiento: $J = NF(1 - X)$
Número medio esperando: $L = N(1 - F)$	Número medio que se sirven: $H = FNX$
Tiempo medio de espera: $W = \dfrac{L(T+U)}{N-L} = \dfrac{T(1-F)}{XF}$	Tamaño de la población: $N = J + L + H$
NOTACIÓN	
D = probabilidad de que una unidad deba permanecer en cola	N = número de clientes potenciales
F = factor de eficiencia	T = tiempo de servicio medio
H = número medio de unidades que se sirven	U = tiempo medio entre las necesidades de servicio de una unidad
J = número medio de unidades que no están en la cola o en el servicio	W = tiempo medio de espera en la cola de una unidad
L = número medio de unidades en espera de ser servidas	X = factor de servicio
M = número de canales de servicio	

Fuente: L. G. Peck y R. N. Hazelwood, *Finite Queuing Tables* (Nueva York: John Wiley, 1958).

EJEMPLO S10.5

Datos pasados indican que cada una de las cinco impresoras láser del Departamento de Energía, en Washington, D. C. necesitan ser reparadas después de veinte horas de utilización. Las averías siguen una distribución de Poisson. El único mecánico de servicio puede reparar una impresora en un promedio de dos horas, siguiendo una distribución exponencial. El coste del tiempo de avería de una impresora es de 120 dólares por hora. Los técnicos reciben un salario de 25 dólares por hora. ¿Debe contratarse un segundo técnico de mantenimiento?

Suponiendo que el segundo técnico puede reparar una impresora en dos horas de media, podemos utilizar la Tabla S10.7 (porque esta población limitada es de N = 5 máquinas) para comparar los costes de un técnico vs. dos técnicos.

1. Primero, observemos que $T = 2$ horas y $U = 20$ horas.
2. Aparece, $X = \dfrac{T}{T+U} = \dfrac{2}{2+20} = \dfrac{2}{22} = 0{,}091$ (cerrado 0,090).
3. Para $M = 1$ servidor, $D = 0{,}350$ y $F = 0{,}960$.
4. Para $M = 2$ servidores, $D = 0{,}044$ y $F = 0{,}998$.
5. El número medio de impresoras trabajando es $J = NF(1\text{-}X)$
   para $M = 1$, tenemos que $J = (5)(0{,}960)(1 - 0{,}091) = 4{,}36$.
   para $M = 2$, tenemos que $J = (5)(0{,}998)(1 - 0{,}091) = 4{,}54$.
6. El análisis de costes es el siguiente:

POM EN ACCIÓN

Utilización de la Teoría de Colas en Finlandia para implementar la competencia basada en el tiempo

La compañía Finlandesa Helkama Bica Oy hacía frente a dos fuertes golpes económicos en 1990: un rápido aumento en la competencia, debido a la integración Europea en un único bloque de mercado, y la pérdida de la Unión Soviética como cliente. Con unas ventas de 50 millones de dólares, el fabricante de bicicletas y cables había sido competitivo, hasta entonces, gracias a sus cortos plazos de entrega y su alta calidad. En 1988, Helkama era la primera empresa de Finlandia en volumen de beneficios y la quinta en volumen de crecimiento.

La respuesta de Helkama a la presión de la situación ha sido aumentar su enfoque de competencia basada en el tiempo, pero invirtiendo lo menos posible. La teoría de colas se utiliza ahora en toda la empresa para calcular y reducir los plazos, ayudar en la planificación de la capacidad y reducir el tamaño de los lotes. Más importante aún es que los modelos de colas construidos para describir las operaciones de la factoría sirven como herramientas de control de las maneras tradicionales de abordar los problemas de eficiencia, tales como el incremento del tamaño de los lotes de fabricación.

Usando un software realizado por una empresa de Massachusetts, los intentos de Helkama por disminuir los plazos de producción han sido rápidos y han tenido éxito. Reducciones de más del 40 por 100 han reforzado la aptitud de la compañía en la utilización de la competencia, basada en el tiempo como arma estratégica. El resultado ha sido un incremento en las ventas y en los beneficios.

Fuentes: OR/MS Today (octubre de 1992): 30-34; y *OR/MS Today* (junio de 1991): 34-42.

Número de técnicos	Número medio de impresoras averiadas (N – J)	Coste medio horario del tiempo de avería (N – J)(120$/Hr)	Coste horario de técnicos (at 25$/Hr)	Coste total/hora
1	0,64	76,80$	25,00$	101,80$
2	0,46	55,20$	50,00$	105,20$

Este análisis indica que tener sólo un técnico en plantilla ahorrará unos pocos dólares por hora (105,20$ – 101,80$ = 3,40$).

OTROS ENFOQUES DE LAS COLAS

Muchos de los problemas reales de líneas de espera que se presentan en los sistemas de servicio en producción y operaciones tienen características similares a las de los cuatro modelos presentados antes. A menudo, sin embargo, en el análisis de una situación determinada, aparecen algunas diferencias con lo visto anteriormente. Por ejemplo, los tiempos de servicio en un taller de reparación de automóviles tienden a seguir una distribución de probabilidad normal, en lugar de una exponencial. Un sistema de matrícula de una universidad en la que los alumnos seniors tienen prioridad de elección de cursos y horarios sobre cualquier otro estudiante, es un ejemplo de modelo FIFO con una disciplina de cola con prioridad obtenida de antemano. Un examen médico de reclutamiento militar es un ejemplo de sistema multifase, diferente de los sistemas de fase única vistos en este suplemento. Un recluta primero hace cola para que le extraigan sangre en una estación; después, espera para que le examinen la vista en la siguiente estación; habla con un psiquiatra en la tercera

TABLA S10.7 ■ Tablas de colas finitas para una población de N = 5

X	M	D	F	X	M	D	F	X	M	D	F	X	M	D	F	X	M	D	F
0,012	1	0,048	0,999		1	0,404	0,945		1	0,689	0,801	0,330	4	0,012	0,999		3	0,359	0,927
0,019	1	0,076	0,998	0,110	2	0,065	0,996	0,210	3	0,032	0,998		3	0,112	0,986	0,520	2	0,779	0,728
0,025	1	0,100	0,997		1	0,421	0,939		2	0,211	0,973		2	0,442	0,904		1	0,988	0,384
0,030	1	0,120	0,996	0,115	2	0,071	0,995		1	0,713	0,783		1	0,902	0,583	0,540	4	0,085	0,989
0,034	1	0,135	0,995		1	0,439	0,933	.0,220	3	0,036	0,997	0,340	4	0,013	0,999		3	0,392	0,917
0,036	1	0,143	0,994	0,120	2	0,076	0,995		2	0,229	0,969		3	0,121	0,985		2	0,806	0,708
0,040	1	0,159	0,993		1	0,456	0,927		1	0,735	0,765		2	0,462	0,896		1	0,991	0,370
0,042	1	0,167	0,992	0,125	2	0,082	0,994	0,230	3	0,041	0,997		1	0,911	0,569	0,560	4	0,098	0,986
0,044	1	0,175	0,991		1	0,473	0,920		2	0,247	0,965	0,360	4	0,017	0,998		3	0,426	0,906
0,046	1	0,183	0,990	0,130	2	0,089	0,933		1	0,756	0,747		3	0,141	0,981		2	0,831	0,689
0,050	1	0,198	0,989		1	0,489	0,914	0,240	3	0,046	0,996		2	0,501	0,880		1	0,993	0,357
0,052	1	0,206	0,988	0,135	2	0,095	0,993		2	0,265	0,960		1	0,927	0,542	0,580	4	0,113	0,984
0,054	1	0,214	0,987		1	0,505	0,907		1	0,775	0,730	0,380	4	0,021	0,998		3	0,461	0,895
0,056	2	0,018	0,999	0,140	2	0,102	0,992	0,250	3	0,052	0,995		3	0,163	0,976		2	0,854	0,670
	1	0,222	0,985		1	0,521	0,900		2	0,284	0,955		2	0,540	0,863		1	0,994	0,345
0,058	2	0,019	0,999	0,145	3	0,011	0,999		1	0,794	0,712		1	0,941	0,516	0,600	4	0,130	0,981
	1	0,229	0,984		2	0,109	0,991	0,260	3	0,058	0,944	0,400	4	0,026	0,977		3	0,497	0,883
0,060	2	0,020	0,999		1	0,537	0,892		2	0,303	0,950		3	0,186	0,972		2	0,875	0,652
	1	0,237	0,983	0,150	3	0,012	0,999		1	0,811	0,695		2	0,579	0,845		1	0,996	0,333
0,062	2	0,022	0,999		2	0,115	0,990	0,270	3	0,064	0,994		1	0,952	0,493	0,650	4	0,179	0,972
	1	0,245	0,982		1	0,553	0,885		2	0,323	0,944	0,420	4	0,031	0,997		3	0,588	0,850
0,064	2	0,023	0,999	0,155	3	0,013	0,999		1	0,827	0,677		3	0,211	0,966		2	0,918	0,608
	1	0,253	0,981		2	0,123	0,989	0,280	3	0,071	0,993		2	0,616	0,826		1	0,998	0,308
0,066	2	0,024	0,999		1	0,568	0,877		2	0,342	0,938		1	0,961	0,471	0,700	4	0,240	0,960
	1	0,260	0,979	0,160	3	0,015	0,999		1	0,842	0,661	0,440	4	0,037	0,996		3	0,678	0,815
0,068	2	0,026	0,999		2	0,130	0,988	0,290	4	0,007	0,999		3	0,238	0,960		2	0,950	0,568
	1	0,268	0,978		1	0,582	0,869		3	0,079	0,992		2	0,652	0,807		1	0,999	0,286
0,070	2	0,027	0,999	0,165	3	0,016	0,999		2	0,362	0,932		1	0,969	0,451	0,750	4	0,316	0,944
	1	0,275	0,977		2	0,137	0,987		1	0,856	0,644	0,460	4	0,045	0,995		3	0,763	0,777
0,075	2	0,031	0,999		1	0,597	0,861	0,300	4	0,008	0,999		3	0,266	0,953		2	0,972	0,532
	1	0,294	0,973	0,170	3	0,017	0,999		3	0,086	0,990		2	0,686	0,787	0,800	4	0,410	0,924
0,080	2	0,035	0,998		2	0,145	0,985		2	0,382	0,926		1	0,975	0,432		3	0,841	0,739
	1	0,313	0,969		1	0,611	0,853		1	0,869	0,628	0,480	4	0,053	0,994		2	0,987	0,500
0,085	2	0,040	0,998	0,180	3	0,021	0,999	0,310	4	0,009	0,999		3	0,296	0,945	0,850	4	0,522	0,900
	1	0,332	0,965		2	0,161	0,983		3	0,094	0,989		2	0,719	0,767		3	0,907	0,702
0,090	2	0,044	0,998		1	0,638	0,836		2	0,402	0,919		1	0,980	0,415		2	0,995	0,470
	1	0,350	0,960	0,190	3	0,024	0,998		1	0,881	0,613	0,500	4	0,063	0,992	0,900	4	0,656	0,871
0,095	2	0,049	0,997		2	0,117	0,980	0,320	4	0,010	0,999		3	0,327	0,936		3	0,957	0,666
	1	0,368	0,955		1	0,665	0,819		3	0,103	0,988		2	0,750	0,748		2	0,998	0,444
0,100	2	0,054	0,997	0,200	3	0,028	0,998		2	0,422	0,912		1	0,985	0,399	0,950	4	0,815	0,838
0,100	1	0,386	0,950	0,200	2	0,194	0,976		1	0,892	0,597	0,520	4	0,073	0,991		3	0,989	0,631
0,105	2	0,059	0,997																

Fuente: De L. G. Peck y R. N. Hazelwood, *Finite Queuing Tables* (Nueva York: John Wiley, 1958:.4) © 1985, John Wiley & Sons, Inc.

estación; y es examinado por un médico general en una cuarta estación. En cada fase, el recluta debe ponerse en otra cola y esperar su turno. Muchos modelos, algunos verdaderamente complejos, han sido desarrollados para tratar situaciones como éstas.

RESUMEN

Las colas son una parte importante del mundo de la dirección de operaciones. En este suplemento describimos varios sistemas de colas habituales y presentamos modelos matemáticos para analizarlos.

Los modelos que presentamos son el modelo A, el sistema básico de canal único, y fase única con llegadas siguiendo una distribución de Poisson y tiempos de servicio exponenciales; el modelo B, el equivalente al modelo A con multicanal; el modelo C, un modelo con tasa de servicio constante; y el modelo D, un sistema con población limitada. Estos cuatro modelos presentan llegadas de Poisson, servicio FIFO, y un servicio de fase única. Las características operativas que estudiamos son el tiempo medio que una unidad está en la cola y en el sistema, el número medio de unidades que hay en la cola y en el sistema, el tiempo desocupado del servicio, y la tasa de utilización.

Existen diferentes modelos de colas en los que no se dan las hipótesis de los modelos tradicionales. En estos casos utilizamos modelos de mayor complejidad matemática o una técnica denominada simulación. La aplicación de la simulación a los problemas de colas se presenta en el suplemento del Capítulo 2 del volumen de *Decisiones Tácticas*.

TÉRMINOS CLAVE

Teoría de colas
Líneas de espera
Población ilimitada, o infinita
Población limitada, o finita
Distribución de Poisson
Regla primero en llegar, primero en salir (FIFO)
Sistema de colas de canal único
Sistema de colas de canal múltiple
Sistema de fase única
Sistema multifase
Distribución de probabilidad exponencial negativa

Usando AB: POM y hojas de cálculo para resolver los problemas de colas

Al igual que se ha visto en este capítulo, también se presentan cuatro modelos de colas en AB:POM, cada uno de ellos con o sin análisis de costes (ver Programa S10.1): Los programas que incluyen costes pueden calcular los costes de espera del tiempo que los clientes pasan en el sistema o del tiempo que pasan esperando en la cola.

PROGRAMA S10.1 ■ Opciones de cola.

```
Model
Single Channel
Multiple Channel
Constant Service Time
Limited Population
```

La parte izquierda de la pantalla del Programa S10.2 muestra los datos utilizados en el Ejemplo S10.3, el Taller Golden Muffler con dos mecánicos. La parte derecha de la pantalla muestra los resultados del programa.

PROGRAMA S10.2 ■ AB:POM Utilización del Programa de Colas con los Datos del Ejemplo S3 y con Conversión Opcional de Tiempos a Minutos. AB:POM también puede trabajar con otros tres modelos de colas vistos en este suplemento, y puede realizar análisis económicos de costes en cada uno de ellos. Como opción añadida, la tecla de función F3 se ha utilizado para indicar las probabilidades de número diferente de personas/artículos en el sistema.

Waiting Line Models — Solution

Multiple Channel

GOLDEN MUFFLER SHOP, EXAMPLE S3

arrival rate (lambda)	2.00	Average server utilization	.3333333
service rate (mu)	3.00	Average number in the queue (Lq)	0.083333
number of servers	2	Average number in the system (Ls)	0.7500
		Average time in the queue (Wq)	0.041667
		Answer * 60	2.50
		Average time in the system (Ws)	0.3750
		Answer * 60	22.50

F1 = Help F2 = Multiply times by 60 F3 = Display Probabilities F9 = Print Esc

Number in system, k	Probability P (n=k)	Cumulative P (n<k)	Decum P (n>k)
0	.5000	0.5000	0.5000
1	.3333	0.8333	0.1667
2	.1111	0.9444	0.0556
3	.0370	0.9815	0.0185
4	.0123	0.9938	0.0062
5	.0041	0.9979	0.0021
6	.0014	0.9993	0.0007
7	.0005	0.9998	0.0002
8	.0002	0.9999	0.0001
9	.0001	1.0000	0.0000

Análisis de Colas con Hoja de Cálculo

Los cuatro modelos de colas vistos en este suplemento pueden analizarse con hojas de cálculo, así como con un software tipo AB:POM. El Programa S10.3 presenta un ejemplo de *análisis* de un sistema de canal único, usando los datos del Ejemplo S1 del taller Golden Muffler.

Esta hoja de cálculo «simbólica» indica las fórmulas y los datos para una tasa de llegadas de 2 (en la celda B4) y una tasa de servicio de 3 (en la celda B5). Entre las celdas D4 y D9 están contenidos los resultados del modelo, como el tiempo medio y el número medio de personas o artículos en el sistema, el número medio y tiempo en la cola, la utilización, y el porcentaje de desocupación. En las celdas comprendidas entre la D12 y la D20 se muestran las probabilidades de que haya más de 0 y hasta más de 8 clientes en el sistema.

PROGRAMA S10.3 ■ Utilización de Hoja de Cálculo para Determinar los Parámetros de una Cola. Se Presenta la hoja de cálculo simbólica, indicando las fórmulas en las celdas.

	A	B	C	D
1	Golden Muffler Shop Queuing With M/M/1			Single Channel Model
2				
3	Inputs			Outputs
4	Arrival rate (lambda)	2	Av.#system (L)	+B4/(B5–B4)
5	Service rate (mu)	3	Av. time sys (W)	1/(B5–B4)
6			Av.#queue (Lq)	+B4^2/B5*(B5–B4)
7			Av. time queue (Wq)	+B4/B5*(B5–B4)
8			Util. factor (rho)	+B4/B5
9			Percent idle (Po)	1–B4/B5
10				
11			K	P(n>k) cust in system
12			0	($B$4/$B$5) ^ (C12+1)
13			1	($B$4/$B$5) ^ (C13+1)
14			2	($B$4/$B$5) ^ (C14+1)
15			3	($B$4/$B$5) ^ (C15+1)
16			4	($B$4/$B$5) ^ (C16+1)
17			5	($B$4/$B$5) ^ (C17+1)
18			6	($B$4/$B$5) ^ (C18+1)
19			7	($B$4/$B$5) ^ (C19+1)
20			8	($B$4/$B$5) ^ (C20+1)

PROBLEMAS RESUELTOS

Problema resuelto S10.1

Distribuidores de Ladrillos Sid Das e hijos normalmente emplea un trabajador cuya tarea es cargar los ladrillos en los camiones de distribución. Llegan al muelle de carga un promedio de 24 camiones al día, o tres por hora, siguiendo una distribución de Poisson. El trabajador los carga a un ritmo de cuatro por hora, siguiendo aproximadamente una distribución exponencial en su tiempo de servicio.

Das cree que, añadiendo un segundo cargador de ladrillos, aumentará sustancialmente la productividad de la empresa. Estima que un equipo de dos personas en el muelle de carga duplicará la tasa de carga de cuatro camiones por hora a ocho camiones por hora. Se pide analizar el efecto que tendrá en la cola este cambio y comparar los resultados con los obtenidos por un trabajador, así como determinar la probabilidad de que haya más de tres camiones, ya sea cargándose o esperando.

Solución

	NÚMERO DE CARGADORES DE LADRILLOS	
	1	2
Tasa de llegada de camiones (λ)	3/hr	3/hr
Tasa de carga (μ)	4/hr	8/hr
Número medio en el sistema (L_s)	3 camio.	0,6 camio.
Tiempo medio en el sistema (W_s)	1 hr	0,2 hr
Número medio en cola (L_q)	2,25 camio.	0,225 camio.
Tiempo medio en cola (W_q)	0,75 hr	0,075 hr
Tasa de utilización (ρ)	0,75	0,375
Probabilidad sistema vacío (P_0)	0,25	0,.625

Probabilidad de más de K camiones en el sistema

	Probabilidad N > K	
K	Un cargador	Dos cargadores
0	0,75	0,375
1	0,56	0,141
2	0,42	0,053
3	0,32	0,020

Estos resultados indican que, cuando se emplea un cargador, el camión medio debe esperar tres cuartos de hora antes de ser cargado. Además, hay una media de 2,25 camiones esperando ser cargados en cola. Esta situación puede ser inaceptable para la dirección. Observe la disminución del tamaño de la cola con la adición de un segundo cargador.

Problema resuelto S10.2

Los conductores de los camiones de Sis Das e Hijos (ver el Problema Resuelto S10.1) ganan un promedio de 10 dólares por hora. Los cargadores de ladrillos reciben aproximadamente 6 dólares por hora. Los conductores de los camiones que esperan en la *cola o en el muelle de carga* están devengando un salario, pero están desocupados productivamente y no generan ningún ingreso durante ese tiempo. ¿Cuáles serían los ahorros en los costes horarios para la empresa utilizando dos cargadores en lugar de uno?

Refiriéndonos a los datos del Problema S10.1, observamos que el número medio de camiones en el sistema es 3, cuando hay sólo un cargador y 0,6 cuando hay dos cargadores.

Solución

	Número de cargadores	
	1	2
Coste del tiempo desocupado de los conductores [(número medio de camiones) × (coste horario)] = (3)($10) =	30$	6$ = (0,6)(10$)
Coste de carga	6	12 = (2)(6$)
Coste total esperado por hora	36$	18$

La empresa ahorrará 18 dólares por hora añadiendo el segundo cargador.

Problema resuelto S10.3

Distribuidores de Ladrillos Sid Das e Hijos están pensando construir una segunda plataforma o muelle de carga para acelerar el proceso de carga de los camiones. Ellos creen que este sistema será incluso más eficiente que el de sólo contratar a otro cargador para ayudar en la primera plataforma (como se hacía en el Problema resuelto S10.1).

Supongamos que los trabajadores en cada plataforma podrán cargar cuatro camiones por hora cada uno y que los camiones continuarán llegando a una tasa de tres por hora. Apliquemos entonces las ecuaciones pertinentes para encontrar las nuevas condiciones operativas de la línea de espera. ¿Es este nuevo enfoque realmente más rápido que los otros dos anteriores?

Solución

$$P_0 = \frac{1}{\left[\sum_{n=0}^{1} \frac{1}{n!}\left(\frac{3}{4}\right)^n\right] + \frac{1}{2!}\left(\frac{3}{4}\right)^2 \frac{2(4)}{2(4)-3}}$$

$$= \frac{1}{1 + \frac{3}{4} + \frac{1}{2}\left(\frac{3}{4}\right)^2\left(\frac{8}{8-3}\right)} = 0{,}454$$

$$L_s = \frac{3(4)(3/4)^2}{(1)!(8-3)^2}(0{,}4545) + \frac{3}{4} = 0{,}873$$

$$W_s = \frac{0{,}873}{3} = 0{,}291 \text{ hr}$$

$$L_q = 0{,}873 - 3/4 = 0{,}123$$

$$W_q = \frac{0{,}123}{3} = 0{,}041 \text{ hr}$$

Recordando el Problema resuelto S10.1, vemos que aunque la longitud de la *cola* y el tiempo medio en la cola son menores cuando está abierta la segunda plataforma, el número medio de camiones en el *sistema* y el tiempo medio en el sistema son menores, cuando se utilizan dos trabajadores cargando en una *sola* plataforma. Por tanto, seguramente sería mejor recomendar que no se construyese el segundo muelle.

Problema Resuelto S10.4

La Unidad de Cuidados Cardíacos del Hospital St. Elsewhere (UCC) tiene cinco camas, que normalmente ocupan los pacientes que han sufrido operaciones de cirugía cardíaca mayor. Dos enfermeras están a cargo de la UCC en cada uno de los tres turnos de ocho horas. Cada dos horas aproximadamente (siguiendo una distribución de Poisson), uno de los pacientes necesita la atención de una enfermera. La enfermera estará atendiendo al paciente una media de treinta minutos (distribuida exponencialmente) y actualizando los datos médicos para dejar constancia del problema habido y de la asistencia dada.

Como el servicio inmediato es crítico para los cinco pacientes, se plantean dos importantes preguntas: ¿Cuál es el número medio de pacientes que atienden las enfermeras? ¿Cuál es el tiempo medio que un paciente espera para que una de las enfermeras le atienda?

Solución

$N = 5$ pacientes
$M = 2$ enfermeras
$T = 30$ minutos

$U = 120$ minutos

$$X = \frac{T}{T+U} = \frac{30}{30+120} = 0{,}20$$

En la Tabla S10.7, con $X = 0{,}20$ y $M = 2$, vemos que
$F = 0{,}976$

H = número medio siendo atendidos $= FNX$
$= (0{,}976)(5)(0{,}20) = 0{,}98 \approx$ aproximadamente un paciente en cualquier instante dado

$$W = \text{tiempo medio esperando a una enfermera} = \frac{T(1-F)}{XF}$$

$$= \frac{30(1-0{,}976)}{(0{,}20)(0{,}976)} = 3{,}69 \text{ minutos}$$

PREGUNTA DE DISCUSIÓN

1. ¿En qué consiste un problema de líneas de espera? ¿Cuáles son los componentes de un sistema de líneas de espera?
2. ¿Cuáles son las hipótesis fundamentales de los modelos de colas descritos en este capítulo?
3. Describa las características operativas principales de un sistema de colas.
4. ¿Por qué la tasa de servicio debe ser mayor que la tasa de llegadas en un sistema de colas de canal único?
5. Describa brevemente tres situaciones en las que la regala FIFO de disciplina de colas no sea aplicable en el análisis de una cola.
6. Dé ejemplos de cuatro situaciones en las que exista una línea de espera limitada, o finita.
7. ¿Cuáles son los componentes de los siguientes sistemas de colas? Dibuje y explique la configuración de cada uno de ellos.
   (a) Barbería
   (b) Túnel de lavado de automóviles
   (c) Lavandería
   (d) Pequeña tienda de comestibles
8. ¿Tienen las consultas de los médicos tasas de llegadas de pacientes aleatorias? ¿Son los tiempos de servicio aleatorios? ¿Bajo qué circunstancias pueden ser constantes los tiempos de servicio?
9. ¿Cree que la distribución de Poisson, que presupone llegadas independientes, es una buena estimación del régimen de llegadas en los siguientes sistemas de colas? Argumente su posición en cada caso.
   (a) Cafetería de la universidad
   (b) Barbería
   (c) Ferretería
   (d) Consulta del dentista
   (e) Clase de la universidad
   (f) Sala de cine
10. ¿Qué es el factor de utilización de un sistema?
11. ¿Qué ocurre si dos sistemas de canal único tienen idénticas tasas medias de llegadas y de servicio, pero el tiempo de servicio es constante en un sistema y exponencial en el otro?
12. ¿Qué coste horario se asigna usted mismo por cada hora que esté en una cola? ¿Que coste se asignan sus compañeros? ¿Por qué son diferentes?
13. Cite un ejemplo de una situación donde un directivo realmente quiere tener una cola. ¿Por qué cree que el directivo lo desea?
14. La mayoría de los bancos han pasado de tener una cola para cada ventanilla a un sistema en el que una cola abastece a todas las ventanillas. ¿Qué sistema es mejor, y por qué?
15. Justifique el sistema de cola utilizado en la mayoría de los supermercados actualmente (por ejemplo, una cola para cada caja, y aquellos clientes con 10 artículos o menos en cajas especiales).
16. ¿Qué tipos de costes deben considerarse en el análisis de colas?

EJERCICIO DE RAZONAMIENTO CRÍTICO

Las colas son un componente crítico en las operaciones de las organizaciones de servicios. Sin embargo, la mayoría de los directivos sabe muy poco de este tema tan importante. Visite dos organizaciones de servicios de su barrio y observe el empleo de las colas. (Ejemplos pueden ser el check-in en su compañía aérea, los restaurantes de comida rápida, talleres de cambio de aceite, cines, estadios de deporte o bancos.) ¿Qué enfoques se adoptan? Haga un diagrama de las áreas donde se producen colas. ¿Tiene usted alguna sugerencia que hacer para mejorar el servicio?

PROBLEMAS

• **S10.1** Debido a un reciente aumento del negocio, una secretaria de un bufete de abogados debe escribir en promedio 20 cartas al día (supongamos una distribución de Poisson). Tarda aproximadamente veinte minutos en escribir cada carta (supongamos una distribución exponencial). Si la secretaria trabaja ocho horas diarias:

a) ¿Cuál es la tasa de utilización de la secretaria?

b) ¿Cuál es el tiempo medio de espera de una carta antes de ser escrita por la secretaria?

c) ¿Cuál es el número medio de cartas esperando ser escritas?

d) ¿Qué probabilidad hay de que la secretaria tenga que escribir cinco cartas o más?

• **S10.2** El veterinario Sam Campa realiza una campaña de vacunación contra la rabia para perros en la escuela local. Campa puede vacunar un perro cada tres minutos. Se estima que los perros llegarán de manera independiente y aleatoriamente a lo largo del día y a un ritmo de un perro cada seis minutos, según una distribución de Poisson. También suponemos que los tiempos empleados por Sam para vacunar a los perros se distribuyen exponencialmente. Determine:

a) La probabilidad de que Sam esté desocupado.

b) La proporción de tiempo en que Sam está ocupado.

c) El número medio de perros que se vacunan.

d) El número medio de perros esperando para ser vacunados.

e) El tiempo medio de espera de un perro antes de ser vacunado.

f) El tiempo medio que un perro está en la escuela (entre esperar y ser vacunado).

• **S10.3** Refiriéndonos al problema anterior y en el caso de que los perros lleguen a un ritmo de un perro cada cuatro minutos (y *no* cada seis minutos como antes), recalcule sus respuestas.

• **S10.4** Las llamadas llegan a la centralita telefónica del hotel a una tasa de dos por minuto. El tiempo medio para atender una llamada es de veinte segundos. Sólo hay un operador en la centralita. Para esta situación son utilizables las distribuciones de Poisson y exponencial.

a) ¿Cuál es la probabilidad de que el operador esté ocupado?

b) ¿Qué tiempo medio espera una llamada antes de ser atendida por el operador?

c) ¿Cuál es el número medio de llamadas en espera de ser atendidas?

• **S10.5** Al inicio de la temporada futbolística, la taquilla de entradas está muy llena el día previo al primer partido. Los clientes llegan a un ritmo de cuatro cada diez minutos, y el tiempo medio para atender a cada uno es de dos minutos.

a) ¿Qué número medio de personas hay en la cola?

b) ¿Cuál es el tiempo medio que una persona pasará en la taquilla de entradas?

c) ¿Qué proporción de tiempo estará ocupado el vendedor de entradas?

• **S10.6** La Corporación Charles Leitle Electronics tiene un equipo de servicio para reparar las averías de sus máquinas que ocurren a una media de tres por día (de naturaleza de Poisson, aproximadamente). El equipo puede reparar una media de ocho máquinas por día, con una distribución del tiempo de reparación que parece exponencial.

a) ¿Cuál es la tasa de utilización de este sistema de servicio?

b) ¿Cuál es el tiempo medio que una máquina está averiada?

c) Cuántas máquinas están esperando recibir servicio en un momento dado?

d) ¿Qué probabilidad hay de que más de una máquina esté en el sistema? ¿La probabilidad que más de dos estén averiadas y esperando a ser reparadas o siendo reparada? ¿Más de tres? ¿Más de cuatro?

: **S10.7** El túnel de lavado de automóviles de Dan Bower está abierto seis días por semana, pero el día de mayor trabajo es siempre el sábado. De sus datos históricos, Dan estima que los coches llegan a una tasa de 20 por hora a lo largo del sábado. Trabajando con un equipo completo en la línea de lavado manual, estima que se pueden lavar los coches a una tasa de uno cada dos minutos. En este ejemplo de línea de espera de canal único, se limpia un coche cada vez.

Suponiendo que las llegadas son de Poisson y los tiempos de servicio exponenciales, encuentre lo siguiente:

a) El número medio de automóviles en la cola.

b) El tiempo medio que un automóvil pasa en la cola antes de ser lavado.

c) El tiempo medio que un coche pasa en el sistema de servicio.

d) La tasa de utilización del túnel de lavado.

e) La probabilidad de que no haya automóviles en el sistema.

f) Dan está pensando en cambiar a un túnel de lavado totalmente automático que no necesite personal. Este túnel lava a un ritmo constante de un coche cada minuto. ¿Cuáles serían sus respuestas a las preguntas (a) y (b) con este nuevo sistema?

: **S10.8** Lisa Kennally gestiona un gran complejo de cines en Montgomery, Alabama, llamado Cinema I, II, III, y IV. En cada uno de los cines se proyecta una película diferente; la programación se hace de forma que las horas de inicio de las películas sean escalonadas para evitar las largas colas que se producirían en el caso de que todas comenzaran a idéntica hora. El complejo tiene una única taquilla de venta y cobro de entradas que puede mantener una media de servicio de 280 espectadores por hora. Se supone que los tiempos de servicio siguen una distribución exponencial. Las llegadas en un día normal de actividad distribuyen según una ley de Poisson y de media, 210 por hora.

Para determinar la eficiencia de la operación de ventas de entrada actual, Lisa quiere examinar diferentes características operativas de la cola.

a) Determine el número medio de espectadores que esperan en la cola para comprar una entrada.

b) ¿Qué porcentaje de tiempo está ocupado el taquillero?

c) ¿Qué tiempo medio permanece un cliente en el sistema?

d) ¿Qué tiempo medio permanece un espectador en la cola hasta que llega a la ventanilla?

e) ¿Qué probabilidad hay de que más de dos personas estén en el sistema? ¿Más de tres? ¿Más de cuatro?

S10.9 En la cafetería de la universidad se produce una cola en el autoservicio de comidas, donde los estudiantes seleccionan los platos que desean y entonces forman una cola única para pagar en la caja. Los estudiantes llegan a una tasa de unos cuatro por minuto, según una distribución de Poisson. El cajero único emplea unos 12 segundos por cliente, siguiendo una distribución exponencial.

a) ¿Qué probabilidad existe de que haya más de dos estudiantes en el sistema? ¿Más de tres? ¿Más de cuatro?

b) ¿Cuál es la probabilidad de que el sistema esté vacío?

c) ¿Cuánto deberá esperar el estudiante medio antes de llegar a la caja?

d) ¿Qué número de estudiantes habrá en la cola?

e) ¿Cuál es el número medio en el sistema?

f) Si se añade un segundo cajero (que trabaja al mismo ritmo), ¿cómo se modificarán los valores de las características operativas calculados en los puntos (b), (c), (d) y (e)? Suponga que los clientes hacen una única cola y van al primer cajero que queda libre.

S10.10 La temporada de recolecta del trigo en el Medio Oeste americano es corta y los agricultores llevan sus camiones cargados con trigo a un silo de almacenamiento central gigante en un intervalo de dos semanas. Por ello, los camiones que llenos de trigo esperan para descargar y volver a los campos de trigo y forman colas que ocupan más de una manzana en la recepción del silo. El silo central es de propiedad cooperativa de los agricultores, y conseguir que el proceso de descarga/almacenamiento sea lo más eficiente posible repercutirá en el beneficio de todos los agricultores. El coste del deterioro del grano provocado por retrasos en la descarga y el coste del alquiler del camión y del tiempo de inactividad del conductor son importantes para los miembros de la cooperativa. Aunque los agricultores tienen dificultades en cuantificar los deterioros en la cosecha, es fácil asignar un coste de espera y de descarga para los camiones y conductores que se evalúa en 18 dólares por hora. El silo de almacenamiento está abierto y funcionando dieciseis horas al día los siete días de la semana durante las dos semanas de recolecta y es capaz de descargar 35 camiones por hora, siguiendo una distribución exponencial. Los camiones llenos llegan a lo largo del día (durante las horas que el almacén está abierto) a una tasa de aproximadamente 30 por hora, siguiendo una ley de Poisson.

Para ayudar a la coperativa a resolver el problema del tiempo perdido mientras que los camiones están esperando en la cola o descargando en el silo, determine los siguientes parámetros del sistema:

a) El número medio de camiones en el sistema de descarga.

b) El tiempo medio por camión en el sistema.

c) El ratio de utilización del área de descarga.

d) La probabilidad de que haya más de tres camiones en el sistema en un instante cualquiera.

e) El coste total diario que supone para los agricultores tener sus camiones parados en el proceso de descarga.

f) La cooperativa, como se ha dicho, utiliza el silo de almacenamiento intensivamente durante sólo dos semanas al año. Los agricultores estiman que agrandar el silo reduciría los costes de descarga en un 50 por 100 el próximo año. El coste de hacer esta ampliación fuera de temporada sería de 9.000 dólares. ¿Merecerá la pena a los cooperativistas realizarlo?

: S10.11 Los almacenes de Michael Hanna en Clear Lake, Texas, tienen un departamento de ventas por catálogo de gran éxito en el que un empleado toma los pedidos telefónicamente. Si el empleado está ocupado atendiendo una llamada, las llamadas que llegan al departamento son contestadas automáticamente por un contestador que las pone en espera. Tan rápidamente como el empleado queda libre, atiende en primer lugar la llamada que lleva más tiempo esperando. Las llamadas llegan a una tasa de alrededor doce por hora. El empleado puede tomar un pedido en cuatro minutos de promedio. Las llamadas tienden a seguir una distribución de Poisson, y los tiempos de servicio tienden a ser exponenciales.

El empleado cobra cinco dólares por hora, pero debido a la pérdida de imagen y de ventas, Hanna estima que el tiempo de espera de un cliente hasta que el empleado le tome el pedido puede valorarse en 25 dólares la hora.

a) ¿Qué tiempo medio deben esperar los clientes de venta por catálogo hasta que sus llamadas son atendidas por el empleado?

b) ¿Cuál es el número medio de clientes esperando realizar su pedido?

c) Hanna está considerando añadir un segundo empleado en la toma de pedidos telefónicos. El almacen deberá pagar a esta segunda persona idéntico salario que el que percibe el primer empleado, es decir, cinco dólares por hora. ¿Debe contratarse este segundo empleado? Explique por qué.

· S10.12 Los clientes llegan a una máquina automática expendedora de café a una tasa de cuatro por minuto, siguiendo una distribución de Poisson. La máquina de café suministra una taza de café a un ritmo constante de diez segundos.

a) ¿Cuál es el número medio de personas esperando en cola?

b) ¿Cuál es el número medio en el sistema?

c) ¿Qué tiempo debe esperar en la cola la persona media antes de recibir el servicio?

: S10.13 La barbería de Robert Olney es un popular salón de corte de cabello y peluquería cercano al campus de la Universidad de New Haven. Cuatro barberos trabajan a tiempo completo y dedican una media de quince minutos a cada cliente. Los clientes llegan a lo largo del día a una tasa media de 12 por hora. Las llegadas tienden a seguir una distribución de Poisson, y los tiempos de servicio a estar distribuidos exponencialmente. Para responder a las siguientes preguntas podemos utilizar el software descrito en este suplemento:

a) ¿Qué probabilidad hay de que la barbería esté vacía?

b) ¿Qué número medio de clientes habrá en la barbería?

c) ¿Qué tiempo medio permanece un cliente en la barbería?

d) ¿Cuál es el tiempo medio que un cliente espera antes de ser atendido por un barbero?

e) ¿Cuál es el número medio de clientes esperando a ser servidos?

f) ¿Cuál es el factor de utilización de la barbería?

g) Robert está planteándose añadir un quinto barbero. ¿Cómo afectará esto a la tasa de utilización?

S10.14 El administrador del servicio de urgencias de un gran hospital debe resolver el problema de dar el tratamiento adecuado a los pacientes que llegan a diferentes ritmos durante el día. Hay cuatro doctores disponibles para atender a los enfermos cuando sea necesario. Si no se tiene necesidad de ellos, pueden asignarse a otras responsabilidades (por ejemplo, tests de laboratorios, informes, diagnósticos de rayos X) o también reprogramar las cargas de trabajo para que lo hagan en otras horas.

Es importante proporcionar un tratamiento rápido y adecuado, y el administrador estima que, en promedio, los pacientes no deben permanecer en el área de espera más de cinco minutos antes de ser atendidos por un médico. La disciplina de cola seguida con los pacientes es FIFO y son atendidos por el primer doctor que queda libre. El patrón de llegadas de pacientes en un día normal es como sigue:

TIEMPO	TASA DE LLEGADAS
9 h.– 3 h.	6 pacientes/h.
3 h.– 8 h.	4 pacientes/h.
8 h.– 00 h.	12 pacientes/h.

Estas llegadas siguen una distribución de Poisson, y los tiempos de tratamiento, de doce minutos de media, siguen una ley exponencial.

¿Cuántos doctores deben estar en el servicio de urgencias en cada período al objeto de dar el nivel de cuidado esperado al cliente?

S10.15 Un mecánico da servicio a cinco máquinas perforadoras de un fabricante de planchas de acero. Las máquinas se averían en promedio una vez cada seis días de trabajo, y éstas tienden a seguir una distribución de Poisson. El mecánico puede realizar en promedio un trabajo de reparación al día. Las reparaciones siguen una distribución exponencial:

a) ¿Cuántas máquinas están esperando a ser reparadas, en promedio?

b) ¿Cuántas máquinas están funcionando adecuadamente, en promedio?

c) ¿En cuánto podría reducirse el tiempo de espera si se dispusiera de un segundo mecánico?

S10.16 Dos técnicos controlan un conjunto de cinco computadores que gestionan una planta de fabricación automatizada. Ajustar un computador que presenta un problema supone un promedio de quince minutos (distribuidos exponencialmente). El computador funciona un promedio de ochenta y cinco minutos (distribuidos segun Poisson) sin necesitar ajustes. Determinar:

a) El número de computadores en espera de ser ajustados.

b) El número medio siendo ajustados.

c) El número medio de computadores estropeados.

S10.17 Los sábados, los almacenes Duffy tienen aproximadamente 300 clientes comprando en sus tiendas entre las nueve y las diecisiete horas. Para decidir cuántas cajas tendrá abiertas cada sábado, Jo Ann Duffy, la propietaria, tiene en cuenta dos factores: el tiempo de espera de los clientes (y el coste de espera asociado) y los costes de servicio de emplear cajeros adicionales. Los cajeros/as adicionales cobran cuatro dólares por hora en promedio. Cuando sólo está una caja abierta, el tiempo de espera de un cliente es de unos diez minutos (o 1/6 de hora); cuando se tienen dos abiertas, el tiempo medio para poder pagar es de seis minutos por persona; cuatro minutos cuando se tienen tres cajeros, y tres minutos cuando trabajan cuatro cajeros.

Ms. Duffy ha llevado a cabo encuestas de satisfacción del cliente y ha podido llegar a estimar que el almacen pierde aproximadamente cinco dólares en ventas e imagen por cada hora que un cliente permanece en la cola de una caja. Utilizando la información expuesta, determinar el número óptimo de cajas que deben abrirse los sábados para minimizar el coste total esperado del almacén.

CASO DE ESTUDIO

New England Castings (Fundiciones New England)

Durante setenta y cinco años, New England Castings, Inc. (NECI), ha fabricado estufas de madera para el hogar. En los últimos años, con unos precios crecientes de la energía, George Mathison, presidente, ha visto triplicarse las ventas. Este espectacular aumento en las ventas ha hecho que, para George, sea difícil mantener los niveles de calidad deseables en las estufas de madera y productos relacionados.

A diferencia de otras compañías que fabrican estufas de madera, NECI está solamente presente en el negocio de la fabricación de estufas de madera y productos relacionados. Sus principales productos son la Warmglo I, la Warmglo II, la Warmglo III y la Warmglo IV. La primera es la estufa más pequeña, con una potencia calorífica de 30.000 BTUs, y la última es la mayor, con una potencia calorífica de 60.000 BTUs.

La Warmglo III se vendía más que todas las otras estufas por un amplio margen. Su capacidad calorífica y los accesorios disponibles eran ideales para una casa normal. La Warmglo III también tenía numerosas e importantes características que la convertían en una de las estufas del mercado más atractivas y eficientes, desde el punto de vista calorífico. Estas características, junto con los accesorios, provocaron un gran aumento de ventas e impulsaron a George a construir una nueva factoría para fabricar estufas Warmglo III. La Figura S10.5 muestra un diagrama general de la fábrica.

La nueva fundición utilizaba los últimos equipos, incluida una nueva Disamatic que ayudaba en la fabricación de las partes de la estufa. A pesar del nuevo equipo o procedimientos, las operaciones de fundición habían permanecido básicamente inalterables durante cientos de años. Para empezar, se hace un modelo de madera para cada pieza de hierro colado de la estufa. El modelo de madera es una duplicación exacta de la pieza de hierro colado que se va a fabricar. Todos estos modelos de NECI son hechos por Precision Patterns, Inc., y estos modelos se almacenan en el taller de modelos y taller de mantenimiento. Entonces, se cubre el molde de madera con una arena especialmente elaborada, obteniéndose un molde de arena. Se pueden tener dos o más moldes de arena para cada modelo. El mezclar la arena y hacer el molde se realiza en la sección de moldeo. Cuando se retira el modelo de madera, los moldes de arena resultantes forman un negativo de la pieza de fundición deseada. A continuación, los moldes se transportan a la sección de fundición, donde el hierro fundido se vierte en los moldes y se espera a que se enfríe. Cuando el hierro ha solidificado, los moldes se llevan a la sección de limpieza, pulido y preparación. Los moldes se colocan sobre grandes vibradores que sacuden la mayor parte de la arena de la fundición. Las piezas fundidas se someten entonces a un tratamiento mediante chorro de arena para eliminar el resto de la misma y a un pulido para acabar algunas de las superficies de la pieza colada. A continuación, se pintan con una pintura especial resistente al calor, se ensamblan en estufas, e inspeccionan para detectar defectos de fabricación que pueden no haberse visto hasta entonces. Finalmente, las estufas acabadas se llevan a almacenamiento y expediciones, donde son empaquetadas y expedidas a los lugares adecuados.

En la actualidad, el taller de modelos y el departamento de mantenimiento están en el mismo lugar. El personal de mantenimiento recoge sus herramientas y otros componentes en un gran mostrador que es también utilizado por los moldeadores de arena que necesitan diferentes patrones para la operación de moldeado. Pete Nawler y Bob Dillman, que trabajan detrás del mostrador, pueden servir a un total de 10 personas por hora (cinco por hora cada uno de ellos). En promedio cada hora llegan al mostrador cuatro personas de mantenimiento y tres del departamento de moldeado. El personal del departamento de moldeado y de mantenimiento llegan de forma aleatoria, y para ser servidos, forman una única cola.

FIGURA S10.5 ■ Esquema de la factoría

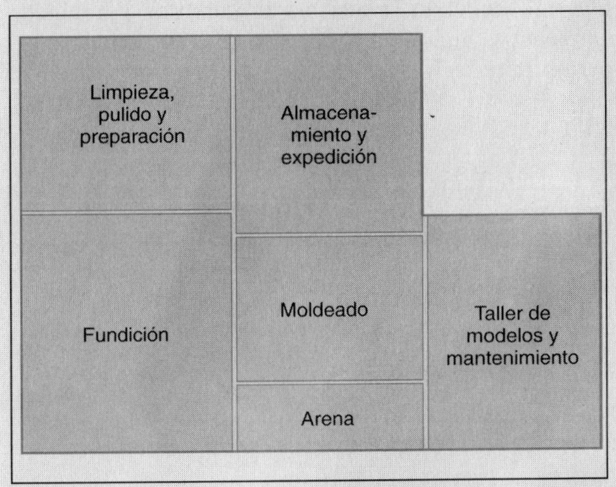

Pete y Bob siempre han utilizado una política FIFO. Debido a la localización del taller de moldeado y del departamento de mantenimiento, a un empleado del departamento de mantenimiento le supone tres minutos ir a la sala de modelos y mantenimiento, y a un empleado del departamento de moldeado le supone un minuto desplazarse desde su taller a la sala de modelos y mantenimiento.

Tras observar durante varias semanas la forma de trabajo en la sala de modelos y mantenimiento, George decidió hacer varios cambios en el layout de la factoría. Un esquema de estos cambios se presenta en la Figura S10.6

Separar el taller de mantenimiento del taller de modelos tiene diferentes ventajas. A la gente de mantenimiento les llevaría sólo un minuto en lugar de los tres actuales llegar al nuevo departamento de mantenimiento. Utilizando las técnicas de estudios de métodos y tiempos, George pudo también determinar que mejorando el layout del departamento de mantenimiento Bob podría servir a seis personas del departamento de mantenimiento por hora, y que la mejora del layout del departamento de modelos permitiría a Pete servir a siete personas del taller de moldeado por hora.

FIGURA S10.6 ■ Esquema de la factoría después de los cambios.

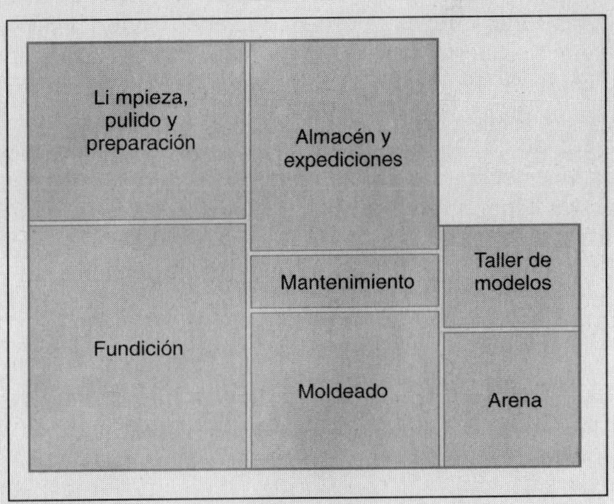

PREGUNTAS DE DISCUSIÓN

1. ¿Cuánto tiempo ahorrará el nuevo layout?
2. Si el personal de mantenimiento cobra 9,50 dólares la hora y el de moldeado 11,75 dólares la hora, ¿cuánto podría ahorrarse por hora con el nuevo layout de la factoría?
3. ¿Debe George cambiar el layout?

Fuente: B. Render y R. M. Stair, Jr., *Quantitative Analysis for Management*, *5ª ed.* (Boston: Allyn and Bacon, 1994): 673-4

CASO DE ESTUDIO

El Hotel Winter Park

Donna Shader, directora del Hotel Winter Park, está planteándose cómo restructurar la recepción del hotel para conseguir un nivel óptimo en la eficiencia del personal en el servicio a los huéspedes. En la actualidad, el hotel tiene cinco empleados en la recepción, cada uno con su cola de espera, durante el período punta de llegada de clientes que va de las 15:00 a las 17:00 horas. Del análisis de las llegadas en esas horas, se ha determinado que llegan en cada hora un promedio de 90 huéspedes (aunque no existe límite superior al número que puede llegar en un momento dado). El tiempo que le supone a un empleado de recepción registrar a un cliente es de tres minutos en promedio.

Ms. Shader está considerando tres planes para mejorar el servicio a los clientes, reduciendo el tiempo que un cliente espera haciendo cola. La primera propuesta consistiría en designar a un empleado de recepción como empleado de servicio rápido para clientes de empresas, un segmento de mercado que supone un 30 por 100 de todas las habitaciones ocupadas. Debido a que los clientes de empresas están prerregistrados, su registro se realiza en dos minutos. Separando a estos huéspedes del resto de la clientela, el tiempo medio para registrar a un huésped típico aumentaría a 3,4 minutos. Según este nuevo plan, estos últimos eligirían cualquiera de las cuatro colas restantes.

El segundo plan es implementar un sistema de cola única. Todos los huéspedes formarían una cola única de espera, siendo servidos por el primero de los cinco empleados de recepción que estuviera disponible. Esta opción necesitaría de suficiente espacio en la recepción para una cola que podría ser importante.

La utilización de una máquina recepcionadora automática (Automatic Teller Machine, ATM) es la base de la tercera propuesta. Dado que la utilización de esta tecnología sería mínima, Shader estimó que un 20 por 100 de los clientes, principalmente huéspedes frecuentes, podrían desear utilizar estas máquinas. (Esta estimación puede ser muy conservadora, ya que si los huéspedes se dan cuenta de los beneficios inmediatos que supone la utilización de las ATM, como hacen los clientes de los bancos, la utilización de las mismas aumentaría. El 80 por 100 de los clientes de Citibank en Manhattan utilizan sus ATMs). Ms. Shader mantendría una cola única para los clientes que prefirieran ser atendidos por un empleado. Estos serían servidos por cinco empleados, aunque Shader espera que la máquina permitirá reducirlos a cuatro.

PREGUNTAS DE DISCUSIÓN

1. Determine el tiempo medio que un cliente tarda en registrarse ¿Cómo cambiaría con cada uno de los planes presentados?
2. ¿Qué opción recomendaría usted?

Fuente: B. Render y R. M. Stair, Jr., *Quantitative Analysis for Management*, 5ª ed. (Boston: Allyn and Bacon, 1994): 672.

BIBLIOGRAFÍA

Becker, L. C., and E. G. Landauer. "Reducing Waiting Time at Security Checkpoints." *Interfaces*, 19, no. 5 (September/October 1989): 57–65.

Byrd, J. "The Value of Queuing Theory." *Interfaces*, 8, no. 3 (May 1978): 22–26.

Cooper, R. B. *Introduction to Queuing Theory*, 2nd ed. New York: Elsevier-North Holland, 1980.

Foote, B. L. "Queuing Case Study of Drive-In Banking." *Interfaces*, 6, no. 4 (August 1976): 31.

Grassmann, W. K. "Finding the Right Number of Servers in Real-World Queuing Systems." *Interfaces*, 18, no. 2 (March/April 1988): 94–104.

Ho, C., and H. Lau. "Minimizing Total Cost in Scheduling Outpatient Appointments." *Management Science*, 38, no. 12 (December 1992): 1750.

Katz, K., B. Larson, and R. Larson. "Prescription for the Waiting-in-Line Blues: Entertain, Enlighten, and En-gage." *Sloan Management Review* (Winter 1991): 44–53.

Morse, P. M. *Queues, Inventories and Maintenance*. New York: John Wiley, 1958.

Render, B., and R. M. Stair. *Introduction to Management Science*. Boston: Allyn and Bacon, 1992.

Render, B, and R. M. Stair *Quantitative Analysis for Management*. 5th ed. Boston: Allyn and Bacon, 1994.

Solomon, S. *Simulation of Waiting Lines*. Englewood Cliffs, NJ: Prentice Hall, 1983.

Sze, D. Y. "A Queuing Model for Telephone Operator Staffing." *Operations Research*, 3, no. 2 (March-/April 1984): 229–249.

Worthington, D. J. "Queuing Models for Hospital Waiting Lists." *Journal of the Operational Research Society*, 38, no. 5 (May 1987): 413–422.

11

ESTRATEGIA DE RECURSOS HUMANOS

CONTENIDO DEL CAPÍTULO

OBJETIVOS DE APRENDIZAJE

Cuando finalice este capítulo, debería ser capaz de:

Identificar o definir:
- Especialización del trabajo
- Enriquecimiento del trabajo
- Herramientas del Análisis de Métodos
- Ergonomía
- Diseño de trabajos
- Lean production
- Estándares o tiempos de trabajo

Explicar:
- Requisitos para un buen diseño de puestos

PERFIL DE CLASE MUNDIAL

LAS AEROLÍNEAS ALASKA DESARROLLAN UNA VENTAJA COMPETITIVA VÍA FACTORES HUMANOS

Los indicadores circulares analógicos tradicionales pueden presentar gran dificultad para interpretar su información.

La ergonomía y los factores humanos proporcionan una oportunidad para mejorar la actuación humana. Tales oportunidades existen en una gran variedad de aplicaciones, incluyendo la aviación comercial. Los indicadores de las cabinas de piloto nuevas están diseñados para reducir la probabilidad del error humano, que se estima que es el factor desencadenante de aproximadamente dos terceras partes de los accidentes en vuelos comerciales. Fracciones de segundo en la cabina pueden significar la diferencia entre la vida o la muerte.

Una forma para mejorar los indicadores de la cabina es simplificar el panel de instrumentos. Las "cabinas de vidrio" más recientes muestran la información de forma más concisa que las tradicionales filas de relojes

Una "cabina de vidrio" con menos desorden debido a que tienen menos indicadores puede facilitar un tiempo de respuesta más rápido del piloto.

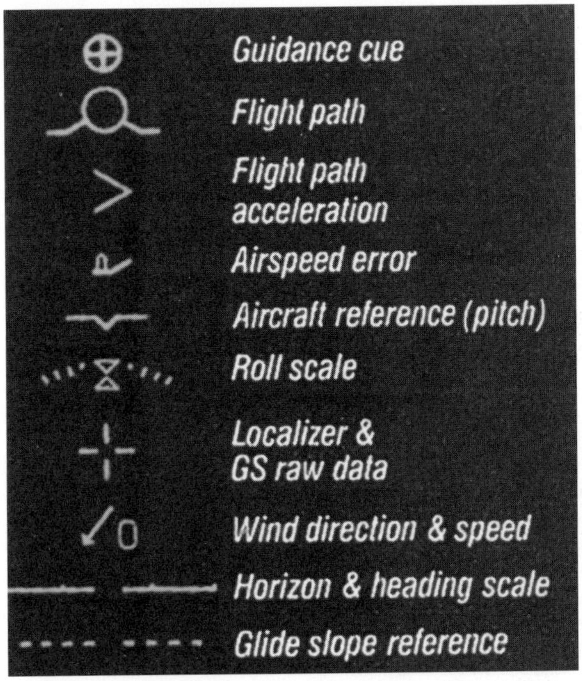

Los símbolos del visor "cabeza arriba" (mostrados en la foto de la derecha), se interpretan encima.

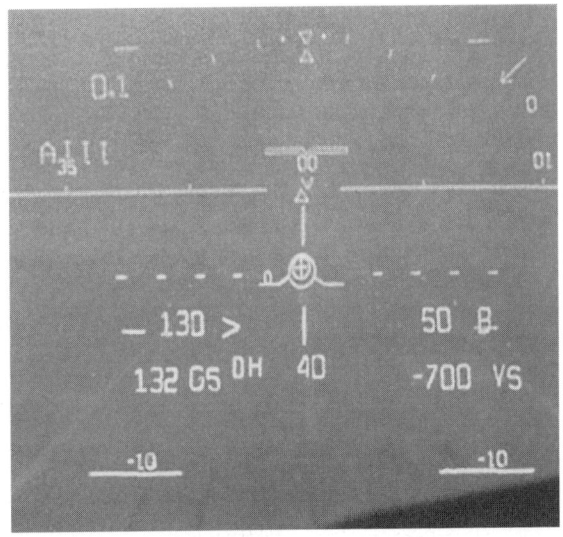

Las Aerolíneas Alaska han comenzado a emplear los visores "cabezas arriba". Estos visores, como el que se muestra en la foto de arriba, permiten que imágenes e información crítica de vuelo sea proyectada en una pantalla a la altura de los ojos, como se muestra en la foto inferior, de forma que el piloto puede volar con la "cabeza arriba".

redondos, utilizando tubos de rayos catódicos (CRT's). Los CRT's permiten a los pilotos determinar más rápidamente diferentes variables de control, como la velocidad del viento, altitud o el ritmo de ascensión.

Las peticiones del equipo humano han conducido a introducir una segunda innovación, que emplea nuestro conocimiento en factores humanos, y que presenta directamente en un visor "cabezas arriba" 19 controles críticos. Este aparato permite al piloto ver la información que aparece en la visera de un casco, una pantalla abatible, o en el parabrisas. Esta tecnología se está introduciendo en los vuelos comerciales. Y las Aerolíneas Alaska están liderando este proceso.

Con operaciones de vuelo en Seattle, Washington, un área a menudo castigada con nieblas y condiciones de poca visibilidad, las Aerolíneas Alaska creen que la instalación de estos nuevos visores mejora la capacidad operativa. Esta mejora en factores humanos debería reducir los errores y mejorar la respuesta del piloto. Centrarse en los recursos humanos, el tema de este capítulo, proporciona vuelos más seguros, y últimamente una ventaja competitiva a las Aerolíneas Alaska.

A las nueve de la mañana, la línea de montaje ha estado trabajando durante sólo una hora, pero aún queda mucho día por delante. En la posición cinco de la línea cuatro, Annette Fullbright coge el siguiente circuito que viene del puesto anterior de la línea. Al ritmo actual, una placa pasa por su estación cada minuto y medio. Cuarenta abajo, todavía quedan para hoy 280. En control de calidad, Ismael Hernández, pone su pistola de soldar en su pistolera, se arremanga la manga izquierda de su camisa y mira la hora en su reloj. Faltan treinta minutos hasta el descanso para tomar café. Dos horas y media hasta la hora de la comida. Siete horas y media hasta la hora de finalizar su jornada laboral.[1] ♦

Escenas de la línea de montaje como éstas se repiten millares de veces a lo largo del día en todo el mundo. ¿Por qué son los trabajos de Annette e Ismael así? ¿Tienen una buena estrategia de recursos humanos las empresas que tienen tales trabajos? En este capítulo examinaremos éstas y otras cuestiones relacionadas.

ESTRATEGIA DE RECURSOS HUMANOS

El rendimiento humano es crucial para el funcionamiento de una organización. Una organización no funciona sin gente. No funciona bien sin personas competentes. No destacará sin personas competentes y motivadas. Consecuentemente, la manera como el director de operaciones formule la estrategia de recursos humanos determina las capacidades disponibles para las operaciones. Por otra parte, el personal es caro; en muchas organizaciones, un tercio del coste total se gasta en sueldos y salarios. Por lo tanto, en este capítulo se presentan las diferentes opciones a la estrategia de recursos humanos.

Objetivo de la estrategia de recursos humanos

El *objetivo de la estrategia de recursos humanos* es gestionar la mano de obra y diseñar los trabajos de forma que las personas se utilicen de *forma eficiente.* Esto debe realizarse teniendo en cuenta las restricciones de las otras decisiones POM y a la vez que se mantiene una *razonable calidad de vida en el trabajo* en una atmósfera de *compromiso y confianza mutua.*

Calidad de vida en el trabajo

Compromiso mutuo

Confianza mutua

Con una razonable **calidad de vida en el trabajo** queremos decir un trabajo que no es sólo razonablemente seguro y por el que se paga un salario justo, sino que también alcanza un nivel apropiado de requerimientos físicos y psicológicos. Por **compromiso mutuo** queremos decir que la dirección y los empleados luchan para alcanzar objetivos comunes. Por **confianza mutua** queremos decir políticas de empleo razonables y documentadas que sean implantadas honesta y justamente, para satisfacción de la dirección y de los empleados[2]. Cuando la dirección tiene un respeto auténtico por sus empleados y su contribución a la empresa, no es muy difícil establecer una razonable calidad de vida y confianza mutua en el trabajo.

Restricciones en la estrategia de recursos humanos

Las estrategias de recursos humanos están condicionados por otras decisiones estratégicas. En primer lugar, el mix de producto puede determinar la estacionalidad y estabilidad del

[1] Roger Thurow, "Life on The Job", *Wall Street Journal* (1 de junio de 1981):1.

[2] Cada vez con frecuencia mayor, encontramos empresas que denominan a sus empleados *asociados*, *contribuyentes individuales*, o miembros de un determinado *equipo*.

FIGURA 11.1 ■ Restricciones en la estrategia de recursos humanos. El director de operaciones eficaz comprende cómo se combinan las decisiones para condicionar la estrategia de recursos humanos.

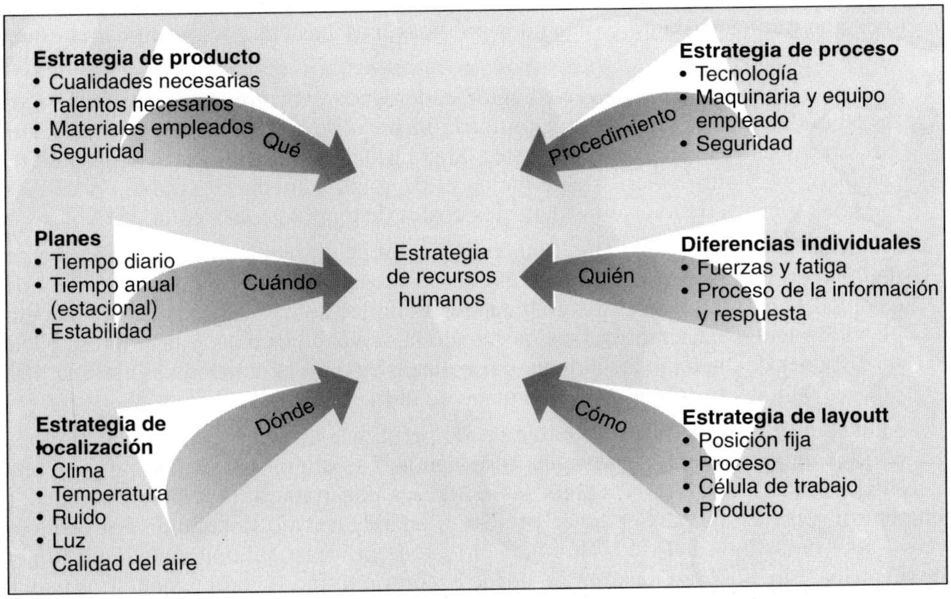

empleo. En segundo lugar, la tecnología, equipo y procesos pueden afectar a la seguridad y contenido del trabajo. En tercer lugar, la localización puede tener impacto en el entorno en el que los empleados trabajan. Finalmente, las decisiones con respecto al layout influyen en el contenido del trabajo.

Las decisiones de tecnología imponen importantes restricciones. Por ejemplo, algunos de los trabajos en las acerías son sucios, y peligrosos; los trabajos de los mataderos pueden ser estresantes y suelen llevar asociado un olor sumamente desagradable; los trabajos de una línea de montaje son a menudo aburridos y entumecen la mente.

No podremos cambiar estos trabajos sin hacer cambios en otras decisiones estratégicas. Por tanto, los equilibrios necesarios para alcanzar una tolerable calidad de vida en el trabajo son difíciles.

Gran parte de nuestra estrategia de recursos humanos es resultado de otras decisiones de diseño de operaciones (Figura 11.1). Atañe a un directivo prudente asegurar que estas decisiones se consideran simultáneamente. El directivo combina ingredientes de forma que el resultado sea una sistema eficiente y eficaz, donde los individuos tengan un diseño de su trabajo óptimo.

Conocidas las restricciones impuestas a la estrategia de recurso humanos, nos centraremos en tres áreas de decisión distintas de la estrategia de recursos humanos. Estas tres áreas son: planificación de la mano de obra, diseño de puestos, y estándares o tiempos de trabajo. El suplemento de este capítulo amplía la discusión de los estándares de trabajo e introduce la medida del trabajo.

PLANIFICACIÓN DE LA MANO DE OBRA

Planificación de la mano de obra

La **planificación de la mano de obra** consiste en determinar las políticas de personal que tratan de: (1) la estabilidad del empleo, (2) las jornadas laborales

Políticas de estabilidad de empleo

La estabilidad del empleo se refiere al número de empleados que se mantienen en la organización en un momento dado. Existen dos políticas muy básicas para gestionar la estabilidad.

1. *Seguir la demanda exactamente.* Seguir la demanda exactamente mantiene los costes laborales directos ligados a la producción, pero se incurre en otros costes. Entre estos otros costes están: (a) los costes de contratación y despido (b) seguro de desempleo, y (c) altos salarios para incitar al personal a aceptar un trabajo poco estable. Esta política tiende a considerar los costes de mano de obra como variables.
2. *Mantener el empleo constante.* Mantener niveles de empleo constantes supone tener una fuerza de trabajo formada y mantener los costes de contratación, despido y desempleo al mínimo. Sin embargo, cuando el empleo se mantiene constante, los empleados pueden estar infrautilizados cuando la demanda es baja, y la empresa puede no disponer de los recursos humanos necesarios cuando la demanda es elevada. Esta política tiende a tratar los costes de mano de obra como fijos.

Mantener una fuerza laboral estable puede permitir a la empresa pagar salarios más bajos que los de una empresa que sigue la demanda. Estos ahorros pueden proporcionar una ventaja competitiva. Sin embargo, las empresas con trabajo altamente estacional y poco control sobre la demanda pueden preferir fuerza de trabajo fluctuante. Por ejemplo, un envasador de salmón del río Columbia sólo puede procesar salmón cuando el salmón sube río arriba. Sin embargo, la empresa puede encontrar trabajos complementarios para la mano de obra en otros productos u operaciones, como fabricar las latas y las etiquetas o reparar y conservar las instalaciones.

Las empresas deben determinar las políticas sobre la estabilidad del empleo. Las políticas antes mencionadas son únicamente dos de las muchas que pueden ser eficientes y proporcionar una razonable calidad de vida en el trabajo.

Jornadas laborales

Jornada laboral estándar

Jornada laboral flexible

Aunque la **jornada laboral estándar** en Estados Unidos es de ocho horas diarias, pueden existir variaciones. Una popular y corriente variación es la jornada laboral flexible. En la **jornada laboral flexible** se permite a los empleados, dentro de unos límites, fijar sus propias jornadas. Una jornada laboral flexible podría permitir a un empleado (con una notificación formal) llegar al trabajo a las ocho más/menos dos horas. Esto permite más autonomía e independencia por parte del empleado. Algunas empresas han encontrado en la jornada laboral flexible un beneficio de bajo coste que aumenta la satisfacción en el trabajo. El problema desde el punto de vista de la POM es que un trabajo con un alto componente de fabricación requiere la plantilla completa para ser eficiente. Una máquina que requiere tres empleados no puede funcionar del todo si sólo están dos. Es mucho más útil tener un camarero que sirva comidas a las 13:30 que a las 11:30.

Algunas industrias encuentran que sus estrategias de proceso tienen seriamente restringidas sus opciones de planificación de la jornada laboral. Por ejemplo, un fabricante de papel, refinería de petróleo y centrales eléctricas deben tener sus horarios de trabajo fijos, excepto para mantenimiento y reparaciones. Las empresas de estas industrias están seriamente restringidas cuando implementan políticas de jornada laboral flexibles.

Semana de trabajo flexible

Otra forma de organizar el trabajo es la **semana de trabajo flexible**. Ésta a menudo se concreta en pocos días de trabajo pero largos, como por ejemplo cuatro días de diez horas cada uno. Estas jornadas son válidas para muchas funciones de operaciones, por ejemplo recibir a los proveedores o suministrar a clientes. Las empresas que tienen tiempos de arranque elevados (por ejemplo, alcanzar una temperatura elevada antes de comenzar las operaciones) encuentran los días laborales de mayor duración especialmente atractivos. Un estudio en 1994 de Gallup demostró que dos terceras partes de los adultos que trabajaban preferían cuatro jornadas de diez horas a la fórmula estándar de cinco días laborales semanales. Duke Power Co., el condado de Los Ángeles, AT & T y General Motors son algunas de las empresas que tienen semanas de cuatro días.

Otra opción es tener días más cortos en lugar de más largos. Esto significa a menudo tener **empleados a tiempo parcial.** Tal opción es particularmente atractiva en industrias de servicios, donde se necesitan más empleados para los períodos punta. Los bancos y restaurantes contratan a menudo personal a tiempo parcial. También muchas empresas reducen los costes laborales reduciendo los complementos salariales al personal a tiempo parcial.

Empleados a tiempo parcial

Clasificaciones de puestos y reglas de trabajo

Muchas organizaciones tienen estrictas clasificaciones de puestos y reglas de trabajo que especifican quién puede hacer qué, cuándo puede hacerlo y bajo qué condiciones puede hacerlo. Esta clasificaciones y reglas de trabajo restringen la flexibilidad de los empleados en el trabajo, lo cual reduce la flexibilidad de la función de producción/operaciones. Pero parte de la tarea que debe realizar un director de operaciones es gestionar lo inesperado. Por tanto, cuanta más flexibilidad tenga una empresa al planificar el personal y el trabajo, más eficiente podrá ser. El elevado estado de ánimo y la satisfacción de las necesidades de los empleados que resultan de una función de producción eficiente es más fácil si los directivos tienen pocas clasificaciones de puestos y reglas de trabajo.

DISEÑO DE TRABAJOS

El **diseño de trabajos** consiste en especificar las tareas que constituyen un determinado trabajo para un individuo o grupo. Examinaremos seis componentes del diseño de trabajos: (1) especialización del trabajo, (2) enriquecimiento del trabajo, (3) componentes psicológicos, (4) equipos auto-dirigidos, (5) sistemas de motivación e incentivos, (6) ergonomía y métodos de trabajo.

Diseño de trabajos

Especialización del trabajo

La importancia del diseño de trabajos como variable de dirección se debe a Adam Smith.[3] Smith sugirió que la división del trabajo, también conocida como la **especialización de la mano de obra** y especialización del trabajo especializado, ayudaría a reducir los costes de diversas formas.

Especialización de la mano de obra

1. *El desarrollo de habilidades y aprendizaje* más rápido por parte de los empleados, como consecuencia de la repetición.
2. *Menor pérdida de tiempo*, debido a que el empleado no cambiaría de trabajo ni de herramientas.
3. *Desarrollo de herramientas especializadas* y la reducción de la inversión, debido a que cada empleado necesita sólo de unas pocas herramientas para una tarea concreta.

Charles Babbage determinó que una cuarta consideración sería también importante, para la eficiencia del trabajo.[4] Debido a que los salarios tienden a presentar una correlación bastante elevada con la habilidad, Babbage sugirió pagar exactamente el salario nece-

[3] Adam Smith, *On the Creation of the Wealth of Nations* (Londres, 1876).
[4] Charles Babbage, *On the Economy of Machinery and Manufacturers* (Londres,1832), Capítulo 18.

El proceso de GE para potenciar a los empleados está generando ideas en las oficinas y en las plantas de producción. Los empleados generan constantemente ideas y las ponen en práctica.

sario por la habilidad concreta requerida. Si el trabajo completo consiste únicamente en una habilidad, deberemos pagar únicamente por esa habilidad. En caso contrario, tenderemos a pagar por la habilidad más alta del empleado. Estas cuatro ventajas de la especialización de la mano de obra son válidas todavía hoy.

Un ejemplo clásico de la especialización de la mano de obra es la línea de montaje, como la descrita en el párrafo de apertura de este capítulo. Estos sistemas son a menudo muy eficientes, aunque requieren que sus empleados realicen tareas repetitivas y entumecedoras de la mente. Sin embargo, el salario para muchos de estos trabajos, es muy bueno. Dado el salario relativamente alto para las modestas habilidades requeridas en muchos de estos trabajos, normalmente existe un gran abanico de trabajadores entre los que elegir. Esto no es una consideración accidental para el directivo responsable de la contratación. Se estima que del 2 al 3 por 100 de la fuerza laboral en los países industrializados realiza trabajos altamente especializados y repetitivos en líneas de montaje. La forma tradicional de desarrollar y mantener el compromiso de un trabajador con un trabajo altamente especializado ha sido una buena selección (encajando perfectamente la persona al trabajo), buenos salarios y sistemas de incentivos.

Enriquecimiento del trabajo

Ampliación de trabajo

Rotación de puestos

Potenciación de los empleados

En los últimos años ha habido un esfuerzo por mejorar la calidad de vida en el trabajo, pasando de un trabajo especializado a un diseño de trabajos más variado. La teoría es que la variedad hace el trabajo "mejor" y el empleado, por tanto, encuentra una mayor calidad de vida en el trabajo. Esto se traduce en beneficios tanto para el empleado como para la organización. Los trabajos se pueden variar de muchas formas. El primer enfoque es la **ampliación del trabajo**, el cual se produce cuando añadimos tareas de habilidades similares a las ya existentes en el trabajo. La **rotación de puestos** es una versión de la ampliación del trabajo, que se produce cuando el trabajo por sí sólo no se amplía, pero el empleado está autorizado a moverse de un puesto especializado a otro. Se ha añadido variedad a la perspectiva del trabajo de los trabajadores. Otro enfoque es el enriquecimiento del trabajo, que añade la planificación y el control del trabajo. El enriquecimiento del trabajo puede pensarse como una *expansión vertical*, al contrario de la ampliación, que es *horizontal*. Estas ideas y otras se muestran en la Figura 11.2.

La **potenciación de los empleados**[5] es la práctica de enriquecer los trabajos, haciendo que los empleados acepten la responsabilidad de diferentes decisiones normalmente tomadas por personal especialista.[6] La potenciación de los empleados es una extensión popular del enriquecimiento del trabajo. Potenciar a los empleados les ayuda a asumir una cierta propiedad en sus puestos de trabajo, por lo que adquieren un interés personal en mejorar su realización. (Ver el cuadro *POM en Acción* "Potenciación en el Ritz-Carlton".)

Componentes psicológicos en el diseño del trabajo

Una eficaz estrategia de recursos humanos también requiere considerar los componentes psicológicos en el diseño de trabajos. Los componentes psicológicos del diseño de trabajos se centran en cómo diseñar trabajos que alcancen un mínimo de requerimientos psicológicos.

ESTUDIOS HAWTHORNE. Los Estudios Hawthorne introdujeron la psicología a los puestos de trabajo. Fueron realizados a finales de los años 20 en la Fábrica Hawthorne de GE, cerca de Chicago. La publicación de sus conclusiones en 1939[7] mostró de forma deci-

---

[5] A menudo se emplea en castellano para definir este concepto el término inglés original: empowerment (N. del T.)

[6] Ver W. C. Byham, *Zapp! The Lightning of Empowerment* (Nueva York: Ballantine, 1992).

[7] F. J. Roethlisberger y William J. Dickinson, *Management and the Workers* (Nueva York: John Wiley, 1964, copyright 1939, the President & Fellows de Harvard College).

POM EN ACCIÓN

Potenciación de empleados en Ritz-Carlton

Cuando el presidente de Ritz-Carlton se presentó a los empleados comenzó con estas palabras: "Mi nombre es Horst Schuzle. Soy el presidente de esta empresa; soy muy importante [pausa], pero ustedes también. Absolutamente. Igualmente importantes." Esta actitud puede ser la causa de una tasa de rotación de personal menor que la mitad de la media de la industria, y quizás por lo que recientemente han recibido el premio nacional de calidad Malcolm Baldrige.

Schuzle describe el servicio al cliente en su organización como "Señoras y señores sirviendo a señoras y señores". Pone énfasis en que ambos grupos deben tratarse con dignidad y respeto.

Para potenciar a los trabajadores, los empleados de recepción y los directores de ventas pueden gastarse hasta 2.000 y 5.000 dólares de la empresa respectivamente, para asegurarse que los huéspedes se van satisfechos. Por ejemplo, cuando una vez el New York Ritz estuvo completo, 20 huéspedes se enviaron a otro hotel en tres limusinas dotadas de cava y caviar. El coste: 5.000 dólares. "La idea fue complacer a los huéspedes", dice el director del Ritz.

La potenciación también implica recoger seriamente las sugerencias de los empleados. Cuando un camarero del servicio de habitaciones propuso a la compañía gastar 50.000 dólares para implementar un plan de reciclado, Shulze se inspiró profundamente y accedió. El resultado de la idea: se ha reducido la recogida de basura semanal y el hotel ahora vende sus productos de papel en lugar de pagar a otros por su retirada. Los cambios han ahorrado 80.000 dólares anuales y tipifica la confianza del hotel en las sugerencias de los empleados para mejorar la calidad.

Fuente: *Wall Street Journal* (22 de abril de 1994):B-1; J. Dean y J. Evans, *Total Quality* (West, 1994): 207-208, y *Hotel and Motel Management* (6 de septiembre de 1993): 20-21.

siva que existe un sistema social dinámico en el puesto de trabajo. Irónicamente, estos estudios en un principio tenían como objetivo determinar la influencia de la iluminación en la productividad. En su lugar hallaron el sistema social y los distintos roles jugados por los empleados para ser más importantes que la intensidad de la iluminación. También descubrieron que las diferencias individuales pueden ser dominantes en lo que un empleado espera del trabajo y de lo que un empleado piensa que debería ser su contribución al trabajo.

CARACTERÍSTICAS ESENCIALES DEL TRABAJO. En las seis décadas que han pasado desde los estudios de Hawthorne, ha tenido lugar[8] una investigación muy relevante

FIGURA 11.2 ■ Diseño de continuo trabajo.

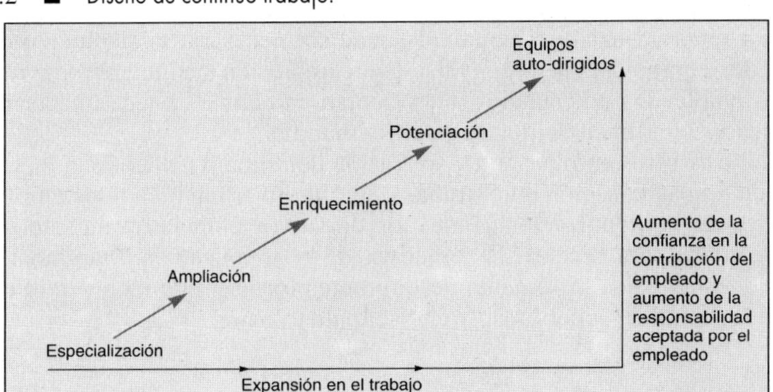

[8] Ver, por ejemplo, el trabajo de Abraham H. Maslow, "A Theory of Human Motivation", *Psychological Review*, 50 (1943): 370–396; y Frederick Herzberg, B. Mausner, y B. B. Snyderman, *The Motivation to Work* (Nueva York: John Wiley, 1965).

sobre los componentes psicológicos en el diseño de los trabajos. Hackman y Oldham han incorporado el resumen de estas investigaciones en cinco características deseables del diseño del trabajo.[9] Su síntesis indica que los trabajos deberían incluir:

1. *Variedad de habilidades.* El trabajo debería requerir que el trabajador empleara diferentes habilidades y talentos.
2. *Identidad del trabajo.* El trabajo debería permitir al trabajador percibirlo como un todo y reconocer un comienzo y un fin.
3. *Significación del trabajo.* El trabajo debería proporcionar una sensación al empleado de que tiene impacto en la organización y en la sociedad.
4. *Autonomía.* El trabajo debería permitir libertad, independencia y discreción.
5. *Retro-alimentación.* El puesto debería proporcionar periódicamente información clara sobre su realización.

Incluir estos cinco ingredientes en el diseño de trabajos es consistente con la ampliación del trabajo, enriquecimiento y potenciación de los empleados. Queremos ahora fijarnos en los equipos para conseguir ampliar los trabajos y lograr estas cinco características.

Equipos auto-dirigidos

Equipo auto-dirigido

Muchas organizaciones de clase mundial han adoptado equipos para fomentar la confianza y compromiso mutuos y proporcionar las características esenciales del trabajo. Esto se ilustra en el *POM en Acción* que trata de la selección de personal en Mazda. Un concepto de equipo muy significativo es el equipo auto-dirigido. Un **equipo auto-dirigido** es un grupo de individuos potenciados que trabajan juntos para alcanzar un objetivo común. Estos equipos pueden organizarse con objetivos a largo o a corto plazo. Las principales razones por las que los equipos son efectivos son porque pueden proporcionar fácilmente la potenciación a los empleados, las características de trabajo esenciales y muchas de las necesidades psicológicas de los miembros del equipo.[10]

Evidentenmente, muchos buenos diseños de trabajos pueden proporcionar estas necesidades psicológicas. Por consiguiente, para maximizar la efectividad de los equipos, los directivos hacen algo más que simplemente formar "equipos". Por ejemplo: (1) aseguran que aquéllos que tienen una contribución legítima están en el equipo, (2) proporcionan el soporte de la dirección, (3) aseguran la formación necesaria, y (4) establecen un objetivo claro para el equipo. Los equipos con éxito también deberán recibir recompensas y reconocimiento. Finalmente, los directivos deben tener en cuenta que los equipos tienen un ciclo de vida y que, alcanzado el objetivo, puede ser necesaria la disolución del equipo. Sin embargo, los equipos pueden renovarse con cambios en sus miembros o nuevas asignaciones. Los empleados potenciados que trabajan en equipos pueden hacer una importante contribución a un funcionamiento de clase mundial.

Los equipos y otros enfoques de la extensión del trabajo no deberían mejorar sólo la calidad de vida y la satisfacción en el trabajo, sino motivar también a los empleados para lograr objetivos de la organización. Tanto los directivos como los empleados necesitan estar comprometidos para alcanzar los objetivos de la organización. Sin embargo, la contribución de los empleados se fomenta de diferentes formas, que incluyen el clima de la organización, la acción de supervisión y el diseño de trabajos.

---

[9] Ver "Motivation Through the Design of Work", in Jay Richard Hackman y Greg R. Oldham, *Work Redesign* (Reading, MA: Addison-Wesley, 1980).

[10] Per H. Engelstad, "Sociotechnical Approach to Problems of Process Control", en Louis E. Davis y James C. Taylor, eds., *Design of Jobs* (Santa Mónica: Goodyear Publishing, 1979): 184–205.

POM EN ACCIÓN

¿Cómo escoge Mazda a los trabajadores para sus fábricas de Estados Unidos? Muy cuidadosamente

No hace mucho tiempo que la industria del automóvil no quería gente con formación en sus fábricas. Como dijo el Presidente de la Unión de Trabajadores del Automóvil, Douglas Fraser: "No es necesario ser científico de cohetes para montar un coche". Pero una nueva especie de trabajadores del automóvil está surgiendo. Más de una cuarta parte de los trabajadores reclutados para un nuevo turno en la fábrica de Chrysler en Ontario (Canadá) tienen estudios universitarios.

La planta de montaje de Mazda en Flat Rock, Michigan, es aún más selectiva y sólo contrató a 1.300 de los aproximadamente 10.000 candidatos que pasaron su proceso de selección de cinco etapas. Gastó alrededor de 40 millones de dólares —aproximadamente 13.000 dólares por empleado— en contratar al personal. La firma japonesa cree que la clave del éxito reside en la selección de los mejores empleados y en una formación buena.

Se perfila entonces un claro objetivo. Las cualidades interpersonales y la participación en equipo son decisivas. La filosofía básica es: la recompensa viene no tanto de su rendimiento personal, sino de su impacto en el equipo y la empresa.

En las aulas de formación de Mazda, los empleados aprenden los gráficos de calidad, construyendo aviones de papel y verificando su comportamiento de vuelo. "Si un componente no satisface las especificaciones", les dicen, "lo rechazas. Ese es tu trabajo". Mazda dedica tres días sólo a la filosofía del *Kaizen*, o mejora continua. Después de tres semanas de esta "formación básica", cada nuevo contratado pasa de cinco a siete semanas en una formación técnica específica y entonces de tres a cuatro semanas, siendo supervisado en la línea de montaje.

¿Excesivo? Quizás, pero Mazda no quiere correr riesgos. La empresa cree que los equipos son la clave de su éxito y quiere construir su fábrica alrededor de este concepto desde el principio.

Fuentes: Wall Street Journal (11de marzo de 1994):A-1 y *Business Week* (3 de octubre de 1988), pp.84-85

Los diseños de trabajos enriquecidos permiten a los empleados aceptar más responsabilidad. De los empleados que aceptan esta responsabilidad, podemos esperar mejoras en su productividad y en la calidad del producto. Entre los otros aspectos positivos de la expansión del trabajo están la reducción de la rotación del personal, los retrasos y el absentismo. Los directivos que expanden los trabajos y establecen sistemas de comunicación que canalicen las sugerencias de los empleados tienen un potencial añadido de eficiencia. Pero como sugiere el cuadro *POM en Acción* "Los estándares de clase mundial son ásperos", no existe garantía alguna de que la productividad o la calidad mejorarán con el uso del enriquecimiento del trabajo. Estos diseños de trabajos tienen varias limitaciones.

LIMITACIONES DEL ENRIQUECIMIENTO DEL TRABAJO. Si el diseño de trabajo que amplía, enriquece, potencia y emplea equipos es tan bueno, ¿por qué no se emplea universalmente? Veamos algunas limitaciones del diseño de puestos enriquecidos:

1. *Alto coste en capital.* La expansión del trabajo requiere instalaciones que cuestan más que un layout convencional. Este gasto extra debe generarse a través de ahorros (eficiencia mayor) o a través de precios más elevados.
2. *Muchas personas prefieren puestos sencillos.* Algunos estudios indican que muchos empleados optan por trabajos menos complejos.[11] En una discusión acerca de la mejora de la calidad de vida en el trabajo, no podemos olvidarnos de la importancia de las diferencias individuales. Las diferencias individuales proporcionan posibilidades al director de operaciones ingenioso en el diseño de trabajos.

---

[11] Michell Fein, "Job Enrichment Does Not Work", *Atlanta Economic Review* (noviembre/diciembre, 1975): 50-54.

POM EN ACCIÓN

Los Estándares de Clase Mundial son ásperos

En 1988, Volvo abrió su planta de ensamblaje de automóviles en Uddevall (Suecia), y lideró un experimento atrevido en diseño de trabajos. El Presidente de Volvo quería demostrar que el enfoque artesanal de tener pequeños equipos de trabajadores altamente cualificados construyendo un coche completo y unido a sistemas de manejo de materiales avanzados, podría ser competitivo.

El enfoque Uddevall de eliminar niveles de dirección y quitar todos los encargados para dar a los trabajadores más control sobre sus trabajos reduce la tediosidad de la línea de ensamblaje y motiva a los trabajadores a ampliar sus habilidades. Haciendo esto, Volvo esperaba también atacar el tradicional problema sueco del absentismo y rotación del personal, que están entre los más altos del mundo desarrollado.

Pero como muestra el cuadro, montar un coche en Uddevalla requería 50 horas de mano de obra en comparación con las 37 horas de la planta de Volvo de Kalmar de diecisite años de antigüedad, y con las 25 horas de su línea de montaje convencional de Ghent (Bélgica). Finalmente, Volvo reconoció que la planta de Uddevalla no podría alcanzar niveles de productividad de clase mundial y la cerró. La planta de Kalmar puede ser la siguiente víctima de los estándares de clase mundial.

Empresa	Localización	Horas	Medias regionales	
Volvo	Ghent, Bélgica	25	Empresas japonesas en Japón	17
Volvo	Kalmar, Suecia	37	Empresas japonesas en EE.UU	22
Volvo	Uddevalla, Suecia	50	Empresas Estadounidenses en EE.UU	25
			Europa	36

Fuentes: Sloan Management Review (invierno de 1994): 32-39, y (primavera de 1993): 85-94; y *Personnel Management* (junio de 1993): 34-38.

3. *Se requieren mayores salarios.* La gente a menudo recibe salarios por sus habilidades más altas, no por las más bajas.[12] Por lo tanto, los trabajos enriquecidos pueden perfectamente suponer salarios medios superiores a los de los trabajos que no lo son.
4. *Existe un "pool" de mano de obra más pequeño.* Debido a que los trabajos enriquecidos necesitan más habilidades y la aceptación de más responsabilidad, los requerimientos del trabajo han aumentado. Dependiendo de la disponibilidad de mano de obra, esto puede ser una restricción.
5. *Puede existir un número de accidentes mayor.* Los trabajos enriquecidos pueden contribuir a un mayor ratio de accidentes.[13] Esto aumenta indirectamente los salarios, costes de seguros y las compensaciones a los obreros.
6. *La tecnología actual puede no prestarse al enriquecimiento del trabajo.* Los trabajos de despiece en el matadero y los trabajos de ensamblaje de computadores son así porque se piensa que las tecnologías alternativas (si hay) son inaceptables.

Estos seis puntos indican las restricciones al trabajo enriquecido. Estas prácticas incrementan los costes. Por consiguiente, para que la empresa tenga una ventaja competitiva, sus ahorros deben ser mayores que sus costes. No es siempre obvio que esto se produzca. La decisión estratégica no es una decisión fácil.

Motivación y sistemas de incentivos

Nuestra discusión sobre psicología proporciona la comprensión de aquellos factores que pueden contribuir a la satisfacción y motivación en el trabajo. Además de estos factores

[12] Charles Babbage, On the Economy of Machinery and Manufactures (Londres, 1832), capítulo 18.

[13] J. Tsaari y J. Lahtella, "Job Enrichment: Cause of Increased Accidents?" *Industrial Engineering* (octubre 1978): 41–45.

psicológicos existen factores monetarios. El dinero sirve a menudo como motivación psicológica y financiera. Las recompensas monetarias toman forma en pluses, participación en beneficios, reparto de ganancias y sistemas de incentivos.

Los **pluses**, típicamente en dinero o especies, se usan a menudo a niveles ejecutivos para recompensar la gestión. Los **sistemas de participación** en beneficios reparten una parte de las acciones a los empleados. Una variación de la participación de beneficios es la repartición de ganancias. Las **técnicas de reparto** de ganancias recompensan a los empleados por las mejoras hechas en el funcionamiento de la empresa. La más popular de ellas es el plan Scanlon, donde cualquier reducción en el coste laboral se reparte entre la dirección y los empleados.[14] Los **sistemas de incentivos** basados en la productividad individual o del grupo se emplean en aproximadamente la mitad de las empresas en América. Estos sistemas a menudo se basan en que el empleado o equipo obtenga una producción superior a un estándar predeterminado. El estándar se puede basar en un estándares de tiempo por tarea o un número de piezas fabricadas. Los sistemas de tiempos estándars son a menudo denominados sistemas de **trabajo diario realizado**, donde los empleados son pagados en base a la cantidad de tiempo estándar cumplido. Un sistema de **tiempo por pieza** asigna un tiempo estándar para cada pieza, y al empleado se le paga en función del número de piezas hechas. Ambos sistemas aseguran al empleado como mínimo un salario base por turno.

Pluses

Sistemas de participación

Técnicas de reparto

Sistema de incentivos

Trabajo diario realizado

Tiempo por pieza

Lean production

Cuando se combina la confianza mutua y el compromiso con buenos diseños del trabajo, la lean production puede ser posible. Bajo la **lean production**, empleados altamente cualificados tienen el compromiso de eliminar los despilfarros y realizar sólo aquellas actividades que generan un valor añadido. Empleados potenciados analizan cada detalle de servicio al cliente y, de manera creciente y con éxito, eliminan los despilfarros. El concepto de lean production varía sustancialmente de un más tradicional esfuerzo de hacer el trabajo siempre más simple y requerir siempre menos formación. Verdaderamente, cuando se implemente efectivamente, la lean production utilizará las capacidades *mentales* y físicas del empleado para mejorar continuamente el sistema de producción. Debido a una razonable calidad de vida en el trabajo y a la confianza mutua, el empleado cree en el compromiso mutuo. De esta forma, el proceso de producción se mejora constantemente y siempre se consiguen niveles de eficiencia superiores. Bajo la lean production, el empleado no es un robot; él o ella es un miembro potenciado de la organización que emplea tanto sus habilidades mentales como físicas para ayudar a servir al cliente y siempre a través de niveles de productividad elevados.

Lean production

Ergonomía y métodos de trabajo

Como se mencionó en el Capítulo 1, Freederik W. Taylor comenzó la era de la dirección científica a finales del siglo XIX.[15] Él y sus contemporáneos comenzaron a estudiar la selección de personal, métodos de trabajo, estándares de trabajo y la motivación.

Con los fundamentos proporcionados por Taylor, hemos desarrollado un cuerpo de conocimientos sobre las capacidades y limitaciones de las personas. Este conocimiento es necesario porque los humanos son seres con grandes habilidades y algunas limitaciones. Debido a que los directivos deben diseñar trabajos que pueden realizarse, introducimos ahora unos temas relacionados con las capacidades y limitaciones de las personas.

---

[14] Fred G. Lesieur y Elbridge S. Pukett, "The Scanlon Plan Has Proved Itself" *Harvard Business Review*, 47 , no. 5 (septiembre/octubre, 1969): 109-118

[15] Frederick W. Taylor, *Scientific Management* (Nueva York: Harper & Row, 1911): 204.

Ergonomía

ERGONOMÍA. El director de operaciones está interesado en construir una buena interface entre el hombre y la máquina. Los estudios de esta interface se conocen como **ergonomía.** Ergonomía significa "el estudio del trabajo" (*Ergo* es el término griego para *trabajo*). En los Estados Unidos, el término *factores humanos* se sustituye a menudo por la palabra *ergonomía.*

Los adultos, tanto hombres como mujeres, actúan en distancias limitadas.[16] Por lo tanto, el diseño de herramientas y del lugar de trabajo depende del estudio de las personas para determinar qué pueden hacer y qué no. Se han recogido informaciones esenciales que proporcionan datos básicos sobre potencia y medidas necesarias para diseñar herramientas y puestos de trabajo. El diseño del puesto de trabajo puede hacerlo más fácil o imposible. Además, tenemos en la actualidad la capacidad, a través del uso de la modelización por computadores, de analizar los movimientos y esfuerzos humanos.

Veamos un breve ejemplo de mediciones humanas, para determinar la altura apropiada de una mesa para escritura. La mesa tiene una altura óptima que depende del tamaño y de la persona y de la tarea a realizarse. La altura normal de una mesa para escribir es de 29 pulgadas. Para escribir o entrar datos en un computador la superficie debe estar más abajo. La altura preferida para la silla y mesa debería presentar un ligero ángulo entre el cuerpo y el brazo cuando se observa al individuo desde enfrente y su espalda está recta.[17] Está es la medida crítica, que puede lograrse ajustando tanto la altura de la mesa como la de la silla.

Los aspectos de la ergonomía se dan tanto en las oficinas como en las fábricas. La postura de una operadora de terminal está relacionada con la altura de la mesa, silla y posición, ubicación del teclado y pantalla CRT; es un factor importante en la reducción de las dolencias de espalda y cuello causadas por largas horas de trabajo delante del computador.

ACCIONES DEL OPERARIO VERSUS LA MAQUINARIA. La acción del operario sobre las máquinas, sea con herramientas de mano, pedales, palancas, o botones, necesita evaluarse. Los directores de operaciones necesitan asegurarse de que los operarios tienen la fuerza, reflejos, percepción y capacidad mental para efectuar el control necesario. La discusión del síndrome del túnel del carpo. La foto muestra lo que puede suceder cuando una herramienta tan simple como un teclado está mal diseñada. La Figura 11.3 indica recientes innovaciones diseñadas para mejorar esta herramienta común.

RETRO–ALIMENTACIÓN A OPERARIOS. La retro-alimentación a los operarios se proporciona a través de la vista, sonido o tacto. No se debería dejar al azar. El accidente de la central nuclear de Three Miles Island, la peor experiencia nuclear americana, fue en parte consecuencia de la mala retro-alimentación a los operarios del funcionamiento del reactor. Grupos no funcionales de grandes y nada claros instrumentos y controles inaccesibles, combinado con cientos de confusas señales luminosas de emergencia, contribuyeron al fallo de la central. Estos conceptos sencillos provocan retraso en el tiempo de respuesta del operario y, por tanto, en el funcionamiento.

EL ENTORNO DEL TRABAJO. El entorno físico en el cual los empleados trabajan afecta a su rendimiento, seguridad y calidad de vida en el trabajo. La iluminación, ruido y vibración, temperatura, humedad y calidad del aire son factores del entorno de trabajo bajo el control de la organización y del director de operaciones. El directivo debe considerarlos como controlables.

La *iluminación* es necesaria, pero el nivel apropiado depende del trabajo que se está realizando. La Figura 11.4 proporciona algunas guías. Sin embargo, otros factores de la iluminación son importantes. Estos otros factores incluyen la posibilidad de reflejos, contraste de la superficie de trabajo con los alrededores, deslumbraminetos y sombras.

Ruidos de algún tipo están generalmente presentes en el área de trabajo, y muchos empleados parece que se adaptan a él. Sin embargo, altos niveles de ruido perjudican al oído. La Figura 11.5 proporciona niveles del ruido generado por diferentes actividades. Largos períodos de exposición a niveles superiores a 85 decibelios dañan permanentemente el oído. La

[16] Henry Dreyfuss, The Measure of Man (Nueva York: Whitney Library of Desing, 1960).

[17] Edwin R. Tichauer, "Biomechanics Sustains Occupational Safety and Health," *Industrial Engineering* (febrero 1976): 46–55.

FIGURA 11.3 ■ El diseño de puestos y el teclado de computador.

El nuevo teclado ajustable de los computadores Apple está dividido en dos secciones que pueden ser personalizadas. (Apple Computers, Cupertino, California.)

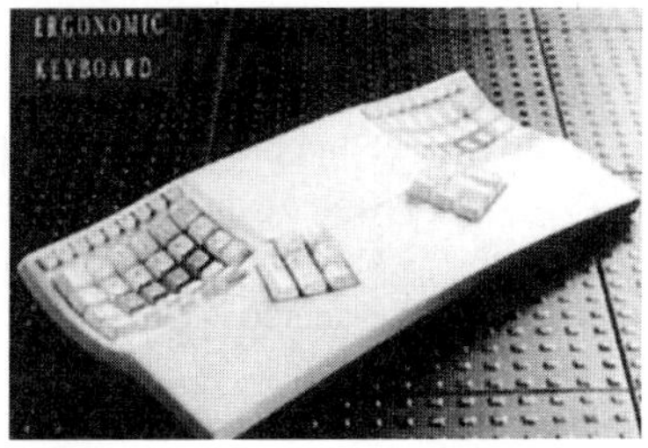

Se conserva la organización usual de letras QWERTY, pero diferentes pruebas muestran que el teclado es menos exigente físicamente y más confortable de usar que los teclados tradicionales de computador. El teclado está ajustado a la forma natural de la mano. (Kinesis Corp., Bellevue, Washington.)

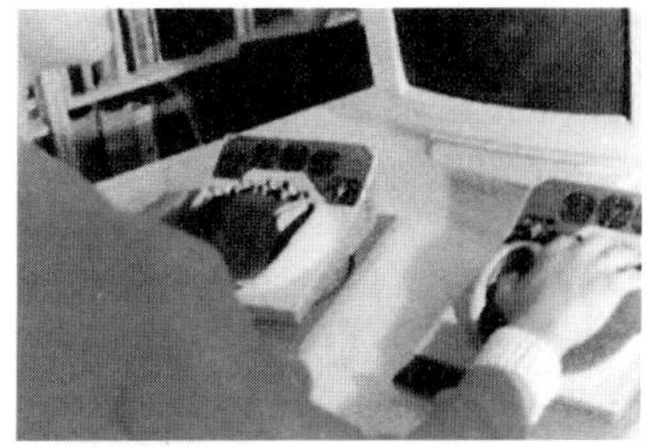

El teclado "Data Hand" permite a cada mano descansar en su propia forma ergonómica y sobre un soporte acolchado para la palma. Cinco teclas rodean los extremos de los dedos. (Industrial Innovations, Inc., Scottsdale, Arizona.)

FIGURA 11.4 ■ Niveles de iluminación recomendados para diversas condiciones de tareas.

Condición de la tarea	Tipo de tarea o Área	Nivel de iluminación (FT-C)*	Tipo de iluminación
Pequeño detalle, extrema exactitud	Coser, inspección de materiales oscuros	100	Luces en todo el techo y lámparas en las mesas
Detalle normal, períodos prolongados	Lectura, montaje de componentes, trabajo general de oficina	20–50	Luces en todo el techo
Buen contraste, objetos bastantes grandes	Instalaciones de ocio	5–10	Luces en todo el techo
Grandes objetos	Restaurantes, escaleras, almacenes	2–5	Luces en todo el techo

*FT-C (la candela) es una medida de iluminación.

(*Fuente:* C. T. Morgan, J. S. Cook III, A. Chapanis, y M. W. Lund, eds., *Human Engineering Guide to Equipment Design*, (Nueva York: McGraw-Hill, 1963).

FIGURA 11.5 ■ Niveles de decibelios (dB) de diferentes sonidos. Los decibelios son una unidad de medida del nivel de los sonidos.

Entornos ruidosos	Fuentes de ruido comunes	Decibelios	
	Despegue de un avión (200 pies)	120	
Área de salida de una fundición	Máquina de remachar*	110	
Área de fundición eléctrica	Martillos de neumáticos*	100	Muy molesto
	Planta textil tejedora*		

Entorno ruidoso	Fuentes de ruido comunes	Decibelios	
Plantas de prensas de impresión	Vagón de metro (20 pies)	90	Se necesita protección auditiva si la exposición supera las ocho horas
	Taladro de neumático (50 pies)	80	
Interior de un coche de carreras (a 50 millas por hora)	Tren de mercancías (100 pies)		
	Aspirador de polvo (10 pies)	70	
Proximidad a una autopista (tráfico de automóviles)	Discurso (1 pie)		Molesto
Grandes almacenes		60	
Oficina de negocios privada			
Semáforo (100 pies)	Transformador grande (200 pies)	50	Silencioso
Niveles mínimos, áreas residenciales de Chicago por la noche		40	
	Murmullo suave (5 pies)		
Estudio (hablar)		30	Muy silencioso
		20	
*En la posición del operario		10	Umbral de audición humana

Fuente: Adaptado de A. P. G. Peterson y E. E. Gross, Jr., *Handbook of Noise Measurement*, 7ª ed. (New Concord, MA: General Radio Co.).

> **El síndrome del túnel del carpo es una afección de la muñeca que afecta a 23.000 trabajadores al año y representa unos costes medios asociados de 30.000 dólares por trabajador afectado. Muchas de las herramientas, asas y teclados de máquinas de escribir en uso actualmente fuerzan una posición no natural para la muñecas. Una posición no natural combinada con una repetición extensiva puede provocar el síndrome. Existen procedimientos médicos para el síndrome del túnel del carpo que reducen los síntomas; pero el remedio está en la ergonomía del lugar de trabajo y el diseño de las herramientas.**

Occupational Safety and Health Administration (OSHA) exige el uso de protectores auditivos para niveles superiores a éste si la exposición es igual o excede a 8 horas. Incluso a niveles bajos, el ruido y la vibración pueden distraer. Por lo tanto, la mayoría de los directivos realizan considerables esfuerzos en reducir el ruido y la vibración a través de un buen diseño de máquinas, aislamientos, o separación de las fuentes de ruido y vibración.

Los parámetros de *temperatura* y la *humedad* están muy bien estudiados. Los directivos con operaciones en el exterior de las zonas confortables establecidas deben esperar efectos negativos en el rendimiento de estas operaciones.

ANÁLISIS DE MÉTODOS. El análisis de métodos se centra en conocer cómo se realiza una tarea. Sea en el control de una máquina o en la fabricación o ensamblaje de componentes, el cómo se realiza una tarea significará diferencias en cuanto a rendimiento, seguridad y calidad. Utilizando los conocimientos de ergonomía y el análisis de métodos, los ingenieros de métodos se han encargado de asegurar que los estándares de calidad y cantidad se logran eficientemente y con seguridad. Los métodos de análisis y técnicas relacionadas son útiles, tanto en entornos de oficinas como en fábricas. Las técnicas incluyen los diagramas de flujo, gráficos de proceso, gráficos de actividad y gráficos de operaciones.

Diagramas de flujo

Gráficos de proceso

Los **diagramas de flujo** son esquemas (dibujos) empleados para investigar el movimiento de las personas o materiales. Proporcionan un procedimiento sistemático de estudio de tareas repetitivas de ciclo largo (Figura 11.6). Los **gráficos de proceso** emplean símbolos (Figura 11.7) para ayudarnos a comprender el movimientos de las personas o

FIGURA 11.6 ■ Diagrama de flujo de la línea de producción de ejes en Paddy Hopkirk Factory. (a) Método antiguo; (b) Nuevo método.

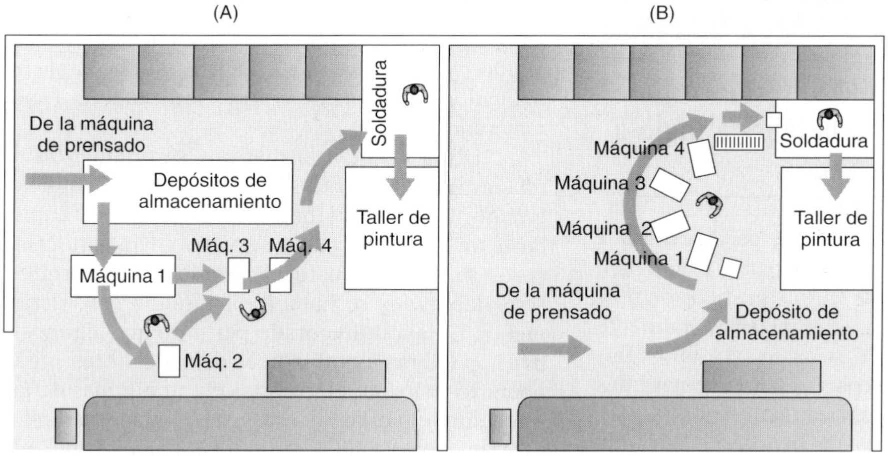

Fuente: Financial Times (4 de enero de 1994).

material. De esta forma, pueden reducirse los movimientos y los retrasos y las operaciones ser más eficientes. La Figura 11.7 muestra un gráfico de proceso empleado para complementar el diagrama de flujo mostrado en la Figura 11.6. Una aplicación de estas técnicas se discute en el *POM en Acción* "Los diagramas de flujo y los diagramas de proceso ayudan a una fábrica inglesa de componentes".

Gráficos de actividad

Los **gráficos de actividad** se emplean para estudiar y mejorar la utilización de un operario y una máquina o alguna combinación de operarios ("equipo") y máquinas. A través de la observación, el analista registra el método actual (ver Figura 11.8) y a continuación elabora un segundo gráfico para mejorar la propuesta.

Gráficos de operaciones

El movimiento del cuerpo se analiza con los **gráficos de operaciones**. Se ha diseñado para poner de manifiesto qué economías en el movimiento representan movimientos inútiles y tiempos de inactividad (retraso). El gráfico de operaciones (también conocido como gráfico mano derecha, mano izquierda) se muestra en la Figura 11.9.

TIEMPOS ESTÁNDARES DE TRABAJO

Hasta ahora en este capítulo se ha discutido la planificación y diseño del trabajo. El tercer requerimiento de un estrategia efectiva de recursos humanos es el establecimiento de los tiempos estándares de trabajo. Una planificación efectiva de la mano de obra requiere del conocimiento de la mano de obra necesaria.

Tiempos estándares

Los **tiempos estándares** de trabajo son las cantidades de tiempo necesarias para realizar un trabajo o parte de un trabajo. Cada empresa tiene tiempos estándares de la mano de obra, aunque puede existir variación entre los establecidos mediante métodos informales de aquéllos establecidos por profesionales. Sólo cuando existen estándares de trabajo precisos puede la dirección conocer cuáles son las necesidades de mano de obra, cuál debe ser su coste y qué constituye un día de trabajo correcto. Las técnicas para establecer los estándares de mano de obra se presentan en el suplemento de este capítulo.

POM
EN ACCIÓN

Los Diagramas de Flujo y los Diagramas de Proceso ayudan a una fábrica inglesa de componentes

Se necesita ser un directivo valiente para permitir a unos consultores —incluso a unos que estén bien preparados con diagramas de flujo y gráficos de proceso— desmontar la fábrica y organizarla totalmente de la noche a la mañana. Y se necesitan unos empleados incluso más comprensivos para aceptar tales cambios. Una mañana, la fábrica de accesorios para automóvil Paddy Hopkirk en Inglaterra era una planta donde se extendía el desorden de unas líneas de producción rodeadas por pilas de contenedores con productos semielaborados. Dos días después, cuando sus 180 trabajadores volvieron al trabajo, las máquinas habían sido agrupadas en células de trabajo. Los montones de componentes habían desaparecido, y el nuevo y despejado suelo había sido marcado con líneas de colores indicando el flujo de materiales.

De la noche a la mañana, se produjeron diferencias impresionantes. En el primer día completo de trabajo, la productividad en algunas líneas aumentó hasta un 30%, el espacio necesario para algunos procesos se había reducido a la mitad y los productos semielaborados se habían disminuido considerablemente. El layout mejorado permitió que algunos trabajos pudieran combinarse, dejando libres algunos operarios para ser empleados en otras zonas de la fábrica donde fueran necesarios. "Estaba esperando un cambio, pero nada tan impresionante como esto", dijo el presidente, Paddy Hopkirk. "Es fantástico."

Fuente: Financial Times (4 de enero de 1994).

FIGURA 11.7 ■ Gráfico de proceso de la producción de ejes empleando el nuevo método de Paddy Hopkirk Factory mostrado en el diagrama de flujo (Figura 11.6b).

Método actual ☐ GRÁFICO DE PROCESO
Método propuesto ☒
ASUNTO REPRESENTADO Produción de ejes FECHA 1/1/96
CREADO POR JH
GRÁFICO NO. 1
DEPARTMENTO Célula de trabajo para los ejes HOJA NO. 1 DE 1

DIST. EN PIES	TIEMPO EN MINUT.	SÍMBOLOS DEL GRÁFICO	DESCRIPCIÓN DEL PROCESO
50		○ ⇨ □ D ▽	De la máquina de prensado a los depósitos de almacenaje en la célula de trabajo
	3	○ ⇨ □ D ▽	depósitos de almacenaje
5		○ ⇨ □ D ▽	Mover a la máquina 1
	4	○ ⇨ □ D ▽	Operación en la máquina 1
4		○ ⇨ □ D ▽	Mover a la máquina 2
	2.5	○ ⇨ □ D ▽	Operación en la máquina 2
4		○ ⇨ □ D ▽	Mover a la máquina 3
	3.5	○ ⇨ □ D ▽	Operación en la máquina 3
4		○ ⇨ □ D ▽	Mover a la máquina 4
	4	○ ⇨ □ D ▽	Operación en la máquina 4
20		○ ⇨ □ D ▽	Mover a la soldadura
	Poka yoke	○ ⇨ □ D ▽	Inspección poka-yoke en soldadura
	4	○ ⇨ □ D ▽	Soldadura
10		○ ⇨ □ D ▽	Mover a pintura
	4	○ ⇨ □ D ▽	Pintura
		○ ⇨ □ D ▽	
97	30		Total

○ = operación; ⇨ = transporte; □ = inspección; D = demora; ▽ = almacenaje.

FIGURA 11.8 ■ Gráfico de actividad.

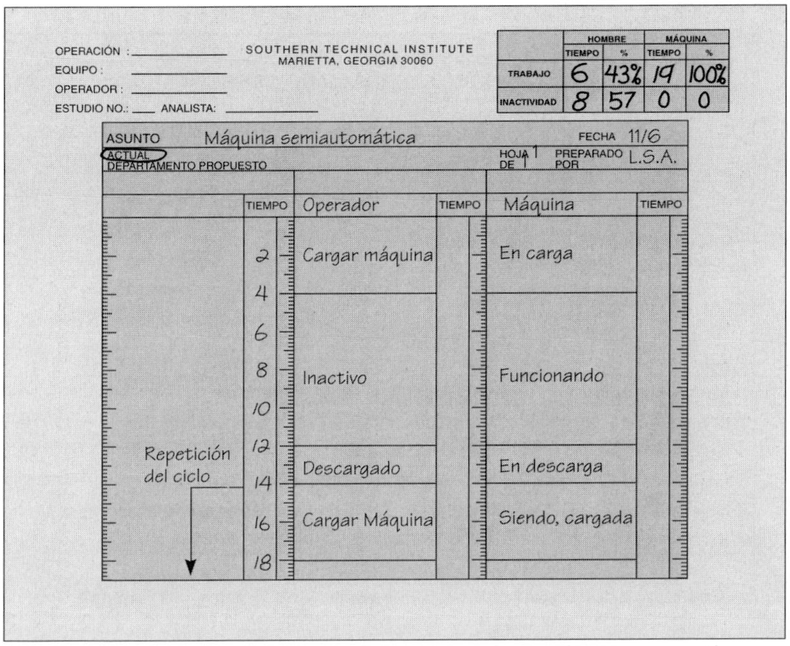

Fuente: Adaptado de *Productivity measurement and imporvement*, © 1983, pág. 67. Reproducido con permiso de Prentice Hall, Inc. Englewood Cliffs, N. J.

ALCANZANDO ESTÁNDARES DE CLASE MUNDIAL

Los fabricantes de clase mundial comprenden la importancia de una estrategia de recursos humanos efectiva. Todos los miembros de la organización reconocen que un buen diseño de trabajo, planificación de la mano de obra y un entorno de compromiso mutuo y confianza son cruciales para un funcionamiento de clase mundial. Las empresas de clase mundial tienen elevados presupuestos de formación, muchos exceden las cuarenta horas por empleado y año y algunos llegan a las doscientas horas. Los empleados se forman en la resolución de problemas y el trabajo en equipo, y la constitución de equipos se alienta y respalda. La formación también incluye conocer herramientas, tales como diagramas de flujo de procesos, gráficos de actividad y gráficos de micromovimientos. Estas empresas han diseñado trabajos que emplean a la vez las capacidades mentales y físicas de sus empleados. La mayoría de empresas de clase mundial tienen una estrategia de recursos humanos que incluye la mayoría de los atributos de la lean production y proporciona una ventaja competitiva.

Los desastres en la plantas de energía nuclear en los Estados Unidos (Three Mile Island) y en Ucranía (Chernobyl) han asustado a los legisladores federales y locales, por lo que éstos han establecido un mayor y más estricto mantenimiento y unas mayores normas de fiabilidad. Algunos expertos creen que todavía se da insuficiente atención al factor humano en los sistemas de control de los reactores. Se cree que los diseñadores no aprecian el hecho de que las centrales son sistemas integrados por personas y máquinas.

RESUMEN

Lo bien que gestione una empresa su estrategia de recursos humanos determinará finalmente su éxito. La acción de POM juega normalmente un papel importante en lograr los

FIGURA 11.9 ■ Gráfico de operaciones (Gráfico Mano izquierda/Mano derecha) para el ensamblaje de un tornillo y una arandela.

GRÁFICO MANO IZQUIERDA/MANO DERECHA
SOUTHERN TECHNICAL INSTITUTE
MARIETTA, GEORGIA 30060

SÍMBOLOS	ACTUAL LH	ACTUAL RH	PROPUESTO LH	PROPUESTO RH	DIFERENCIA LH	DIFERENCIA RH
○ OPERACIONES	5	10				
⇨ TRANSPORTES						
□ INSPECCIONES						
D ESPERAS	10	5				
▽ ALMACENAJES						
TOTALES	15	15				

PROCESO Montaje tornillo–arandela
ESTUDIO NO.
OPERARIO SRA
ANALISTA
FECHA 11 / 6 / 95 HOJA NO. 1 de 1
MÉTODO (ACTUAL / PROPUESTO)
OBSERVACIONES

ACTIVIDAD DE LA MANO IZQUIERDA MÉTODO ACTUAL	DIST.	SÍMBOLOS	SÍMBOLOS	DIST.	ACTIVIDAD DE LA MANO DERECHA MÉTODO ACTUAL
1 Alcanzar tornillo		●⇨□D▽	○⇨□■▽		Inactivo
2 Agarrar tornillo		●⇨□D▽	○⇨□■▽		Inactivo
3 Mover el tornillo		●⇨□D▽	○⇨□■▽		Inactivo
al área de trabajo		○⇨□D▽	○⇨□D▽		
4 Sujetar tornillo		○⇨□■▽	●⇨□D▽		Alcanzar arandela
5 Sujetar tornillo		○⇨□■▽	●⇨□D▽		Agarrar arandela
6 Sujetar tornillo		○⇨□■▽	●⇨□D▽		Mover arandela a tornillo
7 Sujetar tornillo		○⇨□■▽	●⇨□D▽		Colocar arandela
		○⇨□D▽	○⇨□D▽		en tornillo

○ = Operación; ⇨ = Transporte; □ = Inspección; D = Demora; ▽ = Almacenaje.

Fuente: Adaptado de L.S. Aft, *Productivity Measurement and Improvement*, 1983: 75. Reproducido con permiso de Prentice Hall, Inc, Englewood Cliffs, NJ)

El comportamiento durante una parada provoca la diferencia entre ganar o perder una carrera. Los gráficos de actividad se emplean para coordinar el movimiento de un equipo de una escudería, el personal de una sala de operaciones, o los operarios de una máquina en una fábrica. El Problema resuelto 11.1 muestra un gráfico de actividad aplicado a un equipo de una escudería.

objetivos de la estrategia de recursos humanos. El primer objetivo es lograr una utilización eficiente de los recursos humanos en la función de operaciones. Éste es a menudo el objetivo principal de una empresa, porque las operaciones son generalmente la función con costes de mano de obra más elevados, y éstos representan muchas veces una proporción importante del coste total del producto. El segundo objetivo es que el diseño de trabajos sea eficiente, seguro y proporcione una razonable calidad de vida en el trabajo para los empleados en una atmósfera de respeto mutuo.

TÉRMINOS CLAVE

Calidad de vida en el trabajo
Compromiso mutuo
Confianza mutua
Planificación de la mano de obra
Jornada laboral estándar
Jornada flexible
Semana laboral flexible
Trabajo a tiempo parcial
Diseño de trabajo
Especialización de la mano de obra
Ampliación del trabajo
Rotación de puestos
Enriquecimiento del trabajo
Potenciación de los empleados
Equipos auto-dirigidos
Pluses salariales
Participación en beneficios
Participación en ganancias
Sistemas de incentivo
Trabajo diario realizado
Tiempo por piezas
Lean production
Ergonomía
Diagramas de flujo
Diagramas de proceso
Gráficos de operaciones
Tiempos estándares de trabajo

PROBLEMA RESUELTO

Problema resuelto 11.1

Como jefe del equipo de la escudería de Prototype Sports Car, acaba de dar las normas de actuación durante la parada en boxes para la próxima temporada. Sólo permitirá seis personas a la vez y una de éstas debe ser un miembro del equipo de seguridad/extinción de fuegos. Este miembro del equipo debe llevar un extintor y no actuará en el repostaje del coche. Sin embargo, esta persona debe indicar al piloto dónde parar el coche en el box y cuándo debe arrancar de nuevo.

Espera tener elevadores de aire para el coche de este año. Estos elevadores necesitan sólo una manguera de aire para ponerse a funcionar. El combustible también será suministrado a través de una manguera, con una segunda manguera empleada para dejar escapar el aire de las celdas de combustible. La tasa de suministro de la manguera de combustible será de un galón por segundo. La capacidad del depósito será 25 galones. Espera tener que cambiar los cuatro neumáticos en la mayoría de las paradas. La longitud de las carreras cambiará el próximo año, pero espera que las carreras más largas también requerirán un cambio de los pilotos. Recientes estudios de tiempos de las paradas han determinado los siguientes tiempos para su experimentado equipo. Los tiempos son los siguientes:

ACTIVIDAD	TIEMPO EN MINUTOS
Instalar la manguera de aire	0,075
Quitar neumático	0,125
Montar nuevo neumático	0,125
Moverse a la manguera elevadora	0,050
Moverse a la parte trasera del coche	0,050
Ayudar al conductor	0,175
Limpiar parabrisas	0,175
Repostar combustible (por galón)	0,016

Su trabajo es desarrollar el plan inicial para utilizar de la mejor forma posible a las seis personas de su equipo. Las seis personas del equipo se identifican con letras, como se muestra en la Figura 11.10. Utilice un gráfico de actividad similar al mostrado en la Figura 11.8 para ayudarle.

FIGURA 11.10 ■ Posición del coche y de los seis miembros del equipo (ver gráfico en la siguiente página)

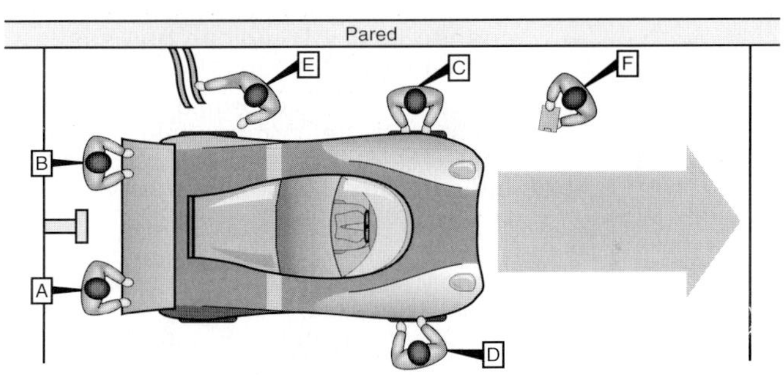

Solución

Su gráfico de actividad muestra lo que debe hacer cada miembro del equipo durante cada segundo de la parada del coche.

FIGURA 11.10 ■ *(Continuación)*

GRÁFICO DE ACTIVIDAD MÚLTIPLE				
Gráfico No.: Hoja Nº de:	R E S U M E N			
PRODUCTO:		ACTUAL (min.)	PROPUESTO	AHORRO
	TIEMPO CICLO			
	Hombre			
PROCESO: Parada en boxes de coches GTO	Máquina			
	TRABAJO			
	Hombre			
	Máquina			
MÁQUINA(S):	INACTIVIDAD			
	Hombre			
	Máquina			
	UTILIZACIÓN			
OPERATIVO: CRONÓMETRO Nº	Hombre			
REALIZADO POR: FECHA:	Máquina			

TIEMPO (min.)	EQUIPO A	EQUIPO B	EQUIPO C	EQUIPO D	EQUIPO E	EQUIPO F	TIEMPO (min.)	NOTAS	TIEMPO (min.)
0,025					Mover mangueras al coche		0,025	El miembro F de prevención incendios/seguridad se sitúa en la pared para indicar al piloto dónde parar el coche	0,025
0,050		Instalar manguera de aire			Flujos de combustible	M	0,050		0,050
0,075	Quitar neumático		Quitar neumático	Quitar neumático		I	0,075	Los miembros del equipo A, C, D, se dirigen al coche con neumáticos. B coloca la manguera elevadora en la conexión en la parte trasera del coche.	0,075
0,100		Quitar neumático				E M	0,100	B vuelve a la pared para recoger el cuarto neumático.	0,100
0,125						B	0,125	E se dirige al coche con dos mangueras (una de combustible y otra para extraer el aire).	0,125
0,150	Montar nuevo neumático		Montar nuevo neumático	Montar nuevo neumático		R O	0,150	F está listo con el extintor. Si tiene que cambiarse el piloto,	0,150
0,175							0,175	el primer piloto sale en los cinco primeros segundos.	0,175
0,200						D	0,200	Si hay un cambio de pilotos, el nuevo entra en el coche.	0,200
0,225						E	0,225	A, C, D, tiene sus neumáticos montados. D limpia el parabrisas.	0,225
0,250						S	0,250	C ayuda al piloto si es necesario a colocarse el cinturón de seguridad del asiento y lo refresca.	0,250
0,275	Moverse a manguera elevadora	Montar nuevo neumático	Ayudar al piloto	Limpiar parabrisas		E	0,275	A quita la manguera del elevador. B tiene el neumático montado	0,275
0,300						G	0,300	B va a la parte trasera del coche. A quita la manguera del elevador	0,300
0,325						U	0,325	cuando B, C y D indican que sus neumáticos están montados.	0,325
0,350		Moverse a parte trasera			24,5 galones de combustible	R I	0,350	A y B se preparan para empujar el coche. E (el hombre del combustible) desconecta las mangueras de combustible.	0,350
0,375						D	0,375	F indica la finalización del repostaje de combustible.	0,375
0,400	Inactividad	Inactividad			24,5 segundos	A	0,400	F se coloca en la parte delantera del coche y se prepara para dar la señal de salida al piloto.	0,400
0,425						D	0,425	A, B, C y D, indican a F cuándo están listos.	0,425
0,450			Inactividad	Inactividad			0,450	F da una señal al piloto cuando todo está listo.	0,450
0,475	Empujar	Empujar			Inactividad	Inactividad	0,475	A y B empujan el coche fuera de boxes.	0,475

PREGUNTAS DE DISCUSIÓN

1. ¿Cuáles son algunos de los peores trabajos que usted conoce? ¿Por qué son malos? ¿Por qué la gente quiere estos trabajos?
2. ¿Qué factor añadiría o quitaría a los factores psicológicos presentados en el capítulo?
3. Si estuviera rediseñando el trabajo descrito en la pregunta 1, ¿qué cambios realizaría? ¿Son realistas? ¿Mejorarían la productividad (no sólo producción, sino la productividad)?
4. ¿Cómo definiría una buena calidad de vida en el trabajo?
5. ¿Cuál es la diferencia entre enriquecimineto del trabajo, ampliación del trabajo, rotación en el trabajo, especialización del trabajo y potenciación de trabajadores?
6. ¿Conoce trabajos que empujen a la interface hombre-máquina al límite de las capacidades humanas?
7. ¿Por qué se preparan diagramas de flujo y gráficos de proceso para tareas que se hacen mal?
8. ¿Cuáles son las seis características esenciales de un buen diseño de trabajo?

EJERCICIO DE RAZONAMIENTO CRÍTICO

La situación en Lordstown, Ohio, para un fabricante de airbags se estaba volviendo difícil. Un experimentado técnico y miembro del comité de seguridad, Gregory White, sugirió que la línea debía pararse, debido a los olores que se creaban cuando los empleados colocaban un sensor químico en cada airbag. El problema consistía en que un nuevo agente aglutinante para sellar los sensores era altamente tóxico en estado líquido, pero seguro cuando se secaba. Además, el sindicato estaba cuestionando también los niveles de seguridad, diciendo que quizás el agente aglutinante seguía siendo tóxico cuando se secaba. La reciente instalación de un sistema de ventilación provocó una insuficiente disminución en el olor, pero todas las pruebas habían puesto de manifiesto que el porcentaje de los componentes químicos por millón estaban por debajo del estándar 100 de OSHA. Steve Goodman, director de fábrica, había discutido el asunto con Nancy Kirschberg, la directora de higiene y seguridad de la fábrica, quien le advirtió que aunque el índice estándar de OSHA son 100 ppm, el de la American Conference of Governmental Industrial Hygienist (ACGIH) era sólo de 50. Goodman también estaba enterado de que el nuevo programa de potenciación de empleados era importante, pero que la planta de montaje de automóviles, a 15 millas de distancia, necesitaba los airbags ya. El fabricante de vehículos no tenía en stock airbags y dependía de las entregas JIT de esta fábrica. Por tanto, parar la línea de montaje de airbags cerraría también la planta de montaje. La reputación de la fábrica de Goodman y los puestos de trabajo de su gente dependían de la entrega a tiempo de los airbags.

Primero, ¿qué decisión tomaría? Justifique su postura y la del sindicato y la de Gregory White. Finalmente, proponga una solución para resolver el problema inmediatamente.

PROBLEMAS

- **11.1** Realice un gráfico de proceso para ir de la sala de estar a la cocina por un vaso, a la nevera por leche y al armario de la cocina por galletas. Utilice el layout que quiera. ¿Cómo puede hacer la tarea más eficiente (es decir, menos tiempo o menos pasos)?
- **11.2** Dibuje un gráfico de actividad para una operario de una máquina con las siguientes operaciones. Los tiempos son los siguientes:

Preparar la fresadora para la carga (limpieza, engrasado, etc.)	0,50 min.
Cargar fresadora	1,75 min.
Utilización fresadora (cortar material)	2,25 min.
Descargar la fresadora	0,75 min.

: **11.3** Dibujar un gráfico de actividad (un gráfico de actividades múltiples) para un concierto (por ejemplo, Phil Collins, Neil Diamond, Grateful Dead, Bruce Springsteen) y determine cómo organizar el concierto de forma que la estrella tenga descansos razonables. Por ejemplo, ¿en qué momento hay un número musical, efecto visual, un dúo, un baile, que permita a la estrella descansar su voz? ¿Tienen los otros miembros del espectáculo momentos de pausa o descanso?

· **11.4** Haga un gráfico de operaciones de una de las siguientes:

a) Poner una nueva goma en un lápiz

b) Poner un clip en dos hojas de papel

c) Poner una hoja en una máquina de escribir

· **11.5** Habiendo hecho las operaciones del gráfico del Problema 11.4 y sabiendo que va a realizar la tarea 10.000 veces, ¿cómo mejoraría el procedimiento? Prepare un gráfico de operaciones de la tarea mejorada. ¿Qué movimientos, tiempo y esfuerzo ha ahorrado durante la duración de la tarea rediseñándola?

· **11.6** Para el trabajo que ha realizado, puntúe cada una de la características esenciales de Hackman y Oldham en una escala de 1 a 10. ¿Cuál es su puntuación total? ¿Qué podría cambiar del trabajo si deseara obtener una puntuación mayor?

: **11.7** Empleando los datos proporcionados en el Problema resuelto 11.1 prepare un gráfico de actividad (un gráfico de equipo) similar al del problema resuelto, pero basado en el supuesto de tener un total de sólo cinco miembros en el equipo.

: **11.8** Empleando los datos proporcionados en el Problema resuelto 11.1, prepare un gráfico de actividad similar al del problema resuelto. Sin embargo, el combustible no se suministrará a un ritmo de 1,5 galones por segundo.

CASO DE ESTUDIO

La Flota que Flota

Bill Southard dirige Southard Truck Lines. Recientemente ha comprado 10 nuevos camiones para sus operaciones a ARC Trucks. Sus relaciones con sus conductores han sido históricamente excelentes, pero a éstos no les gustan los nuevos camiones. La queja es que los nuevos camiones son difíciles de controlar en autopistas: "flota". Cuando los conductores tienen la oportunidad, eligen los camiones viejos. Mr. Southard, después de numerosas discusiones con los conductores, ha llegado a la conclusión de que verdaderamente los nuevos camiones tienen un problema. Tienen un consumo menor, costes de mantenimiento también menores, y tienen el último modelo de frenos antibloqueo. Dado que cada camión cuesta alrededor de 50.000 dólares, la inversión en la nueva flota de Mr. Southard excede los 500.000 dólares. Está intentando mejorar el rendimiento de su flota reduciendo los costes de mantenimiento y combustible. Esto no ha sucedido. Además, quiere mantener a sus conductores contentos. Esto tampoco lo ha conseguido. Consecuentemente, ha tenido que hablar seriamente con el fabricante de los camiones.

El fabricante, ARC Trucks of Canyon, Texas, rediseñó la suspensión delantera para este modelo de camión. La empresa le ha dicho que la nueva parte delantera es fantástica. Bill Sothard descubrió, sin embargo, que el fabricante ha realizado pequeñas variaciones en componentes de la suspensión delantera desde que él compró los camiones.

ARC Trucks se niega a realizar cualquier cambio en los camiones que el Sr. Southard compró. Nadie ha sugerido que exista un problema de seguridad, pero los conductores mantienen que es muy difícil mantener a los nuevos camiones en la carretera. El Sr. Southard tiene nuevos camiones que pasan gran parte de su tiempo parados, mientras los conductores usan los viejos camiones. Sus costes, por tanto, son más altos de lo que deberían ser. Está considerando acciones legales. Pero el asesor legal sugiere que documente su caso.

PREGUNTAS DE DISCUSIÓN

1. ¿Qué sugerencias le haría a Mr. Southard?
2. Habiendo estudiado usted una introducción al tema de ergonomía, ¿puede pensar en un enfoque analítico para documentar el problema planteado por los conductores?

BIBLIOGRAFÍA

Alexander, D. C. *Industrial Ergonomics: A Practitioner's Guide*. Norcross, GA: IE & MP Publishers, 1985.

Barnes, R. M. *Motion and Time Study, Design and Measurement of Work*. New York: John Wiley, 1968.

Berggren, C. *Alternatives to Lean Production: Work Organization in the Swedish Auto Industry*. Ithaca, NY: ILR Press, 1993.

——. "Point/Counterpoint: Nummi vs. Uddevalla." *Sloan Management Review*, 35, no. 2 (Winter 1994): 37–50.

Bowen, D. E., G. E. Ledford, Jr., and B. R. Nathan. "Hiring for the Organization, Not the Job." *The Executive*, 5, no. 4 (November 1991): 35.

Carson, R. "Ergonomically Designed Tools: Selecting the Right Tool for the Job." *Industrial Engineering*, 25, no. 7 (July 1993): 27–29.

Chapman, A. *Man-Machine Engineering*. Belmont, CA: Wadsworth, 1965.

Corlett, N., J. Wilson, F. Manencia, eds. *Ergonomics of Working Posture*. New York: Taylor and Francis, 1986.

Denton, D. K. "Redesigning A Job by Simplifying Every Task and Responsibility." *Industrial Engineering*, 24, no. 8 (August 1992): 46.

Dreyfuss, H. *The Measure of Man*. New York: Whitney Library of Design, 1970.

Franke, R. H. "The Ultimate Advantage: Creating the High-Involvement Organization." *The Executive*, 7, no. 1 (February 1993): 105–106.

Hall, G., J. Rosenthal, and J. Wade. "How to Make Reengineering Really Work." *Harvard Business Review*, 71, no. 6 (November/December 1993): 119–131.

Konz, S. *Work Design*. Columbia, OH: Grid, 1979.

McCormick, E. J. *Human Factors in Engineering and Design*, 4th ed. New York: McGraw-Hill, 1976.

Mesch, D. J., and D. R. Dalton. "Unexpected Consequences of Improving Workplace Justice: A Six-Year Time Series Assessment." *The Academy of Management Journal*, 35, no. 5 (December 1992): 1,099.

Meyer, C. "How the Right Measures Help Teams Excel." *Harvard Business Review* (May/June 1994): 95.

Snell, S., and J. Dean. "Integrated Manufacturing and Human Resource Management: A Human Capital Perspective." *The Academy of Management Journal*, 35, 3 (August 1992): 467–497.

Staughton, R. V. W., N. J. Kinnie, E. H. Davies, and R. L. C. Smith. "Modelling the Manufacturing Strategy Process: An Analysis of the Role Played by Human Resources Issues." *OM Review*, 9, no. 2 (April 1992): 48–68.

Stepkin, R. L., and R. E. Mosely, eds. *Noise Control: A Guide for Workers and Employers*. American Society of Safety Engineers, 1984.

Zammuto, R. F., and E. J. O'Connor. "Gaining Advanced Manufacturing Technologies' Benefits: The Roles of Organization Design and Culture." *The Academy of Management Review*, 17, no. 4 (October 1992): 701.

11 SUPLEMENTO

MEDIDA DEL TRABAJO

CONTENIDO DEL SUPLEMENTO

Eran las 2,36 p.m. y los 132 trabajadores de planta de la fábrica de American Plastics Inc. estaban ocupados manejando sus ruidosas máquinas. Cuando Bob Markland, un ingeniero recién contratado, entró en este área de producción por la puerta de la oficina, iba vestido con camisa blanca y corbata y llevaba consigo una plancheta. Caminó de forma decidida hacia su destino, la zona de tornos, donde iba a cronometrar a tres trabajadores cuyos tiempos de trabajo no se habían actualizado desde hacía más de una década. Uno tras otro todos los ojos seguían sus movimientos, como se forma una ola a medida que se acerca a la orilla. Antes de que Markland estuviese a 50 pies de su objetivo sonó una ruidosa sirena. El jefe del sindicato del taller, Roscoe Davis, había ordenado una interrupción del trabajo. Un "cuello blanco" estaba en la planta para cronometrar a los trabajadores sin la autorización del sindicato. American Plastics enmudeció.♦

ESTÁNDARES DE TRABAJO Y MEDIDA DEL TRABAJO

Una gestión de personal efectiva requiere el conocimiento de los tiempos de trabajo. Aun cuando los trabajadores y los sindicatos puedan oponerse a que los trabajos sean observados y cronometrados, como en la cita anterior, los tiempos de trabajo son necesarios. Ayudan a la empresa a determinar:

1. El contenido de mano de obra de los artículos producidos (el coste de mano de obra).
2. Las necesidades de personal (cuánta gente se necesitará para llevar a cabo la producción solicitada).
3. Las estimaciones de coste y tiempo antes de iniciar la producción (para facilitar toda una variedad de decisiones que van desde el desarrollo de estimaciones de coste para los clientes hasta las decisiones de fabricar o comprar).
4. El tamaño de los equipos y el equilibrado de las cargas de trabajo (quien hace qué en un equipo de trabajo o en una línea de montaje).
5. La producción esperada (tanto el gerente como el trabajador deben saber qué constituye con precisión el trabajo de un día).
6. Las bases de los sistemas de primas-incentivos (que es lo que se considera un incentivo razonable).
7. La eficacia de los trabajadores y la supervisión (un tiempo estándar es necesario para determinar la eficacia).

Un tiempo estándar de trabajo representa la cantidad de tiempo que tardaría un empleado medio en realizar una actividad de trabajo específica bajo unas condiciones de trabajo El apartado de *POM en Acción* "La participación en ganancias impulsa la productividad en Whirpool" muestra la aplicación de un sistema de incentivos con unos tiempos estándares de trabajo efectivos.

¿Cómo se fijan los tiempos estándares de trabajo o de producción? Los estándares de trabajo se establecen de cuatro maneras:

1. Experiencia histórica.
2. Estudios de tiempos.
3. Tiempos estándar predeterminados.
4. Muestreo de trabajo.

Este suplemento trata cada una de estas técnicas.

EXPERIENCIA HISTÓRICA

Los tiempos estándares de trabajo pueden estimarse basándose en la experiencia histórica, es decir, cuántas horas de trabajo fueron necesarias para realizar una tarea la última vez que se realizó. Los tiempos estándares históricos tienen la única ventaja de ser relativamente fáciles y baratos de obtener. Normalmente está disponible en las fichas de tiempo de los trabajadores o en los registros de producción. Pero no son objetivos y no conocemos su precisión, si representan un ritmo de trabajo razonable o un ritmo lento, ni si se incluyen circunstancias inusuales. Debido a que estas variables se desconocen, no se recomienda su utilización. En cambio, el estudio de tiempos, los tiempos estándar predeterminados y el muestreo de trabajo sí que son formas recomendables para fijar los tiempos estándares de producción.

POM EN ACCIÓN

La participación en ganancias impulsa la productividad en Whirpool

La primera reacción de Lloyd Spoonholtz cuando oyó hablar sobre el programa propuesto de ganancias compartidas para Whirpool "fue decir que Whirpool se iría al garete". Pero el Presidente de Machinists Local 1918 temía que su planta de Benton Harbor, Michigan, estaba destinada al olvido, como ocurría con muchas de las fábricas del deprimido municipio de 13.000 habitantes. Otros trabajadores también dudaban que la fábrica, que contaba con más de cuarenta años de antigüedad, fuese a durar mucho más. Whirpool ya había cerrado dos fábricas cercanas. Pero la empresa les aseguró que tenían una esperanza: la productividad.

El concepto de ganancia compartida era sencillo. Cuanto mayor es el incremento de producción, mayor es el depósito de dinero que los trabajadores comparten con la empresa. El porcentaje preciso del depósito que va a los trabajadores está en función de la calidad de la producción, medida por el número de piezas desechadas.

Desde que comenzó la ganancia compartida, la productividad en Benton Harbor ha aumentado más de un 19 por 100, de 93 piezas por hombre a la hora a las 111 actuales. Además, el número de piezas desechadas descendió de 837 por millón a un nivel de clase mundial de 10 por millón. Para cada uno de los empleados esto se tradujo el año pasado en una paga extra de 2.700 dólares. Y se levantó la moral de los trabajadores, se redujeron los costes de trabajo y se apuntalaron los beneficios. Una lavadora Whirpool se vende todavía hoy a 399 dólares, el mismo precio que hace varios años y la calidad es mejor.

Fuentes. *Wall Street Journal* (4 de mayo de 1992): A-1; y *Harward Business Review* (mayo/junio de 1994): 100.

EL ESTUDIO DE TIEMPOS

El clásico sistema de estudio con cronómetro, o estudio de tiempos, originalmente propuesto por Frederick W. Taylor en 1881, es aún el método de **estudio de tiempos** más utilizado. El procedimiento de un estudio de tiempos supone el cronometrar una muestra de la actividad de un trabajador y utilizarlo para fijar un tiempo estándar. Una persona entrenada y con experiencia puede establecer un tiempo estándar siguiendo los siguientes ocho pasos:

Estudio de tiempos

1. Definir la tarea a estudiar (después de que se haya realizado un análisis del método).
2. Dividir la tarea en elementos precisos (partes de la tarea que a menudo no suponen más de unos pocos segundos).
3. Decidir cuántas veces se va a medir la tarea (el número de ciclos o muestras que se necesitan).
4. Cronometrar y registrar los tiempos elementales y los ritmos de actividad.
5. Calcular el tiempo medio actual del ciclo. El **tiempo ciclo actual medio** es la media aritmética de los tiempos para cada elemento medido, ajustado para influencia inusual de cada elemento:

Tiempo ciclo actual medio

$$\text{Tiempo ciclo actual medio} = \frac{\text{(suma de los tiempos registrados para realizar cada elemento)}}{\text{número de ciclos observados.}} \quad \text{(S11.1)}$$

6. Calcular el **tiempo normal** de cada elemento. Esta medida es una "valoración de la actividad resultado" para el ritmo observado del trabajador concreto:

Tiempo normal

$$\text{Tiempo normal} = \text{(tiempo ciclo actual medio)} \times \text{(factor de actividad)} \quad \text{(S11.2)}$$

La valoración de la actividad ajusta el tiempo observado a lo que un trabajador normal podría esperar alcanzar. Por ejemplo, un trabajador normal podría ser capaz de caminar tres

FIGURA S11.1 ■ Suplementos por descanso (en porcentaje) para diferentes tipos de trabajo.

1. Suplementos constantes:
   - (A) suplemento por necesidades personales .... (5)
   - (B) suplemento básico por fatiga .... (4)
2. Suplementos variables:
   - (A) suplemento por estar de pie .... (2)
   - (B) suplemento por posiciones anormales:
     - (i) No confortable (agachado) .... (2)
     - (ii) Muy inconfortable (estirado) .... (7)
   - (C) Utilización de fuerza o energía muscular en levantar, estirar o empujar
     - Peso levantado (Libras)
     - 20 .... (3)
     - 40 .... (9)
     - 60 .... (17)
   - (D) Mala iluminación:
     - (i) Por debajo del nivel satisfactorio .... (2)
     - (ii) Bastante inadecuado .... (5)
   - (E) Condiciones atmosféricas (calor y humedad): variable .... (0-10)
   - (F) Estrecha atención
     - (i) Precisa o exigente .... (2)
     - (ii) Muy precisa o muy exigente .... (5)
   - (G) Nivel de ruido:
     - (i) Intermitente-bajo .... (2)
     - (ii) Intermitente- muy fuerte o muy agudo .... (5)
   - (H) Esfuerzo mental:
     - (i) Cierta complejidad o gran atención .... (4)
     - (ii) Gran complejidad .... (8)
   - (I) Tediosidad:
     - (i) Cierta tediosidad .... (2)
     - (ii) Muy tedioso. .... (5)

Fuente: Extracto de *Motion and Time Study*, 7ª edición de B.W. Niebel (Homewood, IL: Richard D. Irwin, 1982): 393. Copyright © 1982 Richard D. Irwin, Inc.

millas a la hora. El o ella sería capaz también de repartir una baraja de 52 cartas en cuatro montones iguales en treinta segundos. Existen numerosas películas especificando ritmos de trabajo en los que los profesionales del tema se muestran de acuerdo; y los benchmarks de actividad han sido establecidos por la Society for the Advancement of Managment. De cualquier forma, la valoración de la actividad tiene todavía algo de arte.

7. Sumar los tiempos normales de cada elemento para obtener el tiempo normal total de la tarea.

Tiempo estándar

8. Calcular el **tiempo estándar**. Este ajuste del tiempo total normal engloba algunos suplementos, como las necesidades *fisiológicas*, demoras inevitables y la *fatiga* del trabajador:

$$\text{Tiempo estándar} = \frac{\text{tiempo normal total}}{1 - \text{factor de suplementos}} \qquad \text{(S11.3)}$$

Los suplementos del tiempo del personal están a menudo establecidos en un intervalo del 4 al 7 por 100 del tiempo total, dependiendo de la proximidad de los aseos, fuentes de agua y otras instalaciones. Los estándares de esperas a menudo se fijan como resultado del estudio de esperas que realmente están ocurriendo. Los estándares de fatiga se basan en nuestro mayor conocimiento del gasto de energía humana bajo diferentes condiciones físicas y ambientales. Una muestra de los suplementos personales y de fatiga se presenta en la Figura S11.1. El Ejemplo S11.1 ilustra el cálculo de un tiempo estándar.

EJEMPLO S11.1

El estudio de tiempos de un determinado trabajo proporciona un tiempo ciclo actual medio de 4,0 minutos. El analista valoró el ritmo del trabajador observado en un 85%. Esto significa que el trabajador trabajaba a un 85 % del ritmo normal en el momento en que se realizó el estudio. La empresa utiliza un factor de suplementos del 13%. Se quiere calcular el tiempo estándar.

Tiempo medio real = 4,0 min.

$$\text{Tiempo normal} = (\text{ tiempo ciclo actual medio}) \times (\text{ índice de actividad})$$
$$= (4,0)\ (0,85)$$
$$= 3,4 \text{ min.}$$

$$\text{Estándar de tiempo} = \frac{\text{Tiempo normal}}{1 - \text{factor de suplementos}} = \frac{3,4}{1 - 0,13} = \frac{3,4}{0,87}$$
$$= 3,9 \text{ min.}$$

El Ejemplo S11.2 parte de una serie de tiempos cronometrados para cada elemento.

EJEMPLO S11.2

Managment Science Associates promociona sus seminarios sobre desarrollo de la dirección enviando miles de cartas personalizadas dirigidas a diferentes empresas. Se ha realizado un estudio de tiempos de la tarea de preparación de las cartas para su envío. Basándose en las siguientes observaciones, el Managment Science Associates quiere desarrollar el tiempo estándar de la tarea. El factor de suplementos de la empresa con necesidades personales, esperas y fatiga es del 15%.

	Ciclo observado (en minutos)					
Elemento del trabajo	1	2	3	4	5	Factor de actividad
(A) Escribir la carta	8	10	9	21*	11	120%
(B) Escribir la dirección en el sobre	2	3	2	1	3	105%
(C) Llenar el sobre, sellar y clasificarlo	2	1	5*	2	1	110%

El procedimiento seguido después de la recolección de los datos es:

1. Anular todas las observaciones inusuales, como las que están marcadas con un asterisco (*). (Pueden deberse a interrupciones no programadas, una reunión con el jefe, o un error de naturaleza no habitual; éstas no son parte del trabajo.)
2. Calcular el tiempo ciclo actual medio para cada elemento del trabajo:

$$\text{Tiempo medio para A} = \frac{8 + 10 + 9 + 11}{4}$$
$$= 9,5 \text{ min.}$$

$$\text{Tiempo medio para B} = \frac{2 + 3 + 2 + 1 + 3}{5}$$
$$= 2,2 \text{ min.}$$

$$\text{Tiempo medio para C} = \frac{2 + 1 + 2 + 1}{4}$$
$$= 1,5 \text{ min.}$$

3. Calcular el tiempo normal para cada elemento del trabajo:

Tiempo normal para A = (Tiempo medio real) × (factor de actividad)
= (9,5) (1,2) = 11,4 min.

Tiempo normal para B = (2,2) (1,05) = 2,31min.

Tiempo normal para C = (1,5) (1,10) = 1,65 min.

Los tiempos normales se calculan para cada elemento porque el índice de actividad puede variar para cada elemento, como lo hace en este caso.

4. Sumar los tiempos normales de cada elemento del trabajo para hallar el tiempo normal total (el tiempo normal total para la totalidad del trabajo):

Tiempo normal total = 11,40 + 2,31 + 1,65
= 15,36 min.

5. Calcular el tiempo estándar para el trabajo:

$$\text{Tiempo estándar} = \frac{\text{Tiempo normal total}}{1 - \text{Factor de suplementos}} = \frac{15{,}36}{1 - 0{,}15} = 18{,}07 \text{ min.}$$

Por tanto, 18,07 minutos es el tiempo estándar para este trabajo.

Sleep Inn está demostrando a todo el mundo que los grandes aumentos en productividad pueden llevarse a cabo no sólo en la industria manufacturera, sino también en la industria de los servicios. Diseñados teniendo permanentemente presente la eficiencia en el trabajo, Sleep Inn funciona con un nivel de personal un 13% inferior que hoteles similares. Entre sus características se incluye una lavandería que está totalmente automatizada, platos de ducha redondeados, eliminando de esta forma los sucios rincones y armarios sin puertas para que el servicio no tenga que abrir y cerrar.

El estudio de tiempos es un proceso de muestreo y como es natural surge la cuestión del error de muestreo en el cálculo del tiempo ciclo actual medio. El error, desde el punto de vista de la estadística, varía de forma inversa que el tamaño de la muestra. Al objeto de determinar el número de ciclos que debemos cronometrar, debemos considerar la variabilidad de cada elemento en el estudio.

Para determinar el tamaño adecuado de la muestra, debemos tener en consideración tres cosas, que son:

1. El grado de precisión que deseamos (por ejemplo, ¿puede ser suficiente una aproximación del ± 5% a la realidad?).
2. El nivel de confianza deseado (por ejemplo, ¿el valor de z deseado es del 95 ó del 99%?).
3. ¿Qué variación existe dentro de los elementos de trabajo (por ejemplo, si la variación es grande, el tamaño de la muestra deberá también serlo).

La fórmula para hallar el tamaño apropiado de la muestra dadas estas tres variables es

$$n = \left(\frac{zs}{h\bar{x}}\right)^2 \qquad \text{(S11.4)}$$

donde h = nivel de precisión deseado, en porcentaje, del elemento de trabajo, pero expresado en decimales (5% = 0,05)

z = número de desviaciones desviaciones estándar necesarias para el nivel de confianza deseado (Un 90% de confianza = 1,65; ver Tabla S11.1 para observar los valores de z más comunes).[1]

[1] Los valores de z para cada uno de los niveles de confianza deseados pueden hallarse en el Apendice A, "Áreas de la curva Normal".

TABLA S11.1 ■

CONFIANZA DESEADA (%)	VALOR DE Z (DESVIACIÓN ESTÁNDAR NECESARIA PARA UN NIVEL DE CONFIANZA DESEADO)
90,0	1,65
95,0	1,96
95,4	2,00
99,0	2,58
99,7	3,00

s = desviación estándar de la muestra inicial
$\overline{x}$ = media de la muestra inicial.

Lo vemos en el Ejemplo S11.3.

EJEMPLO S11.3

Thomas W. Jones Mfg. le ha solicitado que compruebe el tiempo estándar de trabajo preparado recientemente por un analista. Su primera tarea consiste en determinar el tamaño correcto de la muestra. Su precisión debe estar dentro del 5% con un nivel de confianza del 95%. La desviación estándar de la muestra es 1,0 y la media es de 3,00.

Solución:

$$h = 0{,}05 \qquad \overline{x} = 3{,}00 \qquad s = 1{,}0$$

$z = 1{,}96$ (de la Tabla S11.1 o del Apéndice A)

$$n = \left(\frac{zs}{h\overline{x}}\right)^2$$

$$n = \left(\frac{(1{,}96 \times 1{,}0)}{(0{,}05 \times 3)}\right)^2 = 170{,}74 \approx 171$$

Por tanto, usted recomienda un tamaño de muestra de 171.

Echemos un vistazo a las dos variaciones del Ejemplo S11.3.

Primero, si h, la precisión deseada, está expresada como valor absoluto de error (decimos que un minuto de error es aceptable), entonces debemos sustituir e por $h\overline{x}$ y la fórmula apropiada pasa a ser

$$n = \left(\frac{zs}{e}\right)^2 \qquad \text{(S11.5)}$$

donde e es el valor absoluto del error aceptable.

Segundo, para aquellos casos en los que s, la desviación estándar de la muestra, no sea facilitada (que es lo más normal fuera de las aulas) debe calcularse. La fórmula para hacerlo es:

$$s = \sqrt{\frac{\Sigma(x_i - \overline{x})^2}{n-1}} = \sqrt{\frac{\Sigma(\text{cada observación en la muestra} - \overline{x})^2}{\text{número de la muestra} - 1}} \qquad \text{(S11.6)}$$

donde x_i = valor de cada observación
$\overline{x}$ = media de las observaciones
n = número de observaciones

Un ejemplo de este cálculo se facilita en el Problema resuelto S11.3.

Los estudios de tiempos proporcionan exactitud en el cálculo de los tiempos estándares de trabajo (véase apartado del *POM en Acción* de UPS, pero tiene dos inconvenientes. El primero es que requieren un equipo de analistas preparados. Segundo, los tiempos estándares de trabajo no pueden fijarse antes de que la tarea esté realizándose. Esto nos conduce a dos técnicas alternativas de medida del trabajo.

TIEMPOS ESTÁNDAR PREDETERMINADOS

Tiempos estándar predeterminados

Una tercera forma de fijar los tiempos estándares de producción es la utilización de tiempos predeterminados. Los **tiempos estándar predeterminados** dividen el trabajo manual en pequeños elementos básicos que ya tienen tiempos establecidos (basados en enormes muestras de trabajadores). Para estimar el tiempo de una determinada tarea, se suman los tiempos de los elementos básicos que conforman esa tarea. Para cualquier empresa, desarrollar un completo sistema de tiempos estándar predeterminados sería excesivamente caro. Por ello, existen diferentes sistemas disponibles comercialmente, entre los que se encuentran MTM y CSD. El sistema de tiempos estándar predeterminados más habitual es *methods time measurement* (MTM), que es un producto de la MTM Association.[2] El CSD (Computerized Standard Data) es un producto de la casa Rath and Strong, que es una empresa consultora.

Los tiempos estándar predeterminados son una consecuencia de los movimientos básicos denominados therblings. El término *therblings* fue acuñado por Frank Gilbreth (*Gilbreth* escrito al revés con la t y la h cambiadas). Los therblings incluyen actividades como seleccionar, coger, posicionar, encajar, alcanzar, sostener, apoyar e inspeccionar. Estas actividades están descritas en términos de TMUs (time measurement units) unidades de medida de tiempo, cada una de las cuales equivale a tan sólo 0,00001 horas o 0,0006 minutos. Los valores de MTM para diferentes therblings están especificados en tablas muy detalladas. La Figura S11.2 proporciona, por poner un ejemplo, la determinación de tiempos estándar para la actividad de ALCANZAR. Nótese que alcanzar un componente a una distancia de 4 pulgadas tendrá una TMU muy diferente a hacerlo a 12 pulgadas.

El Ejemplo S11.4 muestra la utilización de tiempos estándar predeterminados.

EJEMPLO S11.4

Al remachado de una placa de transistor en un proceso de montaje se le asigna un valor MTM de 70,0 TMU, basándose en los valores estándar de la industria. Antes del remachado, el trabajador debe alcanzar a 16 pulgadas (17,0 TMU), un pequeño componente (9,1 TMU), desplazar la pieza hacia el montaje (27,0 TMU) y posicionar el transistor (32,3 TMU).

Para esta pequeña tarea, de cinco elementos, se tarda un total de 155,4 TMU (17,0 + 9,1 + 27,0 + 32,3 + 70,0). Traducirlo a minutos implica hacer una pequeña multiplicación 155,4 TMU × 0,0006 minutos = 0,0932 minutos = 5,6 segundos.

---

[2] MTM se trata en realidad de una familia de productos disponibles de la Methods Time Measure Association. Por ejemplo, el MTMHC está dirigido a la industria sanitaria, MTM-C, se dirige actividades de oficina, MTMV trata de las tareas de máquinas registradoras, entre otras.

FIGURA S11.2 ■ Valores MTM para la Actividad Alcanzar.

Distancia del movimiento (en pulgadas)	Tiempo (TMU)				Mano en Movimiento	
	A	B	C o D	E	A	B
3/4 o menos	2,0	2,0	2,0	2,0	1,6	1,6
1	2,5	2,5	3,6	2,4	2,3	2,3
2	4,0	4,0	5,9	3,8	3,5	2,7
4	6,1	6,4	8,4	6,8	4,9	4,3
6	7,0	8,6	10,1	8,0	5,7	5,7
8	7,9	10,1	11,5	9,3	6,5	7,2
10	8,7	11,5	12,9	10,5	7,3	8,6
12	9,6	12,9	14,2	11,8	8,1	10,1
14	10,5	14,4	15,6	13,0	8,9	11,5
16	11,4	15,8	17,0	14,2	9,7	12,9
18	12,3	17,2	18,4	15,5	10,5	14,4
20	13,1	18,6	19,8	16,7	11,3	15,8

Caso y Descripción

A: Alcanzar un objeto en una posición fija o a un objeto de la otra mano o en donde descansa la otra mano.

B: Alcanzar un único objeto cuya localización puede variar significativamente de ciclo a ciclo.

C: Alcanzar un objeto entremezclado con otros objetos, por lo que se debe alcanzar y seleccionar.

D: Alcanzar un objeto minúsculo o que se requiera precisión al cogerlo.

E: Alcanzar una localización indefinida para poner la mano en posición de equilibrio corporal o para el siguiente movimiento o para quitarla del área de trabajo.

Fuente: Copiado bajo la licencia de MTM Association for Standards and Research. No se permite ninguna reimpresión sin el consentimiento escrito de la MTM Association, 16-01 Broadway, Fair Lawn, NJ 07410.

Los tiempos estándar predeterminados tienen varias ventajas sobre los estudios de tiempos directos o cronometrajes. Pueden establecerse en un entorno de laboratorio, en el que no se perturbará la actividad productiva (lo cual tiende a ocurrir cuando se realizan estudios de tiempos). El estándar puede fijarse antes de que se realice la actividad y puede utilizarse para la planificación. No se necesita valoración de la actividad. Los sindicatos tienden a aceptar este método como un sistema justo de determinación de tiempos estándares. Los tiempos estándar predeterminados son muy eficaces en empresas que realizan un número importante de estudios en los que las tareas son similares. Algunas empresas utilizan tanto los estudios de tiempos como los tiempos estándar predeterminados para asegurar la precisión de los tiempos estándares de trabajo.

Ejemplos del Sector de Servicios

Los estándares de MTM del entorno sanitario y de oficinas (MTM-HC y MTM-C) han extendido el uso de los tiempos estándar predeterminados para ayudar a la determinación de los estándares de trabajo en *servicios*. La Figura S11.3 proporciona la determinación de los tiempos estándares para el movimiento COGER y COLOCAR. Para utilizar COGER y COLOCAR (las actividades más complejas en el sistema de MTM), uno necesita saber lo que es "cogido", su peso aproximado y dónde y a qué distancia se ha de situar. El Ejemplo S11.5 ayuda a clarificar este concepto.

POM EN ACCIÓN

UPS: Los envíos más ajustados en el negocio del transporte

United Parcel System (UPS) emplea a 150.000 personas y entrega una media de nueve millones de paquetes al día a diferentes lugares de los Estados Unidos y de otros 180 países. Para conseguir su pretensión de "realizar los envíos más ajustados en el negocio del transporte", UPS entrena metódicamente a sus repartidores en la forma de cómo realizar sus trabajos de la manera más eficiente posible.

Los ingenieros industriales de UPS tienen estudios de tiempos de cada ruta de conducción y tiempos estándares determinados para cada entrega, parada y recogida de paquetes. Estos ingenieros han registrado cada segundo provocado por paradas en semáforos, volumen de tráfico, desviaciones de la circulación, llamar al timbre de las puertas, zonas peatonales, escaleras y descansos. Incluso las paradas para ir al servicio están consideradas en los tiempos estándares determinados. Toda esta información se vuelca en los computadores de la empresa para proporcionar los tiempos estándar detallados para cada conductor, cada día.

Para conseguir su objetivo de 200 entregas y recogidas al día (frente a las 80 diarias en Federal Express), los conductores deben seguir fielmente los procedimientos dictados por los ingenieros. En cuanto se acercan a una parada para hacer una entrega, los conductores desatan sus cinturones, tocan la bocina y paran los motores. En un movimiento sin fisuras, se les solicita que pongan sus frenos de mano y pongan la primera velocidad. Los conductores bajan de la furgoneta con su portapapeles bajo su brazo derecho y sus paquetes en la mano izquierda. Sus llaves, con los dientes hacia arriba, están en su mano derecha. Caminan hacia la puerta del cliente a los prescritos tres pies por segundo y en primer lugar llaman con los nudillos de la mano para evitar perder segundos buscando el timbre. Después de hacer la entrega, rellenan los papeles mientras se están dirigiendo de nuevo hacia el camión.

Los expertos en productividad definen a UPS como una de las empresas más eficaces del mundo en la aplicación de los principios de la dirección científica.

Fuentes: Wall Street Journal (24 de mayo de 1995): B1, B4; y SP. Robbins, *Management*, 4ª ed. (Englewood Cliffs, NJ): Prentice Hall, 1994): 28.

FIGURA S11.3 ■ Tabla Muestra de MTM para el Movimiento COGER. Los valores temporales están en TMUs.

COGER Y COLOCAR			RANGOS DE DISTANCIAS EN PULGADAS	< 8	> 8 < 20	> 20 < 32
PESO	CONDICIONES DE LA COGIDA	EXACTITUD DE LA COLOCACIÓN	CÓDIGO	1	2	3
< 2 LIBRAS	FÁCIL	APROXIMADA	AA	20	35	50
		LAXA	AB	30	45	60
		ESTRECHA	AC	40	55	70
	DIFÍCIL	APROXIMADA	AD	20	45	60
		LAXA	AE	30	55	70
		ESTRECHA	AF	40	65	80
	A PUÑADOS	APROXIMADA	AG	40	65	80
>2 LIBRAS <18 LIBRAS		APROXIMADA	AH	25	45	55
		LAXA	AJ	40	65	75
		ESTRECHA	AK	50	75	85
> 18 LIBRAS < 45 LIBRAS		APROXIMADA	AL	90	106	115
		LAXA	AM	95	120	130
		ESTRECHA	AN	120	145	160

Fuente: Copiado bajo la licencia de MTM Association for Standards and Research. No se permite ninguna reimpresión sin el consentimiento escrito de la MTM Association, 16-01 Broadway, Fair Lawn, NJ 07410.)

EJEMPLO S11.5

Verter una muestra de un tubo es una tarea repetitiva en un laboratorio de un hospital, para lo que pueden utilizarse los datos de MTM que aparecen en la Figura S11.3 a la hora de desarrollar tiempos estándares. El tubo de ensayo con la muestra está en una estantería y los tubos de centrifugado están en una caja cercana. Un técnico coge el tubo de ensayo del estante, lo destapa, coge el tubo de centrifugado, vierte el contenido del primero en el segundo y coloca los dos tubos en la estantería.

El primer elemento de trabajo es coger el tubo del estante. Suponga que las condiciones de COGER el tubo y COLOCARLO enfrente del técnico son:

- peso (menos de 2 libras)
- condiciones de coger (fácil)
- precisión de colocar (aproximada)
- distancia (de 8 a 20 pulgadas)

Por tanto, el elemento de MTM para esta actividad es AA2 (como se ve en la Figura S11.3).

TABLA S11.2 ■ Análisis MTM–HC: Vertido de muestras en un tubo.

ELEMENTO DE DESCRIPCIÓN	ELEMENTO	TIEMPO	FRECUENCIA	TOTAL
Coger el tubo del estante	AA2	35	1	35
Coger el tapón y colocarlo sobre el mostrador	AA2	35	1	35
Coger el tubo de centrifugado, colocar encima el tubo de ensayo	AD2	45	1	45
Verter (3 seg.)	PT	83	1	83
Colocar los tubos en el estante (simo)	PC2	40	1	40
			Total TMU	238

0,0006 × 238 = Total minutos estándar = 0,14

Fuente: A. S. Helms, B. W. Shaw y C. A. Lindner, "The Development of Laboratory Workload Standards through Computer-Based Work Measurement Technique, Part I", *Journal of Methods-Time Measurement*, 12: Utilizado con permiso de la MTM Association for Standards and Research.

La mayoría de los cálculos de MTM están informatizados, por lo que el usuario tan sólo necesita la clave apropiada de los códigos de MTM, como el AA2 del Ejemplo 11.5.

Lincoln Electrics paga a sus trabajadores de acuerdo con los resultados de la producción. A través de un sofisticado sistema de puntuación, cada empleado es evaluado según resultados. Los directivos de Lincoln Electric tienen la responsabilidad de construir un ambiente de trabajo que permita a los trabajadores rendir al máximo. Los empleados trabajan de forma diligente con métodos de trabajo y sistemas de producción eficientes con un nivel de productividad que hace de Lincoln Electrics un fabricante de clase mundial de equipos de soldadura de arco. De esta forma, salen beneficiados empleados, accionistas y clientes.

MUESTREO DE TRABAJO

El cuarto método de desarrollo de los tiempos o estándares de trabajo o producción, el muestreo de trabajo, fue desarrollado en Inglaterra por L. Tippet alrededor de 1930. El **muestreo de trabajo** estima el porcentaje de tiempo que el trabajador gasta en hacer varias tareas. El método incluye unas observaciones aleatorias para registrar la actividad que el trabajador está desarrollando.

El muestreo de trabajo se utiliza en los siguientes casos:

Muestreo de trabajo

1. *Estudio de los Porcentajes de esperas.* Estos estiman el porcentaje de tiempo que los empleados invierten en esperas inevitables. Los resultados son utilizados para la investigación de los métodos de trabajo, para estimar los costes de las actividades y para fijar suplementos en los tiempos estándares de trabajo.

2. *Determinación de los estándares de trabajo.* Para determinar los tiempos estándares de las tareas, el observador ha de tener suficiente experiencia para evaluar la actividad de los trabajadores.
3. *Medición de la actividad de los operarios.* El muestreo puede determinar un índice de actividad de los trabajadores para evaluaciones periódicas.

El procedimiento del muestreo de trabajo puede resumirse en siete pasos:

1. Tomar una muestra preliminar para obtener una estimación del valor del parámetro (como un porcentaje del tiempo que un trabajador está ocupado).
2. Calcular el tamaño necesario de la muestra.
3. Preparar una programación para observar al trabajador en los momentos apropiados. El concepto de números aleatorios (random) (tratado en el suplemento del Capítulo 13) se utiliza para determinar la observación aleatoria.
4. Observar y registrar las actividades del trabajador: evaluar la actividad del operario.
5. Registrar el número de unidades producidas durante la porción aplicable del estudio.
6. Calcular el tiempo normal por pieza.
7. Calcular el tiempo estándar por pieza.

Para determinar el número de observaciones necesarias, la gerencia debe decidir el nivel de confianza deseado y la precisión. Pero, primero, el analista de trabajo debe seleccionar un valor preliminar del parámetro bajo estudio (Paso 1). La elección normalmente se basa en una pequeña muestra de unas 50 observaciones. La siguiente fórmula nos proporciona el tamaño de la muestra para un nivel deseado de confianza y precisión:

$$n = \frac{z^2 p\,(1 - p)}{h^2} \qquad \text{(S11.7)}$$

donde n = tamaño requerido de la muestra

z = desviación estándar normal para el nivel deseado de confianza (z = 1 para un 68% de confianza, z = 2 para un 95,45% de confianza y z = 3 para un 99,7% de confianza —estos valores se obtienen de la Tabla S11.1 o de la Tabla Normal en el Apéndice A.)

p = valor estimado del porcentaje muestreado (del tiempo que el trabajador es observado ocupado o inactivo)

h = nivel deseado de precisión, en porcentaje.

El Ejemplo S11.6 muestra cómo aplicar la fórmula.

EJEMPLO S11.6

El jefe de una oficina de bienestar social de un Estado del oeste estima que los asistentes sociales están ociosos un 25 por 100 de su tiempo. El supervisor querría realizar un muestreo de trabajo que tuviera una precisión del 3% y quiere tener un 95,45% de confianza en los resultados.

Con el fin de determinar cuántas observaciones deberían tomarse, el supervisor aplica la ecuación

$$n = \frac{z^2 p\,(1 - p)}{h^2}$$

donde n = tamaño requerido de la muestra

$z = 2$ para un nivel de confianza del 95,45%
p = porcentaje estimado de ociosidad = 25% = 0,25
h = precisión deseada del 3% = 0,03.

De forma que

$$n = \frac{(2)^2(0{,}25)(0{,}75)}{(0{,}03)^2} = 833 \text{ observaciones}$$

Por lo que deberían tomarse 833 observaciones. Si el porcentaje de ociosidad que se va obteniendo a la que el estudio va progresando no es próximo al 25%, deberá recalcularse el número de observaciones e incrementarse o reducirse según sea lo necesario.

El muestreo de trabajo se utiliza para determinar los tiempos estándares de trabajo de forma similar a la utilizada en los estudios de tiempos. El analista, sin embargo, simplemente registra si un trabajador está ocupado u ocioso durante la observación. Finalmente cuando todas las observaciones han sido realizadas, la actividad del trabajador determinada y se han contado las unidades producidas (pasos 4 y 5), podemos determinar el tiempo normal con la fórmula

$$\text{Tiempo normal} = \frac{\begin{pmatrix}\text{Tiempo total}\\ \text{del estudio}\end{pmatrix} \times \begin{pmatrix}\text{porcentaje de tiempo que el}\\ \text{empleado ha sido}\\ \text{observado trabajando}\end{pmatrix} \times \begin{pmatrix}\text{índice de}\\ \text{actividad}\end{pmatrix}}{\text{número de piezas producidas}}$$

Tiempo normal = (tiempo total del estudio) × (porcentaje de tiempo que el empleado ha sido observado trabajando) × (índice de actividad) / número de piezas producidas.
El tiempo estándar es el tiempo normal ajustado con el factor de suplementos,

$$\text{Estándar de tiempo} = \frac{\text{tiempo normal}}{1 - \text{factor de suplemento}}$$

El Ejemplo 11.7 muestra el cálculo de los tiempos normales y estándar.

EJEMPLO S11.7

Un estudio de muestreo de trabajo llevado a cabo durante ochenta horas (o 4.800 minutos) a lo largo de un período de dos semanas arrojó los siguientes resultados. El número de piezas fabricadas por un operario que tenía un índice de actividad del 100% fue de 225. El porcentaje de inactividad del trabajador fue del 20% y los suplementos otorgados por la empresa para esta tarea son del 25%.

$$\text{Tiempo normal} = \frac{\begin{pmatrix}\text{tiempo}\\ \text{total}\end{pmatrix} \times \begin{pmatrix}\text{porcentaje del}\\ \text{tiempo trabajando}\end{pmatrix} \times \begin{pmatrix}\text{índice de}\\ \text{actividad}\end{pmatrix}}{\text{número de unidades acabadas}}$$

$$= \frac{(4.800 \text{ min.})(0{,}80)(1.00)}{225} = 17{,}07 \text{ min./pieza}$$

$$\text{Tiempo estándar} = \frac{\text{Tiempo normal}}{1 - \text{factor de suplementos}}$$

$$= \frac{17{,}07}{1 - 0{,}25} = 22{,}76 \text{ min./pieza}$$

Los escáneres ópticos de Giant Food Stores se utilizan para la lectura de códigos en caja. Este procedimiento facilita información para el control de inventarios, un proceso más rápido de caja al cliente y sirve para controlar la velocidad de la cajera. Los artículos de alimentación y los dólares pasan volando por cada caja, así como el número de personas atendidas que se registran en los tiques de compra que Giant coloca en todas las impresoras de los puestos de trabajo.

El muestreo de trabajo ofrece varias ventajas sobre los métodos de estudio de tiempos. La primera, es menos cara, porque un único observador puede observar a diferentes trabajadores simultáneamente. Segunda, los observadores normalmente no necesitan mucha preparación ni tampoco cronómetros o relojes de control. Tercera, el estudio puede detenerse temporalmente en cualquier momento con un impacto mínimo sobre los resultados. Cuarta, como que el muestreo de trabajo utiliza observaciones instantáneas a lo largo de un largo período, el trabajador tiene poca capacidad de afectar a los resultados del estudio.

Las desventajas del muestreo de trabajo son que no divide la tarea en elementos de trabajo de forma tan completa como los estudios de tiempos, puede proporcionar resultados incorrectos si el observador no sigue rutas de observación aleatorias y no realiza las observaciones también de forma aleatoria y es menos efectiva que los estudios de tiempos cuando los ciclos de tiempo son cortos.

RESUMEN

Los tiempos estándares de trabajo son necesarios para crear un sistema de operaciones eficaz. Son necesarios para la planificación de la producción, la planificación de la mano de obra, la determinación de los costes y la evaluación de la ejecución. Pueden también utilizarse como base para un sistema de incentivos. Se utilizan tanto en las plantas de fabricación como en las oficinas. Los tiempos estándares pueden establecerse por la vía de los datos históricos, los estudios de tiempos, los tiempos estándares predeterminados y el muestreo de trabajo.

TÉRMINOS CLAVE

- Estudio de tiempos
- Tiempo ciclo actual medio
- Tiempo normal
- Tiempo estándar
- Tiempos estándar predeterminados
- Muestreo de trabajo

EL USO DE HOJAS DE CÁLCULO PARA RESOLVER PROBLEMAS DE MEDIDA DE TRABAJO

Para mostrar cómo el software de hojas de cálculo puede utilizarse en la determinación de tiempos estándar y normales en un estudio de tiempos, presentamos el Programa S11.1. Esta hoja de cálculo "simbólica" muestra todas las fórmulas necesarias para resolver el Ejemplo S11.2.

PROGRAMA S11.1 ■ Utilización de las hojas de cálculo en la resolución de un problema de estudio de tiempos. El ejemplo S2 se ilustra con las fórmulas vistas.

	A	B	C	D	E	F	G	H	I
1	EXAMPLE S2 SOLVED BY SPREADSHEET—MANAGEMENT SCIENCE ASSOCIATES								
2									
3		PERFORM-	CYCLE OBSERVED						
4		ANCE	(IN MINUTES)					AVERAGE	NORMAL
5	JOB ELEMENT	RATING	1	2	3	4	5	TIME	TIME
6	(A) Type Letter	1.20	8	10	9		11	(C6+D6+E6+G6)/4	B6*H6
7	(B) Type envelope	1.05	2	3	2	1	3	C7+D7+E7+F7+G7)/	B6*H7
8	(C) Stuff, stamp, seal	1.10	2	1		2	1	(C8+D8+F8+G8)/4	B8*H8
9									
10									
11	Allowance factor	.15						Total normal time@sum(I6.I8)	
12								Standard timeI10/(1-B11)	
13									
14									
15									

PROBLEMAS RESUELTOS

Problema resuelto S11.1

Una tarea de trabajo consistente en tres elementos ha sido sometida a un estudio de tiempos con cronometraje. A continuación se muestran las observaciones registradas. Por contrato sindical, los suplementos para la citada operación son del 5% por necesidades personales, 5% por esperas y un 10% por fatiga. Determine el tiempo estándar para la tarea.

Elemento de trabajo	Observaciones en el ciclo (en minutos) 1	2	3	4	5	6	Índice de Actividad
A	0,1	0,3	0,2	0,9	0,2	0,1	90
B	0,8	0,6	0,8	0,5	3,2	0,7	110
C	0,5	0,5	0,4	0,5	0,6	0,5	80

Solución

Primero borre las dos observaciones que parecen ser extrañas (0,9 minutos para el elemento de trabajo A y 3,2 minutos para el elemento de trabajo B). Por tanto,

$$\text{Tiempo ciclo medio de A} = \frac{0{,}1 + 0{,}3 + 0{,}2 + 0{,}2 + 0{,}1}{5} = 0{,}18 \text{ min}$$

$$\text{Tiempo ciclo medio de B} = \frac{0{,}8 + 0{,}6 + 0{,}8 + 0{,}5 + 0{,}7}{5} = 0{,}68 \text{ min}$$

$$\text{Tiempo ciclo medio de C} = \frac{0{,}5 + 0{,}5 + 0{,}4 + 0{,}5 + 0{,}6 + 0{,}5}{6} = 0{,}50 \text{ min.}$$

Tiempo normal de A = (0,18) (0,90) = 0,16 min.
Tiempo normal de B = (0,68) (1,10) = 0,75 min.
Tiempo normal de C = (0,50) (0,80) = 0,40 min.
Tiempo normal para el trabajo = 0,16 + 0,75 + 0,40 = 1,31 min.

$$\text{Tiempo estándar} = \frac{1{,}31}{1 - 0{,}20} = 1{,}64 \text{ min.}$$

Problema resuelto S11.2

Un muestreo de trabajo preliminar de una operación indica lo siguiente:

Número de veces que el operario trabajaba	60
Número de veces que el operario estaba ocioso	40
Número total de observaciones preliminares	100

¿Cuál es el tamaño requerido de la muestra para un nivel de confianza del 99,7% con una precisión de ± un 4%?

Solución

$$n = \frac{z^2\, p(1-p)}{h^2} = \frac{(3)^2(0{,}6)(0{,}4)}{(0{,}04)^2} = 1.350 \text{ (de tamaño de muestra)}$$

Problema resuelto S11.3

Amor Manufacturing Co. de Ginebra, Suiza, acaba de realizar un estudio previo sobre un trabajo en su laboratorio antes de ponerlo en producción en la planta. Quiere tener tanto una buena precisión en cuanto a costes como en las previsiones de mano de obra. En concreto, quiere proporcionar un nivel de confianza del 99% y un tiempo de ciclo que esté en un 3% de su valor real. ¿Cuántas observaciones deberían realizarse? Los valores recogidos hasta ahora son los siguientes:

OBSERVACIONES	TIEMPO CICLO
1	1,7
2	1,6
3	1,4
4	1,4
5	1,4

Solución

Primero, encontraremos la media, x, y la desviación estándar de la muestra, s.

$$s = \sqrt{\frac{\Sigma(\text{cada observación de la muestra} - \bar{x})^2}{\text{número en la muestra} - 1}}$$

OBSERVACIÓN	$\overline{x}_i$	$\overline{x}$	$x_i - \overline{x}$	$(x_i - \overline{x})^2$
1	1,7	1,5	0,2	0,04
2	1,6	1,5	0,1	0,01
3	1,4	1,5	−0,1	0,01
4	1,4	1,5	−0,1	0,01
5	1,4	1,5	−0,1	0,01
	$\overline{x} = 1,5$	7,5		$0,08 = \Sigma(x_i - x)^2$

$$s = \sqrt{\frac{0,08}{n-1}} = \sqrt{\frac{0,08}{4}} = 0,141$$

Entonces el valor de $n = \left(\frac{zs}{h\overline{x}}\right)^2 = \left[\frac{(2,58)(0,141)}{(0,03)(1,5)}\right]^2 = 65,3$

donde $\overline{x} = 1,5$
$s = 0,141$
$z = 2,58$
$h = 0,03$

Por tanto, se recomiendan 65 observaciones.

Problema resuelto S11.4

En Maggard Micro Manufacturing, Inc, cada placa de circuito impreso tiene un semiconductor introducido en unas ranuras perforadas. Los movimientos elementales realizados para la inserción del semiconductor son los que se indican a continuación, con indicación de sus tiempos predeterminados (MTM):

Alcanzar al semiconductor a una distancia de 6 pulgadas	10,5 TMU
Coger el semiconductor	8,0 TMU
Trasladar el semiconductor hasta la placa del circuito impreso	9,5 TMU
Posicionar el semiconductor	20,1 TMU
Presionar el semiconductor en las hendiduras	20,3 TMU
Apartar la placa	15,8 TMU

(Cada Time Mesurement Unit equivale a 0,0006 min.) Determinar el tiempo normal para esta operación en minutos y segundos.

Solución
Sumamos los Time Measurement Units (TMU):

10,5 + 8,0 + 9,5 + 20,1 + 20,3 + 15,8 = 84,2

Tiempo en minutos = (84,2) (0,0006 min.) = 0,05052

Tiempo en segundos = (0,05052) (60 sec) = 3,0312

Problema resuelto S11.5

Para obtener la muestra aleatoria requerida para un muestreo de trabajo, un gerente divide una típica jornada de trabajo en 480 minutos. Utilizando las tablas de números aleatorios (random) para decidir en qué momento ir al área de trabajo para muestrear el mismo, el gerente registra las observaciones en una hoja como la siguiente:

ESTADO	OBSERVACIÓN	FRECUENCIA
Trabajando de forma productiva	𝍸 𝍸 𝍸 I	16
Ocioso	IIII	4

Solución

En este caso, el supervisor hizo 20 observaciones y encontró a los operarios trabajando el 80% del tiempo. Por lo tanto, de los cuatrocientos ochenta minutos de una jornada de oficina, el 20% ó 96 minutos, era tiempo ocioso, y trescientos ochenta y cuatro minutos eran productivos. Observe que este procedimiento describe lo que el trabajador *está* haciendo, no necesariamente lo que *debería* estar haciendo.

PREGUNTAS DE DISCUSIÓN

1. ¿Por qué los directores de operaciones necesitan los tiempos estándares de trabajo?
2. ¿Cómo se establece lo que es un día de trabajo justo?
3. ¿Es un ritmo normal lo mismo que un ritmo del 100%?
4. ¿Cuál es la diferencia entre tiempo "normal" y "estándar"?
5. ¿Qué ritmo o actividad de trabajo espera de un trabajador durante un estudio de tiempos? ¿Por qué?
6. Como nuevo ingeniero de estudio de tiempos en su fábrica, va a realizar un estudio sobre un operario que lleva una taladradora. Lo primero que le sorprende es percatarse de la cantidad de operaciones que el operario de la taladradora realiza además de taladrar los agujeros. Su problema es decidir qué incluir en su estudio de tiempos. Indique de qué forma, como único responsable de los tiempos estándares en su fábrica, trataría los ejemplos siguientes.
   - **a)** Muy a menudo, quizás cada 50 unidades, más o menos el operario de la taladradora realiza una observación detallada de la pieza, la cual está aparentemente deformada y habitualmente la lanza al contenedor de desechos.
   - **b)** Aproximadamente una de cada cien unidades tiene el reborde grueso y posteriormente no encajará adecuadamente; por tanto, el operario de la taladradora toma la pieza, coge una lima y lima varias veces el borde inferior derecho, coloca la lima en su lugar, y vuelve a la operación normal.
   - **c)** Más o menos cada hora, el operario para la taladradora para cambiar la broca de la máquina, incluso si está a medio trabajo. (Podemos suponer que la broca está desgastada).
   - **d)** Entre cada trabajo y en ocasiones en medio de él, el operario de la taladradora apaga la máquina y se va al almacén en busca de material.
   - **e)** Al comienzo de cada trabajo, el operario de la taladradora está ocioso durante unos minutos a la espera de que el encargado haga la puesta a punto. Parte de este tiempo de puesta a punto se utiliza para ir al almacén, pero lo más normal es que el operario vuelva del almacén antes de que el encargado de la puesta a punto acabe su trabajo.
   - **f)** El operario se detiene para hablar con usted.
   - **g)** El operario enciende un cigarrillo.
   - **h)** El operario abre su fiambrera (no es la hora del almuerzo), coge una manzana y ocasionalmente la va mordiendo.
   - **i)** Al trabajador se le cae una pieza y usted la recoge y se la da. ¿Afecta esto de alguna manera al estudio de tiempos? ¿De qué forma?
7. Describa el enfoque de Gilbreth para la determinación de tiempos estándares de trabajo.

EJERCICIO 1 DE RAZONAMIENTO CRÍTICO

A pesar de la oposición de los sindicatos, el control informático se ha extendido rápidamente en todo tipo de empresas, incluida AT & T Communications. AT & T utiliza un computador para controlar el tiempo medio de trabajo (average work time) o AWT de cada operadora por llamada atendida. AWT es el tiempo consumido en cada llamada y estaba fijado en treinta segundos. Hace unos años, una operadora tenía de forma persistente una media de treinta y dos segundos y por ello se le despidió. Cuando se trató su caso, la operadora clamó que sus compañeras estaban bajo tal presión que normalmente se arriesgaban a recibir medidas disciplinarias por cortar llamadas para no perjudicar su AWT diario. Fue más allá y declaró que ella sentía que su trabajo era ayudar a la gente que necesitaba ayuda, especialmente las personas mayores que a menudo solicitaban el nombre y el número de una farmacia cercana u otras informaciones que requerían tiempo.

Defienda a la operadora y justifique por qué debería cambiar el sistema. Defienda, después a AT & T y justifique por qué son necesarios los tiempos estándares.

EJERCICIO 2 DE RAZONAMIENTO CRÍTICO

En Northwest Airlines se espera que los encargados de entrar los datos tecleen entre 9.000 y 16.000 teclas por hora cuando preparan las nóminas e introducen información en los computadores de la compañía. El computador realiza un seguimiento de la velocidad y mientras que los mecanógrafos lentos pueden ser penalizados con pérdida de salario, a los trabajadores veloces se les premia con una cierta flexibilidad a la hora de programar sus horarios de trabajo. Todos los trabajadores deben mantener una velocidad de por lo menos un 75% de la de los tres trabajadores más rápidos o si no pueden ser despedidos.

Evalúe y critique el enfoque de la Northwest.

PROBLEMAS

· **S11.1** El tiempo ciclo para realizar una determinada actividad fue cronometrado en diez minutos. El índice de actividad para el trabajador cronometrado se estimó en un 110%. La práctica común, en este departamento, es permitir cinco minutos de tiempo para necesidades personales y tres minutos de tiempo por fatiga por hora. Además, se estimó que debía existir un suplemento extra de dos minutos por hora.

a) Halle el tiempo normal de la operación.
b) Calcule el factor de suplemento y el tiempo estándar de la operación.

: **S11.2** Un estudio de tiempos revela un tiempo ciclo medio de cinco minutos, con una desviación estándar de 1,25 minutos. Estos valores estaban basados en una muestra de 75 ciclos. ¿Es ésta una muestra lo suficientemente amplia para que tengamos una confianza del 99% y que el tiempo estándar esté dentro de un 5% del valor real?

: **S11.3** Los datos de la siguiente tabla representan las observaciones de un estudio de tiempos de un proceso de montaje. Basándose en estas observaciones, halle el tiempo estándar para el proceso. Suponga un factor de suplemento del 10%.

		Observación (minutos por ciclo)				
Elemento	Factor de actividad (%)	1	2	3	4	5
1	100	1,5	1,6	1,4	1,5	1,5
2	90	2,3	2,5	2,1	2,2	2,4
3	120	1,7	1,9	1,9	1,4	1,6
4	100	3,5	3,6	3,6	3,6	3,2

: **S11.4** Los siguientes datos representan observaciones para el tiempo ciclo de un proceso de montaje. ¿Cuántas observaciones serían necesarias para que el observador tuviera un 99% de confianza de que el tiempo ciclo medio esté dentro de un 5% del valor real?

OBSERVACIÓN (EN MINUTOS)				
1	2	3	4	5
1,5	1,6	1,4	1,5	1,5

(*Sugerencia:* calcule la desviación estándar de la muestra como se le mostró en el Problema Resuelto S11.3.)

: **S11.5** Un muestreo de trabajo realizado a lo largo de cien horas de trabajo de un mes produce los siguientes resultados:

Unidades producidas	200
Tiempo ocioso	25%
Factor de actividad	110%
Factor de suplemento	15%

¿Cuál es el tiempo estándar para el trabajo?

· **S11.6** Rebecca Page cronometró el tiempo de ciclo para soldar una pieza en las puertas de un camión en 5,3 minutos. El índice de actividad del trabajador cronometrado se estimó en un 105%. Halle el tiempo normal para esta operación.

De acuerdo con un pacto sindical, cada soldador tiene suplemento de tres minutos de tiempo por hora para necesidades personales y dos minutos por fatiga a la hora. Además se estimó un suplemento por esperas medio de un minuto por hora. Calcule el factor de suplemento y halle después el tiempo estándar para esta actividad de soldado.

: **S11.7** Un estudio de tiempos de un trabajador estableció un tiempo ciclo medio de 3,20 minutos, con una desviación estándar de 1,28 minutos. Estas cifras están basadas en una muestra de 45 ciclos observados.

¿Es este tamaño de la muestra correcto para que la empresa tenga un 99% de confianza en que el tiempo estándar esté dentro del 5% del valor real? Si no, ¿cuál debería ser el número adecuado de observaciones?

: **S11.8** Los valores de la siguiente tabla representan las observaciones del estudio de tiempos para un proceso metalúrgico. Basándose en estas observaciones, halle el tiempo estándar para el proceso, suponiendo un factor de suplementos del 25%.

ELEMENTO	FACTOR DE ACTIVIDAD (%)	OBSERVACIONES (MINUTOS POR CICLO)						
		1	2	3	4	5	6	7
1	90	1,80	1,70	1,66	1,91	1,85	1,77	1,60
2	100	6,9	7,3	6,8	7,1	15,3*	7,0	6,4
3	115	3,0	9,0*	9,5*	3,8	2,9	3,1	3,2
4	90	10,1	11,1	12,3	9,9	12,0	11,9	12,0

*Despreciados —observaciones inusuales.

: **S11.9** Basándonos en un cuidadoso estudio realizado en la Honornell Sandling Company, se han obtenido los resultados mostrados:

ELEMENTO	CICLO (EN MINUTOS) 1	2	3	4	5	FACTOR DE ACTIVIDAD (%)
Preparar los informes diarios	35	40	33	42	39	120
Fotocopiar los resultados	12	10	36*	15	13	110
Etiquetar y empaquetar los informes	3	3	5	5	4	90
Distribuir los informes	15	18	21	17	45†	85

*Fotocopiadora averiada.
†Corte de corriente.

a) Calcule el tiempo normal para cada elemento de trabajo.
b) Si el suplemento de este tipo de trabajo es del 15%, ¿cuál es el tiempo estándar?
c) ¿Cuántas son las observaciones necesarias para un 95% de confianza y una precisión del 5%? (Sugerencia: Calcule el tamaño de la muestra para cada elemento).

:**S11.10** La División de Educación Continua del Virginia College promueve una amplia variedad de cursos de preparación para su clientela potencial de las empresas de Arlington, en la región de Virginia. La directora de la división Christine Adams, cree que las cartas personalizadas dan un toque personal a la publicidad. Para la preparación de las cartas, realiza un estudio de tiempos de sus secretarias. Basándose en las observaciones mostradas en la tabla, desea desarrollar un tiempo estándar para la totalidad del trabajo.

El college tiene un factor de suplementos del 12%. Adams decide eliminar todas las observaciones extrañas del estudio de tiempos.

ELEMENTO	CICLO OBSERVADO (EN MINUTOS) 1	2	3	4	5	6	ÍNDICE DE ACTIVIDAD (%)
Mecanografiado de carta	2,5	3,5	2,8	2,1	2,6	3,3	85
Mecanografiado de sobre	0,8	0,8	0,6	0,8	3,1	0,7	100
Llenado de sobre	0,4	0,5	1,9	0,3	0,6	0,5	95
Sellado, clasificado	1,0	2,9	0,9	1,0	4,4	0,9	125

⁝**S11.11** Un estudio de tiempos en la compañía telefónica observó un trabajo que contenía tres elementos. Los tiempos y actividades para 10 ciclos son los mostrados en la tabla.

ELEMENTO	ÍNDICE DE ACTIVIDAD (%)	OBSERVACIONES (MINUTOS POR CICLO) 1	2	3	4	5	6	7	8	9	10
1	85	0,40	0,45	0,39	0,48	0,41	0,50	0,45	0,39	0,50	0,40
2	88	1,5	1,7	1,9	1,7	1,8	1,6	1,8	1,8	2,0	2,1
3	90	3,8	3,4	3,0	4,8	4,0	4,2	3,5	3,6	3,7	4,3

a) Halle el tiempo ciclo medio para cada elemento.
b) Halle el tiempo normal de cada elemento.
c) Suponga un factor de suplementos del 20% del tiempo de trabajo, determine el tiempo estándar para este trabajo.

:S11.12 La Dubuque Cement Company empaqueta sacos de 80 libras de una determinada mezcla. Los datos del estudio de tiempos para la actividad de llenado se muestran en la tabla.

La política de la empresa es de dar un suplemento del 20%. Calcule el tiempo estándar para esta tarea. ¿Cuántos ciclos son necesarios para un 99% de confianza con una fiabilidad del 5%?

	Tiempo de ciclo (segundos por ciclo)					
Elemento	1	2	3	4	5	Factor de actividad (%)
Coger y colocar el saco	8	9	8	11	7	110
Llenar el saco	36	41	39	35	112*	85
Cerrar el saco	15	17	13	20	18	105
Colocar el saco en el transportador	8	6	9	30†	35†	90

*Saco con roturas.
†Atascos en el transportador.

:S11.13 Un oficinista fue cronometrado realizando tres elementos de trabajo, con los resultados mostrados en la siguiente tabla. Los suplementos para tareas como ésta son del 15%.

	Minutos por ciclo						
Elemento	1	2	3	4	5	6	Factor de actividad (%)
1	13	11	14	16	51	15	100
2	68	21	25	73	26	23	110
3	3,0	3,3	3,1	2,9	3,4	2,8	100

a) Halle el tiempo normal.
b) Halle el tiempo estándar.

:S11.14 La instalación de tubos de escape en el taller de McElroy en Sacramento conlleva cinco elementos de trabajo. Judy McElroy cronometra a los trabajadores realizando estas tareas siete veces con los siguientes resultados.

	Observaciones de ciclo (minutos)							
Elemento de trabajo	1	2	3	4	5	6	7	Factor de actividad (%)
1. Seleccionar el tubo de escape	4	5	4	6	4	15	4	110
2. Sacar el tubo de escape viejo	6	8	7	6	7	6	7	90
3. Soldar/poner el nuevo tubo	15	14	14	12	15	16	13	105
4. Comprobar el trabajo	3	4	24	5	4	3	18	100
5. Completar el papeleo	5	6	8	—	7	6	7	130

De acuerdo con sus trabajadores, McElroy permite un factor por fatiga del 10% y un factor de necesidades personales del 10%. Para calcular el tiempo estándar de la operación, McElroy excluye todas aquellas observaciones aparecidas consideradas inusuales o irrepetibles. No quiere un error de más del 5%.

a) ¿Cuál es el tiempo estándar para la tarea?

b) ¿Cuántos ciclos se necesitan para garantizar un nivel de confianza del 95%?

:S11.15 Las observaciones de un muestreo de un trabajador de una línea de ensamblaje realizadas durante una semana de trabajo de cuarenta horas revelaron que el trabajador produjo un total de 320 piezas completas. El índice de actividad fue del 125%. El muestreo también mostró que el trabajador estuvo ocupado montando piezas durante un 80% del tiempo. Los suplementos para el trabajo en la línea de montaje son del 10%. Halle el tiempo normal y el tiempo estándar para esta tarea.

·S11.16 La directiva de banca Carrie Mattanini quiere determinar los porcentajes de tiempo que sus cajeros están trabajando y ociosos. Decide utilizar el muestreo de trabajo y su estimación inicial es que los cajeros están ociosos el 30% de su tiempo. ¿Cuántas observaciones deberían tomarse para tener una confianza del 95,45% de que los resultados no estén más allá de un 5% del resultado real?

:S11.17 Un muestreo de trabajo realizado durante ciento sesenta horas de trabajo arrojó los siguientes resultados. ¿Cuál es el tiempo estándar para la tarea?

Unidades fabricadas	220
Tiempo ocioso	20%
Factor de ejecución	90%
Tiempo de permiso	10%

·S11.18 Sacar punta a su lápiz es una operación que puede ser dividida en ocho pequeños movimientos elementales. En términos de MTM, a cada elemento se le puede asignar un cierto número de TMUs.

Alcanzar el lápiz situado a 4 pulgadas	6 TMU
Coger el lápiz	2 TMU
Desplazar el lápiz 6 pulgadas	10 TMU
Posicionar el lápiz	20 TMU
Insertar el lápiz en el sacapuntas	4 TMU
Sacar punta al lápiz	120 TMU
Sacar el lápiz del sacapuntas	10 TMU
Desplazar el lápiz 6 pulgadas	10 TMU

¿Cuál es el tiempo normal total de sacar punta a un lápiz? Transforme este tiempo en minutos y segundos.

CASO DE ESTUDIO

El sistema de pago de incentivos de Lincoln Electric

La Lincoln Electric de Cleveland fue fundada por John C. Lincoln en 1895 para fabricar un motor eléctrico que él había desarrollado. Cuando su hermano James se unió a la empresa, en 1907, comenzaron a enfatizar la motivación de los empleados. Desde ese momento, la empresa ha mantenido la convicción de que el negocio prosperará si los empleados salen beneficiados. Hoy, la Lincoln es una empresa de 440 millones de dólares y de 2.400 empleados. Cerca de un 90% de sus ventas proviene de la fabricación de aparatos de soldadura de arco y sus complementos.

La empresa ha alentado a los trabajadores a tener interés en la propiedad de la compañía permitiéndoles comprar acciones a su valor contable. (A los empleados se les solicita que vendan la acción por el valor contable cuando se van de la empresa.) Aproximadamente, el 70% de los empleados poseen acciones y juntos tienen cerca de un 50 por 100 de las acciones en circulación. La mayoría de las acciones restantes están en manos de miembros de la familia Lincoln, que no están involucrados en la operativa de la empresa.

Los trabajadores de la fábrica de Lincoln reciben salarios en función de la producción hecha (salario por pieza) sin un mínimo de sueldo por hora garantizado. Después de trabajar para la empresa durante dos años, los empleados empiezan a participar en el plan de incentivos de fin de año. Determinado por una fórmula que tiene en cuenta los beneficios brutos de la empresa, la tasa base de salario por pieza de los empleados y una valoración al mérito es quizás el sistema de incentivos más lucrativo para trabajadores de fábrica de los Estados Unidos. El volumen medio de los incentivos durante los últimos cincuenta y seis años ha sido el 95,5% de los salarios base. Algunos trabajadores de la fábrica de Lincoln ganan más de 100.000 dólares al año. En los últimos buenos años, la media de los empleados ha ganado cerca de 85.000 dólares al año, sobradamente por encima de la media de los trabajadores de planta de los Estados Unidos. Pero en un mal año, la media de los empleados de Lincoln puede caer tanto como un 40%.

La empresa tiene una política de garantía de empleo que instauró en 1958. Desde ese momento, no ha despedido ni a un solo trabajador. A cambio de la seguridad de trabajo, sin embargo, los trabajadores están de acuerdo con muchas cosas. Durante los malos tiempos aceptarán la reducción de la jornada de trabajo. También están de acuerdo en aceptar cambios de puesto de trabajo, incluso con reducciones salariales, si ello es necesario para mantener un mínimo de treinta horas a la semana.

La empresa llama al bajo coste de altos salarios su sistema de pago de incentivos. Cada empleado inspecciona su propias piezas y debe corregir cualquier trabajo defectuoso en su tiempo libre. Cada uno es responsable de la calidad de su propio trabajo. Se mantienen registros, reflejando quién trabaja en cada máquina. Si un trabajo de baja calidad es detectado por el personal de control de calidad o por los clientes, la valoración al mérito del trabajador, los incentivos y las pagas se reducen.

Sin embargo, algunos empleados piensan que el sistema puede causar algún tipo de competencia poco amistosa. Debido a que cada departamento tiene destinados un determinado número de puntos de mérito, una excepcionalmente alta valoración de una persona puede significar una reducción en la valoración de otro.

Pero la presión ha tenido un efecto positivo sobre la productividad. Un ejecutivo de la empresa estima que la productividad total de Lincoln es aproximadamente el doble de la de sus competidores nacionales. La empresa ha acabado con beneficios todos los ejercicios desde la depresión de los años 30 y nunca ha faltado un dividendo trimestral. La Lincoln tiene uno de los ratios de rotación de trabajadores más pequeños de la industria de los Estados Unidos. Recientemente, la revista *Fortune* citó las dos plantas de la Lincoln entre las diez mejor gestionadas del país.

PREGUNTAS DE DISCUSIÓN

1. ¿Cuáles son los tiempos estándar de mano de obra utilizados para establecer un sistema de incentivos como éste?
2. ¿Cómo y por qué el enfoque de la Lincoln motiva el trabajo de la gente?
3. ¿Qué problemas puede crear este sistema a los directivos?
4. ¿Qué tipo de empleados estarían contentos trabajando en la Lincoln?

Fuentes: HR Magazine (noviembre de 1990): 73-76; *Inc.* (agosto de 1988): 95-96; y *Success* (octubre de 1989):12.

BIBLIOGRAFÍA

Barnes, R. M. *Motion and Time Study*. New York: John Wiley, 1980.

Flynn, B. B., C. Blair, and M. Walters. "Flexible Compensation for World Class Manufacturers: Creating a Labor Skill Inventory Using Skill-Based Pay" *OM Review*, 9, no. 3: 22–36.

Jacobs, L. W., and S. E. Bechtold. "Labor Utilization Effects of Labor Scheduling Flexibility Alternatives in a Tour Scheduling Environment." *Decision Sciences*, 24, no. 1 (January/February 1993): 148–166.

Karger, D. W. *Advanced Work Measurement*. New York: Industrial Press, 1982.

Konz, S. *Work Design*. Columbia, OH: Grid, 1975.

Neibel, B. W. *Motion and Time Study*, 7th ed. Homewood, IL: Irvin, 1982.

APÉNDICES

APÉNDICE A.— ÁREAS BAJO LA CURVA DE LA NORMAL ESTÁNDAR

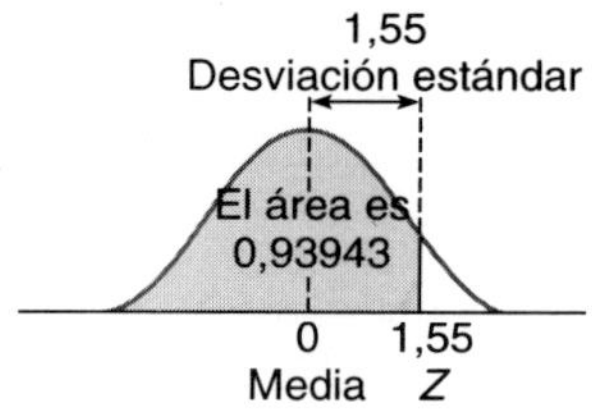

Para hallar el área bajo la curva de la normal, debe saber a cuántas desviaciones estándar está ese punto a la derecha de la media. Entonces, el área bajo la curva de la normal puede leerse directamente de la tabla de la normal. Por ejemplo, el área total bajo la curva de la normal para un punto que está a una desviación estándar de 1,55 a la derecha de la media es 0,93943.

	0,00	**0,01**	**0,02**	**0,03**	**0,04**	**0,05**	**0,06**	**0,07**	**0,08**	**0,09**
0,0	0,50000	0,50399	0,50798	0,51197	0,51595	0,51994	0,52392	0,52790	0,53188	0,53586
0,1	0,53983	0,54380	0,54776	0,55172	0,55567	0,55962	0,56356	0,56749	0,57142	0,57535
0,2	0,57926	0,58317	0,58706	0,59095	0,59483	0,59871	0,60257	0,60642	0,61026	0,61409
0,3	0,61791	0,62172	0,62552	0,62930	0,63307	0,63683	0,64058	0,64431	0,64803	0,65173
0,4	0,65542	0,65910	0,66276	0,66640	0,67003	0,67364	0,67724	0,68082	0,68439	0,68793
0,5	0,69146	0,69497	0,69847	0,70194	0,70540	0,70884	0,71226	0,71566	0,71904	0,72240
0,6	0,72575	0,72907	0,73237	0,73536	0,73891	0,74215	0,74537	0,74857	0,75175	0,75490
0,7	0,75804	0,76115	0,76424	0,76730	0,77035	0,77337	0,77637	0,77935	0,78230	0,78524
0,8	0,78814	0,79103	0,79389	0,79673	0,79955	0,80234	0,80511	0,80785	0,81057	0,81327
0,9	0,81594	0,81859	0,82121	0,82381	0,82639	0,82894	0,83147	0,83398	0,83646	0,83891
1,0	0,84134	0,84375	0,84614	0,84849	0,85083	0,85314	0,85543	0,85769	0,85993	0,86214
1,1	0,86433	0,86650	0,86864	0,87076	0,87286	0,87493	0,87698	0,87900	0,88100	0,88298
1,2	0,88493	0,88686	0,88877	0,89065	0,89251	0,89435	0,89617	0,89796	0,89973	0,90147
1,3	0,90320	0,90490	0,90658	0,90824	0,90988	0,91149	0,91309	0,91466	0,91621	0,91774
1,4	0,91924	0,92073	0,92220	0,92364	0,92507	0,92647	0,92785	0,92922	0,93056	0,93189
1,5	0,93319	0,93448	0,93574	0,93699	0,93822	0,93943	0,94062	0,94179	0,94295	0,94408
1,6	0,94520	0,94630	0,94738	0,94845	0,94950	0,95053	0,95154	0,95254	0,95352	0,95449
1,7	0,95543	0,95637	0,95728	0,95818	0,95907	0,95994	0,96080	0,96164	0,96246	0,96327
1,8	0,96407	0,96485	0,96562	0,96638	0,96712	0,96784	0,96856	0,96926	0,96995	0,97062
1,9	0,97128	0,97193	0,97257	0,97320	0,97381	0,97441	0,97500	0,97558	0,97615	0,97670
2,0	0,97725	0,97784	0,97831	0,97882	0,97932	0,97982	0,98030	0,98077	0,98124	0,98169
2,1	0,98214	0,98257	0,98300	0,98341	0,98382	0,98422	0,98461	0,98500	0,98537	0,98574
2,2	0,98610	0,98645	0,98679	0,98713	0,98745	0,98778	0,98809	0,98840	0,98870	0,98899
2,3	0,98928	0,98956	0,98983	0,99010	0,99036	0,99061	0,99086	0,99111	0,99134	0,99158
2,4	0,99180	0,99202	0,99224	0,99245	0,99266	0,99286	0,99305	0,99324	0,99343	0,99361
2,5	0,99379	0,99396	0,99413	0,99430	0,99446	0,99461	0,99477	0,99492	0,99506	0,99520
2,6	0,99534	0,99547	0,99560	0,99573	0,99585	0,99598	0,99609	0,99621	0,99632	0,99643
2,7	0,99653	0,99664	0,99674	0,99683	0,99693	0,99702	0,99711	0,99720	0,99728	0,99736
2,8	0,99744	0,99752	0,99760	0,99767	0,99774	0,99781	0,99788	0,99795	0,99801	0,99807
2,9	0,99813	0,99819	0,99825	0,99831	0,99836	0,99841	0,99846	0,99851	0,99856	0,99861
3,0	0,99865	0,99869	0,99874	0,99878	0,99882	0,99886	0,99899	0,99893	0,99896	0,99900
3,1	0,99903	0,99906	0,99910	0,99913	0,99916	0,99918	0,99921	0,99924	0,99926	0,99929
3,2	0,99931	0,99934	0,99936	0,99938	0,99940	0,99942	0,99944	0,99946	0,99948	0,99950
3,3	0,99952	0,99953	0,99955	0,99957	0,99958	0,99960	0,99961	0,99962	0,99964	0,99965
3,4	0,99966	0,99968	0,99969	0,99970	0,99971	0,99972	0,99973	0,99974	0,99975	0,99976
3,5	0,99977	0,99978	0,99978	0,99979	0,99980	0,99981	0,99981	0,99982	0,99983	0,99983
3,6	0,99984	0,99985	0,99985	0,99986	0,99986	0,99987	0,99987	0,99988	0,99988	0,99989
3,7	0,99989	0,99990	0,99990	0,99990	0,99991	0,99991	0,99992	0,99992	0,99992	0,99992
3,8	0,99993	0,99993	0,99993	0,99994	0,99994	0,99994	0,99994	0,99995	0,99995	0,99995
3,9	0,99995	0,99995	0,99996	0,99996	0,99996	0,99996	0,99996	0,99996	0,99997	0,99997

Fuente: De *Quantitative Approaches to Management*, 4th ed., by Richard I. Levin and Charles A. Kirkpatrick.

APÉNDICE B.— VALORES DE LA DISTRIBUCIÓN POISSON

$$P(X \leqslant c; \lambda) = \sum_{0}^{c} \frac{\lambda^x e^{-\lambda}}{x!}$$

La Tabla muestra 1.000 veces la probabilidad de *c* o menos ocurrencias de un suceso que tiene un número medio de ocurrencias de λ.

	Valores de c										
λ	0	1	2	3	4	5	6	7	8	9	10
0,02	980	1000									
0,04	961	999	1000								
0,06	942	998	1000								
0,08	923	997	1000								
0,10	905	995	1000								
0,15	861	990	999	1000							
0,20	819	982	999	1000							
0,25	779	974	998	1000							
0,30	741	963	996	1000							
0,35	705	951	994	1000							
0,40	670	938	992	999	1000						
0,45	638	925	989	999	1000						
0,50	607	910	986	998	1000						
0,55	577	894	982	998	1000						
0,60	549	878	977	997	1000						
0,65	522	861	972	996	999	1000					
0,70	497	844	966	994	999	1000					
0,75	472	827	959	993	999	1000					
0,80	449	809	953	991	999	1000					
0,85	427	791	945	989	998	1000					
0,90	407	772	937	987	998	1000					
0,95	387	754	929	984	997	1000					
1,00	368	736	920	981	996	999	1000				
1,1	333	699	900	974	995	999	1000				
1,2	301	663	879	966	992	998	1000				
1,3	273	627	857	957	989	998	1000				
1,4	247	592	833	946	986	997	999	1000			
1,5	223	558	809	934	981	996	999	1000			
1,6	202	525	783	921	976	994	999	1000			
1,7	183	493	757	907	970	992	998	1000			
1,8	165	463	731	891	964	990	997	999	1000		
1,9	150	434	704	875	956	987	997	999	1000		
2,0	135	406	677	857	947	983	995	999	1000		

Fuente: Adapted from E. L. Grant, *Statistical Quality Control*, McGraw-Hill Book Company, New York, 1964. Reproduced by permission of the publisher. Reproducido con permiso del editor.

APÉNDICE B.— VALORES DE LA DISTRIBUCIÓN POISSON (CONTINUACIÓN)

λ	VALORES DE C																						
	0	1	2	3	4	5	6	7	8	9	10	11	12	13	14	15	16	17	18	19	20	21	22
2,2	111	359	623	819	928	975	993	998	1000														
2,4	091	308	570	779	904	964	988	997	999	1000													
2,6	074	267	518	736	877	951	983	995	999	1000													
2,8	061	231	469	692	848	935	976	992	998	999	1000												
3,0	050	199	423	647	815	916	966	988	996	999	1000												
3,2	041	171	380	603	781	895	955	983	994	998	1000												
3,4	033	147	340	558	744	871	942	977	992	997	999	1000											
3,6	027	126	303	515	706	844	927	969	988	996	999	1000											
3,8	022	107	269	473	668	816	909	960	984	994	998	999	1000										
4,0	018	092	238	433	629	785	889	949	979	992	997	999	1000										
4,2	015	078	210	395	590	753	867	936	972	989	996	999	1000										
4,4	012	066	185	359	551	720	844	921	964	985	994	998	999	1000									
4,6	010	056	163	326	513	686	818	905	955	980	992	997	999	1000									
4,8	008	048	143	294	476	651	791	887	944	975	990	996	999	1000									
5,0	007	040	125	265	440	616	762	867	932	968	986	995	998	999	1000								
5,2	006	034	109	238	406	581	732	845	918	960	982	993	997	999	1000								
5,4	005	029	095	213	373	546	702	822	903	951	977	990	996	999	1000								
5,6	004	024	082	191	342	512	670	797	886	941	972	988	995	998	999	1000							
5,8	003	021	072	170	313	478	638	771	867	929	965	984	993	997	999	1000							
6,0	002	017	062	151	285	446	606	744	847	916	957	980	991	996	999	999	1000						
6,2	002	015	054	134	259	414	574	716	826	902	949	975	989	995	998	999	1000						
6,4	002	012	046	119	235	384	542	687	803	886	939	969	986	994	997	999	1000						
6,6	001	010	040	105	213	355	511	658	780	869	927	963	982	992	997	999	999	1000					
6,8	001	009	034	093	192	327	480	628	755	850	915	955	978	990	996	998	999	1000					
7,0	001	007	030	082	173	301	450	599	729	830	901	947	973	987	994	998	999	1000					
7,2	001	006	025	072	156	276	420	569	703	810	887	937	967	984	993	997	999	999	1000				
7,4	001	005	022	063	140	253	392	539	676	788	871	926	961	980	991	996	998	999	1000				
7,6	001	004	019	055	125	231	365	510	648	765	854	915	954	976	989	995	998	999	1000				
7,8	000	004	016	048	112	210	338	481	620	741	835	902	945	971	986	993	997	999	1000				
8,0	000	003	014	042	100	191	313	453	593	717	816	888	936	966	983	992	996	998	999	1000			
8,5	000	002	009	030	074	150	256	386	523	653	763	849	909	949	973	986	993	997	999	999	1000		
9,0	000	001	006	021	055	116	207	324	456	587	706	803	876	926	959	978	989	995	998	999	1000		
9,5	000	001	004	015	040	089	165	269	392	522	645	752	836	898	940	967	982	991	996	998	999	1000	
10,0	000	000	003	010	029	067	130	220	333	458	583	697	792	864	917	951	973	986	993	997	998	999	1000

APÉNDICE C.— VALORES DE $e^{-\lambda}$ PARA USAR EN LA DISTRIBUCIÓN POISSON

VALORES DE $e^{-\lambda}$

λ	$e^{-\lambda}$	λ	$e^{-\lambda}$	λ	$e^{-\lambda}$	λ	$e^{-\lambda}$
0,0	1,0000	1,6	0,2019	3,1	0,0450	4,6	0,0101
0,1	0,9048	1,7	0,1827	3,2	0,0408	4,7	0,0091
0,2	0,8187	1,8	0,1653	3,3	0,0369	4,8	0,0082
0,3	0,7408	1,9	0,1496	3,4	0,0334	4,9	0,0074
0,4	0,6703	2,0	0,1353	3,5	0,0302	5,0	0,0067
0,5	0,6065	2,1	0,1225	3,6	0,0273	5,1	0,0061
0,6	0,5488	2,2	0,1108	3,7	0,0247	5,2	0,0055
0,7	0,4966	2,3	0,1003	3,8	0,0224	5,3	0,0050
0,8	0,4493	2,4	0,0907	3,9	0,0202	5,4	0,0045
0,9	0,4066	2,5	0,0821	4,0	0,0183	5,5	0,0041
1,0	0,3679	2,6	0,0743	4,1	0,0166	5,6	0,0037
1,1	0,3329	2,7	0,0672	4,2	0,0150	5,7	0,0033
1,2	0,3012	2,8	0,0608	4,3	0,0136	5,8	0,0030
1,3	0,2725	2,9	0,0550	4,4	0,0123	5,9	0,0027
1,4	0,2466	3,0	0,0498	4,5	0,0111	6,0	0,0025
1,5	0,2231						

APÉNDICE D.— TABLA DE NÚMEROS ALEATORIOS

52	06	50	88	53	30	10	47	99	37	66	91	35	32	00	84	57	07
37	63	28	02	74	35	24	03	29	60	74	85	90	73	59	55	17	60
82	57	68	28	05	94	03	11	27	79	90	87	92	41	09	25	36	77
69	02	36	49	71	99	32	10	75	21	95	90	94	38	97	71	72	49
98	94	90	36	06	78	23	67	89	85	29	21	25	73	69	34	85	76
96	52	62	87	49	56	59	23	78	71	72	90	57	01	98	57	31	95
33	69	27	21	11	60	95	89	68	48	17	89	34	09	93	50	44	51
50	33	50	95	13	44	34	62	64	39	55	29	30	64	49	44	30	16
88	32	18	50	62	57	34	56	62	31	15	40	90	34	51	95	26	14
90	30	36	24	69	82	51	74	30	35	36	85	01	55	92	64	09	85
50	48	61	18	85	23	08	54	17	12	80	69	24	84	92	16	49	59
27	88	21	62	69	64	48	31	12	73	02	68	00	16	16	46	13	85
45	14	46	32	13	49	66	62	74	41	86	98	92	98	84	54	33	40
81	02	01	78	82	74	97	37	45	31	94	99	42	49	27	64	89	42
66	83	14	74	27	76	03	33	11	97	59	81	72	00	64	61	13	52
74	05	81	82	93	09	96	33	52	78	13	06	28	30	94	23	37	39
30	34	87	01	74	11	46	82	59	94	25	34	32	23	17	01	58	73
59	55	72	33	62	13	74	68	22	44	42	09	32	46	71	79	45	89
67	09	80	98	99	25	77	50	03	32	36	63	65	75	94	19	95	88
60	77	46	63	71	69	44	22	03	85	14	48	69	13	30	50	33	24
60	08	19	29	36	72	30	27	50	64	85	72	75	29	87	05	75	01
80	45	86	99	02	34	87	08	86	84	49	76	24	08	01	86	29	11
53	84	49	63	26	65	72	84	85	63	26	02	75	26	92	62	40	67
69	84	12	94	51	36	17	02	15	29	16	52	56	43	26	22	08	62
37	77	13	10	02	18	31	19	32	85	31	94	81	43	31	58	33	51

Fuente: Sacado de A *Million Random Digits with* 100.000 *Normal Deviates*, The Free Press, 1955, p. 7, con permiso de The Rand Corporation.

APÉNDICE E.— UTILIZANDO AB:POM

Este apéndice técnico proporciona detalles adicionales acerca de la utilización de AB:POM. Los módulos de programas específicos, como Previsiones o Inventarios, se muestran en sus capítulos respectivos. La intención de este capítulo es discutir las operaciones del programa en su totalidad y describir cómo el sistema puede funcionar en su computador en concreto.

En este apéndice, primero discutimos: (1) Necesidades de Hardware, después (2) Menú Principal de AB:POM, (3) Pantalla Submenú del Módulo, (4) Entrada /Edición de Datos, y (5) Cómo Empezar. Este programa es tan fácil de usar que, dependiendo de sus habilidades y experiencia con el computador, usted puede elegir ir directamente a la Sección Cómo Empezar y comenzar con los párrafos llamados "Puesta en Marcha Normal".

NECESIDADES DE HARDWARE

AB:POM funcionará en cualquier IBM o computador personal compatible. Los programas necesitan menos de 384K de memoria disponible. El sistema tiene un disquete de 3,5 pulgadas de 1,44-megabyte. Los programas también pueden cargarse en un disco duro y ejecutarse desde allí.

No se necesita impresora para ejecutar AB:POM. Por supuesto, si quiere una copia concreta, es necesario tener una impresora conectada. No se necesita ninguna característica, carácter, instalación o impresora especiales: Es posible imprimir la curva de aprendizaje, los diagramas Gantt, los gráficos de control y los gráficos de programación lineal ejecutando el programa de DOS GRAPHICS.EXE antes de arrancar AB:POM y presionando después la tecla **Prt Scn**.

MENÚ PRINCIPAL

El Programa E.1 muestra el Menú Principal de AB:POM, que consiste en 19 programas de aplicación individual más un comando de Ayuda **(Help)** y un comando de Salida **(Exit)** a DOS. Las selecciones en este menú se harán presionando la primera letra (o letra destacada) de cada comando de la pantalla o moviendo el cursor hacia el programa deseado y presionando la tecla de Entrada (Enter).

Si usted solicita Ayuda (Help) desde este Menú Principal, verá cuatro pantallas de Ayuda detalladas. El Programa E.2 muestra los comandos del programa y cómo pueden utilizarse las teclas de funciones.

LA PANTALLA DE SUBMENÚ DEL MÓDULO

El submenú del módulo aparecerá después de que se halla elegido el módulo.

Opciones de Submenú

Cada submenú tendrá las siguientes seis opciones, que pueden ser seleccionadas escribiendo la letra destacada (primera) o la tecla de función correspondiente, como se muestra en el Programa E.2.

PROGRAMA E.1 ■ El Menú Principal de AB: POM.

```
------------------------- Main Menu ---------------------------

Help                               Inventory
Decision Tables                    Simulation
Quality Control                    Material Requirements Planning
Forecasting                        Sizing, Lot
Linear Programming                 Aggregate Planning
Plant Location                     Job Shop Sequencing
Transportation                     Assignment
Operations Layout                  CPM/PERT Project Scheduling
Balancing, Assembly Line           Reliability
Waiting Line Models                Configure
Experience (learning) Curves       Exit to DOS

           ------------ INSTRUCTIONS ------------
           Use highlighted letter or point with
           arrow keys and then press ENTER (↵) key
           to select option or press ESC key to exit
```

PROGRAMA E.2 ■ Pantalla de Ayuda Opcional para las Teclas de Funciones.

```
---------------------- Submenu Options ----------------------
Submenu options appear on the last line of the data screen after a
module is chosen. The options are chosen by pressing the
highlighted letter. When you press the ESC key while editing the
data the options will become available. It is also possible to access
the submenu options by using the function keys which are listed
below.
  F1-Help-Displays the module or submodule help screen
  F2-New-Use this to start a new problem
  F3-Load-Use this to load a file from disk
  F4-Main-This returns to the module menu
  F5-Util-Customize colors, toggle sound, print to file, etc.
  F6-Quit-Exit AB:POM and go to DOS
  F7-Save-Save a problem/file on a disk
 *F8-Titl-Change the problem title
  F9-Prnt-Print the data or solution to a printer (or file)
F10-Run-Solve the problem
For most modules, ESC followed by the INSert key can be used to insert
```

Ayuda (F1)

Está opción presentará una breve descripción del módulo, los datos necesarios para el input, los resultados del output y las opciones disponibles. Merece la pena mirar esta pantalla al menos una vez para estar seguro de que no hay diferencias insospechadas entre sus suposiciones y las del programa. También puede accederse a la misma pantalla de ayuda desde la pantalla de datos, donde sea quizás más útil, porque entonces estará trabajando con los datos a los que la pantalla de ayuda se está refiriendo. usted puede examinar la pantalla de ayuda en cualquier momento; la pantalla aparece de forma instantánea y toma poco tiempo leerla.

Crear un nuevo conjunto de datos (F2)

Crear un nuevo conjunto de datos será una opción elegida frecuentemente. Después de elegir la opción de creación aparecerá una de tres pantallas posibles, dependiendo del módulo. Para algunos módulos (tablas de decisión, previsiones, inventarios, localización de plantas, programación de proyectos y control de calidad) aparecerá un submenú modelo, indicando que existen diferentes programas disponibles dentro del amplio contexto del módulo. La opción deseada se hace de forma usual —utilizando la primera letra o fijando el cursor y apretando enter—. Después de seleccionar un modelo, se podrá poner un nombre al problema.

Cargar un conjunto de datos desde un disquete (F3)

Si usted tiene datos almacenados previamente en un disquete (que puede ser el disquete del programa AB:POM o cualquiera vacío), se pueden cargar los datos en la memoria. Si elige la opción de cargar datos, aparecerá una pantalla que contiene el nombre de la unidad, el nombre del subdirectorio (si hay uno) y una lista de los archivos disponibles.

Para cargar un archivo, simplemente teclee su nombre y presione **Return**. Los nombres estándar de los archivos de DOS *sin* extensiones son legales. En otras palabras, usted puede escribir hasta ocho caracteres, pero un punto es ilegal. Puede anteceder el nombre del archivo con la letra de la unidad en que se encuentra (con los dos puntos). Ejemplos de nombres de archivos válidos son **sample, test, b:sample, problema 1**. No importa si utiliza mayúsculas o minúsculas. DOS trata todos los caracteres como mayúsculas. Puede escribirlos en mayúsculas, en minúsculas o mezcladas. Los siguientes son ejemplos de nombres de archivos ilegales.

sample.1p El programa no le permitirá escribir el punto.

abcdefghij El nombre es demasiado largo; el programa emitirá un mensaje de error.

1pt1 Ésta es una palabra de DOS reservada.

Después de que al archivo está cargado, usted se situará en la pantalla de datos y puede editar o ejecutar los datos.

Volver al menú principal (F4)

La próxima opción de la lista del submenú en el Programa E.2 es volver al menú principal. Esta opción no es necesaria si todos sus problemas utilizan el mismo módulo. Sin embargo, si tiene que hacer problemas de más de un capítulo, ésta es una manera de ir de módulo en módulo.

Utilidades (F5)

Si se elige la opción de utilidades, aparecerá un nuevo submenú. Las opciones del submenú son de nuevo elegidas de la forma normal.

PERSONALIZAR LOS COLORES (CUSTOMIZE COLORS). La primera opción le permite crear un archivo de colores personal. Pueden cambiarse los colores de 13 partes diferentes (de la forma normal). Por ejemplo, para cambiar el color de los cuadros en AB:POM, mantenga presionada **b** hasta que esté satisfecho con el color. Los colores de los dos cuadros de la pantalla cambian cada vez que se presione **b**.

Si usted tiene un monitor en blanco y negro necesitará que se presione ocho veces una tecla para que cambien las sombras. Tenga paciencia.

Después de que haya hecho todos los cambios de color deseados, dispone de algunas elecciones adicionales más. Por ejemplo, debe decidir si quiere guardar un archivo permanente de esos colores o no; si quiere guardar los colores, elija la opción de salvar colores. (Una vez guardados, estos colores pueden utilizarse arrancando el programa con **pom u**). Si quiere utilizar estos colores sólo una vez, elija la opción de abandonar (quit). Si quiere cancelar los cambios y volver a los colores con los que arrancó el programa, presione la tecla de la opción de restablecer los colores iniciales (restore initial colors).

ELIMINAR UN ARCHIVO (DELETE A FILE). Esta opción puede utilizarse para eliminar (borrar) archivos de su diquete. Si elige esta opción, una lista de archivos del módulo que se está utilizando aparecerá, junto con un mensaje preguntándole el nombre del archivo que desea eliminar. Para borrar un archivo, simplemente teclee el nombre. Esta opción debería utilizarse si tiene problemas para guardar archivos porque el disquete está lleno. Obviamente, una opción (borrar archivos) que debe utilizarse con mucho cuidado.

IMPRIMIR EN UN ARCHIVO EN DISQUETE O EN IMPRESORA (PRINT TO DISK FILE OR TO PRINTER TOGLLE SWITCH). Es posible mandar el output a un archivo en lugar de a la impresora. Si se elige esta opción, el programa pedirá un nombre para el archivo de salida. Todo el output será enviado al archivo nombrado hasta que esta opción se cambie a la impresora. Se puede utilizar una extensión (file.ext) para el nombre de este archivo.

CAMBIO DEL FORMATO FIJO (TOGGLE FIX FORMAT ON). En la mayoría de los módulos, Vd. puede fijar el número de espacios decimales visualizados en el output al activar el cambio del número de espacios decimales. Esta opción debe utilizarse con cuidado. (Presentamos esta opción más adelante en esta sección.)

PITIDOS DE ERROR/SIN SONIDO (ERROR BEEPS/SOUND OFF). Utilice este flip-flop para apagar o encender el pitido que le avisa cuando ha ocurrido un error.

VENTANA DE LAS TECLAS DE FUNCIONES ACTIVADA/DESACTIVADA (FUNCTION KEY DISPLAY OFF/ON). Utilice este flip-flop para activar o desactivar la ventana de las teclas de funciones en la última fila de la pantalla de datos. Las teclas de funciones funcionarán aunque no estén visualizadas.

Salir (F6)

La última opción de la pantalla del submenú es la opción de salida. Esta es la opción que hay que elegir cuando haya completado todo su trabajo. La opción de salir devolverá el control a DOS. Si desea volver a AB:POM desde DOS después de elegir esta opción, debe reiniciar el sistema de la manera usual —escribiendo **pom** con cualquier opción deseada.

(*Nota*: Si DOS no está en su disquete, el computador emitirá un mensaje estableciendo que COMMAND.COM se ha perdido. Si desea seguir trabajando, debe insertar un disquete DOS; si no, simplemente apague la máquina.)

INTRODUCIENDO Y EDITANDO DATOS

Datos de caracteres y datos numéricos

Para introducir nombres y números simplemente escriba el nombre o número y presione una de las teclas de dirección, la tecla enter, o una tecla de función. Si comete algún error mientras está editando, existen otras dos teclas de dirección a tener en cuenta: **Back Space** y **Del**, las cuales eliminarán el último carácter escrito.

Un pitido indica que ha escrito una tecla ilegal al introducir los datos. Aparecerá uno de los siguientes mensajes:

- Se escribió un carácter cuando se necesita un número (*Typing a character when a number is required*).
- Tratando de introducir un número mayor de lo permitido (*Trying to enter a number larger than permited*).
- Tratando de introducir un nombre más largo de lo permitido (*Trying to enter a name longer than permited*).
- Tratando de introducir más dígitos después del decimal de los permitidos (*Triying to enter more digits after the decimal than permited*).
- Tratando de introducir un carácter que no está permitido para esta entrada (*Trying to enter a character that is not permited for this entry*).

(*Nota*: El programa maneja el formato de las presentaciones numéricas. Además, cualquier número más pequeño que 0,00001 es visualizado como 0.)

Entradas con opciones

Como ya se mencionó antes, no siempre se estará introduciendo datos. Algunas entradas se presentan con opciones —es decir, las entradas permitidas se han establecido previamente—. Por ejemplo, en el equilibrado de las cadenas de montaje, la unidad de tiempo puede permitir opciones. Puede cambiar de segundos a minutos, a horas y de nuevo regresar a segundos, moviendo el cursor a la parte de arriba de la celda de la columna con ceros y presionar la barra espaciadora tres veces. La unidad de tiempo cambiará cada vez que se presione la barra espaciadora. Así, cuando la unidad deseada aparece, simplemente continúe hasta la celda siguiente. De forma alternativa, usted puede llamar un menú con todas las opciones disponibles presionando la tecla **Enter**.

Mientras está editando los datos, las teclas de función mostradas en la última fila de la pantalla de datos están disponibles. El Programa E.2 dice lo que hace cada tecla de función. Téngase en cuenta que las teclas de función de **F1**a **F6** se corresponden exactamente con las opciones del menú desde el submenú. Ahora explicaremos las cuatro opciones que no hemos discutido.

Guardar (Save) (**F7**): Esta opción es similar a la opción de cargar un archivo de datos. Cuando usted elija esta opción, aparecerá una pantalla con los nombres de sus archivos de datos, y le preguntará el nombre con el que guardar los datos.

Si le da al archivo el nombre de un archivo ya existente, será avisado si quiere reemplazar el archivo existente. El archivo existente será reemplazado por el más reciente si presiona y (o **Y**) o **Return**. Después de introducir el nombre, presione **Return** para guardar los datos. Como antes, se puede cambiar la unidad utilizando la opción de tecla **F1**.

También se puede utilizar la opción shell en la opción de establecer las utilidades de la pantalla de datos para cambiar la unidad o el directorio.

Título (Titl) **(F8)**: Cuando presiona **F8**, la línea superior de los datos pide que introduzca un nuevo título. usted podrá introducir un título de hasta 37 caracteres. El título es introducido de la manera usual, y aparecerá en la parte superior de los datos después de presionar **Return**, una tecla de dirección o una tecla de función.

Impresión (Prnt) **(F9)**: Esta opción imprimirá los contenidos de los datos o la pantalla de soluciones. Las líneas inferiores y la caja externa no aparecerá. (Se puede imprimir todo, carácter por carácter, utilizando **Shift-PrtScn**). El programa imprime en el archivo LPT1, el archivo de impresora estándar. Si su impresora no está conectada al LPT1 (si, por ejemplo, usted tiene una impresora en serie), necesita utilizar la instrucción DOS MODE para dirigir la salida al lugar apropiado; vea su manual DOS para las instrucciones. En uno o dos casos (más notoriamente, Programación lineal y MRP), el output no será exactamente como aparece en la pantalla. Se han hecho algunos cambios para presentar más de una pantalla de datos en la impresora.

Si ha utilizado la opción de utilidades, puede imprimir en un archivo. Más tarde, podrá utilizar un procesador de texto para editar este archivo. En la mayoría de los casos, ocurrirá una de estas dos cosas si presiona **F9** y su computador no está conectado a una impresora o su impresora no está encendida: que tendrá un mensaje de error o que el programa creerá que está imprimiendo cuando no lo está —lo que es inofensivo—. También puede que la impresora intente imprimir cada treinta segundos. Puede parar esto si presiona la tecla **Esc**.

Ejecutar (Run) **(F10)**: Después de que haya introducido todos los datos, puede presionar **F10** para resolver el problema. Las respuestas aparecerán además de los datos o en su lugar. En cualquier caso, cambiará la barra de teclas de función de la parte inferior de la pantalla. En todos los módulos, **F9** estará disponible para imprimir la solución. En algunos módulos, se definirán teclas de funciones adicionales para visualizar más información. Estas definiciones aparecerán en los capítulos de esos módulos. Después de ver o imprimir la solución, presione cualquier tecla para volver a la pantalla de datos.

Formatos para los datos

Todos los formatos para los datos están determinados por el programa. En general, el valor máximo que puede ser introducido para un número está determinado por el ancho del campo en el que aparece el número. Por ejemplo, el mayor número posible en un campo con seis espacios es 999.999. El ancho del campo también determina el número de posiciones después del punto decimal. En la mayoría de los casos, esto no supondría ningún problema. Sin embargo, habrá ocasiones en las que el número de posiciones después del punto decimal varíe dentro de una columna, aunque la pantalla aparecerá ordenada como si no hubiera variaciones.

Existe un equilibrio implícito en la utilización de esta opción: Para tener columnas ordenadas, debemos expresar los datos en números redondos. En muchos casos, redondear no supone ningún problema, pero le advertimos que utilice la opción de **formato** con gran cuidado.

Cómo empezar

Independientemente de la configuración de su sistema, debería empezar haciendo una copia de seguridad de AB:POM. Como AB:POM no está protegido contra copias, es muy fácil copiar con el comando de DOS **copy** *.* o **diskcopy**.

Arranque normal desde la unidad de disquete

Para ejecutar AB:POM, siga simplemente el procedimiento de más abajo. La descripción que sigue asume que usted tiene un sistema estándar de unidad de disquete y no están utilizando una unidad de disco duro.

1. Insertar un disquete DOS en la unidad a (normalmente la unidad de la parte superior o la de la izquierda).
2. Encienda el computador.
3. Cuando aparezca el mensaje A> en la pantalla, inserte el disquete AB:POM en la unidad a:.
4. Teclee **pom** con cualquier opción (descritas en la siguiente sección).

Si tiene problemas durante el arranque, pruebe escribiendo **go** (con cualquier opción) en lugar de **pom**.

(*Nota*: Si utiliza una versión de DOS inferior a 3.00 aparecerá un mensaje después de que haya escrito **pom**. La máquina le pedirá que introduzca la ruta del módulo de ejecución-tiempo. Para ejecutar el sistema, debe teclear una barra invertida (\ ) o el nombre de la unidad en la que AB:POM se está ejecutando (normalmente unidad a:). Cuando AB:POM está en la unidad a:, la respuesta correcta al mensaje es escribir a.\ seguido de **Return** o **Enter**. Nótese que el tercer carácter es una barra invertida, no una barra. En algunas máquinas, no se necesita la barra invertida. Alternativamente, se puede empezar el programa escribiendo **path** = \ antes de escribir pom. El archivo GO.BAT hará esto por usted)

Arranque normal desde una unidad de disco duro

Si usted tiene una unidad de disco duro, entonces la mejor manera de ejecutar el sistema es crear un directorio para AB:POM y ejecutarlo desde allí. Si se establece una ruta se puede ejecutar AB:POM desde cualquier directorio. Para preparar el sistema, realice los siguientes pasos:

1. Desde el mensaje C> escriba **MD ABPOM**
2. Escriba **CD ABPOM**
3. Inserte el disquete de 3,5" de AB:POM en la unidad A: y escriba **COPY A:*.*C:**

A partir de ahora para usar el sistema AB:POM

1. Encienda el computador.
2. Escriba **CD \ ABPOM.**
3. Escriba **POM** con cualquier opción.

Existe un archivo en el disquete 3,5" llamado INSTALL que realizará los pasos anteriores. Si teclea INSTALL en el mensaje A:> o A:INSTALL en el mensaje C:> con AB:POM en la unidad A:, entonces install realizará los pasos anteriores y creará un directorio llamado ABPOM en su unidad C: y después copiará todos los archivos del disquete a su unidad.

Opciones de arranque

El programa arranca con el comando POM (o GO). Pueden añadirse las siguientes opciones.

UNIDAD DE DISQUETE PARA LOS DATOS. Las letras a, b, c, d, y e pueden utilizarse para especificar qué unidad contiene los datos. (Esto también puede cambiarse desde el programa). Hay suficiente espacio en el disquete del programa para almacenar todos sus archivos de datos, si lo desea.

EJEMPLO

POM B indicará al programa que los archivos de datos pueden encontrarse en la unidad b:. La unidad por defecto es la unidad desde la que se arrancó AB:POM.

OPCIONES DE COLOR/MONITOR. La letra **m** puede utilizarse para indicar que el monitor es monocromático (monitor de un solo color). El número 1 puede utilizarse para indicar que el monitor es de color, que deben utilizarse colores y que el color del fondo debe ser negro. El número 2 indica un monitor de color y un color de fondo que permite el sombreado. La letra **u** indica que debe utilizarse un archivo de colores del usuario llamado COLOR.POM. (Este archivo puede crearse y/o cambiarse desde el menú de utilidades dentro de AB:POM) Si no elige una opción de color en la línea de comandos, el programa le pedirá uno.

EJEMPLOS

POM M o POM m utilizará un monitor monocromo.

POM 1 utilizará colores por defecto que incluye un fondo negro.

POM 2 utilizará colores por defecto que incluye un fondo azul y un efecto de sombreado.

POM U buscará el archivo COLOR.POM y utilizará esos colores.

NÚMERO DE LÍNEAS EN LA PANTALLA. El número usual de líneas es 25 y esta es la mejor visualización. Sin embargo, si utiliza la opción H (alta resolución) se utilizarían 43 líneas (si su monitor lo permite), y si utiliza la opción V (por VGA) entonces se utilizarán 50 líneas si su monitor lo permite.

OPCIÓN DE SONIDO. Si arranca el programa con la letra S, los pitidos que se genera cuando ocurre algún error se silenciarán. Esto puede cambiarse desde el programa, utilizando la opción de utilidades.

COMBINANDO OPCIONES. Las opciones pueden combinarse.

EJEMPLO

POM smb

silenciará los pitidos, mostrará todo en blanco/negro y buscará los datos en la unidad b:.

PROCEDIMIENTOS DE FORMATEO. POM F cambiará el procedimiento de formateado de AB:POM. Normalmente, AB:POM deja nueve espacios para números y puntos decimales. Si se elige esta opción, el número de lugares después del punto decimal es fijo. Esto ayuda a una visualización más ordenada, pero puede conducir a problemas. Como ya se explicó en la anterior sección de formatear, esta opción debería utilizarse con mucho cuidado.

SOLUCIÓN A LOS PROBLEMAS PARES

Capítulo 1

1.2 (a) 20 adornos/hora.
(b) 26,7 adornos/hora.
(c) 33,5%.

1.4

	AÑO PASADO	AÑO ACTUAL	% VARIACIÓN
Mano de obra	4,29	4,62	$\frac{0,33}{4,29} = 7,7$
Capital	0,10	0,08	$\frac{-0,02}{0,1} = -20$
Energía	0,50	0,55	$\frac{0,05}{0,50} = 10$

La productividad del capital bajó, mientras que la de la mano de obra y la energía aumentó (pero sólo un 10%, no un 15%)

1.6 El ciclo del negocio impacta en este valor de forma importante, pero para la economía global del país probablemente supone menos del 2%.

Capítulo 2

2.2 (a) Para un productor con altos costes de energía, un aumento importante en los precios del petróleo cambia la estructura de costes, resultando un aumento en los precios de venta, y, si la empresa es ineficiente energéticamente en comparación a otros productores, resultaría de ello un cambio en la posición competitiva.

Capítulo 2 Suplemento

S2.2 Gran expansion; VME = 250.000$.

S2.4 8 cajas.

S2.6 (a)

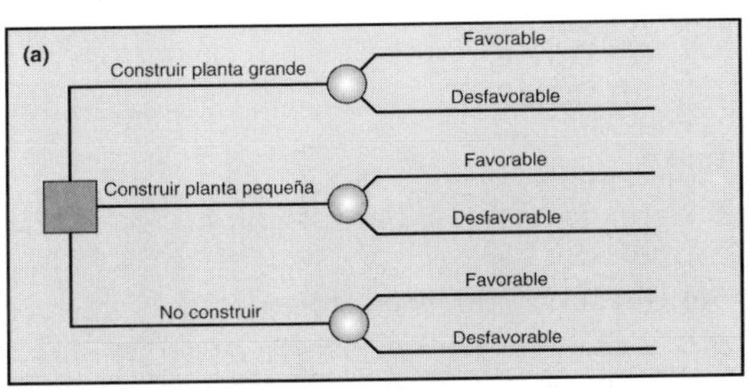

(b) Planta pequeña con VME = 26.000$.
(c) VEIP = 134.000$.

S2.8 (a) Max VME = 11.700$.
(b) VEIP = 13.200$ – 11.700$ = 1.500$.

S2.10

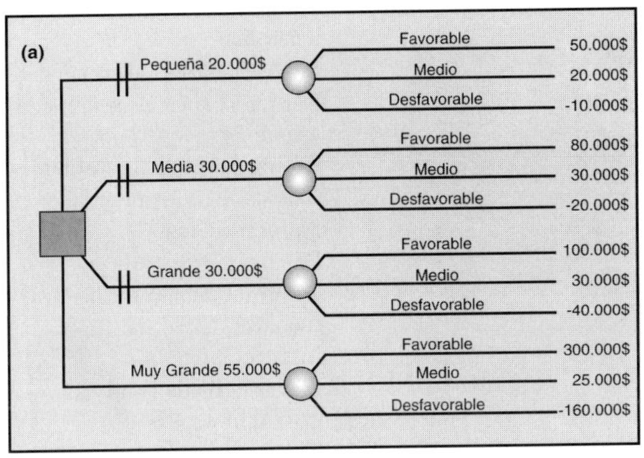

S2.12

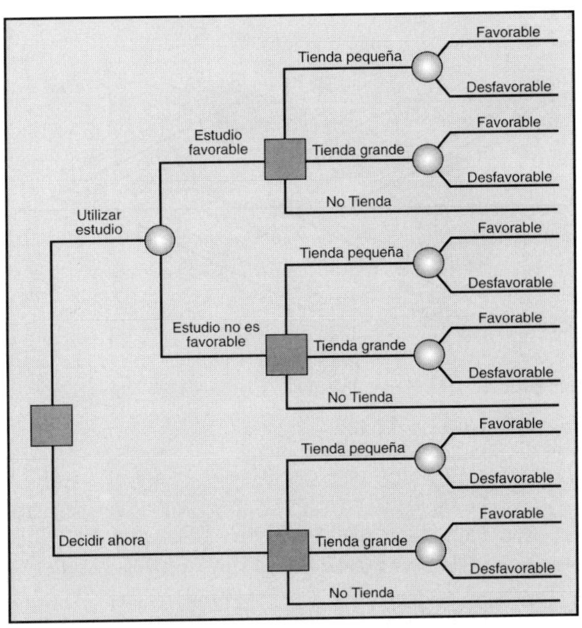

S2.14 No reunir información y hacerla grande; 4.500$

S2.16 12.000.000$.

Capítulo 3

3.2 Respuesta individual.

3.4 **(a)**

8′	↓	Ir al maletero
	○	Abrir maletero
	○	Aflojar rueda y gato
	○	Sacar rueda y gato
8′	↓	Llevar rueda y gato a rueda a cambiar
	○	Posicionar el gato
	□	Inspeccionar
	○	Aflojar las tuercas de la rueda a cambiar
	○	Subir el automóvil con el gato
	○	Retirar las tuercas de la rueda a cambiar
	○	Retirar la rueda a cambiar
	○	Colocar la nueva rueda
	○	Apretar tuercas
	○	Bajar el automóvil
	○	Terminar de apretar las tuercas
	□	Inspecccionar
8′	↓	Llevar la rueda cambiada y el gato al maletero
	○	Colocar rueda y gato en maletero
	○	Cerrar maletero
8′	↓	Colocarse en el asiento del conductor

3.6

Chapter 4

4.2 $UCL_x = 52{,}308$
$LCL_x = 47{,}692$
$UCL_R = 8{,}456$
$LCL_R = 0{,}0$

4.4 $UCL_x = 46{,}966$
$LCL_x = 45{,}034$
$UCL_R = 4{,}008$
$LCL_R = 0$

4.6 $UCL_x = 17{,}187$
$LCL_x = 16{,}814$
$UCL_R = 0{,}932$
$LCL_R = 0{,}068$

4.8 $UCL_x = 3{,}728$
$LCL_x = 2{,}336$
$UCL_R = 2{,}29$
$LCL_R = 0{,}0$
El proceso está bajo control.

4.10 $UCL_p = 0{,}0596$
$LCL_p = 0{,}0104$

4.12 $UCL_p = 0{,}0311$ a $0{,}1636$
$LCL_p = 0{,}0$ a $0{,}0364$

4.14 $UCL_x = 64{,}54$
$LCL_x = 62{,}36$
$UCL_R = 3{,}423$
$LCL_R = 0$

4.16 $UCL_p = 0{,}0581$
$LCL_p = 0$

4.18 $UCL_c = 33{,}4$
$LCL_c = 7$

4.20

Porcentaje de defectuosos	$P(x \leq 1)$
0,01	0,999
0,10	0,910
0,20	0,736
0,40	0,406
0,60	0,199
0,80	0,092
1,0	0,040

4.22 El plan no satisface los requisitos del productor ni del consumidor.

4.24 $UCL_x = 61{,}13$
$LCL_x = 38{,}42$
$UCL_R = 41{,}62$
$LCL_R = 0{,}0$
El proceso parece estar bajo control.

Capítulo 4 Suplemento

S4.2 5,45, 4,05.

S4.4 **(a)** 0,2743.
(b) 0,5.

S4.6 **(a)** 0,1587.
(b) 0,2347.
(c) 0,1587.

S4.8 **(a)** 0,0548.
(b) 0,6554.
(c) 0,6554.
(d) 0,2119.

Capítulo 5

5.2 18,67; 16,67; 14; 14,33; 15,33; 17; 18,33; 19,33; 20,33; 21,33.

5.4 **(a)** 337; **(b)** 380; **(c)** 423.

5.6 2 año: 5; 5; 4,5; 7,5; 9,0; 7,5; 8,0; 10,5; 13,0.
4 año: 4,75; 6,25; 6,75; 7,50; 8,50; 9,00; 10,50.

5.8 Media móvil ponderada DAM = 2,312.
Alisado exponencial DAM = 2,581.

5.10 DAM ($\alpha = 0,3$) = 74,6.
DAM ($\alpha = 0,6$) = 51,8.
DAM ($\alpha = 0,9$) = 38,1 (La mejor).

5.12 $y = 522 + 33$; $6x = 623$.

5.14 **(a)** 43,4; 47,4; 50,2; 53,7; 56,3 para $\alpha = 0,6$; 44,6; 49,5; 51,8; 55,6; 57,8 para $\alpha = 0,9$.
(b) 49; 52,7; 55,3.
(c) 45,8; 49,0; 52,2; 55,4; 58,6; 61,8.
(d) Tendencia con DAM = 0,6.

5.16 5; 5,4; 6,12; 5,90; 6,52; 7,82.

5.18 DAM = 3,98; $\beta = 0,8$ es mejor que $\beta = 0,2$.

5.20 $y = 5,26 + 1,11x$.
Período 7 demanda = 13,03.

5.22 **(a)** La previsión de febrero con media móvil es de 13,6667.
(b) La pensión de febrero con media móvil ponderada es de 13,16.
(c) DAM para media es 2,2.
DAM para media ponderada es 2,17.
(d) Estacionalidad, variables causales como el presupuesto de publicidad.

5.24 **(a)** $\hat{y} = 1 + 1x$; $r = 0,45$.
(b) $S_{yx} = 3.65$.

5.26 $y = 0,972 + 0,0035\,x$; $r^2 = 0,479$; $x = 350$; $y = 2.197$; $x = 800$; $y = 3,77$.

5.28 131,2 → 72,7 pacientes; 90,6 → 50,6 pacientes.

5.30 Otoño = 270; Invierno = 390; Primavera = 189; Verano = 351.

5.32 **(a)** 1785.
(b) 1560.

5.34 **(a)** 17,00; 17,80; 18,04; 19,03; 18,83; 18,26; 18,61; 18,49; 19,19; 19,35; 18,48.
(b) 2,60.
(c) No, la señal de seguimiento excede 5 sigma en la semana 10.

5.36 **(a, b)**

SEMANA	$\alpha = 0,1$ PREVISIÓN	$\alpha = 0,6$ PREVISIÓN
25	46,9	57,6

(c) basándose en la previsión y en el error estándar de estimación, $\alpha = 0,6$ es lo mejor. Pero deberían probarse otras α's.

5.38 Cada respuesta será diferente, pero se ha de significar la presencia de factores estacionarios y de tendencia a la vez.

5.40 150.000; 126.000; 120.000; and 207.000 para los cuatro trimestres, respectivamente.

Capítulo 6

6.2 Diagrama de montaje de un bolígrafo.

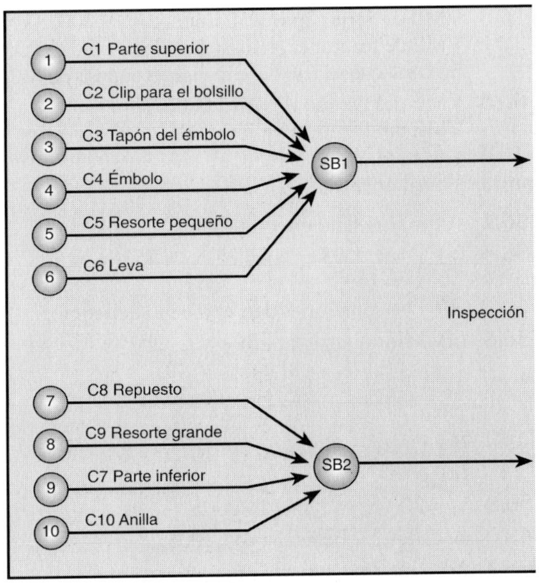

6.4

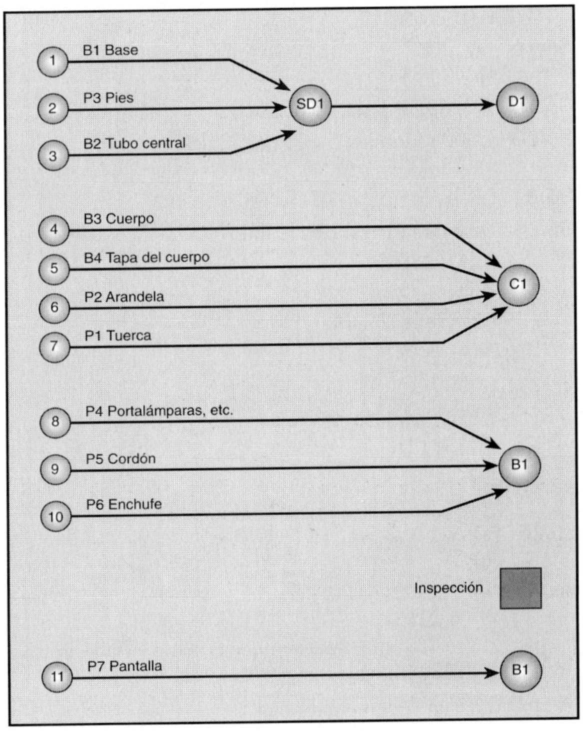

6.6 El computador de mano ha contribuido un 30%, pero sus ventas son importantes, proporcionando el 50% de la contribución total; a la inversa, la calculadora de mano tiene una contribución individual alta, pero sólo contribuye con un 10% al total de la contribución de la compañía.

6.8 VME de actuar inmediatamente = 49.500.000$
VME de realizar el análisis de valor = 55.025.000$.
En consecuencia, se debe realizar el análisis del valor.

6.10 VME del Diseño A = 875.000$.
VME del Diseño B = 700.000$.

Capítulo 6 Suplemento

S6.2 100 = beneficio en $x = 0$, $y = 10$.

S6.4 **(a)** $P = 3.000\$$ en $x_1 = 75$, $x_2 = 75$ *o* $x_1 = 50$, $x_2 = 150$.
(b) Dos soluciones dan el mismo beneficio.

S6.6 **(a)** Minimizar $x_1 + 2x_2$

$$x_1 + x_2 \geq 40$$
$$2x_1 + 4x_2 \geq 60$$
$$x_1 \leq 15$$

(b) Coste = 65¢ en $x_1 = 15$, $x_2 = 25$.
(c) 65¢.

S6.8 $x_1 = 200$, $x_2 = 0$, $P = 18.000\$$.

S6.10 10 Alfas, 24 Betas, $P = 55.200\$$.

S6.12 **(a)** $x_1 = 25{,}71$; $x_2 = 21.43$.
(b) Coste = 68,57$.

S6.14 La función objetivo, la primera y quinta restricción.

S6.16 **(a)** 26¢.
(b) 7,86$.

S6.18 $x_1 = 60$, $x_2 = 90$, $P = 3.930\$$.

S6.20 7.500 redondas, 5.000 cuadradas, coste = = 115.000$.

S6.22 **(e)** $x_1 = 8$, $x_2 = 4$, $P = 60\$$.

S6.24 Base de la 1ª tabla:

$A_1 = 80$
$A_2 = 75$

Base de la 2ª tabla:

$A_1 = 55$
$x_1 = 25$

Base de la 3ª tabla:

$x_1 = 14$
$x_2 = 33$

Coste = 221 en la solución óptima.

S6.26 **(a)** x_1.
(b) A_1.

S6.28 **(a)** 22,50$–30,00$.
(b) 5,00$.
El precio sombra permanece en el intervalo de 210–280 horas.

S6.30 **(a)** 5,00$–∞.
(b) –5,00$ es válido desde 5.000–∞ horas.
(c) –3,00$ es válido desde 0–20.000 mesas.

S6.32 Minimizar $6X1A + 5X1B + 3X1C + 8X2A + + 10X2B + 8X2C + 11X3A + 14X3B + 18X3C$

Sujeto a:

$$X1A + X2A + X3A = 7$$
$$X1B + X2B + X3B = 12$$
$$X1C + X2C + X3C = 5$$
$$X1A + X1B + X1C \leq 6$$
$$X2A + X2B + X2C \leq 8$$
$$X3A + X3B + X3C \leq 10$$

S6.34 61 camas de medicina general, 29 camas de cirugía, beneficio anual = 9.551.668$.

Capítulo 7

7.2 **(a)** 4.590 en exceso de capacidad.
(b) 2.090 en exceso de capacidad.

7.4 Diseño = 81.806.
Fabricación = 152.646.
Acabado = 62.899.

7.6 **(a)** PM($) = 125.000$.
(b) PM($) = 140.000$.

7.8 **(a)** La propuesta A es la mejor; $a = 18.000\$$; $b = = 15.000\$$.
(b) La propuesta B es la mejor; $a = 70.000\$$; $b = = 80.000\$$.

7.10 VAN = 19.800$.

7.12 VAN = 1.764$.

7.14 Equipo actual = 1.000$.
Equipo nuevo = 0.

7.16 **(a)** 100.000$.
(b) 12.500 unidades.
(c) 350.000$.

7.18 **(a)** Comprar dos hornos grandes.
(b) Igual calidad, igual capacidad.
(c) Los pagos se realizan al final de cada período de tiempo, y se conocen los tipos de interés futuros.

7.20 PM(x) = 25.000.

7.22 PM($) = 7.584,83$.
Comidas diarias = 9.

7.24 Resultado de una línea pequeña igual a 200.000$; resultado de una línea igual a 133.000$.

7.26 VAN de la inversión 1 = 17.127$.
VAN de la inversión 2 = 25.532$.
VAN de la inversión 3 = 18.962$.

Capítulo 8

8.2 GPE es el mejor por debajo de 100.000; FMS el mejor entre 100.000 y 300.000; DA es el mejor por encima de 300.000.

8.4 El mejor proceso cambiará con cada 100.000 unidades adicionales.

Capítulo 9

9.2 **(b)** Denver, 0–3.570 unidades; Burlington, 3.571–24.999 unidades; Cleveland, más de 25.000 unidades.
(c) Burlington.

9.4 Suburbio B, resultado = 6,35, pero todos están próximos.

9.6 El centro comercial es la mejor opción.

9.8 Hyde Park con 54,5 puntos.

9.10 **(a)** Lyon, 3970; Bonn, 3915; La Haya, 3920.
(b) Lyon, 3730; Berlín, 3585; La Haya, 3840.
(c) Berlín, 3840; La Haya, 3840; Bonn, 3810.

Capítulo 9 Suplemento

S9.2 **(a)** A-1, 10; B-1, 30; C-2, 60; A-3, 40; C-3, 15.
(b) $1,775.

S9.4 Houston, $19,500.

S9.6 La solución es óptima.

S9.8 **(a)** La solución inicial es degenerada.
(b) Coste = 2.750$.

S9.10 W-A, 200; X-B, 100; X-C, 75; Y-C, 75; ficticio-A, 50.

S9.12 Fountainbleau tiene un coste de 1.530.000$ frente a Dublín con un coste mayor igual a 1.535.000$.

S9.14 East St. Louis, con un coste de 17.400$ es mayor que el de St. Louis, con un coste de 17.250$.

S9.16 A-1, 9; B-3, 8; C-1, 3; C-3, 7; D-1, 7; y D-2, 24.

Capítulo 10

10.2 Sí, con AB:POM el movimiento de pacientes es igual a 4.500 pies.

10.4 Layout #1, 600 = distancia.
Layout #2, 602 = distancia.

10.6 Layout #4, 609 = distancia.
Layout #5, 372 = distancia.

10.8 **(a)** Volumen posible de 3,75 personas/hora.
(b) Examen médico: 16 minutos.
(c) Por lo menos, 5 por hora.

10.10 Tiempo ciclo = 9,6 minutos; 8 estaciones con el 63,8% de eficiencia.

10.12 Estación #1, tareas 1, 3; #2, tareas 5; #3, tareas 2, 4; #4, tareas 6, 8; #5, tareas 7, 9. Eficiencia = 78%.

10.14 Tiempo ciclo = 0,5 minutos/botella. Las asignaciones posibles con cuatro estaciones proporcionan una eficiencia = 90%.

10.16 Mínimo (teórico) = cuatro estaciones. Eficiencia = = 80% con cinco estaciones. Varias asignaciones con cinco estaciones son posibles.

10.18 Existen tres alternativas con una eficiencia = = 86,67% cada una.

Capítulo 10 Suplemento

S10.2 **(a)** 0,5.
(b) 0,5.
(c) 1,0
(d) 0,5.
(e) 0,05 hr.
(f) 0,1 hr.

S10.4 **(a)** 0,667.
(b) 0,667 min.
(c) 1,33.

S10.6 **(a)** 0,375.
(b) 1,6 hr.
(c) 0,225.

S10.8 **(a)** 2,25.
(b) 0,75.
(c) 0,857 min.
(d) 0,64 min.
(e) 42%, 32%, 24%.

S10.10 **(a)** 6 camiones.
(b) 12 min.
(c) 0,857.
(d) 54%.
(e) 1.728$/día.
(f) Sí, ahorra 3.096$.

S10.12 **(a)** 0,666.
(b) 1,33.
(c) 10 seg.

S10.14 3, 2, 4 Doctores, respectivamente.

S10.16 **(a)** 0,05.
(b) 0,743.
(c) 0,795.

Capítulo 11

11.2

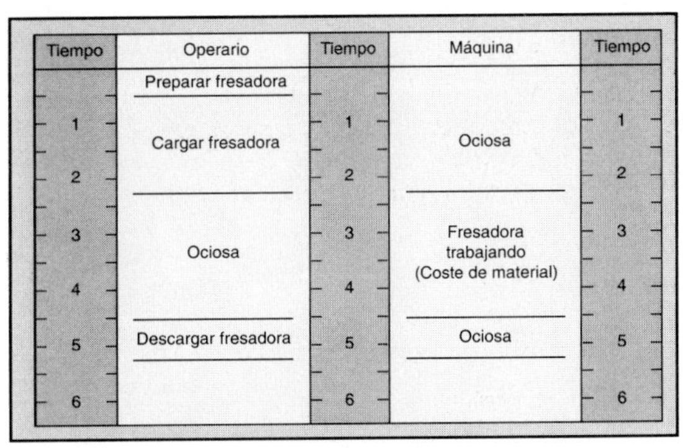

11.4 Los primeros 10 pasos se muestran a continuación. Los 10 pasos restantes son similares.

DIAGRAMA DE OPERACIONES	RESUMEN						
PROCESO: CAMBIAR GOMA	SIMBOLO	ACTUAL				DIF	
ANALISTA:		LH	RH	LH	RH	LH	RH
FECHA:	○ OPERACIONES	1	8				
HOJA: 1 de 2	⇨ TRANSPORTES	3	8				
METODO: ACTUAL PROPUESTO	□ INSPECCIONES	1					
OBSERVACIONES	D RETRASOS	15	4				
	▽ ALMACENAMIENTOS						
	TOTALES	20	20				

MANO IZQUIERDA	DIST.	SIMBOLO	SIMBOLO	DIST.	
1. Alcanzar el lápiz		⇨	D		Ociosa
2. Asir el lápiz		○	D		Ociosa
3. Mover al área de trabajo		⇨	⇨		Mover a la parte superior del lápiz
4. Sostener el lápiz		D	○		Asir la parte superior del lápiz
5. Sostener el lápiz		D	○		Quitar la parte superior del lápiz
6. Sostener el lápiz		D	⇨		Colocar la parte superior a un lado
7. Sostener el lápiz		D	⇨		Alcanzar la goma vieja
8. Sostener el lápiz		D	○		Asir la goma vieja
9. Sostener el lápiz		D	○		Quitar la goma vieja
10. Sostener el lápiz		D	⇨		Colocar la goma vieja a un lado

11.6 Solución individual.

11.8 La respuesta es similar a la del Problema Resuelto 11.1, pero las actividades de los miembros C y D del equipo se convierten ahora en actividades limitadoras.

Capítulo 11 Suplemento

S11.2 Se necesita un tamaño de muestra de 166.

S11.4 Se requieren seis observaciones.

S11.6 Tiempo normal = 5,565 min.
Suplemento = 10%.
Tiempo estándar = 6,183.

S11.8 29,8 min.

S11.10 5,4 ó 6,67, dependiendo de la observación eliminada.

S11.12 82,35 segundos, 106 muestras.

S11.14 **(a)** 47,55 min.
(b) Se necesitan 60 observaciones del elemento 4.

S11.16 336.

S11.18 0,1092 min, o 6,55 seg.

GLOSARIO

Algoritmo de Stepping-stone Una técnica interactiva para ir desde una solución posible inicial a la solución óptima en el método de transporte; se utiliza para evaluar la efectividad del coste de enviar unidades a través de rutas de transporte que no se utilizan en la actualidad en el sistema.

Alisado Adaptativo Un método de previsión de alisado exponencial en el que la constante de alisado cambia automáticamente para mantener los errores al mínimo.

Alisado exponencial Técnica de previsiones de media ponderada móvil en la que los datos se ponderan a través de una función exponencial.

American Production and Inventory Control Society (APICS) Una organización de los profesionales de la producción y control de inventarios.

American Society for Quality Control Una asociación de los profesionales del control de calidad.

Ampliación del trabajo Agrupación de diferentes tareas del mismo nivel de habilidad; ampliación horizontal.

Análisis del producto por valor Una relación de productos en orden descendente según su contribución individual monetaria a la empresa, así como el total de contribución monetaria de cada producto.

Análisis de punto muerto de localización Un análisis coste-volumen para realizar la comparación económica de distintas alternativas de localización.

Análisis de punto de equilibrio o punto muerto Un método de determinar el punto, en dólares y en unidades, en el que los costes se igualan a los ingresos.

Análisis de regresión lineal Un modelo matemático que utiliza una línea recta para describir la relación funcional entre variables independientes y dependientes; es un modelo de previsión causal cuantitativa muy común.

Análisis de sensibilidad Análisis que permite conocer cuánto puede cambiar una solución si se producen cambios en los valores de las variables o los parámetros.

Análisis de valor Una revisión de los productos con largos ciclos de vida que se realiza durante el proceso de producción.

APT (automatically programmed tool) o herramienta de programación automática Un lenguaje de programación de computadores utilizado en las máquinas controladas por control numérico.

Árbol de decisión Medio gráfico de análisis de alternativas de decisión y estados de la naturaleza.

Association for Systems Management Una asociación de profesionales en los sistemas y procedimientos de empleo.

Benchmarking Seleccionar un estándar demostrado de rendimiento que representa el mejor rendimiento de un proceso o actividad.

Calidad media de salida (AOQ) El porcentaje de defectuosos en un lote promedio de artículos inspeccionados a través de un muestreo de aceptación.

Calidad de vida en el trabajo Aspirar a un trabajo que sea razonablemente seguro, sea equitativamente pagado y alcance un nivel apropiado de requerimientos físicos y psicológicos.

Calidad robusta Un producto que puede producirse según los requerimientos incluso si ocurren pequeñas variaciones en el proceso productivo.

Capacidad La máxima producción de un sistema en un determinado período.

Capacidad efectiva o utilización La máxima capacidad que una empresa puede esperar alcanzar dado su mix de productos, métodos de programación, mantenimiento y estándares de calidad.

Capacidad estimada Medida de la máxima capacidad utilizable de una determinada instalación.

Célula de trabajo Una organización temporal de máquinas y personal orientada al producto en lo que es ordinariamente una instalación orientada al proceso.

Centro de trabajo enfocado Una agrupación de máquinas y personal permanente orientada al producto en lo que normalmente es una instalación orientada al proceso.

Ciencias de la información El proceso sistemático de datos para proporcionar información.

Ciencias físicas Los campos de la física, química, biología y otras ciencias relacionadas.

Círculo de calidad Un grupo de empleados que se reúnen regularmente con un facilitador para resolver problemas relacionados con el trabajo de su área de trabajo; iniciado por los japoneses en los años 70.

Coeficiente de correlación Valor, entre –1 y +1, que mide la relación estadística entre variables.

Columna del pivote En una tabla simplex de un programa lineal, la columna que indica qué variable entrará en la próxima solución.

Compact II Un lenguaje de programación de computadores utilizado para las máquinas controladas por control numérico.

Competencia basada en el tiempo Competitividad basada en el tiempo; puede tomar la forma de un rápido desarrollo e introducción de los productos en el mercado o entrega rápida de los productos o servicios.

Composición de la fuerza de ventas Una técnica de previsión basada en las estimaciones sobre las ventas previstas del personal de ventas.

Compromiso mutuo El concepto que indica que dirección y empleados luchan para alcanzar objetivos comunes.

Confianza mutua Una atmósfera en la que la dirección y los empleados trabajan con políticas de empleo razonables y documentadas que son implementadas de forma honesta y equitativa.

Constante de alisado Factor de ponderación utilizado en la previsión de alisado exponencial; un número entre 0 y 1.

Control estadístico de procesos (SPC) Proceso utilizado para controlar los estándares, tomando medidas y realizando las acciones correctivas mientras que el producto o servicio se está produciendo.

Control numérico directo (DCN) Una máquina que está unida directamente (hard) a un computador de control que le proporciona instrucciones y controles electrónicos.

Control numérico informatizado (CNC) El control de las máquinas vía su propio computador.

Control numérico (CN) El control de máquinas por programas de computador en cintas de papel o magnéticas.

Control de procesos La utilización de la tecnología de la información para controlar un proceso físico.

Costes fijos Costes que permanecen aun cuando no haya producción.

Costes intangibles Una clase de costes de localización que pueden evaluarse a través de técnicas de ponderación.

Costes tangibles Costes rápidamente identificables que pueden medirse con precisión.

Costes variables Costes que varían con el volumen de unidades producidas; también se conocen como costes directos.

CRAFT (Técnica para la localización relativa de instalaciones por computador) Un programa de computador que examina sistemáticamente diferentes reorganizaciones departamentales para reducir el coste total de manejo de materiales.

Curva de característica operativa (OC) Una gráfica que describe lo bien que discrimina entre lotes buenos y malos un plan de aceptación.

Data Processing Management Association (DPMA) Asociación de programadores de computador, operadores y directivos en el campo del proceso electrónico de datos.

Decision Sciences Institute Asociación de personas interesadas en los avances en la utilización de las técnicas cuantitativas aplicadas.

Degeneración Situación que se presenta en los modelos de transporte cuando se están utilizando demasiado pocas celdas o rutas de distribución, lo que hace que sea imposible trazar un circuito con celdas no utilizadas. La degeneración existe cuando el número de filas más el número de columnas menos uno no es igual al número de celdas ocupadas.

Destinos ficticios Puntos de destino artificiales creados en el método del transporte de programación lineal cuando la oferta total es superior a la demanda total; sirve para igualar la demanda y oferta totales.

Desviación Absoluta media (DAM) Una medida del error global de previsión de un modelo; Se calcula sumando los valores absolutos de los errores de previsión individuales y dividiendo por el número de períodos de datos (n).

Desviación estándar Medida de dispersión o amplitud; la raíz cuadrada de la varianza.

Diagramas de actividad Una forma de representación de los estudios y sugerencias resultantes para la mejora de la utilización de un operario y una máquina o cualquier combinación de operarios (un equipo) y máquinas.

Diagrama de espina de pez Una técnica de esquematización utilizada para descubrir posibles localizaciones de los problemas de calidad en producción; también conocido como diagrama Ishikawa o diagrama de causa-efecto.

Diagrama de flujo Un diagrama utilizado para analizar el movimiento de las personas o del material.

Diagrama de montaje Una forma de identificar los puntos de la producción donde los componentes se convierten en submontajes y finalmente en productos finales.

Diagrama de proceso Un diagrama en el que se utilizan símbolos para analizar el movimiento de las personas y materiales.

Dirección de producción y operaciones (POM) Actividades relacionadas con la creación de bienes y servicios mediante la transformación de inputs en outputs.

Diseño asistido por computador Utilización del computador para desarrollar la geometría de un diseño.

Diseño de trabajo Un método de especificación de las tareas que constituyen el trabajo de un individuo o de un grupo.

Diseño robusto en calidad Un diseño que proporciona un buen producto a pesar de pequeñas variaciones en el proceso de producción.

Distribución normal Distribución de probabilidad continua caracterizada por una curva en forma de campana, los parámetros de la cual son la media y la desviación tipo.

Distribución de Poisson Una importante distribución de probabilidad discreta que a menudo describe la llegada de unidades en la teoría de colas; desarrollada por Simeon Poisson en 1837.

Distribución de probabilidad discreta Una distribución de frecuencia en la que los resultados no son continuos. Los resultados del lanzamiento de un dado son discretos, mientras que las temperaturas (que pueden tomar cualquier valor fraccionario) se consideran variables continuas.

Distribución de probabilidad exponencial negativa Una distribución de probabilidad continua utilizada a menudo para describir los tiempos de servicio en un sistema de colas.

Eficiencia Medida de la producción real en relación a la capacidad efectiva.

Empresas de clase mundial Empresas que compiten con éxito en el mercado internacional.

Enfoque de proceso Un proceso para bajo volumen y alta variedad de artículos.

Enfoque de producto Un proceso orientado al producto, para altos volúmenes y baja variedad de artículos.

Enriquecimiento del trabajo Un método de dar más responsabilidad a un empleado, incluyendo parte de la planificación y control necesaria para realizar el trabajo; ampliación vertical.

Enfoque simple Una técnica de previsión que asume que la demanda en el siguiente período es igual a la demanda en el período más reciente.

Equilibrar una línea de montaje Obtener en cada estación de la línea de producción un output aproximadamente igual.

Equipos de desarrollo del producto Equipos encargados de trasladar los requerimientos del mercado al producto para así conseguir un producto de éxito.

Equipos de ingeniería de valor y de diseño para la fabricación Equipos encargados de la mejora de los diseños y especificaciones en las etapas de investigación, desarrollo, diseño y producción, del desarrollo del producto.

Equiprobabilidad Un criterio para la toma de decisiones bajo certeza que asigna igual probabilidad a cada estado de la naturaleza.

Ergonomía El estudio del trabajo; en los Estados Unidos a menudo se denomina ingeniería del factor humano.

Error cuadrático medio (ECM) Media de las diferencias cuadráticas entre los valores previstos y los observados.

Error estándar de la estimación Una distribución dentro de la que se espera que caigan las muestras del proceso bajo estudio.

Error Tipo I Estadísticamente, la probabilidad de rechazar un lote bueno.

Error Tipo II Estadísticamente, la probabilidad de que un lote malo sea aceptado.

Estudio de mercado Un método de previsión que solicita la opinión de los consumidores o potenciales consumidores respecto a sus futuros planes de compra.

Estudio de tiempos Toma de los tiempos de una muestra de la actuación de un trabajador y su utilización para establecer un estándar.

Especialización de la mano de obra División del trabajo en tareas únicas («especialistas»).

Estándares de tiempos predeterminados Un método que divide el trabajo manual en pequeños elementos básicos que tienen tiempos fijados y ampliamente aceptados.

Estrategia Cómo espera una empresa alcanzar su misión y objetivos.

Estrategia de proceso (o transformación) El enfoque que adopta una organización para transformar los recursos en bienes y servicios.

Estrategia de producto La selección, definición y diseño de los productos.

Experiencia histórica Estimar el tiempo que se necesita para realizar una actividad basándose en el último tiempo necesario.

Fabricación asistida por computador Utilización de la tecnología de la información para controlar las máquinas.

Fabricación de clase mundial Un enfoque estratégico y táctico de la función de POM que proporciona una mejora permanente en la satisfacción de las necesidades de los consumidores a través de la excelencia en el proceso de transformación.

Fabricación integrada por computador Un sistema de fabricación en el que las máquinas controladas electrónicamente están integradas con robots, máquinas transfer, o vehículos autoguiados creando un sistema de fabricación completo.

Factoría enfocada Una instalación permanente para producir un producto o componente en una instalación orientada al producto.

Fila del pivote En una tabla simplex de un programa lineal, la fila que indica qué variable dejará la próxima solución.

Función de pérdida de calidad Una función matemática que identifica todos los costes relacionados con la mala calidad y muestra cómo estos costes aumentan cuando la calidad del producto se aleja de lo que quieren los clientes.

Función de ingresos Elemento en el análisis de punto de equilibrio que aumenta con el precio de venta de cada artículo.

Función objetivo Una expresión matemática en la programación lineal que maximiza o minimiza alguna cantidad (normalmente beneficio o coste).

Función POM de clase mundial Véase Fabricación de clase mundial.

Gestión de la calidad total (TQM) Dirección de una organización completa para que consiga la excelencia en todos los aspectos de los productos y servicios que son importantes para los clientes.

Gestión de la configuración Sistema por el que el producto planificado y los cambios en sus componentes son identificados exactamente y por el que se mantiene el control y contabilidad del cambio.

Gráficos-c Un gráfico de control de calidad utilizado para controlar el número de defectos por unidad de output.

Gráfico comparativo Gráfico en el que se representa más de un proceso con los costes asociados a diferentes volúmenes de producción.

Gráfico de control Representación gráfica de los datos de un proceso en el tiempo.

Gráfico de operaciones Un gráfico que presenta los movimientos de la mano derecha y de la mano izquierda.

Gráficos-p Gráfico de control de calidad que se utiliza para controlar atributos.

Gráfico-R Un diagrama de control de procesos que sigue el «rango» de una muestra; indica que ha ocurrido una ganancia o pérdida en la uniformidad del proceso de producción.

Gráfico-x (X barra) Un gráfico de control de calidad de variables que indica cuándo se presentan cambios en la tendencia central de un proceso de producción.

Hoja de ruta Una relación de las operaciones necesarias para producir un componente con el material especificado en la lista de materiales.

Ingeniería industrial Métodos analíticos aplicados a la mejora de la productividad en los sectores de fabricación y de servicios.

Inspección Un procedimiento para asegurar que una operación está produciendo al nivel de calidad esperado.

Inspección de atributos Una inspección que clasifica los artículos en buenos o malos independientemente de su grado.

Inspección de variables Como opuesta a la inspección de atributos, clasifica a los artículos inspeccionados según una escala continua, tal como la dimensión o resistencia.

Inspección en la fuente Inspección en el punto de suministro.

ISO 9000 Un conjunto de normas de calidad desarrollado por la Comunidad Europea.

Institute of Industrial Engineers (IIE) Una organización profesional de ingenieros industriales.

Instrucciones de trabajo Una forma de dar instrucciones detalladas de cómo realizar una tarea.

Investigación operativa (Ciencia de dirección) Un enfoque sistemático a la formulación y solución de problemas, mediante la utilización habitual de equipos interdisciplinarios y haciendo uso de habilidades matemáticas, de comportamiento e informáticas.

Jornada laboral estándar Cinco días de ocho horas en los Estados Unidos.

Jornada laboral flexible Un sistema que permite a los empleados, dentro de unos límites, organizarse sus horarios de trabajo.

Jurado de opinión ejecutiva Una técnica de previsión que utiliza la opinión de un pequeño grupo de directivos de alto nivel, a menudo en combinación con modelos estadísticos, y se obtiene una estimación del grupo sobre la demanda. Es el método de previsión más ampliamente utilizado.

Kaizen La palabra japonesa para designar el proceso sin fin de mejora incremental.

Layout de almacenes Un diseño que intenta minimizar el coste total buscando el equilibrio entre espacio y manejo de materiales.

Layout de oficinas La agrupación de los trabajadores, sus equipos, y espacios/despachos para proporcionar confort, seguridad y movimiento de información.

Layout de posición fija Dirigido a las necesidades de layout de proyectos estacionarios o proyectos grandes y voluminosos (tales como barcos o edificios).

Layout orientado al proceso Un layout para producción de bajo volumen y alta variedad de artículos; proceso intermitente; cuando las máquinas y equipos similares se agrupan juntos.

Layout orientado al producto Un proceso de producción diseñado alrededor de un producto y buscando conseguir la mejor utilización del personal y de la maquinaria a través de la producción repetitiva o continua.

Layout de detallista/servicio Un método (a menudo informatizado) que asigna espacio para estanterías y responde al comportamiento de los consumidores.

Línea de fabricación Una disposición de máquinas orientada al producto para la producción de componentes.

Línea o cadena de montaje Una disposición que en una serie de estaciones de trabajo ensambla las partes fabricadas ; se utiliza en procesos repetitivos

Líneas de espera Colas; artículos o personas en una cola esperando recibir un servicio.

Lista de materiales (BOM) Una relación de los componentes, su descripción, y la cantidad necesaria de cada uno de ellos para producir una unidad de un producto.

Lógica borrosa Una técnica que trabaja con información aproximada y ambigua para tomar decisiones.

Lote de trabajo Un grupo o lote de partes procesadas juntas.

Manuales de estándares Manuales que proporcionan tiempos estándares de preparación e información sobre la velocidad, capacidad, tolerancia y otros datos pertinentes de cada operación.

Maximax Un criterio para la toma de decisiones bajo incertidumbre que encuentra la alternativa que maximiza el máximo resultado o consecuencia; en consecuencia, es un criterio optimista.

Maximin Un criterio para la toma de decisiones bajo incertidumbre que encuentra la alternativa que maximiza el mínimo resultado o consecuencia; en consecuencia, es un criterio pesimista.

Medias móviles Un método de previsión que utiliza la media de los *n* períodos más recientes de datos para pronosticar el siguiente período.

Método del centro de gravedad Una técnica matemática utilizada para determinar la mejor localización de un punto único de distribución que sirve a varios almacenes o áreas.

Método de la distribución modificada (MODI) Método que calcula los índices de mejora de cada celda no utilizada sin necesidad de dibujar todos los circuitos en un sistema de transporte.

Método de la línea de Isobeneficio Un método para resolver gráficamente un problema de maximización de programación lineal.

Método de la línea Isocoste Un método para resolver gráficamente un problema de minimización de programación lineal.

Método Delphi Técnica de previsión que utiliza a un grupo involucrado en el proceso y que permite a los expertos realizar las previsiones.

Método de los factores ponderados Un método de localización que introduce objetividad en el proceso de identificar y evaluar los costes.

Método simplex Algoritmo desarrollado por Dantzing para resolver problemas de programación lineal de cualquier tamaño.

Método del vértice o punto extremo Un método de resolución gráfica de los problemas de programación lineal.

Misión El propósito o razón de ser de la actividad de una organización.

Modelo Una representación de la realidad; puede ser gráfico, físico o matemático.

Módulos Partes o componentes de un producto preparados previamente, a menudo en procesos continuos.

Muestreo de aceptación Un método para medir muestras aleatorias de lotes de productos respecto a estándares predeterminados.

Muestreo doble Técnica de inspección que toma una pequeña muestra y si los defectos resultantes caen dentro de un intervalo de nivel de aceptación, debe extraerse una segunda muestra; los resultados acumulados determinan la aceptación o rechazo del lote.

Muestreo de trabajo Una estimación, a través de muestreo, del porcentaje de tiempo que un trabajador pasa trabajando en diferentes tareas.

Muestreo secuencial Un sistema de inspección en el que las unidades se seleccionan aleatoriamente de un lote y se comprueban una a una, registrando el número acumulado de piezas inspeccionadas y de defectos encontrados.

Muestreo simple Forma de inspección que especifica el número de artículos que deben componer la muestra y el número aceptable de defectos.

National Association for Purchasing Management (NAPM) Una organización de profesionales de compras.

Nivel de calidad aceptable El nivel de calidad de un lote considerado como bueno.

Norma para el intercambio de datos del producto (STEP) Norma para el intercambio electrónico de información sobre el diseño de productos, utilizada internacionalmente.

Notificación de cambio de ingeniería (ECN) Una corrección o modificación de un plano de ingeniería.

Número pivote El número situado en la intersección de la fila del pivote con la columna del pivote en una tabla simplex de un programa lineal.

Orden de trabajo Una instrucción para producir una determinada cantidad de un artículo concreto, normalmente siguiendo un programa dado.

Orígenes ficticios Puntos de origen de distribución creados en el método de transporte cuando la demanda total es mayor que la oferta total al objeto de efectuar un suministro igual al exceso de demanda sobre la oferta.

Planificación de la mano de obra Una forma de determinar políticas de personal que tratan de la estabilidad en el empleo y la jornada laboral.

Plano de ingeniería Un plano que muestra las dimensiones, tolerancias, materiales y acabados de un componente.

Plano de montaje Una visión explosionada de un producto, normalmente a través de un dibujo tridimensional o isométrico.

Plus Un incentivo monetario, normalmente en dinero u opciones de acciones, dado a los directivos o ejecutivos en una organización.

Población ilimitada, o infinita Una situación de colas en la que un número de personas o artículos virtualmente ilimitado podrían solicitar los servicios, o el número de clientes o llegadas en cualquier momento, en una proporción muy pequeña de las llegadas potenciales.

Población limitada, o finita Un sistema de colas en el que hay sólo un limitado número de usuarios potenciales del servicio.

Porcentaje de defectuosos para la tolerancia del lote (LTPD) El nivel de calidad de un lote considerado malo.

Potenciación de los trabajadores Inclusión de los empleados en cada paso del proceso desde el diseño del producto al embalaje final.

Poka-yoke Traducido literalmente, «a toda prueba»; significa un dispositivo o técnica que asegura la producción de productos de calidad siempre.

Precio sombra El valor de una unidad adicional de recurso en forma de una hora más de tiempo máquina, o de mano de obra, o de otro recurso escaso en la programación lineal.

Previsión El arte y ciencia de prever acontecimientos futuros.

Previsiones cualitativas Previsiones que incorporan importantes factores como la intuición de los directivos, emociones, experiencias personales y sistemas de valores.

Previsión cuantitativa Un enfoque que emplea uno o más modelos matemáticos que utilizan datos históricos y/o variables causales para pronosticar la demanda.

Previsión de demanda Una proyección de las ventas de una compañía en cada período de tiempo durante el horizonte de planificación.

Previsiones económicas Indicadores de planificación, a menudo proporcionados por los servicios de previsiones, valiosos para ayudar a las organizaciones a preparar sus previsiones a medio y largo plazo.

Previsión enfocada Previsión que prueba diferentes modelos de previsión en computador y selecciona el mejor para una determinada aplicación.

Previsiones tecnológicas Previsiones a largo plazo referentes al ritmo de progreso tecnológico; estas previsiones son críticas en las industrias de alta tecnología; normalmente realizadas por expertos en cada campo concreto.

Primero llegado, primero servido (FIFO) Una regla de las colas por la que los primeros clientes de la cola reciben primero el servicio; o en un sistema de inventarios, el primer inventario recibido es el primer inventario utilizado.

Proceso continuo Proceso orientado al producto, para alto volumen y baja variedad.

Proceso de dirección La aplicación de la planificación, organización, gestión de personal, dirección y control para la consecución de los objetivos.

Procesos intermitentes Un proceso para alto volumen, alta variedad de artículos; también es conocido como proceso orientado al proceso.

Proceso repetitivo Un proceso de producción orientado al producto que utiliza módulos.

Producción La creación de bienes y servicios.

Producción ajustada/fabricación ajustada (Lean production/lean manufacturing) Utilizando empleados comprometidos con una responsabilidad siempre creciente en un esfuerzo para alcanzar el despilfarro cero, 100% de calidad, entregas a tiempo cada vez. El concepto implica ampliar el trabajo de cada empleado al máximo e incrementar la responsabilidad de cada empleado. Es lo contrario a alguna fabricación repetitiva, que elimina la responsabilidad y la necesidad de pensar en los trabajos para simplificarlos al máximo.

Productividad Mejora del proceso de producción que resulta de una favorable comparación entre la cantidad de recursos empleados (inputs) y la cantidad de bienes y servicios producidos (outputs).

Productores excelentes (Lean producers) Fabricantes repetitivos que son de clase mundial.

Productos de calidad robusta Productos que son producidos invariablemente según las especificaciones a pesar de condiciones adversas.

Programación lineal (LP) Una técnica matemática diseñada para ayudar a los directivos de producción y operaciones en la planificación y toma de decisiones relativas a la asignación de recursos.

Proyección de tendencia Un método de previsión de series de tiempo que ajusta una línea de tendencia a series de puntos de datos históricos y entonces proyecta la línea hacia el futuro para realizar previsiones.

Redes neuronales Programas de computador modelizados como la red enlazada de células interconectadas en el cerebro y programados para reconocer modelos y resolver problemas relacionados.

Regresión múltiple Un método de previsión causal con más de una variable independiente.

Regla del rincón noroeste Un procedimiento sistemático en el modelo de transporte en el que se inicia la asignación de unidades en la celda superior izquierda de la tabla (rincón noroeste) y sistemáticamente se asignan unidades a las rutas de distribución.

Repartición de ganancias Un sistema de recompensas monetarias para los empleados por mejoras efectuadas en la eficiencia de la organización.

Restricciones Limitaciones que condicionan el grado en que un directivo puede conseguir un objetivo.

Riesgo del consumidor Error de un cliente al aceptar un lote malo no rechazado por el muestreo (un error de tipo II).

Riesgo del productor El error de rechazar un lote bueno del productor a través del muestreo (error de Tipo I).

Robot Una máquina flexible con la habilidad de aguantar, mover, o agarrar artículos, que funciona a través de impulsos electrónicos que activan motores o interruptores.

Rotación de puestos Un sistema en el que un empleado pasa de un trabajo especializado a otro.

Sector servicios El segmento de fuerza de trabajo que incluye comercio, finanzas, educación, jurídico, medicina, y otras ocupaciones profesionales.

Semana de trabajo flexible Un horario de trabajo que se aparta de los cinco días de ocho horas estándares (normalmente, cuatro días de diez horas).

Señal de rastreo Una medida de lo bien que la previsión está pronosticando los valores reales.

Series temporales Técnica de previsión que utiliza series de datos pasados para realizar la previsión.

Sistema Un conjunto de variables interrelacionadas.

Sistemas automatizados de almacenaje y extracción (ASRS) Almacenes controlados por computador que proporcionan automáticamente la colocación y extracción de los componentes en y de lugares concretos del almacén.

Sistema de colas de canal único Un sistema en el que los clientes reciben el servicio de una única estación y entonces abandonan el sistema.

Sistema de colas multicanal Un sistema de servicio con una línea de espera, pero con varios servidores.

Sistema de colas multifase Un sistema en el que los clientes reciben servicios de diferentes estaciones antes de abandonar el sistema.

Sistema experto (ES) Un programa de computador que imita la lógica humana y «resuelve» los problemas como lo haría un experto humano.

Sistema flexible de fabricación (FMS) Un sistema que emplea una célula de trabajo automatizada controlada por señales electrónicas provenientes de un computador central.

Sistema de identificación automática Sistema de transformación de datos a formato electrónico, por ejemplo, los códigos de barras.

Sistema de incentivos Un sistema de remuneración de los empleados basado en la productividad individual o de grupos.

Sistema de información para la dirección (MIS) Sistema dedicado a la obtención, estructuración, manipulación y presentación de los datos como información para la dirección cuando sea necesaria.

Sistema de proceso de transacciones Un sistema que procesa la multitud de transacciones que ocurren dentro y entre empresas.

Sistemas de soporte a la decisión (DSS) Extensión lógica de los Sistemas de Información para la Dirección (MIS) que ayuda a los directivos en la modelización de alternativas a través de análisis «qué pasaría si» dados ciertos parámetros financieros u operativos.

Sistemas de visión Utilización de videocámaras y tecnología informática en tareas de inspección.

Situación de tiempo parcial Cuando un empleado trabaja menos de treinta y dos horas a la semana, a menudo se le clasifica como a «tiempo parcial».

Sociedad del conocimiento Una sociedad en la que la mayor parte de la mano de obra ha pasado del trabajo manual al trabajo basado en el conocimiento.

Society of Manufacturing Engineers (SME) Una asociación profesional.

SPACECRAFT Un sistema de layout tridimensional para minimizar el coste del movimiento de los trabajadores y materiales.

Suboptimizar Operar a un nivel inferior al óptimo.

Tabla de decisión Una tabla para analizar alternativas de decisión y estados de la naturaleza.

Técnica de Taguchi Una técnica de control de calidad enfocada a la mejora del producto en la etapa de diseño.

Técnica de transporte Técnica de programación lineal que determina el mejor modelo de envíos desde diferentes puntos de oferta a diferentes destinos, de manera que se minimizen los costes totales de producción y distribución.

Tecnología de grupo Un sistema que requiere que los componentes sean identificados por un sistema de codificación que especifica el tipo de proceso y los parámetros del mismo; permite que productos similares se procesen juntos.

Teorema central del límite El fundamento teórico de los gráficos-x que establece que independientemente de cuál sea la distribución de la población de todas las partes o servicios, la distribución de las x tenderá a seguir una curva normal cuando el tamaño de la muestra sea suficientemente grande.

Teoría de colas El cuerpo de conocimientos sobre las líneas de espera.

Tiempo ciclo Tiempo disponible para el producto en cada estación de trabajo de una línea de montaje.

Tiempo ciclo actual medio La media aritmética de los tiempos de cada elemento medido, habiendo eliminado valores inusuales de cada elemento.

Tiempo estándar Ajuste en un estudio de tiempos del tiempo normal total; el ajuste proporciona suplementos para necesidades personales, retrasos inevitables del trabajo y fatiga del trabajador.

Tiempos estándares de trabajo La cantidad de tiempo necesaria para realizar un trabajo o parte de un trabajo.

Tiempo normal El tiempo, ajustado por la actividad, necesario para realizar una tarea observada en un estudio de tiempos.

Tiempo por pieza Un sistema de trabajo que asigna un tiempo estándar a cada pieza producida; al empleado se le paga en función del número de piezas hechas.

Trabajo diario realizado Un sistema de tiempos estándares por el que los empleados son pagados en base a la cantidad de tiempo estándar realizado.

Valor actual neto Método para determinar el valor actualizado de una serie de ingresos futuros.

Valor esperado Medida de tendencia central y promedio ponderado de los valores de la variable.

Valor esperado de la información perfecta (EVPI) La diferencia entre el resultado bajo certeza y bajo riesgo.

Valor objetivo Una filosofía de mejora continua para producir productos que satisfacen exactamente el objetivo.

Valor monetario esperado El valor o resultado esperado de una variable que tiene diferentes posibles estados de la naturaleza, cada uno con una probabilidad asociada.

Valor esperado bajo certeza Resultado esperado o medio.

Variable de holgura La cantidad por encima del nivel mínimo requerido indicado en el lado derecho de una restricción mayor o igual en un problema de programación lineal.

Variaciones asignables Variaciones en un proceso de producción que pueden atribuirse a causas concretas.

Variaciones naturales Variabilidad que afecta a casi todo proceso de producción en algún grado y que se tiene que esperar; también se conocen como causas comunes.

Vehículos autoguiados (AGV) Carretillas controladas y dirigidas electrónicamente utilizadas para mover materiales.

Ventaja competitiva La creación de una ventaja única sobre los competidores.

Variables de productividad Los tres factores críticos para la mejora de la productividad-mano de obra, capital, y el arte y ciencia de la gestión.

Varianza Número que indica la dispersión o amplitud total de una distribución.

ÍNDICE POR NOMBRES

Índice Por Compañías

ÍNDICE ANALÍTICO